James Miller

Die Leidenschaft des Michel Foucault

James Miller

Die Leidenschaft des Michel Foucault

AUS DEM AMERIKANISCHEN
ÜBERSETZT VON MICHAEL BÜSGES

UNTER MITWIRKUNG
VON HUBERT WINKELS

KIEPENHEUER & WITSCH

1. Auflage 1995

Titel der Originalausgabe: *The Passion of Michel Foucault*
Copyright © 1993 by James Miller
Aus dem Amerikansichen von Michael Büsges
© 1995 by Verlag Kiepenheuer & Witsch, Köln
Alle Rechte vorbehalten. Kein Teil des Werkes
darf in irgendeiner Form (durch Fotografie, Mikrofilm
oder ein anderes Verfahren) ohne schriftliche
Genehmigung des Verlages reproduziert oder unter
Verwendung elektronischer Systeme verarbeitet,
vervielfältigt oder verbreitet werden.
Umschlaggestaltung: Rudolf Linn, Köln
Umschlagfoto: Hervé Guibert, Galerie Agathe Gaillard, Paris
Gesetzt aus der Berthold Gill Sans
bei Kalle Giese Grafik, Overath
Druck und Bindearbeiten: Mohndruck, Gütersloh
ISBN 3-462-02455-8

INHALTSVERZEICHNIS

Vorwort

Dieses Buch ist keine Biographie, obwohl es chronologisch den Konturen der Lebensbahn von Michel Foucault folgt. Es bietet Interpretationen einer Vielzahl seiner Texte, will aber auch kein vollständiger Überblick über sein Werk sein. Ich habe mir vielmehr vorgenommen, die lebenslange Anstrengung eines Mannes nachzuzeichnen, Nietzsches aphoristischer Aufforderung nachzukommen, »zu werden, was man ist«.

Mit einer Mischung aus Anekdoten und Exegese habe ich mich dem Foucaultschen Schreiben genähert, als ob es dem mächtigen Begehren Ausdruck verliehen hätte, einen bestimmten Lebensstil zu verwirklichen; seinem Leben habe ich mich genähert, als ob es den beständigen und teilweise geglückten Versuch verkörpert hätte, dieses Begehren in eine Tatsache umzuformen. Als nachfragender Journalist habe ich Informationen zu verschiedenen Aspekten aus dem Leben Foucaults zusammengetragen, die bislang undokumentiert und deshalb weitgehend ungeprüft waren. Als Geistesgeschichtler habe ich den weiteren kulturellen und gesellschaftlichen Kontext skizziert, in dem sich dieses Leben entfaltet hat. Und als Literaturkritiker habe ich eine Handvoll rekurrierender Phantasien und schöpferischer Zwangsvorstellungen betont, die sowohl den von Foucault verfaßten Texten als auch seinem täglichen Leben eine bestimmte Färbung und eine gewisse Gestimmtheit geben. Mein Ziel war, wie sich Foucault selbst einmal ausgedrückt hat, weder »das reine grammatische Subjekt noch das verborgene psychologische Subjekt« zu beschwören, sondern eher das Subjekt, das ›Ich‹ sagt in den Schriften, den Briefen, den Entwürfen, den Skizzen, den Privatgeheimnissen.[1]

Als ich im Jahre 1987, drei Jahre nach Foucaults Tod, mit der Arbeit an diesem Buch begann, wurde ich von einem Experten gewarnt, daß ich meine Zeit verschwenden würde: seine Unterlagen seien nicht zugänglich; seine Freunde würden nicht sprechen; meine Bemühungen würden sich als vergeblich erweisen. Seitdem ist bereits eine brauchbare Foucault-Biographie von Didier Eribon erschienen, und eine zweite, von David Macey, wurde vorbereitet, während ich schrieb. Zu meiner eigenen Überraschung war ich in der Lage, mit vielen Freunden Foucaults zu sprechen; ich habe viel über sein Leben gelernt und hatte Gelegenheit, in eine Reihe ungewöhnlicher Dokumente Einsicht zu nehmen. Ich bin nicht der Ansicht, daß ich meine Zeit verschwendet habe.[2]

In einem anderen Sinne hat der Experte, der mich warnte, jedoch recht behalten: Die Zeit ist noch nicht reif für eine endgültige Biographie. Zu viele Zeugen haben noch nicht alles preisgegeben, was sie wissen. Schlimmer noch, zu viele Dokumente bleiben unveröffentlicht.

Vor seinem Tod 1984 zerstörte Foucault einen großen Teil seiner privaten Unterlagen; in seinem Testament verbat er die postume Publikation aller Dokumente, die er übersehen haben könnte. Noch wartet Foucault auf seinen Max Brod. Zwar wurde in Paris ein Forschungszentrum eingerichtet, doch seine Ausstattung bleibt unzureichend. Während ich an diesem Buch arbeitete, befanden sich seine verschiedenen Essays und Interviews weit verstreut in einer Vielzahl von Sprachen und oft in Publikationen, die schwer ausfindig zu machen waren. Die angekündigte französische Ausgabe aller kleinen Schriften und der Interviews in chronologischer Anordnung wird einmal das Verständnis seines Werkes verändern. Aber selbst dann wird es noch ungesichtetes Material geben.[3] Sein langjähriger Gefährte Daniel Defert ist im Besitz von Foucaults Notiz- und Tagebüchern sowie seiner Privatbibliothek. Zumindest eine Person besitzt ein partielles Manuskript des Bandes über Perversion, den Foucault für die erste Fassung seiner *Geschichte der Sexualität* entworfen hatte; doch diese Person hat es mir aus gutem Grund nicht gezeigt, denn Foucault hat ihm das Versprechen abgenommen, dieses Manuskript unter keinen Umständen der Öffentlichkeit zugänglich zu machen. Doch damit nicht genug: Im Verlauf meiner Arbeit entdeckte ich beständig neue, zum Teil illegale oder zumindest unautorisierte Dokumente. Ich kenne keinen anderen zeitgenössischen Philosophen, dessen Werk einen solch florierenden Schwarzmarkt mit inoffiziellen Tonbandaufzeichnungen und Mitschriften öffentlicher Vorlesungen hervorgebracht hat, viele von Sammlern eifersüchtig gehortet.

Die Sekundärliteratur zu Foucault ist andererseits viel zu unübersichtlich. Jeder, der versucht wäre, sie zu meistern, würde ohne Zweifel bald aus einer Kombination von Langeweile und Ermattung aufgeben, was ganz und gar im Widerspruch zur Wirkung des Foucaultschen Werkes selbst steht. Um vorwärts zu kommen, habe ich eine Art von gelehrter Ignoranz an den Tag gelegt und versucht, mich dem Lebenswerk so naiv wie möglich anzunähern, Urteile bewußt zurückzuhalten und nichts ungefragt zu übernehmen.

Es gab eine Anzahl anderer Hindernisse und möglicher Fallgruben, die ich an dieser Stelle ebenfalls kurz ansprechen möchte. Man bedenke zum Beispiel das Dilemma, das bei dem Versuch entsteht, das Leben eines Mannes nachzuerzählen, der die Berechtigung solch altmodischer Konzepte wie das des ›Autors‹ wiederholt und systematisch in Frage gestellt hat; eines Mannes, der die heftigsten Zweifel am Charakter der Identität des Subjekts an sich erweckt hat, der aufgrund seines Temperaments sowohl neugierigen Fragen als auch unverhüllter Offenheit mißtraute; eines Mannes schließlich, der sein Werk trotzdem, zumindest auf einer bestimmten Ebene, autobiographisch verstanden wissen wollte.

Ein Vorwort ist nicht der Ort, den zahlreichen komplexen Problemen nachzugehen, die durch Foucaults Ansichten zu diesen Dingen hervorgerufen werden. Es muß an dieser Stelle genügen, festzustellen, daß ich schließlich dazu gezwungen war, Foucault ein persistentes und zielgerichtetes Selbst zuzuschreiben, das ein- und denselben Körper während seines irdischen

Daseins bewohnte und das mehr oder weniger für seine Handlungen und sein Verhalten gegen andere und sich selbst verantwortlich war, sowie sein Leben als eine teleologisch strukturierte Suche (*recherche*) zu begreifen.

Es mag sein, daß Foucaults tiefste Lehren hintergangen werden, wenn seine Geschichte auf diese Weise erzählt wird; es mag sein, daß – wie der Philosoph Alasdair MacIntyre vor kurzem argumentierte – das offensichtliche Bedürfnis, sich selbst noch Foucault, hinter all seinen Masken und äußerlichen Meinungs- und Positionswechseln, durch Zuschreibung eines durchgängigen und zielgerichteten Selbst anzunähern, eine entscheidende Grenze seiner eigenen Philosophie offenlegt; es mag sich aber auch herausstellen, daß, wie ich glaube, Foucault letztendlich selbst niemals die von MacIntyre zurückgewiesenen inkohärenten Ansichten über den Tod des Autors und das Verschwinden des Subjekts vertreten hat. [4]

Leider erschöpfen sich die methodologischen Probleme, mit denen sich jeder konfrontiert sieht, der über diesen unnachgiebigsten aller modernen Skeptiker schreibt, nicht in Fragen nach der Identität des Subjekts: Foucault stellte auch das Konzept ›Wahrheit‹ selbst in Frage, indem er suggerierte, daß jede historische Studie in einem gewissen Sinn ›Fiktion‹ sei. [5]

Dies ist wiederum nicht der Ort, sich den zahlreichen und vielleicht unlösbaren Problemen zu widmen, die durch Foucaults eigene Einstellung zur Historiographie hervorgerufen werden. Ich möchte jedoch explizit festhalten, welches ›Wahrheitsspiel‹, um einen von Foucault geprägten Begriff zu benutzen, ich mir einbilde zu spielen.

Im folgenden habe ich mich an die Konventionen der modernen Gelehrsamkeit gehalten, indem ich meine Intuitionen und die Sprünge meiner Imagination am zugänglichen Belegmaterial überprüft habe. Ich habe einen ausführlichen Apparat von Anmerkungen angefügt, der die Quelle jedes Zitates und jeder Anekdote dokumentiert, Ungewißheiten nachgeht und, wenn angebracht, Einschränkungen anbringt. Überall habe ich mich um Einfachheit und Klarheit bemüht, obgleich ich mich oft mit schwierigen Themen und mit manchmal hermetischen Prakti-

ken beschäftige. Vor allem jedoch habe ich versucht, die Wahrheit zu sagen.[6]
Die Wahrheit hat mich allerdings vor die größten Schwierigkeiten gestellt. Wie der Leser bald genug entdecken wird, besteht – glaube ich – die Crux, das Originelle und Herausfordernde am Foucaultschen Denken in seinem unerbittlichen, zutiefst zweideutigen sowie hochproblematischen Verhältnis zum Tod, das ich nicht nur in seinem schriftlichen Ausdruck verfolgt habe, sondern auch – kritisch, wie ich hoffe – in seiner esoterischen Ausprägung als sado-masochistische Erotik. Obwohl Foucault selbst offen über diesen Aspekt seines Lebens gesprochen hat, mußte ich mich hin und wieder beim Schreiben dieses Buches fragen, ob mein Verhalten nicht dem eines kleineren Großinquisitors gleicht. Wie ein amerikanischer Kritiker scharfzüngig bemerkte,»gibt es in einer Kultur, die unablässig Meinungen über Homosexualität produziert und diese kollektiv und individuell auf eine Art falsches Bewußtsein einzugrenzen weiß, kaum eine Strategie, diese Homosexualität zum Ausdruck zu bringen, die nicht so aussieht oder das Gefühl vermittelt, bloß eine weitere Polizeifalle zu sein«.[7]
Das Bemühen, die Wahrheit zu sagen, hatte jedoch noch ganz andere Folgen. Mein Unternehmen wurde durch die Tatsache unnötig kompliziert, daß AIDS mit im Spiel war und ein Leichentuch über jede Seite warf und dem von mir beschriebenen Leben eine ganz und gar andere Bedeutung gab, als ich gehofft hatte. Die Tatsache, daß mein Buch im Schatten einer Seuche geschrieben wurde und zuerst in diesem Schatten gelesen werden wird, macht es nur zu einfach, die Möglichkeit von der Hand zu weisen, daß Foucault in seinem radikalen Zugang zum Körper und seinen Lüsten eigentlich eine Art Visionär war; und daß hetero- und homosexuelle Männer und Frauen in der Zukunft, nachdem die Bedrohung durch AIDS zurückgegangen sein wird, jene Art von körperlicher Experimentation, die ein integraler Bestandteil seines philosophischen Unternehmens war, wieder aufnehmen werden.
Kein Bekenntnis zu gutem Willen kann jedoch das entschärfen, was unbeständig und vielleicht tragisch an dem Leben war, das

11

folgt. Doch trotz der Gefahr, einen Skandal hervorzurufen, mich des Reduktionismus schuldig zu machen, unbewußt zu stereotypisieren oder lüstern Sensationen nachzujagen, und – last but not least – der Gefahr, denen neue Munition zu liefern, die jedem Satz, den Foucault geschrieben hat, feindlich gesinnt sind, habe ich weiter gemacht und versucht, so gut ich konnte, die ganze Wahrheit zu sagen.

Dies ist teilweise ein altmodisches Ziel, denn die Wahrheit zu sagen ist das, was Geschichtsschreiber tun sollen.

Ein anderes Motiv für dieses Buch ist ebenso geradlinig, wenn auch ein wenig schwerer zu rechtfertigen – seine Rechtfertigung liegt in vieler Hinsicht im Buch als Ganzem. Man mag von ihm halten, was man will, aber Michel Foucault ist eine der repräsentativen Gestalten – und überragenden Denker – des zwanzigsten Jahrhunderts. Sein Leben und die Texte, die er schrieb, sind auf eine heikle, sich gegenseitig erhellende Art und Weise miteinander verbunden. Sein Leben in all seinen philosophischen Dimensionen nachzuerzählen, wie schockierend einige davon auch sein mögen, ist deshalb nicht nur gerechtfertigt, sondern zwingend notwendig.

Ein weiterer Grund für dieses Buch ist eher persönlicher Natur. Ich vertrete die nicht nur erfreuliche Überzeugung, daß es kein aristotelisches Mittel gibt, keine platonische Idee des Guten, keinen durch unsere Vernunftfähigkeit garantierten moralischen Kompaß und auch kein regulatives Ideal des Konsens, das uns helfen könnte, die Ecken und Kanten miteinander im Widerspruch stehender Lebensformen zu entschärfen, und das uns befähigte, deren inkommensurable Ansprüche miteinander zu versöhnen. Deshalb stellt Nietzsches Philosophie für mich ein Rätsel und eine Provokation dar, wenn auch nur, weil ich im Rahmen ihrer inneren Logik, die ich bislang noch nicht widerlegt gesehen habe, keinen einfachen Weg sehe, die grausamen und mörderischen Praktiken auszuschließen, deren sich einige seiner Anhänger befleißigt haben.

Was es nach Auschwitz bedeuten könnte, ein Leben bewußt ›Jenseits von Gut und Böse‹ zu leben, ist, kurz und bündig, wert, herausgefunden zu werden. Und wie könnte man dies besser tun, als das Leben des revolutionärsten und ernsthaftesten aller Nachkriegs-Nietzscheaner zu hinterfragen?

Dies ist natürlich keinesfalls der einzige Zugang zu Foucaults Werk. Seine Bücher haben schon vor langer Zeit ihren Weg in die Welt gefunden, indem sie in Kontakt traten mit anderen Erfahrungsbereichen, anderen Intelligenzen, um beim Aufeinanderprall der Ideen entweder zu gedeihen oder zu verderben. Wie bei jeder modischen Erscheinung ist auch in seinem Namen viel Unsinn gesagt und getan worden. Gleichermaßen jedoch gebührt ihm zumindest ein gewisses Maß an Anerkennung dafür, einer beeindruckenden Vielzahl von bahnbrechenden historisch-philosophischen Untersuchungen den Weg geebnet zu haben: Man denke zum Beispiel an Peter Browns großartige neue Interpretation der sexuellen Entsagung im frühen Christentum, *Die Keuschheit der Engel*; an Paul Veynes Beschreibung klassischer römischer Institutionen in *Brot und Spiele*; an Ian Hackings Geschichte statistischer Arten des Vernunftgebrauchs, *The Taming of Chance*; oder an François Ewalds Untersuchung der Arbeitslosen- und Krankenversicherung im Frankreich des neunzehnten Jahrhunderts, *Der Vorsorgestaat*. Und das ist nur der Beginn einer langen und wachsenden Liste.

Obwohl solche wissenschaftlichen Arbeiten anzeigen, daß die Texte Foucaults aufregende und originelle Forschung inspirieren können, setzen sie uns jedoch letztendlich nicht in Verbindung mit dem, was die Einzigartigkeit und vielleicht die größte Beunruhigung des Werkes dieses Philosophen ausmacht, so wie er uns gegen Ende seines Lebens zu verstehen aufgab.

»In jedem Augenblick, Schritt für Schritt, muß man das, was man denkt und sagt«, bemerkte er 1983, »mit dem konfrontieren, was man tut, was man ist.« Und dies erfordert – wie Foucault selbst nahegelegt hat – die Überprüfung der Fusion oder gar Konfusion von Begriff und Sein, von Traum und Wirklichkeit: »Der Schlüssel zur persönlichen poetischen Einstellung des Philosophen darf nicht in seinen Ideen gesucht werden, als ob sie von diesen abgeleitet werden könnte, sondern vielmehr in seiner Philosophie-als-Leben, in seinem philosophischen Leben, seinem Ethos.« [8]

Somit bezeugt dieses Buch ein ›philosophisches Leben‹ – gewidmet dem Andenken Michel Foucaults.

Das Dasein bestimmter Wesen hat einen Sinn, der uns abgeht. Wer sind sie? Ihr Geheimnis hängt vom tiefsten Geheimnis des Lebens selber ab. Sie nähern sich ihm. Es tötet sie. Aber die Zukunft, die sie so mit einem Flüstern geweckt haben, errät sie, erschafft sie neu. O Labyrinth der äußersten Liebe!

René Char [1]

Niemand redet mit mir als ich selbst, und meine Stimme kommt wie die eines Sterbenden zu mir! Mit dir, geliebte Stimme, mit dir, dem letzten Erinnerungshauch alles Menschenglücks, laß mich nur eine Stunde noch verkehren, durch dich täusche ich mir die Einsamkeit hinweg und lüge mich in die Vielheit der Liebe hinein, denn mein Herz sträubt sich zu glauben, daß die Liebe todt sei, es erträgt den Schauder der einsamsten Einsamkeit nicht und zwingt mich zu reden, als ob ich zwei wäre.

Friedrich Nietzsche [2]

I

Der Tod des Autors

Als Michel Foucault am 25. Juni 1984 im Alter von siebenundfünfzig Jahren starb, war er der vielleicht bekannteste Intellektuelle der Welt. Seine Bücher, Aufsätze und Interviews waren
in sechzehn Sprachen übersetzt. Gesellschaftskritiker betrachteten sein Werk als einen Prüfstein. In einer Vielzahl akademischer Fachgebiete rangen Gelehrte mit den Implikationen
seiner empirischen Forschung und bedachten die von ihm aufgeworfenen abstrakten Fragen: nach der Reichweite von Macht
und den Grenzen unseres Wissens, nach dem Ursprung moralischer Verantwortung und den Grundlagen moderner Regierungsgewalt, nach dem Wesen historischer Forschung sowie
der Beschaffenheit persönlicher Identität. Mehr als ein Jahrzehnt lang galt sein elegant rasierter Schädel als Emblem für
politischen Mut – ein Leitstern des Widerstands gegen Institutionen, die den freien Geist begraben und das »Recht, anders
zu sein«, erdrücken. In den Augen seiner Bewunderer war er an
Stelle Jean-Paul Sartres zur Personifikation des Intellektuellen
geworden: schnell zur Verdammung bereit und fest dazu entschlossen, Mißbrauch von Macht aufzudecken und furchtlos
Émile Zolas alten Schlachtruf ›J'accuse‹ widerhallen zu lassen.[1]
Sein Tod kam als Schock. Wenige Tage zuvor war er zwar in
seiner Pariser Wohnung zusammengebrochen, es wurde jedoch allgemein angenommen, daß er sich auf dem Wege der
Besserung befände. Er stand in der Mitte seines Lebens, auf
dem Gipfel seiner Kräfte. Vor wenigen Tagen erst waren zwei
weitere Bände seiner mit Spannung erwarteten *Geschichte der
Sexualität* erschienen. In Frankreich wurde er als eine Art

Nationalschatz angesehen. Nach seinem Tode veröffentlichte der Ministerpräsident eine Würdigung. *Le Monde, Libération* und *Le Figaro* brachten die Nachricht als Schlagzeile auf Seite 1. Für ihre Wochenendbeilage stellte *Libération* schnell eine zwölfseitige Beilage zusammen, in dem Leben und Werke des großen Mannes ausführlich dargestellt wurden. In allen Teilen des Landes überfluteten Nachrufe die Medien.

Im Nachrichtenmagazin *Le Nouvel Observateur* feierte der Journalist Jean Daniel »die Reichweite, die Unermeßlichkeit, die anmaßende Kraft seiner Intelligenz« sowie »die mitunter grausame Strenge seines Urteils«. Der angesehene Klassizist Paul Veyne erklärte sein Werk zum »wichtigsten Ereignis im Denken unseres Jahrhunderts«. Fernand Braudel, vielleicht der bedeutendste zeitgenössische Historiker Frankreichs, salutierte steif »einem der verblüffendsten Geister seiner Zeit«. Und so kamen sie denn, die Zeichen der Anerkennung, von Gelehrten und Künstlern, Kabinettsministern und alternden Maoisten, Gewerkschaftsführern und ehemaligen Sträflingen, allesamt sowohl aufrichtig als auch offenkundig falsch, die schiere Vielzahl der Tribute ein schlagender Beweis für den Einfluß Foucaults auf seine eigene Gesellschaft.[2]

Sein Ruhm hatte, wie sich die Nachrufe erinnerten, mit einer Arbeit begonnen, die er in den sechziger Jahren verfaßt hatte. *In Wahnsinn und Gesellschaft*, 1961 veröffentlicht, hatte Foucault argumentiert, daß sich die Auffassung von Geisteskrankheit nach 1500 radikal verändert habe: im Mittelalter habe sich der Geisteskranke frei bewegt und Respekt genossen, während unsere heutige Zeit ihn in Asyle stecke und ihn in einem Triumph »fehlgeleiteter Philantropie« als krank behandle. Was aufgeklärte und humane Anwendung wissenschaftlichen Wissens zu sein schien, habe sich als subtile und heimtückische neue Form sozialer Kontrolle erwiesen. Die weitreichenden Implikationen dieser Auffassung wurden der allgemeinen Öffentlichkeit erst einige Jahre später bewußt, als Foucaults Buch zum Schlüsseltext für eine Gruppe von ›Anti-Psychiatern‹ wur-

de, darunter R.D. Laing, David Cooper und Thomas Szasz.
Doch schon 1961 drückten eine Reihe von französischen Ge-
lehrten und Kritikern – unter ihnen Fernand Braudel, Roland
Barthes und der Philosoph Gaston Bachelard –, ihre Bewunde-
rung für die Kühnheit der These Foucaults, die Qualität seiner
Forschung sowie die Schönheit seiner Sprache aus. Und mit
dem Erscheinen der englischen Übersetzung von *Wahnsinn
und Gesellschaft* im Jahre 1965 begann sein Ansehen auch im
Ausland zu wachsen.[3]
Im folgenden Jahr, 1966, wurde Foucaults zweites wichtiges
Buch, *Die Ordnung der Dinge*, überraschend zu einem Bestseller in Frankreich. In diesem Werk unternahm er eine kühne
vergleichende Untersuchung der Entwicklung von Ökonomie,
Naturwissenschaft und Linguistik im achtzehnten und neunzehnten Jahrhundert. Trotz seines hohen Schwierigkeitsgrades
blendete Foucaults Sprache durch glänzende Neologismen
und treffliche Formulierungen. Keine wurde berühmter als der
letzte Satz des Buches, der darauf wettet, daß »der Mensch«
bald verschwinden werde »wie am Meeresufer ein Gesicht im
Sand«. Die Kontroverse über diese Passage, die den Tod des
Menschen verkündete so wie Nietzsche ein Jahrhundert zuvor
den Tod Gottes herausposaunt hatte, machte Foucault erstmals zu einer Figur, mit der zu rechnen war.[4]
Mit den Ereignissen nach dem Mai 1968 vollendete sich Foucaults Aufstieg. Im Kielwasser der globalen Studentenunruhen
dieses Jahres entwickelte er eine anhaltende Leidenschaft für
Politik. Bis zum Ende seines Lebens hat er immer wieder zu politischen Tagesthemen Stellung bezogen, Petitionen unterschrieben und an Demonstrationen teilgenommen, stets dazu
bereit, gegen das Leiden der Elenden und Machtlosen zu protestieren, seien diese französische Strafgefangene, algerische Ein-
wanderer, polnische Gewerkschafter oder vietnamesische
Flüchtlinge. Zur gleichen Zeit erreichte sein akademisches Ansehen einen neuen Gipfel: In den Fußstapfen Henri Bergsons,
Maurice Merleau-Pontys und seines eigenen Mentors Jean Hyppolite wurde er 1970 in das *Collège de France* gewählt, der gewichtigsten Forschungs- und Lehrinstitution im Lande.

In diesen späten Jahren war Foucaults Auffassung von ›Macht‹ der vielleicht am meisten beachtete Aspekt seines Werkes. Wie Nietzsche, das verehrte Vorbild und Vorläufer, verstand er unter Macht keine fixierbare Quantität physischer Potenz, sondern eher einen Fluß von Energie, der sich in das Leben eines jeglichen Organismus und jeder menschlichen Gesellschaft ergießt, wobei sein formloses Fließen nicht nur für unterschiedliche Ausformungen politischer, sozialer und militärischer Organisation dienstbar gemacht wird, sondern auch für verschiedenartige Verhaltensmuster, Ausprägungen der Introspektion und epistemologische Systeme.

In *Überwachen und Strafen*, das 1975 in Frankreich erschien und vielleicht zu seinem einflußreichsten Werk wurde, nutzte er seinen Begriff von Macht, um den Aufstieg der modernen Strafanstalt nachzuvollziehen. Obwohl seine Interpretation der historischen Tatsachen wie immer fein gewebt war, war auch hier wieder die übergreifende These verblüffend: Der Versuch, »mehr Milde, mehr Respekt, mehr ›Menschlichkeit‹« in das Strafsystem einzuführen, habe sich als Falle erwiesen: da es dem modernen Gefängnis gelungen sei, die oftmals scharfen Kanten körperlicher Züchtigung zu entschärfen, drücke es gerade jene Form der unaufdringlichen, im wesentlichen schmerzlosen Nötigung aus, die typisch für die gesamte neuzeitliche Welt sei. Die zentralen Institutionen unserer Gesellschaft, von Schule und Beruf bis zu Armee und Gefängnis, behauptete Foucault, seien mit sinistrer Effizienz darauf aus, das Individuum zu überwachen, »seinen gefährlichen Zustand [zu] neutralisieren« und sein Verhalten durch Einimpfung betäubender, disziplinierender Regelsysteme zu verändern. Das unausbleibliche Resultat seien »gelehrige Körper« und jeglicher kreativer Energie beraubte hörige Seelen. [5]

Obwohl Foucault in diesem Buch zum ersten Mal ausdrücklich das Problem der Macht ansprach, hatte er schon immer sein Augenmerk darauf gerichtet. Sein gesamtes Werk kreist von *Wahnsinn und Gesellschaft* an um asymmetrische Beziehungen, in denen Macht ausgeübt wird, mal rücksichtsvoll, mal leichtfertig. Die Figuren, die durch seine Seiten spuken, führen eine Al-

legorie endloser Dominierung auf, vom Henker, der den Mörder foltert, bis zum Arzt, der den Abweichenden einsperrt.
Kann die Gesellschaft, wie es Sozialisten von Marx bis Sartre sich erträumt hatten, je vom grausamen Zugriff der Macht befreit werden? Nimmt man Foucaults weitausholende (und unvollendete) *Geschichte der Sexualität* ernst, ist nur schwer vorstellbar, wie dies geschehen könnte. Im kontroversen ersten Teil des Werkes, 1976 veröffentlicht, bestritt Foucault die verbreitete Ansicht, daß die moderne Kultur sexuell repressiv sei, nur um sie durch eine noch beunruhigendere These zu ersetzen: die Lust, Macht auszuüben, die den ›gelehrigen Körpern‹ ausgetrieben sei, müsse unausweichlich in Form von sexuellen Phantasien gänzlich umgemodelt wieder auftauchen und in *»unaufhörlichen Spiralen* der Macht und der Lust« aufbrechen. Dabei werde sie zur Antriebsfeder für das unkontrollierbare Wachstum neuer, polymorpher Perversionen, die mal belebend wirkten, mal vergiftend seien.[6]
Es verwundert kaum, daß Foucault im Tod die einzige Art von Würde sah, die dem Menschen gewährt wird. Im Jahre 1963 erklärte er sogar in einer seiner typischen aphoristischen Nebenbemerkungen, an »Krankheiten der Liebe« zu sterben, bedeute, die Erfahrung der »Passion« zu machen. Es hieße, einem einzigartig verfluchten Leben »ein nicht austauschbares Gesicht« zu geben. In einer impliziten Inversion der Apotheose Christi am Kreuze enthülle ein Mensch, der für seine erotischen Praktiken den Märtyrertod stirbt, nicht die immerwährende Herrlichkeit Gottes, sondern den »lyrischen Kern des Menschen, [. . .] seine unsichtbare Wahrheit, sein sichtbares Geheimnis«.[7]
Daß der Philosoph, einer jener unwahrscheinlichen Figuren in einer Borges-Erzählung gleichend, damit im voraus einen Kommentar zu den möglichen Implikationen seines eigenen Todes geliefert hatte, exemplifiziert die Treffsicherheit, die alle Schriften Foucaults durchzieht.

Es handelt sich hierbei um ein Beispiel für jenen intellektuellen Stil – gelehrt, unverkennbar originell, mit einem Hauch von Mysteriosität und ein wenig riskant –, den Frankreich nach dem Kriege zu einem großen Exportschlager entwickelte. Für viele Leser wird Foucault zweifelsohne für immer mit jenen Pariser Weisen verbunden bleiben, die zuerst in den sechziger Jahren für internationales Aufsehen sorgten. Zu dieser Generation zählten viele seiner Förderer und Freunde, auch seiner Rivalen: Louis Althusser, der Doyen eines rigorosen wissenschaftlichen Marxismus; Jacques Lacan, der einschüchternde freudianische Gnostiker; Roland Barthes, Theoretiker der Zeichen, Kenner zeitgenössischer Mythen, Verfechter des *Nouveau Roman*; und Jacques Derrida, Anti-Philosoph und Feind der Metaphysik. Als Gruppe machten sich diese Männer zunächst als Kritiker des Humanismus einen Namen. Sie standen rationalistischen und personalistischen Philosophien skeptisch gegenüber, kritisierten die teleologische Auffassung von Geschichte als Story mit glücklichem Ausgang, beargwöhnten den Liberalismus und hatten (mit Ausnahme Althussers) die Geduld mit dem Marxismus verloren. Und obwohl es gerade Foucault war, der letztlich danach strebte, ein anderer Typ Intellektueller zu sein – bescheiden und ohne mystifizierenden Anspruch –, wurde er, wie die anderen, weltweit als *maître à penser* betrachtet, als ›Meisterdenker‹: ein Musterbeispiel jener von den Franzosen liebevoll mit unumschränkter Autorität ausgestatteten Geistes-Olympioniken.

So wie die anderen hatte auch Foucault alles daran gesetzt, eine scharfe Trennungslinie zwischen sich und seine unmittelbaren Vorläufer zu ziehen. Die Erfahrung von Faschismus und totalem Krieg hatte Sartre und seine Generation zu den anscheinend unumstößlichen Wahrheiten der Aufklärung zurückgeführt: Für viele von ihnen schien der Marxismus mit seiner Auffassung von einer Universalgeschichte den nötigen moralischen Kompaß anzubieten. Im Gegensatz dazu empfand Foucaults Generation kein Bedürfnis für eine solche Moralität, für einen derartigen Kompaß, für ortsfeste Straßenkarten der Wirklichkeit: Der Rückgriff auf eine Universalgeschichte und

auf die mit marxistischer Rhetorik verbrämte Nostalgie für Hegels Vision von einer harmonischen Synthese aus Vernunft und
Freiheit schien für sie kaum etwas anderes zu sein als das Versagen des philosophischen Lebensnervs. Foucault selbst wies offen den »alte[n] Traum von der Solidarität« zurück und forderte seine Leser dazu auf, einzugestehen, daß »der Mensch eine
negative, im Modus des Hasses und der Aggression erlebte Erfahrung vom Menschen machen konnte und mußte«.[8] Und so
wie die Götterdämmerung des französischen Kolonialismus in
Algerien zum Testfall für Sartres existenzialistische Generation
wurde, so ließ die Vehemenz der Studentenunruhen im Mai
1968 mit den folgenden Befreiungsbewegungen, allen voran
denen der Frauen und der Schwulen, Foucaults Werk als ein historisches Ereignis erscheinen.

In diesem aufgeladenen Kontext begann dieses Werk, ein glo-
bales Publikum anzusprechen. Nach 1968 machten zahllose
Akademiker in Frankreich und Spanien, Deutschland und Groß-
britannien, Japan und Brasilien, aber vor allem in den Vereinigten Staaten Foucaults Philosophie zu ihrer eigenen Sache. Sie
sehnten sich hinter den Klostermauern ihrer Universitäten
nach dem Nervenkitzel des Gefechts, wenn auch nur in der mittelbaren Form des Verfechtens von Ideen, die im Gegensatz zu
herrschenden Orthodoxien standen. Wie es unausweichlich
geschieht, wenn enthusiastische Apostel einen »Diskursivi-
tätsbegründer« – Foucaults Neologismus für einflußreiche
originelle Denker wie ihn selbst – imitieren, wurde das, was an
seinem Werk aufregend und einzigartig ist, bald durch gedan-
kenloses Nachplappern travestiert.[9] Als sein Einfluß wuchs,
sickerten die unheimlichen Ideen dieses unheimlichen Denkers
trotzdem in den *mainstream* allgemein anerkannter Ansichten,
um dabei unmerklich den Grundton unserer eigenen *fin-de-
siècle* Kultur zu formen.

Seit seinem Tod ist Foucaults akademischer Aktienwert noch
gestiegen. In den Worten eines Experten hält er zur Zeit eine
»fast beispiellose Stellung intellektueller Dominanz, was die Interpretation einer ganzen Reihe wichtiger Aspekte der Evolution abendländischer Zivilisation seit dem siebzehnten Jahr-

hundert anbelangt«. Historiker, die sich mit Psychiatrie und Medizin, Kriminalität und deren Bestrafung, Sexualität und Familie beschäftigen, können kaum umhin, sich auf ihn zu beziehen, sei es auch nur, um ihn zu berichtigen oder seine Ergebnisse in Frage zu stellen. Ganz ähnlich hat er die akademischen Tagesordnungen der soziologischen und politologischen Forschung geändert.

Indem er suggerierte, daß die Gesellschaft den Kriminellen nicht bestrafen und den Wahnsinnigen nicht aussondern müsse, hat er sowohl direkt als auch indirekt Bemühungen zur Reformierung der Gefängnisse und der psychiatrischen Praxis beeinflußt: Zumindest ein prominenter Arzt in den Vereinigten Staaten hat Foucaults Ideen mitverantwortlich gemacht, als sich eine Zunahme an obdachlosen Schizophrenen beobachten ließ.[10] Seine Hypothesen zum konstitutiven Einfluß, den gesellschaftliche Grundannahmen und Praktiken auf den menschlichen Körper und sein Begehren ausüben, haben eine entscheidende Rolle dabei gespielt, Diskussionen über Geschlechtsidentität in Gang zu setzen, und haben unzähligen Schwulen-Aktivisten in den USA und in Europa ein Gefühl für die Richtung ihres Kampfes gegeben. Indem er das Wechselspiel von Wissen und Macht analysierte, hat er frische Zweifel gesät bezüglich der Bedeutung von Wahrheit, der Reichweite von Vernunft und der angemessenen Regulierung menschlichen Verhaltens. Dabei diente er als Inspiration für einige der bedeutendsten Philosophen der Welt: Gilles Deleuze in Frankreich, Jürgen Habermas in Deutschland, Charles Taylor in Kanada, Alasdair MacIntyre, Richard Rorty und Hilary Putnam in den U.S.A. Sie nahmen sein Werk (jeder auf ziemlich unterschiedliche Art und Weise) als Sprungbrett für ihr eigenes kritisches Denken. Foucault – selbst ein scharfsichtiger Kenner von Dichtung und Musik, Literatur und Malerei – drückte Generationen von Künstlern und Literaturkritikern seinen Stempel auf.

Aber auf fast all diesen Gebieten werden Foucaults Leistungen leidenschaftlich angefochten. Obwohl Paul Veyne und andere ihn zu einem der herausragenden Genies unseres Jahrhunderts erhoben, wurde er ebenso bitter als »Begründer unseres Katheder-Nihilismus« attackiert, als New Wave-Sophist, der die Öffentlichkeit mit betrügerischer Rhetorik verhext und den Verantwortlichkeiten rigoroser Forschung aus dem Weg geht. Für eine Reihe seiner Leser blieb er einfach ein Rätsel. Moraltheoretiker riefen nach ›normativen Kriterien‹ für seine wiederholten Proteste gegen die Machthaber. Historiker fragten sich, welche Prinzipien, wenn er überhaupt welche hätte, die Auswahl seines Beweismaterials leiteten. Halsstarrige Liberale haben ihre Besorgnis über die politischen Implikationen seiner Theorien zum Ausdruck gebracht, während die Philosophen die Koheränz seiner Argumente von seinen Behauptungen über die Wahrheit bis zu seiner Auffassung von Macht weiter debattieren. Es kann daher kaum verwundern, daß ein hellsichtiger Kritiker nach der Lektüre von *Die Ordnung der Dinge*, dem vielleicht vertracktesten Text Foucaults, sich ausgerechnet an die Comic Strip-Figur *Felix, the Cat* erinnert fühlte, die munter an einer Klippe entlangschreitet, nur um »im selben Moment wie der Zuschauer« festzustellen, »daß er den Boden unter den Füßen verloren hat«.[11]

Doch trotz einer im Jahre 1989 erschienenen größeren Biographie, die zum ersten Mal die wichtigsten Fakten seines Lebens und seiner Karriere etabliert hat, bleibt der Mensch Foucault selbst weiterhin so schwer faßbar und rätselhaft wie zuvor. Auf die naive Frage »Wer ist der reale Autor?« antwortet Foucault charakteristisch mit einem Zitat von Samuel Beckett: »Wen kümmert's, wer spricht?« Freunde beschreiben einen Mann von einschüchternder Komplexität, diplomatischem Charme und eiskalter Reserviertheit, von peinlichem Schweigen und explosiver Heiterkeit – sein Lachen, manchmal sarkastisch, oft ironisch, war legendär. Im Privaten zeigte er verschiedenen Menschen verschiedene – oft widersprüchliche – Gesichter. Öffentlich jedoch sprach oder schrieb er so gut wie nie über sich selbst, zumindest nicht geradeheraus. Als Virtuose der Selbsttilgung bevorzugte er in seinem eigenen Ideen-Theater gravitätische Masken:»Man frage mich nicht, wer ich bin, und man sage mir nicht, ich solle der gleiche bleiben«, heißt es in einer der in den postumen Tributen meistzitierten Passagen:»Mehr als einer schreibt wahrscheinlich wie ich und hat schließlich kein Gesicht mehr.«[12] Foucault ist allerdings, wie er am Ende seines Lebens zugeben mußte, ein Denker, der seine Ideen durch seine persönliche Odyssee in Szene gesetzt hat, durch sein Schreiben selbstverständlich, aber auch durch sein Leben. Da er dem enzyklopädischen Ideal der Humanwissenschften und den transzendentalen Ansprüchen der Philosophie feindlich gesinnt war, hinterläßt Foucault keine synoptische Gesellschaftskritik, kein ethisches System, keine umfassende Theorie der Macht, nicht einmal eine (zeitgenössischen Einschätzungen zum Trotz) allgemein brauchbare historische Methode. Worin liegt dann der bleibende Wert seines Werkes? Was kann es für uns bedeuten? Wie sollte es benutzt werden? Foucault wußte nur zu gut, daß eine unverbrauchte Antwort auf Fragen dieser Art keine andere Folge haben konnte als die, jenen»rätselhaften Zuschnitt« zu befördern, der die»Texte und [d]en Autor[]« aneinanderbindet. Der Schlüssel zum Verständnis des Werkes eines Philosophen liegt, wie er am Ende seines Lebens einräumte, in der Untersuchung des»Ethos« dieses Philosophen. Und um den Charakter dieses Ethos zu erhellen und um das schöpferische Universum»desjenigen, der ›Ich‹ sagt«, heraufzubeschwören, ist es laut Foucault unerläßlich, eine breite Sammlung von Beweismaterial zu Rate zu ziehen: nicht nur die Bücher und Aufsätze, sondern auch Vorträge und Interviews, Entwürfe und verstreute Notizen, Tagebücher und private Journale sowie öffentliche Handlungen, politische Reden und Manifeste, den Eindruck, den Studenten bekamen, Erinnerungen, die er mit Freunden teilte – auch Informationen über sexuelle Präferenzen.[13]

»Ich glaube daran, daß [. . .] jemand, der schreibt, seine Arbeit nicht nur in Büchern leistet«, bemerkte er 1983,»sondern daß seine Hauptaufgabe er selbst im Prozeß des Schreibens seiner Bücher ist. Das Privatleben eines Individuums, seine sexuellen Präferenzen und seine Arbeit sind miteinander verbunden, und zwar nicht, weil seine Arbeit sein Sexualleben übersetzt, sondern weil die Arbeit *das gesamte Leben wie auch den Text umfaßt.*«[14]

Im Sinne solcher Bemerkungen erscheint es angebracht, auch solche Überzeugungen Foucaults ernstzunehmen, die auf den ersten Blick überraschend und weithergeholt erscheinen: zum Beispiel daß die Art und Weise, auf die ein Mensch stirbt, gleichsam blitzartig als Kulminationspunkt den »lyrischen Kern« seines »gesamten Lebens«, den Schlüssel zur »persönlichen poetischen Einstellung« des Autors liefern könne. Dies ist keine leere Rhetorik. In dem einzigen Buch, das er einem anderen Schriftsteller widmete, dem Dichter und Romancier Raymond Roussel, begann Foucault selbst mit dem Ende, indem er sich über die mögliche Signifikanz einer rein biographischen Tatsache Gedanken macht, über Roussels augenscheinlichen Selbstmord im Jahre 1933, den er nach wochenlangem Drogenrausch im Zustand intensiver Euphorie begangen hatte.[15] Der Tod und seine Bedeutung beschäftigte Foucault während seines gesamten Lebens nachhaltig. »Auf dem Grunde seines Träumens« erklärte er 1954, »trifft der Mensch seinen Tod« und möglicherweise eine willkommene »Erfüllung seiner Existenz«. Dreißig Jahre später, bereits von der eigenen tödlichen Krankheit ergriffen, fand er Trost in jenem ›Todeswunsch‹, dem schon die Stoiker der Antike Ausdruck verliehen hatten, indem er liebevoll Seneca zitierte: »Machen wir schnell mit dem Altwerden, beeilen wir uns, zum Ende zu kommen, das uns gestattet, wieder zu uns selbst zu gelangen.« Inspiriert von Bichat, dem Vater der pathologischen Anatomie, sah Foucault den Tod als ständigen Begleiter des Lebens, seine »weiße[] Helligkeit« fortwährend im »schwarzen Schrein des Körpers« lauernd. Und wie Heidegger in *Sein und Zeit* glaubte er, daß nur der Tod in seiner kulminierenden Eroberung die unmißverständliche Einzigartigkeit – und Authenzität – menschlichen Lebens garantieren könne. »Im Tod«, schrieb Foucault 1963, »kommt das Individuum zu sich selbst, in ihm entkommt es der Monotonie und Nivellierung der Lebensläufe; in dem langsamen, halb unterirdischen doch schon sichtbaren Herannahen des Todes wird das gemeine Leben endlich Individualität; ein schwarzer Ring schnürt es ab und gibt ihm den Stil seiner Wahrheit.«[16] Gilles Deleuze, Foucaults philosophisches alter ego und vielleicht der Denker, der ihn besser als jeder andere verstand, dachte zweifelsohne an solche Passagen, als er lakonisch bemerkte, daß »wenige Menschen wie Foucault so gestorben [sind], wie sie sich den Tod vorgestellt haben«. Deleuze unternahm sogar eine kleine diskrete Spekulation: »Vielleicht hat er den Tod gewählt, wie Roussel. [...]«[17] Aber wie ist Foucault eigentlich gestorben? Monatelang blieb der ›schwarze Ring‹ um sein Leben ebenso ein Geheimnis wie der ›lyrische Kern‹ seiner Individualität. Um den Ursprung dieses morbiden Geheimnisses und seine letztendliche Auflösung erklären zu können, muß eine vertrackte Geschichte erzählt werden. Doch wenn Foucault Recht haben sollte, daß »das Morbide«, wie er sich einmal ausdrückte, tatsächlich »genau wahrnehmen [läßt], wie das Leben im Tod seine differenzierteste Figur findet«, dann müssen die Umstände seines Todes, und wie sie an die Öffentlichkeit gelangten, paradoxerweise den angemessenen Ausgangspunkt bilden für jeden ernsthaften Versuch, den außergewöhnlichen ›Stil‹ seines Lebens zu untersuchen: So als ob man durch die Entschleierung des ›sichtbaren Geheimnisses‹ eines toten Mannes gleichzeitig das weiterhin lebendige Herz einer ansonsten ›unsichtbaren Wahrheit‹ illuminieren könnte.[18]

Am 27. Juni 1984 veröffentlichte Le Monde das medizinische Bulletin, das von seinen Ärzten verfaßt und von seiner Familie freigegeben worden war:

Michel Foucault wurde am 9. Juni 1984 in die Klinik für Krankheiten des Nervensystems im *Hôpital de la Salpêtrière* eingewisen, um sich ergänzenden Untersuchungen zu unterziehen, die durch bestimmte neurologische Symptome notwendig geworden waren, die ihrerseits durch septische Blutvergiftung kompliziert worden waren. Diese Untersuchungen erbrachten den Nachweis der Existenz mehrerer zerebraler Suppuratiosherde. Die Behandlung mit Antibiotika zeigten anfangs positive Resultate: Eine Verbesserung seines Zustandes erlaubte es Michel Foucault in der letzten Woche, erste Reaktionen auf das Erscheinen seiner letzten Bücher – *Der Gebrauch der Lüste* und *Die Sorge um sich* als zweitem und drittem Teil der zum Zeitpunkt seines Todes unvollendeten *Geschichte der Sexualität* – zur Kenntnis zu nehmen. Eine akute Verschlimmerung seines Zustandes hat dann jegliche Hoffnung auf wirksame Behandlung zunichte gemacht, und der Tod trat am 25. Juni um 13:15 ein.[19]

Am 26. Juni war ein etwas anderer Bericht in *Libération* erschienen, einer Zeitung, die Foucault und seinen engsten Gefährten wesentlich näher stand. Innerhalb dieses Berichtes fand sich ein äußerst merkwürdiger Kommentar: »Seit seinem Tod kocht die Gerüchteküche: Es wird gemunkelt, Foucault sei möglicherweise an AIDS gestorben. Als ob ein außergewöhnlicher Intellektueller, weil er außerdem homosexuell war – zugegebenermaßen sehr im stillen –, ein ideales Ziel für diese modische Krankheit abgeben würde.« Da, *Libération* zufolge, nichts in Foucaults Fall auf AIDS hinweise, »ist die Bösartigkeit dieses Gerüchts verblüffend. Als ob Foucault schmachvoll hätte sterben müssen.«[20]
In den darauffolgenden Tagen wurde das linke Blatt mit Leserbriefen überflutet, von denen viele sich wunderten, warum ausgerechnet eine Tageszeitung mit dem Namen *Libération* (›Befreiung‹) eine Krankheit wie AIDS als »schmachvoll« bezeichnen würde. Foucaults französischer Biograph berichtet, daß der Journalist, der den Artikel verfaßt hatte, ein Freund des Philosophen gewesen sei, der den Wunsch gehabt habe, einer Kampagne vorzubeugen, die ihn in Mißkredit hätte bringen können.[21]
Der Versuch des Journalisten ist zumindest symptomatisch für

die mit AIDS verbundene Panik. Die Krankheit hatte erst zwei Jahre zuvor, 1982, ihren Namen erhalten, und die ersten Fälle waren erst zwei Jahre vorher aufgetreten. Ein Experte drückte es so aus: »Zunächst überraschte, daß hier anscheinend eine Art von Krankheit vorlag, die von der medizinischen Theorie nicht vorausgesehen worden war.« Es sollte noch schlimmer kommen. »Massenhysterie folgte auf die Enthüllung, daß die Krankheit etwas mit Sex, Blut und Drogen zu tun hat. Die Krankheit wurde wegen ihrer einzigartigen klinischen und epidemologischen Eigenschaften nicht nur als ›merkwürdig‹ angesehen, sondern auch als ›fremdartig‹, von ›Fremden‹ kommend. Sie schien in die geordnete Welt aus einer völlig anderen Welt eingebrochen zu sein, einer Welt, die unterentwickelt war und von einer Klasse Menschen bevölkert, die marginal und moralisch verabscheuungswürdig waren. Wie der Titel eines der ersten Bücher über AIDS bündig feststellte, konnte ihre Ursache nur ein ›merkwürdiger Virus aus dem Jenseits‹ sein. [22]

Die ersten in der industrialisierten Welt untersuchten Fälle waren allesamt in den schwulen Gemeinden Kaliforniens und New Yorks aufgetaucht, was zu Spekulationen über eine Art von ›schwulem Krebs‹ geführt hatte. Diese Spekulationen waren falsch. Als weitere Fälle zum Vorschein kamen, zuerst unter Blutern, dann unter intravenösen Drogenbenutzern, begann sich des Rätsels Lösung abzuzeichnen: Körperflüssigkeit, sei es Blut oder Sperma, mußte von einer Person auf eine andere unter Umständen übertragen werden, die einen Eintritt in den Blutkreislauf erlaubten. Im Frühjahr 1984 war der neue Virus identifiziert worden, und 1986 gab ihm eine internationale Kommission für virologische Nomenklatur offiziell seinen Namen: Von nun an würde er HIV heißen, als Abkürzung für ›Human Immunodeficiency Virus‹. [23]

Es handelte sich nicht um ›schwulen Krebs‹, sondern um einen Retrovirus, der durch Bluttropfen auf Nadeln von einem Süchtigen zum anderen weitergegeben wurde, durch Blutbehälter und Blutprodukte in Krankenhäusern und Blutbanken, durch vaginale Ausscheidungen von Frauen sowie durch das Sperma von Männern. Die Umstände der Übertragung wurden immer offensichtlicher. Analverkehr zum Beispiel erlaubt dem Virus, in den Blutkreislauf einzutreten. Intravenöse Nadeln, chirurgische Instrumente, die Haut durchbohrendes Sex-Spielzeug, all das konnte Tröpfchen von verseuchtem Blut übertragen. Und die Gefahr der Infektion wuchs natürlich, je häufiger man sich dem Virus aussetzte.

Im Juni 1984 war jedoch noch viel Forschungsarbeit zu leisten; die Berichterstattung der Medien über AIDS zeichnete sich oft, besonders in Frankreich, durch grobe Fehlinformiertheit aus; auf Jahre hindurch speisten die ersten groben Eindrücke von der Krankheit als eine Art biologischer Fluch, der sich auf arme Sünder niederläßt, die öffentliche Imagination, und es verbreitete sich die Angst vor dem ›Virus aus dem Jenseits‹. Tatsachen und Science Fiction vermischten sich auf groteske Weise, wodurch viele Träger des Virus dazu gezwungen wurden, Krieg an zwei Fronten zu führen: gegen eine tödliche, von der modernen Medizin noch nicht zu beherrschende Krankheit und gegen eine *a priori* Zuweisung moralischer Schmach. Vielen Konservativen – und offenbar dem Journalisten von *Libération* – schien Aids ein Zeichen von Schuld zu sein, wenn nicht gar göttliche Vergeltung für widernatürliche Akte; auch wenn es, wie ein Kritiker kommentierte,»ein merkwürdiger Gott ist, der sich dazu entschließt, männliche Homosexuelle zu bestrafen, weibliche jedoch nicht, und der auf Drogenbenutzer böse ist, die intravenös spritzen, nicht aber auf die, die schnupfen«. [24]

Unter diesen Umständen verwundert es kaum, daß keine Person des öffentlichen Lebens es wagte, öffentlich einzugestehen, an der Krankheit zu sterben, bis Rock Hudson es im August 1984 tat, zwei Monate nach Foucaults Tod. Das Thema bleibt weiterhin belastet. Offen über die Umstände von Foucaults Tod zu sprechen, mag manche, verhext durch die moralisierende Kraft von der Metapher AIDS und überzeugt von der eigenen Auffassung von Gut und Böse, dazu verleiten, sein gesamtes Lebenswerk abzulehnen. Andere wiederum, berechtigterweise verärgert über eben diese moralisierende Kraft und überzeugt von der eigenen Beherrschung des kulturellen Kampfplatzes, lassen sich dazu verleiten, jegliche ausführliche

Behandlung der Frage als die Erfindung jenes ›pathologischen Diskurses‹ von der Hand zu weisen, der Stereotypisierungen der übelsten Sorte nur verstärkt. Die Bedenken der politischen Aktivisten sind verständlich; die Gefahren real. Doch wie Foucault selbst am Ende seines Lebens betont hat, lohnt es, den Versuch zu unternehmen, die Wahrheit zu sagen –, selbst wenn dies mit Gefahren verbunden sein sollte.[25] Wie dem auch sei, die Begleitumstände von Foucaults Tod sind immer noch nicht vollständig geklärt. Einer Quelle zufolge gab der ursprüngliche Totenschein AIDS als Todesursache an. Diese Enthüllung schockierte vermutlich Foucaults Mutter, seine Schwester und seinen Bruder – und auch Daniel Defert, den langjährigen Gefährten des Philosophen. Die Familie verlangte, dieser Quelle zufolge, daß die Todesursache geheim bleiben sollte, da sie fürchtete, daß ein naseweiser Biograph die Wahrheit erfahren könnte.[26]

Der genaue Zeitpunkt der ärztlichen Diagnose bleibt unbekannt; Foucaults Tod kam relativ früh während der Epidemie, bevor Bluttests allgemein zugänglich waren, durch die das Vorhandensein von Anti-Körpern gegen den Virus nachgewiesen werden konnte. Foucault hatte sich seit einiger Zeit nicht wohl gefühlt: Mehreren Quellen zufolge war er seit spätestens Herbst 1983, wenn nicht schon früher, besorgt, daß er AIDS haben könnte. Trotzdem scheint es, daß eine definitive Diagnose erst sehr spät getroffen wurde, wahrscheinlich Ende 1983 oder Anfang 1984. Zu diesem Zeitpunkt lag er im Krankenhaus und reagierte auf eine Behandlung mit Antibiotika doch so gut, daß er in der Lage war, seine letzte Vorlesungsreihe am Collège de France zu halten.[27]

Es bleibt auch weiterhin unklar, ob die Ärzte ihrem Patienten je reinen Wein über seinen Zustand eingeschenkt haben. Französische Ärzte sind für ihre Zurückhaltung bekannt; und es gibt einige Anzeichen dafür, daß Foucault selbst, wie viele Patienten mit einer unheilbaren Krankheit, nicht gerade darauf erpicht war, allzu genau im Bilde zu sein. Einer Quelle zufolge unterbrach er einen Arzt, der mit ihm über die Diagnose sprechen wollte, und fragte nur: »Wie lange?«[28]

Foucaults Tod brachte Daniel Defert in eine schwierige Position. Ein Vierteljahrhundert lang hatte er Foucaults Leben und in den letzten Tagen auch die Agonie seines Todes geteilt. Doch nun mußte er feststellen, daß ihm niemand, weder die Ärzte noch Foucault, falls er sie wußte, die Wahrheit gesagt hatten. Im stillen, wie einer seiner Freunde vertraulich zugab, war er außer sich. Bestand doch die Möglichkeit, daß ihn sein langjähriger Geliebter hintergangen hatte. Außerdem ärgerte es ihn, daß Foucault seinen AIDS-Tod nicht zu einer öffentlichen, politischen Sache gemacht hatte. Defert, ein erfahrener Aktivist, muß gewußt haben, daß eine seltene Gelegenheit zur Aufklärung der Öffentlichkeit verschwendet worden war.[29]

Kurz nach Foucaults Tod begann Defert, die erste nationale französische AIDS-Organisation, *Association AIDES*, ins Leben zu rufen. (Der Name ist ein zweisprachiges Wortspiel, welches das französische Verb ›aider‹ (helfen) mit dem englischen Akronym ›AIDS‹ verbindet – in Frankreich trägt die Krankheit den Namen *SIDA: Syndrome d'Immuno-Déficience Acquise*). Es war ein passender Tribut: *Association AIDES* hat eine führende Rolle dabei gespielt, Risikogruppen zu mobilisieren, die Ausbreitung des Virus zu bekämpfen sowie an AIDS Erkrankten moralische und emotionale Unterstützung anzubieten. Aber die Existenz von *Association AIDES* konnte kaum die Gerüchte darüber unterdrücken, wie Foucault denn nun gestorben sei, die nun, zum Teil deshalb, weil die Umstände immer noch geleugnet wurden, ihr gespenstisches Eigenleben annahmen.[30]

Die Merkwürdigkeiten, die Foucaults Tod umgaben, begannen sich zu vervielfältigen. Da war zunächst die Tatsache, daß er im *Hôpital de la Salpêtrière* gestorben war, ausgerechnet in jener Institution, die er für *Wahnsinn und Gesellschaft* untersucht hatte, ein Ort, der im siebzehnten und achtzehnten Jahrhundert als de facto Gefängnis für Bettler, Prostituierte, Kriminelle und Geistesgestörte gedient hatte, derselbe Ort, den humanistische Reformer nach der Revolution in eine Anstalt für Wahnsinnige verwandelt hatten. Außerdem war er nicht kurz nach seinem Tod in eines jener ›Wahrheitsspiele‹ verwickelt worden, deren Studium er sein Leben gewidmet hatte, sondern in ein Netz des Betrugs. In den folgenden Monaten wurde der einstmalige Erforscher ›infamer Menschen‹ selbst verstohlen in der intellektuellen Gerüchteküche als ein solcher ›infamer Mensch‹ porträtiert. Das Schlimmste jedoch war, daß er an einer Art moderner Pest zugrunde gegangen war, die neuzeitliche Leprakranke produzierte und genau jene Art von Reaktion provozierte, die er so beißend zehn Jahre zuvor in seiner Darstellung der Seuchenmentalität in *Überwachen und Strafen* beschrieben hatte als »die Existenz zahlreicher Techniken und Institutionen, die der Messung, Kontrolle und Besserung der Anormalen dienen«, um die vermeintlich »Schuldigen« zu isolieren und um die imaginierte »Angst vor den Ansteckungen, [. . .] vor den Aufständen, vor den Verbrechen, vor der Landstreicherei, vor den Desertionen« zu vertreiben, eine Angst vor Menschen, die »ungeordnet auftauchen und verschwinden, leben und sterben«.[31] Als der zweite Jahrestag von Foucaults Tod bevorstand, entschieden Defert und einer seiner Kollegen von Association AIDES, Jean Le Bitoux, daß es an der Zeit sei, reinen Tisch zu machen. Ihr Vehikel war ein junger amerikanischer Student und Journalist, der vorhatte, einen ›Brief aus Paris‹ für das amerikanische Schwulen-Magazin *The Advocate* zu schreiben, das passenderweise in Kalifornien publiziert wird, Foucaults bevorzugtem Reiseziel während seines letzten Lebensjahrzehnts.[32]

In der Mitte des Artikels – der Journalist versteckte die Nachricht absichtlich, um ihre Wirkung zu dämpfen – enthüllte Le Bitoux, mit Zustimmung Deferts, zum ersten Mal öffentlich die Wahrheit: »›Association AIDES [. . .] wurde von Foucaults Freunden begonnen‹, sagt Le Bitoux, ›die zu seinem Gedenken dieser Krankheit, unter der er gelitten hatte, entgegentreten wollten.‹ Foucaults Tod wurde auf eine ›neurologische Störung‹ zurückgeführt, aber Le Bitoux sagte offen: ›Die Art und Weise, in der er starb, war ein furchterregendes Zeichen, eine letzte Botschaft, insofern er dem Tod mit Mut und Bescheidenheit gegenübertrat und die [schwule Gemeinde] an etwas erinnerte, was sie verloren hatte: die Aufmerksamkeit, uns um unsere eigenen Probleme zu sorgen, und um unsere Gesundheit.«[33]

Diese Deklaration kam zu spät. Foucaults Ansehen hatte bereits gelitten, besonders unter gewissen schwulen Aktivisten. Ein Jahr später, als Jean-Paul Aron, ein französischer Historiker, der einmal Foucaults Freund war und jetzt zu seiner Nemesis wurde, öffentlich verkündete, daß er an AIDS sterbe, benutzte er die Gelegenheit, die Integrität des toten Mannes zu attackieren. Er gab zu, daß seine Motivation zum Teil von reiner Eifersucht herrühre, und beschuldigte Foucault, sich seiner Homosexualität »geschämt« zu haben, »obwohl er sie manchmal auf verrückte Art und Weise gelebt hat«. Die Weigerung des Philosophen, öffentlich einzugestehen, daß er an AIDS leide, sei »das Schweigen der Scham, nicht das Schweigen des Intellektuellen«.[34]

In einer in *Libération* veröffentlichten Antwort an Aron bemühte sich Defert loyal, Foucaults Andenken zu verteidigen: »Ich habe dreiundzwanzig Jahre Leben und moralische Entscheidungen mit Foucault geteilt, und wenn wir uns als Homosexuelle geschämt hätten, wie Aron sagt, hätte ich niemals *Association AIDES* gegründet. In seinem Werk hat Michel Foucault die Praxis des Bekennens in die Problematik der Macht eingefügt. Er betrachtete Bekennen niemals als Wert an sich, sondern zeigte immer die Kontrollmechanismen, die dabei am Werke sind. Ansonsten steht es mir, dem Präsidenten von *AIDES*, nicht an, einen Mann zu verurteilen, der sich wegen Aids Bekenntnisse und Schamgefühle zunutze macht.«[35]

Bei diesem gereizten Schlagabtausch stand genau das auf dem Spiel, was Foucault zwanzig Jahre früher vorausgesehen hatte: »die unsichtbare Wahrheit, das sichtbare Geheimnis« des Philosophen. Und genau wie er vorausgesagt (und vielleicht befürchtet) hatte, war er dabei, durch die besonderen Umstände seines Todes genau das zu erwerben, was er so lange durch den labyrinthartigen Stil seines Schreiben vermieden hatte: »ein Gesicht, das nicht austauschbar ist«.

»Er weigerte sich lange Zeit, öffentlich als Schwuler aufzutreten«, erinnert sich Jean Le Bitoux. »Es war schwierig für ihn, aber er erklärte, daß, wäre er als ›schwuler Intellektueller‹

etikettiert worden, er nicht das Publikum gehabt hätte, über
das er hier und in den Vereinigten Staaten verfügte.«Dies allein
war Grund genug für Foucault, zutiefst ambivalente Gefühle
einem *coming out* gegenüber zu haben. Aber schließlich hatte
er doch auf seine eigene, diskrete Art sein *coming out*, indem er
in den letzten Jahren seines Lebens zahlreiche Interviews zu
schwuler Sexualität und zum Kampf für schwule Rechte gab
und im stillen, wie Le Bitoux betont, »eine Anzahl schwuler
Männer und jugendlicher Liebhaber im Verlaufe komplizierter
juristischer Verfahren unterstützte«.[36]

Aber vielleicht gab es noch einen tieferen, weit dunkleren
Grund für Foucaults Schweigen, nicht über Homosexualität
(die er letzten Endes offen diskutierte), sondern über AIDS.
Im Verlauf des Sommers 1983 hatte sich der Philosoph einen
kratzenden, trockenen Husten zugezogen, was ohne Zweifel
zu Befürchtungen geführt hatte, daß er sich mit der Krankheit
angesteckt haben könnte. »In den Staaten sprach jeder von
AIDS«, erinnert sich Daniel Defert, »und unsere amerikanischen Freunde, die uns besuchten, sprachen alle davon. Auch
wenn er bezüglich seiner eigenen Situation im Unklaren war,
das Faktum [AIDS] beschäftigte ihn.« Defert glaubt sogar, daß
es »durchaus möglich ist«, daß Foucault in diesen Monaten
»ein ganz reales Wissen davon hatte«, daß er »dem Tode nahe
war«.[37]
Obwohl man den Virus immer noch nicht genau verstand,
wuchs das öffentliche Bewußtsein von seiner offensichtlichen
Gefährlichkeit rapide, besonders in der nordamerikanischen
schwulen Gemeinde, in der allerorten Bemühungen im Gange
waren, das Sexualverhalten zu ändern. In den vorausgegangenen Monaten hatten einige von Foucaults engsten Freunden –
Ärzte, Liebhaber, schwule Freunde, die sich bereits zu *safe sex*
verpflichtet hatten – ihn gedrängt, besser auf sich aufzupassen,
darauf zu achten, was er tue. Foucault jedoch ignorierte ihre
Mahnungen. Auf sich achtzugeben – besonders in San Francisco
– war nicht sein Stil.[38]

Seit seinem ersten Besuch in der Gegend um die Bucht von San Francisco im Jahre 1975 hatte die dort florierende schwule Gemeinde ihn in ihren Bann geschlagen. Ursprünglich war er an die Westküste gekommen, um an der *University of California* in Berkeley zu lehren. Doch schwule Kollegen fuhren ihn bald schon über die *Bay Bridge* nach San Francisco in die *Castro Street* und die Gegend um die *Folsom Street*. In diesen Stadtvierteln stützte eine beispiellose Zahl von Clubs, Kneipen und Bädern, die eine Vielzahl sexueller Geschmäcker bedienten, eine herausfordernd öffentliche und überschwenglich experimentierfreudige schwule Subkultur – das spektakuläre Resultat der schwulen Befreiungsbewegung, die zuerst in den sechziger Jahren für Furore gesorgt hatte. Wie nie zuvor fühlte Foucault sich in San Francisco frei, seinem beständigen Interesse an ›verbotenen Lüsten‹ nachzukommen. [39]

Er kehrte in das Gebiet um die San Francico-Bay 1979, 1980 und im Frühjahr 1983 zurück, wobei er seine Tage gewöhnlich in Berkeley und seine Nächte in San Francisco verbrachte. Und selbst dann noch, als sich Freunde in Paris Sorgen um seinen sich verschlechternden Gesundheitszustand machten, freute er sich auf eine weitere Reise an die amerikanische Westküste im Herbst 1983. »Das ist bloß ein Bronchialinfekt«, beruhigte er eine Freundin. »Wenn ich erst wieder in Kalifornien bin, geht's mir besser.« [40]

Zu diesem Zeitpunkt war die schwule Gemeinde von San Francisco für ihn zu einer Art magischer ›Heterotopia‹ geworden, zu einem Ort verblüffender Exzesse, die ihn beglückten und ihm die Sprache verschlugen. Die zahllosen Bäder der Stadt verhießen Foucault einen willkommenen »Schwebezustand der Nicht-Identität« und ermöglichten es ihm wie nie zuvor, seiner lebenslangen Faszination durch »das Überwältigende, das Unsagbare, das Schauderhafte, das Betäubende, das Ekstatische« freien Lauf zu lassen und dabei »eine reine Gewalt, eine wortlose Geste« anzunehmen. Und in den Gesprächen, die er in den letzten Jahren seines Lebens mit der schwulen Presse führte, machte Foucault kein Geheimnis aus seinem besonderen Interesse an »S/M«, jener auf gegenseitiger Zustimmung basie-

renden Form sado-masochistischer Erotik, die in einer Anzahl
der Bäder San Franciscos Hochkonjunktur hatte. »Ich glaube
nicht, daß diese sexuelle Praktik etwas zu tun hat mit der Ent-
schlüsselung oder Aufdeckung von S/M-Tendenzen in der Tiefe
unseres Unbewußten«, sagte er 1982. »Ich glaube vielmehr,
S/M ist wesentlich mehr als das; es ist die reale Schöpfung
neuer Möglichkeiten des Genusses, von denen die Menschen
zuvor keine Ahnung hatten.« [41]
»Ich denke, daß die Art von Genuß, die ich als den wirklichen
Genuß ansehen würde, so tief wäre, so intensiv, so überwältigend, daß ich ihn nicht überleben könnte«, erläuterte Foucault
in einem anderen Interview im gleichen Jahr. »Vollständiger, to-
taler Genuß [. . .] steht für mich in Verbindung zum Tod.« [42]
Die Auffassung, daß Genuß für ihn irgendwie »mit dem Tod in
Verbindung steht«, hat Foucault während seines gesamten
Lebens verfolgt, wie wir noch sehen werden. Sie bot seinen
Schriften und seinem Verhalten »überwältigende« und »unaussprechliche« Möglichkeiten, die sich in San Francisco im Herbst
1983 als noch überwältigender und unaussprechlicher erwiesen.
Es war eine düstere Zeit in der schwulen Gemeinde der Stadt.
Die Zahl von AIDS-Fällen wuchs in einem Maß, das die öffentlichen Gesundheitswächter alarmierte sowie eine immer größer
werdende Zahl schwuler Männer in Schrecken versetzte. Die
schlimmsten Befürchtungen bezüglich dieser Krankheit bestätigten sich nach und nach. Immer mehr Menschen starben, während die Ärzte hilflos zusehen mußten, weiterhin unsicher, was
denn nun diese neue Krankheit sei, im Unklaren darüber, wie
sie sich verbreitete und unfähig, ihrem tödlichen Verlauf entgegenzuwirken. Angsterfüllte Männer bevölkerten öffentliche
Vorträge über AIDS und unterhielten sich darüber, was zu tun
sei. Im Sommer 1983 hatten einige der mehr gemeinschafts-
orientierten Sexclubs damit begonnen, Informationen über *safe
sex* auszuteilen. Da jedoch andere schwule Bäder, die befürch-
teten, ihre Kundschaft zu verlieren, zögerten, AIDS-Pamphle-
te zu verteilen oder neue sexuelle Verhaltensweisen zu propa-
gieren, begann eine wachsende Zahl von Ärzten und schwulen

Aktivisten, sich dafür einzusetzen, solche Etablissements entweder strikt zu reglementieren oder ganz zu schließen. Dies sollte schließlich von Oktober 1984 an auch geschehen.[43] In der Zwischenzeit fragten sich viele abenteuerlustige schwule Männer, die nicht wußten, wem sie glauben und wie ihre Antwort aussehen sollte, ob sie nicht unabhängig von ihrem Verhalten zum Untergang verdammt seien. Die Liste der Todesfälle innerhalb der S/M-Szene war bereits lang, und sie schien unweigerlich immer länger zu werden. Viele, darunter Foucault, waren der Meinung, daß S/M zu den positiven und konstruktiven Dingen in ihrem Leben gehörte – ein Weg, auf dem sie gemeinsam eine Reihe ansonsten tabuisierter Impulse ausdrücken und ein Gefühl der Beherrschung dieser Impulse gewinnen konnten. Dank des monströsen Zufalls AIDS jedoch waren diese vibrierenden Formen der Erotik mit dem Mal tödlicher Konsequenzen behaftet. Unter diesen morbiden Umständen entschlossen sich einige dazu, ihr sexuelles Verhalten zu ändern, was entweder zu angsteinflößendem Zölibat oder zu ungewohnter Mäßigung führte, indem die Frequenz sexueller Kontakte verringert und der Austausch von Körperflüssigkeiten vermieden wurde. Für andere hingegen, die verwirrt oder resigniert – oder beides – waren, ging die Party in trotziger Unbeherrschtheit weiter, »gleich den Zechern in Edgar Allan Poes ›Maske des roten Todes‹«, wie ein kritischer Augenzeuge später bemerken sollte.[44] Die Zustände waren entmutigend. Die Szenerie in einigen der Bäder San Franciscos im Herbst 1983 mag jedoch in manchen Nächten jemanden, der Augen für solche Bilder hat, auf merkwürdige Weise an eine Szenerie erinnert haben, die Foucault zehn Jahre zuvor beschworen hatte, als er in seiner Beschreibung der Seuchen und des makabren Karnevals des Todes Imaginationen mittelalterlicher Schriftsteller wiederbelebte: »[D]ie Aufhebung der Gesetze und Verbote; das Rasen der Zeit; die respektlose Vermischung der Körper; das Fallen der Masken und der Einsturz der festgelegten und anerkannten Identitäten, unter denen eine ganz andere Wahrheit der Individuen zum Vorschein kommt.«[45]

Wie sich an der lyrischen Intensität dieser Passage ersehen läßt, übte die Möglichkeit dessen, was Foucault an anderer Stelle eine »Selbstmord-Orgie« nennt, eine ungewöhnliche Faszination auf ihn aus. In Anbetracht der Beängstigung, die AIDS nach wie vor hervorruft, muß die Besonderheit von Foucaults Haltung betont werden: Die meisten Mitglieder der schwulen und der S/M-Gemeinde hätten die Situation *unter keinen Umständen* in einem solchen Zusammenhang gesehen. Foucault andererseits hatte schon seit langem den Tod – und die Vorbereitungen auf den Freitod – im Zentrum seiner Bemühungen angesiedelt: Im Rahmen »jener mutigen Geheimwissenschaften, die ihre Verdammungen schließlich überdauern«, war es ihm offensichtlich ernst mit seiner impliziten lebenslangen Überzeugung, daß »die Erkenntnis des Lebens nur einem grausamen, höhnischen, infernalischen, seinen Tod herbeisehnenden Wissen gegeben [ist]«. [46]

In diesem Herbst, so erzählte er später Freunden, ging er wieder in die Bäder San Franciscos. Er akzeptierte das erhöhte Risiko und nahm wieder an den Orgien der Marter teil, wobei er »*the most exquisite agonies*« durchmachte, sich selbst freiwillig austilgte, Bewußtseinsgrenzen sprengte und realen, körperlichen Schmerz durch die Alchemie der Erotik unmerklich in Lust verwandelte. [47]

Jahre später, in seinem AIDS-Schlüsselroman *Dem Freund, der mir das Leben nicht gerettet hat*, erinnert sich der Foucault zum damaligen Zeitpunkt sehr nahestehende französische Romancier Hervé Guibert daran, wie der Philosoph seines Romans von einer Herbstreise nach Kalifornien zurückgekehrt sei und »genüßlich von seinen jüngsten Eskapaden in den Saunen von San Francisco« geschwärmt habe. »›Wegen AIDS ist wohl kein Mensch mehr dort?‹ ›Irr dich bloß nicht‹, entgegnete [der Philosoph], ›im Gegenteil, nie waren so viele Leute in den Saunen, es ist ganz phantastisch geworden. Diese schwebende Bedrohung hat ein neues Gefühl der Zusammengehörigkeit geschaffen, neue Zärtlichkeiten, eine neue Solidarität: Früher hat keiner ein Wort gesagt, jetzt reden wir miteinander. Jeder weiß sehr genau, wozu er dort ist.‹« [48]

Warum aber ging Michel Foucault dorthin? Falls er mit dem Virus bereits infiziert war, wie er vielleicht vermutete, würde er seine Partner gefährden. Und wenn einer seiner Partner den Virus trug, was wahrscheinlich war, dann setzte er sein eigenes Leben aufs Spiel.

Handelte es sich vielleicht um seine eigene, bewußt gewählte Apotheose, seine eigene, einzigartige Erfahrung der ›Passion‹? Enthüllt sich, er selbst jedenfalls deutete es an, in seiner möglichen Umarmung einer todbringenden ›Krankheit der Liebe‹ der ›lyrische Kern‹ seines Lebens – der Schlüssel zu seiner ›persönlichen poetischen Einstellung‹?

Was genau Foucault in jenem Herbst 1983 in San Francisco tat – und warum – wird vielleicht für immer ein Geheimnis bleiben. Die Belege, die gegenwärtig zugänglich sind, sind unvollständig und werden teilweise bestritten. Daniel Defert zum Beispiel widerspricht scharf dem allgemeinen Eindruck, der von Hervé Guibert erweckt wurde, indem er seinen Roman als böswilliges Hirngespinst zurückweist. Andererseits gibt es jedoch wenig Zweifel daran, daß sich Foucault während seines letzten Besuchs in San Francisco stark mit AIDS sowie mit der Aussicht darauf beschäftigt hat, daß er möglicherweise daran sterben würde – wie Defert selbst betont. »Er nahm AIDS sehr ernst«, sagte Defert: »Als er zum letzten Mal nach San Francisco fuhr, betrachtete er dies als eine ›Grenz-Erfahrung‹.«[49]

Ein zweideutiger Begriff, ›Erfahrung‹, – jedoch unumgänglich für das Verständnis des ›rätselhaften Zuschnitts‹, der Foucaults Leben und Werk zusammenhält. Gegen Ende seines Lebens definierte er ›Erfahrung‹ kurz auf folgende Weise: sie sei, erklärte er, eine Form des Seins, die »gedacht werden kann und muß«, eine Form, die sich »historisch [...] konstituiert« durch »Wahrheitsspiele«.[50]

Ganz im Sinne Kants analysierte Foucault diese ›Spiele‹ in ihrer ›Positivität‹. Bei dem Begriff ›Positivität‹ schien er daran zu denken, wie bestimmte Denkweisen, indem sie einen bestimmten Denkstil verkörpern, verschiedene Aspekte des Daseins in eine Ordnung bringen oder einen bestimmten Bereich des Wissens definieren. Ein Gedankensystem erwirbt ›Positivität‹ in diesem Sinne, wenn sich seine Grundsätze der Überprüfbarkeit hinsichtlich ihrer Richtigkeit oder Falschheit öffnen. In *Die Geburt der Klinik* und *Die Ordnung der Dinge* zeigte Foucault zum Beispiel, wie sich im neunzehnten Jahrhundert klinische Anatomie, Ökonomie, Zoologie, Botanik und Linguistik als in sich kohärente ›Diskurse‹ herauskristallisierten und damit neue Disziplinen des Verstehens konstituierten sowie die Durchführung von Forschung in jedem dieser Zweige des ›positiven‹ (oder ›wissenschaftlichen‹) Wissens reglementierten. Am Ende seines Lebens, in *Der Gebrauch der Lüste* und *Die Sorge um sich*, untersuchte Foucault, wie klassische Denker von Sokrates bis Seneca ihre eigene, persönliche Auffassung von Wahrheit genau ausarbeiteten. Sie wollten dabei ihre Existenz mit soviel Vernunft und Maß durchsetzen, daß sie ihr eigenes Leben unter Kontrolle bekommen und sich selbst in etwas ›Positives‹ (oder ›Gutes‹) verwandeln konnten.[51].

Im Gegensatz dazu interessierte sich Foucault als Kenner von Literatur und Kunst und im Geiste Nietzsches und des französischen *philosophe maudit* George Bataille dafür, Erfahrung auch in jene Richtung zu verfolgen, die er manchmal ihre ›Negativität‹ nannte, indem er in jene Bereiche des menschlichen Daseins eindrang, die sich rationalem Zugriff zu entziehen schienen. In *Wahnsinn und Gesellschaft* zum Beispiel entnahm er seiner Begegnung mit den gepeinigten Visionen Goyas, den grausamen erotischen Phantasien de Sades und den irren Glossarien Artauds »etwas, das gedacht werden kann und muß«, etwas, das sowohl aufrüttelt als auch verstört, eine mystische Erfahrung, »aus der man verändert herauskommt«.[52]

Bestärkt in dem Glauben, sich selbst ändern zu können, suchte Foucault auf eigene Faust potentiell transformative ›Grenz-Erfahrungen‹. Dabei trieb er bewußt Geist und Körper bis zum Äußersten und riskierte »ein Opfer, selbst [. . .] ein Opfer des Lebens: [. . .] das freiwillige Auslöschen, das in den Büchern nicht dargestellt werden soll, da es im Leben des Schriftstellers selbst sich vollzieht«, wie er sich 1969 ausdrückte.[53]

In einem ungewöhnlich enthüllenden Gespräch im Jahre 1981 beschrieb er detailliert die Anziehungskraft, die bestimmte extreme Formen der Leidenschaft auf ihn ausübten, wobei er implizit einen destruktiven Typ der ›Schmerz/Lust‹ – die lebenslange Vorbereitung auf den Selbstmord – mit der Fähigkeit in Verbindung setzte, dank potentiell selbst-zerstörerischer, jedoch mysteriös enthüllender Zustände intensiver Dissoziation, die Welt »mit völlig anderen Augen« zu sehen. Durch Trunkenheit, Traumvorstellungen, dionysisches Sich-Gehen-Lassen des Künstlers, quälende asketische Praktiken und ungezügelte Erforschung sado-masochistischer Erotik schien es, wenn auch nur kurzfristig, möglich, die Grenze zwischen Bewußtem und Unbewußtem, Vernunft und Unvernunft, Lust und Schmerz sowie, an der äußersten Grenze, Leben und Tod, zu durchbrechen. Durch diese Praktiken würde dann klar, wie leicht beeinflußbar, unsicher und ungewiß die für das Spiel von wahr und falsch so zentralen Unterscheidungen sind.

An dieser Bruchstelle wird ›Erfahrung‹ zu einem Bereich voller Turbulenz, ungeformter Energie, zum Chaos – »*l'espace d'une extériorité sauvage*« (›der Raum eines wilden Außen‹), nannte er es in ›Die Ordnung des Diskurses‹ (1971). Wie nur wenige Denker vor ihm war Foucault zu Hause in diesem Niemandsland. Zu bestimmten Zeiten schien er sich selbst als beispielhaften Sucher nach einer ›Geheimwissenschaft‹ betrachtet zu haben, der als Held von wahrhaft nietzscheanischer Statur in mühsam aufrechterhaltenem Gleichgewicht auf dem Hochseil im »schwachen Licht der Morgendämmerung« furchtlos die Richtung zu einem »künftige[n] Denken weist«.[55]

Aber vielleicht war Foucault einfach, wie er an anderer Stelle andeutet, bloß eine Figur von quichottischer Narrheit, ein philosophischer *Felix, the Cat*, der dazu gezwungen wurde, auf schmerzliche Weise das Gesetz der Schwerkraft zu lernen.

»Der vom dunklen Wahnsinn des Sexes Getroffene« würde dann, wie er 1976 schrieb, »so etwas wie eine verirrte Natur« sein. Sein eigener Tod, bei aller offenbarenden Kraft, könnte dann gesehen werden als die bloße »übernatürliche Wiederkehr von Schuld und Sühne«, die sich »mit der Flucht in die Wider-Natur kreuzt«.[56]

Trotz seiner verständlichen Zweifel am philosophischen Wert seines eigenen Interesses an Experimenten mit ungewöhnlichen körperlichen Sinneswahrnehmungen und anderen Bewußtseinszuständen deutete Foucault mehr als einmal während seines letzten Lebensjahrzehnts diskret an, daß sein gesamtes Werk, was auch immer davon zu halten sei, aus seiner Faszination mit ›Erfahrung‹ erwachsen sei.

1981 war ihm zum Beispiel in einem ansonsten wenig bemerkenswerten Interview mit Didier Eribon, dem Journalisten, der sein erster Biograph werden sollte, eine enthüllende Bemerkung entschlüpft: »Immer dann, wenn ich mich an einer theoretischen Arbeit versuchte«, sagte Foucault, »geschah dies auf der Grundlage von Elementen aus meiner Erfahrung.« Er wiederholte dies fast wörtlich in seinem letzten Interview, auf dem Totenbett im *Hôpital de la Salpêtrière*. Dort gestand er, daß er in seinen vorhergehenden Büchern »leicht rhetorische Methoden« benutzt habe, »durch die man einen der drei grundlegenden Erfahrungsbereiche umgangen hätte«: den Bereich des Subjekts, des Selbst, des Individuums und seines Verhaltens. Aber eigentlich könne man sich jedem seiner Bücher als »eine[r] Art Bruchstück einer Autobiographie«, als einem »Erfahrungsbereich nähern, der zu studieren, auszumessen und zu organisieren« sei, und zwar genau durch Wiedereinfügung der bislang ausgeschlossenen Dimension: der des Autors, der seine ›Natur‹ und sein Wissen in seiner ›reinen Existenz‹ zur Prüfung freigibt.[57]

1978 zählte Foucault in einem Gespräch mit dem italienischen Journalisten Duccio Trombadori drei entscheidende Implikationen seiner lebenslangen Beschäftigung mit ›Erfahrung‹ auf. Die erste sei die Tatsache, daß es »keinen kontinuierlichen und systematischen theoretischen Hintergrund« oder keine Methodik zu seinem Werk gäbe. Die zweite Implikation sei, sagte er, daß »es kein Buch gibt, das ich geschrieben habe, das nicht,

zumindest teilweise, aus direkten persönlichen Erfahrungen
erwachsen ist«, Erfahrungen mit »Wahnsinn, psychiatrischen
Heilanstalten, Krankheit«, sowie mit »Tod«. Die dritte Implikation sei, wie Foucault ausführte, komplexer. Selbst wenn man
von einer persönlich transformierenden ›Grenz-Erfahrung‹
ausgehe, »ist es notwendig«, räumte er ein, »die Tür zu öffnen
für eine Transformation, eine Metamorphose, die nicht einfach
individuell ist, sondern die einen Charakter annimmt, der anderen zugänglich ist«. Aus diesem Grunde mühte er sich immer,
die volle Reichweite seiner eigenen Erfahrung auf »eine bestimmte Weise mit einer kollektiven Praxis, einer Denkweise«
zu verbinden. Zu unterschiedlichen Zeitpunkten seines Lebens hatte er deshalb die Sprachspiele des Strukturalismus, des
Maoismus, sowie der artifiziellen und unpersönlichen Sprache
der klassischen Philologie mitgespielt. Aber selbst auf dieser öffentlichen Ebene, betonte er, könne vieles davon, was dem Leser bezüglich »der Beziehung zwischen ›Grenz-Erfahrung‹ und
der ›Geschichte der Wahrheit‹« verwirrend vorkommen mag,
nur dadurch geklärt werden, daß »die Fäden bestimmter Episoden in meinem Leben« aufgenommen würden.[58]
»Was ich sage, hat keinen objektiven Wert«, schloß er mit entwaffnender Offenheit; werde jedoch das, was er gesagt und geschrieben habe, unter dem Gesichtspunkt der ›Grenz-Erfahrung‹
betrachtet, könne es trotzdem »dazu beitragen, die Problemstellungen sowie deren Konsequenzen zu klären, die ich versucht habe, ans Licht zu bringen«.[59]
Foucaults lebenslange Beschäftigung mit ›Erfahrung‹ und ihren
Grenzen ist daher mehr als ein bloß theatralischer, hin und wieder verstörender Aspekt der philosophischen Wahrheitssu-
che: Sie bietet ebenfalls einen neuartigen Zugang zu seinen
Hauptwerken und ihrer Einschätzung: Sie kann dazu benutzt
werden, zu verstehen, wie ein profunder neuzeitlicher Skeptiker, der eingestandenermaßen ›jenseits von Gut und Böse‹
steht, mit der philosophischen Berufung, dem Zustandekom-
men politischer Verbindlichkeiten und der Formierung eines
öffentlichen Selbst umgeht. Gleichzeitig mag der Blick auf Foucaults Lebenswerk unter dem Gesichtspunkt der ›Erfahrung‹

neue Einsichten in eine ganze Reihe zeitgenössischer Debatten
liefern, so zum Beispiel in die über ›Menschenrechte‹, einschließlich des Rechts, ›anders zu sein‹, darüber, welche Bereiche menschlicher Verhaltensweisen außerhalb gesellschaftlicher Regelsysteme stehen sollten, über die Reichweite von
Vernunft, Sprache und menschlicher Natur.
Denn selbst in den scheinbar verrücktesten Augenblicken seines Lebens hörte Foucault nie auf zu denken, gab nie den Versuch auf, die Bedeutung seiner eigenen positiven *und* negativen
Erfahrungen in ihrer Genealogie und ihren historisch konstituierten Vorbedingungen zu entziffern, wobei er immer wieder
jene vier von Kant gestellten Fragen umkreiste: Was kann ich
wissen? Was soll ich wissen? Was darf ich hoffen? Was ist der
Mensch?

In einem Text, den er im Frühjahr 1984 fertigstellte, legte er nahe, daß er in der Tat in seinen eigenen Büchern eine Reihe von
Fragestellungen verfolgt habe, die parallel zu den von Kant aufgeworfenen verlaufen seien: »Anhand welcher ›Wahrheitsspiele‹ gibt sich der Mensch sein eigenes Sein zu denken, wenn
er sich als Irren wahrnimmt, wenn er sich als Kranken betrachtet, wenn er sich selbst als lebendes, sprechendes, arbeitendes
Wesen reflektiert, wenn er sich als Kriminellen beurteilt und
bestraft?« [60]
Diese Fragen mögen ihren Ursprung in den Besonderheiten
seiner eigenen ungewöhnlichen Erfahrungen haben, doch machen die Qualen des Individuums Foucault und die Implikationen seiner privaten Entdeckungen über die möglichen Grenzen der Vernunft, der Sprache und der Natur des Menschen,
»die Krankheit dieses Menschen zu unser[em] eigen[en] Problem«, wie er selbst einmal über Raymond Roussel gesagt
hat. [61]
Foucaults Buch über Roussel kann in vieler Hinsicht dazu dienen, seine eigenen evidenten ›Qualen‹ und vielleicht auch die
hermetischen Impulse hinter seinem lebenslangen Interesse an
den Formen der Erfahrung zu erhellen, die wir oft als ›verrückt‹,

›krank‹ oder ›kriminell‹ bezeichnen. Denkt man zum Beispiel über die Ambiguität von Foucaults möglichen ›Grenz-Erfahrungen‹ mit AIDS in San Francisco nach, fühlt man sich unweigerlich daran erinnert, wie lange sich Foucault mit der ähnlichen Ambiguität von Roussels letzter Tat beschäftigt hat. Roussel starb an einer Überdosis Drogen – ob es ein Unfall oder geplanter Selbstmord war, konnte nie geklärt werden. Seine Leiche wurde in der Nähe der Eingangsschwelle einer Tür gefunden, die sonst immer offen gestanden hatte, an diesem Tag jedoch von innen verschlossen worden war. Verschloß der Schlüssel dieser Tür »sorgfältig einen unerreichbaren Tod?« Oder gab es nicht doch, fragte sich Foucault, vielleicht irgendwo im Werk des Künstlers selbst, eine Formel, einen Schlüssel, der die Tür öffnen könnte, für uns und für ihn, um dann einen Menschen zu entblößen, der sich in Kindheitserinnerungen wandt, der im Verlaufe seines Lebens danach suchte, »deren Helligkeit wiederzufinden«. Dieser Mensch hatte Drogen genommen, um etwas zu finden, was er verloren hatte, und versucht, durch Zustände intensiver Euphorie seine Wahrheit und sein Geheimnis zu entdecken, allerdings »stets vergebens, vielleicht mit Ausnahme dieser Nacht?« [62]

Vielleicht hatte Roussel sich in einem Anfall von Wahnsinn absichtlich selbst eingeschlossen. Oder vielleicht war er, ausgerechnet durch seine eigene, potentiell selbstmörderische Handlung schließlich erleuchtet und transformiert, durch einen bloßen Unfall bei dem vergeblichen Versuch ums Leben gekommen, endlich den Schlüssel der Tür zu drehen, die ihn freisetzen würde – denselben Schlüssel, den er, ebenso vergeblich, in jedem Wort, das er geschrieben hatte, zu ergreifen suchte.

»Man schreibt, um jemand anderer zu werden als der, welcher man ist«, bemerkte Foucault im Herbst 1983 in einem Gespräch, in dem er seine Faszination für Roussel erklärte. »Wissen Sie, für ihn war Schreiben genau das. Es gibt eine wunderbare Stelle, in der er sagt, daß er erwartet habe, daß am Morgen nach seinem ersten Buch Lichtstrahlen von seinem Körper ausstrahlen würden und daß jedermann auf der Straße in der Lage sein würde zu sehen, daß er ein Buch geschrieben habe. Das ist diese obskure Begierde jedes Menschen, der schreibt. Es stimmt, daß der erste Text, den man schreibt, weder für andere noch für den, der man ist, geschrieben wird [. . .]. Es ist ein Versuch, seine Existenz durch den Akt des Schreibens zu modifizieren. Es ist diese Transformation der Existenz, die Roussel beobachtete, woran er glaubte, nach der er strebte und für die er ungeheuerlich gelitten hat, und nicht nur in seinem Schreiben.«[63]

Auch Foucault schrieb seine letzten beiden Bücher offensichtlich, um »jemand anderer zu werden, als der, welcher man ist«. Diese Texte handeln in erster Linie von antiken Konzepten der Selbstkontrolle und Mäßigung, der Harmonie und der Schönheit. Er schrieb diese Bücher, so erklärte er, als Versuch, »sich von sich selber zu lösen«, oder, um es idiomatischer auszudrükken (nach der französischen Formulierung ›se déprendre de soi-même‹), um seine Vernarrtheit in sich selbst zu verlieren.[64]

Der Stil dieser letzten Werke, deutlich anders als alles, was er bis dahin geschrieben hatte, spiegelt ihre Thematik: durchsichtig, nüchtern, klar, so als ob Foucault, wie ein alter Freund sich ausdrückte, »im Akt des Schreibens auf der Suche gewesen sei nach einer neuen, entsexualisierten Genügsamkeit«.[65]

Foucaults Arbeit näherte sich ihrem Ende; und sein Leben endete, wie das Leben Roussels, mit einer zweideutigen Geste, so als ob ihm schließlich, zu spät, die volle Bedeutung der fatalen Versuchung klar geworden wäre, die er zuerst fast zehn Jahre zuvor identifiziert hatte, lange Zeit bevor AIDS zu einer spürbaren Bedrohung geworden war: »Der faustische Pakt, dessen Versuchung uns das Sexualdispositiv ins Herz geschrieben hat, lautet: Tausche das ganze Leben gegen den Sex, gegen die Wahrheit und die Souveränität des Sexes. Der Sex ist den Tod wohl wert.«[66]

Während der Geist die gähnende Leere dieses historisch entgrenzten ›Raums eines wilden Außen‹ durchmaß, was hätte ihn noch dem Nichts entreißen, dem Tod entziehen können?[67]

Diese Frage wird natürlich nicht nur von Foucaults eigenen sexuellen Erfahrungen aufgeworfen. Sie stellt sich allgemeiner,

wie er gut wußte, in unserem Jahrhundert der Konzentrationslager und des totalen Krieges. Es ist diese Frage, die Foucault in
seinen letzten Büchern die Antworten von Sokrates und Seneca durchdenken ließ. Es ist die Art von Frage, die Foucaults Vorgänger um einen moralischen Kompaß kämpfen ließ. Vielleicht
hatte Sartres Suche im Versagen geendet. Aber wie stand es um
die Suche Foucaults?
Daniel Defert denkt an einen seiner letzten Besuche bei Foucault im *Hôpital de la Salpêtrière*. Die beiden letzten Bände
der *Geschichte der Sexualität* waren gerade erschienen. »Wissen Sie«, erinnert sich Defert, »ganz am Ende, einige Tage vor
seinem Tode, sagte ich: ›Wenn sich herausstellt, daß es AIDS
ist, dann sind deine letzten Bücher genau wie die ›Blumen
des Bösen‹, denn Baudelaire hat, weißt du, die ›Blumen des
Bösen‹ über sein eigenes Sexualleben und über Syphilis geschrieben.«[68]
Foucault, so Defert, lachte nur und sagte: »Warum nicht?«

Am Morgen des 29. Juni 1984, vier Tage nach Foucaults Tod,
versammelten sich Freunde und Bewunderer des toten Philosophen in einem kleinen Hofraum hinter dem *Hôpital de la
Salpêtrière*. Sie waren gekommen, um an der in Frankreich
traditionellen Zeremonie des ›levée du corps‹ (wörtlich: Em-
porheben des Körpers) teilzunehmen, jener Augenblick, in
dem der Sarg die Leichenhalle verläßt. Oft bietet die Zeremonie Gelegenheit für den Austausch von Grüßen und für
Gespräche, aber an diesem sonnigen Morgen herrschte Stille
im Hinterhof.[69]
Zumindest einer der prominenten Trauergäste bekannte später, ein Gefühl der »Peinlichkeit« gehabt zu haben, und zwar
nicht, weil er anwesend war, sondern weil er nicht unbemerkt
anwesend war.[70] An diesem überfüllten Ort wäre dies jedoch
kaum möglich gewesen. Ursprünglich waren nur Freunde von
der Zeremonie unterrichtet worden, aber dann war das Ereignis in *Le Monde* angekündigt worden. Der Hofraum war fast zu
klein, um die Menge von mehreren Hundert Menschen zu

fassen. Alte Freunde, die nicht genau wußten, wie die Zeremonie ablaufen sollte, kämpften sich auf der Suche nach bekannten Gesichtern durch die Menge. Jacques Derrida war da, so wie einige der berühmten Kollegen Foucaults vom *Collège de France*: Paul Veyne, Pierre Bourdieu und Georges Dumézil, der Historiker antiker Religionen, der mehr als jeder andere für Foucaults Karriere getan hatte. Pierre Boulez, der Komponist und ein alter Freund, kam, um Foucault die letzte Ehre zu erweisen; ebenso Robert Badinter, der Justizminister Frankreichs. Abgefallene Linksradikale mischten sich mit alten Liebhabern, engen Freunden, bekannten Verlegern und Filmstars. Yves Montand und Simone Signoret, alte Aktivisten, die oft neben Foucault marschiert waren, waren beide da, Signoret sichtbar erschüttert – der unerwartete Tod Foucaults hatte viele unvorbereitet getroffen.

Als das Warten auf den Sarg andauerte, wurde die ohnehin schon bedrückende Stille fast unerträglich.

In einer Ecke des Hofes neben der Leichenhalle bestieg Gilles Deleuze einen kleinen Kasten. Mit zitternder, kaum hörbarer Stimme begann er zu lesen.

Die Worte waren von Defert gewählt worden. Sie stammten aus dem Vorwort zu den beiden letzten Bänden der *Geschichte der Sexualität*, einem der letzten Texte, die Foucault verfaßt hatte. Diese Worte geben vielleicht überdeutlich dem Ausdruck, was uns sowohl so bewundernswert als auch so quälend am Eintauchen dieses großen Denkers in die ›Leidenschaft‹ der ›Grenz-Erfahrung‹ erscheint:

> Das Motiv, das mich getrieben hat, ist sehr einfach. Manchen, so hoffe ich, könnte es für sich selber genügen. Es war Neugier – die einzige Art Neugier, die die Mühe lohnt, mit einiger Hartnäckigkeit betrieben zu werden: nicht diejenige, die sich anzueignen versucht, was zu erkennen ist, sondern die, die es gestattet, sich von sich selber zu lösen. Was sollte die Hartnäckigkeit des Wissens taugen, wenn sie nur den Erwerb von Erkenntnissen brächte und nicht in gewisser Weise das Irregehen dessen, der er-

kennt? Es gibt im Leben Augenblicke, da die Frage, ob man anders denken kann, als man denkt, und anders wahrnehmen kann, als man sieht, zum Weiterdenken oder Weiterschauen unentbehrlich ist. Man wird mir vielleicht sagen, daß diese Spiele mit sich selber hinter den Kulissen zu bleiben haben; und daß sie bestenfalls zu den Vorarbeiten gehören, die von selbst zurücktreten, wenn sie ihre Wirkungen getan haben. Aber was ist die Philosophie heute – ich meine die philosophische Aktivität –, wenn nicht die kritische Arbeit des Denkens an sich selber? Und wenn sie nicht, statt zu rechtfertigen, was man schon weiß, in der Anstrengung liegt, zu wissen, wie und wie weit es möglich wäre, anders zu denken?[71]

Die Zeremonie kam zum Ende. Die Menge wartete einen Augenblick und begann, sich zu zerstreuen. Eine weite Reise zurück in die Provinz Poitou beginnend, dem Geburtsort des Philosophen und sein letzter Bestimmungsort, fuhr die Limousine, in der sich die Leiche befand, die Straße entlang, bog um die Ecke und verschwand.

2

Warten auf Godot

Am Nachmittag des 19. April 1980 wimmelte das *Quartier Latin* von Menschen. Eine Menge von Fünfzigtausend hatte sich zusammengefunden und formte eine lange Prozession zum Friedhof *Montparnasse*, um sich von Jean-Paul Sartre zu verabschieden und seinem Sarg zu folgen. Der Himmel war grau, die Stimmung merkwürdig festlich. Niemand hatte eine öffentliche Kundgebung erwartet; dennoch fand eine statt, hervorgerufen durch Gefühle der Trauer und Dankbarkeit. Als die Menge langsam an Sartres alten Lieblingsstätten vorbeizog, am *Café de Flore*, am *La Coupole*, seiner alten Wohnung, blieben Passanten schweigend stehen, Kellner verbeugten sich, Eltern hoben ihre Kinder auf die Schultern, damit sie zusehen konnten. Im Verlauf der vier Jahrzehnte, die vergangen waren, seitdem er zuerst als das Orakel des Existenzialismus Berühmtheit erlangt hatte, war Sartre zum internationalen Symbol von Zivilcourage, kritischer Unabhängigkeit und unnachgiebigem Optimismus geworden. Die Pariser hatten allen Grund, dem Moment besondere Aufmerksamkeit zu schenken, bezeugten sie doch nicht nur das Ende eines Lebens, sondern das Dahinscheiden einer ganzen Epoche – einer Epoche, in der Philosophen Leitsterne der Hoffnung waren.[1]

In Frankreich war diese Ära eigentlich schon Jahre zuvor zu Ende gegangen, dank des Aufstiegs von Denkern wie Michel Foucault. Sartres unbeugsame Variante des Humanismus – seine unerbittliche Betonung der Freiheit, sein harter Nachdruck auf Verantwortung – waren seit Mitte der sechziger Jahre attackiert worden, wobei Foucault einer der stimmgewaltigsten Kritiker war.

Auf der anderen Seite war Foucault auf seine ihm eigene Art und Weise stark von Sartres Beispiel beeinflußt. Im Verlauf der siebziger Jahre waren die beiden Männer unzählige Male nebeneinander marschiert: um gegen das Leid von Arbeitern zu protestieren, für bessere Haftbedingungen zu agitieren oder die französische Regierung dazu aufzufordern, vietnamesischen Flüchtlingen mehr Aufmerksamkeit zu schenken. Was auch immer ihre philosophischen Streitpunkte gewesen sein mögen, und es gab deren eine Menge, und wie sehr sich Foucault auch bemühte, vorzugeben (was er unablässig tat), daß sie zwei verschiedene Typen von Intellektuellen seien, so waren sie doch Männer vom gleichen Schlage. [2]

Als nun ein ehemaliger Schüler Foucault anrief und ihn fragte, ob er am Begräbnis teilnehmen würde, zögerte er nicht lange: Selbstverständlich würde er hingehen! Auf diese Weise kreuzten sich an diesem trüben Frühjahrsnachmittag fast unbemerkt die Wege von Michel Foucault und Jean-Paul Sartre ein letztes Mal in der gewaltigen Menge, die sich durch die Boulevards des linken Seineufers schlängelte, wobei Foucaults Anwesenheit widerstrebend Zeugnis ablegte von der Größe Sartres.

Im Gespräch mit seinem früheren Studenten, der neben ihm im Trauerzug ging, drückte Foucault weder Respekt noch Zuneigung aus. Als junger Mann, so erklärte er, als sie dem Sarg folgten, »›war es [. . .] [Sartre] und alles, was er repräsentierte, [. . .] wovon ich mich befreien wollte‹«. Sartres Einfluß faßte er in einem Wort zusammen: »Terrorismus«. [3]

Die Ära Sartres, die an diesem Tage offiziell zu Ende ging, hatte fünfunddreißig Jahre zuvor begonnen, unmittelbar nach dem II. Weltkrieg. Es war Herbst 1945, als Sartre seine öffentliche Apotheose als Frankreichs erste unangefochtene philosophische Berühmtheit seit Henri Bergson erfuhr. Und es war in diesem selben Herbst, daß der junge Paul-Michel Foucault, achtzehnjährig, doch schon angehender Philosoph, erstmals in Paris eintraf und seine jugendliche Suche nach einer eigenen, von Sartres überwältigendem Einfluß losgelösten Stimme begann.

Die französische Hauptstadt war kaum zwölf Monate zuvor durch alliierte Truppen befreit worden. Doch obwohl der Stadt ernsthafte Schäden erspart geblieben waren, spürte man noch überall die Nachwirkungen des Krieges. Nahrungsmittel und Brennstoff waren knapp. Und für viele hatte die Vernarbung der psychologischen Wunden noch nicht einmal begonnen. Familien hatten ihre Söhne verloren, Ehefrauen ihre Männer, was aber vielleicht noch bedeutsamer war, die Nation hatte zu einem gewissen Grade den Respekt vor sich selbst verloren. Da Frankreich vor dem deutschen Überfall 1940 rasch kapituliert hatte, konnte man Fragen nach Mittäterschaft und Schuld nicht leicht aus dem Weg gehen, insbesondere nachdem das ganze Ausmaß des Nazi-Horrors ans Tageslicht gekommen war. Die öffentliche Enthüllung der Todeslager machte zum ersten Male das Greuel offensichtlich, das fast die gesamte abendländische Zivilisation umfaßt hatte.

In diesem Kontext traf Sartres unnachgiebige Aufforderung, Freiheit aufrecht zu erhalten und Verantwortung zu übernehmen, genau ins Schwarze, selbst in einer Welt, die jeglicher versöhnender Bedeutsamkeit beraubt war. Foucault sagte dazu später: »Angesichts der Absurdität von Kriegen, von Blutbädern und von Despotismus schien es dem Individuum vorbehalten zu bleiben, seinen existenziellen Entscheidungen Bedeutung zu verleihen.«[4]

Foucault hatte den Krieg als Teenager in der südwestlich von Paris gelegenen alten Römerstadt Poitiers nur mittelbar erlebt, wie es für Angehörige seiner Generation typisch war. Er war zu jung, um in den Kampf geschickt zu werden (für die Franzosen hatte es nach 1940 nur wenige Schlachten gegeben), doch alt genug, um das Gefühl der Angst zu kennen. Alliierte Geschwader flogen von Zeit zu Zeit Einsätze über der Stadt und griffen den Bahnhof an. Poitiers lag zwanzig Kilometer innerhalb der Grenzen Vichy-Frankreichs und hatte während des Krieges unter deutscher Kontrolle gestanden, wobei die deutschen Verwalter in gewissen Zeitabständen jüdische Flüchtlinge zusammengetrieben hatten, um sie in Konzentrationslager zu schaffen. Somit wuchs Foucault in einer Zeit und in einer Welt auf, in der die Todesdrohung zwar weitgehend unsichtbar, doch allgegenwärtig war, eher ein alptraumartiges Gerücht als eine greifbare Realität. »Ich habe sehr frühe Erinnerungen an eine absolut bedrohliche Welt, die uns hätte zermalmen können«, erinnerte er sich 1981. »Als Jugendlicher in einer Situation aufzuwachsen, die auf die eine oder andere Art zu einem Ende kommen mußte, die zu einer anderen Welt führen mußte, war so, als ob man seine gesamte Kindheit in der Nacht verbracht hätte und auf die Dämmerung wartete. Diese Aussicht auf eine andere Welt kennzeichnete die Menschen meiner Generation, und wir haben diesen Traum von der Apokalypse vielleicht bis zum Exzess in uns getragen.«[5]

Bis 1945 hatte sich sein gesamtes Leben in Poitiers abgespielt. Er war dort am 15. Oktober 1926 als Paul-Michel Foucault geboren und getauft worden. Man gab ihm den Namen seines Vaters, Dr. Paul Foucault, ein Chirurg, der großes Ansehen am Ort genoß. Er wuchs als der erstgeborene Sohn und zweites von drei Kindern mit den Annehmlichkeiten des gehobenen Bürgertums auf. Die Familie hielt die Konventionen in Ehren. Ein Kindermädchen kümmerte sich um die Kinder, eine Köchin um den Haushalt; die Erziehung war konservativ, der sonntägliche Kirchbesuch gehörte zum Ritual der Familie. Doch die Foucaults waren nicht sonderlich religiös; die politische Atmosphäre im Hause war, wie sich Daniel Defert später erinnerte, durch und durch anti-Vichy.[6]

In seinen späteren Jahren sprach Foucault nur selten über seine Kindheit. Er sei ein ›jugendlicher Delinquent‹ gewesen, sagte er manchmal. Sein Vater, so berichtete er Freunden, sei ein ›Tyrann‹ gewesen, der ihn ›diszipliniert und bestraft‹ habe; 1940 sei er ›in die strengste katholische Schule, die er finden konnte‹, das *Collège Saint-Stanislas*, geschickt worden, weil er mit seinen schulischen Fortschritten unzufrieden war. Doch der Vater versuchte vergeblich, den Sohn dazu zu zwingen, in seine Fußstapfen zu treten und Chirurg zu werden.[7]

Foucaults Vater starb 1959. Zu seiner älteren Schwester und seinem jüngeren Bruder, der in der Tat Chirurg wurde, hatte er später nur unregelmäßigen Kontakt. Seiner Mutter jedoch stand er zeitlebens nahe, und er beendete eine Reihe von Manuskripten bei Besuchen auf dem Landsitz der Familie außerhalb von Poitiers.[8]

Sein französischer Biograph zeichnet das Bild eines rätselhaften und zurückgezogenen Heranwachsenden. Laut Arthur Goldhammers Zusammenfassung der nach wie vor skizzenhaften zugänglichen Fakten scheint der junge Paul-Michel »Zarathustra gleich in grimmiger, wenn auch erhabener Isolation gelitten« zu haben. Eine bemerkenswerte Photographie zeigt ihn mit seinen Klassenkameraden in Poitiers: »Die Schüler posieren vor einem Felsen in zwei kameradschaftlichen Reihen. Oberhalb von ihnen steht, seinen Körper verdreht, als ob er vor der Kamera zurückschrecke, mit inquisitorisch verdrossenem Blick unter hochgezogenen Augenbrauen, ausgesprochen alleine und ausgesprochen fremdartig, der zukünftige Autor von *Wahnsinn und Gesellschaft*.«[9]

Zurückhaltend mag er wohl gewesen sein, aber auch begabt. Auf dem *Collège Saint-Stanislas* entwickelte sich Paul-Michel zu einem äußerst vielversprechenden jungen Studenten der Philosophie, Geschichte und Literatur. Entgegen den Wünschen seines Vaters ging er nach Paris mit dem Ziel, die Zulassung zu Frankreichs elitärer *École Normale Supérieure* zu erlangen. Als erster Schritt zu diesem Ziel war es notwendig, spezielle Kurse im *Lycée Henri-IV* zu belegen, einer der angesehensten Schulen Frankreichs.

Henri-IV befand sich hinter dem *Panthéon*, nicht weit entfernt vom inoffiziellen Hauptquartier des Existenzialismus im *Café de Flore* am *Boulevard Saint-Germain*. Das Lycée war als der Ort in die französische Geistesgeschichte eingegangen, an dem Jean-Paul Sartre eine Generation zuvor seine philosophische Reise begonnen hatte.

Foucault machte sich an die Arbeit. Von seinen Lehrern war der bedeutende Hegel-Forscher Jean Hyppolite der wichtigste. Als Angehöriger der Generation Sartres stand er dem Existenzialismus äußerst wohlwollend gegenüber. Da Sartre entscheidende

Begriffe in seinem Buch *Das Sein und das Nichts* von Hegels *Logik* sowie von Heideggers *Sein und Zeit* übernommen hatte, überrascht Hyppolites Bewunderung kaum. Gemeinsam mit Maurice Merleau-Ponty, dem vielleicht begabtesten reinen Philosophen dieser Generation, hatte er willig mit Sartre an der Ausarbeitung eines neuartigen synkretistischen Humanismus teilgenommen, einem Glaubensbekenntnis, das in den vierziger Jahren aus Elementen von Hegel und dem jungen Marx, sowie Husserl und Heidegger zusammengesetzt worden war – allesamt Denker, mit denen Foucault gezwungen sein würde, sich ebenfalls herumzuschlagen.[10]

Sartres eigenes Werk konnte natürlich unmöglich übergangen werden. Sein erster Roman, *Der Ekel*, war 1938 erschienen, und seine wichtigste philosophische Abhandlung, *Das Sein und das Nichts*, 1943. Der Romancier Michel Tournier, zwei Jahre älter als Foucault und ein enger Freund von Foucaults zukünftigem philosophischem *alter ego*, Gilles Deleuze, erinnert sich, wie *Das Sein und das Nichts* 1943 einem »Meteor« gleich auf die Schreibtische der Studenten fiel: »Auf einen Augenblick der Betäubung folgte eine lange Zeit des Grübelns. Das gewichtige und haarige Buch übte eine unwiderstehliche Anziehungskraft aus; es war voll exquisiter Subtilitäten; enzyklopädisch; auf stolze Weise theoretisch, von Anfang bis Ende mit einer gewissen diamantartigen Simplizität durchzogen [. . .]. Und der letzte Satz der letzten Seite gab uns Grund zum Träumen: »Wir werden ein zukünftiges Werk«, so hieß es dort, »den Fragen widmen, die von diesem nicht beantwortet wurden.«[11]

Das Erscheinen von *Das Sein und das Nichts* machte deutlich, daß hier eine neue umfassende Philosophie darauf aus war, die Art und Weise zu ändern, in der die Welt dachte. Indem er sich mit Sartre verbündete, wandte Jean Hyppolite seine Gelehrsamkeit darauf an, Hegel und Marx in diese neue Denkweise zu integrieren. Hyppolite faßte den Existenzialismus, den er mit ausgearbeitet hatte, einmal so zusammen: »Es ist das Thema der Entfremdung und die Überwindung der Entfremdung, das jetzt im Mittelpunkt unserer Aufmerksamkeit steht.« Wie Sartre so drückte auch Hyppolite während seines gesamten

Lebens sein Vertrauen in die Idee des Fortschritts aus. Geschichte war, genau wie Hegel und Marx behauptet hatten, die Geschichte der menschlichen Freiheit. Der Verlauf dieser Geschichte hing jedoch, in weit größerem Maße als Hegel und Marx begriffen hatten, vom Mut und der Überzeugung realer Individuen ab, die mit einem erhöhten Gefühl von historischer Verantwortlichkeit ausgestattet waren und die sich nicht scheuten, ihren freien Willen anzuwenden. Was der Existenzialismus genau genommen anbot, war ein wiederbelebter Nachdruck auf moralischer Motivation, eine Dimension, die Marx fehlte. »Das Nachdenken über die Beziehung zwischen Hegel und Marx hat für uns universelle Bedeutung«, bestätigte Hyppolite am Ende seines Lebens. »Es geht nicht nur um historisches Erbe. Diese Beziehung beinhaltet eine Problematik, die immer wieder neu überprüft und die immer wieder, zu jedem beliebigen Zeitpunkt neue Bedeutung annehmen kann.«[12]

Nach Hyppolites Tod im Jahre 1968 gab Foucault seiner uneingeschränkten Bewunderung für das Werk seines Mentors Ausdruck; er pries ihn dafür, darauf bestanden zu haben, daß Geschichte, ganz im Sinne von Hegel und Marx, das eigentliche Medium der Philosophie sei, und lobte die vornehme gelehrte Haltung, die zu der »systematischen Tilgung der eigenen Subjektivität« geführt habe. Hyppolite, erinnerte er sich, »liebte es, Hegels Maxime über die Bescheidenheit des Philosophen, der alle Einzigartigkeit verliert, zu zitieren«.[13]

Die ›systematische Tilgung der eigenen Subjektivität‹ und die Überzeugung, daß die Arbeit des Philosophen mit der Geschichte zu beginnen habe, waren sicherlich die Lektionen mit den langfristigsten Nachwirkungen, die Foucault von seinem Lehrer erhielt. Den Kern des Hyppoliteschen Credos, insbesondere seine Überzeugung von der möglichen und wünschenswerten Überwindbarkeit der Entfremdung, sollte Foucault später entschieden ablehnen.

Zu diesem Zeitpunkt jedoch vertrat er einen völlig anderen Standpunkt. In seinen ersten veröffentlichten Arbeiten, die erst ab 1954 erschienen, hielt Foucault an der »revolutionären Verheißung« Marx' sowie an der von Hyppolite vertretenen

Richtung des Humanismus fest. Wie Hyppolite war er in diesen Jahren offensichtlich darauf aus, »Geschichte, wie sie sich bisher abgespielt hat«, umzukehren und hielt daran fest, daß es »das Ziel [ist], Entfremdung zu beenden«. Gleichzeitig sprach der junge Foucault enthusiastisch davon, »die Wahrheit des menschlichen Wesens« durch eine neuartige »Wissenschaft vom Menschen« zu begreifen. In den Fußstapfen Hyppolites und Merleau-Pontys verteidigte er ein »anthropologisches Verständnis des konkreten Menschen«, das darauf abzielt, eine marxistische Interpretation der Geschichte mit dem existenzialistischen Ausblick auf den freien Menschen und seine »ethische Aufgabe« zu verbinden. [14]

Im Herbst 1945 mußte allerdings die Klärung solcher sich entwickelnder persönlicher Überzeugungen ohne Zweifel noch auf sich warten lassen, da sich Foucault und seine jungen Kommilitonen damit abmühten, den tiefgründigen Vorlesungen Hyppolites zu folgen sowie sich auf die Aufnahmeprüfungen für einen Platz in der *École Normale Supérieure* vorzubereiten. Bis auf den heutigen Tag wird über die Aufnahme in die *École Normale* durch eine Reihe äußerst schwieriger Examina entschieden. Vielleicht die bedeutendste und anspruchsvollste der berühmten ›*Grandes Écoles*‹ Frankreichs, nimmt sie nur einen Bruchteil der aus allen Landesteilen kommenden Bewerber auf, zum Beispiel 1946 nur achtunddreißig Studenten in den Geisteswissenschaften. Besonders erfolgversprechende Studenten besuchen in Schulen wie *Henri-IV* eine spezielle Vorbereitungsklasse, die sogenannte *Khâgne*. Diese ausgesprochen französische Institution reißt unsichere junge Menschen aus ihrer gewohnten Umgebung und setzt sie stattdessen dem Treibhaus der Begrifflichkeit aus. Tag und Nacht wird über den kanonischen Werken der abendländischen Zivilisation von Plato bis Kant geschwitzt. Wie ein Produkt dieses Systems einmal scherzhaft bemerkte, unterzieht sich der typische Kandidat »einer Erfahrung, die der des Perigord-Käse gleicht«. [15]

Einige Wochen nach dem Eintritt Foucaults in *Henri-IV* und dem Beginn seiner zermürbenden Lektüre markierte Jean-Paul Sartre (*École Normale*, Jahrgang 1924) das intellektuelle Ereignis des Jahres 1945: ein öffentlicher Vortrag unter dem Titel ›Ist der Existenzialismus ein Humanismus?‹ Ein halbes Jahrhundert später mag dieser Titel harmlos genug erscheinen, doch damals besaß er einen trotzigen Unterton und stellte eine stillschweigende Kriegserklärung Sartres an seine Kritiker dar. Der Existenzialismus wurde zu dieser Zeit scharf attackiert, von Katholiken wegen seines Immoralismus, und von Kommunisten wegen seines Nihilismus. Daß der damals vierzigjährige Franzose zugab, vom Werk Martin Heideggers, des berüchtigten Nazi-Sympathisanten, beeinflußt zu sein, alarmierte die Linke mindestens so heftig wie offenkundiger Atheismus die Rechte irritierte.[16]

Als Sartre den Theaterraum am rechten Ufer der Seine betrat, für den sein Vortrag angesagt war, mußte er feststellen, daß sich eine chaotische Menge eingefunden hatte. Zunächst befürchtete er, daß die Kommunistische Partei eine Demonstration organisiert hatte. Doch es stellte sich heraus, daß sich die Menge nicht versammelt hatte, um ihn zu begraben, sondern um ihm ein Loblied zu singen. Nach einer einstündigen Verspätung, die durch den Versuch verursacht worden war, einigermaßen Ruhe und Ordnung im Theater herzustellen, wurde der watschelnde kleine Professor über die Köpfe der wartenden Zuhörer ans Rednerpult gehievt. Als er zu sprechen begann, glich er dem Helden eines Hollywood-Films – kühl, ruhig, übernatürlich hellsichtig. Er sprach seine Kritiker direkt an und erklärte, daß der Existenzialismus, richtig verstanden, nicht als eine Philosophie des Quietismus angesehen werden kann, weil er den Menschen nach seinem Handeln bestimmt; auch nicht als eine pessimistische Beschreibung des Menschen, denn es gibt keine optimistischere Lehre, da doch das Schicksal des Menschen in ihm selbst ruht. Die Prinzipien der neuen Philosophie, sagte er, seien vergleichsweise einfach. Wie Descartes habe sie die Grundlage für die »*absolute Wahrheit*« in der Fähigkeit des Menschen gefunden, »sich selbst ohne Vermittlung zu erfas-

sen«, und wie Kant habe er seine eigene Version der Goldenen
Regel formuliert: »Alles geschieht so, wie wenn die gesamte
Menschheit in Bezug auf jeden Menschen die Augen darauf gerichtet hätte, was er tut, und sich, was er tut, zur Regel nehmen
würde.« In einem frühen Beispiel jener Art von Slogans, die
zum Markenzeichen der Nachkriegs-Meisterdenker wurde,
verdichtete Sartre seinen grundlegenden Gedanken in einem
einzigen Satz: »Der Mensch ist verurteilt, frei zu sein.« Er müsse selbst für seine offensichtlich blindesten Leidenschaften Rede und Antwort stehen, »da er, einmal in die Welt geworfen,
für alles verantwortlich ist, was er tut«, für alles. Dies sei, zugegebenermaßen, eine schwere Last. Trotzdem gebe es kein Entkommen: Es sei die moralische Pflicht eines jeden Einzelnen,
sich zu jedem Zeitpunkt zu fragen: »Bin ich wirklich der, welcher das Recht hat, auf solche Weise zu handeln, daß die
Menschheit sich meine Taten zur Regel nimmt?«[17]
Es war eine warme Nacht und die Luft wurde knapp. Einige
Zuhörerinnen fielen in Ohnmacht und wurden auf einem
zweckentfremdeten Konzertflügel gestapelt. Die Dramatik
des Geschehens beflügelte die Phantasie der Presse: ZU VIELE
MENSCHEN BEI JEAN-PAUL SARTRES VORTRAG lautete
eine Schlagzeile: HITZE, OHNMACHTSANFÄLLE UND NOT-
DIENST. OBERST LAWRENCE WAR EXISTENZIALIST.[18]
Hatte Philosophie je so verführerisch geklungen? Vielleicht im
antiken Athen, in einem Zeitalter jedoch, in dem man von tief-
sinnigen Denkern erwartete, daß sie sich einer möglichst absto-
ßenden und abschreckenden Prosa bedienten, deren Beherrschung Sartre selbst durch *Das Sein und das Nichts* bewiesen
hatte, trafen die einfachen Formulierungen seines Vortrags den
Nerv einer breiten Öffentlichkeit, zunächst in Frankreich und
bald darauf überall in der Welt. Die Folge von Sartres Vorstellung war, daß der Existenzialismus zu einem internationalen
Modephänomen wurde und auf die Tagesordnung eines jeden
angehenden Philosophen der Generation Foucaults gesetzt
wurde.
Die Studenten, die sich für den akademischen Wettstreit wapp-
neten, der sie vielleicht selbst zu intellektuellem Ruhm katapul-

tieren würde, reagierten auf paradoxe Weise. Obwohl sie über *Das Sein und das Nichts* in Jubelstürme ausgebrochen waren, zeigten sich zum Beispiel Michel Tournier und Gilles Deleuze von Sartres Vortrag schockiert. Den Versuch ihres Idols außer acht lassend, sich gegen seine Kritiker zu verteidigen, waren sie sprachlos angesichts seiner Berufung auf Descartes und die Goldene Regel: »Unser Meister war ausgegangen und hatte diesen abgewetzten Ladenhüter Humanismus wieder ausgegraben.« Der arme Kerl sei weich geworden, spekulierten sie höhnisch; vielleicht habe er seine Energie als Kriegsgefangener verloren; wenn er so weitermache, werde er bald sicher mit irgendeiner neumodischen Version des abgestandenen Sozialismus daherkommen.[19]

Was dann auch prompt geschah. Trotzdem, so fügt Tournier hinzu, sollten »diese Reaktionen als das genommen werden, was sie waren: die Liquidation des Vaters durch die zu groß gewordenen Söhne, die nur zu genau wußten, daß sie ihm alles verdankten«.[20]

Dem oberflächlichen äußeren Anschein zum Trotz verdankte auch Foucault Sartre, wenn nicht alles, so doch viel. In späteren Jahren rang er mit Sartres Beispiel auf eine Art und Weise, die auf eine intensive, ungelöste Ambivalenz schließen läßt. In einer Tonbandaufzeichnung für das französische Radio im Jahre 1968 distanzierte er sich vehement von Sartre und seiner Epoche, indem er die Weise herabsetzte, auf die »ein philosophischer, ein theoretischer Text Ihnen eine endgültige Antwort auf die Frage geben mußte, was das Leben sei, oder der Tod, oder die Sexualität; ob Gott existiere oder nicht, was Freiheit sei; was man im politischen Leben zu tun habe; wie man sich gegenüber seinem Mitmenschen verhalten sollte usw.« Foucault bat später darum, diese Bemerkungen bei der Sendung des Interviews auszulassen. Als eine Mitschrift des Gesprächs versehentlich doch veröffentlicht wurde, ging er in die Luft. Foucault schrieb einen wütenden Leserbrief an das verantwortliche Magazin, in dem er die Bescheidenheit selbst war: »Ich glaube, daß

das weitreichende Werk Sartres sowie seine politischen Handlungen eine Epoche markieren werden. Es stimmt, daß heute
viele in einer anderen Richtung arbeiten. Ich würde niemandem erlauben, insbesondere nicht, um es in Opposition zu ihm
zu stellen, die unbedeutende historische und methodolo-
gische Kärrnerarbeit, die ich unternommen habe, mit einem
œuvre wie demjenigen Sartres zu vergleichen.«[21]
Falsche Bescheidenheit war eine von Foucaults hervorste-
chendsten Eigenschaften – was jedoch außer Frage steht, ist,
daß er sich mit dem Problem herumplagte, wie denn mit dem
Vorbild des älteren Denkers umzugehen sei. In einem seiner
frühesten Aufsätze, der die Bedeutung von Träumen zum Inhalt hat, kritisierte er heftig Sartres Ansichten über die Einbildungskraft. Als er jedoch sieben Jahre später, 1961, versuchte,
sein erstes größeres Werk, *Wahnsinn und Gesellschaft*, zu veröffentlichen, reichte er das Manuskript zuerst (ohne Erfolg) bei
dem Verlag *Gallimard* ein, weil dieser, wie er Freunden sagte,
die großen philosophischen Werke der Vorgängergeneration,
insbesondere *Das Sein und das Nichts*, publiziert habe. Als das
Verlagshaus Plon schließlich *Wahnsinn und Gesellschaft* herausbrachte, schuf ihm das Buch schnell Ansehen in akademischen
Kreisen. Doch er war damit nicht zufrieden, denn er war wie
Sartre darauf aus, nicht nur Historiker und Philosophen, sondern auch die breite Öffentlichkeit anzusprechen. In seinem
nächsten wichtigen Buch, *Die Ordnung der Dinge*, zielte er deshalb direkt auf Sartre, indem er explizit dessen im Jahre 1960
erschienene *Kritik der dialektischen Vernunft* kritisierte. Doch
diese Passagen – ein weiteres Zeichen für Foucaults Ambivalenz – erschienen nur in den Druckfahnen des Buches und wurden für die endgültige Druckfassung gestrichen. Doch dies änderte nichts daran, daß die französischen Kritiker, und Sartre
selbst, nur zu gut verstanden, daß Sartres Humanismus, seine
Auffassung von Geschichte – und implizit sein intellektueller
Führungsanspruch – hier allesamt attackiert wurden.[22]
Kurz gesagt, die Herausforderung Sartres war für Foucault sowohl unwiderstehlich als auch unausweichlich. Sein Ruhm war
ohne Vorbild. Und sein *œuvre*, wie Foucault es nannte, hatte

einen einschüchternden neuen Standard dafür gesetzt, was ein philosophisches Leben bedeuten kann: die Schöpfung eines neuartigen Gedankensystems und sein öffentliches Inkraftsetzen, nicht nur im akademischen Hörsaal, sondern vielmehr auf einer Bühne, die jetzt, dank der stetigen Ausbreitung von Massenmedien, global geworden war.

Für jeden angehenden Philosophen mit ernsthaften Ambitionen – und der *Lycée*-Student aus Poitiers war äußerst ambitiös – hatte Sartre eine Reihe neuer Hürden errichtet. Auf der rein akademischen Ebene hatte der junge Foucault allerdings schon signalisiert, daß er in der Lage sein würde, diese Hürden zu überspringen. Ein »erstklassiger Student«, bemerkte einer seiner Lehrer an *Henri-IV*. Unter den Kandidaten, die im Herbst 1946 zur *École Normale* zugelassen wurden, belegte er den vierten Platz.

Foucault begann also seine Studien an der *École Normale*, so etwas wie ein Kloster für jugendliche Genies. Hier vertiefte er sich in einer potentiell klaustrophobischen sozialen Umgebung wieder in die Welt des Geistes. Wie die meisten Studenten lebte Foucault in den nächsten Jahren in einem Wohnheim an der *Rue d'Ulm*, das an die Klassenzimmer direkt angeschlossen war.

Wie seine Kommilitonen und seine Lehrer bald feststellten, war er ein merkwürdiger junger Mann. Obwohl die Atmosphäre der Schule geniale Verschrobenheit zumindest begrüßte, wenn nicht gar forderte, sonderte ihn das Ausmaß seiner Absonderlichkeiten bald ab. Sein Zimmer war auf äußerst beunruhigende Art und Weise mit Stichen von Goyas gequälten, gefolterten und im Todeskampf verrenkten Kriegsopfern dekoriert. Sein Verhalten war oft ebenso beunruhigend: Eines nachts sah man ihn einen Klassenkameraden mit einem Dolch verfolgen. Sogar in intellektuellen Diskussionen war er unberechenbar aggressiv: Der ansonsten reservierte und verschlossene Junge aus Poitiers konnte, bot sich ihm die Gelegenheit, äußerst sarkastisch und spöttisch sein. In einem Milieu, in dem Worte wie Schwerter in mittelalterlichen Ritterturnieren geschwungen

wurden, zielte Foucault direkt auf die Gurgel. Er schliff an seinen detaillierten Kenntnissen der Schriften des Marquis de Sade und verachtete alle diejenigen, die nicht zu dessen Anhängern zählten. Die meisten seiner Kameraden konnten ihn nicht ausstehen. Andere hielten ihn einfach für verrückt.[23]
Alle waren jedoch davon überzeugt, daß er brillant war. Er las mit Heißhunger. Und wenn er sich nicht in einem Buch verlor oder über Gedanken stritt, besuchte er Seminare und Vorlesungen. Die Studenten bereiteten sich schon auf das nächste große, aussondernde Examen vor, das in ungefähr vier Jahren stattfinden sollte, die sogenannte *Agrégation*, die ihnen die Zulassung als Lehrer im französischen Schulsystem verschaffen würde. Und dank Sartres beispielloser Popularität hatte Philosophie der Literatur den Rang als die Disziplin abgelaufen, in der die besten und intelligentesten *Normaliens* geistig wetteiferten. Foucault konzentrierte sich auf Philosophie. Bei Jean Beaufret studierte er Kant. Bei Sartres Kollegen Merleau-Ponty studierte er verschiedene Ansätze, die Leib-Seele-Problematik anzugehen, wobei er ohne Zweifel Merleau-Pontys Ansicht kennenlernte, daß das reine Subjekt nicht Bewußtsein an sich sei, sondern »Existenz, d. h. das Zur-Welt-sein-durch-einen-Leib«. Auf eigene Faust vertiefte Foucault sich wie alle anderen in Hegel, Marx und Husserl.[24]
Aber es war Heidegger, wie er später zugab, der für ihn zum »eigentlichen Philosophen« wurde. »Meine ganze philosophische Entwicklung war durch meine Lektüre von Heidegger bestimmt.«[25]

Der Einfluß Heideggers auf zwei Generationen von französischen Philosophen ist eine der wichtigsten und merkwürdigsten Episoden der modernen Geistesgeschichte. In vieler Hinsicht beginnt diese Geschichte mit Sartre; nicht, weil er der erste Franzose war, der Heidegger entdeckte (das war er nicht), sondern weil er der erste war, der Heidegger in die französische Kulturlandschaft einführte – und ihn damit zu *dem* Prüfstein für zeitgenössische Philosophie machte.

In den späten dreißiger Jahren, als Sartre ihn zum ersten Mal ernsthaft las, gehörte er in Deutschland bereits zu den einflußreichsten Philosophen. Wie sich Hannah Arendt, eine von Heideggers frühesten Schülerinnen, später erinnerte, hatten sich ›Gerüchte von dem verborgenen König‹ seit 1919 verbreitet, als er Dozent und Assistent des großen Philosophen und Phänomenologen Edmund Husserl wurde. »Das Gerücht über Heidegger drückte es ziemlich einfach aus«, schreibt Arendt. »Das Denken ist wiederauferstanden; die für tot gehaltenen Kulturgüter der Vergangenheit werden wieder zum Sprechen gebracht, und dabei stellt sich heraus, daß sie ganz andere Fragen stellen als die althergebrachten, verbrauchten Trivialitäten, die sie mutmaßlich sagten. Es gibt einen Lehrer, vielleicht kann man das Denken lernen.«[26]

Weder Sartre noch Foucault haben jemals bei Heidegger studiert. Aber beide Männer haben sein Werk gelesen, und für beide war Heideggers erstmals 1927 erschienenes Meisterwerk *Sein und Zeit* der entscheidende Text. Als er das Buch zwölf Jahre später bei der Suche nach einer Philosophie las, die irgendwie »Weisheit, Heroismus, Heiligkeit« verkörpern könnte, bejubelte Sartre in der Gewißheit, das Gesuchte gefunden zu haben, »das Erscheinen eines freien Bewußtseins in der Welt«.[27]

Es war die paradoxe Begegnung zweier Geister, die vielleicht auf einem gewaltigen Mißverständnis beruhte, aber trotzdem für beide Seiten schicksalhaft wurde. In vieler Hinsicht war Sartre genau das, was Heidegger nicht war: auf klassische Weise französisch, ein unbeugsamer Cartesianer, im Kern ein Rationalist sowie ein altmodischer Moralist. Und noch merkwürdiger erscheint die Tatsache, daß Sartre zu dem Zeitpunkt, als er Heidegger las und am 1. Februar 1940 in seinem Tagebuch das Auftreten eines »freien Bewußtseins« notierte, Gefangener in einem deutschen Lager war. Heidegger andererseits hatte es sich an der Universität Freiburg bequem gemacht, nachdem er der »inneren Wahrheit und Größe« jenes Nazi-Regimes unverbrüchliche Treue geschworen hatte, das im September 1939 die Welt in den totalen Krieg geführt hatte.[28]

Daß der Franzose unter diesen Umständen eine deutsche Untergangsphilosophie mitten im II. Weltkrieg entdeckt und angenommen hatte, war eine Ironie, die Sartre selbst schmerzlich bewußt war. Wie er betonte, war *Sein und Zeit* auf eine gewisse Art und Weise ein beängstigendes philosophisches Kodizill zu Oswald Spenglers *Untergang des Abendlandes*. Trotzdem drükke *Sein und Zeit*, so Sartres Ansicht, »eine freie Überschreitung dieses pathetischen Profils der Geschichte auf die Philosophie hin [. . .] aus [. . .]. Und so kann ich dieses Aufsichnehmen seines Schicksals als Deutscher im elenden Deutschland der Nachkriegszeit wiederfinden, was mir hilft, mein Schicksal als Franzose auf mich zu nehmen.«[29]

Der Enthusiasmus Sartres half zumindest dabei, der Karriere Heideggers eine neue Richtung zu geben: Nach der Niederlage Deutschlands, als man ihm seinen Philosophie-Lehrstuhl wegnehmen und ins Exil in sein Haus im Schwarzwald verbannen wollte, wurde er, dank des weltweiten Aufsehens, das Sartre und der Existenzialismus hervorriefen, zu einem Propheten, dem Ehre gebührte – nicht nur in Frankreich. Mindestens ebenso bemerkenswert ist die Tatsache, daß Heidegger, weit davon entfernt, über die Behauptungen, die in seinem Namen aufgestellt wurden, erfreut zu sein, sich große Mühe gab, sich von ihnen zu distanzieren. Nach der Lektüre von Sartres ›Ist der Existenzialismus ein Humanismus?‹ sah er sich dazu veranlaßt zu erklären, daß er selbst weder ›Humanist‹ noch ›Existenzialist‹ sei. Als Antwort auf eine Reihe von Fragen, die ihm sein bekanntester französischer Schüler, Jean Beaufret von der *École Normale*, gestellt hatte, verfaßte Heidegger einen offenen ›Brief über den Humanismus‹, der erstmals 1947 veröffentlicht wurde. Einem finster vom Gipfel des philosophischen Olymps herabblickenden Halbgott gleich, sandte der geschändete deutsche Weise Blitz und Donnerschlag aus. Sartre, erklärte er mit vernichtender Verachtung, »verharrt [. . .] mit der Metaphysik in der Vergessenheit der Wahrheit des Seins«.[30]

Mit einem wohlgezielten Schlag verschaffte Heidegger seinem eigenen Werk zentralen Einfluß auf Foucaults Generation französischer Philosophen, die Sartres Schatten zu entkommen trachteten.

In rein philosophischer Hinsicht hatte Heidegger offensichtlich Recht, sich von Sartres Vortrag loszusagen. Er bestand darauf, daß sein eigenes Denken niemals »des Menschen wegen, damit sich durch sein Schaffen Zivilisation und Kultur geltend machen«, unternommen worden sei. Für ihn war die Geschichte der Neuzeit wie für Nietzsche und Spengler nichts anderes als eine Misere, nicht das glückliche Auftauchen von harmonischer menschlicher Freiheit, wie es von Kant, Hegel und Marx vorausgesehen worden war. Angesichts dieser Tatsache die Formeln des modernen Humanismus ohne Modifikationen oder ernsthafte Kritikpunkte einfach zu wiederholen, wie es Sartre zu tun schien, kam deshalb einem Ausweichen gleich: Es war so, als ob der französische Philosoph angesichts der vollen Implikationen der menschlichen Natur gekniffen habe. Diese Natur hat Heidegger im Verlaufe seines Lebens nicht vom Standpunkt des Bewußtseins, sondern von dem der ›Transzendenz‹ aus beschrieben: »Sein ist das *transcendens* schlechthin.«[31]

Ob ›Transzendenz‹ richtig verstanden wurde oder nicht – und bei einem so esoterischen Denker wie Heidegger ist so etwas immer schwer zu entscheiden –, so war es doch dieser Gedanke, der implizit den Ausgangspunkt für alle wirkungsmächtigen französischen Nachkriegsphilosophen von Sartre und Merleau-Ponty bis zu Foucault und Jacques Derrida ausmachte. Als eine charakteristische menschliche Fähigkeit – obwohl die meisten Menschen, wie Heidegger glaubte, ihre Bedeutung nicht begreifen konnten – gab ›Transzendenz‹ jedem Einzelnen die Macht, wieder anzufangen, von neuem zu beginnen – die Welt zu ergreifen, umzugestalten, zu transformieren. Wie viele Philosophen von Kant bis Sartre, so nannte auch Heidegger diese Macht gelegentlich ›Freiheit‹; daß es eine *Macht* war, hatte er von Nietzsche gelernt, der von derselben Fähigkeit als ›Wille zur Macht‹ gesprochen hatte. Ob man sie nun Freiheit oder Transzendenz nennt, Heidegger hatte in seinem Brief an Beaufret seine eigene Ansicht wiederholt, daß diese geheimnisvolle Fähigkeit an sich keine Regeln, Normen, Vernunft oder bewußte Ziele habe. Vielmehr, so argumentierte er mit Nietzsche, hätten all diese Dinge keine andere Grundlage als die Macht der

Transzendenz. Vorzugeben, wie es Sartre in seiner Vorlesung
getan hatte, daß etwas, das Kants Moralphilosophie ähnele, lo-
gisch in so etwas wie Heideggers Auffassung der ›Existenz‹ beinhaltet sei, gleiche deshalb einem gründlichen Mißverständnis
sowohl von ›Sein‹ als auch von ›Transzendenz‹.[32]
Doch Heidegger beließ es in seinem Brief an Beaufret nicht mit
diesen Richtigstellungen. Sein Text markierte auch einen wichtigen Wendepunkt in Heideggers eigenem Denken – und, als
Konsequenz von Heideggers erneutem Einfluß in Frankreich,
einen Wendepunkt für die zentralen philosophischen Themen Foucaults und seiner Generation.
In seiner frühen Phase, die in *Sein und Zeit* kulminierte, war Heidegger vor allem am ›Sein des Menschen‹, am *Dasein*, interessiert. In den dreißiger und vierziger Jahren erschien es für eine
Anzahl französischer Leser von *Sein und Zeit*, unter ihnen Hyppolite und Merleau-Ponty, durchaus möglich, diese Betonung
von *Dasein* mit Hegels teleologischer Geschichtsphilosophie sowie mit Karl Marx' berühmter 8. Feuerbach-These zu verbinden,
in der er sagt: »Alle Mysterien, welche die Theorie zum Mystizismus verleiten, finden ihre rationelle Lösung in der menschlichen
Praxis.« Heidegger selbst hatte in *Sein und Zeit* darauf bestanden, daß Transzendenz »die Möglichkeit zu Handeln« darstelle – mit einem Nachdruck, der in der höchst abstrakten und
rätselhaften Aufforderung an das *Dasein* gipfelte –, sich »augen-
blicklich« zu erheben, seine historische Bestimmung anzunehmen und »sich seinen Helden zu erwählen«.[33]
Die Erfahrung des II. Weltkrieges jedoch und die katastrophale
Niederlage des ›Helden‹, den Heidegger selbst 1933 gewählt
hatte – Adolf Hitler –, führten den deutschen Philosophen zu
dem, was er selbst als seine ›Kehre‹ bezeichnet hat. Heidegger
sah jetzt (wie sich Hannah Arendt einmal hilfreich bemühte,
die ›Kehre‹ auf den Punkt zu bringen), daß »die bloße Möglichkeit zu handeln«, präsentiert als »Wille zu herrschen und zu
dominieren«, als »eine Art von Erbsünde« lauere, durch die er
versuchte, sich seine [. . .] eigene Vergangenheit in der Nazi-
Bewegung zu erklären, da er glaubte, selbst an ihr schuldig geworden zu sein«.[34]

Im ›Humanismus-Brief‹ unternahm Heidegger im wesentlichen
den Versuch, den Begriff der Transzendenz von seinen herkömmlichen Verbindungen zu lösen, nicht nur zu Logik, Moral-
lehre und Metaphysik (die er schon in *Sein und Zeit* attackiert
hatte), sondern auch zur ›bloßen Möglichkeit zu handeln‹. Er
kennzeichnete diesen Wechsel im großen und ganzen durch
die Begriffe, auf die er Nachdruck legte. Anstelle von *Dasein*
konzentrierte er sich jetzt auf *Sein*. Um *Sein* als solches zu deu-
ten, bedürfe es keiner Handlung, so glaubte er, sondern eher
eines stillen Wartens, einer im wesentlichen demütigen Besinn-
lichkeit, welche die (geringe) Möglichkeit für eine neue, neoheidnische Religion des Menschen offenhalten könnte, die sich
aus den Trümmern von Hitlers fehlgeschlagener Revolution erhebt. Wie einer von Heideggers scharfsinnigsten französischen
Lesern, Jacques Derrida, später zeigte, ist der ›Humanismus-
Brief‹ voll von Bildern des Lichts und Metaphern, die »Werte
von Nachbarschaft, Behausung, Haus, Dienst, Bewahrung,
Stimme und Gehör« hervorrufen. »Ob und wie [das Seiende]
erscheint« erklärt Heidegger, »entscheidet nicht der Mensch«,
wie viele Leser von *Sein und Zeit* geschlossen hatten. Vielmehr
sei »der Mensch« nur »der Hirt des Seins«.[35]
Auf den ersten Blick erscheint die Berufung auf die Metapher
vom ›Hirten‹ idyllisch. In Heideggers Brief klang jedoch wiederholt auch ein dunklerer, beunruhigenderer Ton an – und es war
dieser Ton, der den nachhaltigsten Eindruck auf Foucault machte, dem dunkle und verstörende Weltvisionen schon von Sade
und Goya bekannt waren. Denn ein Mensch, der sich weder der
Vernunft noch zielgerichtetem Handeln verschreibt, muß dazu
bereit sein, sich gehen zu lassen. Um seine gewohnten Hemmungen aufzugeben und in den Bereich, den Heidegger das
»Ungedachte« nennt, herabzusteigen, muß der Denker zunächst »lernen, im Namenlosen zu existieren«. Und um diese
paradoxe Aufgabe zu erfüllen, zeigt nicht Philosophie, sondern
Dichtung und Kunst die Richtung an. »Die Sprache«, wie Heidegger in einer berühmten Formulierung behauptete, »ist das
Haus des Seins.« Das Bild ist jedoch trügerisch, denn in einer
Welt zu wohnen, wie besinnlich auch immer, die sich zum Bei-

spiel in der Sprache Sades enthüllt, erweist sich mindestens als so beunruhigend wie tröstend. »Es verbirgt sich in dem Schritt-zurück«, jenseits von Logik und bewußter Handlung, »[. . .] ein scheiternde[s] Denken.« Dringt es in Bereiche jenseits der Vernunft ein, findet sich das Denken früher oder später ohne »Gesetz und Regel, [. . .] Zuweisung [und] Fügung« dem Nichts gegenüber. Auf diese Weise zu entdecken, wie Heidegger sich ausdrückt, daß »das Sein nichtet – als das Sein«, bedeute, »sich in die Zwietracht wagen«. Heideggers neue Denkweise mag einen »Aufgang in Huld« zur Folge haben, gleichzeitig jedoch kann sie »das Böse, [. . .] das Bösartige[] des Grimmes« und den »Andrang zu Unheil« mit potentiell fatalen Konsequenzen entfesseln. Wie der Titel einer der berühmtesten Stiche Goyas die Risiken summiert: »Der Schlaf der Vernunft gebiert Monster.« [36]

Die Folgen eines ›scheiternden Denkens‹ können somit tragisch sein: Im ›Humanismus-Brief‹ beruft sich Heidegger mehr als einmal auf den Dichter Hölderlin, der wie Nietzsche die letzten Jahre seines Lebens im Wahnsinn verbrachte (die Blutopfer des letzten Krieges lasten ebenfalls stumm und zweideutig auf den Worten des Philosophen). Wenn jedoch »dieses [Denken] einem Menschen glücken dürfte«, fügt Heidegger in einer typisch ominösen Tautologie hinzu, »geschähe kein Unglück«. In diesem Falle erhielte er »das einzige Geschenk, das dem Denken aus dem Sein zukommen könnte«. Aus diesem »*aventure*« im »Ungedachten« wieder auftauchend, fände der Denker die Welt wie zuvor, unberührt und unverändert, jedoch mit einer wiederhergestellten Aura ursprünglichen Geheimnisses (und möglichen Schreckens). Die Berufung des Denkers sei es dann, diese Aura zu beschwören, indem er, darin dem Dichter gleichend, »unscheinbare Furchen in die Sprache« legt. Vielleicht würde diese Saat Frucht tragen; die Zeit, das Ausgesäte zu ernten, würde wohl noch kommen; in der Zwischenzeit würde der Denker zum lebenden Beispiel dessen, was es heiße, »das Sein – sein« zu lassen. [37]

Foucault sollte später behaupten, daß er ›Heidegger nicht gut genug kannte‹. Das ist wahrscheinlich richtig – seine Kenntnis

Heideggers kann sicherlich nicht mit seiner späteren Vertrautheit mit dem Werk Nietzsches verglichen werden. Aber daß
ihn Heideggers Zugriff auf die Philosophie ermutigt hat, kann
kaum bezweifelt werden.

In seiner ersten veröffentlichten Schrift 1954 bezog er sich mit
Belesenheit und warmer Zuneigung auf das Werk des großartigen Heideggerianischen Psychiaters Ludwig Binswanger. Und
Jahre später sprach er heftig beipflichtend von den Ansichten,
die Heidegger im ›Humanismus-Brief‹ ausgedrückt hatte. In *Die
Ordnung der Dinge* begrüßte er 1966 »eine Form der Reflexion,
[. . .] die weit vom Kartesianismus und von der kantischen Analyse entfernt ist, in der es zum ersten Mal um das Sein des Menschen in der Dimension geht, gemäß der das Denken sich an das
Ungedachte wendet und sich nach ihm gliedert«. Dank Heidegger (auf den Foucault eindeutig anspielt, ohne ihn ausdrücklich
beim Namen zu nennen) erscheine eine »Ontologie des Ungedachten«, die »den Primat des ›Ich denke‹ außer Kurs setzt«,
wodurch »dunkle Mechanismen, gestaltlose Determinationen,
eine ganze Schattenlandschaft« leichter erforscht werden
könnten. Indem es dieses trübe, nächtliche Terrain durchschrei-
tet – bei Foucault herrschen, wie bei Sade und Goya, Bilder der
Dunkelheit vor –, »dringt das moderne Denken vor in jene
Richtung, in der das *Andere* des Menschen das *Gleiche* werden
muß«.[38]

Wie Foucault auf seinem Totenbett vertraulich mitteilte, hatte
von all den Notizen, die er in diesen Jahren machte, keine das
Gewicht derjenigen, die sich auf die einschüchternde deutsche Sphinx des modernen Denkens bezogen. »Ich habe noch
die Notizen hier, die ich mir zu Heidegger gemacht hatte, als
ich ihn gelesen habe – ich habe ganze Tonnen! – und sie sind
noch viel wichtiger als die, die ich von Hegel oder Marx gemacht hatte.«[39]

Foucault machte sich aber doch Aufzeichnungen zu Hegel und
Marx, so wie er ohne Zweifel welche zu Hyppolite und Merleau-Ponty machte. Wie er in einem späteren Gespräch beton-

te, »war [. . .] das ganze französische Universitätsleben [. . .] von 1945 bis 1955, [. . .] das junge Universitätsleben, um es von der Universitätstradition zu unterscheiden, damit beschäftigt, [. . .] etwas zu erarbeiten; nicht Freud-Marx, sondern Husserl-Marx, den Bezug Phänomenologie-Marxismus«.[40] In den späten vierziger Jahren war diese Beziehung zwischen Marxismus und Phänomenologie Gegenstand einer lebhaften Darstellung des prominentesten Lehrers an der *École Normale*: Merleau-Ponty. Ein guter Hegelianischer Marxist, sprach er in diesen Jahren (wie auch Hyppolite) viel von der *Bedeutung* der Geschichte –, als ob es selbstverständlich sei, daß Geschichte eine einzige Bedeutung habe. Gleichzeitig hoffte Merleau-Ponty, seine umfassende Darstellung der *conditio humana* in genau detaillierten Beschreibungen körperlicher Erfahrungen zu verankern. Jene philosophische Methode ausweitend, die er von Husserl und dem Heidegger von Sein und Zeit erlernt hatte, unternahm Merleau-Ponty in seinem zuerst 1945 erschienenen Meisterwerk *Phänomenologie der Wahrnehmung* den Versuch, den Ursprung dessen zu enträtseln, was Kant als die ›transzendentale Einheit‹ des wahrnehmenden Subjekts aufgefaßt hatte, indem er die perzeptiven und verhaltensmäßigen Dispositionen beschrieb, durch die der Mensch vor-reflexiv Ordnung und Bedeutung auf die Welt überträgt.

Das Gewicht, das dieser ›phänomenologischen‹ Methode in Frankreich nach dem Kriege gegeben wurde, stand ohne Zweifel zu einem gewissen Grade in der Schuld institutioneller Kontexte, »denn«, wie Foucault selbst einmal nahelegte, »die französische Universität [konnte], da die Philosophie mit Descartes begonnen hatte, nur auf cartesianische Weise fortschreiten«. Während jedoch Jean-Paul Sartre tatsächlich ein eingestandener Cartesianer war, der Bewußtsein als merkwürdig entkörperlicht darstellte, wäre es irreführend, anzunehmen, daß Merleau-Ponty (und Hyppolite) Sartres Ansichten diesbezüglich teilten. Ganz im Gegenteil stand Merleau-Ponty Sartres Cartesischem Dualismus äußerst kritisch gegenüber; er bestand durchweg auf der Körperlichkeit des wissenden Subjekts, und genauso folgerichtig betonte er (wie Hyppolite) dessen

historische Situiertheit. Es handelt sich hierbei nicht um nebensächliche Unterschiede: Merleau-Ponty glaubte, daß die Freiheit des Menschen wesentlich strenger begrenzt sei, als Sartre es in *Das Sein und das Nichts* vorgeschlagen hatte. [41]
Trotzdem waren sich Merleau-Ponty und Sartre einig in ihrer Wertschätzung der introspektiven Methode Husserls. Beide nahmen die existenzielle Analyse Heideggers in *Sein und Zeit* ernst. Und trotz einer Reihe philosophischer Meinungsverschiedenheiten neigten beide dazu, die Zielgerichtetheit oder ›operative Intentionalität‹ der einzigartigen menschlichen Fähigkeit zur ›Transzendenz‹ zu betonen – ein Nachdruck, der in bestimmter Hinsicht problematisch war.

Es war zum Beispiel nicht klar, wie ›Intentionalität‹ für die Bedeutung bestimmter überpersönlicher historischer Faktoren verantwortlich gemacht werden könnte wie zum Beispiel Klima, Ernährung oder demographische Trends. Auch war nicht einsichtig, wie ein existenzieller Analysestil das Phänomen der Sprache erhellen könnte – ein Thema von wachsendem Gewicht, besonders seit Heidegger es ›das Haus des Seins‹ genannt hatte.

Den französischen Phänomenologen entgingen solche Probleme schwerlich, ihre Bemühungen um ein Einbeziehen von Fragen der Geschichte und der Sprache hatte paradoxe Folgen: »Ich kann mich noch deutlich an einige Vorlesungen erinnern«, erklärte Foucault Jahre später, »in denen Merleau-Ponty begann, über Saussure zu sprechen«, den Schweizer Begründer der strukturalen Linguistik, zu dieser Zeit der breiten Öffentlichkeit fast unbekannt. »Auf diese Weise erschien das Problem der Sprache, und es war klar, daß die Phänomenologie mit strukturaler Analyse nicht mithalten konnte, wenn es darum ging, Rechenschaft abzulegen von den Bedeutungseffekten, die von einer Struktur des linguistischen Typs produziert werden konnten, in die das Subjekt (im phänomenologischen Sinne) nicht intervenierte, um Bedeutung zuzuweisen. Und auf ziemlich selbstverständliche Weise wurde der Strukturalismus zur neuen Braut, als sich der phänomenologische Ehepartner als unfähig erwies, das Problem der Sprache in Angriff zu nehmen.« [42]

Was auch immer ihr Wert sein mag, Foucaults rückblickende Erklärung seiner späteren Antipathie gegenüber der Husserlianisch-marxistischen Richtung in der französischen Philosophie macht Sinn. Aber sie geht nicht weit genug. Es fehlt etwas. Immerhin war die französische Phänomenologie in den späten vierziger Jahren ein Gebäude mit vielen Räumen. [43] Außerdem, in Anbetracht der leichten Verfügbarkeit vollkommen respektabler Alternativen – von der Linguistik Saussures bis zum Denken des späten Heidegger –, warum erschien Foucault ausgerechnet Sartres Philosophie als eine Form von ›Terrorismus‹? Das Wort selbst bezeugt nicht nur unfreiwillige Unterordnung, sondern auch Furcht. Warum Furcht?

Will man sich der möglichen Antwort auf diese Frage nähern, sollte man sich an die moralische Zielsetzung von Sartres Philosophie erinnern. Sartre selbst hat sie einmal mit einem Wort als ›Authentizität‹ zusammengefaßt. Authentizität bedeute, »ein wahres und deutliches Bewußtsein von einer Situation zu gewinnen und die Verantwortung und Risiken, die diese mit sich bringt, anzunehmen«. Sartre macht klar, daß diese Kriterien von den meisten Menschen in den meisten Situationen nicht erfüllt werden. Die Folge davon ist, daß es unser Schicksal ist, beständig schuldig zu werden. Daher die Bedeutungsschwere von Sartres Losung: Der Mensch ist dazu *verurteilt*, frei zu sein. [44]
Eine der berühmtesten Passagen in *Das Sein und das Nichts* illustriert einige der Folgen dieser Weltsicht. Sartre stellt sich vor, vor einer Tür zu kauern und durchs Schlüsselloch zu spähen. Von Eifersucht geplagt, bemüht er sich zu erkennen, was auf der anderen Seite der Tür vor sich geht. In diesem Augenblick, kommentiert Sartre, »(gibt) es kein *Ich*, das mein Bewußtsein bewohnt. Also nichts, worauf ich meine Handlungen beziehen könnte [. . .]. Sie werden keineswegs *erkannt*, sondern *ich bin sie*«, in diesem Moment, »eine bloße Art, mich in der Welt zu verlieren, mich durch die Dinge aufsaugen zu lassen wie die Tinte durch das Löschblatt«. Aber selbst genau zu diesem Zeit-

punkt, genußvoll die Auflösung des Selbst erfahrend, »existiert« die Anordnung der Elemente – die Tür, das Schlüsselloch, der durch es spähende Mann –»nur durch Bezug auf einen freien Entwurf meiner Möglichkeiten: gerade die Eifersucht als Möglichkeit, die ich *bin*, organisiert diesen Utensilitätskomplex [. . .].«[45]

Doch plötzlich, so fährt Sartre fort, »habe ich Schritte im Flur gehört: Man sieht mich.«[46]

Die gesamte Situation hat sich mit einem Schlag geändert. »Zunächst existiere ich nun als *Ich* [. . .]. . . . ich sehe mich, weil man mich sieht [. . .]. Urplötzlich erkennt er seine Freiheit und seine Verantwortung, aber nur in der Form der *Scham*. »Die Scham ist [. . .] Scham über *sich*, sie ist Anerkennung dessen, daß ich wirklich dieses Objekt *bin*, das der Andere anblickt und beurteilt.« Tatsächlich und unausweichlich *ist* Sartre der eifersüchtige *peeping tom* am Schlüsselloch.[47]

Eines Nachts, als Foucault an der *École Normale* war, hatte er ein ähnliches Erlebnis. Zufällig kam ein Lehrer der Schule um die Ecke und traf auf den jungen Studenten im Flur. Paul-Michel lag auf dem Boden. Er hatte sich gerade den Brustkorb mit einer Rasierklinge aufgeschlitzt.[48]

Sich vorzustellen, in einem solchen Moment dem finsteren Blick von Sartres moralisierender Philosophie ausgesetzt zu sein, erscheint als keine besonders einladende Aussicht. »Der Masochismus«, so hatte Sartre geradeheraus in *das Sein und das Nichts* erklärt, »ist also grundsätzlich ein Scheitern«, ein zu verurteilendes »Laster«, ein verabscheuungswürdiger und dem Untergang geweihter Versuch, »die Subjektivität des Subjekts zu vernichten «.[49] Aus der Perspektive Sartres, welches andere Gefühl als das der Scham hätte Foucault haben können? »Die Sichtbarkeit«, bemerkte Foucault Jahre später, »ist eine Falle«, so wie es auch, aus seiner Sicht, Sartres Philosophie war. Wie Sartres Bemerkungen zum Masochismus nahelegen und seine Humanismus-Vorlesung bestätigt, neigte der ältere Existenzialist dazu, überraschend konventionelle moralische Standpunkte zu vertreten. Gleichzeitig waren aufgrund seines unnachgiebigen Nachdrucks auf Freiheit und Verantwortung diese moralischen Prinzipien um so schwerer zu ertragen: Bestand doch schließlich, Sartre zufolge, die Pflicht eines jeden Einzelnen darin, sich so zu verhalten, »als ob das gesamte Menschengeschlecht seine Augen [auf jede einzelne Handlung] richte«. Foucault wies dies Strafinstanz der ›Authentizität‹ scharf zurück: »Ich glaube«, bemerkte er in einem Interview 1983, »theoretisch vermeidet Sartre die Vorstellung, das Selbst sei etwas Gegebenes, aber über den moralischen Begriff der Authentizität kommt er auf die Vorstellung zurück, daß wir wir selbst sein müssen, durch und durch unser echtes Selbst sein müssen.« Nicht nur damit belastet zu sein, was eine Person zu einem Zeitpunkt sehen würde, sondern damit, was nichts weniger als ›das gesamte Menschengeschlecht‹ denken könnte, wenn es nur sehen könnte, bedeute, wie sich Foucault einmal ausdrückt, »in seinem unendlich auf sich selbst zurückgeworfenen Blick in Gefangenschaft« zu geraten, was besonders für jemanden, der an zeitweisem Wahnsinn leide, heiße, »schließlich mit der Erniedrigung verkettet« zu werden, »für sich selbst ein Objekt zu sein. Die Bewußtwerdung ist jetzt mit der Schande verbunden, mit jenem anderen identisch zu sein, in ihm in Frage gestellt zu werden und« - dies war vielleicht der entscheidende Punkt, »sich bereits selbst verachtet zu haben, bevor man sich hat erkennen und kennen können«. [50]

Kein Wunder, daß der junge Foucault offensichtlich die Philosophie Heideggers der Sartres vorzog. Konnte doch aus Heideggers Blickwinkel selbst ein Moment selbstzerfleischenden Wahnsinns als fruchtbare Begegnung mit dem ›Ungedachten‹ angesehen werden. Anstatt solchen dissonanten Erfahrungen mit moralischen Schmähungen entgegenzutreten, schien Heidegger sie zu begrüßen. Das ›Bösartige des Grimms‹, wie auch ›scheiterndes Denken‹, könnte irgendwie, weit entfernt davon, anstößig zu sein, einen ›Aufgang zur Huld‹ nach sich ziehen.

Ein wenig ›Huld‹ hätte Paul-Michel Foucault gut gebrauchen können, denn seine Geste der Selbstverstümmelung war kein Einzelfall. 1948 versuchte er, Selbstmord zu begehen. In den nächsten Jahren folgten weitere Versuche – die genaue Zahl bleibt unklar. Er versuchte, sich die Pulsadern aufzuschneiden. Er scherzte darüber, sich zu erhängen. Er war von der Idee besessen. Sein besorgter Vater arrangierte eine Untersuchung im *Hôpital Sainte-Anne* durch einen der führenden französischen Psychiater, Jean Delay. Als Foucault zur allseitigen Überraschung die *Agrégation* im ersten Anlauf 1950 nicht schaffte, bat einer seiner Lehrer, besorgt, daß der entmutigte Student eine weitere »Dummheit« begehen würde, einen Klassenkameraden, auf ihn aufzupassen. [51]

Bis ans Ende seines Lebens verteidigte Foucault »das Recht eines jeden, sich selbst zu töten«, wie er vergnügt einem verblüfften Gesprächspartner 1983 erzählte. Selbstmord, schrieb er in einem Aufsatz, der 1979 veröffentlicht wurde, sei »der schlichteste aller Genüsse«. Man solle den Akt des Selbstmords »Stück für Stück fabrizieren und berechnen, [. . .] seine Ingredienzen finden, es sich vorstellen, auswählen und Rat einholen, [. . .] ein Werk ohne Zuschauer [daraus] machen, ein Werk, das allein für mich da ist und gerade so lange, wie die kleinste Sekunde des Lebens dauert«. Zugegebenermaßen »hinterläßt [. . .] der Selbstmord [. . .] entmutigende Spuren [. . .]. Glauben Sie denn, daß es Spaß macht, sich in der Küche erhängen und eine blauangelaufene Zunge herausstrecken zu müssen? Oder sich im Badezimmer einzuschließen, um den Gashahn aufzudrehen? Oder auf dem Bürgersteig ein kleines Stückchen Hirn zurückzulassen, das die Hunde dann beschnuppern?« Die Sache sähe natürlich anders aus, wenn die Gesellschaft dem Selbstmord seinen ihm zustehenden Stellenwert gäbe: »Gewänne ich ein paar Milliarden Francs im Lotto«, sagte er in einem Interview 1983, »würde ich ein Institut für Lebensmüde eröffnen, die dort ein Wochenende, eine Woche oder einen Monat verbringen, so viel Spaß wie möglich haben könnten, vielleicht mit der Hilfestellung von Drogen, um dann zu verschwinden [. . .].« In seinem Aufsatz von 1979 träumt er von »Selbstmord-Fest« und »Selbstmord-Orgie« und wieder von einer Art besonderem Zufluchtsort, wo diejenigen, die Selbstmord planen, »mit namenlosen Partnern, [. . .] frei von jeglicher Identität, [...] die Gelegenheit zum Sterben [...] finden«. Daß der Tod eine sinnliche Erfahrung sei (so wie es zum Beispiel auch Sade gesagt hatte), darauf besteht Foucault: Zu sterben, so schreibt er, bedeute, »die formlose Form eines ganz harmlosen Vergnügens« zu erfahren, ein »unbegrenzter Genuß, dessen sorgfältige Vorbereitung ohne letzte Ruhestätte oder Vorherbestimmung dein ganzes Leben illuminieren kann«.[52]

Dies, so ist man versucht zu sagen, ist doch wohl nur ein Scherz.

Oder doch nicht? Betrachtet man Foucaults Leben von seinem ersten Selbstmordversuch 1948 bis zur Herankunft des Todes, den er offensichtlich 1983 in San Francisco mit offenen Armen begrüßte, stellt sich diese Frage wohl doch.

Der Arzt der *École Normale* kreidete das suizidale Verhalten des jungen Foucault einer simplen Tatsache an: Kummer über seine Homosexualität. Sein französischer Biograph Didier Eribon stimmt stillschweigend zu, indem er einen jungen Philosophen beschreibt, der nach seinen zahlreichen nächtlichen Ausflügen in die schwule Halbwelt des Nachkriegs-Paris von Schuldgefühlen paralysiert ist.[53]

In seinem Interview zum Selbstmord von 1979 stellt Foucault seltsamerweise die gleiche Verbindung her, nur um sie dann offenkundig der Lächerlichkeit preiszugeben, obwohl man doch wieder angesichts des biographischen Subtexts Zweifel an der Aufrichtigkeit Foucaults anmelden muß: »Stellen wir uns also lange, schmächtige Jungen mit viel zu blassen Wangen vor; unfähig, die Schwelle zum anderen Geschlecht zu überschreiten, stehen sie ihr Leben lang immer wieder an der Schwelle des Todes, um sie sogleich wieder zu verlassen und die Tür geräuschvoll zuzuschlagen. So etwas belästigt natürlich die Nachbarn. Anstatt mit dem schönen Geschlecht, vermählen sie sich mit dem Tod, mit der anderen Seite anstatt mit dem anderen Geschlecht. Sie können aber ebensowenig richtig sterben wie richtig leben. Mit diesem lächerlichen Spiel bringen sich Homosexuelle und Selbstmord gegenseitig in Verruf.«[54]

Es war jedenfalls keine leichte Sache, jung und schwul im Paris

79

der späten Vierziger zu sein. »Bis 1970«, erinnerte sich Foucault später, »wußte man genau, daß die Besucher von Kneipen und Bädern von der Polizei belästigt wurden und daß es eine vielschichtige, effiziente und erdrückende Spirale von Polizeirepressionen gab.« Aber Foucault behauptete später auch, daß es ihm Spaß machte, die Spiele, die in diesen dunklen Zeiten vor der schwulen Befreiung gespielt werden mußten, mitzumachen: Mitglied eines Untergrundordens zu sein, war genauso aufregend wie gefährlich. [55]

Wie dem auch sei, Foucault entdeckte seine Sexualität nicht erst zu dieser Zeit. Er hat Freunden erzählt, daß er sich zum ersten Mal in andere Jungen Jahre zuvor in Poitiers verliebt hatte. An der *École Normale* stellte er seine Sexualität weder zur Schau, noch versteckte er sie. Frankreich ist schon seit längerem ein im Bereich des Sexuellen relativ kultiviertes Land mit seinem eigenen bestimmten Kode der Diskretion und *de facto*-Toleranz. *Normaliens* erhalten traditionell einen sehr weiten Spielraum und großzügige Vorgaben für ungewöhnliches Verhalten. Es wäre naiv, anzunehmen, daß Lehrer, Verwalter oder Kommilitonen der *École Normale* Foucaults sexuelle Abenteuer an sich als anstößig oder besonders schockierend empfunden hätten. [56]

Falls Foucault in seinem späteren Leben irgendwelche bleibenden Verklemmungen aufgrund seiner sexuellen Wünsche versteckt hielt, so sind diese sicherlich von keinem seiner schwulen Freunde bemerkt worden. Normalerweise scherzte er über die ganze Angelegenheit. Als ihn der amerikanische Schriftsteller Edmund White einmal fragte, wie es komme, daß er so schlau sei, witzelte Foucault auf charakteristische Weise, daß dies auf seine Lust auf Knaben zurückzuführen sei: »›Ich war nicht immer so schlau, in der Tat war ich in der Schule sehr dumm‹«, erinnert sich White an Foucaults Antwort, »›deshalb schickte man mich auf eine andere Schule‹« (was auch wirklich geschehen war). In der neuen Schule, so fährt Foucault fort, »›gab es einen sehr attraktiven Jungen, der noch dümmer als ich war. Und um mich bei diesem wunderschönen Jungen einzuschmeicheln, begann ich, seine Hausaufgaben zu machen – und auf diese Weise wurde ich immer schlauer. Ich mußte mich sehr anstrengen, um ihm ein bißchen vorauszubleiben, damit ich ihm helfen konnte.‹«

»›In einem gewissen Sinne‹«, schloß Foucault schwungvoll, »›habe ich während meines gesamten Lebens versucht, intellektuelle Dinge zu tun, um schöne Knaben anzuziehen.‹«[57] Daniel Defert, der in späteren Jahren Foucault besser als irgend jemand sonst kannte, glaubt, daß sein langjähriger Gefährte in dieser Zeit nicht unter seiner Homosexualität litt, sondern unter einem anderen, rätselhafteren Schmerz. Ein Faktor waren, laut Defert, die Angstgefühle, die Foucault empfand, weil er glaubte, ›nicht gut auszusehen‹. Ein weiterer Aspekt, spekuliert Defert, seien vielleicht seine frühen Experimente mit Drogen gewesen, eine Faszination, die so tief und beständig war wie sein lebenslanges Interesse am Selbstmord. »Ich weiß nicht, ob er injizierte«, sagt Defert, aber die Drogen, die Foucault zu dieser Zeit nahm, seien, so behauptet er, auf jeden Fall stärker als bloß Alkohol oder Haschisch gewesen. Trotzdem bleibt diese Zeit »eine sehr rätselhafte Periode«. Sie gibt uns außerdem einen ersten Einblick in jene eigentümliche, im Zeichen des Todes stehende Form der ›Erfahrung‹, die Foucault sein Leben lang versuchen würde zu begreifen.[58]

Im Jahre 1948, gerade als der junge Foucault begann, ernsthaft mit seinen eigenen suizidalen Impulsen zu ringen, erschien eine todschicke neue Figur an der *École Normale*. Ihr Name war Louis Althusser, und in den folgenden Jahren gelang es ihm, für den unglücklichen Studenten aus Poitiers neue Türen zu öffnen, indem er ihm andere Wege zeigte, Philosophie auf das Studium der Geschichte und das Verständnis von Psychologie anzuwenden – sowie andere Wege, an der Veränderung einer Welt zu arbeiten, die Foucault in gewisser Hinsicht offensichtlich unerträglich fand.

Althusser war der neue Studienleiter für Philosophie an der Schule – oder, im Jargon der *Normaliens*, der neue ›*Caïman*‹ (ein dem Krokodil ähnliches Tier, nach dem die karibischen *Cayman*

Islands benannt sind). Althusser war ein mit strikter Disziplin und jesuitischer Schlauheit ausgestatteter kühner Denker, der auf dem besten Wege war, sich von der katholischen Kirche zu lösen und der Kommunistischen Partei anzuschließen. Er litt bereits unter jenen wiederkehrenden manisch-depressiven Episoden, die später zur permanten Einweisung in eine psychiatrische Anstalt führen sollten, nachdem er 1981 seine Frau erdrosselt hatte. Der junge Studienleiter versäumte deshalb oft seine Seminare. Trotzdem erwies er sich als faszinierender Lehrer, der seine Stellung dazu nutzte, eine beispiellose Anzahl von *Normaliens*, darunter Foucault, für die Kommunistische Partei zu rekrutieren.[59]

»Unmittelbar nach dem Kriege«, erinnerte sich Foucault später, »war die Kommunistische Partei [. . .] gleich dreifach legitimiert: historisch, politisch und theoretisch.« Indem sie aus ihrer führenden Rolle im Widerstand Kapital schlug, bestimmte sie den Fahrplan für die französischen Nachkriegs-Sozialisten: »Sie stellte das Gesetz für alles auf, was sich links gab [. . .]. [M]an war entweder ›dafür‹ oder ›dagegen‹, Verbündeter oder Gegner.«[60]

Foucault war ein Verbündeter. Er befand sich bereits in offener Rebellion gegen die bürgerliche Steifheit seiner Familie und war auf der Suche nach einem praktischen Ausweg aus seinen Gefühlen von individueller Entfremdung; ganz konkret opponierte er gegen den sich ausweitenden französischen Krieg in Indochina. Dank des Einflusses von Althusser hatten die Kommunisten die Sozialisten als die Partei des Protests und der gesellschaftlichen Veränderung an der *École Normale* abgelöst. Wie Foucault später von seiner Generation feststellte, »waren wir auf der Suche nach alternativen intellektuellen Wegen, um jenen Punkt zu erreichen, an dem es so schien, als ob etwas Form annahm oder bereits existierte, das vollständig ›anders‹ war: der Kommunismus«. Irgendwann im Verlaufe des Jahres 1950 trat er der *Parti communiste français* (PCF) bei.[61]

Vor allem lehrte ihn seine Erfahrung in den ungefähr drei Jahren, die er in der Partei war, etwas über die Anpassungsfähigkeit der Wahrheit – und darüber, wie ein wißbegieriger Geist geschult werden kann, fast alles zu glauben und gute Gründe dafür zu finden. Indem er der Parteilinie in allem möglichen von der Außenpolitik bis zur Reflexpsychologie folgte, lernte Foucault, dem Unglaubwürdigen Glaubhaftigkeit zu verleihen: »Dazu gezwungen zu sein, Tatbestände zu verteidigen, die außerhalb jeglicher Glaubwürdigkeit standen«, erklärte er später, »war Bestandteil jener Übung der ›Auflösung des Selbst‹, der Suche nach einem Weg, ›anders‹ zu sein.« Doch entdeckte Foucault, daß Kommunist zu sein nicht ganz der ›anderen‹ Lebensweise entsprach, nach der er suchte. Weit davon entfernt, befreiend zu wirken, erwies sich das Leben innerhalb der Partei bald als eine andere Form der Zwangsjacke. »Ich war niemals völlig in die Kommunistische Partei integriert, weil ich homosexuell war«, sagte er später. »Es war eine Institution, die all die Werte des traditionellsten bürgerlichen Lebens verstärkte« – all die Werte, die er jetzt über Bord werfen wollte.[62]

Obwohl es unmöglich ist, die genauen Daten der aktiven Verbindung Foucaults mit der PCF zu eruieren, scheint es, daß er sie im Sommer 1953 verließ. Wie er sich erinnerte, war das Ereignis, das schließlich seinen Austritt bewirkte, die sogenannte ›Ärzte-Verschwörung‹. Dieser vermeintliche Komplott wurde zuerst im Januar 1953 von sowjetischen Zeitungen ›entdeckt‹. In einer Reihe von Hetzartikeln behaupteten Parteijournalisten, daß eine Kabale von verräterischen Ärzten, die meisten mit Verbindungen zu einer internationalen jüdischen Organisation, konspiriert hätten, um eine Anzahl prominenter Bolschewisten zu ermorden und dann Stalin selbst zu vergiften, der zu dieser Zeit mit seiner tödlichen Erkrankung rang. Die verleumderischen Anschuldigungen biederten sich antisemitischen Gefühlen an und verursachten eine von der Regierung unterstützte Kampagne, Juden in der Sowjetunion aus verantwortungsvollen öffentlichen Positionen zu entfernen. Während seines ganzen Lebens stand Foucault auch nur dem Anschein von Antisemitismus äußerst feindlich gegenüber. Der unverschleierte Rassismus dieser Propaganda-Initiative, in Verbindung mit der offenkundigen Verlogenheit der Anschuldigungen, verschlug ihm den Atem: »Tatsache ist, von diesem Augenblick an bewegte ich mich weg von der PCF.«[63]

In den folgenden Jahren drückte Foucault nur spärliche Sympathie für kommunistische Parteien, Bewegungen oder Regime aus. Selbst während seiner Verbindung mit der französischen Ultralinken nach dem Mai '68 verachtete er, wie sich Daniel Defert erinnert, die weitverbreitete Vernarrtheit in das kommunistische China und weigerte sich, Defert auf eine Reise nach Peking zu begleiten, um einen hautnahen Eindruck von Mao Tse-tungs Kulturrevolution zu bekommen.[64]

Trotz seiner späteren festen antikommunistischen Überzeugungen war Foucaults Bruch mit marxistischen Denkweisen weder unvermittelt noch, für einige Jahre zumindest, eindeutig. Seine beiden ersten veröffentlichten Werke, die kurz nach seinem Austritt aus der PCF erschienen, tragen noch den Stempel marxistischen Argumentationsstils, insbesondere hinsichtlich des Optimismus, dem sie für die Aussicht auf die Überwindung von Entfremdung Ausdruck verleihen. In der Tat sollten alle Schriften Foucaults, auch noch lange nachdem er diese und andere ins Auge springenden Charakteristika marxistischer Denkweise ausdrücklich abgelegt hatte, von einer schwer faßlichen revolutionären Hoffnung durchzogen sein – von der impliziten Überzeugung, daß erstickende gesellschaftliche Formationen vielleicht doch noch vollständig umgestaltet werden könnten. Dieser Unterton mäßigte seinen ansonsten verwirrenden philosophischen Anspruch, indem er ihn mit einer diffusen Stimmung eschatologischer Erwartung durchsetzte.

Foucault blieb in späteren Jahren mit Althusser befreundet, auch nachdem dieser in den sechziger Jahren zum führenden Theoretiker der Kommunistischen Partei aufgestiegen war. Selbst Ende der siebziger Jahre, als es in Frankreich *en vogue* war, sowohl über Althusser als auch über den Marxismus schlichtweg hinwegzugehen, stand Foucault loyal an seiner Seite und wies im Privaten alle zurück, die ihn kritisierten.[65]

Aber wie der Verlauf der Ereignisse zeigen sollte, war Althussers bleibender Einfluß auf Foucault keineswegs politisch, sondern rein theoretisch. Althusser war nicht nur der Mandarin des Marxismus-Leninismus von erlesener scholastischer List, sondern außerdem ein ernstzunehmender Gelehrter auf dem Gebiet der französischen Wissenschaftsphilosophie, ein Interesse, das er an seinen Schüler weitergab.

Wie Foucault selbst einmal klarstellte, kann die französische Philosophie der dreißiger und vierziger Jahre unterteilt werden in »eine Philosophie der Erfahrung, der Sinneswahrnehmung und des Subjekts« auf der einen Seite und in »eine Philosophie des Wissens, der Rationalität und des Begriffs« auf der anderen Seite. »Das eine Netzwerk bestand aus Sartre und Merleau-Ponty, das andere aus Cavaillès, Bachelard und Canguilhem.«[66]
Die Ursprünge der letzteren, spezifisch französischen Alternative zum Existenzialismus sollte Foucault später in Kants *Kritik der reinen Vernunft* finden: »Zum ersten Mal«, erklärte Foucault, »wurde rationalistisches Denken nicht nur hinsichtlich seines Wesens, seiner Grundlagen, seiner Fähigkeiten und seiner Rechte befragt, sondern auch bezüglich seiner Geschichte und seiner Geographie, seiner unmittelbaren Vergangenheit und seiner gegenwärtigen Realität sowie mit Bezug auf seine Zeit und seinen Ort.«[67].
Dieses kritische Projekt verfolgten und entwickelten die französischen Wissenschaftshistoriker gemeinsam mit ihren deutschen Kollegen wie zum Beispiel Ernst Cassirer (den Foucault ebenfalls bewunderte) in den Jahren nach dem I. Weltkrieg.
Jean Cavaillès (1903-1944) war, wie Foucault einmal zusammenfaßte, »ein Historiker der Mathematik, der an ihren inneren Strukturen interessiert war«. Er starb als Partisane im französischen Widerstand von den Händen der Nazis – eine Tatsache, die für Foucault von nicht geringer Bedeutung war. Da weder Sartre noch Merleau-Ponty einem solchen Opfer im Widerstand auch nur nahe kamen, bezeugten somit Leben und Tod Cavaillès die Unaufrichtigkeit des existenzialistischen politischen Anspruchs.[68]
Der 1904 geborene Georges Canguilhem sollte nach 1961

einer der engsten intellektuellen Freunde und Verbündeten
Foucaults werden. Canguilhem war vor allem an Biologie und
Medizin interessiert und trat in vielerlei Hinsicht das Erbe von
Bergsons Vitalismus an. Das Leben, so glaubte er, sei das un-
ablässige Vermögen der Transzendenz, ein turbulenter Fluß
vitaler Energie, gekennzeichnet durch Instabilität, Unregelmä-
ßigkeit, Abnormalität und (worauf vor ihm bereits Bichat hingewiesen hatte) Krankhaftigkeit. »Es ist das Abnorme, das ein
theoretisches Interesse am Normalen hervorruft«, hatte Canguilhem in seinem wichtigsten Werk, *Das Normale und das
Pathologische*, erklärt. »Normen werden als solche nur an den
Überschreitungen erkannt. Funktionen werden nur durch ihr
Versagen entdeckt. Einzig über die mißlingende Anpassung,
über erlittene Schlappen und Schmerzen kommt das Leben
zum Bewußtsein und zum Wissen von sich selbst« – Gedanken,
die später unausgesprochen in Foucaults Verständnis der epistemologischen Bedeutung der ›Grenz-Erfahrung‹ nachklingen
sollten. [69]
Gleichzeitig brachte Canguilhem, wie Foucault aufzeigte, »die
Geschichte der Wissenschaften von ihren Gipfeln (Mathematik, Astronomie, Galileische Mechanik, Newtonsche Physik
und Relativitätstheorie) in ›mittlere‹ Regionen« – die später
ebenso zu Foucaults eigenem Interessengebiet wurden. Indem
er sich auf Biologie und Medizin konzentrierte, gelang es Canguilhem, Foucaults bewundernden Worten zufolge, neues
Licht auf jene Domäne zu werfen, »in der das Wissen wesentlich weniger deduktiv und viel mehr von äußerlichen Prozessen
(ökonomischer Stimulanz oder institutioneller Hilfestellung)
abhängig ist und in der es wesentlich länger an die Wunder der
Einbildungskraft gebunden blieb«. [70]
Unter allen französischen Wissenschaftshistorikern jedoch
war sicherlich Gaston Bachelard (1884-1962) der sonderbar-
ste und für Foucault in seinen formativen Jahren der bedeutendste. »Ich war niemals direkt sein Schüler«, erinnerte sich
Foucault später, »aber ich hatte seine Bücher gelesen. Und, um
ehrlich zu sein, von allen zeitgenössischen Philosophen meiner
Studentenzeit war Bachelard derjenige, den ich am meisten las,

eine ungeheure Anzahl von Dingen in mich [aufsaugend], die
ich weiterentwickelt habe.«[71]
Bachelard war ein seltenes Exemplar innerhalb der französischen akademischen Szenerie, ein echter Außenseiter. Als
Autodidakt hatte er auf eigene Faust Chemie studiert, während
er als Postbote arbeitete. Nachdem er seine Aufmerksamkeit
auf die Geschichte der Wissenschaften gerichtet hatte, stieg er
langsam die Rangleiter der französischen Wissenschaftshierar-
chie hinauf und wurde schließlich in den vierziger Jahren Professor für Philosophie an der Sorbonne. Er widmete sich der
Mathematik und Einsteins Physik – und gleichzeitig der Rolle,
die Trugbilder, Irrtum und verführerischer Symbolismus dabei
spielen, wissenschaftlichen Fortschritt zu behindern.
Je mehr Bachelard sich mit der wunderlichen Macht der Einbildungskraft beschäftigte, desto mehr faszinierte sie ihn. 1938
begann er mit einer Reihe von Studien zur Funktion der vier
Elemente (Erde, Feuer, Luft und Wasser) für die Einbildungskraft. In jedem dieser Bücher klassifizierte er die Chimären der
Dichter mit der Strenge des Chemikers. Einige von Foucaults
schönsten Passagen in *Wahnsinn und Gesellschaft*, die von den
mittelalterlichen Wasserreisen der ›Narrenschiffe‹ handeln,
verdanken viel Bachelards Analyse der Wasser-Traumbilder.
»Niemand«, erklärte Foucault 1954, »hat besser [. . .] die dyna-
mische Arbeit der Imagination [. . .] erfaßt.«[72]
Bachelards Einfluß auf Foucault ist jedoch nicht darauf begrenzt. Bachelard gewann seiner ungewöhnlichen und andauernden Begegnung mit Poesie und moderner Physik eine Welt-
anschauung ab, die Risse, Brüche und Spalten betonte; anstelle
von dialektischer Harmonie sah er die *conditio humana* als in
zwei Hälften gebrochen an, auf der einen Seite Vernunft, auf
der anderen Träumerei: »Für Begriff und Bild gibt es keine Möglichkeit der Synthese.« Und obgleich Bachelard glaubte, daß die
rigorose Anwendung von Vernunft innerhalb der Wissenschaften die Wahrheit des Wirklichen zu enthüllen vermag, so waren es für ihn doch die fließenden Bilder der Dichtung, welche
die Wirklichkeit zum Singen bringen. Die Phantasie, die wis-
senschaftlichem Fortschritt hin und wieder Hindernisse in den

Weg legte, wurde für Bachelard zum Boten des »geheimen Seins« eines Menschen und seiner »inneren Bestimmung«, indem sie den Weg »jenseits des Gedankens« weist, um somit vielleicht »für unumstößlich gehaltene Regeln und menschliche Werte« hinter sich zu lassen – und gleichzeitig doch »einen Sprung in ein neues Leben« hervorzurufen. Indem er auf diese Weise die enthüllende Macht von Dichtung und Kunst betonte, näherte sich Bachelards Spätwerk auf merkwürdige Weise dem Heideggers an. [73]

Alle französichen Wissenschaftsphilosophen von Cavaillès bis Bachelard wiesen die Auffassung zurück, daß wissenschaftliche Entdeckungen etwas mit der Anhäufung von unwandelbaren Wahrheiten zu tun hätten, die bloß wie ein kosmisches Kreuzworträtsel zusammengefügt werden müßten. Stattdessen betonten sie die kreative Rolle, die dem Wissenschaftler zukommt: Weit davon entfernt, eine graduelle Evolution zu sein, ist die Geschichte der Wissenschaft von einer Reihe konzeptioneller Revolutionen erschüttert worden, die nachweisbare ›Brüche‹ produziert und Grenzlinien für die jeweils vorherrschende Art gezogen haben, wie Wissenschaftler sich die Welt vorstellten. Unsere moderne Auffassung des ›Wahren‹ ist demnach teilweise ein historisches Produkt dieser sich verändernden wissenschaftlichen Theorien, die wohl auch zukünftig immer wieder Umformulierungen unterworfen sein werden. Sollten diese allgemeinen Ansichten den Leser an Thomas Kuhns höchst einflußreiches Buch *Die Struktur wissenschaftlicher Revolutionen* erinnern, so hat das seinen guten Grund: Kuhn kannte und bewunderte die französischen Wissenschaftsphilosophen und hatte, wie Foucault, seine Zweifel bezüglich des kreativen Potentials ›normaler Wissenschaft‹. [74]

Foucault bestand schließlich im zweiten Anlauf 1951 die *Agrégation* für Philosophie. Während der nächsten vier Jahre verdiente er sich seinen Lebensunterhalt, unterstützt von den weitreichenden Beziehungen der *École Normale*, durch eine Reihe unterschiedlicher Jobs. Er forschte und lehrte, wobei er sich von seinem sich vertiefenden Interesse an der Wissenschaftsphilosophie leiten ließ. In diesen Jahren begann er, systematisch die Geschichte der Psychologie und Psychiatrie zu studieren, indem er es sich zur Gewohnheit machte, täglich in die Nationalbibliothek zu gehen, um sich unterschiedliche Theorien über Geisteskrankheit anzueignen. Er las alles, was ihm in die Hände kam, von Pavlov und Piaget bis zu Jaspers und Freud. Auf Einladung Althussers bestand einer seiner Jobs darin, an der *École Normale* von 1951 bis 1955 Psychologie zu unterrichten. Während dieser Zeit begann sein Ansehen zu wachsen.[75]

Gleichzeitig kehrte er an das *Hôpital Sainte-Anne* zurück, eine der größten und modernsten psychiatrischen Anstalten Frankreichs, dieses Mal jedoch, um zu forschen. Als Praktikant ohne festes Aufgabengebiet half er dabei, Experimente in einem elektro-enzephalographischen Labor durchzuführen, wobei er lernte, Abweichungen in der elektrischen Aktivität des Gehirns zu analysieren, um Hirnverletzungen, Epilepsie und verschiedene neurologische Störungen zu diagnostizieren. Er besuchte das Krankenhaus ebenfalls oft mit seinen Schülern von der *École Normale*, um die öffentliche Untersuchung von Patienten durch junge Ärzte zu beobachten, die ihre klinischen Techniken einüben wollten. »Mein Status dort war sehr merkwürdig«, erinnerte sich Foucault später. »Niemand sorgte sich darum, was ich zu tun hätte; ich konnte tun und lassen, was ich wollte. Ich war eigentlich in einer Position zwischen dem Personal und den Patienten.« Die Zweideutigkeit seiner Stellung, so darf man sich vorstellen, wurde noch verstärkt durch seine eigenen jüngsten Scharmützel mit dem Wahnsinn. »Ich war verrückt genug gewesen, die Vernunft zu studieren«, scherzte er später: »Ich war vernünftig genug, das Verrücktsein zu studieren.« Indem er »Abstand vom Personal« hielt, begann er, »eine Art von Unbehagen« zu empfinden. Er verbrachte viel Zeit damit, einfach zu beobachten: »Ich fühlte mich den Insassen sehr nahe und nicht sehr verschieden von ihnen.« Er beobachtete die Patienten und die Ärzte, die sie behandelten. Es geschah jedoch »erst Jahre später, als ich damit begann, ein Buch über die Geschichte der Psychiatrie zu schreiben, daß dieses

Unbehagen, diese persönliche Erfahrung, die Form historischer Kritik annahm«.[76]

Er näherte sich in diesen Jahren der Psychoanalyse sowohl mit Neugierde als auch mit Ambivalenz. Er arbeitete zusammen mit einem alten Kommilitonen Sartres von der *École Normale*, Daniel Lagache, und besuchte einige der später berühmt gewordenen Seminare, die Jacques Lacan an *Sainte-Anne* von 1953 an durchführte. Für kurze Zeit unterzog er sich sogar selbst einer Analyse, nur um sie bald verärgert abzubrechen, als sein Therapeut in Urlaub fuhr.[77]

Die wichtigsten der Freudschen Theorien sollten ihn jedoch bis ans Ende seines Lebens beschäftigen. Foucault war zum Beispiel immer äußerst erpicht darauf, das Unbewußte zu erkunden, das Sartre in einem der schwächsten Abschnitte von *Das Sein und das Nichts* leichtfertig versucht hatte, von der Hand zu weisen: Es sei, wie Foucault sich in *Die Ordnung der Dinge* ausdrückte, »der blinde Fleck, von wo aus es möglich wird«, das Sein des Menschen, das schattenhafte Reich dessen »zu erkennen«, was Heidegger das ›Ungedachte‹ genannt hatte. Er lehnte den Todestrieb als unveränderliche biologische Komponente menschlichen Verhaltens ab, akzeptierte ihn jedoch als historische Realität. Er diente ihm als weiterer Beweis dafür, unabhängig von seiner eigenen Beschäftigung mit dem Suizid, daß der neuzeitliche Mensch, vom Tode verfolgt, aus sich eine Erfahrung »im Modus des Hasses und der Aggression [. . .] machen konnte und mußte«.[78]

Traumdeutung schließlich war eine Aktivität, die niemals ihre Faszination für ihn verlor. Am Ende seines Lebens schrieb er über das bahnbrechende ›Traumbuch‹ des griechischen Philosophen Artemidorus, während er am Anfang verständlicherweise an seinen eigenen Träumen interessiert war. »Um mir die Wohlbegründetheit der Freudschen Ideen zu zeigen«, so erinnert sich ein Freund dieser Jahre, »erzählte er mir von einem Traum, den er während der Behandlung gehabt hatte und in dem ein Skalpell umhertrieb: Sein Analytiker hatte keine Mühe gehabt, ihn darin eine Kastrationsphantasie erkennen zu lassen.« Und der Historiker, der sich daran erinnert, daß sich der

junge Paul-Michel einmal selbst mit einer Rasierklinge verletzt hatte, kann nicht umhin, ebenfalls ins Gedächtnis zu rufen, daß Foucaults Vater Chirurg war.[79]
Tatsächlich verachtete Foucault seinen Vater mehr und mehr. »Er war ein gewalttätiger Mensch«, erinnert sich Daniel Defert, der ihn nur durch die bitteren Erinnerungen des Sohnes kannte. »Er stritt oft, wobei er sehr laut wurde. Er war ein brillanter Mann, jedoch übermächtig und sehr streng.«[80]
Als junger Mann erlaubte sich Foucault einen unbedeutenden, aber vielsagenden Akt der Rache: In einem Akt der Selbstverteidigung – und nominaler Selbstverstümmelung –, der direkt auf den tyrannischen Patriarchen zielte, trennte er sich vom ›Namen-des-Vaters‹, indem er einfach zu ›Michel Foucault‹ wurde.[81]
Das war der Name, der auf seinem ersten Buch, *Maladie mentale et personnalité* erscheinen sollte, einem kurzen, aber umfassenden Überblick über psychologische Theorien, der 1954 veröffentlicht wurde. Diese Arbeit zeigt die Verschiedenheit und den heterogenen Charakter der noch im Entwicklungsstadium befindlichen Foucaultschen Interessen sowie die Zweideutigkeit – wenn nicht Verwirrung – seiner sich herauskristallisierenden Überzeugungen. Formulierungen von düsterer Heideggerianischer Gemütsverfassung nisten unbehaglich neben optimistischen marxistischen Formeln. Die Schwierigkeiten des Buches liegen teilweise in der Masse des Materials begründet, das es behandelt: Auf einhundertzehn Seiten dichtgedrängter Prosa bietet Foucault einen summarischen Überblick über frühe organo-psychologische Theorien von Kraepelin bis Bleuler, Freuds klassische Psychoanalyse, Binswangers existenzialistische Psychoanalyse und Pavlovs Reflexpsychologie. Er endet mit einer optimistischen, hoffnungsvollen Bemerkung über eine marxistische ›Wissenschaft vom Menschen‹, die darauf abzielt, Geisteskrankheit durch die Abschaffung gesellschaftlicher Entfremdung zu bessern. Aber trotz der Gelehrtheit und offensichtlichen Intelligenz des Buches fehlen Foucaults Überblick das Feuer und der Flair, den seine Leser später von ihm erwarten sollten.[82]

Der Achtundzwanzigjährige mußte nach Jahren des Studiums von Heidegger, Marx und der Geschichte moderner wissenschaftlicher Zugänge zur Geisteskrankheit seinen eigenen Ton erst noch finden.

Man erzählt sich die Geschichte, daß Jean-Paul Sartre seinem Dämonen in einem Bierkrug begegnete. Das Wunder geschah eines Tages 1938, als Raymond Aron, gerade aus Deutschland zurückgekehrt, seinem alten Kommilitonen bedeutungsvoll erklärte, daß es *dieses Glas, dieser* Tisch, *diese einfachen Dinge* seien, die für Phänomenologen wie Husserl das Material der Philosophie ausmachten. [83]
Foucaults eigene jugendliche Epiphanie war bei weitem nicht so plötzlich. Es begann alles, wie er sich später erinnerte, in einem dunklen Theaterraum an einem Winterabend des Jahres 1953. [84]
Der Vorhang hob sich und enthüllte ein karges Bühnenbild. Nur das Skelett eines Baumes. Auf der Bühne erschienen zwei Landstreicher. »Nichts zu machen«, sagt der eine. »Ich glaub es bald auch«, sagt der andere. [85]
Die Landstreicher sind von unbestimmtem Alter und unbestimmtem Gewerbe; sie plaudern träge.

> »Sollen wir uns aufhängen«, sagt einer.
> »Dann geht noch mal einer ab«, erwidert der andere.
> »Dann geht einer ab? [. . .] Komm, wir hängen uns sofort auf.« [86]

Aber dieser Wortwechsel, wie alle anderen, bleibt folgenlos.
Hinter der Bühne ertönt ein Peitschenknall. Ein Mann erscheint, der einen Sklaven mit einem Strick um den Hals vor sich her führt. »Ich stelle mich vor«, sagt der Meister mit pompöser Großspurigkeit: »›Pozzo‹.« [87]
Es entwickelt sich ein Spiel-im-Spiel. Der Sklave will etwas aufführen. Pozzo zieht am Strick. »Denke, Schwein!« Der ansonsten stumme Mann taumelt abrupt in einen geschrienen

Monolog: »Auf Grund der sich aus den letzten öffentlichen Arbeiten von Poinçon und Wattmann ergebenden Existenz eines persönlichen Gottes kwakwakwakwa mit weißem Bart kwakwa außerhalb von Zeit und Raum der aus der Höhe seiner göttlichen Apathie göttlichen Athambie göttlichen Aphasie uns lieb hat bis auf einige Ausnahmen man weiß nicht warum aber das kommt noch [. . .] .« [88]

Diese Explosion der Worte ist ohne Zweifel der aufregendste Augenblick im Verlauf der fast dreistündigen Aufführung. Ansonsten muß der Zuschauer mit endlosem Warten vorliebnehmen – Warten auf jemanden, der Godot heißt. Das Theaterstück Samuel Becketts war *das* intellektuelle Ereignis der Saison in Paris. Es rüttelte die Intelligentsia auf dieselbe Weise auf, wie es Sartre acht Jahre zuvor durch seinen Vortrag über den Existenzialismus gelungen war. Jeden Abend saß das Publikum in feierlicher Stille, als ob es einer Dramatisierung der Philosophie Heideggers beiwohne, wozu der junge Schriftsteller Alain Robbe-Grillet das Stück dann auch erklärte. Es war eine Farce mit dem Hauch des Tragischen; seine heimatlosen Helden hatten nichts zu tun und wenig zu sagen, ihr hypnotisch langatmiges Geplapper wurde nur unterbrochen von der wahnsinnigen Parodie des Sklaven auf die Scholastik. Als philosophische Parabel verführte das Stück sein Pariser Publikum durch seine unwiderstehlichen Andeutungen auf ein tiefes und wichtiges Geheimnis, das nur darauf wartete, gelöst zu werden. [89]

Es sei offensichtlich, erklärte Robbe-Grillet in seiner einflußreichen Besprechung, daß Godot Gott sei: »Immerhin, warum nicht? Godot – warum auch nicht, oder? – ist das irdische Ideal einer besseren sozialen Ordnung. Wollen wir nicht alle genauso ein besseres Leben, bessere materielle Bedingungen, wie die Möglichkeit, nicht mehr länger geschlagen zu werden? Und dieser Pozzo, der genau *nicht* Godot ist – ist er nicht derjenige, der das Denken versklavt hält? Sonst ist Godot der Tod: Morgen werden wir uns aufhängen, wenn er nicht von selbst kommt. Godot ist Schweigen; wir müssen sprechen, *während wir auf ihn warten*: um das Recht zu haben, letztendlich zu verstummen. Godot ist jenes unzugängliche *Selbst*, das Beckett in

seinem gesamten Werk mit dieser beständigen Hoffnung verfolgt: ›Dieses Mal werde vielleicht ich endlich dran sein‹.« [90]
Kurz vor seinem Tod faßte Foucault die intellektuelle Odyssee
dieser Jahre zusammen. »Ich gehöre zu einer Generation, die
während ihrer Studentenzeit einen Horizont vor Augen hatte
und durch ihn begrenzt wurde, der aus Marxismus, Phänomenologie und Existenzialismus bestand«, sagte er. »Der Bruch
begann für mich zuerst mit Becketts *Warten auf Godot*, einer
atemberaubenden Aufführung.« [91]
Daß es dieses Drama der Sinnlosigkeit, des Unsinns und der
fehlgeschlagenen Metaphysik war, das den bis dahin besten
Weg aufzeigte, Sartres ›Terrorismus‹ zu entkommen, ist kein
Zufall. Die Welt von *Warten auf Godot* ist eine Welt, in der
selbst die Konzepte ›Freiheit‹ und ›Verantwortlichkeit‹ auf dramatische Weise jeglicher bleibender moralischer Bedeutung
entleert worden sind. »Moralische Werte sind nicht zugänglich«, sollte Beckett später erklären. »Es ist noch nicht einmal
möglich, über Wahrheit zu sprechen, das ist ein Teil der Qual.
Paradoxerweise kann der Künstler, indem er dem Formlosen
Form gibt, einen möglichen Ausweg finden.« [92]
Im Winter 1953 mußte Foucault seinen eigenen ›möglichen
Ausweg‹ erst noch finden. Aber es sollte ihm bald genug gelingen. Und dieses Mal sollte er schließlich sich selbst finden.

3

Das entblößte Herz

Im August 1953 verließ Foucault Paris, um in Italien Urlaub zu machen. Die vorausgegangenen Monate waren sehr fruchtbar gewesen. *Warten auf Godot* hatte ihn inspiriert, und er war mit erneutem Eifer wieder an die Arbeit gegangen. Er hatte sich auf eine ausführliche Studie über den Schweizer freudianischen Psychiater und Heideggerianer Ludwig Binswanger eingelassen. Er befand sich mitten in einer Liebesaffaire mit dem Komponisten Jean Barraqué. Wie nie zuvor war er in die Welt der Pariser Avantgarde eingetaucht.

Es war die Zeit des *Nouveau Roman*, der Höhepunkt des ›absurden Theaters‹, eine Zeit übermütiger Experimente in der Musik. Doch Foucaults Phantasie wurde weder von einem Roman noch von einem Theaterstück oder einer Komposition neuer Musik beflügelt, sondern von einer achtzig Jahre alten Aufsatzsammlung: Friedrich Nietzsches *Unzeitgemäße Betrachtungen*.

Jahre später erinnerte sich Maurice Pinguet, ein Freund, der mit Foucault die *École Normale* besucht hatte und in diesem Sommer mit ihm in Italien unterwegs war, wie er ihn dabei beobachtet hatte, als er »in der Sonne am Strand von Civitavecchia« verloren die Seiten von Nietzsches Buch las. Die Intensität des Interesses Foucaults schockierte Pinguet: »Ich hätte es meiner Vorstellung vom Philosophen gemäßer gefunden, wenn er Husserl oder Hegel entziffert hätte: Keine Philosophie ohne die Stacheldrahtzäune des Begriffs.« In den Augen vieler war Nietzsches Name immer noch wegen der Vereinnahmung bestimmter Gedanken des Philosophen durch die Nationalsozialisten beschmutzt, wie zum Beispiel den vom ›Willen zur Macht‹ oder vom ›Übermenschen‹. Foucault war jedoch von Nietz-

sches Werk fasziniert. »Wir hatten kaum Zeit zu lesen«, erinnert sich Pinguet, »zu sehr von alldem in Anspruch genommen, was es bei jedem Schritt zu entdecken gab. Aber manchmal, während einer halben Stunde Erholung an einem Strand, auf der Terrasse eines Cafés sah ich ihn dieses Buch – eine zweisprachige Ausgabe – aufschlagen und seine Lektüre fortsetzen.«[1]
Pinguet datiert das Ende der philosophischen Lehrzeit seines Freundes auf diese Begegnung mit Nietzsche, wie es auch Foucault selbst in einer Reihe von Interviews getan hat. Natürlich hatte er, wie jeder gute *Normalien*, Nietzsche schon Jahre zuvor gelesen. Aber in diesem Sommer nahmen bekannte Gedanken ein anderes Aussehen an, und die Nietzsche-Lektüre rief *dieses Mal*, wie sich Foucault erinnerte, einen »philosophischen Schock« hervor. »Nietzsche war eine Offenbarung für mich«, erklärte er in einem Gespräch 1982. »Ich las ihn mit großer Leidenschaft und brach mit meinem bisherigen Leben [. . .] Ich glaubte, in einem Gefängnis zu sein. Durch Nietzsche wurde mir das alles sehr fremd.«[2]
Im 1961 veröffentlichten Vorwort zu *Wahnsinn und Gesellschaft* faßte er sein geplantes Lebenswerk auf eine Art und Weise zusammen, welche die Tiefe des Einflusses Nietzsches auf ihn während dieser Entwicklungsjahre bezeugt. Sein Ziel sei es, erklärte er elliptisch, »die Dialektik der Geschichte mit den unbeweglichen Strukturen der Tragik [zu] konfrontieren«. Dies erfordere vielschichtige »Forschungen«, die sich offensichtlich mit dem Wahnsinn, aber auch in folgenden Büchern mit Träumen, »sexuellen Verboten« und der »glücklichen Welt der Lust« zu beschäftigen hätten. All diese Unternehmen jedoch würde er, wie er betonte, »*sous le soleil de la grande recherche nietzschéene*« - ›im Lichte der großen nietzscheanischen Suche‹ – durchführen.[3]
Eine kryptische Formulierung, eine rätselhafte Offenbarung. Was meinte Foucault wohl mit ›der großen nietzscheanischen Suche‹? Und warum sprach ihn Nietzsche, und ausgerechnet der Nietzsche der *Unzeitgemäßen Betrachtungen*, plötzlich in jenem August 1953 am Strand von Civitavecchia mit solcher Macht an?

Das Buch, das Foucaults Phantasie so stark beschäftigte, war in vieler Hinsicht ein direktes Nebenprodukt von Nietzsches eigenem verzweifelten Versuch zu begreifen, wer er sei und was aus ihm werden würde. Die vier Aufsätze der *Unzeitgemäßen Betrachtungen* wurden zwischen 1873 und 1876 nach der frostigen Aufnahme niedergeschrieben, die Nietzsches erstes Buch, *Die Geburt der Tragödie,* gefunden hatte. In diesem ursprünglich 1872 veröffentlichten Werk hatte der frühreife deutsche Klassizist, im Alter von 28 Jahren bereits Professor an der Universität Basel, eine kühne neue Theorie der Tragödie vorgelegt. Das unveränderliche Wesen des Tragischen spiele, Nietzsche zufolge, zwei zeitlose Mächte gegeneinander aus: den Hang des Apollinischen, die Welt in angemessenen und wohltuenden Proportionen zu formen, und die Tendenz des Dionysischen, solche Formen zu zerschmettern und ungestüm die Grenzen zwischen Bewußtem und Unbewußtem, Vernunft und Unvernunft zu überschreiten. *Die Geburt der Tragödie* gewann einige berühmte Bewunderer – unter ihnen Richard Wagner –, die aber alle außerhalb des akademischen Bereiches standen. Als das Buch erschien, griffen seine altphilologischen Kollegen Nietzsches Quellenforschung an, gaben seine historischen Thesen der Lächerlichkeit preis und ignorierten völlig seine kühne neue Weltsicht. Im darauffolgenden Winter scheiterte das Seminar des jungen Professors. Nietzsche litt zu dieser Zeit unter einer nicht enden wollenden Folge gesundheitlicher Probleme – Magen- und Nervenerkrankungen, akute Kurzsichtigkeit – und fühlte sich zunehmend isoliert. Wie nie zuvor war er sich darüber im Unklaren, welche Richtung er einschlagen und was aus ihm werden sollte. »Es ist die Sache des *freien Mannes,* seiner selbst wegen und nicht in Hinsicht auf andere zu leben«, schrieb er in eines seiner Notizbücher aus dieser Zeit. »Die meisten Menschen sind offenbar *zufällig* auf der Welt: Es zeigt sich keine Notwendigkeit höherer Art in ihnen.« In dem Versuch, den Erwartungen anderer Genüge zu tun, »liegt eine rührende *Bescheidenheit* der Menschen [. . .] Wenn jeder seinen Zweck in einem andern hat, so haben *alle keinen Zweck in sich, zu existieren.*«[4]

Die Aufsätze der *Unzeitgemäßen Betrachtungen* stellen auf unterschiedliche Weise Nietzsches Versuche dar, sein eigenes Ziel, seine eigene ›Notwendigkeit höherer Art‹ zu finden. *Die Unzeitgemäßen Betrachtungen*, erklärte er später, boten »eine Vision meiner Zukunft, [. . .] meine innerste Geschichte, mein *Werden*«. Es war vor allem der Aufsatz, dem er den Titel ›Schopenhauer als Erzieher‹ gab, der die innere Logik dessen klarmacht, woraus Nietzsches eigene lebenslange Suche bestand: zu verstehen, wie es im berühmten Untertitel von Ecce Homo heißt, »wie man wird, was man ist«. [5]

Daß Foucault von dieser paradoxen Aufgabe beeindruckt war, wird aus den Randbemerkungen klar, die er in der Kopie der *Unzeitgemäßen Betrachtungen* machte, die sich in seiner Privatbibliothek befand. In ›Schopenhauer als Erzieher‹ unterstrich er eine der entscheidenden Formulierungen Nietzsches: »Das Rätsel, welches der Mensch lösen soll, kann er nur aus dem Sein lösen, im So- und nicht Anders-sein, im Unvergänglichen.« [6]

Eine merkwürdige und verblüffende Lehre wird in diesem Satz zusammengefaßt – ein Satz, der die Mühe lohnt, genau verstanden zu werden, sowohl, weil ihn Foucault bei der Lektüre des Textes für wichtig hielt, als auch, weil er ins Zentrum seiner eigenen ›großen nietzscheanischen Suche‹ führt.

Die ersten Sätze von ›Schopenhauer als Erzieher‹ entwerfen Nietzsches zentrales Thema mit dichtgedrängter Eloquenz: »Jener Reisende, der viele Länder und Völker und mehrere Erdteile gesehen hatte und gefragt wurde, welche Eigenschaften der Menschen er überall wiedergefunden hatte, sagte: Sie haben einen Hang zur Faulheit. Manchen wird es dünken, er hätte richtiger und gültiger gesagt: Sie sind alle furchtsam. Sie verstecken sich unter Sitten und Meinungen. Im Grunde weiß jeder Mensch recht wohl, daß er nur einmal, als ein Unikum, auf der Welt ist und daß kein noch so seltsamer Zufall zum zweitenmal ein so wunderlich buntes Mancherlei zum Einerlei, wie er es ist, zusammenschütteln wird: Er weiß es, aber verbirgt es wie ein böses Gewissen.« [7]

Deshalb ist es so wichtig, behauptet Nietzsche, daß das Individuum dazu erzogen wird, wahrhaft originelle Geister zu Rate zu ziehen. Denn es seien nur die großen Dichter und Künstler, die den Schüler lehren könnten, »dieses lässige Einhergehen in erborgten Manieren [zu verachten]« und dabei »das Geheimnis, das böse Gewissen von jedermann, den Satz, daß jeder Mensch ein einmaliges Wunder ist, [zu enthüllen]«. Dieser Grundsatz verunsichere den Schüler, und er könne schließlich lernen, sich nicht mehr zu verstecken und »seinem Gewissen [zu folgen], welches ihm zuruft: ›Sei du selbst! Das bist du alles nicht, was du jetzt tust, meinst, begehrst.‹«[8]

Genau an diesem Punkt zeigt sich Schopenhauers Einfluß auf Nietzsche, so wie auch Nietzsches Einfluß auf Foucault. Auf den ersten Blick erscheint jedoch schwer einsichtig, wie sich Nietzsche oder Foucault an solche Anweisungen hätten halten können. Fast lebenslang lehnten beide die Vorstellung ab, das Selbst sei etwas einfach Gegebenes. In den Augen beider Männer ist ›Wahrheit‹, einschließlich der ›Wahrheit‹ des eigenen Ich, »nicht etwas, das da wäre und das aufzufinden, zu entdecken wäre, – sondern etwas, *das zu schaffen ist*«. »Unser Leib ist ja nur ein Gesellschaftsbau«, wie Nietzsche sich einmal ausdrückt, und unser Selbst ist nichts anderes als das zufällige und sich verändernde Produkt der wechselhaften Entfaltung kultureller und physischer Einflüsse.[9]

Sollte das Selbst wie die Wahrheit zumindest teilweise eher ein Konstrukt als eine Entdeckung sein, dann scheint folgende Schlußfolgerung unausweichlich: Der Mensch an sich untersteht keinen unveränderlichen Regeln, Gesetzen oder Normen. Doch sowohl für Nietzsche als auch für Foucault befindet sich der Mensch immer unter dem Einfluß von zufälligen Regeln, Gesetzen und Normen, die von Gebräuchen, Praktiken und Institutionen festgelegt werden, innerhalb derer jeder Mensch aufwachsen muß. Als historisches Wesen ist jedes Individuum eine Mischung aus Natur und Kultur, Chaos und Ordnung, Instinkt und Vernunft – jener zwei nicht miteinander in Einklang zu bringenden Dimensionen des Menschlichen, die Nietzsche durch Dionysos und Apollo versinnbildlicht sah.

Diese beiden Dimensionen, dachte Nietzsche, müßten irgendwie verbunden und miteinander in Gleichklang gebracht werden, sollte es dem Menschen gelingen, »*seine höhere Form zu sein*« zu entdecken. Das Christentum jedoch, so fürchtete er, habe den Europäer gelehrt, seinen Körper und seine ungezähmte animalische Energie zu hassen. Und mit der wachsenden Fähigkeit des modernen Staates, alle Bereiche des Lebens zu regulieren, sei die dionysische Dimension des Menschseins in Gefahr zu verschwinden und somit ein Opfer des Versuches, die Menschen dazu zu bringen, sich all den betäubenden und einförmigen kulturellen Codes anzupassen. »Haben wir erst jene unvermeidlich bevorstehende Wirtschafts-Gesamtverwaltung der Erde«, schrieb er 1887, »dann *kann* die Menschheit als Maschinerie in deren Diensten ihren besten Sinn finden: – als ein ungeheures Räderwerk immer kleinerer, immer feiner ›anzupassenden‹ Räder.«[10]

›Zu werden, was man ist‹ war, besonders unter diesen Umständen, keine einfache Aufgabe. Zuerst mußte man das im Innern verborgene Chaos wiederentdecken – einen Vorrat ungeformter physischer Energie, der selbst uns Wesen moderner Zivilisation, wie Nietzsche in *Also sprach Zarathustra* sagt, dazu in die Lage versetzen könnte, »einen tanzenden Stern [zu] gebären«.[11] Das ursprüngliche Wesen unserer eigenen tierischen Natur zu erschließen, bedeutete für Nietzsche die geheimnisvolle Fähigkeit, von neuem ›Transzendenz‹ zu ergreifen und das anzuwenden, was er den ›Willen zur Macht‹ nannte. So wichtig und befreiend diese Fähigkeit auch war, sie konnte lediglich das dionysische Element in der menschlichen Mixtur ansprechen.

Im Gegensatz dazu war das apollinische Element jenseits des Zugriffs des Willens angesiedelt. Indem eine Kultur eingeimpfte Verhaltensmuster besitzt, hat sie in der Vergangenheit begrabene Wurzeln, und »der Wille«, wie Nietzsche sagt, »kann nicht rückwärts wollen«. Der in eine bestimmte Tradition hineingeborene und in ihr aufgewachsene Mensch mag zwar sein kulturelles Erbe zunächst als angenehmen Ort der Gewohnheiten und Gebräuche empfinden, doch stellen sich diese bequemen Schablonen unter genauerer Betrachtung als eine einzig-

artig gefahrvolle Verkettung von »Bruchstück [. . .] und Rätsel und grause[m] Zufall« heraus, die sich unter dem tröstenden äußeren Anschein »erborgte[r] Manieren und übergehängte[r] Meinungen« verborgen halten. Umgangsformen und Meinungen, Begierden und Geschmäcker auszusondern, die jede Kultur in jedes Gemüt einpflanzt, sowie den Versuch zu unternehmen, sich ihre Umgestaltung vorzustellen, das ist die Herausforderung, der sich jeder kreative Mensch zu stellen hat. [12]
»Niemand kann dir die Brücke bauen, auf der gerade du über den Fluß des Lebens schreiten mußt, niemand außer dir allein«, schreibt Nietzsche in ›Schopenhauer als Erzieher‹. »Zwar gibt es zahllose Pfade und Brücken und Halbgötter, die dich durch den Fluß tragen wollen; aber nur um den Preis deiner selbst: Du würdest dich verpfänden und verlieren. Es gibt in der Welt einen einzigen Weg, auf welchem niemand gehen kann, außer dir: Wohin er führt? Frage nicht, gehe ihn.« [13]
Diese Worte klingen poetisch. Aber was bedeuten sie? Wie kann Nietzsche behaupten, daß es für jedes Individuum ›einen einzigen Weg‹ gibt? Gelangen wir an eine Weggabelung, wie können wir wissen, welcher Weg der wahrhaft unsrige ist?

Sowohl 1875 als auch heute noch ruft Nietzsches Suche nach ›einem einzigen Weg‹ unausgesprochen jenen archaischen – und für den modernen Leser exzentrischen – Gedanken hervor, jeder Mensch werde von einem einzigartigen *daimon* verfolgt. In der griechischen Antike bezeichnete der Begriff *daimon* die ansonsten unbekannte Macht, die jedes Individuum mehr oder weniger ziellos vorantreibt. Verhalf sie dem Menschen zu großem Ruhm, wurde er nach seinem Tode selbst als *daimon* verehrt, als ob ihm die Verkörperung seiner eigenen ›Notwendigkeit höherer Art‹ gelungen sei, indem er mit einem geisterhaften Doppelgänger aus freien Stücken eins geworden sei. Für die antiken Griechen verband sich mit der Idee des *daimon* all das, was das Individuum als unerklärlich, unkontrollierbar und ohne sein Zutun geschehend empfand; kurz gesagt, ein Begriff für die Macht des einzigartigen Schicksals. [14]

Eine Reihe griechischer Philosophen nahm an, daß den ›dämonischen‹ Aspekten des irdischen Daseins durch den Menschen ein Hauch des Göttlichen verliehen werde. Die Pythagoreer zum Beispiel spekulierten, der *daimon* sei ein vermittelndes Wesen, ein übermenschlicher Schutzengel, der einem bestimmten Menschen zugewiesen würde und über ihm schwebend dem Schutzbefohlenen Träume und Vorzeichen sende, von denen dieser dann nach angemessener Deutung Warnungen, sein persönliches Schicksal betreffend, ableiten könne. Heraklit lehnte solche Ansichten allerdings ab und behauptete in einem seiner zweideutigen Aphorismen, daß es »der Charakter [ist], welcher der *daimon* des Menschen ist«. Sokrates andererseits betrachtete seinen *daimon* als ein ihm innewohnendes und vernehmbares göttliches Wesen, das von ihm selbst verschieden sei und ihn hin und wieder anspreche, um ihn dazu zu bringen, innezuhalten, umzukehren, seine Meinung zu ändern und sein Verhalten zu modifizieren. Sokrates' inniges Verhältnis zu seinem *daimon* schürte den Verdacht, daß er dabei sei, eine neue (und für ihn vorteilhafte) Gottheit zu ersinnen – eine der Anklagen, die dem Philosophen das Leben kosteten.[15]

Ob erkennbar oder nicht, ob ein zufälliges Nebenprodukt des menschlichen Charakters oder ein bei der Geburt gezogenes Los, das von einem göttlichen oder gottähnlichen Geist treuhänderisch verwaltet wurde, das Wesen des *daimon* bestimmte den Lauf des Lebens. Gesegnet war die Seele, die einen guten *daimon* hatte, sie konnte auf der Flutwelle schwimmen und erlangte *eudaimon*, Glück. Aber es gab natürlich ebenso eine andere, beunruhigendere Möglichkeit, wie die griechische Tragödie aufzeigte: Manchmal hatte der Mensch, selbst der heldenhafte und großartige Mensch, an der Last eines bösen *daimon* zu tragen. Es war diese zweite Möglichkeit, die sich frühchristliche Theologen zunutze machten, indem sie den Begriff *daimon* benutzten, um jenen diabolischen Unhold oder ›Dämonen‹ zu bezeichnen, der als Gesandter des Teufels in das Herz des Menschen eindringe, in seinen Träumen lauere, über fleischliche Gelüste herrsche, die beständige Gefahr vorstelle, Böses zu tun, und dem nur um den Preis der Kasteiung und Entsagung widerstanden werden könne.[16]

Nietzsche (wie Goethe vor ihm) lehnte diese christliche Stig-
matisierung der dämonischen Aspekte des menschlichen Daseins ab. Wenn ›das zu werden, was man ist‹, Bosheit notwendig machen sollte, war dem nicht zu helfen.« [. . .] [D]as allein
lernte ich bisher, daß dem Menschen sein Bösestes nötig ist zu
seinem Besten.« Sollte Handeln in Übereinstimmung mit
einem besonders verfluchten Dämonen ins Unglück führen,
war auch das nicht zu ändern: »[D]as Geheimnis, um die größte Fruchtbarkeit und den größten Genuß vom Dasein einzuernten, heißt *gefährlich leben*.« Der Mensch, der sich selbst findet (und nicht entsagt), muß mögliche Konsequenzen außer
acht lassen und hat keine Wahl: »Es gibt kein öderes oder
widrigeres Geschöpf in der Natur als den Menschen, welcher
seinem Genius ausgewichen ist [. . .].« Ob man dazu nun ›Genius‹ sagt oder diese Macht den ureigenen *daimon* nennt, in diesen Sätzen findet sich Nietzsches Schlüssel, denn »das Rätsel,
welches der Mensch lösen soll, kann er nur aus dem Sein lösen,
im So- und nicht Anders-sein«.[17]
Foucault ergriff diesen Schlüssel. »Der Dämon [ist] nicht der
Andere«, behauptete er einmal mit einer Formulierung, die
auf typische Weise das Wesentliche des Denkens Nietzsches
mit der hermetischen Abstraktheit Heideggerschen Stils verband. Weit davon entfernt, ein Rückfall in ein Zeitalter dunklen Aberglaubens zu sein, sei der ›Dämon‹, sagt Foucault, »etwas Seltsames, etwas Abwegiges, das alles beim Alten läßt: der
Gleiche, der ganz Ähnliche«, das ausdrückliche Abbild unseres
Seins, wenn wir es nur erkennen würden. In diesem Zusammenhang fährt Foucault fort, indem er auf die entscheidende
Rolle hinweist, welche der ›Dämon‹ in einem der bekanntesten
Aphorismen Nietzsches spielt: »Wie, wenn eines Tages oder
Nachts ein Dämon in deine einsamste Einsamkeit nachschliche
und dir sagte: ›Dieses Leben, wie du es jetzt lebst und gelebt
hast, wirst du noch einmal und noch unzählige Male leben müs-
sen [. . .].‹«[18]
Nietzsches Dämon ist wie der griechische *daimon* eine Figur
mit schicksalhafter Bedeutung. Er verkörpert eine schwierige
Herausforderung: ›Das zu werden, was man ist‹, bedeutet nicht

nur Chaos, Transzendenz und die Gewalt eines Neuanfangs willkommen zu heißen, sondern auch alle unabänderlichen Aspekte der Vergangenheit, alle unkontrollierbaren Aspekte der Gegenwart und alle unbeabsichtigten Folgeerscheinungen der Zukunft zu bejahen. »Die ewige Sanduhr des Daseins wird immer wieder umgedreht – und du mit ihr, Stäubchen vom Staube.« In der Lage zu sein, dieses Schicksal wirklich zu *lieben*, selbst wenn es auf den ersten Blick ein ›furchtbarer Zufall‹ zu sein scheint, heißt, Foucault zufolge, zu erkennen, daß der Dämon das vollkommene Abbild des ›*Ich selbst*‹ ist, und freudig zu sagen: »Du bist ein Gott und nie hörte ich Göttlicheres.« [19] Nietzsche schreibt: »Es kehrt nur zurück, es kommt mir endlich heim – mein eigen Selbst [. . .].« [20]

Aber dies ist nur der Beginn der ›großen nietzscheanischen Suche‹. Denn auf welche Weise auch immer man seinem *daimon* zuerst begegnet – in einem Bierkrug, einem dunklen Theaterraum, in einem Zustand der Ekstase oder Trance, oder vielleicht einfach beim Lesen eines Buches von Philosophen wie Schopenhauer oder Nietzsche (oder Foucault) –, der unheimliche Eindruck, seine ›Notwendigkeit höherer Art‹ gefunden zu haben, entreißt jeden, der diese Erfahrung macht, seiner Alltagsroutine. Der Mensch ist dann verblüfft und fühlt sich wie »versteinert«, als ob dieser »schreckliche Beschluß« paralysiere. Denn derjenige, der sich darum bemüht, den Ansprüchen seines eigenen Schicksals Genüge zu leisten, »muß«, wie Nietzsche sich ausdrückt, »in die Tiefe des Daseins hinabtauchen, mit einer Reihe von ungewöhnlichen Fragen auf der Lippe: Warum lebe ich? Welche Lektion soll ich vom Leben lernen? Wie bin ich so geworden, wie ich bin und weshalb leide ich denn an diesem So-sein?« Der Mensch, der ernsthaft solchen Fragen nachgeht, »quält sich«, schreibt Nietzsche, »und sieht, wie sich niemand so quält«. [21]

Foucaults Versuche, sich mit den von Nietzsche aufgeworfenen Problemen zu beschäftigen, begannen ernstlich, als er sich an eine Arbeit über das Werk Ludwig Binswangers machte. 1953 befand sich Binswanger am Ende seiner wissenschaftlichen Laufbahn. 1881 war er in eine Familie hineingeboren worden, die viele wichtige Schweizer Ärzte und Psychiater hervorgebracht hatte – sein Onkel Otto Binswanger hatte Nietzsche in den letzten Jahren des Wahnsinns behandelt. Während seiner Ausbildungszeit an der Universität Zürich lernte er C. G. Jung kennen, der ihn Freud vorstellte. Im Verlaufe aller zukünftigen Wendungen und Drehungen der psychoanalytischen Bewegung blieb er Freud treu. Binswanger betete jedoch das Freudsche Glaubensbekenntnis nicht einfach nach: 1927 formulierte er sein Bedürfnis, »so etwas wie eine grundlegende religiöse Kategorie« des Geistes mit Freuds Auffassung vom Menschen zu verbinden, in Worten, die er in den Seiten von Heideggers *Sein und Zeit* gefunden hatte, das in diesem Jahr erschienen war. In seinen folgenden Arbeiten verschmolzen Freuds Begriff des Eros und Heideggers Gedanke der Eigentlichkeit mit Binswangers eigenem implizit religiösen Begriff von ›Liebe‹: Nur die erlösende Macht der Vereinigung von ›Ich und Du‹ könne dem Menschen ein heilendes Gefühl spirituelle Ganzheit vermitteln. »Wenn Nietzsche und die Psychoanalyse gezeigt haben, daß das Triebhafte, insbesondere in Form der Sexualität, seine Reichweite bis in die höchsten Höhen menschlicher Geistigkeit ausweitet«, schrieb Binswanger 1932, »dann haben wir uns bemüht, aufzuzeigen, bis zu welchem Grade Geistigkeit bis in die tiefsten Tiefen des ›Vitalen‹ reicht.«[22]

Foucault war auf Binswangers Werk durch das Interesse der jungen Lacan-Schülerin Jacqueline Verdeaux aufmerksam gemacht worden, die zu diesem Zeitpunkt am *Hôpital Sainte-Anne* forschte. 1952 hatte sie mit der ersten Übersetzung der Arbeiten Binswangers ins Französische begonnen. Da Foucault als ernsthafter Leser Heideggers dazu in der Lage war, Binswangers philosophische Terminologie zu erklären, bat sie ihn um Hilfe bei der Übersetzung. In den darauffolgenden Monaten sprachen die beiden nicht nur mit Binswanger selbst über sein Werk, sondern konsultierten auch Gaston Bachelard, den die Arbeiten des Schweizer Psychiaters stark beeinflußt hatten.[23]

Foucault näherte sich dem Werk Binswangers mit charakteristischer Gründlichkeit. Daniel Defert berichtet, daß er nach Foucaults Tod sorgfältig durchgearbeitete Exemplare aller wichtigen Artikel und Bücher gefunden habe, von *Wandlungen in der Auffassung und Deutung des Traumes von den Griechen bis zur Gegenwart* (1928) bis zu *Grundformen und Erkenntnis menschlichen Daseins* (1942).[24]

Und Foucault konnte nicht umhin, sich über die berühmteste klinische Studie des Psychiaters, ›Der Fall Ellen West‹, Gedanken zu machen. Diese erstmals 1944 veröffentlichte Untersuchung ist eine phänomenale Fallstudie einer suizidalen Patientin, deren qualvolles Schicksal – ähnlich dem Foucaults – es war, sich mit dem eigenen Todeswunsch auseinandersetzen zu müssen.

Als sie in Binswangers Institut eingewiesen wurde, war Ellen West dreiunddreißig Jahre alt. Die intelligente, gebildete und ungewöhnlich artikulierte Frau stammte aus dem Bürgertum und litt an Magersucht und Depressionen. Seit ihrem einundzwanzigsten Lebensjahr war sie von nicht zu kontrollierenden Todesphantasien beherrscht. »Der Tod ist das größte Glück des Lebens«, erklärte sie in einem ihrer von Binswanger zitierten Tagebücher; in der Tat verdankt der Artikel Binswangers Ellens eigener Stimme viel von seiner emotionalen Kraft.[25]

Obwohl ihre Stimmungslage in den darauffolgenden Jahren Höhen und Tiefen durchmachte, blieb die Aussicht auf den Tod der einzige sichere Trost für Ellen West. Während sie mehr und mehr auszehrte, stürzte sie sich in akademische Studien und verwickelte sich in eine romantische Dreiecks-Geschichte. Im Alter von achtundzwanzig Jahren heiratete sie schließlich einen ihrer Verehrer; der Gewichtsverlust hielt jedoch an und erreichte schließlich gesundheitsgefährdende Ausmaße. Mit dreiunddreißig Jahren unternahm sie vier Selbstmordversuche, nachdem sie die meiste Zeit des vorausgegangenen Jahrzehnts darauf verwandt hatte, sich zu Tode zu hungern. Sie nahm zweimal Überdosen Tabletten, warf sich vor ein fahrendes Auto und versuchte, aus dem Fenster ihres Therapeuten zu springen. Nach diesem letzten Versuch würde sie in eine Anstalt einge=

wiesen und kurz danach kam sie unter die ärztliche Aufsicht Dr. Binswangers.

In ihrem Tagebuch aus dieser Zeit klagt Ellen West: »Ich verstehe mich selbst überhaupt nicht. Es ist furchtbar, sich selbst nicht zu verstehen. *Ich stehe mir wie einem fremden Menschen gegenüber* [. . .]. Ich fürchte mich vor mir selbst, ich fürchte mich vor den Gefühlen, denen ich jede Minute wehrlos ausgeliefert bin. Das ist das Grauenhafte an meinem Leben: Es ist von Angst erfüllt [. . .]. [Das] Dasein ist nur noch eine Qual [. . .]. Das Leben ist für mich zu einem Gefangenenlager geworden [. . .]. Ich sehne mich nach Vergewaltigung und *vergewaltige mich ja nun stündlich selbst.*« [26]

»So ähnlich muß dem Mörder zumute sein, der fortwährend das Bild des Gemordeten vor seinem geistigen Auge sieht. Er kann von früh bis spät arbeiten, ja schuften, kann ausgehen, kann reden, kann versuchen, sich abzulenken: alles umsonst. Immer und immer wieder wird er das Bild der Gemordeten vor sich sehen. Es zieht ihn übermächtig zu den Mordstellen hin. Er weiß, daß er sich damit verdächtig macht; schlimmer noch: Es graut ihm vor dieser Stelle, aber er muß doch hingehen. Etwas, das stärker ist als seine Vernunft und sein Wille, beherrscht ihn, und macht aus seinem Leben eine furchtbare Stätte der Verwüstung.« [27]

In ihren Sitzungen mit Binswanger ist Ellen West munter, liebenswürdig und offensichtlich dem Wunsch zu sterben völlig verfallen: »Ich kann keine Erlösung finden – als im Tod.« [28]

Auf der Grundlage der Gespräche, Tagebücher und des von ihrem Ehemann hinzugefügten Materials diagnostiziert Binswanger eine ›progressive, schizophrene Psychose‹. Er sucht Rat bei zwei anderen Psychiatern, die mit ihm darin übereinstimmen, daß der Fall hoffnungslos sei. Sie entscheiden sich dazu, Ellen West aus der Anstalt zu entlassen, auch wenn sie sich mit an Sicherheit grenzender Wahrscheinlichkeit umbringen wird. Als Binswanger dem Ehemann diesen Plan unterbreitet, stimmt dieser zu. Ellen West geht nach Hause. Drei Tage später ist sie merkwürdig guter Laune. Am selben Abend noch nimmt sie eine tödliche Dosis Gift zu sich und stirbt. [29]

»Verzweifelt nicht man-selbst sein wollen, sondern ›anders‹«, kommentiert Binswanger, »welches nur heißen kann, ›ein anderer‹, und verzweifelt man selbst sein wollen – diese Verzweiflung hat, wie leicht ersichtlich, ein besonderes Verhältnis zum Tod. Wenn die Qual der Verzweiflung gerade darin besteht, daß man nicht sterben kann, daß selbst die letzte Hoffnung, der Tod, nicht kommt, daß man sich nicht loswerden kann, so erhält der Selbstmord, wie in unserem Falle, und ineins damit das Nichts, eine ›verzweifelt‹ positive Bedeutung.« Deshalb ist Ellen Wests letzte Umarmung des Todes auf paradoxe Weise frohgemut, nicht nur, »weil der Tod als Freund kommt, [. . .] sondern aus dem viel tieferen Grunde, weil das Dasein im freiwillig-notwendigen Entschluß zum Tode nicht mehr ›verzweifelt-es-selbst‹, sondern eigentlich und ganz ›es-selbst‹ geworden ist!«[30]
»[I]n dem Entschluß zum Tode [. . .] hat sie [. . .] erst sich selbst gefunden und sich selbst gewählt. Das Fest des Todes war das Fest der Geburt ihrer Existenz. Wo aber das Dasein nur zu existieren vermag unter Preisgabe des Lebens, da ist die Existenz eine tragische Existenz.«[31]

Foucault fand den ›Fall Ellen West‹ faszinierend. West, schrieb er in einem seiner beiden Kommentare zu dem Fall, »schwankt zwischen dem Wunsch davonzufliegen, in ätherischem Jubel zu schweben, und der bedrückenden, lähmenden Angst, Gefangene einer morastigen Erde zu sein«. Dem Tod, »diesem fernen und erhabenen Ort des Lichtes« entgegenzufliegen, bedeutet, das Leben zu beenden. Durch den Akt des Selbstmords jedoch könnte »eine völlig freie Existenz« entstehen –, wenn auch nur für einen Augenblick, eine Existenz, »die die Schwere des Lebens nicht mehr kennt, sondern nur jene Durchsichtigkeit, in welcher sich die Liebe einen ewigen Augenblick lang totalisiert«.[32]
Daß Foucault in Binswanger einen ungewöhnlich einfühlsamen Führer zum Verständnis des alles verzehrenden Todeswunsches gefunden hatte, ist offenkundig. Doch ist dies nicht der

einzige Grund, warum Binswanger in diesen Monaten wichtig
für Foucault war, beschrieb doch Binswangers Werk Selbstmord mit außergewöhnlicher Nachsicht als eine letzte und beste Hoffnung für einige Menschen; es legte ebenso konstruktive Mittel dafür nahe, zu erkennen und zu enträtseln, ›was man
ist‹.

Foucault hatte Jacqueline Verdeaux dabei geholfen, einen Artikel mit dem Titel ›Traum und Existenz‹ zu übersetzen, den
Binswanger ursprünglich 1930 veröffentlicht hatte. Als die
Übersetzung fertiggestellt war, fragte Verdeaux ihren Mitarbeiter, ob er Interesse daran habe, eine Einführung zu schreiben.
Foucault sagte zu. Und wenige Monate später, um Ostern 1954,
schickte Foucault ihr seinen Text. Zuerst war Verdeaux verblüfft: Foucaults Einführung war mehr als doppelt so lang wie
Binswangers Artikel. Als sie den Text jedoch las, stieg ihre Erregung von Minute zu Minute.[33]
Endlich hatte Foucault seine Stimme gefunden.

Auf den ersten Blick macht Foucaults Einleitung einen gänzlich
konventionellen Eindruck. Sie gibt sich wie eine Interpretation
des Artikels von Binswanger und stellt ein Beispiel jener Art
von ›Kommentar‹ dar, den Foucault später nachdrücklich zurückweisen sollte. Wie seine einzige andere veröffentlichte Arbeit aus dieser Zeit, *Maladie mentale et personnalité*, schließt
der Aufsatz mit einem herkömmlichen, quasi-marxistischen
und hoffnungsfrohen Appell an die »objektive Geschichte«
und die »ethische Aufgabe« des »wirklichen Menschen«.[34]
Der erste Eindruck ist jedoch irreführend, denn eine genauere
Analyse des Textes zeigt, daß er nur in äußerst geringer Verbindung zu den Gedanken Binswangers als auch zu Foucaults eigenem ausdrücklichen Vertrauen in die historische Berufung des
›wahren Menschen‹ steht, was in diesem Zusammenhang wie
eine hoffnungslos dürftige Bitte um Erlösung klingt. Foucaults
Binswanger-Essay bietet im Grunde so wie Nietzsches ›Schopenhauer als Erzieher‹ unter dem Vorwand, über etwas anderes zu sprechen, eine Vision der ›innersten Geschichte‹ sowie

der unausweichlichen Bestimmung des Autors selbst, einer Bestimmung, die hier nicht durch die Analyse der Klassengesellschaft entziffert wird, wie ein Marxist es tun würde, sondern eher durch das angemessene Verständnis ›des Traums‹.

Natürlich handelte auch Binswangers ursprüngliche Arbeit vom Traum. In der Nachfolge Freuds betrachtete Binswanger Träume als ›Königsweg zum Unbewußten‹. In seinem wegweisenden Artikel unterzog Binswanger jedoch den Traum einer Neuinterpretation aus dem Blickwinkel von Heideggers *Sein und Zeit*. Freud, so läßt er durchblicken, hatte unrecht, Träume als das Reservoir verdrängter Wünsche und deren die Triebschicksale animalischer Instinkte repräsentierende (irreale) Erfüllung anzusehen. Vielmehr seien Träume ebenfalls, behauptet Binswanger, das Reservoir klar verständlicher, aus alltäglichen Erfahrungen erwachsender Phantasien, die für die bewußte Existenz nutzbar gemacht werden könnten. Deshalb sah es Binswanger als eine der Aufgaben der Psychoanalyse an, dem Träumenden dabei zu helfen, aus seinen Träumen aufzuwachen und damit zu beginnen, seine Phantasien in die Wirklichkeit zu überführen. In Heideggerschen Begriffen sei der Traum fast *per definitionem* ›uneigentlich‹, denn er sei das Produkt, so Binswanger, ›selbst-vergessener‹ Existenz. Um eigentlich zu werden, müsse der Mensch in dem allen gemeinsamen Raum der Geschichte »etwas *machen*« nur dann trete der Mensch (oder das ›Dasein‹) »geheilt und ganz« hervor, um »am Leben der Allgemeinheit« teilzuhaben. Binswanger borgt diese Vision von einem letztendlichen Ziel nicht nur von Heidegger, sondern auch von Hegel.[35] Trotz aller philosophischer Aufbereitung bleibt das klinische Ziel der Traumdeutung für Binswanger dasselbe wie für Freud: ein Mittel, den Patienten dazu in die Lage zu versetzen, ein Gefühl dafür wiederzuerlangen, das eigene Leben unter Kontrolle zu haben, um so wieder zu einem effektiv funktionierenden Menschen in der wirklichen Welt zu werden.

Foucault dreht in seiner Einführung sowohl Binswanger als auch Freud völlig um. »Es ist der Psychoanalyse nicht gelungen«, behauptet er geradeheraus, »die Bilder zum Sprechen zu bringen.« Und nach einigen einleitenden Worten des Lobs für Binswanger macht Foucault vollkommen klar, daß er seinen eigenen Weg gehen wird, selbst wenn das Ergebnis zu einer »Problematik« führen sollte, »die Binswanger nie formulierte«. [36]

Die zentrale These Foucaults klingt schockierend einfach: Der Traum ist »die Geburt der Welt [. . .], der Ursprung der Existenz selber«. Deshalb dürfe man den Traum nicht als ein zu analysierendes psychologisches Symptom angehen, sondern als den Schlüssel dazu, das Geheimnis des Seins zu lösen – wie André Breton und die Surrealisten seit den zwanziger Jahren behauptet hatten. [37]

»Im tiefsten Dunkel der Nacht«, schreibt Foucault, »ist der Blitz des Traumes heller als das Licht des Tages, und sein Schauen ist die höchste Form der Erkenntnis.« Weit davon entfernt, ›uneigentlich‹ zu sein, wie Binswanger angenommen hatte, setzt der Traum »die heimliche Kraft ein, die in den sichtbarsten Formen der Gegenwart am Werk ist«. Für Foucault stellt der Traum den bevorzugten Ort dafür dar, das, was Heidegger das ›Ungedachte‹ genannt hatte, zu durchdenken – eine schattige Lichtung, die es dem Menschen in einem hellsichtigen Augenblick gestattet, sich selbst zu erkennen und sein Schicksal zu begreifen. [38]

Die ›Uneigentlichkeit‹ des Daseins der Ellen West liegt Foucault zufolge in der Tatsache begründet, daß sie bis zum letzten Moment versuchte, ihrem Schicksal auszuweichen, indem sie vor ihrer im Traum sich offenbarenden Todesfaszination davonlief und durch ihr Hungern vor der »Todesdrohung« floh, die »bereits eingeprägt in diesen Körper« war, unfähig und unwillig, »ihre Vergangenheit in der authentischen Form der Wiederholung aufzunehmen«. [39]

Was ›wiederholt‹ werden muß – Nietzsches Gleichnis von der ewigen Wiederkehr zufolge das zu bejahende Schicksal –, ist genau das, was der Traum enthüllt. Während er träumt, ist der Mensch eine »Existenz, die sich zur Ödnis entleert, zum Chaos zerbricht, ins Rauschen zerfällt, sich wie ein gehetztes Tier in den Netzen des Todes verfängt«. Aus diesem chaotischen Wirbel werden Themen und Motive gesponnen, die sich beständig wiederholen und sich zu einer »Existenz« verstricken, »die sich selber in eine endgültige Determination gestürzt hat« und auf ein unentrinnbares Schicksal deutet. »Seit dem Altertum weiß der Mensch, welche Begegnung er im Träumen macht: diejenige mit und zwischen dem, was er ist, und dem, was er sein wird; dem, was er tut, und dem, was er tun wird: die Aufdeckung des Knotens, der seine Freiheit an die Notwendigkeit der Welt knüpft.«[40]

An dieser Stelle verbündet sich Foucault mit Binswanger gegen Freud, indem er darauf besteht, daß das Schicksal, das sich im Traum enthüllt, nicht auf »die biologische Ausstattung mit Trieben« reduziert werden kann. Die Griechen der Antike und die romantischen Dichter sind der Wahrheit näher gewesen: »Im Träumen taucht die von ihrem Körper entbundene Seele in den *kosmos* ein, sie läßt sich von ihm überschwemmen und vermengt sich mit seinen Bewegungen wie in einem großen Fluten.« Der Traum beinhaltet »die ganze Odyssee der menschlichen Freiheit« und erleuchtet das »Individuellste im Individuum«, den »ethischen Gehalt« eines einzigartigen Lebens. Nietzsche drückte sich einmal so aus: »Nichts ist *mehr* euer Eigen als eure Träume.«[41]

Foucault stimmt dem zu: Im Traum, so schreibt er, findet der Mensch »das entblößte Herz«.[42]

Was aber, sollte ›das entblößte Herz‹ nur einen äußerst beunruhigenden Orakelspruch offenbaren? Baudelaire hatte in seinem berühmten Notizbuch mit dem Titel ›*Mon cœur mis à nu*‹ (›Mein entblößtes Herz‹) verlangt, daß man den Traum begehren müsse, sowie wissen, wie zu träumen sei: »Magische Kunst. Sofort schreiben.« Aber mit welchem Ziel? Die Träume Baudelaires offenbarten, als er sie niederschrieb, »Freude am Blute«, am »Rausch des Gemarterten«, eine »Lust an der Zerstörung«, ein »[n]atürliches Vergnügen an der Zertrümmerung«, das unausweichliche Gefühl, daß »Grausamkeit und Wollust gleichartige Empfindungen [sind], wie äußerste Hitze und äußerste Kälte.«[43]

Auch Foucaults Träume brodeln von Grausamkeit und Zerstörung. Wer »das Gesetz [s]eines Herzens« entziffern will, um »dort [s]ein Geschick [zu] lesen«, entdeckt nicht nur, daß er »nicht [s]ein eigener Herr« ist, sondern auch, daß er von »der Leidenschaft, die einfachsten Dinge zu verderben« erfüllt ist. [44] Foucault übersteigt Phantasievorstellungen von Verbrechen, Folter und Blutvergießen und wagt noch dunklere Träume. Wie Ellen West träumt er den Traum vom Tod, und vom Tod allein, einen Traum »vom gewaltsamen, wilden, schauerhaften Sterben[]«. [45]

»Auf dem Grunde seines Träumens trifft der Mensch seinen Tod«, schreibt Foucault, »der in seiner uneigentlichsten Form nur die brutale und blutige Unterbrechung des Lebens ist, in seiner eigentlichsten Form aber die Erfüllung seiner Existenz.« [46]

»Selbstmord [ist] der letzte Mythos«, führt er seine Erklärung fort, »das ›Jüngste Gericht‹ der Imagination[,] wie der Traum ihre Genesis, ihr absoluter Ursprung ist [. . .]. Jeder Selbstmordwunsch ist erfüllt von der Welt, in welcher ich nicht mehr hier oder dort, sondern allenthalben da wäre und in der jede Zone mir ganz durchsichtig und zugehörig wäre. Der Selbstmord ist nicht eine Beseitigung der Welt oder meiner Person oder beider zusammen. Er ist das Wiederfinden des Ursprungsmoments, in welchem ich mir Welt mache oder mich zu Welt [. . .]. Ein Selbstmord ist eine letzte Form des Imaginierens.« Den Tod als die »Erfüllung der Existenz« zu träumen, bedeutet dann, sich immer wieder »den Moment ihrer Vollendung in einer sich schließenden Welt« vorzustellen. [47]

Dies ist Foucaults ›entblößtes Herz‹. Er ist seinem *daimon* begegnet – es ist sein Henker.

Aber was sollte er mit dieser Enthüllung anfangen? Ellen West ergriff ihre ›Notwendigkeit höherer Art‹, indem sie sich tötete. Gab es eine andere, gleichermaßen ›authentische Form der Wiederholung‹, die es erlauben würde, im Sinne Nietzsches ›ja zu sagen‹, selbst zu wiederkehrenden Todesphantasien? [48]

Fragen dieser Art beschäftigten nicht nur Foucault, sondern auch einen Kreis junger Künstler und Musiker, dem er angehörte und zu dessen Mitgliedern ebenfalls der brilliante junge Komponist Jean Barraqué zählte, der zu der Zeit, als sich Foucault mit seiner Arbeit über den Traum herumschlug, dessen Freund und Liebhaber war. »Wenn meine Erinnerungen exakt sind«, bemerkte Foucault in einem Gespräch 1967, »bekam ich den ersten großen kulturellen Choc durch französische Vertreter der seriellen und Zwölftonmusik – wie Boulez und Barraqué, mit denen ich freundschaftlich verbunden war.« Gemeinsam mit Beckett haben diese Komponisten Foucault »zum ersten Mal aus dem dialektischen Universum herausgerissen, in dem ich gelebt hatte«. [49]

1948 begann Barraqué im Alter von zwanzig die gefeierten musiktheoretischen Seminare Olivier Messiaens zu besuchen. Sie standen nur äußerst vielversprechenden Studenten offen und zogen die begabtesten jungen Komponisten der Nachkriegsära an, unter ihnen Pierre Boulez und Karlheinz Stockhausen. Messiaen selbst war ein Komponist mit ausgesprochen religiösem Anspruch, die Methoden jedoch, die er anwandte und lehrte, waren alles andere als fromm. In seiner eigenen Musik gebrauchte er gregorianische Melodien, Vogelgezwitscher und asiatische Rhythmen, und in seinen fortgeschrittenen analytischen Seminaren verlangte er von seinen Schülern, daß sie die Sprache der seriellen Musik beherrschten. Serielle Musik, von Arnold Schönberg in den zwanziger Jahren eingeführt und von Alban Berg und Anton Webern weiterentwickelt, ist eine Kompositionsmethode, bei der ein oder mehrere musikalische Elemente in einer bestimmten Reihenfolge angeordnet werden, die dann dazu benutzt wird, Themen und Variationen zu gestalten. Schönberg wandte diese Technik an, um ›Tonreihen‹ aus den zwölf Tonarten des wohltemperierten Klaviers zu schaffen; Messiaen und seine jungen Schüler weiteten diese Technik aus, um fast alle Elemente einer Komposition vom Taktmaß bis zur Tonlänge, Klangfarbe und Tonhöhe zu gestalten. [50]

Als Foucault Barraqué 1952 kennenlernte, war der Komponist Mitglied einer Gruppe kampflustiger junger Rebellen, allesamt kompromißlose serielle Musiker, zu denen auch Pierre Boulez gehörte. In der Tat war Foucault zuerst auf Boulez gestoßen, der drei Jahre älter als Barraqué war. 1952 hatte Boulez schon eine Reihe wichtiger Werke geschaffen: zwei Klaviersonaten, ein Streichquartett sowie zwei bemerkenswerte Kantaten nach Gedichten von René Char. Die von der Begeisterung für Chars hermetische Sprache und der Möglichkeit einer ähnlichen, durch die serielle Musik sich eröffnenden Ausdrucksform zeugenden frühen Kompositionen Boulez' zielten darauf ab, auch hochgespannte Emotionen durch äußerst karge formale Strukturen auszudrücken. Die Anweisung für den letzten Akkord seiner Ersten Sonate sind eine passende Zusammenfassung seines Frühstils: »Sehr brutal und sehr trocken«. Boulez hatte, inspiriert von dem abtrünnigen Surrealisten Antonin Artaud und seinen Plänen von einem ›Theater der Grausamkeit‹, in den vierziger Jahren erklärt, »Musik sollte aus kollektiver Hysterie und nervösen Anfällen bestehen.« Tatsächlich war eine der auf Char basierenden Kantaten Boulez', ›Le visage nuptial‹, einer Episode persönlicher Hysterie entwachsen, einer qualvollen Liebesaffäre, die in einem später aufgegebenen Selbstmord-Pakt gipfelte.[51]

Jean Barraqué teilte Boulez' ungestüme Expressivität, er wollte sogar das Ausmaß apokalyptischer Inbrunst noch steigern. »Für mich bedeutet Musik alles«, erklärte er in einem Interview vier Jahre vor seinem Tod im Jahre 1973. »Musik ist Drama, Pathos, Tod. Sie ist ein ausgesprochenes Wagnis, das am Rande des Selbstmords pulsiert. Wenn Musik dies nicht ist, wenn sie nicht alle Grenzen sprengt, dann ist sie nichts.«[52]

Der junge Mann, in den sich Foucault verliebte, verstand sich als *musicien maudit*, der sein Leben der einsamen und schwierigen Suche nach dem Absoluten geweiht hatte. Seine physische Erscheinung war wenig beeindruckend, er hatte ein bläßliches, aufgeschwollenes Gesicht, das von einer dicken Brille eingerahmt wurde, die auf einigen Photographien den Ausdruck getriebener Intensität noch verstärkte. Wie Baudelaire und die Surrealisten wollte Barraqué eine Existenz auf des Messers Schneide führen. »Kreativität in ihrer ästhetischen Notwendigkeit«, erklärte er 1952, »bleibt unbegreiflich«, falls man nicht »mit dem Augenblick anfängt, in dem ›sie explodiert‹«, jener

Augenblick, bei dem »der Mensch unfreiwillig die Rationalität hinter sich läßt und ins Irrationale eintritt und wahnsinnig wird«. Im Sinne Rimbauds, einem weiteren seiner Vorbilder, arbeitete Barraqué daran, »durch eine lange, gewaltige und überlegte *Entregelung aller Sinne* [. . .] sehend« zu werden, um alle Formen »von Liebe, Leiden, Wahnsinn« zu erkunden. Dabei werde durch den Gebrauch von Rauschmitteln – er bevorzugte Alkohol – nur das Substanzielle jener »inneren Gifte« ausgeschöpft, wobei er die Kraft dieser persönlichen Offenbarungen auf die schwierige Form seiner Musik konzentrieren werde. Sein Vorbild war der Beethoven der letzten Sonaten und späten Quartette; wie Richard Wagner träumte er davon, ein ›Gesamtkunstwerk‹ zu schaffen, eine Komposition, deren Kühnheit ein Jahrhundert zur Rechenschaft ziehen würde, das er als unheilvoll ansah: Für Barraqué wie für Foucault verlangte eine Welt der Todeslager und des totalen Krieges nach einem Kunstwerk mit epischem Anspruch und enthusiastischem Ungestüm. [53]

Barraqué war ein noch fanatischerer Perfektionist als Boulez und hatte 1952 erst eine Komposition geschrieben, die er einer öffentlichen Aufführung würdig hielt: eine Klaviersonate. Sie sei, wie der Kritker André Hodeir, ein Freund und Verfechter der Generation Barraqués, einmal bemerkte, »das orphische Kunstwerk par excellence, sie lädt den Hörer auf eine Reise in die Unterwelt ein, von der es keine Rückkehr gibt [. . .]. Hier steht die Musik vielleicht zum ersten Male in ihrer Geschichte ihrem Erzfeinde, der Stille, von Angesicht zu Angesicht gegenüber«, wobei »eine Verzweiflung« Form annehme, »in welcher der dionysische Geist sein geheimstes Antlitz enthüllt« – das Gesicht des Todes. »Das Finale erreicht den Gipfel qualvoller Pracht; der unbarmherzige Vorgang kommt hier zu seinem Ende, und die Musik zerbricht unter der unmenschlichen Spannung, löst sich auf und wird vom Nichts aufgesaugt. Ganze Klangschwaden brechen auseinander und verschwinden in dem allumfassenden Meer der Stille, bis nur die zwölf Noten [der seriellen Tonreihe] übrigbleiben, und selbst diese werden aufgepflückt, eine nach der andern.« [54]

Sowohl für Barraqué als auch für Foucault stellte sich das Problem folgendermaßen: Sollte sich herausstellen, daß der Geist, dringt er in Bereiche jenseits der Vernunft ein, früher oder später feststellen muß – sei es im Traum, beim Alkoholgenuß, in Augenblicken geteilter erotischer Verzückung –, daß ›das Sein‹ und ›das Nichts‹ identisch sind, welchen Sinn kann dann ›die große nietzscheanische Suche‹ oder ›Suchen‹ überhaupt haben?

Samuel Beckett, der an einer ähnlichen Erfahrung der Welt litt, hatte davon gesprochen, wie »der Künstler auf paradoxe Weise, durch die Form, indem er dem Formlosen Form gibt, einen möglichen Ausweg finden kann«. Rücksichtslos ergriffener Formalismus war sicherlich für Barraqué und Boulez der Ausweg. In einem Interview legte Foucault 1983 sogar nahe, daß der Formalismus einen wichtigeren Einfluß auf sein Werk hatte als der sogenannte ›Strukturalismus‹. »Ich bin nicht sicher, ob der Versuch sehr interessant wäre, [. . .] ›Strukturalismus‹ zu redefinieren. Dagegen erschiene es mir interessant, [. . .] das formale Denken zu studieren, die verschiedenen Typen des Formalismus, die die abendländische Kultur während des ganzen zwanzigsten Jahrhunderts durchquert haben. Man denke an das ungewöhnliche Geschick des Formalismus in der Malerei, an die formalen Untersuchungen in der Musik, an die Bedeutung des Formalismus in der Analyse der Folklore, der Sagenerzählungen« – Bereiche, in denen Georges Dumézil arbeitete, der 1955 zu einem der engsten Freunde Foucaults aus Gelehrtenkreisen wurde. »Der Formalismus im allgemeinen ist wahrscheinlich eine der kraftvollsten und vielfältigsten Strömungen im Europa des zwanzigsten Jahrhunderts gewesen.« [55]

Musik und die Analyse von Märchen waren nicht die einzigen Gebiete, in denen das formalistische Ferment Foucault in diesen Jahren interessierte. Von 1953 bis 1956 verfolgte er ebenso genau die Buchbesprechungen Maurice Blanchots, die jeden Monat in der *Nouvelle Revue Française* erschienen. Blanchot beschäftigte sich wie Barraqué und Foucault vor allem mit der

Beziehung zwischen den formalen Einheiten eines Kunstwerks und den Qualen des todverfallenen Künstlers. [56]

In den fünfziger Jahren war Maurice Blanchot einer der bekanntesten ›unsichtbaren‹ Männer Frankreichs. Von Beruf Rezensent, dessen Ansehen in seinem eigenen Land den Vergleich mit der Reputation Edmund Wilsons in Amerika nahelegt, vermied Blanchot jeglichen Kontakt mit seinen Lesern. Wie J. D. Salinger war er von einer Aura der Mysteriösität umgeben und wurde zu einer Art Kultfigur, indem er Anonymität zum Fetisch erhob. Er verbat sich, Photographien von ihm in Umlauf zu bringen. Er hielt keine Vorträge und las nie öffentlich aus seinen Arbeiten. Er gab keine Interviews, doch hatte er die Angewohnheit, sich selbst zu ›interviewen‹. [57]

Foucault fand Blanchots Mysteriösität unwiderstehlich. »Damals träumte ich davon, Blanchot zu sein«, gestand er einem Freund Jahre später. Nachdem er zum Kenner der Blanchotschen Literaturtheorie geworden war, eignete er sich auch dessen rhetorische Mittel an und benutzte die Technik des ›Selbst-Interviews‹ in seinem Buch *Raymond Roussel* und am Schluß von *Archäologie des Wissens*. In einer rührenden Verbeugung vor dem gesichtslosen Kritiker lehnte er sogar eine Einladung ab, Blanchot bei einem Abendessen kennenzulernen, und bemerkte Daniel Defert gegenüber, daß er die Schriften kenne und kein Bedürfnis habe, den Autor zu treffen. [58]

Die Literaturwissenschaftler sind weniger zurückhaltend gewesen. Trotz der sorgfältigen Bemühungen Blanchots, kein Gesicht zu haben, ist es ihnen gelungen, die Umrisse eines Porträts zusammenzubasteln. Blanchot gehört zur Generation Sartres und gibt zu, 1907 geboren zu sein. Ebenso gesteht er, daß es Emmanuel Levinas war, ein jüdischer Emigrant aus Litauen und einer der ersten Anhänger der Phänomenologie und des Existenzialismus in Frankreich, der ihn mit Heideggers *Sein und Zeit* bekannt machte, kurz nachdem das Buch 1927 erschienen war. [59]

Wie Heidegger beunruhigte auch Blanchot in diesen Jahren der Verfall des Abendlandes. In den dreißiger Jahren unterstützte er Frankreichs wichtigste faschistische Partei, die *Action Fran-*

çaise, und veröffentlichte Artikel in dem rechten Journal *Combat*, in denen er die Feigheit der politischen Elite Frankreichs anprangerte. [60]

All dies änderte sich, als deutsche Truppen in Frankreich einmarschierten. Blanchot war vor allem ein glühender Patriot und schloß sich der Widerstandsbewegung an. Diese Erfahrung läuterte ihn, und nach dem Krieg entsagte er dem politischen Aktivismus und bestand stattdessen auf »einer Passivität, die alle Passivität übersteigt«. [61]

Im Jahrzehnt nach dem Krieg übertrug Blanchot viele der rätselhaften und charakteristischen Gedanken Heideggers in ein einfaches, doch angemessen verrätseltes Französisch, Gedanken zum Beispiel vom Tod und vom ›Nichts‹, vom ›Namenlosen‹ und ›Ungedachten‹. Er untersuchte diese Begriffe in einer Reihe zunehmend karger und handlungsarmer ›Berichte‹ (*récits*), die den Weg für den *Nouveau Roman* Alain Robbe-Grillets und anderer bahnten. Sein Prosastil, der sowohl »anmutig als auch zum Verrücktwerden« sei, wie ein erboster amerikanischer Kritiker einmal zusammenfaßte, biete »einen Schwall von Irreführungen, die durch melodramatische Anspielungen und schaurigen Tand gekrönt werden«. [62]

»Es ist ungeheuer schwierig, diesem Denken eine Sprache zu verleihen«, gab Foucault in dem Essay zu, den er 1966 Blanchots Werk widmete. Treibt ein Schriftsteller wie Blanchot (oder auch Heidegger) Sprache an ihre Grenzen, findet sie, schreibt Foucault, »nicht die ihr widersprechende Positivität, [. . .] sondern die sich verlierende Leere«. Sich diesem Nichts durch den Akt des Schreibens entgegenzustellen, empfand Foucault trotzdem als die echte, wenn auch schwer faßliche Aufgabe des Schriftstellers. Nur eine solche Konfrontation, so behauptet er in Übereinstimmung mit Blanchot und Heidegger, könne den Schreibenden frei machen »zu einem neuen Anfang, [. . .] der reiner Ursprung ist, da er nur sich selbst und die Leere als Prinzip hat«. [63]

Blanchot zufolge ist jedes wahrhaft beeindruckende Kunstwerk eine einzigartige Mischung aus Form und Chaos. »Das ist jener reine Kreislauf, dem sich der Autor, selbst beim Schreiben eines Werkes, auf gefährliche Weise aussetzt und vor dem er sich gleichzeitig schützt, eben jene Gewissensnot, die von ihm fordert, daß er schreibt.« Wie André Breton und die Surrealisten glaubte Blanchot, daß Werke, die Rauschzuständen, Träumen oder unkontrollierbaren Passionen abgerungen werden, eine besondere Form der Weisheit kommunizierten. Er erklärte einmal, daß der Traum einem »speziellen Ruf« gleichkomme, einer »Vorahnung des Anderen«, einem »Doppelgänger, der noch jemanden vorstellt«. Bei der Erkundung des Unbewußten und des Ungedachten entdecke der Autor »einen Teil seines Selbst und sogar noch mehr: seine Wahrheit, seine einzige Wahrheit«, wobei er in »kalter Erstarrung, von der er sich nicht abwenden, in deren Nähe er sich jedoch auch nicht aufhalten kann«, herumtreibe, seien doch die Wiederholungen und Wiedererscheinungén (wie Freud in seiner Analyse des *Thanatos* gezeigt hatte) nichts anderes als der Sirenengesang »des Todes selbst«. [64]

Blanchot sieht den Schreibenden demnach als eine Figur an, die Ellen West auf merkwürdige Art gleicht: als eine Person, die der Faszination des Todes nicht aus dem Wege gehen kann, »von einer Zerreißprobe, in der alles aufs Spiel gesetzt werden muß, von einem unweigerlichen Risiko angezogen, bei dem die Existenz in die Waagschale geworfen wird, wo das Nichts sich davonstiehlt, wo demnach die Macht, sich selbst zu töten, als Einsatz dient«. [65]

Sollte jedoch das Werk gelingen, das aus dieser Zerreißprobe entsteht, dann sichert dieser Erfolg dem Schreibenden nicht nur Überleben, sondern auch die Erfahrung des von Heidegger versprochenen, wundersamen ›Aufgangs zur Huld‹: »Durch ein unerklärliches Manöver, eine beliebige Ablenkung oder durch das bloße Ausmaß seiner Geduld« findet sich der Autor dann »plötzlich im Innern des Kreises«. Das Nichts wird nun, indem der Schreibende auf sich selbst zurückgeworfen ist, vom œuvre in Schach gehalten. Das œuvre »bildet jetzt einen Teil seiner selbst, von dem er glaubt, sich befreit zu haben, eine Befreiung, zu der das œuvre selbst einen Beitrag geleistet hat«. [66]

Dieses Wunder der Transformation (und damit ›Rettung‹) seines Autors könnte dem Werk auf vielgestaltige und verschiedenartige Art und Weise gelingen, da das künstlerische Genie jedes wahrhaft kreativen Individuums die verschiedensten Gestalten annehmen kann. Aus reinen Geschmacksgründen hatte sich Blanchot der modernen Kunst verschrieben: In den vierziger und fünfziger Jahren widmete er den Dichtern Baudelaire, Rimbaud, Mallarmé, Rilke und René Char hellsichtige Aufsätze; andere Arbeiten beschäftigten sich mit den Prosaschriftstellern Kafka, Beckett, Borges und Robbe-Grillet. Er war der einzige prominente französische Kritiker, der die Schriften des Marquis de Sade so ernst nahm wie Foucault. Außerdem las er unermüdlich die Werke moderner Philosophen: Neben Heidegger bewunderte er Nietzsche sowie den bahnbrechenden französischen Nietzscheaner Georges Bataille.[67]

Das wichtigste Geschenk jedoch, das Blanchot Foucault und durch ihn Barraqué in diesen Jahren machte, war wohl die Hochschätzung, die er für Hermann Brochs großartigen Roman *Der Tod des Vergil* hatte, einer der gelungensten und poetischsten Bearbeitungen des Themas Tod, die je geschrieben wurden.

Brochs Roman, schrieb Blanchot in seiner Besprechung der 1955 erschienenen französischen Übersetzung, sei nichts anderes als »die Antwort. Zwar sagt uns dieses Werk nicht, wo die Einheit zu finden ist, vielmehr stellt es sie in eigener Gestalt dar.« Foucault und Barraqué sahen in Brochs Roman die Verkörperung all dessen, was ein œuvre in Blanchots starkem Sinne zu sein habe.[68]

Auch Broch wußte, daß ihm mit seinem Roman etwas Außergewöhnliches gelungen war. Als er zum ersten Mal 1945 in Deutschland erschien, gab er aufgrund seiner experimentellen Form Anlaß zu Vergleichen mit James Joyces *Ulysses*. Auf einer Ebene war das Werk, das den letzten Tag im Leben des römischen Dichters Vergil beschreibt, als eine Allegorie auf eine Zivilisation angelegt, die sich im Klammergriff des Todes befin-

det; auf einer zweiten, tieferen Ebene mußte das Buch als
Brochs eigene, innere Vorbereitung auf den Tod gelesen werden, nachdem er in Österreich ins Gefängnis geworfen worden
war, wobei sein Verbrechen darin bestand, Jude zu sein. Vor allem aber wollte Broch seinen Roman als nichts weniger verstanden wissen als »*einen lyrischen Kommentar*« über das
Selbst – den Nachweis jener zerbrechlichen Einheit, die ein
Mensch aus seinem Leben zu machen imstande ist, wenn er,
wie Brochs Vergil (und Nietzsches Zarathustra) zu der Einsicht
kommt, daß »in meinem Anfang mein Ende liegt, und in meinem Ende mein Anfang«.[69]
In der Form eines epischen inneren Monologs führt der Roman
Sprache immer wieder bis an die Grenzen der Verständlichkeit,
indem er Worte zu endlosen Sätzen zusammenfügt, Wiederholungen und Beschwörungsformeln benutzt, um einen
Schwall stoßartiger Laute hervorzurufen, die den zart an eine
Barke schlagenden Wellen gleichen, in welcher der Dichter hilflos seinem eigenen Tode entgegentreibt. Im Zentrum dieser
Reise stehen, im wörtlichen wie im übertragenen Sinne, fünf
Schicksals-Elegien, die »den Kristallstrahl der Myriadendurch-
sicht« des Traums mit seinen unausschöpfbaren Äußerungen
über »mein[] Selbst[,] [. . .] die Schöpfung« und den Tod hervorrufen. Indem er Bilder von schicksalhafter Gewalt und die
Freiheit zur Neuschaffung der Welt miteinander verbindet, enthüllt der Traum in der Kosmogonie des Brochschen Romans die
geheimnisvolle Einheit des Daseins, wobei sie eine Brücke
schlägt zwischen Vergangenheit und Zukunft, Erinnerung und
Prophezeiung, Leben und »Heimkehr«.[70]
Für Jean Barraqué wurde Brochs Roman zur unnachgiebigen
Obsession. Nachdem er ihn gelesen hatte, entschied er sich zu
einer Vertonung des Textes in Form einer epischen Oper, die
länger als *Parzival* und die *Matthäus-Passion* zusammengenommen sein sollte. Er hoffte, mit dieser Musik seinen Ruf als der
größte Komponist seiner Zeit zu untermauern (denn sein Ehrgeiz bestand darin, dies und nichts weniger zu werden).[71]
Foucaults Interesse an dem Roman war genauso groß, wenn
auch weniger verzehrend. Wenn sich im ›Fall Ellen West‹ wie in

nur wenigen Schriften die innere Erfahrung eines dem Wunsch zu sterben verfallenen Menschen ausdrückte, dann rief *Der Tod des Vergil* auf seinen fast fünfhundert Seiten die Erfahrung des Sterbens selbst wach: nicht als furchterregender Schicksalsschlag, sondern als einzigartige Bejahung des Lebens, der Sprache und des Geistes: im »Wort [. . .] jenseits der Sprache«.[72]
Vielleicht war der Traum vom Tod verrückt. Vielleicht entzog sich die Erfahrung des Nichts jedem Versuch der Versprachlichung. Vielleicht konnte jener Nihilismus, der in den Todeslagern greifbar war, in einem œuvre, welches sich der Leere anheimgab, keine angemessene Antwort finden. Vielleicht waren sogar die Begriffe der Leere, des Nichts und des ›Ungedachten‹ bloße Fauxpas, die so sinnlos und unfruchtbar waren wie der archaische Glaube an Dämonen.
Doch Brochs Roman legte, wie Blanchots Literaturtheorie, andere Schlußfolgerungen nahe, wie es auch das Werk Georges Batailles tat, jenes Schutzgeistes, dessen Beispiel, mehr als jedes andere in diesen bestimmenden Jahren, Foucault Möglichkeiten suggerierte, wie die ›große nietzscheanische Suche‹ weiter ausgeweitet und radikal vertieft werden könnte. In dieser Zeit machte er sich auf diese Suche, indem er seine Sexualität und das Begehren seines Körpers zu einem weiteren Gebiet philosophischen Fragens und zu einem weiteren möglichen Schauplatz machte, auf dem mit dem Dämon Tod weiterzuringen wäre.

Jahre später führte Foucault in den ersten Band der stattlichen Gallimard-Ausgabe der *Gesammelten Werke* Batailles ein, indem er ihn »einen der wichtigsten Schriftsteller unseres Jahrhunderts« nannte.[73] In der Mitte der fünfziger Jahre hatte Bataille jedoch, anders als Blanchot, kaum ein Publikum. Seine Aufsätze fanden sich weit verstreut in obskuren wissenschaftlichen Zeitschriften und avantgardistischen Journalen. Die meisten französischen Leser kannten ihn, falls überhaupt, als den Herausgeber von *Critique*, der Zeitschrift, die Bataille 1946 ins Leben gerufen hatte.

Der 1897 geborene Bataille war gelernter Mediävist und hatte auch bei dem gefeierten Anthropologen Marcel Mauss studiert. In den zwanziger Jahren begann seine lebenslange, wenn auch stürmische Beziehung zur surrealistischen Bewegung und deren Anführer, André Breton. Zu dieser Zeit war Bataille dank seiner Lektüre von *Jenseits von Gut und Böse*, die ein für allemal seinen jugendlichen Glauben an Gott zerstört hatte, überzeugter Nietzscheaner. [74]

Während er sich von 1922 bis 1942 seinen Lebensunterhalt als Bibliothekar in der *Bibliothèque Nationale* verdiente, entwikkelte sich Bataille zu einem produktiven Schriftsteller. Er schrieb wissenschaftliche Monographien, heftige Polemiken, spekulative anthropologische Abhandlungen, pornographische Romane äußerst sado-masochistischen Zuschnitts sowie, vielleicht sein beeindruckendstes Werk, eine dreibändige Sammlung höchst privater und mitunter orakelhafter Aphorismen, die der Welt unbescheiden als *Summa Atheologica* vorgelegt wurde, Batailles bewußt bösartige Antwort auf die systematische Theologie Thomas von Aquins.

Wie Nietzsche sang auch Bataille sein Leben lang Loblieder auf die dionysischen Augenblicke gemeinschaftlichen Überschäumens, auf Träumereien, Wahnsinn, Rauschzustände und Ekstase – allesamt »Momente des Exzesses: Sie setzen die Grundlagen unseres Lebens aufs Spiel; der Exzess ist für uns unvermeidlich, in dem wir die Kraft finden, unser Fundament aufs Spiel zu setzen.« Und wie der Marquis de Sade, sein großes intellektuelles Vorbild, sah er gemeinhin als grausam angesehene Impulse als zentral für unser »Fundament« an: Die Ausübung ungehemmter Erotik legt tiefsitzende Triebe bloß, die darauf aus sind, den Menschen »zur Zerstörung« zu treiben, sogar die einfachsten Dinge zu verderben und sich (letzten Endes) dem Tod in »qualvollen Orgien«, in einer sinnlichen Gier nach Blut hinzugeben, die so blutrünstig ist, daß sie sogar die »Agonie des Krieges« begrüßt. [75]

Einerseits war dies pure Großsprecherei: Wie der trübe Held eines seiner Lieblingsbücher, Dostojewskijs *Aufzeichnungen aus einem Kellerloch*, bereitete es Bataille bösartige Genugtuung, ›unmöglich‹ zu sein, unerhörte Behauptungen aufzustellen und sie unbeirrt zu verteidigen. Andererseits war Bataille ein zutiefst ernster Mensch. In der Halbwelt zu Hause, lebte er einen Großteil der von ihm beschriebenen erotischen Phantasien selbst aus. Und er unternahm den ernsthaften Versuch, einige seiner beunruhigendsten politischen Ideen in die Praxis umzusetzen.[76]

In den dreißiger Jahren zum Beispiel trug er sich mit dem Gedanken, eine neoheidnische Gemeinschaft ins Leben zu rufen, die sich um geheiligte Todesrituale und Menschenopfer organisieren sollte. In den gleichen Jahren planten Bataille und einige Freunde, tatsächlich ihr eigenes ›Opfer‹ in der Hoffnung zu inszenieren, die blutrünstige Begeisterung der Azteken wieder zum Leben zu erwecken. Indem sie nichts weniger als eine französische Version von Leopold und Loeb ins Auge faßten, hatte sich Batailles Gruppe sogar schon ein Opfer ausgesucht. Doch als der II. Weltkrieg ausbrach, schien die Geste keinen rechten Sinn mehr zu machen.[77]

Wie Bataille später selbst zugeben sollte, bewegten sich einige seiner Schriften aus dieser Zeit bedenklich nahe an faschistischem Gedankengut. Bataille hing jedoch auch einer exzentrischen Form von Marxismus nach, indem er glaubte (mit offensichtlichem Eifer in den dreißiger Jahren), daß der einzige Weg, die elementare Natur des Menschen zu entfesseln, »die Revolution durch Feuer und Blut« sei, welche die erstickenden Werte zerschlagen würde, die Bataille nicht nur im bürgerlichen Rechtsapparat und im Kapitalismus, sondern auch im Nationalismus und organisierten Militarismus am Werk sah.[78]

Für Foucault lag jedoch Batailles Hauptverdienst nicht in seiner Revolutionstheorie, sondern eher in seinem Verständnis von erotischer Überschreitung. »Vielleicht«, so spekulierte Foucault in einem kurz nach Batailles Tod 1962 geschriebenem Essay, »wird es eines Tages offenkundig sein, daß [die Überschreitung] für unsere Kultur ebenso entscheidend ist, wie vor noch nicht allzu langer Zeit für das dialektische Denken die Erfahrung des Widerspruchs.«[79]

»Die Überschreitung«, definiert Foucault Batailles Begriff, »ist

eine Geste, die es mit der Grenze zu tun hat«, indem sie gewaltsam mit den gewohnten Einschränkungen des sexuellen Verhaltens breche und jene Art von »denaturalisierter« Erotik ins
Spiel bringe, die der Marquis de Sade so lebhaft beschrieben
hatte. Die ausgesprochene Gewalttätigkeit von de Sades erotischen Phantasien lege Zeugnis ab von der Kraft dieser elementaren Impulse, welche die meisten neuzeitlichen Gesellschaften versuchten, als abnormal zu brandmarken. Aber selbst die
zivilisiertesten Kreaturen moderner Kulturen, bemerkte Foucault 1954, können und müssen »eine negative, im Modus des
Hasses und der Aggression erlebte Erfahrung vom Menschen
machen«. Batailles besonderes Genie zeigte sich in dem Gedanken, daß die Erotik in ihrer extremsten Ausprägung als sado-masochistische Praktik ein einzigartig kreatives Medium sei,
die ansonsten unbewußten und nicht denkbaren Aspekte dieser ›negativen Erfahrung‹ in den Griff zu bekommen, diese dadurch in etwas Positives zu verwandeln und jeden Menschen
dazu in die Lage zu versetzen, im Sinne Nietzsches selbst zu
wiederkehrenden Todesphantasien ›ja zu sagen‹. [80]
Foucault hatte wie Bataille nicht nur ein theoretisches Interesse an der Überschreitung. In diesen Jahren begann er augenscheinlich für sich selbst die »Zerschmetterung des philosophischen Subjekts« zu erforschen, und zwar nicht nur durch
Rauschzustände und Träume, sondern auch durch eine erotische Form des »Leidens«, das »auseinanderbricht«. In seinem Essay zur Überschreitung von 1962 zitierte er eine der
lyrischsten Beschreibungen Batailles für jene Erfahrung, die
einen Augenblick »göttlicher Agonie« hervorruft, in dem »ich
ohne Verzug die Nacht eines verlorenen Kindes wieder betre-
te und eine Qual beginnt, das Hochgefühl mit keinem anderen
Ziel als dem der Erschöpfung und keinem anderen Ausweg als
dem der Bewußtlosigkeit auszudehnen. Es ist der Genuß der
Marter.« [81]
Unerträgliche (und geheimnisvolle) Genüsse waren weder für
Bataille noch für Foucault Selbstzweck. Für Bataille waren sie
die Grundlage für eine Art philosophische Kritik, die »den Unsinn des Willens zum Wissen« und die rein negative Freiheit

des Menschen offenbare. Indem sie das Rätsel der Transzendenz erleuchtet, stellt sado-masochistische Erotik ein zwar
esoterisches, doch möglicherweise fruchtbringendes Mittel
der Selbstanalyse dar, einen Weg, ein »psychisches Streben« in
die Wege zu leiten. Und an ihrer äußersten Grenze, wo Folter
zur Ekstase wird, ermöglicht eine wollüstig schmerzhafte Erotik gleichermaßen eine »negative[] Theologie, die sich auf die
mystische Erfahrung gründet«. Eine solche Theologie erlaubt
es (mit Batailles Worten) jedem Menschen, »dem Tode ins
Auge zu sehen und ihn schließlich als Vorspiel zu jener unbegreiflichen unerkennbaren Kontinuität zu betrachten [. . .]«.[82]
Foucault war der gleichen Ansicht. »Nichts in der Überschreitung ist negativ«, erklärte er in seinem Bataille-Aufsatz 1962,
als er eine Form extremer erotischer Erfahrung, die gleichzeitig
»rein« und »komplex« sei, erklärte (und unausgesprochen verteidigte). Indem der Mensch seinen qualvollsten Impulsen in
einem erotischen Theater der Grausamkeit freien Lauf lasse,
könne er »sich darin zum erstenmal erkennen« und gleichzeitig die transformierende Macht des ›*transcendens* schlechthin‹
spüren. Die Überschreitung, schreibt Foucault, »bejaht das begrenzte Sein«, den Menschen, und »sie bejaht jenes Unbegrenzte, in welches sie ausbricht«, somit den Raum eröffnend
für eine mögliche Transfiguration. Sie biete dem modernen
Menschen den *einzigen* Weg an, »das Sakrale« vielleicht doch
noch »in seinem unmittelbaren Gehalt zu treffen«. Da dies
die okkulte Aussicht war, die Bataille in seinen Büchern
beschworen hatte, übertrieb Foucault nur geringfügig, wenn er
sie als »das Scheitern einer Weihung: eine ritualisierte Trans-
substantiation im umgekehrten Sinn« beschrieb – eine unge-
weihte Kommunion mit unheimlichen dämonischen Mächten,
»in der die leibliche Gegenwart zum reglosen Körper wird«.[83]
Es ist wohl offenkundig, daß Batailles Originalität zum Teil in
seinem Zugang zur Erotik begründet liegt. Nietzsche war, allem
Gerede von Körper und Macht zum Trotz, ein Mann, den seine
eigene Sexualität demütigte; es ist dieser Bereich, in dem Bataille die Gedanken des Meisters am aufregendsten ausweitet.
Daß das ungehemmte Ausleben der Erotik einer »Zustimmung

zum Leben bis in den Tod hinein« gleichkommen könnte, erscheint ebenfalls einsichtig. Der Mensch kann durch die phantasievollen Schauspiele, die den erotischen Ritualen ihr Muster und ihre Einheit verleihen, Impulse und Erinnerungen frei ausleben und dadurch das Gefühl bekommen, diese zu beherrschen, während sie ansonsten als unfreiwillig und vielleicht unerträglich empfunden würden. Tatsächlich ist vieles von dem, was an Batailles Denken weithergeholt erscheint, durch andere Forscher sexueller Erregung oder von anderen Anhängern eines auf gegenseitiger Zustimmung beruhenden Sado-Masochismus bestätigt worden, wenn auch in moderateren Tönen; so zum Beispiel seine Betonung der haßerfüllten und morbiden Aspekte menschlicher Erregung sowie sein Glaube daran, daß grausame und ungewöhnliche Formen der Erotik den Menschen dazu in die Lage versetzen könnten, »die äußerste Grenze des Möglichen« zu erreichen. Diesen Untersuchungen zufolge ist es in der Tat möglich, alte Wunden zu heilen und eine Art mystischer Verzückung durch Formen erotischen Verhaltens zu erfahren, die Schuld in Freude, Schmerz in Genuß, Folter in Ekstase, und (was das Wunderbarste ist) den Wunsch zu sterben in ein überwältigendes und unaussprechliches Gefühl der Liebe verwandeln. Dieses Gefühl richtet sich manchmal auf eine andere Person, manchmal auf die Welt mit ihrer »unbegreiflichen, unerkennbaren Kontinuität«, und manchmal ganz einfach darauf, ›was man ist‹.[84]

Foucaults typisch mehrdeutigen Worten zufolge könne der Mensch, den während des krampfartigen Zustandes des erotischen Hochgefühls die »reine Gewalt« verbotener Lüste ergreife, paradoxerweise »überwältigt« und für kurze Zeit die Befriedigung gegeben werden, »von der fremden Fülle, die [sein] Innerstes einnimmt«, erfaßt zu sein, wodurch sich seine »positive Wahrheit in ihrem Verlust« enthülle.[85]

Oder, wie einer von Batailles berauschten Helden in seinem größten Roman, *Histoire de l'œil*, diese Erfahrung beschreibt: »Ich hatte das Gefühl, als ob es bei meiner Erektion nur um den Tod gehe«, als ob »das Ziel meiner sexuellen Ausschweifungen eine geometrische Weißglut (unter anderem der Punkt des Zu-

128

sammenfließens von Leben und Tod, Sein und Nichts) und ein vollkommenes Aufblitzen sei.«[86]

Die besessene Beschäftigung mit diesen Dingen findet ihren Ausdruck in wunderbar sublimierter Form in Jean Barraqués wichtigster Komposition aus dieser Zeit, *Séquence*, einem Konzert für Sopran, Schlaginstrumente und ›diverse Instrumente‹, die er 1955 beendete. Barraqué hatte mit der Arbeit an *Séquence* begonnen, bevor er Foucault getroffen hatte. Er hatte ursprünglich geplant, Gedichte von Rimbaud und dem Surrealisten Paul Eluard als textliche Grundlage zu nehmen. Foucault überzeugte seinen Liebhaber jedoch davon, diese Texte fallenzulassen und stattdessen vier Gedichte Nietzsches zu verwenden. Der sorgfältige Aufbau der Komposition führt zu einem Höhepunkt, in dessen Mittelpunkt das wichtigste dieser Gedichte steht, ›Klage der Ariadne‹.[87]

Nietzsches Gedicht erscheint sowohl in *Also sprach Zarathustra* als auch in einer leicht erweiterten Fassung in den *Dionysos-Dithyramben*, dem schmalen Gedichtband, den Nietzsche 1888 veröffentlichte, kurz bevor er auf einer Straße in Turin zusammenbrach und dem Wahnsinn verfiel. Den Mittelpunkt von ›Klage der Ariadne‹ bildet einer jener Eingebungen, die Nietzsche mit de Sade teilt: Lust und Schmerz sind durchläßig, und die Erfahrung des Übergangs von Schmerz in Genuß, von Haß in Liebe, bildet mittels dionysischer Ekstase den Anfang aller Weisheit. Gilles Deleuze faßte später den philosophischen Subtext dieses Gedichts so zusammen: »[W]ir erfahren vom Willen zur Macht Leiden und Qual, aber mehr noch ist der Wille zur Macht unbekannte Lust, unbekanntes Glück, der unbekannte Gott.«[88]

In dem Gedicht beklagt Ariadne ihr Schicksal. Für sie ist Liebe eine unnachgiebige Zerreißprobe. »So liege ich, // biege mich, winde mich, gequält // von allen ewigen Martern, // getroffen«, ruft sie aus und fragt: »Was blickst du wieder, // der Menschen-Qual nicht müde, // mit schadenfrohen Götter-Blitz-Augen? // Nicht töten willst du, // nur martern, martern? // Wozu – mich martern? // du schadenfroher unbekannter Gott?«[89]

»Sei klug, Ariadne!« belehrt sie Dionysos am Ende der späten Fassung des Gedichts, die Barraqué benutzt hat: »Muß man sich nicht erst hassen, wenn man sich lieben soll? [. . .] // *Ich bin dein Labyrinth.*« Barraqué stellte die französische Standardübersetzung des Textes um, indem er die Silben in phonetisches Rohmaterial auflöste, um ein gebrochenes und fieberhaftes Gefühl sich steigernder Dissonanz hervorzurufen. Wie André Hodeir betont, »erbebt [das Stück] vom Anfang bis zum Ende von einem ganz eigenen intensivem Leben«. Es verschwendet keine Zeit an thematische Wiederholungen – mit einer bedeutenden Ausnahme: Gegen Schluß wiederholt Barraqué ein dramatisches Element, das er einmal zuvor in der Komposition verwandt hatte, »eine vom Grauen des Todes gefärbte lange Stille«, der »ein Schrei der Verzweiflung« folgt, um die Aufmerksamkeit des Zuhörers darauf zu lenken, was das Schlüsselwort in der Schlüsselpassage von ›Klage der Ariadne‹ ist: »Schamloser! Unbekannter! Dieb!« klagt Ariadne. »Was willst du dir erstehlen? // Was willst du dir erhorchen? // Was willst du dir erfoltern? // du [. . .].« Die Musiker verstummen für kurze Zeit. Schließlich bricht es aus dem Sopran heraus: »Folterer // du – Henker-Gott!«[91]

Barraqué und Foucault glichen die durch Alkohol und sado-masochistische Erotik hervorgerufenen gemeinsamen Augenblicke dionysischen Sich-Gehen-Lassens durch ihr gemeinsames Interesse an Einheit und Form aus. Beide wollten aus ihrem Delirium Werke schaffen, die gleichzeitig das ausdrücken und beinhalten, was Foucault einmal »die Leere, die sich unter den Schritten des Faszinierten auftut«, genannt hat. Unter diesen Umständen wurde das Ideal des sorgfältig ausgestalteten Werks genauso wichtig für die eigene Lebensführung wie für die ›Kunstwerke‹, die man schuf. Wie Baudelaire hundert Jahre zuvor gezeigt hatte, benötigte der Mensch, der bis an die Grenzen der Erfahrung vordringt, vor allem »eine tägliche Übung zur Stärkung der Willenskraft und zur Zucht der Seele«. Nur

ein striktes Ethos, ein einzigartiger »Kult seiner selbst«, könne eine Lebensform schaffen, die sowohl standfest als auch anpassungsfähig genug sei, die Jagd nach Genuß und Schönheit zu überstehen.[92]
Auch Nietzsche hatte die Notwendigkeit betont, »seinem Charakter ›Stil zu geben‹«. Das Selbstwertgefühl eines Menschen könne nur dann, wie das dionysische Element in der Tragödie, wirksam werden, wenn ihm Gestalt und Form gegeben würden, Siegel und Stil eines einzigartigen und vollen apollinischen *Charakters*. Diese »große und seltne Kunst« könne nur von dem beherrscht werden, »welcher alles übersieht, was seine Natur an Kräften und Schwächen bietet, und es dann einem künstlerischen Plane einfügt, bis ein jedes als Kunst und Vernunft erscheint und auch die Schwäche noch das Auge entzückt. Hier ist eine große Masse zweiter Natur hinzugetragen worden, dort ein Stück erster Natur abgetragen – beide Male mit langer Übung und täglicher Arbeit daran. Hier ist das Häßliche, welches sich nicht abtragen ließ, versteckt, dort ist es ins Erhabne umgedeutet [. . .]. Wenn das Werk vollendet ist, offenbart sich, wie es der Zwang desselben Geschmacks war, der im großen und kleinen herrschte und bildete.« Durch die unbehindere Anwendung des Willens zur Macht auf die Formung und ›Stilisierung‹ des Selbst kann es vielleicht gelingen, seine ›Notwendigkeit höherer Art‹ in eine kühne, erhabene Form zu gießen, um dadurch selbst den ›furchtbarsten Zufall‹ des Schicksals in ein Objekt der Schönheit zu verwandeln. Das zu beherrschen, was man ist, »sein Chaos zwingen, Form zu werden, [. . .]« – sagt Nietzsche – »das ist hier die große Ambition.«[93]
Es erwies sich jedoch als verteufelt schwierig, das angemessene Gleichgewicht zwischen Form und Chaos zu finden, im Leben noch mehr als in der Kunst. Barraqués Freunde warnten ihn davor, daß Foucaults Obsessionen möglicherweise zerstörerisch sein könnten. Und Foucaults französischem Biographen Didier Eribon zufolge bestätigt Barraqués unveröffentlichte Korrespondenz, daß Foucaults Verhalten den Komponisten zunehmend bedrückte. Das grundlegende Problem war einfach

(obwohl sich Eribon verpflichtet fühlt, in seinem Buch darauf nur in sehr diskreten Tönen hinzuweisen): Es war Barraqué äußerst unangenehm, eine Rolle in Foucaults erotischem Theater der Grausamkeit zu spielen. Im Frühjahr 1956 beendete er schließlich die Beziehung. »Ich will nicht mehr Akteur oder Zuschauer dieser Schmach sein«, schrieb er an Foucault: »Ich bin aus diesem Schwindel von Wahn aufgetaucht.« [94]
Foucault seinerseits nahm in späteren Jahren kaum ein Glas Alkohol zu sich. Er hatte eingesehen, daß es Barraqués eigene Verfallenheit an eben diesen Alkohol war, die ihm vielleicht das Leben kosten würde, was dann auch tatsächlich geschah. Der Komponist starb 1973. Seine epische Oper des Todes blieb zum größten Teil unvollendet, seine Ambition, der Beethoven seiner Zeit zu werden, auf klägliche Weise unerfüllt. [95]

Zu dem Zeitpunkt, als Barraqué die Affäre beendete, war Foucault bereits freiwillig ins Exil nach Schweden gegangen, weit entfernt von der Pariser Avantgarde. Im Verlaufe der nächsten fünf Jahre hatte er verschiedene Anstellungen, zuerst in Uppsala, dann in Warschau und schließlich in Hamburg. Während langer Zeiträume, so erzählte er später einem Freund, habe er zölibatär gelebt. Er stürzte sich in seine Arbeit, obwohl er kaum ein Mönchsleben führte. Ein in Schweden aufgenommenes Photo zeigt den jungen Exilanten in einem nüchternen Anzug, mit sich lichtendem Haar und naßforschem Lächeln, seine äußerliche Erscheinung das genaue Ebenbild eines selbstbewußten jungen Akademikers. Eine andere Aufnahme zeigt ihn neben seinem stolzesten Besitz, einem auffälligen weißen Jaguar. »Die Bedachtsamkeit Epikurs, das Maßhalten, die Langsamkeit des Auskostens waren nicht sein Fall«, erinnert sich Maurice Pinguet; der Jaguar »erlaubte es ihm, auf der Strecke von Uppsala nach Paris Geschwindigkeitsrekorde zu brechen. Die Frivolität fesselte ihn immer nur, um darüber zu lachen. Aber das Risiko zog ihn jederzeit an.« [96]
Es war die Keimzeit von *Wahnsinn und Gesellschaft*.
Man darf vermuten, daß er ein Werk schreiben wollte, das Bar-

raqués Todes-Oper nicht nachstehen würde, ein Werk, das all das in sich trug, was er gelernt hatte, ein Buch, das ihn als den überragenden Denker seines Zeitalters etablieren würde.

Aber hinter diesem übergroßen Ehrgeiz, muß man sich auch Foucaults nietzscheanischen Dämon vorstellen, der diesem Ehrgeiz seine Zielrichtung gibt, ihn problematisiert und wieder die aufdringliche Frage stellt: »Wie bin ich so geworden, wie ich bin und weshalb leide ich denn an diesem So-sein?«

Wie eine um ein rauhes Sandkorn herum wachsende Perle war sein Lebenswerk im Begriff, Gestalt anzunehmen.

Indem er die letzten Überreste seiner jugendlichen Verbindung mit der marxistischen Version des Humanismus und seiner philosophischen Anthropologie über Bord warf, entschied sich Foucault, »die ausgesprochene Geschichtlichkeit der Erfahrungsformen« direkt zu untersuchen und mit der Erfahrung des Wahnsinns zu beginnen.[97]

Seinen sich immer noch entwickelnden philosophischen Überzeugungen zufolge müßte seine Untersuchung gleichzeitig an verschiedenen Fronten ansetzen. An der einen würde der Historiker und Gelehrte, unter Benutzung der von Bachelard gelernten Methoden, durch eine Geistesgeschichte die sich verändernden Glaubensbekenntnisse und Praktiken peinlich genau rekonstruieren, welche die Welt in ihrer ›Positivität‹ definierten. Dabei würde er beschreiben, auf welche Weise verschiedene Gelehrte, die unter unterschiedlichen institutionellen Rahmenbedingungen gearbeitet hatten, Kategorien wie wahr und unwahr, vernünftig und unvernünftig, richtig und falsch, normal und pathologisch zu verschiedenen Zeiten und an verschiedenen Orten ins Spiel gebracht hätten und somit auf verschiedene Weise dem Wissen zugängliche Erfahrungsobjekte und »den Menschen als das Subjekt des Wissens« konstituiert hätten.[98]

An einer anderen Front würde Foucault im Sinne Nietzsches und Batailles gleichzeitig mittels ›Überschreitung‹ und Erotik eine persönliche Untersuchung der Erfahrung in ihrer ›Negativität‹ wagen. Am Ende seines Lebens drückte Foucault dies so aus: »Die historisch-kritische Haltung muß auch eine experimentelle sein.« [99]

In einem enthüllenden Aufsatz aus dem Jahre 1957 mit dem Titel ›La recherche scientifique et la psychologie‹ formulierte Foucault zum ersten Mal seine neue Methode, indem er den Zusammenhang zwischen den beiden Aspekten der ›Erfahrung‹ folgendermaßen zusammenfaßte: »Die Psychologie borgt sich ihre Positivität von der negativen Erfahrung, die der Mensch mit sich selbst macht.« [100]

»Nur vom Tod her ist eine Wissenschaft vom Leben möglich«, erklärt Foucault. »Gleichermaßen kann eine Psychologie des Bewußtseins, die nicht nur transzendentale Reflexion ist, nur aus der Perspektive des Unbewußten gefunden werden; aus der Perspektive der Perversion wird eine Psychologie der Liebe möglich, die nicht in eine Ethik übergeht; aus der Perspektive des Wahns kann eine Psychologie des Verstandes geschaffen werden, die nicht zumindest unausgesprochen Bezug auf eine Theorie der Erkenntnis nimmt; aus der Perspektive des Schlafs, des Automatismus und des Unwillkürlichen kann man eine Psychologie des wachen und wahrnehmenden Menschen schaffen, die vermeidet, bloß phänomenologischer Beschreibung verhaftet zu bleiben.« [101]

Sich den ›positiven‹ Phänomenen der ›Psychologie‹ auf solch ›negativem‹ Wege zu nähern, bedeutet, wie Foucault ausführt, herkömmliche Forschungsmethoden aufzugeben – aber auch seine eigene frühere Hoffnung auf eine Wissenschaft vom ›Menschen‹. »Die Wissenschaft ist nicht mehr länger das Mittel, sich Zugang zum Rätsel Welt zu verschaffen.« Dem Erforscher der ›negativen Erfahrung‹ stehen jedoch andere Mittel zur Verfügung. Schließlich »bedeutet, das bezeichnende Subjekt in Frage zu stellen«, wie Foucault Jahre später bemerkte, »eine Praxis zu versuchen« – eine Praxis, »die auf die wirkliche Zerstörung dieses Subjekts hinausläuft, auf seine Auflösung, auf seinen Übergang in etwas radikal ›anderes‹«. [102]

Mit einer jener merkwürdigen Wendungen, die seinen Schriften ihre beunruhigende Fremdheit verleihen, schlußfolgert Foucault in seinem Aufsatz von 1957, daß man trotzdem »das Rätsel Welt« und das Geheimnis des Menschseins erhellen könne, indem man »*recherches de sac et de corde*« unternehme: »das Geschäft des Henkers«. [103]

›Negative Erfahrungen‹ auf diese Weise auszuloten, barg natürlich Risiken. Man mußte den freien Fall genau im richtigen Augenblick abbrechen. »Wenn sich aber in der philosophischen Sprache unablässig die Opferung des Philosophen vollzieht«, gestand Foucault in seinem Bataille-Aufsatz ein, dann »öffnet sich zudem eine schicksalhafte Möglichkeit: [. . .] die Möglichkeit des wahnsinnigen Philosophen.« [104]

Trotzdem könnte der Mensch seine ›positive Wahrheit‹ in seinem ›Absturz‹ kennenlernen. Und 1957 faßte Foucault die Gefahren mit jener Art von heilsgeschichtlichem Pathos zusammen, das ebenfalls zu einem seiner stilistischen Markenzeichen werden sollte: »Die Psychologie«, so schloß er, »kann nur durch eine Rückkehr in die Hölle gerettet werden.« [105]

Nietzsche hat dies einmal so ausgedrückt: »[. . .]. [D]er Pfad zum eigenen Himmel [geht] immer durch die Wollust der eigenen Hölle.« [106]

4

Die Mörderburg

Die Figur auf der Bühne wirkt alt, hager und besessen. Steif plaziert vor dem Manuskript, aus dem sie liest, zerschneidet sie mit aufgeregt und wie verrückt herumfuchtelnden Händen die Luft – die Gestik eines ertrinkenden Mannes, denkt ein Zuschauer. Die Worte fließen ungeordnet in einem kaum hörbaren, heiseren Flüstern dahin, in einer Sprache, die durch Stottern, Seufzen und quälend lange Pausen gekennzeichnet ist.[1]

Die Ankündigung hatte ein *Tête-à-tête* mit Antonin Artaud versprochen, und das Publikum, welches das kleine Pariser Theater am 24. Januar 1947 zum Überfließen bringt, staunt mit offenem Mund. Auf der Bühne steht eine sagenumwobene Gestalt der Pariser Vorkriegsavantgarde. Ein Jahrzehnt zuvor hatte der Schauspieler und Künstler seinen Plan verkündet, ein neues Drama zu schaffen, einen neuen Typ des Bühnengeschehens – eine Zurschaustellung des Deliriums, die »Schatten [aufstört]« und, als ob dies durch die Kraft der Übertragung möglich wäre, »eine[n] Krampf[]« zum Ausdruck« bringt, in dem »das Leben in jedem Augenblick durchgehauen wird«, den Zuschauer dadurch erschütternd, daß es ihm »der Wahrheit entsprechende Traumniederschläge liefert, in denen sich sein Hang zum Verbrechen, seine erotischen Besessenheiten, seine Wildheit, seine Chimären, sein utopischer Sinn für das Leben und die Dinge, ja sogar sein Kannibalismus auf einer nicht bloß angenommenen und trügerischen, sondern inneren Ebene Luft machen«.[2]

In dieser Nacht des Jahres 1947 werden Artauds unwahrscheinliche Pläne für ein ›Theater der Grausamkeit‹ auf fremdartige, verstörende Weise zum Leben erweckt. Nur wenige Monate

zuvor war er noch Patient in der psychiatrischen Anstalt in
Rodez; das vergangene Jahrzehnt hatte er fast ununterbrochen
als Insasse verschiedener psychiatrischer Kliniken zugebracht.
Er ist seit 1935 nicht öffentlich aufgetreten. Niemand weiß, was
zu erwarten ist.
Der Schauspieler liest Gedichte. Selbst seine engsten Freunde
verstehen wenig von dem, was Artaud sagt: Seine hermetischen und fremdartigen Beschwörungsformeln beben von
tiefsitzendem Zorn. »Der verankerte Geist«, deklamiert er,
»der durch den seelisch-öligen Vorstoß des Himmels in mich
geschraubt ist, ist derjenige, der jede Versuchung denkt, jede
Begierde, jede Untersagung.«[3]

> Er singt:
>   o dedi
>   o dada orzoura
>   o dou zoura
>   a dada skizi.[4]

Das Publikum kichert zuerst nervös. Doch Artaud scherzt
nicht. Allmählich legt sich eine verblüffte Stille über das Theater.
Worte explodieren wie Bomben: »Rotze«. »Syphilis«.
»Pisse«. »Elektroschock«.[5]
Der Mann auf der Bühne erlaubt seinen Zuhörern nicht, seinen
Schmerz zu übersehen, sein Leiden, seine neun Jahre des Einge-
sperrtseins in psychiatrischen Anstalten, die mehr als sechzig
Elektroschock-Behandlungen, die er über sich hat ergehen las-
sen müssen.[6]
»Hätte es niemals Ärzte gegeben, dann hätte es auch niemals
Kranke gegeben«, tobt er weiter. »Auch der Tod muß leben;
und es gibt nichts, das den Tod so zartfühlend ausbrütet wie ein
Irrenhaus [. . .]. Der Krieg wird Vater-Mutter ersetzen.« »Der
alte Krieger der rebellischen Grausamkeit ersteht wieder, die
unaussprechliche Grausamkeit des Lebens und des Umstandes,
kein Sein zu haben, das Euch rechtfertigen könnte.«[7]
Mehrere Male verstummt er. Er scheint verloren. Immer wieder
beginnt er von neuem.

137

Und so geht es immer weiter, fast drei Stunden lang, gestikulierende Hände, sich überstürzende Worte, minutenlange Pausen, ein wachsendes Gefühl der Besorgnis macht sich breit. Dann ein Unfall: Mit einer weitausholenden Geste schmeißt Artaud die Blätter, aus denen er liest, auf den Boden. Er hält inne und bückt sich, um sein Manuskript aufzuheben. Seine Brille fällt zu Boden. Er geht in die Knie. Blind umhertastend sucht er nach seinen Gedichten.

»Wir litten alle Todesqualen«, erinnerte sich ein Freund später. »Er sagte uns danach, daß ihn die Leere des Raumes verängstigt habe.« [8]

»Das Publikum ergriff teilweise Panik«, erinnerte sich ein anderer Zuschauer. [9]

In der ersten Reihe sitzt André Gide, das neunundsiebzigjährige Oberhaupt des französischen Geisteslebens. Er bemüht sich, von seinem Sitz aus Artaud zu zeigen, wohin sein Manuskript gefallen ist.

Es hilft nichts. Der Schauspieler steht langsam und unsicher auf, als ob er plötzlich zu einem gebrochenen Mann geworden wäre; dann versinkt er in seinem Stuhl. »Ich versetze mich an Ihre Stelle«, sagt er, »und ich sehe ein, daß das, was ich Ihnen zu sagen habe, nicht besonders interessant ist. Es ist immer noch Theater. Was kann man nur tun, um wahrhaft aufrichtig zu sein?« [10]

Die Vorstellung ist zu Ende. Unter Mithilfe seines Nachbarn erhebt sich Gide und geht auf die Bühne, umarmt Artaud und führt ihn zur Seite. Es soll Artauds letzter öffentlicher Auftritt sein, vierzehn Monate später ist er tot.

Die durch Artauds *Tête-à-tête* aufgeworfenen Fragen stehen genau im Zentrum von Foucaults erstem großen Buch: *Folie et déraison* (›Wahnsinn und Unvernunft‹, bei der deutschen Übersetzung in *Wahnsinn und Gesellschaft* umgetauft).

Hatte der große Schauspieler einfach den Verstand verloren? Oder – welch ein merkwürdiger Gedanke – war er, wie Foucault durchblicken lassen würde, ein neuzeitlicher Prophet wie Nietzsches Zarathustra?

André Gide erinnerte sich später daran, daß das Publikum nach dem Verlassen des Theaters stumm blieb. »Was konnte man sagen? Man hatte gerade einen von einem Gott fürchterlich erschütterten unglücklichen Menschen gesehen.«[11]
André Breton beklagte sich über die Ausbeutung eines bemitleidenswerten kranken Künstlers. Ein anderer Schriftsteller verurteilte »den abscheulich schlechten Geschmack, der sich in der Darbietung solchen Elends kundtut«.[12]
Gide war jedoch der Meinung, daß es sich um Artauds größte Stunde gehandelt habe: »Nie zuvor erschien er mir so bewundernswert.«[13]
Sicherlich schien er Michel Foucault bewundernswert. Wie er durch zahllose Anspielungen und Verweise in *Wahnsinn und Gesellschaft* deutlich machte, sah er in Artaud eine Figur von ›dämonischem‹ Heroismus, einen Künstler, der eine neue Art des Wissens verkörperte. Artauds unheimliches Genie hatte sich kraft der modernen Alchemie von Poesie und Drama offenbart, wobei sich sein offensichtlicher Wahnsinn in einem einzigartigen œuvre – genau in Blanchots starkem Sinne – Ausdruck verschafft hatte, besonders an jenem Abend des Jahres 1947. Mittels der Improvisation einer alles auf einen Punkt bringenden Vorstellung hatte Artaud Grenzlinien zwischen Schein und Sein, Kunstgriff und unkontrollierbarem Impuls durchbrochen und seinen Geist einer Prüfung unterzogen. Dabei evozierte er für sein Publikum, wie Foucault später sagen sollte, »jenen Ort körperlichen Leidens und Schreckens, der das Nichts umgibt oder vielmehr mit ihm zusammenfällt«.[14]

Foucaults eigenes ›Werk des Wahnsinns‹, (*Wahnsinn und Gesellschaft*), ist ein Dithyrambus zum Lob der Torheit, auf seine eigene Art und Weise genauso leidenschaftlich und schockierend wie alles von Artaud je Gesagte oder Getane. Die Konzeption des Buches ist kühn, es ist poetisch und listig verkappt. Auf den ersten Blick macht es keineswegs den Eindruck eines Dithyrambus. Es hat »den Anschein der vernünftigsten Form von

Geschichtsschreibung, die überhaupt möglich ist«, wie Foucault es selbst einmal beschrieben hat.[15]

Der Entwurf des Buches, das 1961 erstmals veröffentlicht wurde, war 1958 fertiggestellt worden, als Foucault Schweden verließ, um eine Stelle als Kultur-Attaché in Warschau anzutreten. Foucault hatte die Quellenforschung während seines Aufenthalts in Uppsala abgeschlossen. In den folgenden zwei Exiljahren, zuerst in Polen und dann in Deutschland, setzte er die Arbeit an seinem Text fort, indem er an seiner Rhetorik und an seinen Argumenten schliff.[16]

Wie der trügerisch bescheidene Untertitel sagt, bietet das Buch eine ›Geschichte des Wahnsinns im klassischen Zeitalter‹ (als ob er den nüchternen historiographischen Anspruch des Werkes betonen wollte, ersetzte Foucault den Originaltitel für die zweite französische Ausgabe durch den Untertitel). Weite Teile des Buches berichten von Entwicklungen in der Behandlung von Geisteskranken zwischen 1650 und 1789, dem klassischen ›Zeitalter der Vernunft‹. Foucault zufolge verbreiteten sich die Bemühungen, Geisteskranke dadurch abzusondern, daß sie in besondere Institutionen gesteckt wurden, zum ersten Male während dieser Zeitspanne. Zur Unterstützung seiner Interpretation beruft er sich auf sorgfältig arrangiertes Quellenmaterial und belegt gewissenhaft sämtliche Zitate.

Bei seiner Ankunft in Schweden 1955 hatte er entdeckt, daß die Bibliothek der Universität Uppsala, an der er lehrte, über einen großen Fundus an Dokumenten zur Geschichte der Psychiatrie verfügte. Er entwickelte folgende Arbeitsroutine: Jeden Tag verschwand er morgens um zehn Uhr in den Archiven und blieb beständig auf der Suche nach Inspiration bis drei oder vier Uhr nachmittags.[17]

Seine Phantasie wurde auf unterschiedliche und oft ungewöhnliche Bahnen gelenkt: Allein auf den ersten Seiten verweisen die Fußnoten den Leser auf eine Heiligenbiographie aus dem neunzehnten Jahrhundert; die Geschichte der Stadt Paris im achtzehnten Jahrhundert; deutsche, englische und französische Berichte über Leprosorien, die meisten davon im neunzehnten Jahrhundert veröffentlicht; ein Manuskript aus dem sechzehnten Jahrhundert, das sich mit Krankenhäusern für Geschlechtskranke beschäftigt; ein 1527 erschienenes Buch über Buße und Fegefeuer; die mittelalterlichen Archive des Krankenhauses in Melun; eine Anzahl von Studien aus dem zwanzigsten Jahrhundert über den niederländischen Maler Hieronymus Bosch, der im sechzehnten Jahrhundert gelebt hatte; Erasmus von Rotterdams *Lob der Torheit*; Montaignes *Essais*; Cervantes' *Don Quijote*, Shakespeares *Macbeth*, Calvins *Unterricht in der christlichen Religion*; und – last but not least – Artauds merkwürdiges Buch *Vie et mort de Satan le Feu*.[18]

Der Text selbst macht sich auf über sechshundert Seiten breit. Er ist einerseits auffallend akademisch, aber auch zutiefst persönlich. Alle intellektuellen Interessengebiete Foucaults – Kunst, Literatur, Philosophie, Naturwissenschaft, Geschichte – sind mit einbezogen. Alle seine großen Themen – Tod, Strafvollzug, Sexualität, der Wahrheitsgehalt der Phantasie, der ›Terrorismus‹ moderner Lehren moralischer Verantwortung – kommen irgendwann zur Sprache.

Das Werk macht auf den Leser zunächst den Eindruck gebieterischer Autorität, da es von subtilen Unterscheidungen und peinlich genauen Analysen nur so strotzt. Oft bereitet es Schwierigkeiten, Foucaults Gedankengang zu folgen: Kühne Verallgemeinerungen werden gewagt, nur um wieder eingefriedet, eingeschränkt, sorgfältig umschrieben zu werden; die Meinungen des Autors werden eher indirekt nahegelegt als entwickelt. Dem Leser bleiben einige auffällige Metaphern im Gedächtnis, welche die seitenlangen, detaillierten, oft verzwickten historischen Dokumentationen überschatten.

Foucault war gezwungen, seine Sprache vorsichtig zu wählen, diente sie doch gleichzeitig mehreren Zwecken. Einerseits war das Buch das stillschweigende Monument für Foucaults Versuch, ›zu werden, was man ist‹, und andererseits wollte er es als *thèse principale* einreichen, dem Äquivalent einer deutschen Dissertation. Außerdem sollte das Werk natürlich Foucaults erste Sprosse auf der Leiter zu intellektuellem Ruhm sein, das Resümee seiner Jugend, das sich mit *Das Sein und das Nichts* messen konnte.

Allein aufgrund seiner Länge und seines Schwierigkeitsgrades hält *Wahnsinn und Gesellschaft* sicherlich dem Vergleich mit Sartres *magnum opus* stand. Und wie das Buch des älteren Philosophen organisiert sich Foucaults Text um eine Eingebung von diamantartiger Einfachheit.

»Der Wahnsinn hat nur soziale Existenz«, erklärte Foucault 1961 einem Reporter von *Le Monde* gegenüber, indem er eine brauchbare Zusammenfassung für das seiner Ansicht nach zentrale Argument des Buches anbot: »Er existiert nicht außerhalb der Wahrnehmungsformen, die ihn isolieren, oder der Manifestationen des Abscheus, die ihn ausstoßen oder einsperren. Deshalb kann man sagen, daß Wahnsinn vom Mittelalter bis zur Renaissance innerhalb des gesellschaftlichen Horizonts als ästhetische und weltliche Tatsache vorhanden war; im siebzehnten Jahrhundert dann folgte eine Phase des Schweigens und des Ausschlusses, die mit der Einsperrung [der Wahnsinnigen] begann. Er verlor seine Funktion als Offenbarung und Enthüllung, die er im Zeitalter Shakespeares und Cervantes' gehabt hatte (Lady Macbeth zum Beispiel beginnt, die Wahrheit auszusprechen, nachdem sie wahnsinnig wird). Wahnsinn wird lächerlich, trügerisch. Das zwanzigste Jahrhundert schließlich zügelt den Wahnsinn, reduziert ihn auf eine Naturerscheinung, die zur Wahrheit der Welt in Verbindung steht. Von dieser positivistischen Enteignung leiten sich sowohl die irregeleitete Philanthropie ab, mit der sich die gesamte Psychiatrie dem Geisteskranken nähert, als auch der lyrische Protest gegen sie, den man in der Dichtung von Nerval bis Artaud findet und der den Versuch darstellt, der Erfahrung des Wahnsinns die Tiefgründigkeit und offenbarende Macht zurückzugeben, die durch die Internierung unmöglich gemacht worden war.«[19]

Foucaults Genie und die hermetische Komplexität des von ihm inspirierten Werkes ist von Beginn an in *Wahnsinn und Gesellschaft* sichtbar. Das atemberaubende Eingangskapitel schlägt den Ton für den Rest des Buches an. In einem Bravourstück symbolischer Geschichtsschreibung webt Foucault Archivforschung und fiktive Bildlichkeit zu einer reichhaltigen und vielschichtigen Allegorie auf die Rechtfertigung des Wahnsinns. »Am Ende des Mittelalters«, so beginnt der Bericht, »verschwindet die Lepra aus dem Abendland.«[20]

Dies ist die erste Überraschung für den Leser: Ein Buch, das vorgibt, die Geschichte des Wahnsinns im klassischen Zeitalter zu schreiben, beginnt mit einem völlig anderen Thema. In dem, was folgt, behandelt Foucault die »verfluchten Städte«, die im Mittelalter zur Unterbringung der Aussätzigen errichtet wurden, als das Grundmuster für jeden zukünftigen Versuch, all die – von den Kranken bis zu den Wahnsinnigen –, die als gefährlich oder ›anders‹ angesehen werden, unter Quarantäne zu stellen oder einzusperren. In diesen einleitenden Sätzen entwirft Foucault jedoch, nachdem er auf die vielleicht moralisch belastetste Krankheit der Geschichte angespielt hat, kein Bild der Internierung, sondern das einer öden und leer hinterlassenen Landschaft: »Am Rande der Gemeinden, vor den Stadttoren, eröffnen sich gleichsam große Uferflächen, die das Böse nicht mehr heimsucht, die es aber steril und für lange Zeit unbewohnbar zurückgelassen hat. Über Jahrhunderte hinweg gehören diese Flächen nicht zur menschlichen Welt. Sie ruhen vom vierzehnten bis zum siebzehnten Jahrhundert und erleben durch eigenartige Beschwörungen eine neue Inkarnation des Bösen«, als ob ein neues Opfer einer Krankheit darum bäte, diesen unmenschlichen Ort jenseits des Zugriffs von Sitte und Moral wieder bewohnen zu dürfen – fast so wie die Heidelandschaft, auf die Shakespeares hilfloser Lear stößt.[21]

Foucault zufolge tauchten im sechzehnten Jahrhundert solche Figuren auf, und zwar nicht nur in den Tragödien Shakespeares. Der, den die Gesellschaft der Renaissance als verrückt betrachtete, übernahm vom Aussätzigen die alte soziale Rolle des Ausgestoßenen, erneuerte die alten magischen Riten und wurde zu einem »priesterlichen Zeugen des Bösen«, wobei seine zerrüttete Existenz ein erneutes Zeichen für die Nähe des Todes war.[22]

Foucault tut alles, die Verbindung zwischen Wahnsinn und Tod zu unterstreichen. Hier und an anderen Stellen des Werkes

ergibt diese historisch gezwungene und philosophisch willkür-
lich erscheinende Verbindung Sinn als esoterische und im wesentlichen autobiographische Allegorie. Schenkt man Foucault
Glauben, wendet der Wahnsinnige die »absolute[] Grenze des
Todes« in »einer fortgesetzten Ironie« nach innen, wodurch
der Tod seines tödlichen Stachels beraubt und »zu einem Objekt des Gespötts« gemacht wird, »indem man ih[m] eine all-
tägliche und beherrschte Form gibt«. Es scheint, als ob der
wahnsinnige Mensch das Drama des Sterbens unablässig wiederholen müsse – in der Phantasie, im Delirium, in der Abwesenheit von Vernunft. »Der Kopf, der zum Schädel werden soll,
ist bereits leer. Der Wahnsinn ist die bereits hergestellte Präsenz des Todes.«[23]

Das Denken der Renaissance, behauptet Foucault, habe diesem
vom Tod verfolgten Delirium, das nachfolgende Zeitalter entweder bestraften oder zu heilen versuchten, ein gewisses Ansehen verliehen. Der Wahnsinnige sei in Farcen und tragischen
Dramen, in Gemälden, Stichen und fiktiven Geschichten als im
»Besitz der Wahrheit« erschienen. In »seiner törichten Sprache, die kein Bild von Vernunft abgibt«, offenbare sich »die
Nichtigkeit der Existenz«, wie sie »vom Innern her verstanden« werde.[24]

Der Wahnsinnige wurde in der Renaissance »aus der Stadt«
getrieben, wodurch sein eigentümlicher Wahrheitsbereich unausgesprochen anerkannt wurde. Er blieb an diesen Orten
unbehelligt und konnte in der »freien Landschaft« umherwan-
dern, jenen dem Tode geweihten Orten, die der Aussatz hinterlassen hatte, den symbolischen »Raum eines wilden Außen«,
wie Foucault an anderer Stelle sagt.[25]

Foucault gesteht stillschweigend ein, daß dies ein mythisches
Bild ist. Gerade in diesen Jahren, so räumt er beiläufig ein,
»kommt es vor, daß [Wahnsinnige]«, weit davon entfernt, in der
›freien Landschaft‹ umherzuwandern, »in den Hospitälern aufgenommen und als Geisteskranke gepflegt werden«. In der Tat
»hat es in der Mehrzahl der europäischen Städte während des
ganzen Mittelalters und der Renaissance einen Ort gegeben, der
für die Einschließung der Geisteskranken bestimmt war«.[26]

Solche historiographischen Einschränkungen werden jedoch leicht überlesen, da Foucault die Aufmerksamkeit des Lesers in andere Richtungen lenkt, vor allem auf das zentrale Bild des Buches: das Narrenschiff. Dieses sei »natürlich«, wie Foucault betont, »eine literarische Schöpfung«, ein phantasievolles Emblem, das Thema von Boschs berühmtestem Gemälde, ein »trunkenes Boot«, das unter Foucaults Bearbeitung stärker an Rimbauds Gedicht als an irgendeine wirkliche Praxis der Renaissance gemahnt. Trotzdem besteht Foucault auf der Existenz des Narrenschiffs, »denn diese Schiffe, die ihre geisteskranke Fracht von einer Stadt zur anderen brachten, gab es wirklich«. Das Narrenschiff, »[d]ie einfachste dieser Gestalten [des Wahns]«, ist »zugleich die mit der größten Symbolkraft«, wobei es zwischen Traum und Wirklichkeit hin und her schwankt. [27]

Auf diese Weise wurde »besonders oft in Deutschland« verfahren. »[I]n Frankfurt wurden 1399 Schiffer damit beauftragt, die Stadt von einem Irren zu befreien, der nackt umherlief. In den ersten Jahren des fünfzehnten Jahrhunderts entfernte man einen straffälligen Irren auf die gleiche Weise aus Mainz.« [28]

Foucault nimmt diese beiden unbedeutenden verbürgten Vorfälle zum Vorwand, um sie mit einer Interpretation der Bildlichkeit Boschs zu einem verzwickten aquatischen Traumbild zu verschmelzen, indem er Wahnsinn mit Wasser und der »dunkle[n] Menge seiner eigenen Kräfte« verbindet. Wasser »trägt fort«, aber es »reinigt« auch. Wie der gesicherte Boden gemeinhin mit Vernunft verbunden werde, so sei Wasser seit vielen Jahrhunderten das symbolische Element der Unvernunft gewesen: »Wahnsinn ist eine Flüssigkeit, die außerhalb der felsigen Vernunft fließt«, und Wasser ein »unendlicher, unsicherer Raum«, das ozeanische Element »finstere[r] Unordnung« sowie »ein bewegtes Chaos«. [29]

Aus diesem Grund eignet sich das Bild vom Schiff, das seine Segel setzt, so gut dazu, an die ›dämonischen‹ Kräfte zu erinnern, die im Leben eines jeden Menschen am Werke sind: »Die Schiffahrt überläßt den Menschen der Unsicherheit des Schicksals; jede Fahrt mit einem Schiff ist möglicherweise die letzte«, besonders für den Wahnsinnigen, der den Tod eigentlich »gebannt« habe. Während der vom Tode eingenommene Wahnsinnige zwar »seine Wahrheit« besitze, könne er sie jedoch nur finden in »dieser unfruchtbaren Weite« jenseits der »festen Lande mit ihren festen Städten«, wobei er sich Wind und Wellen preisgebe wie ein »auf dem unendlichen Meer der Begierden« verlassenes Ruderboot. Ist er einmal zu dieser Reise aufgebrochen, »gibt es kein Zurück mehr«: Der Wahnsinnige ist dann »jener großen Unsicherheit, die außerhalb alles anderen liegt, ausgeliefert. Er ist Gefangener inmitten der freiesten und offensten aller Straßen, fest angekettet auf der unendlichen Kreuzung.«[30]

Das Bild dieser emblematischen »Traumflotte« mit ihrer »stark symbolischen« Ladung von »Geisteskranken auf der Suche nach ihrer Vernunft« sei, so behauptet Foucault, zu einem einzigartigen Augenblick in der Geschichte des Abendlandes entstanden: während einer Übergangsphase, als der Symbolismus mittelalterlicher Malkunst und Bildhauerei so komplex geworden war, daß »das Bild nicht länger für sich selber sprechen« konnte. Boschs Gemälde mit ihren phantastischen Ungeheuern und verrückten Formen sollten, teilweise zumindest, eine Theologie darstellen; der Vorstellungskraft der Renaissance jedoch (oder weist Foucault wieder verstohlen auf sich selbst?) zeigten diese Bilder »in einer erstaunlichen Umkehrung« die »Phantasmen [des] Wahnsinns«.[31]

Eine bislang »symbolisch« durch »die Werte der Menschheit« bezähmte Bestialität habe sich als die »geheime[] Natur des Menschen« erwiesen, die »das dunkle Wüten, den unfruchtbaren Wahnsinn, der in den Herzen der Menschen wohnt«, an den Tag bringe. In Boschs »reine[r] Vision«, besonders nachdem sie sich von ihrer symbolischen Verbindung mit dem Glauben losgesagt habe, enthülle der Wahnsinn seine ganze Glorie und »entfaltet [. . .] seine Kräfte. Phantasmen und Drohungen, reine Traumerscheinungen und geheimnisvolles Schicksal der Welt – der Wahnsinn besitzt darin eine primitive Kraft der Enthüllung: der Enthüllung, daß die Traumdeutung Wirklichkeitscharakter besitzt« und daß »die Realität der Welt eines Tages

völlig durch Resorption im Bild der Phantastik verschwunden
sein wird«, in einer apokalyptischen Vermischung »von Sein
und Nichts, [die] das Delirium reiner Zerstörung ist«.[32]
Stellen wir uns nun vor, wie das Narrenschiff auf eine jener hitzigen und infernalischen Landschaften Boschs zusegelt – einem
paradoxen Paradies, »in de[m] den Begierden alles geboten
wird« und in dem trotzdem Folter, Tod und das Ende der Welt
allgegenwärtig lauern. Denn, sagt Foucault, »[a]ls der Mensch
das Willkürliche seines Wahnsinns enfaltet«, entdeckt er keine
Rousseausche Sphäre unschuldiger Freiheit, sondern vielmehr
die »dunkle[] Notwendigkeit der Welt; das Tier, das seine Trugbilder und seine Nächte der Entbehrung heimsucht, ist seine
Natur, die die unerbittliche Wahrheit der Hölle klarlegt
[. . .]«.[33]
Das Narrenschiff wird zum Mittelteil eines Flügelaltars, der eingerahmt ist von einem Bild desolater Leere auf der einen Seite
und einer Darstellung des Jüngsten Gerichts auf der anderen,
die von den gepeinigten Grimassen der Verdammten wim-
melt.[34]
Foucault gerät jedoch in eine mißliche Lage. Es gelingt ihm zwar
problemlos, vermittelst einer Interpretation von Texten von
Erasmus und Montaigne zu zeigen, daß Denker der Renaissance den Wahnsinn mit ungewöhnlichem Mitgefühl betrachteten; andererseits findet er jedoch in humanistischen Abhandlungen, die sich mit Wahnsinn beschäftigen, allen voran
Erasmus' *Lob der Torheit*, die Wurzeln dessen, was Foucault als
die Arroganz der Neuzeit dem Wahnsinnigen gegenüber ansieht: »Während Bosch, Brueghel und Dürer sehr irdische Be-
trachter [waren] und in den Wahnsinn, den sie um sich herum
aufsteigen sahen, verwickelt sind, nimmt Erasmus ihn aus genü-
gender Entfernung wahr, um außer Gefahr zu sein.«[35]
Foucault entdeckt eine feine Grenzlinie. Es beginnen sich zwei
unterschiedliche Betrachtungsweisen des Wahnsinns heraus-
zubilden: die von Bosch vermittelte »*tragische*« Erfahrung und
ein »kritisches Bewußtsein«, erstmals formuliert von Erasmus.
»Einerseits gibt es ein mit rasenden Gesichtern beladenes Narrenschiff, das sich nach und nach in die Nacht der Welt eingräbt,

in Landschaften, die von der fremden Alchimie des Wissens sprechen, von den stummen Drohungen der Bestialität und vom Ende der Welt. Andererseits gibt es ein Narrenschiff, das für die Weisen die beispielhafte Odyssee darstellt, die von den menschlichen Schwächen lehrt.«[36]

Das ›humanistische‹ Lob der Torheit setzt somit, meint Foucault, eine lange Tradition in Gang, deren Ziel es ist, die Erfahrung des Wahnsinns zu definieren, zu kontrollieren und schließlich zu ›beschlagnahmen‹. Diese Tradition, die vierhundert Jahre später in der Psychoanalyse kulminiert, versucht aus dem Wahnsinn eine Erfahrung zu machen, in welcher der Mensch beständig mit »seiner moralischen Wahrheit« konfrontiert wird, wobei sich die »seinem Wesen [. . .] eigenen Regeln« offenbaren und das, was »einst sichtbare Festung der Ordnung« gewesen ist, in »ein Schloß in unserem Bewußtsein« verkehrt wird. Das Ergebnis ist keine »völlige[] Vernichtung« - Wahnsinn und Torheit bestehen weiter –, sondern »bloß eine Verdeckung«. Die »tragischen Gestalten« des Wahnsinns, die Bosch malte und die Artaud an jenem Januarabend des Jahres 1947 von neuem beschwor, sind »in den Schatten gedrängt«.[37]

Foucault zitiert Artaud direkt: »[D]er Humanismus der Renaissance war keine Vergrößerung des Menschen, sondern bedeutete seine Herabsetzung.«[38]

Die Geschichte, die Foucault im Hauptteil des Buches erzählt, ist nuanciert, komplex, verzwickt. Die Allegorie des ersten Kapitels jedoch zeigt ihr Wesentliches. Denn was letztendlich in *Wahnsinn und Gesellschaft* auf dem Spiel steht, ist so subtil wie der Unterschied zwischen Bosch und Erasmus und so impulsiv (und problematisch) wie der letzte öffentliche Ausbruch Artauds.

Werden diejenigen, die wie Artaud ›tragische Erfahrungen‹ machen, weiterhin in den Verließen der modernen Gesellschaft eingesperrt bleiben, Gefangene der vom moralischen Gewissen errichteten Schlösser?

Oder wird ein neues Narrenschiff wie das von Bosch vor der Dämmerung des Zeitalters der Vernunft gemalte Segel setzen und seine Ladung zeitgenössischer Ausgestoßener (»Verkommene, Ausschweifende, Homosexuelle, Zauberer, Selbstmörder, Wüstlinge«) über die Grenzen von Gewohnheit und Moral mit unbekanntem Ziel hinaustragen?[39]

Zu den ersten Lesern von *Wahnsinn und Gesellschaft* gehörten die Professoren, die von der *Sorbonne* dazu ausersehen worden waren, Gelehrtheit und Forschungsleistung von Foucaults Dissertation zu bewerten. Alle waren verblüfft von der Belesenheit des Autors sowie von seiner Beherrschung bislang ungenutzten Archivmaterials. Trotz gewisser Vorbehalte, die sich nur noch vermehrten, je länger sie über den Text nachdachten, wußten sie ebenso seine außergewöhnliche Intelligenz zu schätzen. Seine zentrale These jedoch und mehr noch seine verwickelte literarische Form empfanden sie als verwirrend und irgendwie beunruhigend.[40]

Der erste Gelehrte, der das wuchtige neunhundertdreiundfünfzig-seitige Manuskript einer Kritik unterzog, war Georges Canguilhem, den die *Sorbonne* dazu bestimmt hatte, den Text zur Veröffentlichung freizugeben, damals die Voraussetzung für die erfolgreiche Verteidigung einer Dissertation. Der ältere Historiker begriff sofort die Originalität von Foucaults Arbeit: Auf jeder Seite rufe es ›Überraschung‹ hervor, wie Canguilhem in seinem offiziellen Bericht bemerkte.[41]

Für den erfahrenen Wissenschaftsphilosophen war vielleicht nichts überraschender als Foucaults zentrale Eingebung, daß Wahnsinn nichts als eine ›Erfindung‹ sei, ein Produkt sozialer Beziehungen – und keine unabhängige biologische Gegebenheit. Die Folgen waren schwindelerregend. Sollte Foucault Recht haben, dann, sah Canguilhem, »ist jede vorhergehende Geschichte der Ursprünge der modernen Psychiatrie aufgrund der anachronistischen Illusion hinfällig, daß Wahnsinn etwas in der Natur des Menschen – wie verborgen auch immer – bereits *Gegebenes* sei«.[42]

Canguilhem konnte nicht leugnen, daß Foucaults Hypothese historisch ergiebig war: Argumente und Dokumentation des

Manuskripts hatten ihn davon überzeugt, daß die Entwicklung einer wissenschaftlichen Auffassung des Wahnsinns nicht von der Geschichte »sozialer Ethik« getrennt werden konnte. Ebenso einsichtig ist jedoch, daß Canguilhem die Rolle beunruhigte, die Foucaults Unternehmen Wissenschaft und moderner Medizin übrig ließ: »Monsieur Foucault«, bemerkte er, »kann den Umstand nicht übersehen, daß Wahnsinn bis zu einem gewissen Grade immer eine Sache der Medizin war.«[43]
Foucaults Ansichten in *Wahnsinn und Gesellschaft* hinsichtlich der medizinischen und biologischen Aspekte des Wahnsinns als einer physischen Krankheit sind in der Tat überraschend schwer faßbar. Canguilhem spürte, daß das Buch eigentlich nicht von Geisteskrankheit handelt, sondern vielmehr von der philosophischen Wertschätzung, die dem Leben, den Äußerungen und Werken von Künstlern und Denkern beigemessen wird, die gemeinhin als ›verrückt‹ betrachtet werden.
In einem Aufsatz aus dem Jahre 1964, der als Anhang zur französischen Neuauflage von *Wahnsinn und Gesellschaft* 1972 wiederveröffentlicht wurde, gab sich Foucault große Mühe, diesen Punkt klarzustellen. Er zieht eine scharfe Trennungslinie zwischen ›Geisteskrankheit‹ und ›Wahnsinn‹, indem er sie »zwei unterschiedliche Konfigurationen« nennt, »die sich seit dem siebzehnten Jahrhundert verbunden und verwirrt haben«. Er gesteht ein, daß Geisteskrankheit, »daran ist nicht zu zweifeln, in einen technisch immer besser kontrollierten Raum eintreten [wird]«; in Krankenhäusern wie zum Beispiel *Sainte Anne* »hat die Pharmakologie die Säle mit den Tobsüchtigen bereits in laue Aquarien verwandelt«. Das philosophische Problem des Wahnsinns – und der Torheit – werde jedoch bestehen bleiben: Obgleich die moderne Medizin der Geisteskrankheit ihren furchteinflößenden Stachel nehmen könne, sei der Wahnsinn, ein »lyrische[r] Hof der Krankheit«, bereits dank der Surrealisten und ihrer Mitläufer von Raymond Roussel bis Antonin Artaud in ein neues Verwandtschaftsverhältnis zur Literatur getreten – »weit entfernt von der Pathologie«.[44]

Daß Foucaults eigene Behandlung des Wahnsinns eine ungewöhnliche – und rätselhafte – Verwandtschaft zur Literatur hatte, war sowohl Canguilhem als auch dem *Sorbonne*-Historiker
Henri Gouhier klar, der Foucaults mündlicher Verteidigung seiner ›*thèse*‹ vorsaß. Canguilhem hatte seinerseits Foucault davon zu überzeugen versucht, seine Rhetorik zu entschärfen
und bestimmte Abschnitte wegzulassen, die zu stark verallge-
meinernd und zu herrisch wirkten, aber der junge Mann hatte
sich geweigert. Foucault glaubte an die Form seiner Arbeit und
änderte kein einziges Wort. [45]
Der eigentümliche und äußerst literarische *Stil* war in der Tat
das beunruhigendste Merkmal des Werks. Während der öffentlichen Verteidigung der Dissertation äußerte Gouhier seine Bedenken, indem er dem Verfasser vorwarf, »in Allegorien zu
denken«. Er bemäkelte, daß Foucaults Dissertation wiederholt
die Erfahrung des Wahnsinns »anhand von mythologischen Begriffen« und fiktiven Charakteren von Macbeth bis zu Rameaus
Neffen, Diderots aufgeklärter Figur der Torheit, wachrufe.
»Diese Personifikationen«, bemerkte er spitz, »erlauben eine
Art von metaphysischem Eindringen in die Geschichte, und sie
verformen gewissermaßen die Erzählung zur Epopöe, die Geschichte zum allegorischen Drama, indem sie eine Philosophie
ins Leben rufen.« [46]
»M. Foucault ist zweifellos ein Schriftsteller«, räumte die Kommission in ihrem offiziellen schriftlichen Bericht über die
mündliche Verteidigung der ›*thèse*‹ ein, aber das unbestreitbare
Talent des Autors hinterließ bei seinen Gesprächspartnern ein
Gefühl des Unbehagens. Immer wieder schien Foucault »rasch
aus einigen wenigen Fakten [. . .] Ideen« zu entwickeln. Immer
wieder schien sein Stil »eine gewisse ›Aufwertung‹ der Wahn-
sinnserfahrung im Lichte von Fällen wie dem von Artaud« auszudrücken. [47]
Der Bericht der Kommission war ein Vorspiel zu der zweideutigen Reaktion, mit der die Gelehrtenwelt dieses und alle folgenden Bücher Foucaults begrüßen sollte. Wie nur wenige Werke
zuvor eröffnete *Wahnsinn und Gesellschaft* eine neue Perspektive, unter der die Vergangenheit gesehen werden konnte. Das

Buch zog eine Vielzahl neuer Forschungsprojekte nach sich, die sich mit der wechselnden Behandlung von Geisteskranken beschäftigten. Je mehr sich jedoch professionelle Historiker mit dem Archivmaterial befaßten, desto größere Zweifel meldeten sie an der Zuverlässigkeit von Foucaults Ergebnissen an.[48] Wie Gouhier und Canguilhem beide verstanden, stand in den Seiten von *Wahnsinn und Gesellschaft* jedoch mehr auf dem Spiel als bloß Wissenschaft. Sollte das Buch aber allem Anschein zum Trotz keine konventionelle historische Arbeit sein, was war es dann?

Im ursprünglichen Vorwort zu *Wahnsinn und Gesellschaft* hatte Foucault sich in schwer verständlichen Worten bemüht, sich mit dieser Frage auseinanderzusetzen. Als erste einer geplanten Reihe von historischen Untersuchungen, die sich mit ›Grenz-Erfahrungen‹ beschäftigen und ›im Lichte der großen nietzscheanischen Suche‹ durchgeführt werden sollten, sei das Buch der Versuch, erklärte Foucault in einem Abschnitt von fast undurchdringlicher Abstraktheit, eine »undifferenzierte Erfahrung« der Vergessenheit zu entreißen, eine »Erfahrung der Grenzziehung selbst, die noch keine Grenze kennt«. Er besteht darauf, daß es sich bei seinem Buch »nicht um eine Geschichte der Erkenntnis« handelt, sondern um die Geschichte »der rudimentären Bewegungen einer Erfahrung«.[49] Der Begriff der ›Erfahrung‹ verdankt so, wie ihn Foucault hier benutzt, Bataille mehr als Kant. Im ersten Band seiner *Summa Atheologica* hatte Bataille den Taumel der Traumwelt, des Wahnsinns und der Erotik als verschiedene Ausprägungen der ›inneren Erfahrung‹ definiert, wodurch er einen unpassend milden Kunstbegriff prägte, um jene Dimension des Menschseins zu beschreiben, die er sich als von Gewalt und Streit, Bewußtseinsspaltung und Seelenpein, Grausamkeit und Chaos durchdrungen vorstellte. Bataille sah die so begriffene ›innere Erfahrung‹ als eine Art atheistischer Ekstase an, die unselige Offenbarung des Menschen in seiner ungeformten, dionysischen Essenz.[50]

Jede Gesellschaft hatte natürlich die Wahl, sich zu verschließen und die dionysische Seite des Menschseins zu verdammen. Der »erfahrene[] Lehrmeister der Trunkenheit, der Zerrissenheit, des sich stets erneuernden Todes«, wie Foucault Dionysos einmal beschrieb, stellt natürlich eine wirkliche Bedrohung für die bürgerliche Ordnung dar. Doch es hilft alles nichts: Selbst die größten Anstrengungen, die eine Kultur unternimmt, die dionysischen Impulse für gesetzwidrig zu erklären, können diese Impulse allenfalls hemmen, nie jedoch transzendieren, denn symbolisiert Dionysos nicht, wie Nietzsche lehrt, die Macht der Transzendenz selbst? Wie Foucault in seinem Vorwort schreibt, bleibt diese Macht immer zugänglich, selbst »an den Toren der Zeit«.[51]

Eine Vielzahl von Wegen kann durch diese Tore führen. Den Traum, schreibt Foucault, »auf seine eigene Wahrheit« in all ihrer rohen dämonischen Unverfälschtheit »hin zu befragen«, kann der Mensch »sich nicht versagen«; in der Erotik kann er einen Blick in »die glückliche[] Welt der Lust« vor ihrer »tragischen Abtrennung« in normale und abnormale Handlungen werfen. In Augenblicken des Wahnsinns kann es ihm gelingen, wie wir gesehen haben, »die Nichtigkeit der Existenz« mit der »bereits hergestellten Präsenz des Todes« zu konfrontieren.[52]

Wahnsinn definiert Foucault in seinem Vorwort als »*das Fehlen einer Arbeit* (›œuvre‹)«, wobei er *œuvre* im Sinne Blanchots benutzt. Der Wahnsinn zerstört die einzigartige Verbindung von Form und Chaos, die ein *œuvre* möglich macht: Die Sprache versagt, Schweigen macht sich breit; der Mensch macht die Erfahrung der Leere. Über diese ursprüngliche Erfahrung des Wahnsinns kann *per definitionem* nichts gesagt werden.[53]

An der Grenzlinie des Wahnsinns jedoch, genau an dem Punkt, der die Vernunft von der Unvernunft scheidet, im Balanceakt zwischen dem Dionysischen und dem Apollinischen, ist die ›elementare‹ Erfahrung des Wahnsinns nicht gänzlich unzugänglich. Indem er einer »sehr ursprünglichen, sehr groben Sprache, die noch vorwissenschaftlich ist«, Beachtung schenkt, könnte es dem Geschichtsschreiber des Wahns doch gelingen,

»die unvollkommenen Worte ohne feste Syntax, die ein wenig
an Gestammel erinnerten«, zu repräsentieren, in denen hin
und wieder ein »Austausch zwischen Wahnsinn und Vernunft«
stattfindet.[54]

In solchen Augenblicken, von denen Foucault glaubte, daß sie
in einigen der bedeutendsten Kunstwerken des Abendlandes
festgehalten seien, wird so etwas wie »eine ursprüngliche Trennung« sichtbar. Den Wert solch einer ›inneren Erfahrung‹ innerhalb der Grenzen einer verstandesmäßigen Geschichte der
Geisteskrankheit wiederherzustellen, würde dann bedeuten,
von neuem zu zeigen, daß »der wahnsinnige Mensch und der
Mensch der Vernunft bei ihrer Trennung noch nicht getrennt
sind«.[55]

Foucault gibt zu, daß diese Aufgabe Schwierigkeiten bereitet:
»Die Wahrnehmung«, die Wahnsinn und Torheit »im ungebändigten Zustand zu erfassen sucht, gehört notwendig zu einer
Welt, die sie bereits in den Griff genommen hat. Die Freiheit
des Wahnsinns versteht sich nur von der Höhe der Festung her,
die ihn gefangenhält.«[56]

Foucault besteht darauf, daß das Stöhnen und Schreien aus
dem Kerker trotz allem vernehmbar bleibt. Wenn der Historiker sich dem Geleit dieser entfernten Stimmen übergibt, die,
wie uns Bataille erinnert, aus dem Innern sowie aus der Vergangenheit kommen können, kann er nicht nur Theaterstücke, Gedichte und Gemälde vergangener Zeiten der Prüfung unterziehen, sondern auch »Vorstellungen, Institutionen, juristische
und polizeiliche Maßnahmen, wissenschaftliche Begriffe«. Dabei achtet er auf Geräusche, sucht nach Hinweisen darauf, was
tief in den Burgverließen vergraben liegt, und hält Ausschau
nach verläßlichen, wenn auch gepeinigten Zeugen einer »noch
nicht getrennten Erfahrung der Grenzziehung selbst«.[57]

Foucault findet diese Hinweise, wie wir gesehen haben: Er entdeckt sie nicht in den hellsichtigen Erörterungen eines Erasmus
oder eines Montaigne, sondern vielmehr in der grotesken Bildersprache Boschs und den tollen Ausbrüchen Artauds. »So
wird die blitzartige Entscheidung wiedererscheinen können,
die innerhalb der geschichtlichen Zeit heterogen, aber außer

halb dieser ungreifbar ist, die jenes Gemurmel dunkler Insekten von der Sprache der Vernunft und den Versprechungen der Zeit trennt.« Der beiläufige Verweis auf murmelnde Insekten ist ein typischer Stilzug: Man fühlt sich an die abtrünnigen Engel gemahnt, die Bosch als eine fürchterliche Plage vom Himmel herabregnender Heuschrecken darstellte, die das Paradies mit ihrer diabolischen Verheißung von Sünde verpesten. [58]
Eine Kultur aus der Perspektive eines solch dämonischen Abfalls zu befragen, heißt, »sie von den Rändern der Geschichte zu befragen«. Und dieser Erfahrung Ausdruck zu verleihen, verlangt keine Gelehrsamkeit und ganz sicher keine rationale Argumentation – sie würde die ›Grenz-Erfahrung‹ ihrer tragischen Dimension berauben –, sondern eher Künstlertum, die Furien eines Dichters wie Artaud, die schreckliche Vorstellungskraft eines Malers wie Bosch: »Man müßte also mit aufmerksamem Ohr sich jenem Geraune der Welt zuneigen und versuchen, so viele Bilder, die nie in der Poesie ihren Niederschlag gefunden haben, so viele Phantasmen wahrzunehmen, die nie die Farben des Wachzustandes erlangt haben.« [59]

Im folgenden Jahrzehnt sollte Foucault ein gewisses boshaftes Vergnügen daran finden, sein Künstlertum unter einem Schwall von methodologischen Äußerungen zu verbergen, die seinem Werk einen blendenden sowie trügerischen Anstrich gelehrter Autorität verliehen. Diese Erklärungen *post facto* dienten zweifellos einem strategischen Ziel, besonders in Frankreich, wo einem Intellektuellen ohne methodische Grundsätze ungefähr soviel Vertrauen entgegengebracht wird wie einem Seemann ohne Kompaß; nimmt man sie jedoch losgelöst von der in Foucaults Werk ausgedrückten Erfahrung und dessen eigentümlichem Stil, führen sie – was auch geschehen ist – den Unvorsichtigen vom Wege ab.
Im Gegensatz dazu ist Foucault im ursprünglichen Vorwort zu *Wahnsinn und Gesellschaft* zwar wie gewohnt verblümt, aber relativ ehrlich. Zu seiner Haltung gehört, gesteht er ein, »eine Art rückhaltlose[] Relativität«, eine »Sprache ohne Unterstüt-

zung«. Und was seine »Methode« anbetreffe, habe er, so gibt er zu, »nur eine beibehalten, die auch in einem Text von Char enthalten ist, in dem sich zugleich die drängendste und zurückhaltendste Definition der Wahrheit findet: ›Ich nahm den Dingen die Illusion, die sie erzeugen, um sich vor uns zu bewahren, und ließ ihnen den Anteil, den sie uns zugestehen.‹«[60]
Diese und andere Verweise auf René Char im Vorwort erinnern an Foucaults ursprünglichen ›methodischen Grundsatz‹. War er doch zu Beginn seiner ›nietzscheanischen Suche‹ seinem *daimon* im Traum begegnet – jener Form der ›inneren Erfahrung‹, welche »die heimliche Kraft [einsetzt], die in den sichtbarsten Formen der Gegenwart am Werk ist«.[61]
Char hatte ebenfalls versucht, seinen *daimon* im Traum zu entschlüsseln, was kaum überraschen kann, da auch Chars Karriere, wie die vieler der Gestalten, die Foucault – von Bataille bis Artaud – beeinflußt haben, als Mitglied der surrealistischen Bewegung begonnen hatte. Im Verlauf der dreißiger Jahre hatte er sich mehr und mehr von Breton und seinem Kreis entfernt und war zum Freund Maurice Blanchots geworden, der, wie auch Heidegger, seine Gedichte bewunderte. Im II. Weltkrieg diente Char als Hauptmann im Widerstand. Die Verarbeitung dieser Erfahrung in der ›geballten Gelassenheit‹ seiner Gedichte und aphoristischen Fragmente, die er 1948 unter dem Titel *Fureur et mystère* veröffentlichte, brachte ihm das Lob Albert Camus' ein, der ihn »unseren größten lebenden Dichter« nannte.[62]
Foucault lernte Chars elliptische, hermetische und intensiv persönliche Prosa und Lyrik auswendig. Neben Nietzsche und Sade scheint Char der Schriftsteller zu sein, den er am besten kannte. Es ist daher sinnvoll, das von Foucault als Motto für seinen Binswanger-Aufsatz und für *Wahnsinn und Gesellschaft* gewählte Prosagedicht Chars etwas genauer zu betrachten.
»Als ich Mann wurde«, so schreibt Char, »sah ich auf der Mauer zwischen Leben und Tod eine Leiter sich aufrichten, wachsen – immer nackter, begabt mit einzigartiger Loslösungskraft: den Traum.« Daß der Traum in der Lage sei, die Wahrheit der Welt bloßzulegen, gehört natürlich zu den surrealistischen Gemeinplätzen. Dieser Gedanke hatte auch schon im Zentrum von

Foucaults Binswanger-Aufsatz gestanden. »[S]ieh«, fährt Char fort, »da verliert sich das Dunkel und *Leben* wächst an, als herbe allegorische Askese und erobert außergewöhnliche Kräfte [. . .].« Chars Verweis auf ›allegorische Askese‹ erinnert an seinen eigenen, kompromißlosen Nachdruck auf die formalen Aspekte seines Werks, an seine eigenen unnachgiebigen Versuche, die rätselhaften Wahrheiten, die sich im Schlaf offenbaren, durch die Kunst seiner Poesie auszudrücken. Seine Forderung nach einer Art selbst-verleugnenden künstlerischen Disziplin setzt Char in Widerspruch zum Surrealismus, der den ›Automatismus des Schreibens‹ betont, brachte ihn jedoch in enge Berührung mit den Ansichten seines Freundes Blanchot bezüglich der notwendigen formalen Einheit des *œuvre*, eine Notwendigkeit, die auch Foucault spürte. [63]

Den zitierten Auszug aus Chars Prosa-Gedicht verwandte Foucault als Motto für seinen Binswanger-Aufsatz. Doch im ursprünglichen Vorwort zu *Wahnsinn und Gesellschaft* wählte er den Schluß und Höhepunkt des gleichen kurzen Werkes, als ob er die Verbindung zwischen seinem ersten gewichtigen Buch und der ›großen nietzscheanischen Suche‹ unterstreichen wollte, die er in seinem früheren Essay zum Traum begonnen hatte und die darauf hinauslaufen sollte, ›zu werden, was man ist‹.

»Pathetische Gefährten, die ihr kaum murmelt«, schließt Chars Prosagedicht, »geht hin mit gelöschter Lampe und gebt die Juwelen zurück. In euren Knochen singt ein neues Geheimnis. Entfaltet die Seltsamkeit, die euch zu Recht gehört.« [64]

›Seltsamkeit‹, mag sie einem nun zustehen oder nicht, sollte, so darf man annehmen, doch eher in Gedichten oder in Aphorismen der Art Nietzsches oder gar in jener von Bataille verfaßten philosophischen Pornographie entwickelt werden können, eigentlich in fast allem, nur nicht in jenen gewissenhaft dokumentierten Historien, die Foucault der Welt darbot. Daniel Defert erinnert sich daran, daß Foucault in den Jahren, die der Veröffentlichung von *Wahnsinn und Gesellschaft* folgten, des öfteren von der Möglichkeit sprach, einen Roman zu schreiben.

Daß dies nie geschehen ist, zeugt von Foucaults Hingabe an historische Forschungsarbeit: Er empfand besondere Genugtuung darin, seine Arbeit in den schwer zugänglichen, vielgestaltigen Tatsachen der Vergangenheit zu verankern, die in Archiven und Dokumenten versteckt sind.[65]

»[D]ie Wirklichkeit ist jeder Geschichte [. . .] erschreckend überlegen«, sagte Artaud einmal. »Es genügt, das Genie zu besitzen, um sie interpretieren zu können.«[66]

Genie besaß Foucault im Überfluß, und er organisierte das gesamte historische Belegmaterial von *Wahnsinn und Gesellschaft* um folgende inständige Frage, die ihm der eigene *daimon* stellte: »Wie bin ich so geworden, wie ich bin, und weshalb leide ich denn an diesem So-sein?« Nach den Wurzeln seiner eigenen wahnsinnigen Todes-Faszination suchend, hatte er sowohl ein wahnsinniges ›Werk‹ als auch ein Werk über den Wahnsinn geschaffen, in dem er (wie Blanchot sich ausdrückte) »einem Teil von sich selbst« Form verliehen hatte, »von dem er glaubt, befreit zu sein, eine Befreiung, zu der das œuvre selbst einen Beitrag geleistet hat«.[67]

Seine Vorgehensweise bestand darin, so darf man annehmen, seinem Geist in den Archiven freien Lauf zu lassen; hatte doch die moderne Bibliothek, wie er selbst einmal sagte, einen neuen »schöpferischen Raum« geschaffen, der historisch ohne Vorbild ist. Beim Umblättern der Seiten eines staubigen alten Manuskripts könnte der Forscher seinem *daimon* genauso unverkennbar begegnen wie im Schlaf. »Das Imaginäre haust zwischen dem Buch und der Lampe«, behauptet Foucault in einem 1964 geschriebenen Aufsatz: »Man trägt das Phantastische nicht mehr im Herzen [. . .]. Man braucht, um zu träumen, nicht mehr die Augen zu schließen, man muß lesen. Das wahre Bild ist Kenntnis. Es entspringt dem Wissen: Es sind die bereits gesagten Worte, die überprüften Texte, die Massen an winzigen Informationen, Parzellen von Monumenten, Reproduktionen von Reproduktionen, die der modernen Erfahrung die Mächte des Unmöglichen zutragen.« All diese »Bibliotheksphänomene«, so schließt Foucault, bewirken eine »Erfahrung«, bringen den Forscher in Berührung mit den »Mächten des Unmöglichen« und legen das dokumentarische Fundament für eine unverkennbar moderne Form von surrealistischer Geschichtsschreibung, die gleichzeitig auf eine vor-neuzeitliche Zeit zurückverweise, in der noch Mythos und Zauberspruch das Material für die Geschichten bildeten, die sich die Menschen über die Vergangenheit erzählten.[68]

Der Historiker, der seinen *daimon* durch die heterogenen Medien archivarischer Dokumente und seine eigene innere ›Erfahrung‹ im Griff hat, wird im Grunde genommen zum Visionär – zu dem, »der *sieht* und und der von seinem Blick her erzählt«. Indem er »erneut so viele verstummte Wörter« ausspricht, mag es ihm sogar gelingen, die *Grenze* der Erfahrung zu neuem Leben zu erwecken und erneut der ansonsten stummen dionysischen Dimension des Menschseins Ausdruck zu verleihen und sie durch Bilder und die Parade der Figuren, welche die Seiten seines Buches bevölkern, heraufzubeschwören. Somit wird sein Text zu einer Art von Schiff, auf dem der Traum »in der Unordnung seiner Bilder« die »Wahrhheit über den Menschen« ausspricht und ihm durch seine Fracht von Worten freie Fahrt gewährt.[69]

Aber woraus genau besteht diese ›Wahrheit über den Menschen‹? Was enthüllt die ›Erfahrung‹ des Wahnsinns in unserer heutigen Zeit über den Menschen?

Es ist an der Zeit, den noch »hoch innerhalb der Festung« vernehmbaren Lauten zu folgen und in das Burgverlies hinabzusteigen, »in dem man den Wahnsinn als Gefangenen hält«.

Ein Bild: Mit an der Decke festgebundenen Händen muß das Opfer hilflos zuschauen, wie ihm Verbände um beide Arme gewickelt und festgezogen werden. Ein Mann mit einem Skalpell schneidet schnell an jedem Arm eine Vene auf. Ein Blutschwall bricht hervor. Versteinert vom Anblick des karmesinroten Springbrunnens fällt der Angreifer auf die Knie. Ein Gehilfe spielt mit seinem Schwanz. Während das Opfer verblutend an der Schwelle des Todes schwebt, erfreut sich der Folterer an seinem konvulsivischen Orgasmus.[70]

Eine andere Phantasievorstellung: Du bist entführt worden. Du wirst festgebunden und gefesselt, und dein Kopf wird in eine Schlinge gesteckt. »Diese Folter ist viel angenehmer, als du ahnst [. . .]. [D]er Tod wird dich unter unsäglichen Lustgefühlen erreichen: Der Druck, den dieses Band auf die Masse deiner Nerven ausübt, wird nämlich die Organe der Wollust in Wallung versetzen; die Wirkung ist verbürgt. Wenn all jene, die zu dieser Hinrichtungsart verdammt sind, wüßten, in was für einem Sinnenrausch sie aus der Welt scheiden werden, so empfänden sie weit weniger Angst vor der Bestrafung ihrer Verbrechen und begingen sie deshalb viel öfter [. . .].«[71]

Die letzte Szene: Zehn Leichen – ein Mann, seine Frau, ihre acht Kinder – liegen in den schmorenden Ruinen ihres verbrannten Hauses. Der (weibliche) Libertin, der es in Brand gesteckt hat, betrachtet sein Werk: »Ich erkenne die [. . .] Leichen, ich drehe sie mit dem Fuß um. ›Diese Kreaturen lebten heute früh‹, sagte ich, ›und ich habe sie in einigen Stunden hingemordet, nur um meine Geilheit zu befriedigen.‹ Das ist also der Mord [. . .].«[72]

Drei Vignetten aus *Justine und Juliette*, drei Illustrationen einer der zentralen Thesen von *Wahnsinn und Gesellschaft*: Die beständigen Versuche im neunzehnten und zwanzigsten Jahrhundert, Geisteskrankheit unter Quarantäne zu stellen, auszugrenzen und zu ›beschlagnahmen‹, haben dazu beigetragen, ein neues, furchterregendes »System der Überschreitung« zu schaffen. Die ›wahnsinnig‹ genannten Impulse kochen und brodeln jetzt, isoliert und eingesperrt, als »die eigenartige Widersprüchlichkeit der menschlichen Neigungen, [. . .] die Komplizität der Lust und des Mordes, der Grausamkeit und des Wunsches zu leiden, der Souveränität und der Sklaverei, der Beleidigung und der Erniedrigung«. Wie sie es schon immer getan hat, »wacht die Torheit weiterhin bei Nacht; diese Nachtwache jedoch beginnt sie mit frischer Kraft. Das Nicht-Sein, das sie einmal war, wird zu einer Macht, die vernichtet.« Die schattenhafte Wahrheit und das tragische Versprechen des Wahnsinns drückt sich nun im »wahnsinnigen Dialog der Liebe und des Todes« aus – ein Dialog, der mit dem Marquis de Sade begann.[73]

»Man könnte in ungefährer Annäherung sagen«, erklärt Foucault, »daß die Welt der Ethik bis zur Renaissance« - besonders
für die Figuren, die »jenseits der Trennungslinie zwischen Gut
und Böse« existierten – in einer Art von »Gleichgewicht« oder
»tragischer Einheit« bestand, »die die des Schicksals oder der
Vorsehung und göttlicher Vorlieben war«. Im achtzehnten Jahrhundert jedoch wurde diese Einheit auf fast unwiderrufliche
Weise »durch die klare Trennung zwischen Vernunft und Unvernunft [zerstört]. Der Bereich der Ethik gerät in eine Krise,
die den großen Konflikt zwischen Gut und Böse durch den un-
versöhnlichen Konflikt zwischen Vernunft und Unvernunft du-
pliziert.« Die auf diese Weise exkommunizierte Unvernunft
besetzt von nun an »einen Erfahrungsbereich, der ohne Zweifel zu geheim ist, um mit klaren Begriffen formuliert zu werden,
auch von der Renaissance bis zu unserer neuzeitlichen Epoche
zu sehr mißbilligt, um die Erlaubnis zu erhalten, sich ausdrük-
ken zu dürfen«. Wahnsinn wird nicht mehr länger als Offenbarung der Welt und ihrer schattenhaften Mächte angesehen, sondern wird stattdessen einerseits mit Unmoral und andererseits
mit dem wissenschaftlichen Verständnis von Geisteskrankheit
verbunden. Wahnsinn wird zur ›menschlichen Tatsache‹ und
mit solch ausgesprochen gesellschaftlichen Figuren wie dem
Perversen und dem Homosexuellen assoziiert.[74]
In diesem Zusammenhang wird Sade zu einer Zentralfigur,
die gleichzeitig das Ende des Zeitalters der Vernunft und den
Beginn unserer modernen Epoche verkörpert. Sade war
schließlich ein Opfer der klassischen Praxis, Wahnsinnige ohne
Unterschied zusammen mit Kriminellen, Prostituierten, Delinquenten und Armen einzusperren. Einen Großteil seines Lebens verbrachte er im Gefängnis, zuerst wegen Vergewaltigung
und wegen der Anschuldigung, mehrere junge Frauen vergiftet
zu haben, später wegen des Verbrechens, *Die neue Justine* geschrieben zu haben, ein Werk, das, wie die Behörden feststellten, »unzüchtigen Wahnsinn« beweise. »Es ist kein Zufall«,
schreibt Foucault, »wenn der Sadismus als individuelles Phänomen den Namen eines Mannes trägt und in und aus der Internierung entstanden ist, wenn das ganze Werk von Sade durch

die Bilder der Festung, der Zelle, des Unterirdischen, des Klosters, der unzugänglichen Insel, die so gleichsam den natürlichen Ort der Unvernunft bilden, bestimmt wird.«[75] Daß dieser Ort eigentlich unnatürlich und historisch bedingt ist, hatte Foucault bereits nachgewiesen: Das Bild vom Narrenschiff, das die leere Weite eines wilden Außen befährt, bietet den denkbar schärfsten Gegensatz.

Gleichzeitig drückt Sade Foucault zufolge eine deutlich moderne Vorstellung der ›tragischen Erfahrung‹ aus, wodurch er den Weg ebnet, der später von Friedrich Hölderlin, Gérard de Nerval, Friedrich Nietzsche, Vincent van Gogh, Raymond Roussel und Antonin Artaud gegangen werden sollte – einem Philosophen, einem Maler und vier Dichtern, von denen drei Selbstmord begingen, und die alle, wie Sade, mindestens einmal in ihrem Leben von den Behörden für ›wahnsinnig‹ erklärt wurden.[76]

»Nach Sade«, behauptet Foucault, »gehört Unvernunft zu dem, was die moderne Welt in jedem Werk als ausschlaggebend ansieht; das heißt, in jedem Werk, das sich zum Mörderischen und Zwanghaften bekennt.« Im Kontakt mit solchen Werken »teilt der Mensch das mit, was in seinem tiefsten Innern und in seiner tiefsten Einsamkeit ansäßig ist«, wobei er »die innerlichste und gleichzeitig ungezähmteste freie Macht« wiederentdecke. Es sei diese rätselhafte Macht, die offensichtlich in Sades »grenzenloser Anwendung des Rechtes auf den Tod« ausbreche. Sie spielt auch eine Rolle in »der kühnen Lebensfreude«, die Hölderlin im Tod seines tragischen Helden Empedokles findet, der »zum Herzen der Natur« flieht, als er »sich selbst in die herrlichen Flammen« des Ätna »hinabstürzte«. Vielleicht ist es die gleiche dunkle Macht, die im suizidalen Delirium der letzten Nacht Nervals auftaucht, in den Raben, die durch van Goghs letztes Gemälde schwirren, in der murmelnden ›Wiederholung des Todes‹ in den Schriften Roussels, in den Schreien und gequälten Seufzern des letzten Bühnenauftritts Artauds im Jahre 1947.[77]

Wie diese Aufzählung nahelegt, enthält der Wahnsinn in seiner modernen Apotheose all »die Zweideutigkeit des Chaos und der Apokalypse«. Denn diese Faszination mit Grausamkeit, Folter und Tod ist »ein Zeichen dafür, daß sich die Natur selbst zerfleischt, daß sie den äußersten Punkt ihrer Entzweiung erreicht hat«. Beim Traum von den verbrannten Leichen, die Sades vorweggenommenes Auschwitz bevölkern, oder beim Genießen der »unsäglichen Lustgefühle«, die das Baumeln am Strick mit seinem Wegsinken des Lebens hervorrufen, enthüllt die Natur, wie sich zeigt, »Herrschaft, die sowohl sie selbst als auch etwas außerhalb ihrer selbst Gelegenes ist: die Herrschaft eines wahnsinnigen Herzens, das in seiner Einsamkeit die Grenzen der Welt erreicht, die es verletzt hat, das sich gegen sich selbst wendet und das sich genau in dem Augenblick zerstört, in dem die Tatsache, daß es sie so gut gemeistert hat, ihm das Recht gibt, sich selbst mit dieser Welt zu identifizieren«.[78]

Dieser schwindelerregend abstrakte Lobgesang auf den profanen Taumel des Sterbens, in dem auf unheimliche Weise die suizidalen Träume der Ellen West nachklingen, wird einige Leser ohne Zweifel verrückt anmuten. Die Komposition von Foucaults Buch zielt genau darauf ab, dieser reflexhaften Reaktion entgegenzuwirken. Doch damit nicht genug, denn Foucault entdeckt in dem »wahnsinnigen Dialog zwischen Liebe und Tod« auch noch die ungezähmte Macht eines »totalen Disputs«, jene wahnsinnige Daseinsweise, welche gerade die Wurzeln moderner Kultur in Frage stellt: »All das, was die Moral, was eine verpfuschte Gesellschaft im Menschen erstickt, wird in der Mörderburg wieder zum Leben erweckt.«[79]

Dies ist eine verblüffende Behauptung, so außergewöhnlich, daß nur wenige Leser von *Wahnsinn und Gesellschaft* sich eingehend mit ihr beschäftigt haben oder den Versuch unternommen haben, ihre Folgen zu begreifen. Vielleicht ist es sogar ein Vorteil, daß Foucaults hermetischer Stil verschleiert und verrätselt, was der Autor damit genau sagen wollte. Andererseits könnte Foucaults Behauptung, liest man sie als eine autobiographische Allegorie, kaum aussagekräftiger sein, spricht doch Sade direkt das Wesen von Foucaults eigenem einzigartigen

›Wahnsinn‹ an: die unerbittliche Faszination des Todes, der er ausgeliefert war.

In einem Jahre später geführten Interview mit dem italienischen Journalisten Duccio Trombadori sprach Foucault mit ungewohnter Offenheit über Ursprung und persönliche Bedeutung von *Wahnsinn und Gesellschaft*. Er bekannte, daß es, wie alle seine Bücher, ein Mittel dazu gewesen sei, »direkte, persönliche Erfahrungen zu verstehen [. . .]. Ich hatte eine private, vielschichtige, direkte Beziehung zum Wahnsinn«, erklärte er Trombadori 1978, »und ebenso zum Tod.«[80]

Sein *œuvre* jedoch, fährt er mit expliziter Bezugnahme auf Blanchot fort, hatte *als solches* das Ziel, beim Leser und beim Schreibenden, eine selbständige ›Erfahrung‹ hervorzurufen, eine Erfahrung, die unsere vorgefaßten Meinungen aufrührt und uns dazu zwingt, die Welt in einem anderen Licht zu sehen: »Das Buch bedeutete für mich – und für diejenigen, die es lasen oder benutzten – eine Änderung in dem Verhältnis, das wir zum Wahnsinn haben (wie sich dieser unter historischem, theoretischem und ebenso ethischem Blickwinkel äußert).«[81]

Die Botschaft des Buches an die Historiker ist unmißverständlich: Nach der Lektüre von *Wahnsinn und Gesellschaft* wird es unmöglich, wie Canguilhem sofort begriffen hatte, eine Geschichte der Geisteskrankheit zu schreiben, die Wahnsinn als eine biologisch bedingte Tatsache ansieht. Die theoretische Stoßrichtung des Buches ist gleichermaßen offensichtlich: Es stellt den wissenschaftlichen Status nicht nur der klassischen, sondern auch der modernen Psychiatrie in Frage. Aber was, so muß man sich wohl fragen, ist der ›ethische Blickwinkel‹ des Buches?

Um diesen entscheidenden, wenn auch verschleierten Aspekt von *Wahnsinn und Gesellschaft* zu verstehen, erscheint es hilfreich, einen Blick auf Foucaults Kritik der beiden Psychiater zu werfen, die das Ende des klassischen Zeitalters einläuteten: William Tuke (1732-1822) und Philippe Pinel (1745-1822).

Wie eine Reihe von Historikern nachgewiesen haben, gehört dieser Abschnitt aus akademischer Sicht zu den tendenziösesten und am wenigsten überzeugenden des Buches; nicht zufällig gehört es ebenso zu den ergiebigsten Passagen des Buches für das Verständnis dessen, was unausgesprochen als Foucaults *persönliche* Ansicht gelten muß.[82]

Die Historiographie rechnet Tuke und Pinel gewöhnlich zu den Pionieren einer menschlichen und aufgeklärten Behandlung von Geisteskranken. Tuke gründete das Asyl im englischen York, das für seine idyllische Umgebung und seinen Verzicht auf Einschränkungen der Bewegungsfreiheit bekannt war; Pinel hatte inmitten der französischen Revolution die Insassen der *Bicêtre* befreit und der Legende zufolge erklärt, daß »›diese Geisteskranken nur deshalb so unzugänglich sind, weil man sie der Luft und der Freiheit beraubt‹«.[83]

In einer jener radikalen Umwertungen, die für sein Werk charakteristisch werden sollten, warf Foucault einen subjektiven Blick auf die Reformen Tukes und Pinels, indem er behauptete, was sich wie Fortschritt gebäre, sei eigentlich nur eine hinterhältige neue Form sozialer Kontrolle: Wahnsinn werde »[f]ür lange Zeit und mindestens bis zu unserer Epoche [. . .] in einer moralischen Welt eingekerkert«.[84]

Foucault betonte Tukes religiösen Hintergrund (er war Quäker) und zeigte dessen Versuche auf, bei seinen Patienten eine moralische Erneuerung zu bewirken: einerseits, indem er sie religiöse Grundsätze lehrte, und andererseits, indem er die Insassen unter beständige Aufsicht stellte: Tuke, so behauptet er, habe den »freien Schrecken [des Wahnsinns] durch die geschlossene Angst der Verantwortlichkeit ersetzt«.[85]

Pinel erreichte, Foucault zufolge, ein ähnliches Ziel mit anderen Mitteln. Auch in Pinels Asyl bedeutete »[d]as Fehlen von Zwängen [. . .] keine befreite Unvernunft, sondern seit langem gemeisterter Wahnsinn«; es war ein diszipliniertes Regiment, das darauf angelegt war, Gefühle von Buße und Reue einzuschärfen.[86]

Die Folgen, schließt Foucault, waren um so vernichtender, da sie doch größtenteils nicht sichtbar und unaufdringlich waren:

Dem Irren wurde seine Aura übernatürlicher Geheimnisse genommen, und er fand sich »so von der Animalität oder wenigstens von jenem Teil der Animalität befreit, der in der Gewalt, Räuberei, dem Toben und der Wildheit besteht«. Indem sie versuchten, Nötigung und Einschränkungen der Bewegungsfreiheit überflüssig zu machen, haben Tuke und Pinel auf eine »gelehrige Animalität« gezielt. Die Patienten in Pinels Asyl wurden in »die ruhige Welt der traditionellen Tugenden« geführt. Was unter dem *ancien régime* »eine sichtbare Festung der Ordnung« mit spürbaren Ketten und spektakulären Bestrafungen war, hat sich in »ein Schloß in unserem Bewußtsein« verwandelt. [87]

Unseres Gewissens – also auch Foucaults.

Dieser Perspektive gibt Pinels »Befreiung«, wie Foucault in einem Abschnitt mit zutiefst persönlichen Anklängen betont, »eine paradoxe Bedeutung [. . .]. Der Kerker, die Ketten, das fortgesetzte Schauspiel, die Sarkasmen bildeten für das Delirium des Kranken gewissermaßen das Element seiner Freiheit.« In seinen Ketten »konnte [der Wahnsinnige] nicht aus seiner unmittelbaren Wahrheit gerissen werden«. Wird er aber von den Ketten losgemacht und in ein im Gewissen verinnerlichtes Tugendsystem eingebunden, findet sich der Wahnsinnige erneut im »begrenzten Raum einer leeren Freiheit« eingesperrt. »Von da an ist er in Wirklichkeit mehr eingeschlossen, als er es im Kerker oder in Ketten sein könnte, ist er ein Gefangener von nichts anderem als sich selbst, ist er in eine Beziehung zu sich, die zur Ordnung der Verfehlung gehört, und in eine Beziehungslosigkeit zu den anderen gestellt, die zur Ordnung der Schmach gehört.« Die Gesellschaft kann auf diese Weise den Anschein der Unschuld wahren: »[D]ie Schuldhaftigkeit wird nach innen verlegt.« [88]

Gelingt es dem Menschen, der ›wahnsinnig‹ genannt wird, nicht, die Bürde der Schuld irgendwie zurückzugeben, gibt es keinen Ausweg aus diesem freudlosen, sich ewig wiederholenden Kreislauf aus Überschreitung und Schmach: »Er fühlte sich bestraft und sah darin das Zeichen seiner Unschuld, während er jetzt, wo er frei von jeder physischen Strafe ist, sich schuldig fühlen muß.« Sade hatte sich genau in diesem Kreislauf der Überschreitung, Pinels symbolischem ›Andern‹, verfangen und konnte ihm ebensowenig entfliehen: Die Mörderburg, wie die Zwingburg des Gewissens, ist ein Symbol der Internierung. Die Gewalttätigkeit von Sades Überschreitung verspricht soviel Schmerz wie Genuß: Indem er die ›Pracht‹ der Folter und körperlichen Züchtigung wiederauferstehen läßt, unternimmt der Libertin in einer wahnsinnigen Anstrengung den Versuch, die unschuldige Freiheit der Natur zurückzuerlangen, verfängt sich dabei jedoch »in der endlos wiederholten Nicht-Existenz der Befriedigung«.[89]

Die theoretischen Prinzipien dieser Darstellung, die Moral mit grausamen Impulsen, Schuld mit einer mörderischen Form der Überschreitung vermischt, hat Foucault am deutlichsten in einem 1962 veröffentlichten Aufsatz dargelegt: »In jeder Kultur gibt es zwei festgefügte Reihen von Gebärden der Trennung«, schreibt Foucault, indem er ein wichtiges Motiv von *Wahnsinn und Gesellschaft* wiederholt. ›Gebärden der Trennung‹ sind jedoch wie die ›Abgrenzung des Wahnsinns‹ und das ›Inzestverbot‹ von Natur aus zweideutig: »In dem Augenblick, in dem sie eine Grenze markieren, eröffnen sie den Raum für deren mögliche Überschreitung.« Diese Möglichkeit ist zeitlos: Es gibt keine Grenze, die nicht überschritten, kein Gesetz, das nicht gebrochen werden könnte. Das Feld einer möglichen Überschreitung ist jedoch immer historisch genau bestimmbar: Jede Epoche bildet, »was man ein ›System der Überschreitungen‹ nennen könnte. Genau genommen fällt dieser Raum weder mit dem Illegalen noch mit dem Kriminellen, dem Revolutionären, dem Monströsen oder dem Anormalen zusammen, nicht einmal mit der Summe dieser abweichenden Verhalten; aber jeder dieser Begriffe bezeichnet zumindest einen seiner Gesichtspunkte.«[90]
Akte der ›Überschreitung‹ mögen den Menschen mit jener chaotischen Macht in Berührung bringen, die Nietzsche das Dionysische genannt hat, aber kein Akt der Überschreitung

kann seinem Ursprung in einem historischen Feld entkommen, das ihn zu einem entscheidenden Teil motiviert, definiert und – insofern es das Ziel der Überschreitung ist, die ungezähmte Energie der Transzendenz zu erschließen, – (de)formiert. »Die Überschreitung verhält sich also zur Grenze nicht wie das Schwarze zum Weißen, das Verbotene zum Erlaubten, das Äußere zum Inneren, das Ausgeschlossene zum geschützten Heim. Sie ist in sie eingebohrt und kann nicht einfach abgelöst werden.« [91]

Das mit wahnsinnigen Impulsen ausgestattete Individuum entdeckt somit, daß seine Versuche, das in der Unvernunft des Traums und des Deliriums ans Licht gebrachte Selbst auszudrücken – es mag davon halten, was es wolle –, in ein spezifisches, typisch modernes ›System der Überschreitung‹ einbezogen ist, einer Art negativem Spiegelbild des positiven Systems humanistischer Tugend, das Sozialreformer wie Pinel eingeführt hatten.

›Zu werden, was man ist‹, verlangt nun, Foucault zufolge, sein Schicksal den tragischen Figuren von Sade bis Nietzsche und Artaud anzuvertrauen, die jener »gigantischen moralischen Internierung« Widerstand geleistet haben, deren Repräsentanten Tuke und Pinel in *Wahnsinn und Gesellschaft* waren. Um der Zwingburg des Gewissens zu entkommen, müssen wir zuerst die Mörderburg betreten: Gegen die von den Psychiatern eingeimpften Tugenden setzt die Überschreitung das Laster; gegen philantropische Barmherzigkeit rachsüchtige Grausamkeit; gegen gelehrige Animalität die brodelnde Lust auf körperliche Freuden, ohne Rücksicht darauf, wie schmerzhaft oder selbstzerstörerisch sie sind.

Dieser Abstieg in die Hölle ist offensichtlich keine unterhaltsame ›Befreiung‹. Nach dem Betreten von Sades Traumverließ wird der Mensch im übertragenen wie wörtlichen Sinne zum »Gefangene[n] der Überfahrt, [. . .] zum Sklaven des Begehrens und zum Diener des Herzens«, ist doch der Wahnsinnige, sei er nun in einer Burg gefangen oder frei zur Ausschiffung, »angekettet auf der unendlichen Kreuzung«, vor allem auf den ›unendlichen Kreuzungen‹ der Geschichte. [92]

»Im menschlichen Herzen gefangen, in ihm begraben, kann der Wahnsinn das formulieren, was es im Menschen an ursprünglich Wahrem gibt«, er kann jedoch niemals »in das ursprüngliche Land« zurückkehren und auch nicht die Freiheit einer ungebundenen Transzendenz wiedererlangen, das Ding-an-sich Kantischer reiner Freiheit. So enthüllen die Erfahrungen des Wahnsinns wie die des Traums den »Knoten[], der seine Freiheit an die Notwendigkeit der Welt knüpft«. [93]

Doch damit nicht genug. Indem sie erschöpfend darlegen, wie die wahnsinnig genannten Mächte der Transzendenz an kulturelle Schablonen gebunden sind, über die der Mensch keine Kontrolle hat, legen Foucaults Ausführungen nahe, daß die von der modernen Philosophie von Kant bis Sartre formulierten Konzepte von Schuld und Verantwortung grundlegend fehlgeleitet sind: »Alles, was als Wahrheit des Menschen formuliert wird, wird auf das Konto der Nichtzurechnungsfähigkeit [. . .] geschrieben.« Foucault sollte später in *Die Ordnung der Dinge* behaupten, daß die von Bataille und Blanchot erkundete Form der ›Erfahrung‹ eine »ursprüngliche[] Unschuld« durch »Wiederholung« offenlegt – ein Zeichen der »Endlichkeit« des Menschen, (»die in der Öffnung und dem Zwang dieser Endlichkeit gefangen ist«). [94]

Auch Nietzsche hatte in *Menschliches, Allzumenschliches* (erstmals 1878 veröffentlicht) die Hypothese aufgestellt, daß der Mensch die »notwendige Folge« eines kaum begreifbaren, komplexen Beziehungsgeflechts sei, das »aus den Elementen und Einflüssen vergangener und gegenwärtiger Dinge konkresziert« ist. Nietzsche zufolge ist der Charakter eines Menschen nicht unveränderlich: Die Fähigkeit zur Transzendenz, die er ›Wille zur Macht‹ nannte, versetzt das Individuum in die Lage, bis zu einem gewissen Grade immer wieder neu anfangen zu können. Trotzdem glaubte Nietzsche, daß »während der kurzen Lebensdauer eines Menschen die wirkenden Motive nicht tief genug ritzen können, um die aufgeprägten Schriftzüge vieler Jahrtausende zu zerstören«. Vieles von dem, ›was man ist‹, kann nicht verändert werden, wie sehr man es auch versuchen mag. Der Wille ist niemals völlig frei, da er in den Einlaßstellen und den Ketten der Geschichte verfangen bleibt. Nietzsche war der Meinung, daß das Individuum, betrachtet man es ohne die Scheuklappen traditioneller Moralphilosophie, »für nichts verantwortlich zu machen ist, weder für sein Wesen, noch seine Motive, noch seine Handlungen, noch seine Wirkungen«. Der Mensch, der von der Norm abweicht, betont Nietzsche, sei in besonderem Maße schuldlos, denn in solchen Fällen verwandle »unsre zahme, mittelmäßige, verschnittene Gesellschaft [. . .] de[n] starken Menschen« in einen »krankgemacht[en] Mensch[en]«. Schamgefühle haben keine Berechtigung. Schuld ist ein Phantasiegebilde der judäo-christlichen Tradition, eine lähmende Fiktion, tief in den Körper eingeschrieben und kodiert in den ›aufgeprägten Schriftzügen vieler Jahrtausende‹.[95]

Der ›ethische Gesichtspunkt‹, wie er sich in *Wahnsinn und Gesellschaft* Ausdruck verschafft, kann nun kurz zusammengefaßt werden:

– Es ist nicht unmoralisch, von ungewöhnlichen Phantasien und heftigen Impulsen erschüttert zu werden: Solche Grenz-Erfahrungen müssen sogar geschätzt werden, da sie Zugang zur verschlossenen, dionysischen Dimension des menschlichen Wesens gewähren.

– Es trifft den Menschen keine Schuld, sollten diese Impulse, nachdem ihnen Beschränkungen und Reglementierungen auferlegt wurden, verinnerlicht und verwandelt werden, wodurch möglicherweise neue, mörderische Impulse geschaffen werden. Die unsinnige und unbeständige Gestalt, die diese Impulse heute angenommen haben, ist ein Erbe jener Geschichte von Internierung und moralischer Schande, die auf den Seiten von *Wahnsinn und Gesellschaft* nacherzählt wird.

Der ›wahnsinnig‹ genannte Mensch ist unschuldig.

Schuld hat die *Gesellschaft*.

Und, so fügt Foucault hinzu, jedes moderne *œuvre*, das seine Entstehung der Beschäftigung mit dem *daimon* und dem Delirium verdankt, ist dafür verantwortlich, die Gesellschaft für ihre Verbrechen zur Rechenschaft zu ziehen.

Die Werke Sades, Hölderlins, Nervals, Nietzsches, van Goghs,

Roussels und Artauds, allesamt einsam, merkwürdig, fremdartig und den verzweifelten Versuch unternehmend, die animalischen Energien des Menschseins der Vergessenheit zu entreißen, lassen aus *Notwendigkeit* dem Toben grausamer und
morbider Phantasiegebilde freien Lauf, bevor sie in das Schweigen des Wahns verfallen oder den Freitod wählen. Darin besteht die Tragik dieser Werke, aber auch ihre furchterregende
Macht. »Durch den Wahnsinn, der sie unterbricht«, halten diese ›Grenz-Werke‹ die Möglichkeit der ›Grenz-Erfahrung‹ aufrecht, zumindest für all jene, die aufmerksam Kontakt mit ihnen suchen. Dadurch, behauptet Foucault, wird »eine Leere,
ein Augenblick des Schweigens, eine Frage ohne Antwort, [. . .]
ein Zwist ohne Versöhnung« allgemeiner Einsichtnahme zugänglich und »der Welt ihre Schuld bewußt gemacht«.[96]
»Hinterlist und erneuter Triumph des Wahnsinns!«, schließt
Foucault bravourös: Jetzt muß »die Welt, die glaubte, den
Wahnsinn mittels der Psychiatrie beurteilen und richten zu
dürfen, sich selbst vor dem Wahnsinn rechtfertigen«. Und
nichts in unsrer sanften, zivilisierten Welt menschlicher Tugenden »versichert der Welt in solchen Werken, daß sie gerechtfertigt ist«, auch das nicht, »was sie vom Wahnsinn« durch Leben und Werk gepeinigter Eingeweihter »wissen kann«.[97]

Foucaults eigenes Werk des Wahnsinns mit seiner merkwürdigen Fracht tragischer Helden stellte sich erstmals 1961 dem
prüfenden Auge der Öffentlichkeit. Es wurde zunächst nicht,
wie Foucault gehofft hatte, von Gallimard veröffentlicht, sondern von Plon, dem Verlag, der die Arbeiten des Anthropologen Claude Lévi-Strauss herausbrachte. Es ist klar, daß Foucault
mit seinem Buch dem Ghetto akademischer Publikationen entfliehen wollte: Er lehnte ein Angebot der *Presses Universitaires
de France* ab und zog vor, in die Fußstapfen Lévi-Strauss' zu treten, einem Gelehrten, dem es wie Sartre gelungen war, ein brei-
tes Publikum zu erreichen. (In diesem Sinne kürzte Foucault
sein Werk 1964 drastisch, um eine Taschenbuch-Ausgabe für
den Massenmarkt zu ermöglichen).[98]

In vieler Hinsicht hatte Foucaults Text beneidenswerten Erfolg. Kurz nach seiner Veröffentlichung pries Maurice Blanchot das Buch in der *Nouvelle Revue Française*: Blanchot erkannte einen verwandten Geist, dem er höchstes Lob zollte, indem er Foucaults Behandlung der ›Grenz-Erfahrung‹ mit der seines alten Freundes Georges Bataille verglich. In einer anderen Rezension wies der junge Philosoph Michel Serres voller Bewunderung auf Ähnlichkeiten mit Nietzsches *Geburt der Tragödie* hin. Und Roland Barthes, zu dieser Zeit bereits ein gewichtiger Kritiker, spendete Foucaults ›strukturaler‹ Methode Beifall (obwohl er einwandte, daß ein »formalistischerer Kopf« einige der Entdeckungen Foucaults »besser ausgenutzt haben könnte«). Der Philosoph Gaston Bachelard und der Historiker Fernand Braudel sangen ebenfalls Lobeshymnen.[99]
Doch das Lob seiner Kollegen reichte Foucault nicht, denn er hatte höhere Ambitionen. Seinem Buch gelang es zunächst nicht, das Publikum anzusprechen, das von *Das Sein und das Nichts* erreicht worden war. Die Autorität Sartres blieb unangefochten, die Vorherrschaft seines moralisierenden Humanismus ungebrochen.

In der Zwischenzeit hatten einige junge Denker bereits damit begonnen, Foucault selbst zur Zielscheibe zu machen – ein sicheres Anzeichen dafür, daß sein Ansehen, wenn auch langsam, wuchs. Am 4. März 1963 fand eine Konferenz an der *Sorbonne* statt, an der ein junger aufstrebender Philosoph mit dem Namen Jacques Derrida teilnahm. Sein Vortrag unter dem Titel ›*Das Cogito* und die Geschichte des Wahnsinns‹ war eine scharfe Kritik an *Wahnsinn und Gesellschaft*.[100]
Derrida war vier Jahre jünger als Foucault, und Anfang der fünfziger Jahre hatte er an dessen Psychologiekursen an der *École Normale* teilgenommen. Wie Foucault hatte er sich in das Denken des späten Heidegger versenkt und war an einer Auslotung des ›Ungedachten‹ interessiert; wie sein älterer Lehrer kannte er genau die Werke Artauds, Batailles und vor allem Blanchots, der Derrida ein Modell dafür geliefert hatte, wie Literatur an-

zugehen sei. Abgesehen von solchen Übereinstimmungen hatte Derrida einen traditionelleren Studiengang verfolgt und sich die Werke der kanonischen Philosophen angeeignet, wobei er ein seltenes Talent für die genaue Lektüre selbst der schwierigsten und abschreckendsten theoretischen Gedankengänge an den Tag gelegt und den literarischen wie logischen Aspekten eines Werkes besondere Aufmerksamkeit geschenkt hatte. Im Gegensatz zu vielen anderen bereitete es ihm keine Schwierigkeit, den Drehungen und Wendungen von Foucaults verschlüsseltem Text zu folgen.[101]

Als Derrida sich mit *Wahnsinn und Gesellschaft* beschäftigte, war er gerade dabei, seinen eigenen außergewöhnlichen Ton zu kultivieren. Indem er die Suche nach Zweideutigkeiten und Widersprüchen in den Rang eines literarischen Dramas erhob, behandelte er die Kunst des philosophischen Kommentars in vielerlei Hinsicht so, wie Foucault die Geschichte des Wahnsinns angegangen war: als einen apokalyptischen und atemberaubend radikalen Bruch »mit der konstituierten Normalität«. Bei seiner Beschäftigung mit Plato und Rousseau suchte Derrida nach Unstimmigkeiten und deckte jene Scheinheiligkeit auf, die er als symptomatisch für die Ambiguitäten in Sprache und Denken ansah. Bei Denkern, die wie zum Beispiel Heidegger vorgaben, sich von der Metaphysik befreit zu haben, suchte er nach uneingestandenen metaphysischen Restbeständen; bei den klassischen Rationalisten suchte er dagegen nach zerstörerischen, weil uneingestandenen Beziehungen zu Phantasie und Metapher.[102]

Seine Vorgehensweise während seines Vortrags an der *Sorbonne* war kennzeichnend. Er attackierte Foucault an zwei verschiedenen Fronten. Wie für ihn typisch wurde, setzte er an einem Abschnitt ein, der auf den ersten Blick für die Argumentation nebensächlich erscheint: an Foucaults kurzer und beiläufiger Interpretation einer kurzen Passage aus Descartes' *Meditationen über die Grundlagen der Philosophie*. In einer einschüchternden, ja herablassenden Zurschaustellung interpretatorischer Spitzfindigkeit bezweifelte Derrida Foucaults Auslegung dieses Abschnitts und nannte dessen Interpretation ›naiv‹.[103]

Derridas zweiter Angriff war breiter angelegt und interessanter. Indem er (wie Michel Serres) auf die Übereinstimmung zwischen Foucaults Darstellung der Funktion, die dem Wahnsinn während der Renaissance zugewiesen worden war, und Nietzsches Einschätzung der Faszination des Dionysischen für das klassische Griechenland hinwies, stellte Derrida die »historisch-philosophische Motivation« hinter diesen offensichtlich mythischen Zugängen zur Geschichte in Frage: »Wenn man die Geschichte der Entscheidung, der Trennung, des Unterschieds schreiben will«, sagte Derrida, »riskiert man, die Teilung als Ereignis oder als Struktur, die der Einheit einer ursprünglichen Präsenz begegnet, zu konstituieren und so die Metaphysik in ihrem fundamentalen Tun zu bekräftigen.«[104]

Das war eine Kampfansage. Einen französischen Philosophen der Avantgarde in diesen Jahren der ›Metaphysik‹ zu bezichtigen, war ungefähr so, als ob man einen kommunistischen Intellektuellen einen ›Revisionisten‹ genannt hätte – eine erniedrigend mechanische Geste der Verachtung.

Doch Derrida ging sogar weiter und stellte eine Reihe noch aufreizenderer Fragen: Wenn Foucault unfähig ist, dem metaphysischen Denken zu entkommen, wie sollte er dann, fragte Derrida, dazu in der Lage sein, das Lob der Torheit zu singen, ohne sie zu verstümmeln? Damit wiederholte er genau den Vorwurf, den Foucault Erasmus gemacht hatte: »In diesem Sinne bin ich versucht«, schreibt Derrida mit der unverhohlenen Freude des geschulten Disputanten, der zum Rundumschlag ausholt, »das Buch Foucaults als eine mächtige Schutzgeste und als Geste des Einschließens zu betrachten« – vielleicht, fügte er triumphierend hinzu, eine Geste, die »mit der *eingestandenen* Furcht, wahnsinnig zu werden«, geschrieben wurde.[105]

Foucault, der während Derridas Vortrags anwesend war, kannte diese Art zeremonieller Gefechte nur zu gut, gehörten doch ritualisierte Debatten zur Ausbildung an der *École Normale*. Wie er gewußt haben muß, war Derridas Vortrag eine blendende und ihn schädigende Vorstellung. Sein alter Schüler wollte immer mehr Blut. Das Scharmützel über Descartes mag letzt-

endlich unwichtig gewesen sein, doch Derridas Bemerkung
über »die Furcht, wahnsinnig zu werden«, war alles andere als
das. Jahre später bestätigte Gilles Deleuze, der Foucault wahrscheinlich so gut wie nur wenige andere kannte, Derridas Formulierung, indem er behauptete, daß Foucault das Studium der
Geschichte als »ein Mittel« dazu benutzt habe, »nicht wahnsinnig zu werden«.[106]
Derridas Kritik war also keinesfalls oberflächlich: Im Grunde
war sie scharfsichtig, tiefgründig und auf brutale Weise persönlich. Welche Antwort sollte Foucault geben?
Während des Vortrags an der *Sorbonne* sagte er nichts. Er hörte
stumm zu und behielt die Ruhe, was wahrscheinlich auch gut so
war, denn sein ungestümes Temperament war, wenn man ihn
provozierte, legendär.[107]
Später veröffentlichte Derrida seinen Vortrag, zuerst in der
Zeitschrift *Revue de métaphysique et de morale* und dann in seiner 1967 publizierten Aufsatzsammlung *Die Schrift und die Differenz*, die gleichzeitig mit seinem ersten wichtigen Buch,
Grammatologie, erschien. Zu diesem Zeitpunkt war Foucault
dank des großen Erfolges von *Die Ordnung der Dinge* (1966
erstmals erschienen) in Frankreich zu einem bedeutenden Intellektuellen geworden. Als jedoch Derridas Bücher ähnliche
Lobeshymnen ernteten, als also der jüngere Mann als potentiel-
ler Rivale ernstgenommen werden mußte, entschied sich Foucault, sein langes Schweigen zu beenden.

Seine Antwort war auf charakteristische Weise vielschichtig. In
einem taktischen Rückzug verbat er die Wiederveröffentli-
chung des Vorworts der ersten Ausgabe von *Wahnsinn und Gesellschaft*. Er verfaßte sogar ein methodologisches *mea culpa*,
indem er 1969 erklärte, daß *Wahnsinn und Gesellschaft* dem,
»was darin als eine ›Erfahrung‹ bezeichnet wurde, [. . .] einen
viel zu beträchtlichen und übrigens ziemlich rätselhaften Teil«
eingeräumt habe. Er müsse in der Rückschau feststellen, daß er
nicht wirklich habe »rekonstruieren« können, »was der Wahnsinn selbst gewesen sein konnte, so wie er sich vielleicht zuerst

in einer ursprünglichen, fundamentalen, dumpfen, kaum artiku-
lierten Erfahrung gegeben hat [. . .]«.[108]
Obwohl keineswegs offensichtlich ist, daß *Wahnsinn und Gesellschaft* tatsächlich einer solch naiven Ansicht von der Möglichkeit erliegt, Wahnsinn als Ding-an-sich zu begreifen, sah
Foucault nicht ein, warum er sich beschuldigen lassen sollte,
einen solch elementaren philosophischen Schnitzer begangen
zu haben.
Sein nächster Schritt war, eine wütende Antwort an Derrida ab-
zufassen, eine Polemik, die das Bösartigste darstellt, was er je
geschrieben hat. Indem er die vielsagendsten und persönlich-
sten der Angriffe Derridas ignorierte, konzentrierte er sich
stattdessen auf ihre Meinungsverschiedenheit bezüglich Descartes. Er bediente sich dabei einer Methode seines Gegners
und versuchte, Derrida mit seinen eigenen Waffen zu schlagen.
Er zeigte auf, wie eine genaue Lektüre des Descartschen Textes
Derridas eigene interpretatorische Vorgaben unterlief. »Was
bei der Diskussion auf dem Spiel steht, wird klar angezeigt«, behauptet Foucault: »Gibt es etwas, das dem philosophischen
Diskurs vorläufig oder ihm äußerlich ist?« Als ob er auf seine
eigene rhetorische Frage eine Antwort gäbe, betont Foucault
Descartes' Gebrauch der lateinischen Begriffe *demens* und
amens, »Begriffe, die zunächst juristisch waren, bevor sie medi-
zinisch wurden, und die auf eine ganze Kategorie von Menschen angewandt wurden, die bestimmter religiöser, bürger-
licher oder juristischer Handlungen unfähig waren«. Indem er
sich engstirnig auf »Zeichen« und »die Wahrheit von Ideen«
konzentriere, verfehle Derrida, behauptet Foucault, den weiteren historischen Zusammenhang, in dem Descartes' Gebrauch
eines Begriffes wie *demens* stehe.[109]
»Ich behaupte nicht, daß dies Metaphysik ist«, schließt Foucault, indem er höhnisch das von Derrida benutzte Heidegger-
sche Schimpfwort gebraucht: »Ich gehe noch viel weiter: Ich
behaupte, was hier sichtbar wird, ist eine historisch gut geregelte kleine Pädagogik [. . .]. Eine Pädagogik, die [. . .] der Stimme
des Meisters grenzenlose Herrschaft gibt, die es ihm erlaubt,
den Text zu wiederholen, so oft er will.«[110]

Nach dieser Kabbelei sprachen Derrida und Foucault jahrelang nicht mehr miteinander. Schließlich versöhnten sie sich jedoch 1981 wieder miteinander, nachdem Foucault über seinen Schatten gesprungen war und den jüngeren Mann verteidigt hatte, als er in Prag unter der offenbar erfundenen Anschuldigung, im Besitz von Marihuana zu sein, verhaftet worden war.[111]

Aber die Geschichte ist damit noch nicht ganz zu Ende. Foucaults Selbstkritik an *Wahnsinn und Gesellschaft* ist nicht so eindeutig, wie es den Anschein hat. Eigentlich ist sie, wie Gilles Deleuze feststellt, zum großen Teil »geheuchelt«.[112]
Foucault hatte schließlich in diesen Jahren ausdrücklich aufs neue gefordert, wenn auch mit leiser Stimme, daß »man [. . .] das Bemühen, den Text von diesen ›prädiskursiven‹ Erfahrungen zu entsanden und zu befreien, nicht von Anfang an [ausschließen sollte]«, genau die besondere Art von ›Erfahrung‹ also, die im Mittelpunkt des Werkes von Bataille, Blanchot und Foucault selbst steht. Er hat nie den Traum aufgegeben, ein œuvre im starken Sinne Blanchots zu schaffen. Überall in seinem Werk hinterläßt er Spuren seiner Beschäftigung mit dem Tod und unternimmt stillschweigend den Versuch, sich selbst und die Welt, die er mit seinen Lesern teilt, zu begreifen und zu verändern.[113]
Aus diesem Grunde nahm Foucault 1972 nicht nur seine Abrechnung mit Derrida in den Anhang zur zweiten Ausgabe von *Wahnsinn und Gesellschaft* auf, sondern auch einen Aufsatz mit dem Titel ›Der Wahnsinn, das abwesende Werk‹. In diesem Essay wiederholte er mit vorsichtigeren Worten die wichtigsten Behauptungen seines ursprünglichen Vorworts. Gleichzeitig bot er einen seltenen Einblick in sein eigenes »utopisches Verständnis des Lebens und der Materie«, wie Artaud einmal sagte.
»Vielleicht wird man eines Tages nicht mehr recht wissen, was Wahnsinn gewesen sein mag«, erklärt Foucault. Und an diesem Tag wird »Artaud auf dem Boden unserer Sprache stehen und nicht den Bruch mit ihr bedeuten«.[114]

Wenn Artauds besessene Kreativität einmal zum Schlüssel für das Rätsel des Menschseins und nicht mehr zur Bedrohung, die irgendwie unter Verschluß gehalten werden muß, geworden sein wird, dann wird »all das, was wir heute als Grenze, Fremdheit, Unerträglichkeit empfinden« – von den ungezähmtesten Impulsen bis zu den stürmischsten Phantasien –, auf irgendeine Art und Weise, spekuliert Foucault, »die Leidenschaftslosigkeit des Positiven« erreicht haben«. Sollte dies geschehen, könnte das, was jetzt als »außerhalb« stehend angesehen wird – Traum, Rausch, das ungezügelte Streben nach Sinnesfreuden –, »uns selbst bezeichnen«. [115]

Hinter diesen Worten lauert ein verborgener Traum: Vielleicht hätte sich in einer anderen Welt, einer Welt ohne den Teufelskreis aus Überschreitung und Schuld, der Dichter, der in jener Nacht des Jahres 1947 auf der Bühne stand, nicht wie ein ertrinkender Mann aufgeführt. Vielleicht hätte er seine drängendsten Impulse nicht als grausam, gewalttätig, unsinnig selbstzerstörerisch empfunden. Vielleicht hätte er nicht mehr länger an dem gelitten, was er war.

Was für ein Gefühl wäre es, in einer solchen Welt zu leben? Michel Foucault lebte wie Antonin Artaud nicht lange genug, um dies herauszufinden.

5

Im Labyrinth

In dem Jahrzehnt, das auf *Wahnsinn und Gesellschaft* folgte, ging Michel Foucault daran, sich selbst vorsätzlich ›auszutilgen‹ und Zeichen seiner eigenen, einmaligen Existenz aus den von ihm verfaßten Texten zu verbannen. »Man frage mich nicht, wer ich bin, und man sage mir nicht, ich solle der gleiche bleiben«, schrieb er in einer gefeierten Passage in *Archäologie des Wissens* (1969), in der sich eines der schwierigsten Rätsel der Arbeiten aus dieser Zeit resümiert findet: »Mehr als einer schreibt wahrscheinlich wie ich und hat schließlich kein Gesicht mehr.«[1]

Um dieser, wie Foucault wußte, paradoxen Aufgabe gerecht zu werden, da der Akt des Schreibens notgedrungen bedeutet, sich auszudrücken und bloßzulegen, kultivierte er in seinen größeren historischen Arbeiten eine spröde Sprache und schuf mit »erbitterter [. . .] Gelehrsamkeit«, die immer »grauer, sorgfältiger und ergeben dokumentarisch« wurde, das, was Nietzsche einmal »Zyklopen-Bauten« genannt hatte. Indem er Studien über die Vergangenheit aus »kleinen unscheinbaren Wahrheiten« zusammenstellte, unterzog er all das der Prüfung, »was die Existenz mit Farbe versieht«, wobei er sämtliche Bereiche vom sanften »Maulwurfsblick des Gelehrten« bis zur schattenhaften Domäne von »Gewalt, Leben und Tod, Verlangen, Sexualität« inspizierte. Seine Neugier war dabei so unersättlich wie die einäugigen Ungeheuer, von denen man einst annahm, daß sie die Grenzen der antiken Welt Griechenlands heimsuchten.[2]

Er legte seinen angekündigten Plan beiseite, eine Reihe von historischen Untersuchungen zum Thema ›Grenz-Erfahrung‹ zu

179

schreiben, und wandte sich stattdessen einer genauen Analyse
der »grundlegenden Kodes« der westlichen Zivilisation zu.
Das Problem der Sprache beherrschte ihn. Sie schien ihm
»überall« zu sein, wie er in einem ungewöhnlich offenen Interview 1967 erklärte: »Sie überlebt, indem sie ihren Blick von
uns abwendet.« Die Logik ihres Sinnes jedoch entflieht uns:
Die Bedeutungen, die wir zu entschlüsseln versuchen, entglei-
ten uns fortwährend, wobei sie »ihr Antlitz einer Nacht zu-
kehrt, von der wir nichts wissen«. In einem seltenen Moment
persönlicher Offenbarung vertraute er seinem Gesprächspartner folgendes an: »Seit meiner Kindheit verfolgt mich ein Alptraum: Vor meinen Augen habe ich einen Text, den ich nicht lesen kann oder von dem ich nur einen Bruchteil entziffern kann;
ich tue so, als ob ich ihn lesen würde, ich weiß, daß ich ihn mir
ausdenke; dann plötzlich verwirrt sich der Text völlig, ich kann
nichts mehr lesen oder auch nur ausdenken, mein Hals schnürt
sich zu, und ich erwache.« [3]
Als ob er unter Beweis stellen wollte, daß er jenen Bereich unter Kontrolle habe, den er nur in der Form der Qual und der
Rätselhaftigkeit erfahren konnte, zeigte Foucault in diesen Jahren, daß er dazu in der Lage war, medizinische, botanische und
ökonomische Fachtexte mit scheinbar kühler Objektivität zu
entziffern. Die Lehrsätze und Phrasen des wissenschaftlichen
Diskurses zerlegte er in »Ereignisse und funktionale Segmen-
te«, vorgeblich um das »System« des Wissens aufzudecken,
aber auch um aus den entstellten Fragmenten merkwürdige
und unglaubwürdige neue Berichte zu formen, die, wie er sich
einmal ausdrückte, eine Art »neuer Entropie des Wissens«
schufen. [4]
In *Die Geburt der Klinik* (1963) untersuchte er auf dem Wege
einer Beschreibung der Geschichte der Medizin vom Beginn
des achtzehnten bis zum frühen neunzehnten Jahrhundert die
unterschiedlichen Weisen, in denen sich die westliche Welt
einen Begriff von Krankheit und Tod gemacht hatte. In *Die Ordnung der Dinge* (1966), seinem schwierigsten Buch und sicherlich seinem umständlichsten Versuch der Selbst-Tilgung,
versuchte er durch eine vergleichende Geschichte der Wissen-

schaften vom Leben, von der Sprache und der Ökonomie von der Renaissance bis in unsere heutige Zeit aufzuzeigen, wie »Erkenntnisse und Theorien möglich gewesen sind« und wie das augenscheinlich sichere Fundament des Wissens in den modernen Humanwissenschaften »von neuem unter unseren Schritten in Unruhe« gerät.[5]

Foucault läuterte seinen Stil in diesen Arbeiten zu einem, wie sich sein Freund Gilles Deleuze einmal ausdrückte, »seltsame[n], seinerseits poetische[n] Positivismus«, und seine hermetische Abstraktheit erreichte einen neuen Gipfel. Er verwendete eine verwirrende Vielzahl von Neuschöpfungen wie »Episteme«, »Diskurs-Formationen«, »Äußerungsmodalitäten«, allesamt Begriffe, die an Strenge, analytische Präzision, scholastische Genauigkeit gemahnen. Jedoch kehrte sein Denken in diesen Jahren immer wieder, wie Deleuze damals feststellte, zum ›Subjekt‹, zum Menschen, sogar (stillschweigend) zu der Idee des Selbst zurück, dabei das sich in Foucaults Alptraum offenbarende imaginative Universum heraufbeschwörend, jene Welt, in der sich uns die Logik der Dinge für immer entzieht, und zwar von den Worten, die wir sagen, bis zu den Geschichten, die uns in der Kindheit erzählt werden. Wir sind dazu aufgefordert, die Dinge zu erklären, aber auch, sie zu erfinden, zu erweitern, unserer Phantasie freien Lauf zu lassen, wobei wir uns endlos darum bemühen, die Stille und ein Schicksal von uns abzuwenden, das wie ein Erstickungstod auf uns lauert.[6]

In einer Reihe von Interviews und in der methodologischen Abhandlung mit dem Titel *Archäologie des Wissens* bemühte sich Foucault, die Besonderheiten seines neuartigen Ansatzes darzulegen und behauptete, daß er, zumindest in seinen historiographischen Arbeiten, vernunftmäßigen methodischen Grundsätzen folge. Gleichzeitig legte er unausgesprochen in einer Reihe von Aufsätzen zur Literatur einen anderen Weg nahe, sich seinem Werk zu nähern – und zwar als einer ungewöhnlichen neuen Art von Fiktion. Wie Theseus verlor sich der Leser oft in einem Irrgarten aus Weggabelungen und sah sich gezwungen, seinem Gespür zu folgen, unsicher, welcher Weg der richtige sei.

Je verwirrender das Werk wurde, desto mehr Leser fand es. Foucault hegte schon seit langem den Ehrgeiz, ein Werk zu schaffen, das über die Grenzen des akademischen Bereichs hinaus Wirkung zeigen und den Nerv der breiten Öffentlichkeit Sartres treffen sollte. Und als *Die Ordnung der Dinge* im Frühjahr 1966 erstmals in Frankreich erschien, wurde das Buch dann auch zum Bestseller.

Obwohl Foucault nicht damit gerechnet hatte, kam sein öffentlicher Triumph nicht völlig überraschend. Ausgerechnet der Schwierigkeitsgrad seiner Prosa erwies sich als eine der wichtigsten Zutaten zu seinem Erfolg. Wie Foucault später zugab, war sein Stil in diesen Jahren zum Teil auf ein sorgfältig ausgearbeitetes ›Spiel‹ zurückzuführen und diente als Illustration und Verkörperung des darüber hinausgehenden philosophischen Anspruchs, daß die Wahrheit selbst eine Art von *jeu*, Spiel, sei. Die Bedeutung von Foucaults eigenen, merkwürdigen Behauptungen über die ›Wahrheit‹ zu enträtseln, wurde zu einem beliebten Gesellschaftsspiel in den Pariser Salons. *Die Ordnung der Dinge*, demonstrativ neben kunsthistorischen Bildbänden in den Privatbibliotheken der Pariser Bildungsbürger zur Schau gestellt, wurde zum literarischen Äquivalent jener planvoll zurechtgeschnittenen Labyrinthe, die vormals Aristokraten in ihren Ziergärten stolz angelegt hatten. (Zwei Jahrzehnte später sollte Umberto Ecos *Der Name der Rose* eine ähnliche Rolle in den Vereinigten Staaten zukommen.)[7]

Gleichzeitig lauerte in dieser Sprache noch immer, wenn auch tiefer verborgen als zuvor, die Verheißung einer luziferischen Revolte. Abgesehen von den vielgestaltigen und verwirrenden Zügen seiner Schriften klangen während dieser Jahre in allen Arbeiten Foucaults, von den literarischen Essays bis zu den tiefgründigen historischen Studien, bestimmte Themen mit enthüllender Häufigkeit an: Immer wieder wurden das Böse, der Wahnsinn und der Tod als stummer Widerhall jener Art der ›Grenz-Erfahrung‹ heraufbeschworen, deren Lobgesang er in *Wahnsinn und Gesellschaft* gesungen hatte – eine Mahnung an den persönlichen Einsatz Foucaults bei seiner eigenen ›großen nietzscheanischen Suche‹.

Im Herbst 1960 kehrte Foucault nach Frankreich zurück, um Professor für Psychologie an der Universität von Clermont-Ferrand zu werden. Alte Freunde, die ihn während der sechs Jahre, die er in Schweden, Polen und Deutschland verbracht hatte, nicht gesehen hatten, waren erstaunt, wie sehr er sich verändert hatte. Er war jetzt selbstsicher und lebhaft und schien im großen und ganzen mit der Welt im Einvernehmen zu leben – der gequälte junge Mann, der sich und seine Klassenkameraden an der *École Normale* aus der Fassung gebracht hatte, war nicht wiederzuerkennen.[8]

Da sein akademisches Ansehen seit dem Erfolg von *Wahnsinn und Gesellschaft* 1961 gesichert war, schien er nun eine von außen betrachtet mehr oder weniger konventionelle akademische Karriere zu verfolgen. Während der nächsten sechs Jahre verbrachte er wöchentlich einen Tag in Clermont-Ferrand, der provinziellen Hauptstadt der Auvergne, während er weiterhin im sechs Zugstunden entfernten Paris seinen Hauptwohnsitz führte. In diesen Jahren veröffentlichte er Artikel in akademischen Zeitschriften, hielt Kontakt zu alten Förderern wie Jean Beaufret und Jean Hyppolite und schloß neue Freundschaften, zum Beispiel mit Georges Canguilhem. Trotz seines wachsenden akademischen Rufes und eines neugewonnenen Flairs für auffällige Äußerlichkeiten – anstelle von Anzug und Krawatte bevorzugte er weiße Rollkragen-Pullover, schwarze Kordjacken und gelegentlich sah man ihn mit einem grünen Wollumhang – blieb er in vieler Hinsicht weiter jemand, der mit Vorsicht zu genießen war. Er brauste schnell auf und war oft schwer zu durchschauen. Außerdem verfolgten ihn weiterhin Gerüchte bezüglich seiner Vergangenheit und seiner Homosexualität, die seinen Aufstieg auf der akademischen Karriereleiter erschwerten. Dessen ungeachtet betrachtete man ihn 1965 als eine Autorität von so großem intellektuellem Gewicht, daß man ihn für würdig hielt, im französischen Fernsehen aufzutreten und gemeinsam mit Hyppolite, Canguilhem und dem Phänomenologen Paul Ricœur das Problem der ›Wahrheit‹ zu diskutieren.[9]

Gleichzeitig knüpfte Foucault neue Verbindungen mit der Pariser Literatur-Szene. 1962 wurde er Redaktionsmitglied der von Bataille gegründeten Zeitschrift *Critique*; er freundete sich mit den Herausgebern der neuen literarischen Vierteljahresschrift *Tel Quel* an und publizierte eine Reihe von glänzenden Essays zu einigen seiner Lieblingsschriftsteller: Bataille, Blanchot, Hölderlin, Roussel, dem gelehrten Pornographen Pierre Klossowski, und – *last but not least* – Alain Robbe-Grillet, dem Apostel des *Nouveau Roman*, der in diesen Jahren ein Prüfstein für Foucaults Denken war.[10]

»Der Mensch, ein Fremder in der Welt, ist sich selbst fremd«, erklärte Robbe-Grillet einmal in Worten, die auch auf Foucault zutreffen. »Literatur ist nicht zur Unterhaltung da. Sie ist eine Suche«, eine phantasievolle Reise der Selbst-Erfindung und Selbst-Entdeckung.[11]
Robbe-Grillet hatte seine eigene künstlerische Suche in den frühen fünfziger Jahren unter dem Einfluß der kargen Sprache Becketts, der handlungslosen *récits* Blanchots und der Spätphilosophie Heideggers begonnen. In seinen Romanen *Ein Tag zuviel* (1953), *Der Augenzeuge* (1955), *Die Jalousie oder die Eifersucht* (1957) und *Die Niederlage von Reichenfels* (1959) hatte er einen knappen neuartigen Schreibstil entwickelt, den er selbst *Nouveau Roman* nannte. Im Drehbuch für den Film *Letztes Jahr in Marienbad* (1961) eröffnete er dem internationalen Kinopublikum eine ähnliche Vision. Und in einer Reihe polemischer Essays erklärte und verteidigte er seine Techniken.[12]
Wie vielleicht keinem anderen Franzosen seiner Generation gebührt Robbe-Grillet die Ehre (oder Schuld), dem Humanismus und den alten ›Mythen‹ der Subjektivität und der psychologischen Tiefe jegliche Legitimation entzogen zu haben. In einem 1957 veröffentlichten Aufsatz argumentierte er, daß die Menschheit der Neuzeit unter die Fuchtel der Bürokratie und der »Verwaltungsnummer« geraten sei und daß der Romancier, wolle er seine Zeit begreifen, gut daran täte, eine Anzahl obsolet gewordener Vorstellungen über Bord zu werfen: zum Bei-

spiel, daß der Charakter eines Menschen von Bedeutung sei; daß es ein nützliches und erhebendes Unternehmen sei, Geschichten über solche Charaktere zu erzählen; daß die eigenen politischen und moralischen Überzeugungen die Rolle spielten, die Sartre unterstellt hatte. Ein »echter Schriftsteller« könne unter Umständen, so meinte Robbe-Grillet, »nichts zu sagen haben«. Doch sei's drum, könne er doch immerhin, falls er doch noch etwas zu sagen habe, dies so gut tun, wie es ihm seine Mittel erlaubten, und zwar mit einer Stimme, die dadurch unmißverständlich zu seiner eigenen werde, daß er »eine Art des Sprechens« entwickle, »die vom Nichts, vom Staub, ausgeht [. . .]«.[13]

Robbe-Grillet praktizierte, was er predigte, und verfaßte seine Romane in einem einzigartigen Stil von gewollter Apathie, welche die Tröstungen erzählerischer Dramatik verschmähte, die naturalistischen Konventionen psychologischer Portraitzeichnung ignorierte und stattdessen einen unbeugsamen Ton entwickelte, der jeder subjektiven Bezugnahme entleert schien, auch wenn die Personen, über die er schrieb, »stets«, wie er sagte, »in einem emotionalen Abenteuer von der obsessivsten Art in einem Maße verstrickt sind, daß es ihre Visionen entstellt und Phantasiegebilde hervorbringt, die dem Delirium nahestehen«.[14]

In gewisser Weise befreite Robbe-Grillet seine Romane von jeglicher ›Innerlichkeit‹, genau wie seine frühen Bewunderer von ihm verlangten. Trotz der entpersonalisierten Wirkung seines Schreibens sei doch jedes seiner Werke, wie er Jahre später zugab, aus der Qual und dem Tumult seines eigenen ›emotionalen Abenteuers‹ erwachsen: »Ich habe nie von etwas anderem gesprochen als von mir selbst, was deshab kaum bemerkt worden ist, weil mein Schreiben im Innern entsteht.« In seinen Erinnerungen unter dem Titel *Le miroir qui revient* (1984) erläuterte er, daß seine Eltern, böswillige Antisemiten, nach 1940 mehr als bereitwillig mit den Nazis kollaboriert hätten. Wie Foucault war auch Robbe-Grillet zur Zeit der deutschen Besatzung ein Jugendlicher, und wie Foucault wurde er von einem apokalyptischen Alptraum verfolgt. Von den frühen vierziger

Jahren an war Robbe-Grillet, wie er sich später erinnerte, von der Phantasievorstellung beherrscht, »widerwillig ins Zentrum eines unbekannten, schwankenden, irrationalen, flüssigen Universums gesogen zu werden, das dabei war, mich zu verschlingen; sein unaussprechliches Antlitz war gleichzeitig das des Todes und das des Begehrens«. Nach der Entdeckung der Konzentrationslager war Robbe-Grillet fassungslos. Die von seinen Eltern verkörperte faschistoide Forderung nach Ordnung hatte zum Völkermord geführt; seine eigenen Todesphantasien, so sah er jetzt ein, repräsentierten nichts anderes als eine weitere Form jener »tödlichen Versuchung«. Nach einem Weg suchend, diese Dämonen zu meistern, »zogen mich auf ziemlich natürliche Weise problematische Experimente mit Fiktion und ihren Widersprüchen zu der vielversprechenden Arena hin (ich betone nochmals, daß ich *heute* mein Abenteuer auf diese Weise betrachte), in der sich dieses beständige Ungleichgewicht ausleben konnte: der alles aufs Spiel setzende Kampf zwischen Ordnung und Freiheit, der unlösbare Konflikt zwischen rationalen Ordnungssystemen und Subversion, den man auch als Unordnung kennt«.[15]

»Ich schrieb Romane, um die Geister zu vertreiben, die ich gerufen hatte und die ich nicht loswerden konnte«, schrieb Robbe-Grillet und fügte hinzu, daß er jedes Buch als »ein Schlachtfeld und einen Marterpfahl« angegangen sei. »Anstatt vorzugehen, als ob der Text eine blinde Gerechtigkeit vertrete, die ein göttliches Gesetz befolge«, schrieb er 1984, sollte er »im Gegenteil die vielfältigen Möglichkeiten, mit denen er ringt, öffentlich bloßlegen und wahrheitsgetreu zur Darstellung bringen [. . .]. Deshalb die komplizierten Sequenzen, Abschweifungen, Schnitte und Wiederholungen, Aporien, Sackgassen, Perspektivwechsel, diversen Vertauschungen, Verlagerungen und Umkehrungen.« Indem er den Menschen als ein »leeres Zentrum« heraufbeschwört, kann der Schriftsteller peinlich genaue Inventare der Objekte aufstellen, die vor den Augen seiner fiebrigen Protagonisten aufblitzen. Die Annäherung seiner Erzähler an die Welt geschieht durch »Messen, Orten, Begrenzen und Definieren«. Sie gleichen darin Detektiven, die

einen Mord aufklären wollen, wobei das von ihm auf diese Weise herbeizitierte Universum sich als unheilvolle Faktizität erweist – eiskalt, unnachgiebig, verstörend.[16]
Dieser Stil war nach Foucaults Geschmack: »Die Bedeutung von Robbe-Grillets Werk«, erklärte er 1963, »kann an der Frage gemessen werden, die sein Werk an seine Zeitgenossen richtet.« Diese ›Frage‹, glaubte Foucault, schloß nichts weniger als die innere Struktur und die expressiven »Möglichkeiten der Sprache« ein. In der »souveränen und besessenen Sprache« Robbe-Grillets, führte er seinen Gedankengang zu Ende, »haben nicht wenige« – darunter sicherlich er selbst – »ihr Labyrinth gefunden«.[17]

Viele andere teilten Foucaults Begeisterung für Robbe-Grillet. 1960 wurde *Tel Quel* im Fahrtwind des *Nouveau Roman* gegründet. Der Herausgeber war Philippe Sollers, ein kaum zwanzigjähriger aufstrebender Schriftsteller und eingeschworener Libertin; der Kritiker und Essayist Roland Barthes, der in den fünfziger Jahren einer der standhaftesten Verfechter Robbe-Grillets gewesen war, fungierte als hauseigener Literaturtheoretiker. Wie Robbe-Grillet wollten die *Tel Quel* nahestehenden Kritiker und Schriftsteller, in Barthes' Worten, »*ein Dasein* (im Heideggerschen Sinne) der literarischen Sprache erreichen, eine Art Nullstelle des Schreibens (aber keine Unschuld)«. Wie Bataille, ein anderes ihrer Vorbilder, waren sie von Erotik und ›Grenz-Erfahrung‹ als Quellen kreativer Energie begeistert. Und wie Nietzsche glaubten sie an die rätselhafte Vorstellung der ›ewigen Wiederkehr‹ und leiteten den Namen der Zeitschrift von einem seiner Aphorismen ab, das als Motto der ersten Nummer vorangestellt wurde.[18]
Als sie die Übereinstimmung ihrer Interessen erkannten, begannen Foucault und Sollers eine kurze Zeit der Zusammenarbeit. Der junge Herausgeber war, wie sich ein Augenzeuge erinnert, »hochintelligent, verschwenderisch in seinen Ausgaben und mit einem feinen Gespür für alles Weibliche ausgestattet« – sowie ein Geschäftsmann erster Güte, der sich

unerschütterlich seinem eigenen ›Erfolgskult‹ verschrieben hatte. Sollers Verbindung mit Foucault war von kurzer Dauer: Sollers war zu gewandt und modebewußt, Foucault zu stachelig und schwierig. In Anbetracht des ziemlich leichtgewichtigen Nebeneinanders von Texten und Sinnesfreuden, die der Sollers-Kreis förderte, muß der unnachgiebige Charakter von Foucaults Hauptinteressen beunruhigend gewesen sein. In einem Jahre später veröffentlichten *roman à clef* zeichnet Julia Kristeva, eines der bekanntesten Mitglieder der *Tel Quel*-Gruppe (sie sollte Sollers schließlich heiraten), ein äußerst beunruhigendes Bild des Philosophen, indem sie ihn als den Hohen Priester eines gotteslästerlichen neuen Kultes darstellt, der um »die Anbetung des Todes« gegründet worden war. Dies war für Sollers und seine Freunde zuviel. All ihrem Gerede von einem erschütternden neuen Kunststil zum Trotz war das Ideal von *Tel Quel* in Literatur und Leben aristokratisch – das Miniaturbild machtvoller Gelüste, die mit »Geschmack und Toleranz« befriedigt wurden. In diesem Sinne versicherte Roland Barthes die Leser der Zeitschrift, daß »das Sadesche Universum allein das Universum seines Diskurses ist«. Der göttliche Marquis müsse daher »gemäß den Grundsätzen des Taktgefühls« gelesen werden. [19]
Foucault vertrat offensichtlich etwas andere Ansichten über das Wesen des ›Sadeschen Universums‹ und über viele andere Dinge. Es sollte allerdings einige Jahre dauern, bis derartige Unterschiede zu offenen Streitereien führten. Und 1963 lud Sollers, fasziniert von dem von *Wahnsinn und Gesellschaft* eröffneten ›Diskurs-Universum‹, Foucault dazu ein, mit Mitgliedern der *Tel Quel*-Gruppe eine ›Debatte über den Roman‹ zu führen.
In seinen einleitenden Bemerkungen zu dieser Diskussion skizzierte Foucault vielsagend, wie er die Belange von Philosophie und Kunst im *œuvre* von Schriftstellern wie Robbe-Grillet, Sollers und – unausgesprochen – ihm selbst zusammenfließen sah. »Eine Sache erstaunt mich«, bemerkte Foucault. »In den Romanen [von Robbe-Grillet und von Schriftstellern, die in Verbindung mit *Tel Quel* standen], die ich gelesen habe, gibt es eine Unzahl von Bezügen zu einer bestimmten Anzahl von Erfahrungen – wenn Sie mir gestatten, würde ich diese in Anfüh-

rungszeichen als ›geistige Erfahrungen‹ bezeichnen (obwohl das Wort ›geistig‹ natürlich nicht sehr passend ist) –, wie zum Beispiel Träume, Wahnsinn, Torheit, Wiederholung, Verdoppelung, das Fließen der Zeit, Wiederkehr, usw. Diese Erfahrungen ergeben eine wahrscheinlich sehr kohärente Konstellation. Mich verblüfft die Tatsache, daß man diese Konstellation in großen Zügen fast genauso bei den Surrealisten findet.«[20]
Nimmt man die offensichtliche Verwandtschaft des *Nouveau Roman* mit dem Surrealismus als gegeben hin, was, so fragte Foucault, sind dann die Unterschiede? Er stellt zwei dieser Unterschiede heraus: Erstens sei der Begriff der ›Erfahrung‹ (für Sollers und unausgesprochen für Foucault selbst) vom Zuständigkeitsbereich der Psychologie ausgeschlossen worden, in dem André Breton es unter dem Einfluß Freuds gelassen hatte. Erfahrung ist stattdessen zu einer Sache des ›Denkens‹ geworden. Foucault rechnet Bataille, Blanchot und Robbe-Grillet das Verdienst an, den Weg für diese neue, angemessen philosophische Wertschätzung der ›Erfahrung‹ gewiesen zu haben.[21]
Der zweite Hauptunterschied besteht Foucault zufolge darin, daß Sprache für die Surrealisten bloß ein Instrument, ein Mittel dazu war, Erfahrung darzustellen. Für die Schriftsteller von *Tel Quel* (und wieder implizit für ihn selbst) wird im Gegensatz dazu Sprache zu einem Ziel in sich selbst: »Das Buch« wird eine »Erfahrung«, die ihre eigene Daseinsberechtigung hat. Literatur vermittelt jetzt »ein Denken, das spricht«: Sie ist »denkendes Wort«.[22]

Wie diese Bemerkungen nahelegen, ist die oftmals vorgenommene Unterscheidung zwischen einer literarischen und einer philosophischen Dimension in Foucaults Werk aus dieser Zeit falsch. »Fiktion besteht nicht, weil die Sprache von den Dingen distanziert ist«, erklärte er in einem anderen 1963 veröffentlichten Aufsatz, in dem er vorsichtig die Reichweite von ›Fiktion‹ definiert: »Sprache *ist* die Distanz.« Es scheint, als ob Worte eine Art von diffusem und künstlichem »Licht« erschafften, das enthüllt, daß die Dinge existieren, und das uns gleichzeitig an die »Unzugänglichkeit« dieser Dinge jenseits der Sprache erinnert, an das »Simulakrum, das ihnen ihre einzige Präsenz gewährt«; außerdem gemahnt uns dieses ›Licht‹ daran, daß »die gesamte Sprache, anstatt diese Distanz zu vergessen, sowohl durch sie aufrechterhalten wird als auch sie wiederum aufrechterhält, und daß jede Sprache, die von dieser Distanz spricht, eine fiktive Sprache ist, indem sie sich auf sie zubewegt«. Wie Foucault betont, kann diese ›fiktive‹ Sprache seiner Definition gemäß unterschiedslos in »Prosatexten und Gedichten«, in »Romanen und philosophischen Texten« ins Spiel gebracht werden.[23]

Daß Foucault das Nebeneinander von Fiktion und ›philosophischen Texten‹ ernstnahm, belegt die gleichzeitige Veröffentlichung im Jahre 1963 von *Die Geburt der Klinik*, Foucaults Monographie über die moderne Medizin, und von *Raymond Roussel*, seiner Studie über den Poeten und Romancier.[24]

Auf den ersten Blick scheinen die beiden Bücher völlig unterschiedlich zu sein. Das eine ist ein historisches Werk und das andere ein Stück Literaturkritik; das eine empirisch, das andere offensichtlich imaginativ. Doch beide Werke handeln »vom Raum, von der Sprache und vom Tod«. Und durch die Analyse verschiedener »Spiele«, durch die »Dinge und Worte benannt und entzogen, verraten und maskiert werden«, beleuchten beide Bücher den »unermüdliche[n] Lauf durch den der Sprache und dem Sein gemeinsamen Bereich«.[25]

In *Die Geburt der Klinik* besteht das von Foucault untersuchte Sprachspiel aus den neuzeitlichen Lehren und Praktiken der modernen pathologischen Anatomie zur Topographie des menschlichen Körpers, der jetzt zum »Ursprungs- und Verteilungsraum« der Krankheit wird. Der wichtigste Begründer dieses neuen Verständnisses war Foucault zufolge Marie François Xavier Bichat (1771-1802). Indem er »für die Krankheit ein System von *analytischen Klassen*« aufstellte, zum Teil durch die Klassifikation von einundzwanzig verschiedenen Gewebearten von den Arterien bis zur Epidermis, verkündete Bichat ein neues »Entzifferungsprinzip für den leiblichen Raum«, das sowohl Körper als auch Krankheit in ein neues Licht tauchte.

Betrachtet man den Körper aus der Perspektive Bichats, hört Krankheit auf, eine fremdartige »pathologische Art« zu sein, »die sich in den Körper einfügt, wo das möglich ist; die Krankheit ist der krank gewordene Körper selber«. Foucault nennt diese Betrachtungsweise den Durchbruch zu »einem wissenschaftlichen Empirismus«. Er weigert sich jedoch, Bichats Theorie nur als »epistemologische Reinigungsprozesse« anzusehen und beschreibt sie stattdessen als eine völlige »syntaktische Reorganisation«. Foucault behauptet, daß es sich hierbei »nicht um dieselben nur etwas verbesserten Spielregeln, sondern um andere, um neue Spielregeln« handelt. Und es ist diesen neuen Regeln zu verdanken, daß »der Abgrund unter der Krankheit«, – nämlich beständig »[i]m Leben den Tod [zu] sehen«, »ans Licht der Sprache« treten kann. [26]

Roussels ›Sprachspiel‹ spiegelt, jedenfalls in Foucaults Darstellung, auf unheimliche Weise dasjenige Bichats. Wie der Wissenschaftler artikuliert der Künstler eine Sprache, in welcher der Tod zu einem positiven Phänomen wird, wobei ›positiv‹, wie Foucault sich einmal ausdrückt, »im vollen Sinn des Wortes« verstanden wird: In den Schriften beider Männer löst sich »die Krankheit [*la maladie*] von der Metaphysik des Übels [*du mal*], mit der sie jahrhundertelang verbunden war; und findet in der Sichtbarkeit des Todes die adäquate Form, in der ihr Gehalt positiv erscheint«. Wie Bichat bestätigt Roussel »im Leben den Tod«. Roussel erfuhr jedoch diese Anwesenheit nicht als objektive Tatsache, die durch geregelte Forschung zu begreifen sei, sondern vielmehr als eine irre Faszination: Roussel zeigte sich einmal erfreut und überrascht darüber, – nachdem er sich in der Badewanne die Pulsadern aufgeschnitten hatte –, »wie einfach es ist zu sterben«. Er starb in ähnlich verzückter Gemütsverfassung 1933 an einer Überdosis seiner bevorzugten Droge, einem Betäubungsmittel. [27]

Foucault vertritt die Ansicht, daß paradoxerweise der Künstler und nicht der Wissenschaftler am deutlichsten »das allgemeine Gesetz des ›*Spiels der Zeichen*‹, in dem sich unsere vernünftige Geschichte abspielt«, enthüllt habe. Der Gebrauch des Wortes ›Spiel‹ unterstreicht die Behauptung, die seit Wittgenstein geläufig ist, mit dessen Werk Foucault zumindest in groben Zügen vertraut war, nämlich daß die Sprache »Teil einer [menschlichen] Tätigkeit oder einer Lebensform ist«; ihre Regeln sind demnach nicht etwas Festgelegtes, ein für alle mal Gegebenes; neue Arten von ›Sprachspielen‹ – in der Wissenschaft, der Literatur, der Moralität – entstehen, während andere obsolet, nicht mehr angewandt und vergessen werden.[28]

Die Erfindung neuer ›Sprachspiele‹ war so etwas wie eine Manie Roussels, der seine außerordentlichen und oft finstern Phantasiegebilde mit dem trockenen Humor und der pseudowissenschaftlichen Detailbesessenheit eines Rube Goldberg ausarbeitete. Roussel, ein bombastisch exzentrischer Dramatiker, Dichter und Romancier sowie zeitweilig ein Patient des bekannten französischen Psychiaters Pierre Janet, unterwarf sich bei der Komposition seiner Gedichte und Romane einer Reihe willkürlicher, jedoch unumstößlicher Regeln. Er war von Wortspielen begeistert und baute seine Erzählungen mit Vorliebe um homophone Strukturen: Worte und ganze Sätze, die gleich klangen, aber völlig verschiedene Bedeutungen hatten. In seinen *Neuen Impressionen aus Afrika*, seinem meistgelesenen Gedicht, »beginnt jedes Canto ganz unschuldig«, wie ein Kritiker schrieb, »aber der Ablauf der Erzählung wird beständig von eingeschobenen Gedanken unterbrochen. Neue Worte suggerieren neue Gedanken; mitunter isolieren nicht weniger als fünf Einklammerungen [(((((())))))] einen Gedanken, der in dem ihn umgebenden Wortschwall wie das Zentrum eines chinesischen Puzzles vergraben liegt. Um den ersten Satz zu beenden, muß man zur letzten Zeile des Cantos springen, und durch beständiges Vor und Zurück ist man schließlich dazu in der Lage, das Gedicht zusammenzusetzen.«[29]

Trotz der anscheinend entpersonalisierten Strenge der verschiedenen Methoden Roussels ist sein gesamtes Werk voll von einer Bildlichkeit, die bloßlegt, daß es als Ganzes als eine Art unfreiwilliger und gespensterhafter Autobiographie betrachtet werden muß. Wie sein lebenslanger Freund Michel Leiris betont, handelt jedes seiner Werke von »tiefliegenden Gefühlsschichten, was von der unübersehbaren Häufigkeit bestimmter Themen in seinem Gesamtwerk bezeugt wird: Kontrolle über das Universum oder die Vereinigung des Mikrokosmos mit dem Makrokosmos, Ekstase, Paradies, verborgene Schätze, Todesverfallenheit, Rätsel, fetischistische und sadomasochistische Themenkomplexe usw.« Unter »dem systematisch gesteuerten Zufall«, der Roussels Werk durchzieht, fand auch Foucault »die Furcht vor dem Signifikanten«, vor allem in der unendlich erzählten »Wiederholung des Todes«.[30]

Auf den ersten Blick erscheint kaum einsichtig, wie die suizidale ›Qual‹ dieses wahnsinnigen Künstlers auch nur entfernt an die umfassende Bedeutung der wissenschaftlichen Entdeckungen Bichats bezüglich Krankheit, Anatomie und Aufbau des menschlichen Gewebes heranreichen könnte. Foucault behauptet jedoch, daß es »recht besonderer Formen der Erfahrung (recht ›abweichender‹, das heißt entwurzelnder) [. . .] bedurfte, [. . .] um dieses nackte linguistische Faktum an den Tag zu bringen«, nämlich die schwindelerregende Macht der Sprache, »Dinge zu sagen – alle Dinge«, und auf diese Weise, wie von Zauberhand, »nie gesagte, nie vernommene, nie gesehene Dinge hervorgehen zu lassen«. Diesen ›nackten linguistischen Fakten‹ ohne die Bedenken des Wissenschaftlers nachzugehen, ermöglicht dem Künstler die Enthüllung einer vormals »blinde[n] und negative[n] Rückseite einer Erfahrung, die aus unserer Zeit hervorgeht« – wie sich herausstellt, der Seite der menschlichen Krankhaftigkeit, welche die moderne Medizin durch das zuerst von Bichat entwickelte ›Sprachspiel‹ in ein Objekt wissenschaftlicher Forschung verwandelt hat.[31]

Im Grunde veranschaulichen *beide* – Roussel dadurch, daß er sein dem Tode geweihtes Leben in ein Kunstwerk verwandelte, und Bichat, indem er die menschliche Leiche zu einem Objekt des Wissens machte – drei entscheidende Aspekte von Foucaults eigenem Verständnis von Sprache und von der Ordnung der Dinge:

– Nur Sprache ermöglicht Ordnung und vernünftiges Wissen von der Welt.

– Gleichzeitig wird durch Sprache das Unwirkliche und Unvernünftige denkbar.

– Somit stellt Sprache die Welt und letztendlich sich selbst in einer schwindelerregenden Spirale der Möglichkeiten und Unmöglichkeiten, Wirklichkeiten und Unwirklichkeiten in Frage, was unter Umständen, wie für Roussel, auf die wahnsinnige und poetische Einbeziehung der Leere, des Vergessens und des Todes hinauslaufen kann – »jene unförmige, stumme, bedeutungslose Region, in der die Sprache sich befreien kann«. [32]

Indem er sich auf Sprache konzentrierte, erkundete Foucault ein Gebiet von zunehmender Bedeutung, nicht nur in Frankreich, sondern auch in ganz Europa und in Nordamerika. Es gab verschiedene Quellen für dieses internationale Interesse, von Wittgenstein und den Neopositivisten bis zum späten Heidegger, der erklärt hatte, daß die Sprache ›das Haus des Seins‹ sei. In den vierziger Jahren hatte Merleau-Ponty damit begonnen, von den philosophischen Implikationen der Theorien Ferdinand de Saussures zu sprechen, dem Schweizer Begründer der strukturalen Linguistik. Als *Die Geburt der Klinik* und *Raymond Roussel* 1963 erschienen, war Saussure in Frankreich so bekannt, daß Foucault sein eigenes Interesse an der Sprache mit einigen rhetorischen Gesten bekunden konnte: In beiden Büchern sprach er vom ›Signifikanten‹ und vom ›Signifikat‹, indem er Saussures Begriffe für das ›Lautbild‹ eines Wortes und für dasjenige, was dieses ›Lautbild‹ gemeinhin bezeichnete, entlieh. Und mit *Die Geburt der Klinik* verbündete er sich eindeutig mit der intellektuellen Bewegung, die sich auf Saussures Linguistik berief und zu dieser Zeit mächtigen Auftrieb in Paris hatte, war doch seine Historiographie, wie er erklärte, »eine strukturale Analyse«. [33]
Es war eine aufregende Zeit in Paris. Eine neue Generation von Schriftstellern und Denkern, angespornt von Saussures Diktum, daß »*das linguistische Zeichen arbiträr ist*«, hatte die alte existenzialistische Betonung von Verpflichtungen und Verantwortlichkeiten des Individuums über Bord geworfen. Sprache war ein Spiel! In den Köpfen einiger hieß dies, daß die Entdeckungen der modernen Wissenschaft den nihilistischen Slogan,

der behauptete, daß nichts unumstößlich ›wahr‹ und alles erlaubt sei, nachträglich bestätigt hätten. Das Studium der Sprache wurde, wie ein feinsinniger Beobachter der Pariser Szene
der sechziger Jahre zusammenfaßte, »eine ästhetische Aktivität, sozusagen eine Erlösung von der Tyrannei von Zeit und
Geschichte«.[34]
Roland Barthes, eine zentrale Figur der *Tel Quel*-Gruppe und
ein Kollege Foucaults als Mitherausgeber von *Critique*, wurde
zum Orakel der Stunde. Foucault und Barthes scheinen ein
herzliches Verhältnis zueinander gehabt zu haben, obwohl sie
niemals enge Freunde waren. Wie ein Kenner des französischen Geisteslebens sich einmal ausdrückte, erinnerte Barthes
an »einen Geist, [. . .] der von dem leisesten Windhauch zum
Schweben gebracht werden konnte, [. . .] der bei jeder Berührung zusammenzuckte und dazu in der Lage war, jeden Eindruck in sich aufzunehmen und weiterzuleiten. Es schien
jedoch notwendig, daß er von einem verwandten Geist in Bewegung gesetzt wurde; er war immer nur zu gern bereit, sich
eine Parole auszuleihen, die andere dann bei ihm suchen sollten.« In den fünfziger Jahren war der *Nouveau Roman* zu Barthes' Parole geworden. In den sechziger Jahren sollte es ›Semiologie‹ sein. Die Vorstellung, daß die Welt ein einziger riesiger
Text sei, hatte ihn angezogen und mitgerissen, und zwar nicht
nur wegen seines erlesen kultivierten interpretatorischen Ge-
schicks, sondern auch wegen der Aussicht auf eine strenge neuartige Textwissenschaft. *Tel Quel* folgte seiner Führung. Gegen
Ende der sechziger Jahre war es fast unmöglich geworden,
einen Artikel in der Zeitschrift zu veröffentlichen, der nicht
von Diagrammen und Gleichungen begleitet wurde, was der
Publikation das (ausgesprochen irreführende) Aussehen einer
Fachzeitschrift für Mathematiker gab.[35]
Die Einsicht, die Barthes' Enthusiasmus in den sechziger Jahren
beflügelte, war alles andere als neu, hatte doch schon der zur
Generation Sartres gehörende Anthropologe Claude Lévi-
Strauss gezeigt, daß eine Wissenschaft von den Zeichen weit
über den engen Bereich der Linguistik hinaus Anwendung fin-
den könnte. Lévi-Strauss stand in der soziologischen Tradition

Émile Durkheims und Marcel Mauss', war aber auch durch die Theorie Saussures angeregt worden. Für ihn bedeutete Anthropologie das Studium »des Lebens der Zeichen im Herzen des gesellschaftlichen Lebens«. Gleichgültig, ob er sich mit Mythen, Riten, Heiratsregeln oder Verwandtschaftsbeziehungen beschäftigte, sein Ziel war immer, wie er sich einmal ausdrückte, »eine Typologie zu entwickeln, ihre Bestandteile zu analysieren und die Beziehungen aufzudecken, in denen sie zueinander stehen«, und dabei kognitive Strukturen ans Tageslicht zu bringen, die genauso unbewußt sind wie das System phonetischer Differenzen, die jedes Individuum beim Sprechen einer Sprache anwendet. [36]

Rückblickend erscheint klar, daß Foucault die wachsende Flutwelle von Interesse am Strukturalismus mit Wohlwollen, Abstand und mit dem gesunden Menschenverstand eines Strategen betrachtete, der weiß, aus welcher Richtung der Fahrtwind bläst. Es handelte sich um ein ›Sprachspiel‹, das er perfekt beherrschte. Aufgrund von Ausbildung und Temperament war er Formalist. Die Vorstellung, daß das Denken eine ›Struktur‹ habe, die selbst den anscheinend willkürlichen Fluß von Bildern im Traum steuert, hatte er vor langer Zeit von französischen Wissenschaftsphilosophen wie Bachelard und Canguilhem übernommen. Den Jargon dieser Philosophen – ihre Betonung auf *coupures* (Bruchstellen in wissenschaftlichen Paradigmen), ihr Nachdruck auf revolutionäre Diskontinuitäten im Gegensatz zu schrittweiser Evolution – hatte er einem anderen Meister formalistischer Theorie abgeschaut, und zwar seinem alten Lehrer Louis Althusser, der 1965 auf der Pariser Szene als Verkünder eines rigorosen ›strukturalistischen‹ Marxismus erschien. Jahre zuvor hatte sich Foucault mit dem Werk Jacques Lacans vertraut gemacht, dem Vertreter einer strengen ›strukturalistischen‹ Neulektüre Freuds und ebenso das Objekt intensiver öffentlicher Debatte nach dem Erscheinen seiner *Schriften* 1966, – obwohl Foucault bei zumindest einer Gelegenheit freimütig erklärt hatte, daß ihm Lacans undurchdringliche Prosa ein Rätsel sei. [37]

Wichtiger noch als all diese bedeutenden Figuren des Geistesle-

bens war vielleicht das Beispiel von Foucaults einflußreichstem
akademischen Förderer, Georges Dumézil (1898-1988), der
im Jahre 1970 die erfolgreiche Kampagne anführen sollte, seinem Schützling die Wahl ins *Collège de France* zu sichern. Dumézil, der im Gebiet der vergleichenden Mythenlehre forschte
und Philologie und Religionsgeschichte studiert hatte, achtete
eifersüchtig auf seine Unabhängigkeit und war allen kurzlebigen intellektuellen Modeerscheinungen und Schulen feindlich
gesonnen. Er war in dem altmodischen, evolutionistischen eth-
nologischen Verfahren ausgebildet worden, das der englische
Anthropologe James Frazer in seinem Buch *Der Goldene Zweig*
angewandt hatte. Nachdem er in den zwanziger Jahren die
Arbeiten von Durkheim und Mauss studiert hatte, änderte Dumézil seine Methode. Wie Lévi-Strauss akzeptierte er den wesentlichen Lehrsatz Durkheims, daß die Konzepte und die
übernatürlichen Wesen der Mythen wichtige soziale und kulturelle Tatsachen »kollektiv repräsentieren«. Anders als Lévi-
Strauss jedoch behauptete Dumézil niemals, universelle Ord-
nungsschablonen entdeckt zu haben, die im menschlichen
Geist vorzufinden seien; stattdessen betonte er die zeitlichen
und räumlichen Begrenzungen der verschiedenen Strukturen,
die er untersuchte. »Für mich erweckt das Wort ›Struktur‹ das
Bild eines Spinnengewebes, das oft von Marcel Mauss benutzt
wurde«, erklärte er einmal. »Wenn man sich in einem gedank-
lichen System auf ein Konzept bezieht, hat man es mit seiner
Gesamtheit zu tun, da alle Teile wie durch Fäden miteinander
verbunden sind.«[38]
Auch Foucault verknüpfte die Vorstellung der Struktur mit
einem »dunkle[n] aber solidem Gewebe«. Mehr als einmal
bekannte er sich direkt zu Dumézils Vorbild und Einfluß, zuerst
im ursprünglichen Vorwort zu *Wahnsinn und Gesellschaft*
und zuletzt 1984 in seinen letzten Vorlesungen am *Collège de
France*. Auf dem Höhepunkt seines frühen Ruhms, als er weit-
hin als Frankreichs führender strukturalistischer Philosoph
angesehen wurde, zitierte er oft den Werken Dumézils ent-
nommene Beispiele, wenn er erläutern wollte, was er unter
den Begriffen Struktur und System verstand. Wenn er Kritiker

zurückweisen wollte, die behaupteten, Strukturalismus und historische Forschung seien unvereinbar, fand er es hilfreich, darauf hinzuweisen, daß »eine strukturale Analyse wie diejenige Dumézils mit historischer Analyse verbunden werden kann«. Hatte nicht Dumézil, wie Foucault einmal resümierte, zu zeigen versucht, wie bestimmte Umformungen archaischer indoeuropäischer Mythen in den Gedichten Horaz' die gleichzeitige »Umwandlung der alten römischen Gesellschaft in eine vom Staat kontrollierte Gesellschaft« verdeutlichten? Das Vorbild solcher Arbeiten gab Foucault die auch tatsächlich ergriffene Möglichkeit zu sagen, daß »eine Analyse dann struktural genannt werden muß, wenn sie ein veränderbares System und die Bedingungen, unter denen diese Veränderungen stattfinden, untersucht«.[39]

Kurz gesagt, es war im Sinne Dumézils, daß Foucault – nur kurz, aber unmißverständlich – in den strukturalistischen Chor der sechziger Jahre einstimmte. Aus seiner Perspektive ergab eine Art taktische Allianz in der Tat Sinn. Wie groß auch die Differenzen zwischen Dumézil, Barthes, Lévi-Strauss, Althusser und Lacan sowohl untereinander als auch zu Foucault gewesen sein mögen, eine Sache hatten sie zumindest gemeinsam: den Wunsch, die intellektuelle Alleinherrschaft Jean-Paul Sartres zu beenden.

Foucaults Rückkehr nach Frankreich im Herbst 1960 fiel mit der spektakulärsten Transformation des öffenlichen Ansehens Sartres seit seiner Vorlesung über den Existenzialismus fünfzehn Jahre zuvor zusammen. Der Anlaß war der Bürgerkrieg in Algerien, zu der Zeit noch eine französische Kolonie; der Grund war ›das Manifest der 121‹, eine im September 1960 veröffentlichte freche Proklamation. Das Manifest, unterschrieben von einer bunt zusammengewürfelten Gruppe bekannter Intellektueller, verteidigte »das Recht auf Widerstand im algerischen Krieg«.[40]

Obwohl Foucault persönlich den Krieg ablehnte, sah er keine Veranlassung, seine Ansichten öffentlich zu bekunden. Die Zeit des Aktivismus und der damit verbundenen Berühmtheit sollte erst noch kommen. Da er zu diesem Zeitpunkt noch unbekannt war (*Wahnsinn und Gesellschaft* war noch nicht erschienen), trat niemand an ihn heran, um ihn zum Unterschreiben des Manifests aufzufordern.[41]

Diejenigen, die ihre Unterschrift leisteten, sahen sich bald mit einem Sturm der Entrüstung konfrontiert. Von amtlicher Seite wurde das Manifest als Akt des Hochverrats angesehen. Keine Zeitschrift wagte seinen Wiederabdruck; einige der Unterzeichner wurden vor Gericht gestellt; das Netzwerk der französischen Polizei wurde mobilisiert, um die Täter ausfindig zu machen. Das Manifest war größtenteils von Maurice Blanchot in Verbindung mit alten Weggefährten aus der surrealistischen Bewegung entworfen worden. In der aufgeladenen Stimmung jedoch richtete sich die Aufmerksamkeit der Öffentlichkeit zunehmend auf denjenigen Unterzeichner, der zum Symbol der ganzen Staatsaffäre werden sollte: Jean-Paul Sartre.[42]

Wie 1945 war Sartre der Herausforderung gewachsen. Die politische Rechte wollte ihn verhaftet sehen. Mit unbeirrbarer Zivilcourage wiederholte Sartre seine persönliche Unterstützung nicht nur für das Recht auf Widerstand, sondern auch für die weltweite antikolonialistische Bewegung. Es war seine vielleicht größte Stunde. Die Proteste der Rechten wurden immer lauter. Schließlich machte ausgerechnet der französische Präsident Charles de Gaulle klar, daß Sartre unantastbar war: »Einen Voltaire verhaftet man nicht.«[43]

Ein gewaltigeres Zeichen seiner souveränen Autorität ließe sich nur schwer vorstellen, und Sartres Ansehen erreichte einen neuen Höhepunkt. Seine Intervention trug dazu bei, eine brenzlige Situation zu entschärfen: Die Klagen gegen die Unterzeichner des Manifests wurden in aller Stille fallengelassen. Doch das war noch nicht alles. Sartre wurde 1960 nicht nur zum gesalbten intellektuellen Gewissen der Nation. Zum ersten Mal seit mehr als zehn Jahren stand er, dank der einige Monate zuvor erfolgten Veröffentlichung seiner *Kritik der dialektischen Vernunft*, der lang erwarteten Fortsetzung zu *Das Sein und das Nichts*, auch im Mittelpunkt der philosophischen Debatte.[44]

In diesem verwickelten Text vollbrachte Sartre die Synthese aus Existenzialismus und Marxismus, den er zur nicht zu übertreffenden »Philosophie unserer Zeit« erklärte. In *Kritik der dialektischen Vernunft*, noch länger als *Das Sein und das Nichts* (und vielleicht aufgrund seines nachlässigen Aufbaus – Sartre nahm Amphetamine – wesentlich dunkler), unternahm er den Versuch, die vielfältigen Weisen bloßzulegen, in denen der Mensch, angetrieben von gesellschaftlichen Mächten, die er selbst geschaffen hat und aufrechterhält, sich seiner Freiheit aktiv entfremdet. Durch die detaillierte Beschreibung der ›Dialektik‹, mittels derer bewußte Individuen gemeinsam kollektive gesellschaftliche Strukturen schaffen können, die auf den ersten Blick ihren eigentlichen Absichten völlig zuwider laufen, behauptet Sartre, sei es ihm gelungen, die »*Wahrheit der Geschichte*« auf sicheren Boden gestellt zu haben. »Wir wollen«, erklärte er feierlich, »unser Vorhaben [. . .] als Grundlegung von ›Prolegomena zu einer jeden künftigen Anthropologie‹ umschreiben.« [45]

Dies waren großspurige und weitreichende Behauptungen, die sicherlich Foucaults Beachtung fanden. Wie es sich fügte, hatte der jüngere Mann gerade die erste Fassung seiner eigenen ›Prolegomena zu einer jeden künftigen Anthropologie‹ beendet, nämlich seine unveröffentlichte *thèse complémentaire* zu Kants *Anthropologie* – die Saat, aus der schließlich *Die Ordnung der Dinge* erwachsen sollte.

Zu Foucaults Zeiten wurden für ein Doktorat zwei Dissertationen verlangt, eine von publizierbarer Qualität, die andere eine kleinere Arbeit zu einem anderen Thema – die *thèse complémentaire* –, welche die Reichweite der Forschungsarbeit des Kandidaten anzeigen sollte. Um dieser Bedingung Genüge zu leisten, reichte Foucault 1960 bei der Kommission der Sorbonne zusätzlich zu *Wahnsinn und Gesellschaft* eine Übersetzung von Kants *Anthropologie in pragmatischer Hinsicht* ein. Es war die erste Übersetzung dieses Textes ins Französische, die Foucault gemeinsam mit einem Kommentar von ein-

hundertachtundzwanzig maschinengeschriebenen Seiten vor-
legte. [46]

Kant verstand unter ›Anthropologie‹ keine Völkerkunde in der
engen Bedeutung moderner kultureller Anthropologie, sondern eher das empirische Studium des Menschen unter jedem
vorstellbaren Aspekt. In einer berühmten Stelle aus seiner
Logik legte Kant selbst nahe, daß Anthropologie als der grundlegende Belang von Philosophie betrachtet werden könnte, da
all die anderen Fragen, auf die er versucht hatte, eine Antwort
zu finden – »Was kann ich wissen? Was soll ich tun? Was darf
ich hoffen?« –, in die allgemeine Frage »Was ist der Mensch?«
eingebunden werden könnten. [47]

Kant versuchte selbst ernsthaft und beständig, sich dieser letzten Frage zu nähern. Im Rahmen seiner Lehrtätigkeit hielt er regelmäßig Vorlesungen zur Anthropologie. Aber mit der auffälligen Ausnahme Heideggers (dessen Studie über *Kant und das
Problem der Metaphysik* unausgesprochen Foucaults Argument
anregte), haben nachfolgende Philosophen nur selten Kants Bemerkungen zur Anthropologie ernstgenommen. Zum Teil liegt
dies an der Verschrobenheit des einzigen Buches, das Kant dem
Thema widmete. Anstatt eine herkömmliche philosophische
Antwort auf die Frage: ›Was ist der Mensch?‹ zu geben, bietet
die *Anthropologie*, gegen Ende seines Lebens 1798 veröffentlicht, eine Vielzahl von Kommentaren und Maximen zu einer
verwirrenden Menge verschiedenster Themen, von den ab-
straktesten Problemen des Erkenntnisvermögens bis zu ganz
konkreten Fragen alltäglichen Verhaltens. Gleichgültig, um welches Thema es sich handelte, Kant leitete unweigerlich »aus
diesen Phänomenen« pragmatische »Regeln des Verhaltens«
ab. Das Ergebnis ist ein Gemisch von subtilen Unterscheidungen, banalen Allgemeinplätzen und nicht haltbaren Vorurteilen,
eine Art metaphysischer Kummerecke: »[E]in junges verstän-
diges Weib wird mit einem gesunden aber doch merklich älteren Manne das Glück der Ehe doch besser machen [. . .]. Daß
sich Leute von Schatzgräbern, Goldmachern und Lotteriehänd-
lern hinhalten lassen, ist nicht ihrer Dummheit, sondern ihrem
bösen Willen zuzuschreiben: ohne proportionierte eigene

Bemühung auf Kosten anderer reich zu werden [. . .]. Der größte Sinnengenuß, der gar keine Beimischung von Ekel bei sich führt, ist, im gesunden Zustande, Ruhe nach der Arbeit.« In diesem Stil geht es über mehrere hundert Seiten. [48]

Obwohl die Versuchung groß gewesen sein muß, macht sich Foucault nicht über Kants merkwürdigen Text lustig. Er nimmt Kants Bemerkung in der *Logik* ernst – er nimmt in der Tat Kants Gesamtwerk ernst.

Foucault hörte niemals auf, sich selbst als eine Art Kantianer zu betrachten. Kants kritische Methode, erklärte er in seiner *Thèse*, zeige der Philosophie »die eigentliche Form ihrer Selbstverwirklichung«. In *Die Ordnung der Dinge* bestätigt er, daß die »kantische Kritik« noch immer wesentlich »den unmittelbaren Raum unserer Reflexion« bildet: »Wir denken an diesem Ort.« Und in einem kurz vor seinem Tod fertiggestellten Aufsatz, einem Selbstportrait für ein französisches ›Philosophenlexikon‹, stellte Foucault sein Werk wiederum deutlich in »die *kritizistische* Tradition Kants«. Diese Tradition besteht, wie Foucault zusammenfaßt, aus »einer Analyse der Bedingungen, unter denen bestimmte Beziehungen zwischen Subjekt und Objekt sich bilden oder modifiziert werden«, sowie aus dem Aufzeigen dieser Bedingungen »für die Konstitution eines möglichen Wissens«. [49]

Wie jeder Philosophiestudent weiß, war Kant der Ansicht, daß unsere Erfahrung von der Welt nur auf der Grundlage bestimmter Kategorien a priori entstehen kann. »Wenn aber gleich alle unsere Erkenntnis mit der Erfahrung anhebt, so entspringt sie darum doch nicht eben aus der Erfahrung.« Die Kategorien a priori, die er als besonders wichtig für das Ordnungsgefüge der Erfahrungen betrachtete – unter ihnen der Satz vom Grund und die Substanz –, sah Kant als Produkt des Verstandes, das zusammen mit den beiden anderen menschlichen Hauptfähigkeiten, der Einbildungskraft und der Sinnlichkeit (Sehen, Hören, usw.) angewandt wird. Indem er so das Augenmerk der Philosophie auf die menschlichen Fähigkeiten richtete, gab Kant die von so unterschiedlichen Denkern wie Plato und Lokke geteilte Ansicht auf, daß die Vorstellungen und Kategorien, unter denen wir die Welt verstehen, einer unabhängig von ihnen bestehenden Wirklichkeit entsprechen müssen, um ›wahr‹ zu sein; es gehörte zu Kants ›kopernikanischer Wende‹ in der Philosophie, stattdessen zu behaupten, daß eine Reihe der wesentlichen Kategorien des Denkens einer bestimmten »Gesetzmäßigkeit des Erkenntnisvermögens« entsprechen (wie Ernst Cassirer sich einmal ausdrückte), »auf die eine bestimmte Form von Gegenständlichkeit (sei sie theoretischer oder ethischer oder ästhetischer Art) zurückgeführt werden soll«.[50]

Kant hatte seine neue Methode im Verlauf seiner Bemühung entwickelt, die Grundlagen der Erkenntnis gegen skeptizistische Angriffe abzusichern. Bei dem Versuch, die Grenzen zuverlässiger Erkenntnis festzulegen, sah er sich gezwungen, eine scharfe Trennungslinie zwischen empirischer Erkenntnis, die durch die Erfahrung gewonnen wird, und transzendentalen Ideen zu ziehen, die von den reinen Verstandesbegriffen, von dem, was jenseits aller möglichen Erfahrung liegt, abgeleitet werden. Von diesen ›Begriffen der reinen Vernunft‹ erwies sich der freie Wille als der verwirrendste. Der Wille erschien Kant einerseits rätselhaft, unbeweisbar und, genau genommen, der Erkenntnis nicht zugänglich, andererseits ermöglichte er es dem Menschen offenbar doch, das Transzendentale in die Praxis umzusetzen, bestimmte ›Ideen‹ in Objekte möglicher Erfahrung zu verwandeln und damit anscheinend die Kluft zwischen dem Empirischen und dem Transzendentalen zu überwinden: »[. . .]. [W]ie groß also die Kluft«, schrieb er in der *Kritik der reinen Vernunft*, »die zwischen der Idee und ihrer Ausführung notwendig übrig bleibt, sein möge, das kann und soll niemand bestimmen, eben darum, weil es Freiheit ist, welche jede angegebene Grenze übersteigen kann.«[51]

Daraus leitet sich der zweite Aspekt der ›kopernikanischen Wende‹ Kants ab: seine Ansicht, daß die Menschen sowohl dazu fähig als auch verpflichtet seien, die Welt der Moral und der Politik durch den Gebrauch der ›Vernunftideen‹ zu *schaffen*. Und obwohl Kant davon überzeugt war, daß die Errichtung einer solchen Welt, sollte sie innerhalb der Grenzen der

Vernunft durchgeführt werden, die traditionellen christlichen Vorstellungen von Gott, moralischer Verantwortung und Unsterblichkeit der Seele bestätigen würde, ist es eine unausweichliche Konsequenz aus Kants ›transzendentaler‹ Kritik, dem Menschen eine schöpferische Macht von an sich unsicherem Ausmaß zuzugestehen. Nach Kants kritizistischer Revolution, kommentiert Foucault, »erscheint die Welt eher wie eine noch zu bauende Stadt als wie ein bereits vorhandener Kosmos«.[52]

Kants *Anthropologie* steht in einem komplexen Wechselspiel zum größeren Gesamtgebäude seiner Philosophie. Auf einer Ebene, schreibt Foucault in seiner Dissertation, besteht das bizarre Sammelsurium von *idées reçues* und Maximen in der *Anthropologie* unabhängig vom kritizistischen Gedankensystem des Philosophen, obwohl Kant sein Material um Kategorien organisiert, die er diesem System entnimmt. Foucault legt nahe, daß Kants *Anthropologie* auf einer anderen Ebene jedoch die »wahrhaft zeitliche Dimension« der Vorstellungen a priori offenlegt, die Kant in seinen drei ›Kritiken‹ untersucht hat, denn die *idées reçues*, deren Auflistung die *Anthropologie* ist, wiederholen »in der gleichen Reihenfolge und in der gleichen Sprache das Apriori der Erkenntnis und den kategorischen Imperativ der Moral«. Das in solchen Geboten »Gegebene« »imitiert« die Beweisfolge der Kritiken und »scheint dazu in der Lage zu sein, als ein Apriori zu wirken«.[53]

Somit eröffnet die *Anthropologie*, weit entfernt davon, verschrobene Pseudo-Wissenschaft zu sein, einen wichtigen neuen philosophischen Horizont. Abgesehen von seiner offensichtlichen Überspanntheit unterstreicht Kants Werk für Foucault die mannigfaltigen Weisen, in denen »das Selbst, indem es zum Objekt« geregelter gesellschaftlicher Praktiken wird, »seinen Platz im Bereich der Erfahrung einnimmt und dort ein konkretes Bezugssystem vorfindet«. Dieses System ist »unmittelbar und zwingend notwendig«, niemand kann ihm entkommen; es wird weitergegeben »in der geregelten Grundtatsache der Sprache«, organisiert »ohne die Intervention einer autoritären Macht« und von jedem Individuum »ganz einfach dadurch« aktiviert, »daß es spricht«.[54]

Auf den ersten Blick betont die offenbare Macht sozialer Praktiken, die Signifikanz von Erfahrungen zu schaffen, zu regulieren
und zu begrenzen, das Ausmaß, zu dem der Mensch gezwungen ist, in einer Welt aufzuwachsen, die nicht die seine ist.
Auf einer anderen Ebene jedoch, merkt Foucault an, zeigt sich
»das Geheimnis der Macht« im schieren ungeordneten Umfang, zu denen die von Kant in seiner Anthropologie untersuchten Phänomene auswachsen: »Egoismus, das wirkungsmächti-
ge Wissen um Repräsentation; oder [. . .] die Einbildungskraft
als Macht kreativer ›Erfindung‹, die Einbildungskraft in den
Trümmern des Traums, die Einbildungskraft in der mit dem Zeichen verknüpften Poesie; oder die Macht des sinnlichen Begehrens mit seinen Emotionen; die falsche Wahrheit der Leidenschaft [. . .]«.[55]
Kant sah die Erklärung für die ungeheure Vielfalt menschlicher
Praktiken in der Freiheit. »Praktisch« ist alles, so bestimmt er
den Begriff in der *Kritik der reinen Vernunft*, »was durch Freiheit
möglich ist.« Der nicht genau festzulegende Stellenwert, den die
Anthropologie in Kants Gesamtwerk einnimmt, leitet sich von
den unsicheren Grenzen ›praktischer‹ Gebote ab. Wie Foucault
sich ausdrückt, zeigen die Praktiken, die Kant beschreibt, »die
Mehrdeutigkeit des Spiels (Spiel = Spielzeug)« sowie »die Unsicherheit der Kunst (Fertigkeit = Kunstgriff)«.[56]
Ob man sie nun ›Spiel‹ oder ›Kunstgriff‹ nennt, wie sollen wir
uns diesen Praktiken gegenüber verhalten? Wenn die ›transzendentalen Ideen‹ durch den Gebrauch der geheimnisvollen
und, genau genommen, der Erkenntnis nicht zugänglichen
Macht des freien Willens praktisch werden, nach welchem
Recht oder unter Anwendung welcher Regeln kann Kant (oder
die Gesellschaft) die Reichweite dieser Macht begrenzen?
Heidegger glaubte, daß Kant versucht habe, den Folgen seines
philosophischen Durchbruchs aus dem Weg zu gehen. In der
Kritik der reinen Vernunft hatte Kant die synthetische Kraft
der Freiheit und der Einbildungskraft offengelegt, nur, schreibt
Heidegger, um »vor diese[m] Abgrund« wieder zurückzu-
schrecken. »Er sah das Unbekannte. Er mußte zurückwei-
chen.« Anstatt den ganzen Umfang seiner Entdeckungen zu

bejahen, habe Kant versucht, »die Subjektivität des Subjekts in der Verfassung und der Charakteristik« in Begriffen zu rechtfertigen, »die sich ihm durch die überlieferte Anthropologie [. . .] anbot[en]«. Kants Hinwendung zur Anthropologie laufe auf ein Versagen des philosophischen Mutes hinaus, denn »[d]ie Anthropologie stellt überhaupt nicht die Frage nach der Transzendenz«. [57]

Foucault teilte Heideggers Meinung. Obwohl Kant »in einer noch rätselhaften Weise den metaphysischen Diskurs mit der Reflexion über die Grenzen unserer Vernunft verband«, habe er schließlich »diese Öffnung mit der anthropologischen Frage wieder geschlossen, auf die er letzten Endes alle kritischen Fragen zurückgeführt hat«. Anstatt die Macht des freien Willens und der Einbildung anzuwenden und sich »eine zu bauende Stadt« vorzustellen, habe Kant in seiner *Anthropologie* versucht, eine »normative Erkenntnis« zu bestätigen, und zwar nicht nur, indem er jene Art von Verhaltensregeln, die dem Alltagsleben abgeschaut werden, kodifiziert habe, sondern auch, indem er jeden des »Betrugs« bezichtigte, der dieses praktische *know-how* als geheuchelt und scheinhaft betrachtete. Kants Philosophie produziere, wie Foucault das Argument seiner Dissertation in *Die Ordnung der Dinge* zusammenfaßt, »die Vermengung des Empirischen und Transzendentalen, [. . .] deren Teilung [er] indessen gezeigt hatte«. [58]

Foucault glaubt, daß genau diese Vermengung die Phänomenologie Husserls und seiner existenzialistischen Nachfolger verdirbt. Sie fallen in ihrer Zelebration der ›Lebenswelt‹, einem Bereich eher passiver als aktiver Synthese, auf »eine vorkritische Analyse« zurück. [59]

Im Gegensatz dazu möchte Foucault zumindest vorläufig Kants scharfe Trennung zwischen Empirie und Transzendenz aufrechterhalten. Wie Heidegger glaubt er, daß Kant das transzendentale Vermögen des Menschen offengelegt habe, auch wenn er vor den Folgen unserer Fähigkeit, jede Grenze zu überschreiten, zurückgeschreckt sei; außerdem unterstellt er, daß Kants *Anthropologie*, wenn auch unbeabsichtigt, die »wahrhaft zeitliche Dimension« des Apriori aufgedeckt habe, nämlich die Tatsache, daß unsere wesentlichen Kategorien und Urteile aus Bräuchen, Gewohnheiten und Neigungen erwachsen, die durch Sprache weitergegeben und durch gesellschaftliche Institutionen reguliert werden.

Der Philosophie kommt somit in der Nachfolge Kants eine zweifache Aufgabe zu: Erstens muß sie »die historischen Aprioris« möglicher Erfahrung durch empirische Erschließung ihrer verworrenen und oft verborgenen tatsächlichen Wurzeln in Bräuchen, Gewohnheiten, gesellschaftlichen Institutionen, wissenschaftlichen Disziplinen sowie in den ›Sprachspielen‹ und Denkweisen untersuchen, die jeden dieser Bereiche beeinflußt haben. Indem er der Abfassung herkömmlicher philosophischer Traktate und Kommentare den Rücken zukehrte, sollte Foucault sein Leben der Untersuchung vieler der Themen widmen, die schon in der *Anthropologie in pragmatischer Hinsicht* behandelt wurden: insbesondere dem Traum, dem Wahnsinn und »dem wunderbaren Spiel der menschlichen Vorstellungskraft«; außerdem dem eingeschränkten Wert, der visuellen Bildern, Symbolen und abstrakten Gedanken als Kommunikationsmitteln zukommt; weiterhin der Struktur der Erkenntnis und ihrer Grenzen; der Fähigkeiten des Begehrens und »geschlechtsspezifischen Charakteristiken«, – wobei er aufzeigte, wie Institutionen und Praktiken all diese Facetten des Menschen durchziehen und den Ort möglicher Erfahrung umschließen und kultivieren, lange bevor das aktive Verstehen des Individuums ins Spiel kommt. Dieses Unternehmen nannte er später »die Analytik der Wahrheit«. [60]

Der zweite Teil dieser philosophischen Aufgabe besteht darin, die Grenzen möglicher Erfahrung ohne Kants Einschränkungen zu erkunden. Indem die transzendentale Freiheit praktiziert wird, die von Kant selbst als eine Grundlage der Kritik etabliert worden war, könnte ein kritisches Auge ebenfalls auf das »dunkle, sichere Netz« der Gebräuche und Gewohnheiten geworfen und das weitergeführt werden, was Foucault später die »Ontologie unserer selbst« nannte. Und dieses Ziel könnte am Eindrucksvollsten erreicht werden, indem man, wie Foucault mit kryptischen Worten in seiner Dissertation schreibt, sich

»von der Auslotung der Grenze und der Überschreitung«
zu »einer Befragung der Wiederkehr des Selbst« bewegen
würde. [61]

Nur einem Denker, schlußfolgert Foucault 1960, sei es bisher
gelungen, die Folgen dieser zweifachen Aufgabe zu begreifen,
nämlich Friedrich Nietzsche: »Die Flugbahn der Frage: ›Was ist
der Mensch?‹ kulminiert im Bereich der Philosophie in folgender herausfordernder und entwaffnender Antwort: der Über-
mensch.« [62]

In den Jahren nach der Fertigstellung seiner Dissertation beschäftigte sich Foucault in zwei parallel verlaufenden Bahnen
mit den Folgen der Kantischen Philosophie. Im Bereich empirischer Forschung untersuchte er unter Anwendung der Techniken Bachelards und Canguilhems die Vorgeschichte der Wissenschaften vom Menschen, eine der wichtigsten Quellen für
das Material in Kants *Anthropologie*.

»Ich versuchte vor allem, drei verschiedene wissenschaftliche
Praktiken zu ordnen und zu verstehen«, erinnerte er sich später. »Unter ›wissenschaftlichen Praktiken‹ verstehe ich eine
bestimmte Art und Weise, Diskurse zu regulieren und zu konstituieren, die dann einen bestimmten Gegenstandsbereich definieren und gleichzeitig ein ideales Subjekt festlegen, das dazu
bestimmt ist, Wissen von ihm zu haben. Ich finde es bemerkenswert, daß drei voneinander getrennte Bereiche – Natur-
geschichte, Grammatik und politische Ökonomie – bezüglich
der sie leitenden Regeln mehr oder weniger zur gleichen Zeit
begründet wurden, nämlich während des siebzehnten Jahrhunderts, und daß sie im Verlauf der nächsten hundert Jahre fast
identische Umwandlungen erfuhren.« [63]

Vielleicht könnte man, indem man – mittels vergleichender empirischer Analyse – einen bestimmten ›Denkstil‹ isoliert, der
das Spiel von wahr und falsch in solch offensichtlich unterschiedlichen Disziplinen leitet, die »wahrhaft zeitliche Dimension« der Kategorien a priori in Begriffen freilegen, nach denen
jedes lebende, sprechende, arbeitende Wesen des siebzehn-

ten, achtzehnten und neunzehnten Jahrhunderts die Welt und sich selbst in ein Ordnungssystem einfügte und damit als Objekte vernunftgeleiteten Verstehens erkannte.

Im Bereich transzendentaler Fragestellungen war Foucault weiterhin interessiert an »einer Auslotung der Grenze und der Überschreitung«, die sich auf »die Wiederkehr des Selbst« richtete – dem dionysischen Projekt Nietzsches wie auch Roussels, Batailles und Blanchots: »Aber müssen wir uns nicht daran erinnern«, fragte er in *Die Ordnung der Dinge*, »daß wir auf dem Rücken eines Tigers sitzen?«[64]

Der Denker, der die Grenze befragt, könnte die »Erfahrung der Trennung, die selbst noch nicht getrennt ist«, wiedererlangen, wodurch er gleichzeitig Licht auf die empirischen und transzendentalen Dimensionen des Menschseins werfen könnte. »Vielleicht bringt die Erfahrung der Überschreitung«, spekulierte Foucault, »mit ihrem Absturz in die Nacht den Bezug der Endlichkeit zum Sein an den Tag, diesen Augenblick der Grenze, den das anthropologische Denken seit Kant in der Sprache der Dialektik nur von fernher bezeichnet hat.« Die Überschreitung leistet in dem Ausmaß, in dem sie die Grenzen der Vernunft und des Menschen enthüllt, eine Art nach-kantischer »Kritik« in »einem dreifachen Sinne: [. . .]. Sie fördert das begriffliche und historische Apriori zutage; sie stellt die Bedingungen fest, unter denen [philosophisches Denken] seine stabilen Ausformungen finden oder übersteigen kann, und schlußendlich fällt sie ein Urteil und trifft eine Entscheidung über die Möglichkeiten ihrer Existenz.«[65]

Indem sie das Denken zu seiner Bruchstelle führt, erneuert die Überschreitung somit auf paradoxe Weise »den Plan einer allgemeinen Kritik der Vernunft«. Transzendentale Reflexion wird fast bis zur Unkenntlichkeit entstellt: Sie befreit sich aus der analytischen Erkenntnis, in der Kant sie verankert hatte, und macht sich auf den Weg in den Wahnsinn, den Traum, das erotische Delirium. Im Verlauf dieses Vorgangs wird Kants ursprüngliche anthropologische Frage – ›Was ist der Mensch?‹ – unausgesprochen in Nietzsches Frage (›Wie bin ich so geworden, wie ich bin und weshalb leide ich denn an diesem So-sein?‹) umformuliert. »Aus diesem Grunde findet das transzendentale Denken in seiner modernen Form den Punkt seiner Notwendigkeit nicht [. . .] mehr in der Existenz einer Wissenschaft der Natur [. . .] sondern in der stummen, dennoch sprachbereiten und gewissermaßen insgeheim von einem virtuellen Diskurs durchlaufenen Existenz jenes Nichtbekannten, von dem aus der Mensch unaufhörlich zur Erkenntnis seiner selbst aufgerufen ist.« [66]

Um diesem obskuren ›virtuellen Diskurs‹ Ausdruck zu verleihen, benötigt man eine Sprache, die »von dieser Distanz sprechen« kann, »indem sie sich auf sie zubewegt«. Die Philosophie »erlangt ihr Sprechen wieder und bekommt sich selbst nur an ihren Grenzen und Rändern in den Griff«. Was dem Denken »seine alleinige Macht« zurückgibt, »ist nicht das immer mehr vorhersehbare Wissen oder das Erdichtete mit seinen Konventionen, sondern, als ob es in einem unsichtbaren Niemandsland angesiedelt sei, das zwischen beiden ablaufende leuchtende Spiel der Fiktion«. [67]

Daß eine solche ›Befragung‹ der Grenze durch ›Überschreitung‹ sowohl im Schreiben als auch im täglichen Leben gefährlich ist, gibt Foucault nicht nur zu, sondern besteht darauf: Die rätselhafte Fähigkeit des Menschen, jede festgelegte Grenze zu überschreiten, zu durchdenken und dann auch entsprechend zu handeln, bedeutet, einen tödlichen Höhenrausch zu wagen (»einen Relativismus, von dem es kein Zurück gibt«, wie Foucault sich 1961 ausdrückte). Der Denker riskiert Selbstzerstörung. Denn wenn das die Sprache umgebende Nichts sich »im nackten Zustand zeigt, [. . .] wenn die Lust im wilden Zustand herrscht, als wenn die Strenge ihrer Regel jeden Gegensatz nivelliert hätte; wenn der Tod jede psychologische Funktion beherrscht und sich über ihr als ihre einzige und verheerende Norm hält, dann erkennen wir den Wahnsinn in seiner gegenwärtigen Form, den Wahnsinn, so wie er sich der modernen Erfahrung als ihre *Wahrheit*« – hier ein starker Begriff – »und ihre Entstellung gibt.« [68]

Der Philosoph zögert nicht, sich selbst dem Test zu unterziehen. Um die Wahrheit zu wissen und vielleicht sich selbst zu finden, wird er riskieren, sich zu verlieren: »Und in diesem Verschwinden des philosophischen Subjekts bewegt sich die philosophische Sprache wie in einem Labyrinth.«[69]

Das Labyrinth ist in diesen Jahren das zentrale Emblem von Foucaults ›großer nietzscheanischen Suche‹. In seinem Buch über Roussel und in einem 1962 geschriebenen Essay mit dem Titel ›Ein so grausames Wissen‹ entwickelte er seinen eigenen, äußerst persönlichen Mythos von Tod und Wiedergeburt, indem er den ursprünglich griechischen Mythos vom Labyrinth mit einer Reihe neuer Wendungen versah.[70]

Gemeinhin wurde das Labyrinth als ein Werk von Dädalus betrachtet, dem größten Erfinder der heidnischen Zeit. Foucault sieht jedoch im Labyrinth nicht einfach ein Zeugnis des Genies seines Gestalters, sondern auch das beunruhigende Symbol einer zutiefst geheimnisvollen Art von Transzendenz, die »zugleich die Anwesenheit und die Abwesenheit von Dädalus und die unentzifferbare, tote Unumschränktheit seines Wissens« anzeigt.[71]

Durch die Tore des Labyrinths zu treten bedeutet, das Theater der »dionysische[n] Kastration« zu betreten; es heißt, sich »einer paradoxe[n] Initiation« zu unterziehen, und zwar »nicht in ein verlorenes Geheimnis, sondern in alle die Qualen, die dem Menschen ewig im Gedächtnis bleiben«, in die »ältesten Grausamkeiten dieser Welt«. Hat man sich einmal in seinen gewundenen Fluren verfangen, ist »an Flucht nicht zu denken; einen Ausweg gibt es nur an jenem dunklen Punkt, der die Mitte kennzeichnet, das Höllenfeuer, das Gesetz der Figur«.[72]

Das Symbol dieses ›Gesetzes‹ (folglich eine Figur der synthetischen Macht der Freiheit, die in der Vorstellungskraft am Werke ist) ist Minotaurus – halb Mensch, halb Tier, – das Monster, das von Theseus im griechischen Mythos getötet wird.

In Foucaults Nacherzählung des Mythos tut Theseus jedoch nichts derartiges: Vom Geheimnis des Minotaurus verzaubert, gerät der erobernde Beinahe-Held in Gefangenschaft, wird »gefangengenommen«.[73]

Sogar Ariadne, eine Figur der Vernunft und Weitsicht, die den Faden in der Hand behält, der Theseus ein Entkommen ermöglichen könnte, erweist sich als machtlos: »Ariadne kann man vielleicht verfehlen, den Minotaurus nicht. Sie ist die Ungewisse, die Unwahrscheinliche, die Ferne.« (In anderem Zusammenhang stellte Foucault Ariadne als verloren und sterbend dar – an ihrem eigenen Faden erstickend.)[74]

Minotaurus allein ist »das Sichere, das Überall-Nahe«, und doch auch »absolut fremd« – ein Zeichen der »Grenzen des Menschlichen und des Unmenschlichen«.[75]

Zwei große mythische Räume durchziehen Foucaults Nacherzählung des alten Mythenstoffs. Der erste Raum, der des eigentlichen Labyrinths, ist »starr, abgegrenzt«. Der andere Raum, derjenige, der die persönliche Metamorphose des Foucaultschen Labyrinths möglich macht, ist »kommunikativ[], polymorph[], kontinuierlich[] und irreversibel[]«.[76]

Die beiden Räume treffen dort aufeinander, wo Minotaurus sich versteckt. »In seinem Wesen«, schreibt Foucault, »eröffnet« Minotaurus »ein zweites Labyrinth: Durchdringung von Mensch, Tier und Gott, Wunschziel, stummer Gedanke. Das Wirrwarr der Gänge beginnt von neuem, wenn es nicht vielleicht sogar dasselbe ist und das Mischwesen nicht auf die unentwirrbare Geometrie verweist, die zu ihm führt; das Labyrinth wäre also zugleich die Wahrheit und die Natur des Minotaurus, das, was ihn von außen abschirmt, und das, was ihn von innen ans Licht bringt.«[77]

Indem er das Rätsel des neuen Irrgartens, das vom Wesen des Monsters im Innern formuliert wurde, auskundschaftet, durchforstet der Mensch, fasziniert von dem strengen, aber schwer faßlichen Plan, der auf eine unausweichliche Fusion von göttlicher Freiheit und unmenschlicher Tierheit hinzuweisen scheint, Zeit und Raum, als ob er sich spiralförmig auf einen »wiedergefundenen Ursprung« zurückbewegte. »Chronos ist die Zeit des Werdens und des Wiederanfangens«, schreibt Foucault: »Chronos verschlingt Stück für Stück was er gezeugt hat, und zeugt es zu seiner Zeit wieder. Das monströse und gesetzlose Werden – das große Verschlingen jedes Augenblicks, das Verschwinden des ganzen Lebens, die Zerstreuung aller Glieder – das alles ist an die Genauigkeit des Wiederanfangs geknüpft. Das Werden zieht alles in sein Labyrinth« – ein Labyrinth, »das mit dem darin hausenden Menschen wesensverwandt ist«. [78]

Indem er sich auf das Zentrum dieses ›großen innerlichen Labyrinths‹ zubewegt und das Monstrum, das er geworden ist, zu verstehen versucht, betrachtet der gefangene Pilger hilflos »das Schicksal des Menschen«, wie es sich »unter unseren Augen [aufspult], es spult sich aber in umgekehrter Richtung auf«; die Fäden des Schicksals führen in die Vergangenheit, wobei sie den Menschen »[a]uf diesen eigenartigen Spindeln« zurückleiten »zu den Formen seiner Entstehung, zur Heimat, die es ermöglicht hat«. Um weiterzukommen, muß der Gefangene auf diesem Weg jedoch die schärfsten und quälendsten Bestrafungen über sich ergehen lassen, die »in der reinen und schlichten Verdoppelung des Labyrinths [bestehen], das die Bosheit errichtet hatte, um die Geburt zu verbergen«. (Der Irrgarten wird jetzt zu einem Symbol des unausweichlichen menschlichen Schicksals – als wäre es vielleicht nicht Dädalus, sondern die zur Geschichte geronnene Zeit, die das innere Labyrinth dieser einzigartigen Mühsal errichtet hätte.) [79]

Der Pilger erreicht schließlich, seine Unschuld durch die auf dem Wege erlittenen Qualen schmerzlich wiederhergestellt, das Zentrum des zweiten Irrgartens und findet den »wiedergefundenen Ursprung«. Zu guter Letzt entschlüsselt er seinen *daimon* und begreift, daß »*L'Etoile au Front*« (›der Stern auf der Stirn‹) »eine Figur der Metamorphose« ist, »in der das Zufällige und die Wiederholung sich gerade verschmolzen haben; der Zufall des anfänglich ausgewürfelten Zeichens inauguriert eine Zeit und einen Raum, von denen jede Gestalt sein Echo sein wird [. . .]«. [80]

Trotz all »seines ganzen abenteuerlichen Gewimmel[s] wird das Leben stets nur das Double seines Gestirnes sein« – das einzigartige Zeichen einer ›höheren Notwendigkeit‹. [81]

»Im rätselhaftesten Augenblick, wenn alle Wege abgebrochen sind, wenn man an den Verlust oder den absoluten Ursprung gelangt, wenn man an der Schwelle des Anderen steht, bietet das Labyrinth plötzlich das *Selbe* dar: Seine letzte Verschachtelung, die List, die es in seinem Zentrum verbirgt, ist genau ein Spiegel der anderen Seite, auf der man das Identische antrifft.«[82]

Dieser ›Spiegel‹, der sich in der Mitte des Irrgartens im Irrgarten befindet und »in dem sich die entlabyrinthisierte Geburt spiegelt, wird in dem reflektiert, in dem sich der Tod betrachtet, der sich seinerseits in sich selbst reflektiert [. . .]«. Das Labyrinth enthüllt hier sein tiefstes Geheimnis – »den Übergang vom Leben zum Tod und [die] Aufrechterhaltung des Lebens im Tode«.[83]

Außerdem legt das Vorhandensein dieses mysteriösen ›innerlichen Labyrinths‹ nahe, wie Foucault sich in einem anderen Zusammenhang vorstellt, daß unter den »trügerischen Oberflächen« der modernen Gesellschaft, »eine in ihren Tiefen durch die Mächte der Gegen-Natur veränderte Natur« des Menschen lauert. Das ›große innerliche Labyrinth‹, das, wie Sades Mörderburg, den »Übergang vom Leben zum Tod« beinhaltet, organisiert einen Raum, welcher der »›moderne[n] Perversität‹« angemessen ist. Das Labyrinth, »ein Käfig, [. . .] macht [. . .] aus dem Menschen ein Lusttier«; es ist »ein Verließ« und ersinnt »unter den Staaten eine ›Gegenstadt‹«; es ist eine teuflisch geschickte Erfindung, dazu angelegt, »vulkanische Ausbrüche des Wahnsinns« hervorzurufen und »die Zerstörung der ältesten Gesetze und Pakte« zu planen.[84]

Wie Foucault nur zu gut wußte, sind Labyrinthe nicht nur Phantasiegebilde. Da sie dazu angelegt werden, Verwirrung zu stiften, dienen sie ebenfalls als potentiell nützliche Werkzeuge bei alltäglichen menschlichen Unternehmungen. Im Mittelalter ergänzten sie die Schutzgräben der Burgen als Verteidigungslinien. Zur Zeit der Aufklärung wurden Irrgärten aus Zäunen zur Zerstreuung von Aristokraten angelegt. Und in jedem Zeitalter haben Schriftsteller die Möglichkeit ergriffen, aus Worten Labyrinthe zu schaffen, um sich in ihnen zu verstecken. Daß ein

sprachlicher Irrgarten auch den Leser ›fesseln‹ konnte, da er ihn
›gefangennahm‹, war eine Möglichkeit, die Foucault von Robbe-
Grillet und Roussel, aber auch von Jorge Luis Borges gelernt
hatte, dem argentinischen Schriftsteller und Schutzgeist, dem
Foucault als Inspirator für *Die Ordnung der Dinge* Anerkennung
zollte.[85]
Das Labyrinth hat demnach vielfältige Anziehungskraft für den
Schriftsteller: als Struktur, hinter der er sich verbergen kann,
als Verteidigungslinie, als Kriegswerkzeug, als Ort der Zerstreuung, als Raum dämonischer Offenbarung, als Ort, in dem
der Mensch dazu angehalten werden kann, ›andersartig zu denken‹, kurz, als ein literarisches Mittel, das gleichzeitig ›Selbst-
Tilgung‹ und ›Selbst-Verwirklichung‹ ermöglicht.
Aus diesem Grunde, spekulierte Foucault, war Roussel so vorsichtig vorgegangen, als er das Geheimnis seiner einzigartigen
Bestimmung in den von ihm geschriebenen Büchern chiffrierte,
wodurch seine Prosa zu einem höchst privaten Irrgarten wurde, der gleichzeitig verbarg und enthüllte. Die Möglichkeit, ›er-
wischt‹ zu werden, war, wie Roussel seinem Psychiater einmal
erklärte, Teil des Genusses: »Daß man verbotene Handlungen
in besonderen Räumen in dem Bewußtsein vollzieht, daß das
verboten ist, daß man sich Bestrafungen aussetzt oder zumindest der Verachtung von seiten respektabler Personen, ist unta-
delig.«[86]
Indem er vorsichtig die Spuren seiner persönlichen Bestimmung verwischt, könnte derjenige, der fürchtete, wahnsinnig
zu sein, doch »der Gemeinschaft vernünftiger Menschen« bei-
treten, wie Foucault selbst einmal anmerkte. Indem »er
schreibt und schließlich kein Gesicht mehr« hat, könnte er ein
»sprachloses Bündnis von namenlosem Begehren und einem
Wissen [eingehen], dessen Herrschaft das leere Gesicht des
Meisters verbirgt«. Durch seine Bücher könnte es ihm dann gelingen, die tiefsten Empfindungen über sich selbst auszudrükken und doch ein »vollkommener Fremder« zu bleiben – ein
Mensch, »dessen Fremdheit sich nicht wahrnehmen läßt«.[87]

1966 machte Michel Foucault plötzlich eine seltsame und unerwartete Verwandlung durch. Jahre später erinnerte sich Jean-
Paul Aron nicht ohne Neid daran, wie Foucault, indem er ›der
Gemeinschaft vernünftiger Menschen‹ mit einem glänzenden
Erfolg beitrat, nicht nur ein ›vollkommener Fremder‹, sondern
auch, und das war paradox, der berühmteste französische Philosoph seit Sartre wurde. Das entscheidende Ereignis, erinnert
sich Aron, war das Erscheinen einer Besprechung von *Les mots
et les choses* in *L'Express*. (Das Buch, ›Die Worte und die Dinge‹
wurde 1970 als *The Order of Things* ins Englische und 1971 als
Die Ordnung der Dinge ins Deutsche übersetzt.) *L'Express* ist
ein französisches Wochenmagazin, das sich an den gebildeten
Mittelstand richtet und mit dem *Time Magazine* oder dem deutschen *Spiegel* verglichen werden kann; die Literaturbeilage
bringt hauptsächlich Besprechungen neuer Romane und vor-
aussichtlicher Bestseller. Die Ausgabe vom 29. Mai 1966 kündigte jedoch etwas Neuartiges an.[88]
Die Überschrift verhieß »DIE GRÖSSTE REVOLUTION SEIT
DEM EXISTENZIALISMUS«. Darüber befand sich eine Photographie, die eine dreiviertel Seite einnahm: Sie zeigte den Autor
in einem Trenchcoat unter einem Jugendstil-Metro-Schild plaziert – die Augen starrten durch dicke Brillengläser, die Andeu-
tung eines Lächelns umspielte seine Lippen, sein kahles Haupt
glänzte im Lichterschein. »MICHEL FOUCAULT«, erläuterte die
Unterschrift: »Der Mensch ist eine moderne Erfindung.«[89]
Die Zeit war reif. Der Krieg in Algerien war vier Jahre zuvor zu
Ende gegangen. Mit dem Dahinsterben der alten kolonialen
Ordnung hatte sich auch das politische Klima in Frankreich be-
ruhigt. Die Wirtschaft blühte. Veränderung lag in der Luft. Mit
jedem Monat schien die existenzialistische Weltsicht, die aus
Niederlage und Krieg entstanden war, mehr und mehr einer
vergangenen Epoche anzugehören. Es war die Zeit Godards,
Truffauts, der *Nouvelle Vague* im französischen Film. Die Arbeiten Lévi-Strauss', Barthes' und Althussers hatten bereits begonnen, die geistige Landschaft von Paris umzugestalten. Die Kun-
de des Aufruhrs verbreitete sich schnell: Eines der wichtigsten
Werke Lévi-Strauss', *Das wilde Denken*, war in diesem Jahr auf

englisch erschienen, desgleichen eine der ersten Übersetzungen einiger Aufsätze Lacans in einer dem Strukturalismus gewidmeten Sondernummer der *Yale French Studies*. Ein weltweiter Markt entstand – und dank des Erfolgs des Existenzialismus wurde Paris als sein Modezentrum betrachtet.[90]

Die Rezensentin von *L'Express* gebrauchte kein einziges Mal die Zauberformel ›Strukturalismus‹, weil es nicht nötig war; die Leser wußten ohnehin, aus welcher Richtung der Wind blies. In den engen Spalten des Wochenmagazins wurden die Feinheiten und Schwierigkeiten von Foucaults eigener Analyse natürlich weder erklärt noch analysiert, seine strukturalistischen Sympathien durch die Erwähnung des Begriffs ›System‹ und einen Verweis auf Lévi-Strauss angezeigt.[91]

»Wir befinden uns in einem Teufelskreis«, kommentierte Aron Jahre später säuerlich. »Das Sperrfeuer der Öffentlichkeit« beginnt, den Bereich der hohen Kultur anzugreifen, indem es die Signifikanz von Erscheinungen verkündet, die jeglicher Bedeutung entleert sind: »Es ist ein ausgezeichneter und einzigartiger Augenblick, in dem sich das Wirkliche und sein Simulakrum, einem barocken Schnörkel gleich, zu umarmen, zu umschließen, zu vermischen scheinen, wobei das eine dem anderen seine Künstlichkeit verleiht, das es dafür zum Dank mit Glaubwürdigkeit ausstattet.«[92]

Eins ist sicher: Kein Leser der Rezension in *L'Express* konnte auch nur ahnen, was in *Die Ordnung der Dinge* wirklich auf dem Spiel stand – wie sollte es auch anders sein, zieht man die Abwegigkeit und den Schwierigkeitsgrad des Foucaultschen Denkens in diesen Jahren in Betracht? Madeleine Chapsal, die Rezensentin, konnte ihren Lesern auch nur versichern, daß der Autor »seine Kollegen bereits erstaunt« habe und daß sogar Novizen, die »kaum philosophische Kenntnisse besitzen«, die »Einsichten des Buches über die Welt, in der wir leben«, zu schätzen wüßten.[93]

Nach Foucault sei zum Beispiel die Idee »Mensch« im Begriff zu verschwinden, sie sei dabei, sich einfach wie eine »Falte« aus dem Staub zu machen, die aus einem zerknautschten Hemd herausgebügelt wird![94]

Solchen Behauptungen kann natürlich kein Journalist widerstehen. Was dies möglicherweise bedeuten könnte, war selbstverständlich unmöglich zu erklären, zumindest nicht, wenn man nicht mehr als fünfhundert Worte zur Verfügung hat. Doch was soll's: »Ein junger Mann ist auf der intellektuellen Szene erschienen«, schließt die Rezension, »um ausgezeichnete Neuigkeiten zu verkünden: den Tod des Menschen und gleichzeitig die Erneuerung desjenigen, der ihn zuerst erfunden und dann zerstört hat, nämlich der *Philosoph*. Dies ist gefälligst zur Kenntnis zu nehmen.«[95]

Und Frankreich nahm es zur Kenntnis. Die erste Auflage von dreitausend Exemplaren war innerhalb einer Woche ausverkauft; eine zweite Auflage im Juni war ebenfalls bald vergriffen. Im August erschien das Buch auf der Bestsellerliste; jeder Monat brachte neuen Umsatz, neue Debatten, neuen Umsatz: Endlosspirale.[96]

Das Buch, obwohl es lang und schwierig war, reihte sich bald in diejenigen Anzeichen äußerlicher Kulturbeflissenheit ein, die jeder schicke Pariser besitzen mußte: »Haben *Sie* es schon gelesen?« 1966 hing soziales und intellektuelles Ansehen von der Antwort auf diese Frage ab.[97]

In den Interviews, die er in diesen entscheidenden Monaten gab, betonte Foucault die Übereinstimmungen zwischen seinem Buch und dem strukturalistischen Zeitgeist – selbst wenn er zurückhaltend die Aufmerksamkeit auf einige der Besonderheiten seiner eigenen Methode lenkte. In ihnen präsentierte er *Die Ordnung der Dinge* als eine Fortsetzung von und einen Begleitband zu *Wahnsinn und Gesellschaft*, als eine »Geschichte der Ähnlichkeit, des Gleichen, der Identität«, welche die Geschichte der Unterschiede, der Andersheit, der Trennung seines früheren Werkes ergänze.[98]

Sein neues Buch bietet demnach eine Art von nach-kantischer ›Kritik der unreinen Vernunft‹, die (wie Kants *Anthropologie*)

von »Praktiken[,] [. . .] Institutionen und [. . .] Theorien auf
der gleichen Ebene« handelt, indem sie nach »Isomorphismen«
oder Ähnlichkeiten in den Ausformungen sucht, die den Erfahrungsbereich einer bestimmten Epoche (in einer Art von historischem Apriori) organisiert. Foucault gesteht ein, daß er dabei
an Vorläufer wie Lévi-Strauss, Lacan, Althusser und Dumézil
denkt – allesamt Denker, die aufzeigten, daß sich unter der von
Sartre und den Phänomenologen untersuchten bewußten Be-
deutungsebene eine zweite unbewußte und ungedachte, anonyme und unpersönliche Ebene befindet, die das Spiel der Bedeutungen im voraus reguliert. Deshalb ist der Mensch auch
nicht vollständig frei (oder vollständig verantwortlich), wie Sartre annahm, sondern beständig in Schranken gehalten, gefesselt, vom Netz der Sprache und von außerhalb seiner Kontrolle
angesiedelten Praktiken umstrickt. Foucault prägt sogar einen
neuen Begriff, um die Neuartigkeit des Bereichs deutlich zu
machen, den er sich anschickt zu analysieren: die ›Episteme‹. Er
leitete ihn von dem altgriechischen Wort für ›Wissen‹ ab, das
bereits als linguistische Wurzel für den philosophischen Fach-
terminus ›Epistemologie‹ (Erkenntnistheorie) gedient hatte.
Eine ›Episteme‹ ist, nach Foucaults Definition, ein »spezifische[r] epistemologische[r] Raum einer bestimmten Epoche«,
eine allgemeine Form des Denkens und der Theoriebildung,
die festlegt, wie »Ideen haben erscheinen, Wissenschaften sich
bilden, Erfahrungen sich in Philosophien reflektieren, Rationali-
täten sich formen können, um vielleicht sich bald wieder aufzulösen und zu vergehen«.[99]
Aus der Sicht dieses neuartigen Theoretisierens, für das Foucaults jüngstes Werk beispielhaft ist, erschien es offensichtlich,
daß Sartres Spielart des Existenzialismus der Vergangenheit angehörte. Eine neue Generation, »während des Krieges noch
nicht 20 Jahre alt«, hat, wie Foucault erklärt, »die Generation
der *Temps Modernes*« ersetzt, »die das Gesetz für unser Denken und das Vorbild für unser Leben gewesen war«. Für diese
jüngere Generation erwies sich die *Kritik der dialektischen
Vernunft* als »kläglich«, die zum Scheitern verurteilte »Anstrengung eines Mannes des neunzehnten Jahrhunderts, unser

zwanzigstes zu durchdenken«. Der synkretistische Humanismus der Nachkriegszeit – eine moralistische Verschmelzung aus Sartre, Camus und Teilhard de Chardin, so erläutert er – habe vorgegeben, Probleme zu lösen, die er nicht einmal begriffen habe, zum Beispiel »all diese Zwangsvorstellungen, die es in keiner Weise verdienen, theoretische Probleme zu sein [. . .]. In wessen Namen« sprächen Sartre und Chardin, die ein »ungeheuerliche[s] Bündnis« miteinander geschlossen hätten? »Im Namen des Menschen! Wer würde es wagen, Schlechtes über den Menschen zu sagen!«[100]

Weit davon entfernt, ›schlecht‹ (oder ›wahnsinnig‹) zu sein, wurde eine Art zwanghafter Beschäftigung mit dem Tod zur logischen Folgeerscheinung dieses fortgeschrittensten Denkens unserer Zeit: »Der Mensch würde an den Zeichen vergehen, die aus ihm hervorgegangen sind; das hat als erster Nietzsche ausdrücken wollen.« Und obwohl die Analyse eines Zeichensystems durch die Suche nach Ähnlichkeiten hoffnungslos abstrakt erscheinen mag, legt Foucault nahe, daß das Ergebnis dieser Suche ganz etwas anderes sei: »Die Schriftsteller, die uns, den ›kalten‹ Systematisierern, am besten gefallen«, verkündet er Madeleine Chapsal 1966, »sind Sade und Nietzsche – diejenigen, die tatsächlich über ›das Schlechte im Menschen‹ sprechen. Sind sie nicht auch die leidenschaftlichsten aller Schriftsteller?«[101]

Foucaults eigener Text stellt bis auf den heutigen Tag ein Rätsel und eine Provokation dar. *Die Ordnung der Dinge* gibt vor, ein Beispiel moderner Geschichtsschreibung wie *Wahnsinn und Gesellschaft* zu sein. Wie zuvor werden fünf Jahrhunderte überblickt und wieder sind Belesenheit und Forschungsleistung einschüchternd. Doch wie zuvor bezweifelten auch dieses Mal die Historiker die Zuverlässigkeit einer Vielzahl unterschiedlichster Einzelheiten sowie diejeinige des Hauptarguments, wodurch wieder der Verdacht genährt wird, daß das Buch etwas anderes ist, als es zu sein scheint.[102]
Indem es »in der Zeit den gleichen Gliederungen« wie *Wahn-*

sinn und Gesellschaft nachgeht, folgt Die *Ordnung der Dinge* demselben allgemeinen Modell. Während der Renaissance stützte sich das Denken auf eine gewisse »Mobilität [. . .]. [K]ein Weg wird darin von vorneherein festgelegt. Keine Entfernung wird angenommen, keine Verkettung vorgeschrieben«; selbst dem Haß, der Wildheit der Triebe, dem Wahnsinn, den Störfällen der Krankheit wurde ein bestimmter Wert beigemessen; die Welt selbst wurde zu einem »großen, offenen Buch«, das durch eine von Natur aus instabile Kombination aus Belesenheit und »magischer Form« zu entziffern war. [103]

Im Gegensatz dazu wurde die ›Mobilität‹ des Denkens im klassischen Zeitalter der Vernunft eingeschränkt: Das Erfahrungsfeld wurde überschaut, gemessen, definiert, begrenzt; »rohe[s] Sein« wurde gezähmt, durch eine Reihe neuer Disziplinen von Medizin und Botanik bis zum Studium der Universalgrammatik eingefriedet. Diese Disziplinen klassifizierten, ordneten und trennten, wobei sie »die konfuse Monotonie des Raumes« in Einzelstücke zerlegten. [104]

Doch diese anscheinend sichere Organisation der Erfahrung löste sich überraschend plötzlich in den Jahren um 1800 auf, als »ein in sich geschlossenes Wissen« entstand. Die Welt wird jetzt zum vielgestaltigen Produkt aus Notwendigkeiten, die die Wissenschaften begreifen, und aus rätselhaften Mächten, die sich mittels transzendentaler Freiheit offenbaren, wodurch das Wissen »seine Ebenen vermischte«. Eine große und mehrdeutige Trennungslinie durchzieht das abendländische Denken – genau die Linie, die Kant ans Tageslicht gebracht hatte. Auf der einen Seite der Linie findet man das positivistische Verständnis des Menschen, das in Disziplinen wie Ökonomie, Zoologie und Lingusitik kodififiziert wird – die Erben des klassischen Vermächtnisses von Analyse durch Gliederung –, auf der anderen Seite überleben die »dunkelsten Kräfte der Sprache, die zugleich die wirklichsten sind«, und die in der Gestalt der modernen »Literatur« wiedererweckt werden – ein Überbleibsel der verlorenen Welt der Renaissance, als »Worte in der universalen Ähnlichkeit der Dinge glitzerten«. [105]

Dem Untertitel des Buches zufolge bietet Foucault eine ›Archäologie der Humanwissenschaften‹. Doch ist *Die Ordnung der Dinge*, vom Standpunkt der Humanwissenschaften aus betrachtet, »ein bösartiges Geschenk«, wie Gilles Deleuze einmal bemerkte, hat doch Foucaults Zugriff wieder einmal die wunderliche Wirkung, daß der Gegenstand der Untersuchung unter unseren Augen zusammenbricht: Genau wie der »Wahnsinn« seines offensichtlichen Bezugs auf eine ihm unterliegende medizinische Realität entledigt wurde, enthüllt Foucaults Untersuchung der Humanwissenschaften, wie Deleuze anmerkt, »ihr vergiftetes Fundament«. Die Archäologie »zertrümmert ihre Götzen«. Die Wissenschaften vom Menschen sind gar keine Wissenschaften; auf den Seiten von Foucaults Buch werden Sprachwissenschaft, Ökonomie und Zoologie des neunzehnten Jahrhunderts systematisch als eine Art von engstirniger, vorübergehender und einschränkender Fiktion behandelt. Foucault weist selbst den Marxismus, den Sartre nur sechs Jahre zuvor noch für unumgänglich erklärt hatte, frohlockend als eine Art nutzloser Antiquität von der Hand. »Der Marxismus ruht im Denken des neunzehnten Jahrhunderts wie ein Fisch im Wasser«, höhnt er: Seine Kritik an den »›bürgerlichen‹ Theorien der Ökonomie« mag vielleicht »einige Wogen« verursacht haben, aber diese »sind lediglich Stürme im Wasserglas«. Von der historischen Aufgabe des ›wirklichen Menschen‹ zu sprechen (wie es Foucault selbst einmal getan hatte), bedeutet daher, einer Illusion zum Opfer zu fallen, denn die marxistische Vorstellung vom ›Menschen‹ bezieht sich genauso wenig auf eine ihr unterliegende Realität wie die Vorstellung vom ›Wahnsinn‹.[106]

Das alles scheint einsichtig zu sein. Ebenfalls einsichtig ist der neuartige Zugriff des Buches auf die Vergangenheit – eine der meistbeachteten seiner Eigenschaften. Anstatt sich einen Überblick über die Geschichte des Denkens im Sinne Hegels und Marx' zu verschaffen, nämlich so, als ob sie ein kollektiver und akkumulierender Lernprozess sei, näherte sich Foucault, wie sich der Historiker Paul Veyne einmal ausdrückte, der Vergangenheit wie einem Kaleidoskop, das aus einer Vielzahl verschiedener Fragmente besteht. Es besitzt zwar ein Muster, dessen jeweilige Realisierung jedoch dem Zufall überlassen bleibt; sich von einer ›Episteme‹ zur nächsten zu bewegen, heißt, wie sich zeigt, das Kaleidoskop zu wenden, ein neues Muster zu schaffen; die Reihenfolge der Muster gehorcht keiner inneren Logik, paßt sich keiner allgemeinen vernunftgeleiteten Regel an und bekundet keine höhere Notwendigkeit; sie kann daher nicht als eine Art ›Fortschritt‹ betrachtet werden, denn das neueste Muster ist »weder falscher noch richtiger als diejenigen, die ihm vorausgingen«. [107]

Obwohl Foucaults Buch aus seinen Kant-Studien erwuchs und seine Argumentation voll von philosophischen Anspielungen (u. a. auf Heidegger, Sartre und Merleau-Ponty) ist, spielen Philosophen als solche nur am Rande eine Rolle. Statt dessen behandeln weite Teile des Buches die Werke Georges Cuviers (1769-1832), Franz Bopps (1791-1867) und David Ricardos (1772-1823) – Denker, die der Öffentlichkeit so unbekannt waren, daß *Le Nouvel Observateur* seiner Besprechung von *Die Ordnung der Dinge* eine Nebenspalte anfügte, die erklärte, wer diese drei wichtigen Personen waren. (Cuvier war ein Pionier der vergleichenden Anatomie; Bopp der Vater der modernen Linguistik; Ricardo ein Pionier der frühen politischen Ökonomie.) [108]

Trotzdem hinterläßt das Buch selbst unter Zuhilfenahme einer vereinfachenden Zusammenfassung, wovon es mittlerweile eine Reihe brauchbarer gibt, früher oder später beim Leser ein Gefühl der Verwirrung. Nachdem er es zu Ende gelesen hatte, fragte sich selbst Foucaults philosophischer Verbündeter Georges Canguilhem, ob es wirklich möglich sei, wie Foucault behauptet, eine Geschichte verschiedener Ausprägungen des Wissens zu schreiben, ohne auf irgendein Kriterium zurückzugreifen, das über seinen relativen »rationalen Wert« richtet, ohne je auf Erfolg oder Versagen einer einzigen vorgeblich wissenschaftlichen Theorie einzugehen. Je länger man über die Argumente des Buches nachdenkt, desto merkwürdiger erscheinen sie. Wie der französische Historiker Michel de Certeau in dem vielleicht scharfsinnigsten Essay über das Buch bemerkte,

»verbinden sich Glanz und, mitunter, Geziertheit des Stils mit der detaillierten Gewandtheit der Analyse, um eine Unverständlichkeit hervorzubringen, in der sowohl der Autor als auch der Leser aus dem Gesichtsfeld dahinschwinden«.[109] Welche Logik, wenn es denn eine besitzt, beherrscht den verzwickten Aufbau des Buches? Wenn Veränderungen in der Art und Weise, wie Wissenschaftler und Philosophen denken, genau genommen, nicht ›rational‹ sind, wie geschehen dann solche Veränderungen? Warum dreht sich das ›Kaleidoskop‹ einer Kultur plötzlich? Was kann möglicherweise für solch eine unvorhergesehene Drehung verantwortlich gemacht werden? Und, wenn wir schon dabei sind, Fragen zu stellen, welchen Standpunkt vertritt der Autor selbst? Wie kann es sein, daß es ausgerechnet ihm gelungen ist, demjenigen, ›was Denken beinhaltet‹, zu entgehen und, als ob er außerhalb stünde, unsere moderne ›Episteme‹ als Ganzes zu beschreiben?

Dies sind augenscheinlich widerspenstige Fragen. Doch Foucault selbst zeigt einen Weg an, wie sie vielleicht anzugehen seien, und zwar in einem Essay mit dem vielsagenden Titel ›Das Denken des Außen‹. Der Aufsatz, 1966 in *Critique* erschienen, kurz nachdem *Die Ordnung der Dinge* in den Buchhandel gekommen war, erhellt unausgesprochen den dunklen Stil seines größeren Werks.

Das Thema von Foucaults Essay ist das Werk Blanchots und »[d]er Durchbruch zu einer Sprache, aus der das Subjekt ausgeschlossen ist«. Dieser Durchbruch, gibt Foucault zu, ist fremdartig, geheimnisvoll, voller Paradoxe; er enthüllt »eine[n] Abgrund, der uns lange Zeit unsichtbar blieb«. Doch er erneuert ebenso eine »Form des Denkens, die sich an den Rändern der abendländischen Kultur bis jetzt nur ungewiß abgezeichnet hat«. Diese lange Zeit vergessene Denkweise – »das Denken des Außen«, wie Foucault es nennt – steht »außerhalb jeder Subjektivität«. Es ist eine Art von »zertrümmertem Denken«, das »die Grenzen« des Denkens »wie von außen hervortreten [läßt], um ihr Ende zu verkünden, ihre Zerstreuung aufsprühen

zu lassen«; gleichzeitig gewährt es dem Denker die Anschauung »der Schwelle jeder Positivität«, wodurch er den Raum
wiederentdeckt, in dem sich das Denken entfaltet und der »die
Leere [ist], in der er sich aufhält«.[110]
Wie diese Formulierungen nahelegen, handelt es sich bei diesem ›Denken des Außen‹ um eine Art von Verzückung oder Ekstase, die jenem »mystischen Denken entstammt, das seit den
Texten des Pseudo-Dionysos an den Grenzen des Christentums herumgeisterte; vielleicht hat es sich fast ein Jahrtausend
lang unter den Formen einer negativen Theologie verborgen
gehalten«, nur um zu Beginn des klassischen Zeitalters zu verschwinden.[111]
Aber nicht für lange. In unserer eigenen Zeit verfolgt eine Art
von mystischem Denken wieder die Ränder der Philosophie,
»paradoxerweise« widerbelebt im »hartnäckige[n] Monolog
Sades«, der »[i]m Zeitalter Kants und Hegels [...] als gesetzlo-
ses Gesetz der Welt nur die Nacktheit des Begehrens sprechen« läßt.[112]
»Sade [ist] ein ausgezeichnetes Beispiel«, erklärt Foucault
1967 in einem Gespräch, »sowohl für die Verleugnung des Subjekts der Erotik wie auch für die absolute Entfaltung der Strukturen in ihrer höchst arithmetischen Positivität.« Als irre, doch
strenge Formulierung der Internierung der Unvernunft durch
die Vernunft ist das Werk Sades »nichts als die Darstellung jeder erotischen Kombination bis zur äußersten Konsequenz:
von derjenigen, die am logischsten erscheint bis zu derjenigen,
die eine Art Ekstase des Subjekts selbst ist (zumindest im Falle
Juliettes) – eine Ekstase, die zu seiner völligen Explosion
führt«.[113]
Es überrascht angesichts solcher Ansichten kaum, Sades Denken in *Die Ordnung der Dinge* an genau der Stelle zu finden, an
der es in *Wahnsinn und Gesellschaft* stand: an der Schwelle
einer neuen Denkweise. »Von ihm an werden Gewalt, Leben
und Tod, Verlangen, Sexualität unterhalb der Repräsentation
eine immense, schattige Schicht ausbreiten, die wir jetzt so,
wie wir können, wieder in unseren Diskurs, in unsere Freiheit«
– ein seltenes Auftauchen der Kantischen transzendentalen

Idee im Werk Foucaults dieser Jahre – »und in unser Denken aufzunehmen versuchen.«[114]

Die erotische ›Erfahrung‹, der Sade zuerst Ausdruck verliehen hatte, blieb aber nicht verborgen (schließlich kann heute jeder Sade lesen). Vielmehr »schweifte« sie in der von den modernen Humanwissenschaften definierten Form von ›Subjektivität‹ und Bewußtsein »an der Außenseite unserer Innerlichkeit als Fremdling herum«. Für unsere heutige Zeit ist deshalb nicht die Wissenschaft der Ort dieses Denkens (und sicherlich nicht die Politik, für die es ein Tabu ist), sondern die ›Literatur‹: Allein in ›Das Denken des Außen‹ erwähnt Foucault Hölderlin, Nietzsche, Mallarmé, Heidegger, Artaud, Bataille, Klossowski und natürlich Blanchot selbst.[115]

Diese Schriftsteller können, wie Foucault in *Die Ordnung der Dinge* andeutet, den geheimnisvollen Ursprung von Veränderung, Innovation und der Fähigkeit des Menschen erleuchten, »von neuem zu beginnen [. . .]. Das Diskontinuierliche – die Tatsache, daß eine Kultur mitunter in einigen Jahren aufhört zu denken, wie sie es bis dahin getan hat, und etwas anderes und anders zu denken beginnt – führt wahrscheinlich zu einer Erosion des *Außen*.«[116]

Die einzigartige Bedeutung des Blanchotschen Werks liegt jedoch weder in seiner Wertschätzung der Ekstase noch in seinem Verständnis des ›Außen‹ – vielmehr liegt es in seiner Anwendung von *Sprache*. Seine Prosa scheint äußerlich matt, ungekünstelt, sogar (wie Sade geraten hatte) »teilnahmslos«, doch ist sie stets präzise. Sie ist geometrisch. Sie ist peinlich genau. Wie die spätere Sprache Robbe-Grillets kommuniziert sie »im Grau des Alltäglichen und Anonymen«. Wenn sie »Erstaunen« auslöst, tut sie dies nicht, indem sie die Aufmerksamkeit auf den Autor oder gar bestimmte Worte lenkt, sondern sie tut es »an der Leere, die sie umgibt, am Raum, in dem sie ohne Wurzel und Fundament steh[t]«.[117]

Die virtuelle Unsichtbarkeit von Blanchots künstlerischem Eingriff macht ihn »vielleicht nicht nur [zu] ein[em] Zeuge[n]« einer langen Tradition ekstatischen Denkens, lautet Foucaults Schlußfolgerung: »So sehr er sich auch in die Offenbarung seines Werkes zurückzieht, so sehr er – von seinen Texten zwar nicht verborgen – aber von ihrer Existenz und durch die wunderbare Kraft ihrer Existenz abwesend ist, ist er gleichwohl für uns dieses Denken selbst« – das ›Denken des Außen‹ – »die wirkliche, ferne, funkelnde unsichtbare Gegenwart, das notwendige Schicksal, das unausweichliche Gesetz, die ruhige unbegrenzte und gemessene Kraft dieses Denkens«. [118]

›Das Denken des Außen‹ nicht durch einen Roman, sondern eher durch die Prosa der Welt zu beschwören – was Foucault in *Die Ordnung der Dinge* versucht –, hieße eigentlich, genau wie er verspricht, »unserem schweigenden und auf naive Weise unbeweglichen Boden [seine] Brüche, [seine] Instabilität und seine Lücken« wiederzugeben. Es hieße, uns daran zu erinnern, »daß wir auf dem Rücken eines Tigers sitzen«. Es hieße schließlich, die »essentielle Leere« aus jedem vorstellbaren Blickwinkel heraufzubeschwören – jenen formlosen Strudel tierischer Energien, den Nietzsche das Dionysische genannt hatte. [119]
»Jene Denker, in denen alle Sterne sich in zyklischen Bahnen bewegen, sind nicht die tiefsten«, schrieb Nietzsche einmal, indem er den für Plato und seine neuzeitlichen rationalistischen Nachfolger charakteristischen Traum einer *mathesis universalis* mit Schmähungen überschüttete: »[W]er in sich wie in einen ungeheuren Weltraum hineinsieht und Milchstraßen in sich trägt, der weiß auch wie unregelmäßig alle Milchstraßen sind; sie führen bis ins Chaos und Labyrinth des Daseins hinein.« [120]
Nietzsche nahm an, daß der Mensch in dem Ausmaß, in dem er noch Zugang zu diesem inneren Chaos hatte, ›einen tanzenden Stern gebären‹ könnte – etwas Einzigartiges, Unvergleichliches, unmißverständlich Kreatives, ein Symbol, Foucaults eigenem Mythos nach, des Labyrinths, der ›höheren Notwendigkeit‹ des Menschen.
»Es kommt die Zeit des verächtlichsten Menschen«, warnte Nietzsche: »Seht! Ich zeige euch den *letzten Menschen*.« Dieser ›Mensch‹ sei, hörig und dem Vergessen anheimgefallen, den

tierischen Energien fremd, unfähig zu entkommen, unfähig, anders zu sein. »Was ist Liebe? Was ist Schöpfung? Was ist Stern? – so fragt der letzte Mensch und blinzelt.«[121]
Indem Nietzsche von den ›Wanderungen des letzten Menschen‹ Bericht erstattete, bemerkt Foucault in *Die Ordnung der Dinge*, nahm er ein letztes Mal »die anthropologische Endlichkeit« wieder auf und untersuchte noch einmal die hybriden historischen Aprioris, die Kant bereits in seiner *Anthropologie* offengelegt hatte. Nietzsche unternahm dies jedoch nicht, um die normativen Grenzen der Idee ›Mensch‹ aufzuzeigen. Stattdessen lieferte er eine Moralkritik – und einen Angriff auf den ›letzten Menschen‹ als die Grundlage »für den gewaltigen Sprung des Übermenschen«, der »alle festen Formen [entflammt]«.[122]
»Dies ist die Hauptfrage«, erklärte Nietzsche in einem Aphorismus, den Foucault an anderer Stelle zitiert: »Wollen wir für [die Menschheit] ein Ende im Feuer und Licht oder im Sande?«[123]
»Sind wir denn bei einer solchen ungeheuren Absichtlichkeit«, fragt sich Nietzsche, »dem Leben alle Schärfen und Kanten abzureiben, nicht auf dem besten Wege, die Menschheit zu *Sand* zu machen?«[124]
Aus dieser nietzscheanischen Perspektive erscheint es kaum verwunderlich, daß Foucault in seinen berühmten Schlußsätzen von *Die Ordnung der Dinge* bereitwillig darauf wettet, daß »der Mensch [bald] verschwindet wie am Meeresufer ein Gesicht im Sand«. Kants anthropologisches Ideal (»weniger Grausamkeit, weniger Leiden, mehr Milde, mehr Respekt, mehr ›Menschlichkeit‹«), vom Wellenschlag hinweggespült, von der Gewalt des Meeres zerrieben, wird von den Fluten weggewaschen werden: Dies ist die Bedeutung von Nietzsches Symbol des Übermenschen – Foucaults altes Emblem der Unvernunft –, ein formloses und unsicheres Element, das, nach der aquatischen Allegorie von *Wahnsinn und Gesellschaft*, reinigt und hinwegträgt.[125]

Diesen ›unergründlichen Ozean‹ zu durchqueren, hieße, auf
eine neue Weise das Chaos des Daseins zu steuern. Es würde
bedeuten, sich den Gefahren einer unsicheren Reise mit unge-
wissem Ziel auszusetzen. Es würde bedeuten, den schattenhaften weiten Raum zu erkunden, der zuerst von Sade ausgelotet
wurde.

Wie Foucault elliptisch auf den abschließenden Seiten von *Die
Ordnung der Dinge* erklärt, »erkennt« die Analyse des Menschen nur dann wahrhaft sich selbst, »wenn sie vor die gleichen
Psychosen gestellt wird, denen sie jedoch (oder vielleicht mehr
aus eben diesem Grund) keinen Zugang abgewinnen kann: als
breitete die Psychose in einer grausamen Beleuchtung das aus
und gäbe uns in einer nicht allzu fernen, sondern geradezu nahen Weise das, wohin die Analyse langsam schreiten soll«. Indem er den von Sade und Nietzsche, aber auch Kant und Freud
gelegten Fährten folgt, muß der Analysierende »eine Praxis«
aufnehmen, »in die nicht nur die Kenntnis vom Menschen einbezogen ist, sondern der Mensch selbst, der Mensch mit jenem
Tod, der bei seinem Leiden am Werk ist, jener Lust, die ihren
Gegenstand verloren hat, und jener Sprache, durch die hindurch und mit Hilfe derer sich schweigend sein Gesetz artikuliert. *Alles analytische Wissen ist also unüberwindlich mit einer
Anwendung verbunden,* mit jenem *Abwürgen* zwischen zwei Individuen, von denen das eine die Sprache des anderen hört und
so sein Verlangen nach dem Objekt, das es verloren hat, freisetzt (indem es es hören läßt, daß es es verloren hat) und es aus
der stets wiederholten Nachbarschaft des Todes befreit (indem
es es hören läßt, daß es eines Tages sterben muß).« [126]
Der Mensch, der über der »Leere« schwebt, »die sich unter
den Schritten des Faszinierten auftut«, und der sich in einem
Begeisterungstaumel »über den Tod« erhebt, »der in seinem
Leiden am Werke ist«, könnte dann (nachdem er endlich im
Zentrum des großen innerlichen Labyrinths von *Die Ordnung
der Dinge* angekommen ist) entdecken, worauf das Denken
Nietzsches, in Foucaults Sicht, vorausdeutet: nicht nur »den
Tod des Menschen«, sondern die Ankunft »neue[r] Götter,
die gleichen, die »bereits den künftigen Ozean auf[wühlen]«.

Weit davon entfernt, einfach nur »den Tod Gottes« mitzuteilen, erklärt Foucault, »oder vielmehr in der Spur dieses Todes und gemäß einer tiefen Korrelation mit ihm«, ist das, was Nietzsches Denken verkündet, die »vollendete Gleichheit«, der *daimon*, die »Identität der Wiederkehr des *Gleichen* und die absolute Zerstreuung des Menschen«. [127]

»Es kehrt nur zurück«, wie Nietzsche sich ausdrückt, »es kommt mir endlich heim – mein eigen Selbst.« [128]

Die Aufnahme, welche *Die Ordnung der Dinge* fand, hinterließ bei Foucault zwiespältige Gefühle. Er freute sich darüber, sich nun mit Sartre messen zu können, und war entzückt, im Mittelpunkt der intellektuellen und akademischen Debatte zu stehen – während seines gesamten Lebens, noch lange, nachdem er Berühmtheit erlangt hatte, sehnte er sich nach Anerkennung und ernsthafter Anteilnahme seiner historischen und philosophischen Kollegen. Denen zufolge, die ihn in diesen Jahren am besten kannten, war er nie glücklicher. [129]

Das Buch selbst jedoch betrachtete er bald als zutiefst mißlungen – mit gutem Grund. *Wahnsinn und Gesellschaft* mag langatmig sein, doch wurde es von einigen wenigen wiederkehrenden Themen und Bildern zusammengehalten. Im Gegensatz dazu wirkt *Die Ordnung der Dinge* unhandlich, unzusammenhängend, allzusehr elliptisch. In seiner Verschrobenheit weckt es Erinnerungen an seine ursprüngliche Vorlage, Kants *Anthropologie*; Foucaults entscheidende Schlußfolgerungen bezüglich Kant werden jedoch zu einem großen Teil, abgesehen von ein paar verstreuten Seiten, durch die unnötig verschleiernde Behauptung ausgedrückt, daß der Mensch eine »empirisch-transzendentale Verdoppelung« sei. Das strategisch plazierte Lob des Textes für Psychoanalyse und Ethnologie, das jedem französischen Leser von 1966 ins Auge sprang, erscheint unaufrichtig: Es schwächt auch die Wirkung von Foucaults Manöver in gnostischer Selbst-Annulierung. Die das Buch eröffnende Analyse von Velázquez' Gemälde *Las Meninas*, das er als Sinnbild des paradoxen Spiels von Identität und Differenz in der Reflexion präsentiert – und auch als Bild der Abwesenheit des ›Menschen‹ in der vormodernen ›Episteme‹ – gehört zum Elegantesten, was er geschrieben hat. Der Hauptteil des Buches ist dagegen allzu methodisch, eintönig, glanzlos umständlich: als ob sich Foucault, weil er die Maske eines strukturalistischen Historikers aufgesetzt hatte, dazu verpflichtet gefühlt hätte (wie er sich einmal ausdrückte), »seine eigene Perspektive [zu] verleugnen und eine allgemeine Geometrie vor[zu]täuschen«. Das Ergebnis ist, daß die schwindelerregenden Schlußkapitel zu einem losgelösten Buch der Offenbarung werden, das in fast unbegreiflicher Beziehung zu der unglaubwürdig monolithischen Abfolge historischer Schnappschüsse steht, die ihm vorausgehen. Wie ein verärgerter Leser einmal zusammenfassend anmerkte, erinnere der Gesamteindruck an »einen Spengler, der mit dem Stil Spinozas herumspielt«.[130]

Foucault ärgerte sich mit der Zeit so sehr über *Die Ordnung der Dinge*, daß er ernsthaft erwog, das Buch zurückzuziehen. Er bat Gallimard einmal darum, es nicht mehr zu drucken, nur um die Vergeblichkeit einer solchen Bitte einzusehen. Daniel Defert erinnert sich daran, daß Foucault privat seinem Widerwillen gegen das Buch mehr als einmal Ausdruck verlieh – ein Gefühl, das er manchmal auch öffentlich bekundete: »Es ist das schwierigste, lästigste Buch, das ich je geschrieben habe«, erklärte er mit Verbitterung in einem Gespräch 1978: Es »war im Grunde darauf angelegt, von ungefähr zweitausend Akademikern gelesen zu werden«. Das Buch, vertraute er einem Gesprächspartner im gleichen Jahr an, behandelte »Problemstellungen, für die ich nicht besonders viel Leidenschaft übrig habe, [. . .] Wahnsinn, Tod, Sexualität, Verbrechen – das sind die Themen, denen ich die meiste Beachtung schenke. Im Gegensatz dazu habe ich *Die Ordnung der Dinge* immer als eine Art formale Übung betrachtet.«[131]

Nach einigen Monaten, als der Ruf des Buches sich ausweitete, ärgerte Foucault zunehmend der verständnislose Enthusiasmus seines neuen breiten Publikums und die gleichermaßen verständnislose Animosität einer wachsenden Anzahl von Kritikern.

Gelehrte, die sich Foucaults Werk von verschiedenen Seiten näherten, kamen zu denselben negativen Schlußfolgerungen. Der Psychologe Jean Piaget, der Kant und Freud studiert hatte und sich für einen Strukturalisten hielt, war von den willkürlichen Arabesken der Analyse Foucaults abgestoßen. Sie erschienen ihm als eine Trickkiste, ein Zauberkunststück mit doppeltem Boden: *Die Ordnung der Dinge*, schrieb er, böte »Strukturalismus ohne Strukturen«. Andere lehnten das Buch einfach als ein Symptom kultureller Fäulnis, als eine »Ideologie des Irrationalen« ab, die, wie ein besorgter Schweizer Psychiater schrieb, Hitlers *Mein Kampf* »bedenklich nahe« komme. [132]

Bevor das Jahr 1966 zu Ende war, hatte Sartre so scharf reagiert, wie er nur konnte. In einem Interview, das in einer Sondernummer der Zeitschrift *L'Arc* erschien, die einfach den Titel ›Sartre antwortet‹ trug, beschwerte sich der ältere Philosoph, Foucault habe »das Kino durch die *Laterna magica*, Bewegung durch aufeinanderfolgende Immobilität ersetzt«. Gerade der Erfolg des Buches, erklärte Sartre, »beweist, daß man es erwartete« – ein wahrhaft schöpferisches Werk könnte niemals solchen Beifall ernten. (Der Erfolg von *Das Sein und das Nichts* oder *Die Kritik der dialektischen Vernunft* störte ihn kaum – Sartre gehörte nicht zu denjenigen, die sich Sorgen um Unvereinbarkeiten machten.) Foucault, behauptete er ein wenig folgerichtiger, »gibt den Leuten, was sie brauchen: eine eklektische Synthese, in der Robbe-Grillet, der Strukturalismus, die Linguistik, Lacan und *Tel Quel* nacheinander dazu benutzt werden, die Unmöglichkeit einer historischen Reflexion zu beweisen«. Dieses Sammelsurium stellte aus Sartres Blickwinkel eine Ablenkung, eine ideologische Erfindung dar – »die letzte Barriere, die das Bürgertum noch gegen Marx errichten kann«. [133] »Armes Bürgertum«, scherzte Foucault Jahre später, »wenn es mich als Barriere benötigte, hätte es seine Macht bereits verloren!« [134]

Als der Tumult seinen Höhepunkt erreichte, verschwand Foucault – dieses Mal im wörtlichen Sinne. Im Herbst 1966 zog er von Paris nach Tunesien, wo er die nächsten zwei Jahre als Dozent an der Universität von Tunis verbrachte. Hier begann er mit der Arbeit an den Vorlesungen und Aufsätzen, die schließlich die Grundlage für *Die Archäologie des Wissens* bildeten, der Erklärung und Verteidigung seiner Methode, die er 1969 veröffentlichte.[135]

Es stellte sich heraus, daß dies sein seltsamstes Buch werden sollte, eine liebevolle und bis ins kleinste Detail ausgearbeitete Darstellung zahlreicher Kategorien und Techniken, die er in *Die Ordnung der Dinge* angewandt hatte, um die »diskursiven Praktiken« der Humanwissenschaften zu analysieren, um ihre »inneren Regeln« und die »Bedingungen ihres Auftretens« bloßzulegen. Über diese Domäne – die von der gebieterischen Sprache der Gelehrten (und Bürokraten) konstituiert wird, um zu definieren, zu umschreiben und zu regulieren – bleibt wenig zu sagen; »Ursprünglichkeit« ist nicht mehr länger wichtig, was zählt, ist die »Regelmäßigkeit« einer Aussage. Diese Sprache, ein im wesentlichen anonymer Bereich, in dem es keine Personalpronomen gibt, ist der Ort, wo ›das Man‹ (um einen Begriff Heideggers aus *Sein und Zeit* zu verwenden) fast immer spricht. Gelegentlich jedoch bricht, wie es selbst in der nichtssagendsten Einöde geschieht, ein Vulkan aus, und diese unerklärlich »plötzlichen Ausbrüche« verändern natürlich die Landschaft der Sprachspiele, die der Historiker vermessen muß. Er ist einfach ein unschuldiger Beobachter und nennt sich selbst einen »glücklichen Positivisten«.[136]

In diesem heiteren Sinne macht Foucault einige potentiell irreführende Äußerungen, schreibt seinen eigenen ›Discours de la méthode‹, verwoben mit einem sanfter vorgetragenen, fast unmerklichen »Gedicht seines vorangegangenen Werkes«, wie sich Gilles Deleuze einmal ausdrückte.[137]

Foucault besteht darauf, daß seine Forschung »nicht mehr und nicht weniger als eine erneute Schreibung« sei (als ob sie nicht neuartig sei, als ob sie nicht das Auftreten oder den ›Ausbruch‹ einer bestimmten Art von »Diskontinuitäten« oder »Differenzen« markiere, was sie natürlich tut, wie er selbst am Schluß seines Essays eingesteht). Indem er sein früheres Vertieftsein in

»das, was als ›Erfahrung‹ bezeichnet wurde«, kritisiert, vertritt er jetzt den Standpunkt, daß es »vergeblich« wäre, »jenseits der strukturellen, formalen oder interpretativen Analysen der Sprache nach einem bereits von jeder Positivität befreiten Gebiet [zu suchen], worin die Freiheit des Subjekts, das Mühen des Menschen oder der Beginn einer transzendentalen Bestimmung sich entfalten könnte« (als ob das Problem des Menschen und seiner Freiheit keine Bedeutung für Foucault hätte, was nicht ganz stimmt: Wie er im Schlußkapitel zugibt, hat er das Phänomen der »Transzendenz« bewußt »verkannt« – aber nur, wie er sagt, bei dem Versuch, neues Licht darauf zu werfen, wie bestimmte Menschen, die wie alle anderen im Netz »diskursiver Praktiken« ihrer Kultur verfangen sind, trotzdem dazu in der Lage seien, »von verschiedenen Gegenständen [zu] sprechen, entgegengesetzte Meinungen [zu] haben, eine sich widersprechende Wahl [zu] treffen«). Da schon die Kategorien ›Subjekt‹, ›Autor‹, ›œuvre‹ nachweisbar das Produkt bestimmter »Verfahren der Synthese [. . .] rein psychologischer Natur« seien, wäre es ein Fehler, wie Foucault abschließend in berühmt gewordenen Worten argumentiert, solche Kategorien anzuwenden, um »die Absicht des Autors, die Form seines Geistes, die Strenge seines Denkens, die ihn beschäftigenden Themen, das Vorhaben, das seine Existenz durchläuft und ihr Bedeutung gibt«, zu analysieren (als ob es undenkbar sei, daß Foucault selbst Absichten oder Obsessionen oder übergreifende Themen habe – was wiederum nicht ganz richtig ist: Wie er hier diskret zugibt, zielte seine »Diagnose« in *Die Ordnung der Dinge* wie in *Wahnsinn und Gesellschaft*, »wenn auch nur indirekt«, darauf ab, ein Schattenreich auszuleuchten, das »uns unsere Kontinuitäten [nimmt]«. Dieses Schattenreich »zerreißt den Faden der transzendentalen Teleologien« und »löst diese zeitliche Identität auf, worin wir uns gerne selbst betrachten«, wobei das Bewußtsein sich auf eine Weise auflöst, die »das Andere hereinbrechen« läßt und »jede Innerlichkeit in diesem Außen beseitig[en]« wird, »das für mein Leben so indifferent und so neutral ist, daß es zwischen meinem Tod und meinem Leben keinen Unterschied läßt«).[138]

Ohne Zweifel schaute Foucault mit einem Seitenblick auf Kritiker wie Sartre und Piaget, denn, was er eigentlich methodisch beschreibt, ist die Art, wie er sein sprachliches Labyrinth errichtet hatte, ohne jedoch geradeheraus zu sagen, warum und was sein Inhalt sein könnte.

Das Buch teilt Seitenhiebe an verschiedene Kritiker aus. Sartre wird wegen seiner anscheinenden Unkenntnis der Arbeitsweise ›richtiger‹ Historiker angegriffen. Selbst beiläufige Vertrautheit mit den Arbeiten Braudels und anderen Historikern um *Annales* könnte Sartres teleologisches Luftschloß von einer Geschichte mit einem *happy end* zum Einsturz bringen. Außerdem könnte sie Sartres altmodischen Nachdruck auf politische Ereignisse wie zum Beispiel den Sturm auf die *Bastille* und sein gleichzeitiges fehlendes Interesse an weniger spektakulären, aber vielleicht wichtigeren Ereignissen, wie zum Beispiel dem Auftauchen eines neuen Virus oder eine Veränderung in der Ernährungsweise der Menschen, fragwürdig erscheinen lassen. Wie Foucault in einer der Vorlesungen, die er in diesen Monaten hielt, anmerkte, »ist der plötzliche Anstieg der Proteinmenge, die eine Bevölkerung zu sich nimmt, in gewisser Weise von wesentlich höherer Bedeutung als eine Verfassungsänderung oder der Übergang von einer Monarchie zu einer Republik«. [139] Gleichzeitig distanzierte sich Foucault mit der *Archäologie des Wissens* vorsichtig vom strukturalistischen Lager. Er erklärte »die Opposition Struktur – Werden« als unwichtig für »die Definition des historischen Feldes«. Im Vorwort zur englischen Übersetzung von *Die Ordnung der Dinge*, die ein Jahr später, 1970, erschien und auch in die deutsche Übersetzung mit aufgenommen wurde, war Foucault sogar noch nachdrücklicher: »In Frankreich beharren gewisse halbgewitzte ›Kommentatoren‹ darauf, mich als einen ›Strukturalisten‹ zu etikettieren. Ich habe es nicht in ihre winzigen Köpfe kriegen können, daß ich keine der Methoden, Begriffe oder Schlüsselwörter benutzt habe, die die strukturale Analyse charakterisieren.« [140] Sein eigenes Unternehmen verteidigt er dagegen in Worten ausgesprochener Bescheidenheit: »Es ist die Definition eines besonderen Standortes«, sagt er, »das heißt – statt die

anderen zum Schweigen zu bringen, indem man vorgibt, daß ihre Worte nichtig sind –, daß man versucht, jenen weißen Raum zu definieren, von dem aus ich spreche und der langsam Form in einem Diskurs annimmt, den ich als noch so schwach und unbestimmt empfinde.«[141]
Diese Sätze scheinen ein wenig zu demütig, stammen sie doch von einem Mann, der sich vorstellte, den modernen Humanismus ›wie am Meeresufer ein Gesicht im Sand‹ auszuwischen.

Zwei Jahre zuvor, 1967, hatte Foucault beträchtlich weniger schüchtern Stellung bezogen. Der Anlaß war ein von ihm arrangiertes Interview mit seinem Freund Raymond Bellour, ein Jahr nach dem Erscheinen von *Die Ordnung der Dinge*. »Es gefiel ihm nicht, wie die meisten Leute *Die Ordnung der Dinge* lasen«, erinnert sich Bellour, »und er wollte darüber sprechen, wie er selbst das Buch sah und seine Vorgehensweise erläutern.«[142]
»Mein Buch ist durch und durch *Fiktion*«, erzählte Foucault Bellour, »es ist ein Roman, aber nicht ich habe ihn erfunden.«[143]
Es gibt ein Subjekt, das auf seinen Seiten spricht, aber es ist nicht sein eigenes ›Ich‹. Seit Blanchot wissen wir, »daß das Werk nicht einem Entwurf des Verfassers [. . .] zuzurechnen ist«; es ist nicht, wie Sartre annahm, einfach das Ergebnis bewußter Intentionen. Das Werk entspringt dem Ungedachten und dem Undenkbaren: es steht zum Schreibenden in einem »negativen, zerstörerischen Verhältnis«. Wie Blanchot gezeigt hat, öffnet die Sprache der »Literatur« den Schreibenden dem »Strömen des unveränderlichen Außen«: Die Worte brechen bloß über einen Menschen mit dem Namen Michel Foucault herein, der als eine Art von geistigem Medium fungiert.[144]
»Mich persönlich reizt vielmehr die Existenz der Diskurse«, erklärt Foucault und fährt damit fort, von seinem Alptraum zu sprechen, einen Text anzustarren, den er nicht entziffern kann, und sich dabei zu fühlen, als ob sich sein Hals zuschnüre.[145]
Das Buch, das aus diesem furchteinflößenden Traum erwuchs, verbindet, wie er es Bellour gegenüber beschreibt, den Willen

zum Wissen mit dem Wunsch zu verschwinden. Als eine ›formale Übung‹ stellt *Die Ordnung der Dinge* nicht nur den Versuch dar, den »gesamte[n] Diskurs zu erforschen, [. . .] der sich unter uns angehäuft hat«, ihn auszuhöhlen, sondern auch »die Anonymität [zu] erringen« und »uns zu rechtfertigen für die ungeheure Anmaßung, irgendwann schließlich namenlos werden zu wollen [. . .]. Früher bestand das Problem für den Schreibenden darin, sich aus der Anonymität herauszureißen, heute besteht es darin, seine eigene Persönlichkeit auszulöschen und seine Stimme einzureihen in das große, anonyme Murmeln der sich äußernden Diskurse.«[146]

Foucaults Worte fördern hier, wie sein lebenslanges Verlangen nach einem angemessenen Maß an akademischer Anerkennung, eine tiefsitzende Ambivalenz zutage, nämlich das unbeständige Schwanken zwischen dem Wunsch, ein konventioneller (und damit anonymer) Gelehrter zu werden, und dem Begehren, im Geheimen eine besondere Art von Genie zu entfalten.

Indem er sich ins Zentrum des von ihm angelegten sprachlichen Labyrinths zurückzog, könnte er vielleicht doch noch ›Michel Foucault‹ werden – der bescheidene Gelehrte, der ›glückliche Positivist‹, der seinen Beitrag zur Anhäufung des Wissens lieferte.

Oder sollte er doch unter dieser Maske dabei sein, seinen Phantsievorstellungen nachzugeben, im Stillen eine Art ›Gegen-Natur‹ auszuarbeiten, Pläne für eine ›Gegen-Stadt‹ anzulegen, die ›verspricht, die ältesten Gesetze und Abkommen zu zerstören‹?

Was soll man von dieser fremdartigen und zutiefst zweideutigen ›Sucht, den Radiergummi anzuwenden‹, halten?

Auf einer Ebene war Foucaults Experiment, sich in der Anonymität zu verbergen, wenn nicht eine philisterhafte Farce, so doch zumindest ein komisches Versagen. Anders als Blanchot hat Foucault es sich nie verbeten, photographiert zu werden, nie Interviews oder Fernsehauftritte abgelehnt – allesamt Mittel, die in Frankreich nach dem Kriege immer wichtiger wurden, intellektuelle Macht und Ansehen zu sichern. Der Mann, der schrieb, um ›kein Gesicht‹ zu haben, genoß spektakulären

Erfolg, nicht dadurch, daß er bei seinen Lesern ›das Denken des Außen‹ wachrief, sondern eher dadurch, daß er einige Leser verwirrte, andere blendete, wieder andere verärgerte, was alles dazu beitrug, ihn zu einem weltberühmten Intellektuellen zu machen.

Wie Foucault selbst aufgrund seiner Beschäftigung mit Literatur wußte, hatte seine labyrinthartige Sprache, abgesehen davon, daß sie, was nicht ohne Ironie ist, seinem Ruhm Vorschub leistete, eine zutiefst paradoxe Wirkung in den von ihm verfaßten Texten selbst. Eine irre Verzückung, durch ›das Denken des Außen‹ freigesetzt, könnte nur ausgedrückt werden, indem, wie er selbst einmal sagte, »eine unterirdische Beziehung« geformt wird, »in der das Werk und das, was es nicht ist, ihre Äußerlichkeit innerhalb der Sprache einer dunklen Innerlichkeit formulieren«. Eine Prosa, die sich aus der Auslöschung des Bewußtseins speist, kann nicht umhin, beständig, einem verschmierten Fingerabdruck gleich, eine Gruppe wiederkehrender Motive und Bilder zu verraten. Diese versteht er als die »Spur« unausweichlicher und unfreiwilliger Gefühlsregungen, eine Art negatives Abbild all dessen, was ein individueller Schriftsteller, wie sehr er es auch versuchen mag, nicht umwandeln, ändern oder verwischen kann.[147]

»Die Radiergummistriche, welche die Anonymität wahren sollen«, so Foucault gegenüber Bellour, verraten »mit größerer Sicherheit die Handschrift einer Persönlichkeit [. . .] als die ruhmsüchtigen Federn.«[148]

Auf einer anderen Ebene jedoch gelang Foucault sein Experiment in Selbst-Tilgung vielleicht besser, als er es sich je erträumt hatte. Für eine überraschend große Anzahl seiner Leser in der ganzen Welt wurde er, nachdem er in die ›Gemeinschaft vernünftiger Menschen‹ aufgenommen worden war, zu »einem Mann, dessen Fremdartigkeit sich nicht offenbart«. Nach dem Erscheinen von *Die Ordnung der Dinge* wurde Foucault ›normalisiert‹. Der ›Vulkanausbruch‹ seiner eigenen einzigartigen Prosa produzierte eine Art von samtweicher schwarzer Asche, die leicht dazu benutzt werden konnte, neue Gesichter in den Sand zu malen. Die Besonderheiten im ›Ausdruck‹ seines ›Diskurses‹ wurden zu ›Regelmäßigkeiten‹; sie wurden zitiert, nachgeahmt, entstellt. Foucaults Werk wurde zu guter Letzt wahrhaft und zutiefst ›anonym‹, verloren im großen ›Murmeln der sich äußernden Diskurse‹, als seine sprachlichen Neuschöpfungen, sein Warenzeichen, immer weiter in Umlauf kamen, auf akademischen Tagungen als eine Art von *fashion statement* von der Stange zur Schau gestellt wurden.[149]

Doch auf der vielleicht wichtigsten Ebene ist es schlußendlich schwer zu wissen, wie Foucaults ungewöhnlicher Versuch dieser Jahre, die Zeichen seiner eigenen besonderen Existenz zu tilgen, einzuschätzen ist. Im Vorwort zur *Archäologie des Wissens* spielt Foucault selbst, indem er »die Leerstelle, von der aus ich spreche«, heraufbeschwört, leise darauf an, was bei seiner eigenen ›großen nietzscheanischen Suche‹ auf dem Spiel steht. Nietzsche hatte sich ebenfalls selbst einmal, als er ein Loblied auf eine gewisse Anonymität anstimmte, mit Bewunderung auf die Figur des Denkers bezogen, den er mit einem »Bohrenden, Grabenden, Untergrabenden« vergleicht, der »langsam, besonnen, mit sanfter Unerbittlichkeit vorwärts kommt«, wie sich Nietzsche ausdrückt. »Scheint es nicht, [. . .] [d]aß er vielleicht seine eigne lange Finsternis haben will, sein Unverständliches, Verborgenes, Rätselhaftes, weil er weiß, was er auch haben wird: seinen eignen Morgen, seine eigne Erlösung, seine eigne *Morgenröte?*«[150]
»Gewiß, er wird zurückkehren«, verspricht Nietzsche, »fragt ihn nicht, was er da unten will, er wird es euch selbst schon sagen, dieser scheinbare Trophonius und Unterirdische, wenn er erst wieder ›Mensch geworden‹ ist.«[151]
War Foucault schon, in Nietzsches Sinne, ›Mensch geworden‹? »Man frage mich nicht, wer ich bin, und man sage mir nicht, ich solle der gleiche bleiben«, antwortete Foucault 1969, wobei er fast wie Nietzsches Trophonius klang. »Ja, glauben Sie denn, daß ich mir soviel Mühe machen würde und es mir soviel Spaß machen würde zu schreiben, glauben Sie, daß ich mit solcher Hartnäckigkeit den Kopf gesenkt hätte, wenn ich nicht mit

etwas fiebriger Hand das Labyrinth bereitete, wo ich umherirre, meine Worte verlagere, ihm ein Souterrain öffne, es fern von ihm selbst einstürze, an ihm Vorkragungen finde, die seine Bahn zusammenfassen und deformieren, wo ich mich verliere und schließlich vor Augen auftauche, die ich nie wieder treffen werde?«[152]

Man fühlt sich an das große, unausgesprochene Ziel des Foucaultschen Lebenswerkes erinnert – den ›dämonischen‹ Versuch, ›zu werden, was man ist‹.

Man fühlt sich ebenso erinnert an den Orakelspruch und das Schicksal des Trophonius, wie es der griechische Mythos erzählt: »Sechs Tage lang sollst du glücklich leben und allen Genüssen fröhnen; am siebten Tag soll dein Herzenswunsch in Erfüllung gehen« – am siebten Tag starb er.[153]

Schließlich fühlt man sich noch an die Erscheinung des Dionysos am Ende von Nietzsches Gedicht ›Klage der Ariadne‹ erinnert: »Ich bin dein Labyrinth.«[155]

Und so erscheint nun auch Foucault vor uns: eine verwirrende Figur, die sich, zurückgezogen ›in die Offenbarung seines Werkes‹, selbst geschaffen, zerstört und entdeckt hat. Er ist ein mehrdimensionales Wesen, das an Dädalus und Minotaurus, Ariadne und Dionysos, Sade und Kant gemahnt, und sie alle irgendwie in sich verbindet. Im Balanceakt zwischen Vernunft und Unvernunft beschwören seine Worte eine ›unsichtbare Gegenwart‹ – die Wegspuren eines Menschen im Untergrund, der immer weiter bohrt, zweifellos dabei leidet und seinen Bestimmungsort immer noch nicht gefunden hat.

6

Seid Grausam!

Am Abend des 10. Mai 1968 herrschte auf den Straßen von Paris angespannte Stimmung. Seit Tagen wurden die Bildungsanstalten in ganz Frankreich von Unruhen erschüttert. Die ersten Zusammenstöße zwischen Studenten und der Polizei hatten in Nanterre und an der *Sorbonne* stattgefunden und waren dann an so gut wie allen Universitäten und Lyzeen des Landes ausgebrochen. Seit Anfang Mai beanspruchten Berichte über die Störungen mehr und mehr Platz im Nachrichtenteil von *Le Monde*. Das zunehmende Ausmaß der Proteste verblüffte die Regierung. Als der Abend des 10. Mai heraufzog, wußte niemand, was zu erwarten war.[1]

Das zentrale politische Ereignis des Tages war eine angekündigte Demonstration von Lyzeumsschülern auf dem *Place Denfert-Rochereau*. Bei Anbruch der Dämmerung hatten sich ungefähr zwanzigtausend Menschen auf den Straßen von Paris versammelt. Der unmittelbare Anlaß der Zusammenkunft war allen klar: Man wollte seiner Entrüstung darüber Ausdruck verleihen, daß die Regierung am 2. Mai die *Sorbonne* nach einer Protestkundgebung geschlossen hatte, sowie gegen das brutale Vorgehen der Polizei protestieren, die eine Anzahl unbeteiligter Zuschauer zusammengeschlagen hatte. Außerdem wurde die sofortige Freilassung von vier im Gefängnis sitzenden Kommilitonen verlangt.

Die weiterreichenden Ziele des Protestmarsches waren auch kein Geheimnis: Man stand dem autoritären Gebaren des französischen Erziehungssystems kritisch gegenüber und sprach von radikaler Demokratie und in Anlehnung an verschiedene linke Glaubensbekenntnisse von Klassenkampf, Arbeiterkontrolle und permanenter Revolution.

In anderer Hinsicht jedoch waren die Zielsetzungen der Demonstration selbst für ihre Teilnehmer weit weniger einsichtig. Einige Demonstranten waren im stillen verwirrt: »Tatsache war, daß ich, stellte jemand die vernünftige Frage, was man denn eigentlich wolle, keine Antwort geben konnte«, erinnerte sich ein überzeugter Maoist Jahre später. »Ich konnte doch nicht sagen, daß ich noch nicht einmal eine Ahnung hatte, wer diese Genossen waren, konnte auch nicht sagen, daß ich demonstrierte um des Demonstrierens willen.«[2]
Als der Aufmarsch endete, schaute die Polizei nervös zu, als die Studenten ziellos durch die Straßen zogen.
Ohne Plan oder vorige Beratung setzte sich die Menge spontan in Bewegung. Zuerst strömte sie in Richtung des Gefängnisses, in dem die vier Genossen saßen, und dann zurück ins Zentrum des *Quartier Latin*, nachdem die Polizei die Brücken über die Seine abgeriegelt hatte.
Nachdem man an der von Ordnungskräften umstellten *Sorbonne* vorbeimarschiert war und auf dem Boulevard *Saint-Michel* zum Stillstand gekommen waren, hielten die nominellen Anführer Kriegsrat und versuchten, die nächsten Schritte zu planen.
Ein direkter Marsch auf die *Sorbonne* kam nicht in Frage, da er ein Blutbad zur Folge haben würde. Doch ein Rückzug war genauso ausgeschlossen, Widerstand lag in der Luft.
Die Anführer beschlossen hastig, die vor ihnen liegenden unbewachten Straßen des *Quartier Latin* unter Kontrolle zu bringen. Die Studenten teilten sich auf. Einige zogen südlich entlang der *Rue Gay Lussac* und der *Rue Saint Jacques;* andere gingen nach Osten auf die *Rue Mouffetard* zu.
Aber wie sollte man sich verteidigen, falls die Polizei angreifen sollte?
Mit Pflastersteinen, lautete ein Vorschlag.
Gegen 21:15 Uhr begann man damit, in der *Rue le Goff* Pflastersteine auszugraben. Es bildete sich ein Loch im Asphalt, das feinkörnige, gelbliche Sandkörner an die Oberfläche brachte. Ein Teilnehmer versprachlichte das Bild, indem er folgende Worte an eine leere Häuserwand sprühte: UNTER DEM

PFLASTER LIEGT DER STRAND. Nahe der Wand wurden Pflastersteine aufeinandergehäuft. Ohne Plan oder Beratung war eine Barrikade entstanden.

Eine Barrikade!

Taktisch ergab dies wenig Sinn. Als Symbol war die Barrikade aus Pflastersteinen jedoch nicht zu übertreffen, ist doch eine Barrikade, wie jeder gebildete Franzose sofort weiß, das legendäre Sinnbild der Revolte, ein ins Auge springendes Symbol jener revolutionären Tradition, die 1789 begonnen hatte und 1830, 1848, 1871, 1936 – und jetzt, im Mai 1968, auf ungeplante Weise erneuert wurde.

Überall entstanden Barrikaden, zehn auf der *Rue Gay Lussac*, zwei auf der *Rue d'Ulm*, zwei weitere auf der *Rue Tournefort*; bevor die Nacht vorbei war, gab es in ganz Paris sechzig.[4]

Das Chaos wuchs sich zur allgemeinen Euphorie aus. Reklametafeln wurden zerstört, Straßenschilder aus der Verankerung gehoben, Baugerüste und Stacheldraht niedergerissen, geparkte Autos umgeschmissen. Abfallberge wurden mitten auf den Boulevards aufgetürmt. Die Stimmung war ausgelassen, die Atmosphäre war festlich. »Wir alle erkannten in diesem Moment die Wirklichkeit unserer Wünsche«, schrieb ein Teilnehmer kurze Zeit nach dieser Nacht, indem er die vorherrschende Stimmung auf den Punkt brachte. »Nie zuvor hatte sich Zerstörungswut so schöpferisch gezeigt.«

Radioreporter zogen durch die Straßen. Dramatische, jedoch vergebliche Verhandlungen zwischen den Rebellen und Regierungsvertretern waren live auf allen Fernsehkanälen Frankreichs zu sehen. Von der Aussicht auf ein Abenteuer angezogen, zog Verstärkung ins *Quartier Latin*. Auf den Barrikaden hörte man die Nachrichtensendungen aus Transistorradios, und die Demonstranten fühlten sich ermutigt: Sie waren im Begriff, Geschichte zu machen!

Tausende bereiteten sich im Rausch dieser Vorstellung auf das Unvermeidliche vor.

Kurz nach zwei Uhr morgens zogen die Polizisten Gasmasken an. 15 Minuten später griffen sie an.

Die Ordnungsmächte feuerten Rauchbomben und Tränengas.

Die Aufrührer antworteten mit Molotov-Cocktails und Pflastersteinen. Das Gebrüll der attackierenden Polizei, das Stöhnen der Verwundeten und das gedämpfte Dröhnen entfernter Explosionen tönten durch den französischen Nachthimmel, als Millionen gebannt an ihren Radios saßen.[6]
Drei Stunden später war die ›Nacht der Barrikaden‹ vorbei. Für eine Generation junger Aktivisten jedoch – und für Michel Foucault – hatte plötzlich ein neues Zeitalter begonnen.

In der Morgendämmerung zeigte sich ein Bild der Verwüstung. Im *Quartier Latin* verschmutzten die Überreste von fast zweihundert im Verlauf der Nacht in Brand gesteckten Automobilen die eleganten Boulevards, auf denen kurz zuvor die Barrikaden gestanden hatten. Es hatte keine Toten gegeben – die Schlacht war, obwohl Blut geflossen war, eine Art Spiel gewesen, das Polizei und Demonstranten im stillen Einverständnis gespielt hatten, bestimmte Grenzen nicht zu überschreiten. Augenzeugen waren schockiert von der brutalen Effizienz des Polizeieinsatzes, bei dem es mehr als dreihundertfünfzig zum Teil ernsthafte Verletzungen gegeben hatte. Um gegen das rücksichtslose Durchgreifen der Regierung zu protestieren, riefen die großen Gewerkschaften Frankreichs, darunter die von der Kommunistischen Partei kontrollierte CGT, zum Generalstreik am Montag, dem 13. Mai, auf.
An diesem Montag kamen mehr als eine Million Menschen in den Straßen von Paris zusammen. Die Studentenrevolte hatte sich zum allgemeinen Protest gegen das autoritäre Staatsgebilde Charles de Gaulles und seiner Regierung ausgeweitet – und, weniger offensichtlich, aber wesentlich gefährlicher – gegen die Ordnung der modernen Welt im allgemeinen.
Die Regierung, die nur langsam den Ernst der Lage erkannte, kündigte am Montag abend an, daß sie bereit sei, Zugeständnisse zu machen: Die Polizeikräfte wurden von der *Sorbonne* abgezogen und die vier immer noch inhaftierten Studenten freigelassen.
Doch es zeigte sich, daß diese Gesten zu spät kamen: Das

Regime Charles de Gaulles schien plötzlich verwundbar. Die *Sorbonne* wurde sofort von jungen Radikalen besetzt. Graffiti – das deutlichste Symbol der echten Neuartigkeit der Bewegung – erschien überall, schmückte Wände und bot der Vernunft die Stirn, indem sie darauf abzielte, gleichzeitig Leidenschaft, Verwirrung und ungestüme Energie auszudrücken:

SEID GRAUSAM!
ES IST VERBOTEN ZU VERBIETEN
WIR SIND FÜR NICHTS VERANTWORTLICH, WIR
FORDERN NICHTS, WIR BESCHLAGNAHMEN, WIR
ERGREIFEN BESITZ
TATEN, JA BITTE! WORTE, NEIN DANKE!
MEINE WÜNSCHE SIND REAL, WEIL ICH AN DIE
REALITÄT MEINER WÜNSCHE GLAUBE
LAUF, GENOSSE, DIE ALTE WELT IST DIR AUF DEN
FERSEN!
SCHNELL!

Nachdem sie die Tore der *Sorbonne* aufgestoßen hatten, erklärten die Studenten sie zu einer ›Freien Universität‹. Tausende junge ausgelassene Menschen strömten in die heiligen akademischen Hallen. Man debattierte gemeinsam darüber, wie die neue Welt aussehen sollte. »Mögen alle von dieser Begeisterung ohne Schuldgefühle mitgerissen werden«, schlug ein weitverbreitetes Manifest vor. »Künstlerisches Schaffen ist Gewalt. Politische Aktion ist Gewalt«, erklärte ein anderes. »Subjektivität kann sich nur durch Gewalt ausdrücken.«[9]
Lang unterdrückte Sehnsüchte kamen plötzlich an die Oberfläche. In Büroräumen in ganz Frankreich versammelten sich Angestellte und diskutierten darüber, wie ihre arbeitsteilige Welt neu strukturiert werden könnte. In Fabriken erhoben sich Arbeiter, die sich gegenseitig mit ihrem Zorn ansteckten, und organisierten einen wilden Streik nach dem anderen. An der *Sorbonne* traf sich ein ›Revolutionäres Päderastisches Aktionskomitee‹, debattierte und löste sich wieder auf, ohne eine Spur zu hinterlassen. Trotzdem bildete dieses Komitee eine der

Inspirationen für die schwule Befreiungsbewegung, die in den nächsten Monaten entstehen sollte. [10]

Als ein junger Philosoph mit dem Namen André Glucksmann kurz darauf die Mai-Bewegung zusammenfassend beurteilte, hatte der Aufstand »sämtliche halb ausgestoßenen Mitglieder der Gesellschaft – zum Beispiel Jugendliche, Fremdarbeiter –« vereint; er war über »Ghettos« und traditionelle Trennungslinien hinausgegangen und hatte »gesellschaftliche und ethnische Spaltungen, sexuelle Unterdrückung usw.« beseitigt; er hatte die *Sorbonne* in ein »neues ›Narrenschiff‹« verwandelt, in dem, so versicherte Glucksmann, die herrschende Klasse »all die Perversionen, von denen sie durchsetzt ist«, wiederentdecken würde. [11]

Michel Foucault hatte allen Grund, den Ereignissen äußerste Aufmerksamkeit zu schenken, denn hatte nicht die ›Nacht der Barrikaden‹ eine Revolution nach *seinem* Geschmack entfacht?

Aber anders als Jean-Paul Sartre, der wieder zum Leitstern des Protests wurde, war Michel Foucault nirgends aufzufinden.

Er war fünfzehnhundert Kilometer entfernt – in Tunesien. Foucault war im Herbst 1966 dorthin gezogen, um der Eintönigkeit an der Universität von Clermont-Ferrand zu entkommen. Seit zwei Jahren lebte er in einem bescheidenen kleinen Haus, das auf einem Hügel mit Blick auf das vor Tunis sich auftuende Mittelmeer in dem kleinen Dorf Sidi-Bou Saïd stand. Er lehrte an der Universität von Tunis und widmete einen Großteil seiner Zeit dem Nachdenken und der Niederschrift seiner methodologischen Abhandlung *Archäologie des Wissens*. Doch war Arbeit nicht seine einzige Leidenschaft in diesen Monaten. Ebenso genoß er die unzähligen sonnigen Strände Tunesiens und das preiswerte Haschisch. Er gab seinen sinnlichen Begierden nach und erfreute sich der Anwesenheit Daniel Deferts, seit 1960 sein ständiger Begleiter. Eine Photographie, die immer noch an einer Wand seiner Pariser Wohnung hängt, in der Defert 1990 noch lebte, zeigt beide in Tunesien, wie sie gemeinsam ein Haschischpfeifchen genießen. [12]

Jean Daniel, der Foucault in diesen Jahren kennenlernte, erinnerte sich später, daß der Philosoph in diesen Jahren einen merkwürdigen Eindruck machte: Er schien »ein hinfälliger Samurai zu sein«, knorrig, trocken, priesterlich, mit gebleichten Brauen und leicht angeschwefeltem Charme. Er war von einer Aura leutseliger und wißbegieriger Neugier umgeben, die jeden anzog. Daniel, der ihn bei Arbeit und Spiel beobachtete, bemerkte »einen inneren Zwiespalt zwischen der Versuchung, sich wollüstigen Freuden hinzugeben, und dem offensichtlichen Willen, diese Versuchung in systematische Askese und begriffliche Anstrengung umzuwandeln«.[13]
Wesen und Einsatz dieses inneren Zwiespalts wurden durch die Ereignisse des 10. Mai 1968 unwiderruflich transformiert.
Zufällig befand sich Daniel Defert an diesem Tag in Paris. Er schaute zu, als abends die Barrikaden auf der *Rue Gay Lussac* errichtet wurden, und kehrte danach in das Apartment zurück, in dem er schlief. Das Versprechen öffentlichen Ungehorsams lag in der Luft wie eine holographische Prophezeiung der Glückseligkeit. Defert rief Foucault in Tunis an, berichtete, was geschehen war, und legte danach den Telephonhörer neben ein Radio. Wie ein Großteil seiner Landsmänner folgte Foucault dem Gefecht somit am Radioapparat.[14]
Die ›Nacht der Barrikaden‹ erwies sich als entscheidendes Ereignis: Zum ersten Mal in vielen Jahren konnte Foucault sich vorstellen, daß eine neue Politik die französische Gesellschaft doch noch verändern könnte.
»Tatsache ist«, bemerkte er in einem Gespräch 1982, »daß sich das Alltagsleben der Menschen von den frühen sechziger Jahren bis heute und ganz sicher während meiner Lebenszeit verändert hat.« Eine Anzahl der Themen, die ihn beschäftigten – von der Überwindung von Schuldgefühlen bis zur Erforschung der Grenzen von Erfahrung – waren ins öffentliche Bewußtsein getreten. Nach dem Mai '68 erreichten seine früheren Bücher, besonders *Wahnsinn und Gesellschaft*, völlig neue Leserschichten, die von ihren lebenspraktischen Folgerungen angetan waren. »Und dies ist ganz sicher nicht«, wie er sich 1982 aus-

drückte, »auf politische Parteien zurückzuführen, sondern auf eine ganze Reihe von *Bewegungen*. Diese sozialen Bewegungen haben tatsächlich unser gesamtes Leben verändert, unsere Meinungen, unser Verhalten und das Verhalten und die Meinungen anderer Menschen, die diesen Bewegungen nicht angehören. Dies ist sehr wichtig und begrüßenswert.«[15]
Viele dieser Veränderungen waren in Frankreich Konsequenzen des Mai '68 und der darauffolgenden Zeit. Foucaults erste Schritte zum engagierten Intellektuellen wurden 1968 jedoch nicht als Reaktion auf die Geschehnisse in Paris unternommen, sondern als Antwort auf Studentenunruhen, die zwei Monate zuvor ausgebrochen waren, und zwar in Tunesien.

Diese Unruhen waren zuerst an der Institution aufgeflammt, an der Foucault arbeitete, nämlich an der Universität von Tunis. In den zwölf Jahren seit der Unabhängigkeit von Frankreich hatte der Staatspräsident und selbsternannte Sittenrichter Habib Bourguiba den Versuch unternommen, Tunesien zu einem ›festgefügten Monument‹ zu machen. Bourguiba war ein glühender Nationalist, der sich im Gefolge der französischen revolutionären Tradition sah und von sich selbst glaubte, so etwas wie ein moderner Robespierre zu sein, der sein Volk von religiösem Aberglauben befreien und aus einer archaischen Gesellschaft eine aufgeklärte Nation formen will, deren lauterer Einheitswille sich durch die einzige erlaubte politische Partei des Landes ausdrückt. Das Universitätssystem wurde zum Brennpunkt der weltlichen Vision Bourgibas. Im Zuge des Ausbaus dieses Systems wurde an der Universität von Tunis 1963 ein Institut für Philosophie eingerichtet; Foucault schloß sich diesem Institut an und stellte ihm seine Begabung und sein Ansehen zur Verfügung, das nach der Veröffentlichung von *Die Ordnung der Dinge* nicht unerheblich war.[16]
Als Foucault eintraf, befand sich das Erziehungssystem jedoch in einer Krise. Alarmierend viele der besten und begabtesten jungen Tunesier sahen die Zukunft des Landes nicht in der vom Staat vorgeschriebenen Säkularreligion der nationalen Einheit,

sondern eher in den marxistischen und trotzkistischen Wunschbildern, die Fortschritt durch Klassenkampf versprachen. Ebenfalls von großem Einfluß waren die Lehren von Foucaults altem Freund Louis Althusser, der zu diesem Zeitpunkt auf dem Höhepunkt seines Ansehens in Kreisen frankophoner Radikaler stand. Ein Erziehungssystem, das eigentlich die Reihen einer den Staat modernisierenden Elite stärken sollte, wurde stattdessen zum Brennpunkt der Kritik, die drohte, Bourguibas ›Staats-Monument‹ zu zerbrechen.

Im Dezember 1966, kurz nach Foucaults Ankunft, fand eine von einer noch nie gesehenen Zahl von Studenten inszenierte waghalsige Demonstration statt, auf der gegen die Bevormundung durch die Regierung sowie gegen deren pro-amerikanische und unverbrüchlich anti-kommunistische Außenpolitik protestiert wurde. Die Professoren teilten die Ansichten der Studenten, die Stimmung an der Universität blieb angespannt, bis es im März 1968 zu einem Ausbruch kam.

»Ich wurde Zeuge von äußerst starken und heftigen Studentenunruhen«, erinnerte sich Foucault in einem Gespräch mehrere Jahre später. »Es begann im März 1968, und die Erschütterungen dauerten das ganze Jahr: Streiks, Stillegung des Lehrbetriebs und Festnahmen im März, dann ein Generalstreik der Studenten. Die Polizei kam aufs Universitätsgelände und schlug Studenten zusammen, wobei viele schwer verwundet und inhaftiert wurden. Es fand eine Gerichtsverhandlung statt, bei der einige Studenten zu acht, zehn und vierzehn Jahren Gefängnis verurteilt wurden.«[17]

Bis dahin hatte Foucault die anwachsenden Unruhen als Zuschauer verfolgt. Zunächst stieß ihn die verbohrt marxistische Sprache der Studenten ab. Weiterhin verstörte ihn ihre gelegentlich bösartige Feindseligkeit gegenüber Israel. Als 1967 der Sechstagekrieg zwischen Israel und seinen arabischen Nachbarn ausgebrochen war, hatten in Tunis eine Reihe von vehement antisemitischen Protestmärschen stattgefunden, zum Teil von der Regierung inszeniert. Foucault war erschüttert und tieftraurig. »Michel war durch und durch Philosemit«, bemerkt Daniel Defert. Lebenslänglich verfolgte ihn die Erinnerung an

Hitlers totalen Krieg und die Todeslager der Nazis: Seiner Ansicht nach stand die Berechtigung des zionistischen Staates einfach nicht zur Debatte.[18]

Die Studentenunruhen vom März 1968 berührten ihn jedoch auf ganz andere Art und Weise. Je mehr er sah – und als einer der berühmtesten ausländischen Dozenten war er in der Lage, ziemlich viel zu sehen –, desto mehr war er davon überzeugt, daß die tunesische Studentenbewegung »einen äußerst bemerkenswerten existenziellen Akt« verkörperte. Wie er nach und nach einsah, wirkte der Marxismus unter diesen Umständen als eine Art von *Mythos* im Sinne Georges Sorels, als eine Metaphernsammlung, die »so etwas wie moralische Energie« freisetzt und »eine Gewalt, eine Intensität, eine ausgesprochen bemerkenswerte Leidenschaft« erregte, welche die Studenten dazu in die Lage versetzte, »große Risiken« dabei einzugehen, »ein Manifest zu veröffentlichen, es in Umlauf zu bringen, zu einem Streik aufzurufen, mit anderen Worten, Risiken auf sich zu nehmen, die zum Verlust der Freiheit führen konnten. All dies machte unglaublichen Eindruck auf mich.«[19]

In der Zeit unmittelbar nach den tunesischen Studentenunruhen hatte Foucault die Wahl, sich entweder öffentlich für die Studenten auszusprechen, was Ausweisung zur Folge gehabt haben könnte, oder ihnen im stillen dadurch zu helfen, daß er seine prominente Stellung zu ihren Gunsten nutzte. Auf ihr Betreiben hin entschied er sich zu letzterem. Unter Gefährdung seiner eigenen Sicherheit half er Studenten, die der Verhaftung entkommen waren, und versteckte sie in seiner Wohnung. Außerdem besaß er einen Photokopierer, den die Studenten dazu benutzten, ihre Manifeste zu vervielfältigen. Mehr als einmal versuchte er erfolglos, sich für diejenigen einzusetzen, die im Gefängnis saßen. Und er las von neuem Marx, Rosa Luxemburg und Leo Trotzkis großartige *Geschichte der russischen Revolution*. Bei einem Parisbesuch in diesem Frühling verblüffte er Defert mit der nur teilweise scherzhaft gemeinten freimütigen Behauptung, daß er Trotzkist geworden sei![20]

»Es war eine formende Erfahrung für mich«, erinnerte sich Foucault später.[21]

Seid Grausam!

Es war eigentlich das erste Mal, daß er spürte, daß Politik genau
wie Kunst und Erotik eine Art von ›Grenz-Erfahrung‹ zur Folge
haben konnte.

Es wäre jedoch irreführend, sollte der Eindruck entstehen, Foucault habe durch die Ereignisse von 1968 gleichsam über Nacht
sein politisches Bewußtsein erlangt, denn schließlich war er
drei Jahre lang Mitglied der Kommunistischen Partei gewesen
und hatte in seinem wichtigsten Buch die »völlige Infragestellung« der westlichen Welt begrüßt. Außerdem war er ein
Schriftsteller, den die Wunschvorstellung von »Vulkanen des
Wahnsinns« fasziniert hatte, die irgendwie »die ältesten Gesetze und Abkommen zerstören« würden, und er war ein Philosoph schließlich, der in einem Aufsatz, der zufällig im Mai 1968
veröffentlicht wurde, versucht hatte, die konstruktive Verbindung seiner Ideen zu »fortschrittlichem politischem Eingrei-
fen« aufzuzeigen. Die Behauptung, daß solch eine Person
unpolitisch war, läßt sich angesichts der Tatsachen kaum aufrechterhalten. [22]
Andererseits überrascht es jedoch kaum, daß Kollegen wie Georges Dumézil und linke Intellektuelle vom Schlage Sartres
Foucault als ziemlich konventionellen, wenn nicht gar konservativen akademischen Mandarin betrachteten. Wie Foucault in
einem Gespräch 1978 bemerkte, mache er keinen Hehl daraus,
daß seine Mitgliedschaft in der PCF und seine darauffolgenden
Reisen durch das unter sowjetischem Einfluß stehende Osteuropa »einen gewissen bitteren Nachgeschmack, eine gewisse sehr nachdenkliche Skepsis« hinterlassen hätten. Nach seiner Rückkehr nach Frankreich 1960 stand er, wie er sich später
erinnerte, den traditionellen politischen Parteien gleichgültig
gegenüber, während ihn die von Intellektuellen entfachten Diskussionen »sehr akademisch und kühl« anmuteten. Sozialisti-
scher Humanismus und Sartres Existenzialismus blühten in
Kreisen der unabhängigen Linken. Seine Antwort darauf war
ein Rückzug in eine Art innere Emigration, bei der er in sein
eigenes sprachliches Labyrinth verschwunden war. Leser, die

251

nur oberflächlich mit seiner Arbeit vertraut waren, vermuteten, daß er so etwas wie ein seltsamer neumodischer Gaullist
sei, der strukturalistischen Jargon ohne Herz und Gefühl her-
vorsprudelte.[23]
Während dieser Jahre scheint Foucault auch das akademische
Spiel mit echter Genugtuung und mit gewisser List gespielt zu
haben. Bedenkenlos – sogar mit offensichtlichem Eifer – hatte
er sich 1965 und 1966 einer von de Gaulles Bildungsminister
Christian Fouchet ins Leben gerufenen Kommission zur Verfügung gestellt, deren Aufgabe es war, Reformvorschläge für das
französische Universitätssystem auszuarbeiten. Fouchets
Kommission hatte, wie gleichzeitige Bemühungen in anderen
Ländern auch, das Ziel, die Universitäten zu vereinheitlichen
und zu modernisieren – ein Ziel, dem Foucault prinzipiell zu-
stimmte. »Wenn der Durchschnittsbürger heute den Eindruck
einer barbarischen Kultur hat«, bemerkte er in einem Interview 1966, »so ist dieser Eindruck nur auf eine Tatsache zurückzuführen: Unser Erziehungssystem stammt aus dem neunzehnten Jahrhundert, und man sieht, wie in ihm immer noch eine
äußerst schale Psychologie, ein höchst veralteter Humanismus
[. . .] vorherrschen.«[24]
Foucaults offen bekundete Feindseligkeit gegenüber jeglicher
Form von ›Humanismus‹ brachte für eine Reihe von Linken das
Faß zum Überlaufen, denn was für ein Programm zur politischen Veränderung könnte aus solchen Überzeugungen schon
erwachsen?
Im Verlaufe eines 1967 geführten Interviews gestand Foucault
nicht nur dieses Problem ein, sondern er gab sich alle Mühe,
eine der verstörendsten politischen Folgen seiner Ansichten zu
unterstreichen: »Wenn wir über das Problem des Humanismus
zu diskutieren scheinen«, vertraute er seinem Gesprächspartner an, »beziehen wir uns eigentlich auf ein einfacheres Problem, auf das des Glücks. Ich behaupte, daß sich der Humanismus zumindest auf der politischen Ebene als jede Einstellung
definieren läßt, derzufolge es Zweck der Politik ist, das Glück
herbeizuführen. Meiner Überzeugung nach kann aber der Begriff des Glücks nicht mehr gedacht werden. *Das Glück existiert*

nicht – und das Glück der Menschen existiert noch weniger.« [25]

Obschon ›Glück‹ in Foucaults sado-nietzscheanischer Weltsicht zwar nicht ›wirklich denkbar‹ erscheint, sollten es die Begeisterungsstürme einer entfesselten kreativen Energie doch wohl immerhin sein. Und abgesehen davon, was Dumézil und Sartre dachten – und was Foucault selbst vielleicht vor 1968 gedacht haben mag –, waren solche Begeisterungsstürme keinesfalls auf rein private oder bloß literarische Belange beschränkt.

Die ›Nacht der Barrikaden‹ hatte, den tunesischen Studentenunruhen auf dem Fuße folgend, gezeigt, daß so etwas wie ein *gemeinsamer* Begeisterungssturm möglich war, der gewohnte Hemmungen, zumindest unter bestimmten außergewöhnlichen Umständen überwindet. Vielleicht könnte sogar in unserer eigenen Zeit ein solcher Ausbruch ungezügelter kollektiver Energie »die Sehnsucht, den Geschmack, die Fähigkeit, die Möglichkeit eines absoluten Opfers« wiedererwecken, wie sich Foucault 1978 ausdrückte – ein Opfer der Freiheit, sogar des Lebens, »ohne jeglichen Gewinn, ohne jeglichen Ehrgeiz«. [26]

Ende Mai kehrte Foucault zu einem kurzen Besuch nach Paris zurück. Seit Deferts Telefonanruf vom 10. Mai hatte er die Ereignisse in Frankreich genauso gründlich verfolgt wie diejenigen in Tunesien. Er las *Le Monde* und hörte Radio, wobei seine Eindrücke von seinen Erfahrungen in Tunis beeinflußt wurden. Als er schließlich in Paris eintraf und die Lage der Dinge mit eigenen Augen begutachten konnte, war die *Sorbonne* immer noch besetzt, die Regierung immer noch nicht Herr der Situation, und die jugendlichen Unruhestifter träumten immer noch trunken von der permanenten Revolution.

Während seines Aufenthalts in Paris nahm er an einem Treffen in der *Sorbonne* teil. Bei dieser Gelegenheit wechselte er anscheinend das einzige Mal in seinem Leben einige wenige

Worte mit seinem bevorzugten Literaturtheoretiker, Maurice Blanchot, obwohl Foucault bezeichnenderweise keine Ahnung hatte, mit wem er sprach. »Gleichgültig, was die Verleumder des Mai auch sagen«, kommentierte Blanchot später, »es war ein wunderbarer Augenblick, bei dem jeder mit jedem sprechen konnte, anonym, unpersönlich, als Mensch unter Menschen, willkommen geheißen ohne eine andere Rechtfertigung haben zu müssen als diejenige, ein Mensch zu sein.« [27]

Während seiner Stippvisite unternahm Foucault auch einen Spaziergang mit Jean Daniel, dessen Arbeit als Redakteur von *Le Nouvel Observateur* ihn in engem Kontakt mit dem Verlauf der Ereignisse gehalten hatte. Als sie einen Aufmarsch von Studenten gewahr wurden, wandte sich Foucault an Daniel. »Sie machen keine Revolution«, sagte der Philosoph, »sie *sind* die Revolution.« [28]

Aber welche Art von Revolution verkörperten diese jungen Männer und Frauen? Foucault hatte allen Grund, sich diese Frage zu stellen, hatte doch die Marx und Nietzsche gemeinsame revolutionäre Idee, einen ›neuen Menschen‹ zu schaffen, in zwei einander widersprechende Richtungen gewiesen.

Marx' neuer Mensch war das Ergebnis freudvoller Harmonie, die den grausamen Konflikt von Herr und Knecht, Kapitalist und Arbeiter in ›freier Lebensäußerung‹ überwinden sollte. Er war eine Figur von promethischer Freiheit und von universeller Erkenntnis, die in Denken, Arbeit und Liebe das seligmachende Wesen der gesamten Gattung verkörperte, sehe es doch der »Humanismus marxistischer Spielart« als seine Aufgabe an, erklärte Foucault in einem Interview 1978, »unsere ›verlorene‹ Identität wiederzufinden, unser in Gefangenschaft gehaltenes Wesen, unsere grundlegende Wahrheit zu befreien«. Mit dem Ende der Entfremdung – und dem Siegeszug des Kommunismus – würde das, was Marx ›das wahre menschliche Gemeinwesen‹ genannt hatte, zu guter Letzt unversehrt hervortreten. [29]

Nietzsches ›neuer Mensch‹ würde im Gegensatz dazu ein Wesen zerstörerischer Kreativität jenseits von Gut und Böse sein –

eine Figur von blendender Macht und ›dämonischem‹ Zorn, ohne die Hemmungen gewöhnlicher Sterblicher und ihrer Sehnsucht nach Glückseligkeit, Gerechtigkeit und Mitleid. »Für mich ist das zu Schaffende nicht wie für Marx der mit sich selbst identische Mensch, der in Einklang mit dem steht, wozu ihn die Natur seinem Wesen nach bestimmt hat«, erklärte Foucault 1978, »[. . .] sondern es handelt sich eher um eine Frage der Zerstörung dessen, was wir sind, und der Schaffung von etwas völlig anderem – eine vollständige Neuschöpfung.«[30]

In jenen berauschenden Tagen im Mai 1968 schwankten die Studenten in Paris wie die in Berkeley und Berlin zwischen Liebe und Haß, Harmonie und Streit, Frieden und Krieg. Bei ihrer Suche nach geistiger Führung ergriffen einige Marx, andere Nietzsche. Was für eine Welt wollten sie? Was für neue Männer und Frauen würden sie werden?

Am 30. Mai 1968 trat Präsident de Gaulle, nachdem auch er kurze Zeit geschwankt hatte – er hatte ernsthaft erwogen, zurückzutreten – vor das französische Volk und verkündete, daß er sein Amt nicht niederlegen werde; stattdessen werde er das Parlament auflösen und zu Neuwahlen aufrufen; er werde das Militär zu Hilfe rufen, sollte es zu weiterem Widerstand kommen; auf einen Nenner gebracht, er sei bereit, den Kampf aufzunehmen. Nachdem der große Mann auf diese Weise seine Autorität wiederhergestllt hatte, strömten Tausende in die Straßen von Paris – diesmal jedoch, um für Gesetz und Ordnung zu demonstrieren.[31]

Die Kommunistische Partei forderte ihre millionenstarke Mitgliederschaft dazu auf, an ihre Arbeitsstellen zurückzukehren. Die Regierung fackelte nicht lange und verbot die militantesten Studentengruppen. Und in der dritten Juniwoche erzielten gaullistische Parteien einen überwältigenden Wahlerfolg, bei dem die Zahl der kommunistischen und sozialistischen Abgeordneten halbiert wurde.

Für die Unruhestifter war die Party zu Ende – der eigentliche Kampf jedoch begann erst.

In diesem Sommer wurde Foucault ein Angebot gemacht, das in direktem Zusammenhang mit den Ereignissen vom Mai stand: Er wurde dazu aufgefordert, Direktor einer erst noch aufzubauenden Philosophie-Abteilung an der neuen experimentellen Universität zu werden, die am Rande von Paris in Vincennes entstehen sollte. De Gaulles neuer Bildungsminister, Edgar Faure, hatte eine Reihe kühner Reformen in die Wege geleitet, die darauf angelegt waren, das Erziehungssystem zu vereinheitlichen – und gleichzeitig die Studentenbewegung zu entschärfen. Vincennes sollte Faures Paradebeispiel werden, eine Modellinstitution, die demokratisch, interdisziplinär und am Pulsschlag der allerneuesten Forschung sein sollte. Gleichzeitig sollte sie zum Anziehungspunkt für Dissidenten werden. Indem radikale Studenten vom *Quartier Latin* an den Stadtrand getrieben wurden, könnte der störende Einfluß der Aufrührer isoliert werden. Das war zumindest der Plan. [32]

Die Liste der von diesem ehrgeizigen Unternehmen angezogenen Gelehrten reichte von Idealisten und Liberalen bis zu unnachgiebigen Ultralinken, wodurch eine ganze Anzahl von Interessenkonflikten vorprogrammiert waren. Die Studenten dieser Universität kamen andererseits zum großen Teil aus den Reihen militanter Anführer der Unruhen, viele von ihnen Teilnehmer an den Straßenkämpfen im Mai. [33]

Die ersten Anzeichen der Auseinandersetzungen, die folgen sollten, zeigten sich bei einer Versammlung von Lehrkräften und Studenten am 6. November 1968. Ein von André Glucksmann angeführter unversöhnlicher militanter Kader ergriff die Initiative, inszenierte eine lautstarke Demonstration und forderte die Studenten dazu auf, die fruchtlosen Debatten über leere Reformen nicht zu beachten. Foucault war eine der Zielscheiben: Es wurde behauptet, daß die Anstellung des kontroversen Philosophen nichts als ein Ablenkungsmanöver sei, die Regierung versuche, »Überzeugungen durch akademische Streitereien zu entschärfen«. [34]

Die Botschaft war schlicht: Weg mit dem Strukturalismus! Besser noch: Weg mit der Universität! Die Revolution findet auf der Straße statt!

Die militanten Aktivisten sollten sich jedoch in Foucault getäuscht haben. Seine Erfahrungen in Tunesien hatten ihn inspiriert, und er begann bald damit, ein äußerst unkonventionelles philosophisches Institut aufzubauen. Er bot Michel Serres und François Chatelet einflußreiche Positionen an. Serres war ein vielseitiger Gelehrter, der zwar eine Ausbildung als Mathematiker hinter sich hatte, dessen Leidenschaft jedoch der Literatur gehörte; Chatelet war ein etwas älterer Gelehrter, der - ungewöhnliche Belesenheit mit Phantasiereichtum verband. Beide waren, wie Foucault selbst, hochgebildete, originelle Denker. [35]

Die Assistenten, die Foucault anstellte, waren, obwohl notgedrungen weniger beeindruckend, so doch genauso ungewöhnlich, und alle waren Veteranen der Maiunruhen. Er bot sogar André Glucksmann eine Stelle an! Obwohl Glucksmann das Angebot ablehnte, waren Foucaults jüngere Kollegen Männer vom gleichen Schlage: Das Institut hatte einen Trotzkisten, einen Kommunisten und - was sich als noch verhängnisvoller erweisen sollte - eine bedenkliche Zahl von selbsternannten Maoisten in seinen Reihen, die mit der *Gauche Prolétarienne* (›Proletarische Linke‹) in Verbindung standen. [36]

Von all den ultralinken Gruppierungen, die in Frankreich nach dem Mai '68 entstanden, sollte keine für die Entwicklung der französischen studentischen Linken - und Michel Foucaults - wichtiger werden als die *Gauche Prolétarienne* (GP). Sie war Ende 1968 von einem jungen Radikalen namens Benny Lévy (der in diesen Jahren unter dem Pseudonym ›Pierre Victor‹ auftrat) gegründet worden und vereinte Veteranen des anarchistischen *Mouvement du 22 mars*, von dem die Maiunruhen eingeleitet worden waren, und Kader der verbotenen *Union des jeunesses communistes* [marxiste-léniniste] (›UJC[m-l]‹), einer ultra-marxistischen Sekte. Obwohl die Gruppe immer ziemlich klein blieb - selbst zu ihrem Höhepunkt zählte die GP nicht mehr als ungefähr zweitausend eingeschriebene Mitglieder - war ihr Ansehen doch groß: Sie verkörperte äußerst strenge Prinzipien von Eifer und Opferbereitschaft, und es gelang der Gruppierung, das Vergnügen am Chaos, das Bakunin gelehrt hatte, mit Lenins rücksichtslosem Talent für taktische Manöver zu verbinden. Wie keine andere französische Gruppierung versprach die GP, das Banner der im Mai begonnenen Bewegung weiterzutragen und den kurzen Augenblick durch die Beherrschung seiner ungeordneten Energien zu verlängern.[37]

Durch ihre marxistischen Kader erbte die GP das klassische bolschewistische Repertoire von Agitation und Untergrundaktionen: Sie übte ihren Einfluß durch Satelliten-Organisationen wie der Zeitung *La Cause du Peuple*, mit ihr verbundenen Volksfront-Organisationen wie *Les Amis de la Cause du Peuple* und paramilitärischen Untergrund-Organisationen aus. Die Mitglieder der GP waren im politischen Haiku des Vorsitzenden Mao geschult und nahmen sich seine berühmte Maxime zu Herzen, daß »politische Macht aus den Gewehrläufen kommt«; ebenso glaubten sie an die gegen Hierarchie und Bürokratie gerichteten Slogans der Kulturrevolution. (Wie sich denken läßt, zeigten die meisten Mitglieder der GP aufgrund ihrer revolutionären Phantasievorstellungen zu dieser Zeit nur geringes Interesse an der brutalen Wirklichkeit des politischen Lebens in China).[38]

Gleichzeitig erbte die GP von den Studentenunruhen im Mai '68 das Mißtrauen gegenüber politischen Parteien und die Betonung direkter politischer Aktion als ein Mittel, Aufstand zu entfachen. In diesem Sinne bot die Gruppe 1970 Arbeitern freie Fahrscheine für die Pariser Métro an, um gegen Preiserhöhungen zu protestieren. Im gleichen Jahr inszenierte eine der Gruppierung unterstehende ›Kommando-Einheit‹ einen spektakulären, an Robin Hood erinnernden Anschlag auf eines der vornehmsten Lebensmittelgeschäfte von Paris und stahl den Reichen ihr Pâté, um es an arme Gastarbeiter zu verteilen.[39]

Auf den ersten Blick scheint nur schwer einsichtig, welche Anziehungskraft eine Splittergruppe wie die *Gauche Prolétarienne* mit ihrem asketischen Eifer und fanatischen Marxismus für Foucault haben konnte. »Die Eruption von Theorien, politischen Diskussionen, Verwünschungen, Exkommunikationen und Sektiererei hat mich kaum interessiert und vollständig frustriert«, gestand er 1978.[40]

Seine Erfahrung in Tunesien hatte ihn jedoch andererseits gelehrt, daß bestimmte Spielarten von an der Oberfläche doktri-
närem Marxismus unter gewissen Umständen ihren Wert als
eine Art von Mythos im Sinne Sorels bewahren konnten. Er erkannte ebenso, daß im Grunde genommen die meisten militanten Mitglieder der GP, wie fast alle Studentenführer überall auf
der Welt, »Rosa Luxemburg viel näher als Lenin« standen, wie
Foucault 1970 erklärte. »Sie vertrauten außerdem der Spontanität der Massen wesentlich mehr als theoretischer Analyse« –
oder den Verlautbarungen einer revolutionären Elite. Vor allem
aber paßte die trotzige, sich auf direkte Aktion verlassende
Vorgehensweise der GP gut zu seinem in Tunis neugewonnenen Interesse an rebellischen Ausdrucksformen, welche »die
Sehnsucht, den Geschmack, die Fähigkeit, die Möglichkeit eines
absoluten Opfers« herausforderten.[41]
Als das Jahr 1968 zu Ende ging und er im Begriff war, seine Stelle
in Vincennes anzutreten, hatte Foucault den Wunsch, wie er
später erklärte, mit Formen von politischer Aktion zu experimentieren, die »persönliches, physisches Engagement« verlangten, ein Engagement, »das real sein würde und ein Problem
in konkreten, genau bestimmbaren, festgelegten Begriffen stellen würde [. . .]. Was ich von diesem Augenblick an versuchte,
war, für mich selbst eine bestimmte Art und Weise festzulegen,
das wiederzuerlangen, was mich in meiner Arbeit zum Wahnsinn beschäftigt hatte, [. . .] und gleichzeitig das, was ich gerade
in Tunesien gesehen hatte: die Wiederentdeckung einer *Erfahrung.*«[42]
Georges Bataille, dessen Werk neu aufgelegt worden und der
plötzlich bei französischen Studenten sehr in Mode gekommen
war, hatte in den dreißiger Jahren ein ähnliches Interesse an
›Erfahrung‹ bekundet und »den plötzlichen Ausbruch von Aufständen ohne Grenzen« sowie »den explosionsartigen Aufruhr der Völker« und die blutigen Exzesse »katastrophenarti-
ger Veränderungen« begrüßt. In Anlehnung daran hatte André
Glucksmann 1968 »den Wahnsinn prolongierter Revolution«
willkommen geheißen. Und in den darauffolgenden Monaten
riefen andere Führer der *Gauche Prolétarienne* zu »Hinrichtun-

gen von Despoten« auf, verbunden mit »Gegenschläge[n]
aller Art gegen die jahrhundertelang erduldeten Erpressungen«. [43]
Aber wo genau stand Foucault, wenn es um all diese Dinge
ging? Würde er nun auch in seinem Verlangen nach ›Erfahrungen‹ ›Aufstände ohne Grenzen‹, ›Gegenschlägen aller Art‹ den
›Wahnsinn prolongierter Revolution‹ begrüßen?

Diese Frage sollte ansatzweise am 23. Januar 1969 beantwortet
werden. Am Nachmittag dieses Tages schloß sich Foucault
einer Handvoll anderer Professoren und ungefähr fünfhundert
Studenten und Aktivisten an, die das Verwaltungsgebäude und
das Freilichttheater auf dem neuen Universitätsgelände besetzt
hielten, auf dem erst wenige Tage zuvor der Lehrbetrieb aufgenommen worden war. Diese Besetzung sollte vorgeblich ein
Zeichen der Solidarität mit den Studenten sein, die am Vormittag
das Büro des Rektors der Sorbonne aus Protest gegen das Erscheinen von Polizeikräften in der Universität gestürmt hatten. Doch
um eine schöne Parole der amerikanischen Studentenbewegung
aus dieser Zeit in etwas abgewandelter Form zu gebrauchen:
›The issue was not the issue‹. Es ging vor allem darum, so darf man
vermuten, das kreative Potential von Ungehorsam zu erproben –
eine Neuauflage der ›Nacht der Barrikaden‹. [44]
In den Tagen vor der Besetzung hatten militante Studenten in
Vincennes eine Reihe zunehmend lautstärkerer Demonstrationen abgehalten, deren Ziel es war, »den Mythos von Vincennes
bloßzustellen, nämlich die wunderbaren Professoren«. Sie hatten die experimentellen Versammlungen von Professoren und
Studenten – wie sich versteht, während dieser Versammlungen
– als eine »riesige Verarschung« verhöhnt, die nur den Anschein studentischer Mitbestimmung erwecke. »Die Macht der
Professoren«, so hatten sie erklärt, sei »null und nichtig«. [45]
Die GP stimmte in den Gesang mit ein: »Nieder mit der Universität!« hieß es; und mit Berufung auf eine alte Parole Voltaires:
»Écraser l'infâme.« [46]
Die Universitätsbesetzung von Vincennes dauerte nicht einmal

einen Tag. Die Polizei begann in den frühen Morgenstunden des 24. Januar, das Verwaltungsgebäude zurückzuerobern. Diejenigen, die sich noch im Innern befanden, unter ihnen Foucault, lieferten der Polizei ein wütendes Gefecht. Sie verstellten Eingänge und Treppen des Gebäudes mit Tischen, Schränken und Stühlen. Die Polizei antwortete, indem sie Tränengas durch die Fenster schoß.
Einige stellten sich. Andere, darunter Foucault, flohen aufs Dach. Dort begannen sie, Ziegelsteine auf die unter ihnen versammelten Polizisten zu schleudern.
Augenzeugen erinnern sich daran, daß es Foucault Riesenspaß machte, und daß er munter Steine warf – obwohl er sehr darauf achtete, daß sein wundervoller Samtanzug nicht schmutzig wurde.[47]
»Er zeigte großen Mut, auch körperlich«, erinnert sich André Glucksmann, der in dieser Nacht Seite an Seite mit dem Philosophen kämpfte: »Als die Polizei in dieser Nacht kam, wollte er an der Spitze stehen, um den Kampf aufzunehmen [. . .]. Ich habe das bewundert.«[48]

Die Schlacht von Vincennes markierte den ersten Auftritt eines neuartigen und höchst sichtbaren Michel Foucault; die Zeiten des Intellektuellen im Untergrund waren vorbei, und er wurde zum Orakel der Ultralinken.
Seine äußere Erscheinung hatte sich ebenfalls verändert: Während seines Aufenthalts in Tunesien hatte er sich von Daniel Defert eine Glatze rasieren lassen, wodurch sein kahler Schädel wie eine Lanzenspitze glänzte. Seine Nickelbrille und sein strahlend weißes Gebiß gaben ihm das leicht sadistische Aussehen eines polternden Feldmarschalls. Die *London Review of Books* benutzte sein bekanntes Gesicht jahrelang zur Anwerbung neuer Subskribenten.[49]
Seine Sprachspiele änderten sich ebenfalls: So wie er ein Jahrzehnt zuvor in den Chor der strukturalistischen Sprachspiele eingestimmt hatte, begegnete Foucault den Maoisten auf ihrem eigenen Diskursfeld und benutzte während der nächsten Jahre

die Rhetorik des Klassenkampfs. Er fand sogar Verwendung für die ikonenhafte Autorität des Vorsitzenden Mao.

Indem er die in Frankreich vergötterte Rolle des engagierten Intellektuellen übernahm, gelang es ihm jedoch gleichzeitig, sich der respektvollen Aufmerksamkeit einer breiteren Öffentlichkeit zu versichern.

Glucksmann zeigte sich wenig überrascht von Foucaults neuester Metamorphose. »Das ist ein normaler Vorgang in Frankreich«, sagte er. »Zuerst bist du ein Intellektueller, dann ein Kämpfer. Sartre erging es genauso.« [50]

Sartre! Gleichgültig, was Foucault auch tat, er schien dem Schatten des Existenzialisten nicht entkommen zu können. Obwohl Sartre fast 65 Jahre alt war, verkörperte er doch weiterhin den vorbildlichen französischen Intellektuellen – schnell zur Verdammung bereit, fest dazu entschlossen, jeden Mißbrauch von Macht aufzudecken und furchtlos Émile Zolas alten Schlachtruf ›J'accuse‹ widerhallen zu lassen. Sein Status war durch die Ereignisse des Mai '68 nur bestätigt worden, und zwar allein schon durch seinen sagenumwobenen Auftritt in der Sorbonne auf dem Höhepunkt der Studentenunruhen.

Foucault jedoch war im Begriff, Sartre diese Stellung direkt streitig zu machen, und zwar nicht mehr nur auf philosophischem Gebiet, sondern ebenfalls in Fragen politischer Strategie und Taktik. Sollte Sartre ruhig Reden halten, Foucault war bereit, den nächsten Schritt zu wagen, wie er in Vincennes bewiesen hatte: Er war bereit zu handeln.

In der Zwischenzeit mußte Foucault wie Frankenstein mit dem Monster fertig werden, das er in Vincennes in Form des philosophischen Instituts geschaffen hatte.

Das Kursangebot strotzte von Seminaren mit Titeln wie zum Beispiel ›Kulturrevolutionen‹ und ›Ideologischer Kampf‹. Aus diesem Grund zog es natürlich Dissidenten jeglicher Schattierung an. Viele der militanten Kollegen Foucaults wurden von der Begeisterung des Augenblicks mitgerissen. 1970 zum Beispiel händigte Judith Miller, eine überzeugte Maoistin und die

Tochter Jacques Lacans, Zertifikate an Unbekannte im Bus aus, die das erfolgreiche Bestehen eines Kurses bestätigten. Dem *L'Express* gegenüber rechtfertigte sie ihr Handeln nachträglich damit, daß sie die Universität zu »einer Schnapsidee der kapitalistischen Gesellschaft« erklärte.[51]
Der Staatspräsident verstand jedoch keinen Spaß. Der Erziehungsminister entließ Miller und beeilte sich, dem gesamten Institut die staatliche Anerkennung zu entziehen und kündigte an, daß Philosophie-Abschlüsse von Vincennes nicht länger dazu berechtigten, im Rahmen des französischen Erziehungssystems zu unterrichten.
Foucault verteidigte öffentlich unbeirrt das Kursangebot seines Instituts sowie die andauernde Rebellion an den Universitäten. »Wir versuchen, eine Erfahrung von Freiheit zu schaffen«, erklärte er dem *Nouvel Observateur*. »Ich behaupte nicht, daß es sich um völlige Freiheit handelt, sondern um soviel Freiheit, wie es an einer Universität wie der von Vincennes möglich ist.« Er bestand darauf, daß der Philosophieunterricht in Frankreich schon lange als eine heimtückische Form der Indoktrinierung fungiert habe und ein »politisch-moralisches Bewußtsein«, eine »Bürgerwehr des Gewissens« geschaffen habe. Sollte der traditionelle Lehrplan für das Fach Philosophie beibehalten werden, wie es die Regierung wollte, würde man »in eine Falle gehen«. Außerdem, fügte Foucault hinzu, »bin ich nicht sicher, wissen Sie, ob so etwas wie Philosophie überhaupt existiert. Es gibt nur ›Philosophen‹, eine bestimmte Sorte von Männern, deren Diskurse und Handlungen sich im Verlauf der Geschichte sehr oft geändert haben.«[52]
»Ich glaube, daß das, was die Studenten zu tun versuchen und was auf den ersten Blick nur wie ›Folklore‹ erscheint, und das, was ich selbst im Staub meiner Bücher zu erreichen versuche, im Grunde die gleichen Dinge sind«, erklärte Foucault in einem anderen Interview aus der gleichen Zeit. »Wir müssen uns von jeglichem kulturellen und politischen Konservatismus frei machen. Wir müssen unsere Rituale als das erkennen, was sie sind: völlig beliebige Dinge, die an unser bürgerliches Leben gebunden sind; es ist eine gute Sache – und hier spielt sich das wahre

Schauspiel ab –, sie spielerisch und ironisch zu überschreiten; es ist gut, schmutzig zu sein und einen langen Bart zu tragen, wie eine Frau auszusehen, wenn man ein Mann ist (und umgekehrt); man muß die Systeme, die uns im stillen herumkommandieren, ›ins Spiel bringen‹, sie entlarven, verändern und rückgängig machen. Was mich betrifft, so ist es dies, was ich in meiner Arbeit zu tun versuche.«[53]

In diesen Jahren paßte Foucault wie auch andere mit der Studentenrevolte sympathisierende Professoren einige Aspekte seiner Lehrmethoden den Umständen an. Wie nie zuvor bemühte er sich, seine scharfen Urteile über die Arbeit anderer für sich zu behalten oder zumindest abzuschwächen. Gleichzeitig hielt er jedoch weiterhin seine Vorlesungen *ex cathedra* und unternahm keinen Versuch, wie andere radikale Professoren in diesen Jahren, die Kraft und die Autorität seines eigenen Intellekts zu verbergen oder zu glätten. »Wenn ich in meinen Vorlesungen dogmatisch werde«, erklärte er, »dann sage ich mir folgendes: ›Ich werde dafür bezahlt, meinen Studenten eine bestimmte Form von und ein bestimmtes Maß an Wissen zu vermitteln; ich muß meine Vorlesungen und meine Kurse ein wenig so zurechtbiegen, wie man es zum Beispiel mit einem Schuh macht, nicht mehr und nicht weniger. Ich stelle ein Thema vor und versuche, es so klar wie möglich zu machen. Ich gebe mir wirklich viel Mühe (vielleicht nicht immer, aber doch oft), ich bringe dieses Thema mit zum Pult, ich präsentiere es und überlasse es den Zuhörern, damit zu tun, was ihnen beliebt. Ich betrachte mich selbst eher als eine Art von Handwerker, der ein bestimmtes Objekt herstellt und es zum Verbrauch anbietet, denn als ein Sklaventreiber, der seine Sklaven zur Arbeit anspornt.« In der Praxis hatte Foucault jedoch nichts gegen Zeichen der Ergebenheit. Er sah seine Schüler als Lehrlinge, und er war der Meister. Das bescheidene Bild vom Handwerker jedoch hat sicherlich seine Berechtigung: Für den Rest seines Lebens wies er die Rolle des Gurus, dem seine Schüler ergeben zu Füßen sitzen (eine Rolle, die zum Beispiel Lacan perfekt beherrschte), verächtlich von sich. Wenn seine Studenten Fragen hatten, bemühte sich Foucault, eine Antwort zu geben; brauch-

ten sie Hilfe, versuchte er, sie ihnen zu geben. Ansonsten zog er
es vor, anstatt von ihnen hörige Gefolgschaft zu verlangen, sie
sich selbst zu überlassen.[54]

Es erwies sich als zunehmend schwieriger, Vincennes zu einem
Modell zu machen. Die Universität befand sich in ständigem
Aufruhr; Streiks, Protestmärsche und Störungen des Unter-
richtsbetriebs waren an der Tagesordnung. Indem sie der be-
währten Grundregel aller Radikalen folgten, die besagt, daß
›mein bester Freund mein ärgster Feind‹ ist, machten militante
Studenten Foucaults Vorlesungen zur Zielscheibe von Störak-
tionen.[55]

Langsam verlor er die Geduld. Es ging ja noch an, seine Solidarität mit der Linken in Interviews zu bekunden oder Ziegelsteine
von Dächern zu schmeißen. Das machte schließlich Spaß!
Wenn es jedoch darum ging, tagtäglich die verrückten Anspra-
chen diverser ultralinker Sekten, die in seinen Unterricht
strömten, über sich ergehen lassen zu müssen, dann sah die
Sache doch anders aus.

Foucault begann sich wie Sade in der *Charenton* zu fühlen, wie
er einmal bemerkte: Er brachte subversive Stücke im Asyl zur
Aufführung, und zum Dank revoltierten die Insassen gegen den
Meister selbst.[56]

Foucault löste das Problem auf einfache Weise. Er ließ sich so
wenig wie möglich an der Universität blicken und konzentrierte sich stattdessen auf seine Forschung und Lektüre in der
Nationalbibliothek.[57]

Sein Denken schlug eine neue Richtung ein. Es entfernte sich
von den methodologischen Problemen, mit denen er sich in
der *Archäologie des Wissens* beschäftigt hatte, und wandte sich
mit einer in Vincennes gehaltenen Vorlesungsreihe unter dem
Titel ›Der Diskurs der Sexualität‹ einem der Bereiche von
›Grenz-Erfahrung‹ zu, den er im ursprünglichen Vorwort zu
Wahnsinn und Gesellschaft zu untersuchen versprochen hatte.
Indem er den Leitfaden seiner ›großen nietzscheanischen Suche‹ wiederaufnahm, widmete er Nietzsche ein Seminar in

Vincennes, woraufhin er seinen einzigen größeren Aufsatz zu seinem Lieblingsphilosophen, ›Nietzsche, die Genealogie, die Historie‹, schrieb. [58]

»Der Leib«, so behauptete er jetzt, »ist der Ort der *Herkunft*«, indem er Nietzsches deutschen Begriff verwandte – der Ort, an dem Wille, Gefühl und Denken ihren Ursprung haben. In Foucaults Beschreibung wird dieser Ursprungsort jedoch auch zum Schauplatz rätselhafter Wunden, verwirrender Geißelungen und unbestimmbarer Instinkte. Der Körper wird zu einer ins Fleisch eingeschriebenen unbekannten Straßenkarte der Vergangenheit. Die Spuren dieser Vergangenheit, von der Vernunft alleine nicht entzifferbar, werden in einem Schwall von sich widersprechenden Neigungen und Aversionen, Stärken und Schwächen, Freuden und Schmerzen spürbar. Doch selbst hier bietet der Körper ein beunruhigendes Bild, einem rauchbedeckten Schlachtfeld gleichend. Es wird zur eigentlichen Aufgabe des Historikers in der Nachfolge Nietzsches, dieses Schlachtfeld vorsichtig zu besichtigen und *sämtliche* beteiligten körperlichen Mächte zu bestimmen, selbst diejenigen, die sich »an den Rändern« befinden. Foucault unterstellte, daß diese Besichtigung in der Tat durchführbar sei, – aber nur, wenn »ein zersetzender Blick« angewendet wird, »welcher auch sich selber auflösen« kann. Dieser Blick wird dann zeigen, »wie der Leib von der Geschichte durchdrungen ist und wie die Geschichte am Leib nagt«. [59]

Es war so, als ob Foucault in dem durch die Geschehnisse des Mai veränderten Klima, nachdem er die gewalttätigen ›Opfer‹ der Studenten in Tunesien gesehen und mutig in Vincennes mitgekämpft hatte, sich wie nie zuvor dazu in der Lage fühlte, die Stellung des Körpers in Politik und Geschichte direkt zu erkunden; es schien, als ob er den Versuch unternehmen wollte, die Narben des Körpers zu verstehen und seine Zusammensetzung aus miteinander kämpfenden Begierden und Schwächen zu verwandeln.

»Das eigentliche Wesen der Radikalität«, so drückte er sich einmal aus, »ist *körperlich*. Das Wesen der Radikalität liegt in der Radikalität des Lebens selbst.« [60]

Obwohl er sich mehr und mehr mit den politischen und sozialen Bewegungen um ihn herum einließ, blieb seine Forschung zu dieser Zeit fast ausschließlich auf die Vergangenheit gerichtet. »Die Historie hat Besseres zu tun, als die Magd der Philosophie zu spielen«, schrieb er in seinem Nietzsche-Aufsatz. »[S]ie hat die Differentialerkenntnis der Energien und der Ohnmachten, der Höhen und Zusammenbrüche, der Gifte und Gegengifte zu sein. Sie hat die Wissenschaft der Arzneien zu sein« – wenn auch vielleicht nur für den Historiker selbst.[61]

Oder, um es mit den Worten eines von Foucault zitierten Nietzsche-Aphorismus zu sagen: »In der Gegenwart leben, innerhalb einer einzigen Kultur, genügt nicht als allgemeines Rezept, dabei würden zu viele höchst nützliche Arten von Menschen aussterben, die in ihr nicht gesund atmen können. Mit der Historie muß man ihnen *Luft* machen [. . .].«[62]

Nach 1970 wurde es für Foucault selbst wesentlich einfacher, ›gesund zu atmen‹. Vom Dezember dieses Jahres an hatte er die Möglichkeit, die historiographischen Aspekte seiner ›großen nietzscheanischen Suche‹ von einer erhöhten Plattform aus zu verfolgen – als Professor am *Collège de France*.

Seit Jahren hatte sich Foucault nach einer akademischen Position gesehnt, die seiner Begabung angemessen sein würde – wenn nicht an der *Sorbonne*, dann am *Collège*; jahrelang hatte er seine Beziehungen spielen lassen, um die Berufung auf den Lehrstuhl, den er wirklich wollte, voranzutreiben. Er hatte sich der Unterstützung von Freunden wie Georges Dumézil versichert, der seinerseits 1968 ins *Collège* gewählt worden war.[63]

Das *Collège de France* ist eine typisch französische Einrichtung, deren Ursprünge bis ins sechzehnte Jahrhundert zurückreichen. Anders als an anderen Lehrinstituten gibt es für ordentliche Professoren keine formellen Voraussetzungen, und es werden keine Diplome an Studenten vergeben. Die Ordinarien (insgesamt ungefähr fünfzig) werden von den Professoren selbst gewählt, und die Wahl gilt als höchste Auszeichnung und

als Beweis dafür, zu den angesehensten Geistes- und Natur-
wissenschaftlern des Landes zu gehören, von der Musik bis
zur Mathematik. Nach der Wahl wird erwartet, daß der Lehr-
stuhlinhaber jährlich eine Vorlesungsreihe hält, in der er die
Forschungsvorhaben vorstellt, mit denen er sich gerade beschäftigt; diese Vorlesungen sind öffentlich, Einschreibung ist
unbekannt. [64]

Am 2. Dezember 1970 drängten sich berühmte Kollegen, alte
Freunde und eine Delegation junger Bewunderer in einen Hörsaal des *Collège de France*, um Zeugen von Foucaults Antrittsvorlesung zu werden. Vor einer Zuhörerschaft, die »darauf
wartete, verzaubert zu werden«, wie Jean Lacouture die Szenerie für *Le Monde* beschrieb, erschien »eine kahlköpfige Figur
mit blaßer Hautfarbe, buddhistischem Gebaren, mephistophe-
lischem Blick. Der Ernst der Stunde hielt diese Figur nicht davon ab, eine nicht zu unterdrückende Ironie an den Tag zu legen.« [65]

Foucaults Rede war ein Hochseilakt, der delikat das Gleichgewicht zwischen der Feierlichkeit des Anlasses und dem Ausdruck der eigenen Gedanken aufrechterhielt. Wie vielleicht zu
erwarten war, lieferte Foucault eines seiner besonders kunst-
voll verschleierten Meisterstücke. »In typischer Manier«, so
faßte ein verständiger Kritiker den Text zusammen, »sprach er
seine Zuhörer an, streifte quer durch die Jahrhunderte und
skizzierte Forschungsvorhaben zu nichts Geringerem als den
Themen Wahrheit, Rationalität und Normalität. Seine Stimme
gemahnte gleichzeitig an die verrätselten Ellipsen Becketts und
an die unheimliche Klangfülle Renans.« [66]

Zu den ›verrätselten Ellipsen‹ zählten flüchtige Verweise auf
seine eigene »vergängliche[] Existenz, die zweifellos dem Verschwinden geweiht ist«. Er beschwor geschickt die »Unruhe«,
die gewisse Arten von »Diskursen« hervorrufen könnten, besonders dann, wenn »die Wahrheit [. . .] im Raum einer wilden
Äußerlichkeit« aufgefunden werde; selbst moderne Forschung, mag sie auch »alltäglich[] und unscheinbar[]« erscheinen, zeuge manchmal von »nicht genau vorstellbaren Mächte[n] und Gefahren«. [67]

Wie er seinen Zuhörern darlegte, könnten jedoch zahlreiche Normen, die den Diskurs beherrschen, solche »Mächte und Gefahren« auf verschiedenartige Weise ausgleichen, und zwar durch die Auferlegung logischer und grammatischer Regeln, durch die Zensur bestimmter Worte und Themen, dadurch, daß nur bestimmten Formen der Kommentierung für bestimmte auserwählte Texte Glaubwürdigkeit verliehen werde, und schließlich dadurch, daß nur der Autor als bewußte (und daher verantwortliche) kreative Quelle für einen Text anerkannt werde. Alle diese verschiedenen Kunstgriffe könnten dazu benutzt werden, argumentierte Foucault, »die Mächte und Gefahren [des Diskurses] auszutreiben«, so wie Priester ehemals böse Dämonen ausgetrieben hatten. Das komplizierte Netz aus Übereinkünften, die den Sprachgebrauch regeln, müsse daher als eine »Gewalt [. . .] [,]die wir den Dingen antun«, verstanden werden, als eine »Praxis, die wir ihnen aufzwingen« – eine Art von unbewußter »diskursive[r] ›Polizei‹ [. . .] [,]die man in jedem seiner Diskurse reaktivieren muß«.[68]
In diesen Sätzen deutete Foucault sein zunehmend deutlicher hervortretendes Interesse am Problem der Macht an, wobei er es mit seinem früheren Interesse an den Grenzlinien der Vernunft und am ›Denken des Außen‹ verband. Er ließ dabei durchblicken, daß zumindest er das einschränkende Muster durchbrochen habe und den akademischen Diskurs überschritten und an seiner Stelle einen lang vergessenen ›wahren‹ Diskurs wiederbelebt habe, der voll von ungezähmter Macht sei. Ein solcher Diskurs könnte, wenn man seinen Gefahren unerschrocken gegenübertrete, »Achtung und Ehrfurcht« hervorrufen, so wie die Werke der klassischen griechischen Dichter es getan hatten. Er könnte sogar, indem er die Menschen dazu bringe, anders zu denken und zu handeln, die Welt ändern, d. h. »mit dem Geschick verflocht[en]« sein.[69]
Gleichzeitig jedoch gab Foucault beredt den Wunsch zu verstehen, unter anderem ein Gelehrter unter Gelehrten zu sein. Den Schluß der Vorlesung bildete eine ausführliche Lobrede auf den Mann, dessen Lehrstuhl er übernahm, sein vormaliger Lehrer und Förderer Jean Hyppolite.

Die Leidenschaft des Michel Foucault

Seine Rede war ein Paradox (darin ähnlich wie *Die Ordnung der Dinge*). Die verkündeten Ziele waren radikal und subversiv, deren gewandte und gelehrte Präsentation jedoch beruhigend traditionell. Die althergebrachte Form ihres Diskurses war in der Tat ein von Foucault selbst verübter ›Gewaltakt‹, um sein eigenes ungehorsames ›Denken des Außen‹ zu zügeln und zu vermitteln.[70]

Nach seinem Eintritt in die geheiligte Einrichtung hielt sich Foucault in gewisser Hinsicht an die Regeln. Er widmete sich seinen Amtspflichten am *Collège de France*, nahm die Vorschriften der Institution ernst und hielt sorgfältig ausgearbeitete, gelehrte Vorlesungen von großer Originalität. Doch weiter ging sein Engagement nicht. Foucault unternahm nicht wie viele andere Professoren den Versuch, sich eine unabhängige Basis in einem der zahlreichen Pariser Forschungszentren zu verschaffen; er zeigte weiterhin keinerlei Interesse daran, sich Schüler heranzuziehen. Wie sein Kollege Pierre Bourdieu festgestellt hat, hatte Foucault während seiner gesamten Laufbahn »keine spezifisch akademische und nicht einmal fachwissenschaftliche Macht, weshalb es ihm an der Klientel fehlte, die diese Macht mit sich bringt, obwohl er aufgrund seiner Berühmtheit beträchtlichen Einfluß auf die Presse und durch sie auf das gesamte Kulturschaffen ausübte.«[71]
Diesen zweiten Einflußbereich – den auf das ›gesamte Kulturschaffen‹ – nutzte Foucault andererseits nach 1970 mit aller Kraft aus. Er versuchte, seinen Ruhm für eigene politische Ziele einzusetzen, indem er die Massenmedien als sein Sprachrohr ansah. Er schloß sich einem erlesenen Kreis im Scheinwerferlicht stehender Dissidenten an, zu dem Sartre (natürlich), Schriftsteller wie Genet und engagierte Filmstars wie Yves Montand und Simone Signoret zählten. Und im Februar 1971, nur zwei Monate nach seiner Antrittsvorlesung im *Collège de France*, kündigte er unter einigem Getöse an, daß er eine eigene politische Initiative ins Leben gerufen habe, die *Groupe d'information sur les prisons*.

Den Plan zu dieser Initiative hatte er in Zusammenarbeit mit Daniel Defert ausgearbeitet, der nun zu seinem wichtigsten politischen Mitarbeiter wurde.[72]

»Ich hatte Michel im September 1960 getroffen«, erinnert sich Defert, damals Philosophiestudent, der gerade seine *Khâgne* beendet hatte und mehr als zehn Jahre jünger als Foucault war. Während seines Studiums in Paris verfolgte Defert linke politische Ziele und wurde aktives Mitglied der UNEF (*l'Union Nationale des Étudiants de France*), einer engagierten Studentengruppe, die den Widerstand gegen den Krieg in Algerien angeführt hatte.[73]

Obwohl Foucault Deferts oppositionelle Haltung diesem Krieg gegenüber teilte, stimmte er der Analyse des gaullistischen Staatsapparates durch die französische Linke in den sechziger Jahren nicht zu, die sich in ihrem Slogan: ›Der Faschismus wird nicht siegen‹ ausdrückte. Wie Defert sich erinnert, »akzeptierte Foucault niemals diese Verkürzung. *Dies ist von wesentlicher Bedeutung.*« Die Annahme, daß der Gaullismus ein Phänomen sei, das mit dem Nationalsozialismus auf eine Stufe gestellt werden könnte, erschien Foucault genau so grotesk wie ähnliche modische Formeln der französischen Linken nach dem Mai '68.[74]

Foucaults neuer junger Freund war elegant und gutaussehend, doch was ihn am meisten an ihm faszinierte, war die Art und Weise, wie er sein politisches Leben führte, und zwar intensiv und seiner Sache ergeben. Defert erinnert sich: »Ich glaube, daß Michel sich mir in dieser Zeit anschloß, weil ich ein militantes Leben führte.« Foucault nahm sich Deferts an und verschaffte ihm eine Stellung an der Universität von Clermont-Ferrand. Als der jüngere Mann 1964 nach Tunesien ging, um seinen Zivildienst abzuleisten, folgte ihm Foucault und fand eine Stelle an der Universität in Tunis. Und nach 1968 waren die beiden wieder zusammen, dieses Mal in Vincennes, wo Defert Professor für Soziologie wurde und sich in der Nacht des 24. Januar 1969 an der Seite Foucaults eine Schlacht mit der Polizei lieferte.[75]

Wie in jeder Liebesbeziehung so gab es auch in dieser gute und schlechte Zeiten. Doch Defert hielt Foucault immer die Treue:

»Ich glaube, Daniel liebte ihn aufrichtig«, sagt ein Freund, der beide gut kannte.[76]
Aber auch Foucault fühlte sich Defert tief verbunden. »Ich lebe seit achtzehn Jahren in einem Zustand tiefer Leidenschaft für einen anderen Menschen«, bemerkte Foucault in einem Gespräch 1981. »In bestimmten Augenblicken äußert sich diese Leidenschaft in der Form der Liebe. Aber um ehrlich zu sein, es geht uns beiden um das Gefühl der Leidenschaft.« Das ›Gefühl der Leidenschaft‹, wie es Foucault in diesem Gespräch beschreibt, geht über Liebe, Vernunft, selbst über ein auf eine andere Person gerichtetes Begehren hinaus; es handelt sich eher um einen ozeanischen, losgelösten Zustand, der »das Gefühl, man selbst zu sein«, zerstört und stattdessen ein Gefühl der ›Leidens-Lust‹ schafft, durch den man in die Lage versetzt wird, »die Dinge völlig anders zu sehen«. Foucault, der sich auf die Erkundung dieses ›Zustands tiefer Leidenschaft‹ »vollständig eingelassen« hatte, gestand ein, daß »es nichts – absolut nichts – auf der Welt gibt, das mich zurückhalten könnte, wenn es darum geht, ihn zu finden und mit ihm zu sprechen«.[77]
Foucault sprach in der Tat oft mit Defert über ihre neugefundenen gemeinsamen politischen Interessen, besonders nach 1968. Deferts anhaltende Vorliebe für politischen Aktivismus war von der neuen studentischen Linken wiederentfacht worden, insbesondere nach dem Erscheinen der *Gauche Prolétarienne* Ende 1968. Kurz nachdem die Gruppierung 1970 offiziell verboten wurde, schloß sich Defert ihr heimlich an: »Ich wurde Mitglied«, erinnert sich Defert, »weil sie verboten und illegal geworden war, weil es mit Gefahren verbunden war.«[78]
Wie Defert so hielt auch Foucault nach neuen Formen des politischen Aktivismus Ausschau und wurde aus dem gleichen Grund zur *Gauche Prolétarienne* hingezogen.
Es war jedoch keinesfalls klar, wie sich jemand mit Foucaults Ansehen und Talenten gewinnbringend einer verbotenen revolutionären Bewegung anschließen könnte. Gemeinsam suchten Foucault und Defert nach einem Weg, die Interessen des Philosophen mit dem Programm der Maoisten zu verknüpfen.

Das Ziel der *Gauche Prolétarienne* lag einfach darin, »eine Verbindung mit dem *Collège de France*« zu haben und, in der Sprache des Marxismus, eine Art von »Volksfront« mit bürgerlichen Intellektuellen einzugehen. Foucault hatte, wie sich Defert erinnert, etwas andere Absichten: Es ging ihm darum, einen Weg zu finden, »das in *Wahnsinn und Gesellschaft* angekündigte Projekt weiterzuführen«, indem er Politik als einen Bereich der ›Grenz-Erfahrung‹ untersuchte. [79]
Die von Foucault und Defert gefundene Lösung war elegant und gleichzeitig einfach. Defert schlug seinen maoistischen Genossen vor, daß Foucault die Leitung einer Kommission übernehmen könnte, welche die Haftbedingungen in den französischen Gefängnissen untersuchen sollte, in denen zu diesem Zeitpunkt eine Reihe von maoistischen Radikalen Haftstrafen absaßen. Aufgabe der Kommission würde sein, die Aufmerksamkeit der Öffentlichkeit auf die unhaltbaren Zustände im französischen Strafvollzug zu lenken – und sie wäre ein Vorwand für die inhaftierten Maoisten, ihre Mitgefangenen zu organisieren. Obwohl einige Mitglieder der *Gauche Prolétarienne* Deferts Vorschlag mit der von Marx übernommenen Begründung ablehnten, daß gemeine Kriminelle und das ›Lumpenproletariat‹ unfähig seien, gesellschaftliche Veränderungen herbeizuführen, setzte Defert sich durch. [80]
Das politische Unternehmen, das auf diese Weise in die Wege geleitet wurde, erwies sich als das bei weitem folgenreichste der praktischen Experimente Foucaults in der neuen revolutionären Politik.

Am 8. Februar 1971 trat Foucault in der Kapelle *Saint-Bernard* im Bahnhof *Montparnasse* vor Kameras und Mikrophone, um die Gründung der *Groupe d'informations sur les prisons* zu verkünden, der ›Informationsgruppe Strafanstalten‹, oder GIP. Die Wahl des Zeitpunkts und des Ortes waren nicht ohne Bedeutung: Während der vorausgegangenen zwei Wochen hatten Maoisten die Kapelle *Saint-Bernard* besetzt und einen Hungerstreik abgehalten, um gegen die Haftbedingungen ihrer in französischen Gefängnissen inhaftierten Genossen zu protestieren. (Der Begriff ›Maoist‹ wurde inzwischen in Frankreich als Sammelbegriff für alle militanten Aktivisten benutzt, die in mehr oder weniger enger Verbindung zu den Stammitgliedern der *Gauche Prolétarienne* standen; da die GP selbst verboten war, erwies sich die ungenaue Namensgebung als hilfreich für die Aktivisten selbst.) [81]

An diesem Morgen hatten Maoisten als Protest gegen die Notlage ihrer inhaftierten Genossen zu einer Großkundgebung aufgerufen. Während der Protestmarsch stattfand, hatte die Regierung verlauten lassen, daß sie bereit sei, gewisse Zugeständnisse zu machen: Es sollte eine Kommission eingesetzt werden, welche die Zustände in den französischen Gefängnissen untersuchen sollte; außerdem sollten von nun an die inhaftierten Aktivisten als ›politische Gefangene‹ eingestuft werden, denen nach französischem Recht eine nachsichtigere Behandlung zusteht. Die Pressekonferenz in der Kapelle *Saint-Bernard* hatte mit der Ankündigung begonnen, daß der Hungerstreik der Maoisten zu Ende sei, da er sein wichtigstes Ziel erreicht habe. Als kurz darauf Foucaults blankpolierter Schädel auftauchte, hatte sich eine linke Jubelstimmung breitgemacht. [82]

Der Professor vom *Collège de France* war jedoch nicht gekommen, um einen Sieg zu feiern, sondern vielmehr um die Gründung seiner neuen Organisation zu verkünden. Vor laufenden Kameras verlas Foucault eine kurze Erklärung, in der die Ziele der von ihm mit Unterstützung des bedeutenden Altphilologen Pierre Vidal-Naquet und des Herausgebers der katholischen Zeitschrift *Esprit*, Jean-Marie Domenach, ins Leben gerufenen Gruppierung zusammengefaßt wurden. Ihre Zielsetzung sei, so erklärte Foucault, handfest und bescheiden: Er und seine Kollegen wollten Informationen über die unhaltbaren Zustände innerhalb der französischen Strafanstalten zusammentragen. Sie seien besonders an der Berichterstattung von Augenzeugen interessiert. Um den Austausch derartiger Informationen zu erleichtern, ermuntere GIP deshalb diejenigen, die im Gefängnis sitzen, mit der Gruppierung in Kontakt zu treten. Er kündigte außerdem an, daß es einen Fragebogen gäbe, der angefordert werden könnte, und daß die Auswertung der Antworten zu einem späteren Zeitpunkt veröffentlicht werden würde. [83]

Die von Foucault auf dieser Pressekonferenz verlesene Erklärung war in vieler Hinsicht irreführend. Trotz der Unterstützung durch prominente Persönlichkeiten wie Vidal-Naquet und Domenach handelte es sich bei GIP keinesfalls um eine herkömmliche ›Organisation‹ – vielmehr war sie eine weitgehend von Defert und Foucault organisierte schwer festzumachende Schaltstelle für Agitation. Sie war zu keiner Zeit als bloße Sammelstelle für Informationen oder als philantropische Reformbemühung gedacht. Wie der maoistische Zusammenhang nahelegt, war sie vielmehr von Anfang an als eine Kriegsmaschine, als neuartige kulturelle Waffe gemeint. [84]

Vor allem sollte GIP das Versuchslabor für einen neuen Typ Intellektueller sein: selbstverleugnend, doch subversiv, bescheiden, doch listig.

Die Zielscheibe war wie immer Jean-Paul Sartre – der berühmteste lebende Intellektuelle der Welt und die ausgesprochene Verkörperung der ehrwürdigen französischen Tradition des aufmüpfigen Moralisten. In dieser Tradition, wie Foucault einmal zusammenfassend bemerkte, verkündete »der Intellektuelle [. . .] die Wahrheit denen, die sie noch nicht sahen [. . .] und im Namen derer, die sie nicht sagen konnten: Er war Bewußtsein und Sprache.« In diesem olympischen Geist hatten die Existentialisten der Nachkriegszeit den Menschen gesagt, wie Foucault sarkastisch hinzufügt, »woraus Freiheit bestehe, was man im politischen Leben zu tun habe, wie man sich anderen gegenüber zu verhalten habe, usw.«. Dies war genau die Art von anmaßender Inanspruchnahme moralischer Autorität, die Foucault von sich wies und in ihrer gesellschaftlichen Geltung unterwandern wollte. Die Strategie von GIP war diesbezüglich aufrichtig: Sie sollte ein Forum werden, in dem diejenigen, die sich moralischer Autorität widersetzt hatten, die brutale Art und Weise, in der eine angeblich ›humane‹ Gesellschaft sie bestrafte, mit ihren eigenen Worten beschreiben konnten.[85]

»Ich träume von dem Intellektuellen als dem Zerstörer der Evidenzen und Universalien«, erklärte Foucault in einem Gespräch 1977. Er stellt sich hier wie an anderen Stellen in dieser Zeit einen Intellektuellen vor, der so etwas wie ein Guerillakämpfer ist, schwer festzunageln und beständig auf der Lauer. Dieser Intellektuelle, ein Heckenschütze am Rande der Gesellschaft (so wie er sich einmal jenen im Untergrund lebenden Menschen vorgestellt hatte, der Vulkane des Wahnsinns entfachte), macht »in den Trägheitsmomenten und Zwängen der Gegenwart die Schwachstellen, Öffnungen und Kraftlinien kenntlich«. Er weigert sich, Zukunftspläne zu entwerfen, wechselt »fortwährend seinen Ort«, ist sich jedoch »nicht sicher, [. . .] wo er morgen sein und was er denken wird«. Obwohl ihm sein Ziel noch unbekannt war, wußte Foucault, welchen Weg er einzuschlagen hatte, und begrüßte den öffentlichen Kampf – ein Gefecht, das, so hoffte er, zur Klärung der Frage beitragen würde, »ob die Revolution der Mühe wert ist und welcher (ich meine: welche Revolution und welche Mühe), wobei sich von selbst versteht, daß nur die sie beantworten können, die bereit sind, ihr Leben aufs Spiel zu setzen, um sie zu machen«.[86]

Es ist ironisch, daß Sartre in diesen Monaten einem im Grundsatz ähnlichen Programm von Guerillakampf Treue geschworen und erklärt hatte, daß »der alte Begriff vom Intellektuellen« überholt sei. Auch Sartre hatte sich mit den Maoisten verbündet: 1970 war er dem Namen nach zum Herausgeber von *La Cause du Peuple* geworden, um zu verhindern, daß die Zeitung verboten wurde. Später geriet er unter den Einfluß Pierre Victors (auch bekannt unter dem Namen Benny Lévy), der schließlich sein Privatsekretär werden sollte.[87]

Dies alles spornte Foucault nur umso mehr dazu an, GIP als unabhängiges Experiment aus der Taufe zu heben und seine eigene konträre Vision einem Test auszusetzen. »Es liegt nicht an uns, Reformen vorzuschlagen«, lauten die letzten Sätze der

Gründungserklärung von GIP, die auf diese Vision anspielen: »Wir wollen nur, daß die Wirklichkeit bekannt wird. Und daß sie sofort bekannt wird, fast tagtäglich, denn das Problem ist dringlich. Wir müssen die öffentliche Meinung wachrütteln und sie wachhalten.«[88]

GIP ging an mehreren Fronten gleichzeitig vor. Defert und Foucault entwarfen einen Fragebogen; Defert verteilte ihn an Familienmitglieder von Strafgefangenen; als ausgefüllte Fragebögen zurückkamen, lasen beide sie gründlich und wählten Auszüge aus, die sie in einer Reihe von Frontalangriffen der Öffentlichkeit zugänglich machten. In Zusammenarbeit mit den Familienangehörigen von Gefangenen stand GIP an der Spitze von Bemühungen, den Insassen ungehinderten Zugang zu bislang verbotenen Zeitschriften und Tageszeitungen zu verschaffen; Komitees von Ärzten, Anwälten und Sozialarbeitern, die sich der Sache verpflichtet hatten, wurden einberufen, um die Haftbedingungen in bestimmten Gefängnissen der Öffentlichkeit bewußt zu machen; außerdem wurden Demonstrationen zur Unterstützung von hungerstreikenden Gefangenen organisiert.[89]

»Das Gefängnis ist der einzige Ort, in dem die Macht als nackte Gewalt und gleichzeitig moralisch gerechtfertigt auftritt«, erklärte Foucault 1972. »Das ist das Faszinierende an den Gefängnissen, daß sich die Gewalt nicht verbirgt, nicht maskiert, daß sie sich als eine bis in die letzten Details ausgeklügelte Tyrannei darstellt und daß sie andererseits vollkommen ›gerechtfertigt‹ ist, da sie in eine Moral eingebettet ist; ihre brutale Tyrannei ist die ungetrübte Herrschaft des Guten über das Böse, der Ordnung über die Unordnung.«[90]

Manchmal jedoch (wie sowohl Foucault als auch die Maoisten von den Ereignissen im Mai '68 gelernt hatten) schäumen die Mächte des Ungehorsams unvorhergesehen und spontan, fast wie zufällig über, und es kommt zu einem Ausbruch, bei dem sie die Gewissensburgen stürmen und der ›Moral‹ ihre Maske entreißen. Es war ganz im Sinne der maoistischen Linken, daß

solche Augenblicke spontaner Revolte gefördert und ihre Herbeiführung zum Brennpunkt der Agitation gemacht wurden.
»Michel verfügte über politisches Einfühlungsvermögen«, erinnerte sich Gilles Deleuze Jahre später. »Er spürte, wenn zu einem bestimmten Zeitpunkt an einem bestimmten Ort etwas in der Luft lag.« Deleuze war einer von Deferts und Foucaults wichtigsten Verbündeten innerhalb von GIP – ein Gleichgesinnter, der zum philosophischen Waffenbruder geworden war. Trotz seiner eigenen, nicht unbeträchtlichen Leistungen hegte Deleuze eine gewisse Ehrfurcht für Foucault. »Auf eine bestimmte Weise war er ein Visionär«, erklärte Deleuze später. »Er sah Dinge, und wie alle Menschen, die zu sehen wissen und die das, was sie sehen, durchschauen, schien ihm das, was er sah, unerträglich.« [91]

Wie der Verlauf der Ereignisse und die von GIP zusammengetragenen Dokumente zeigen sollten, waren die Zustände in den französischen Gefängnissen in der Tat oft unerträglich: Das Gefängnis erwies sich als wunderbares Symbol dafür, wie barbarisch die ›Justiz‹ sein konnte. Außerdem lieferten die französischen Strafanstalten der frühen siebziger Jahre eine ungewöhnlich vielversprechende *praktische* Zielscheibe für Reformen. Sie waren voll von inhaftierten Maoisten und boten den Aktivisten einen Ort, von innen das Feuer des Aufstands zu entzünden – während GIP von draußen die Nachrichten in ganz Frankreich verbreitete. [92]

»Michel spürte, daß sich in den Gefängnissen etwas bewegte«, erinnerte sich Deleuze, »und daß es sich hierbei keineswegs um unbedeutende Probleme handelte.« [93]

GIP machte sich an die Arbeit. Deleuze half Defert und Foucault dabei, Informationen zu sammeln. Sie verteilten Flugblätter. Sie verfolgten mit großem Interesse einen blutigen Gefangenenaufstand in einem Gefängnis im amerikanischen Bundesstaat New York, der große Beachtung in der französischen Presse fand. [94]

Und sie warteten.

Am 9. Dezember 1971 brach im Gefängnis von Toul Gewalt aus. Eine Gruppe von Gefangenen verwüstete die Schreinerwerkstatt der Anstalt; eine andere Gruppe setzte die Gefängnisbibliothek in Brand; einzelne Gefangene zerbrachen die Gitterstäbe ihrer Zellenfenster und warfen Betten, Stühle und Geschirr auf den Gefängnishof. Nachdem die Rebellen eines der drei Gefängnisgebäude unter Kontrolle gebracht hatten, riefen sie ›Nieder mit der Diktatur!‹ und sangen die *Marseillaise*. Der Anstaltsgeistliche überbrachte ihre Hauptforderungen: warme Duschen und bessere zahnärztliche Versorgung. (Foucault begrüßte die anscheinende Trivialität solcher Forderungen, die bei anderen Gefängnisrevolten in diesen Jahren wiederholt wurden, als ein Zeichen von *déculpabilisation* [›Verschuldlosung‹], das beweise, daß moderne Strafgefangene alle ›Scham‹ verloren hätten und im wahrsten Sinne des Wortes ›un-schuldig‹ seien.) [95]

Als sie die Nachricht von dem Aufstand am Radio hörten, begannen Pariser Maoisten mit der Planung einer Pressekampagne und der Organisation einer Mission, die sich vor Ort einen Überblick über die Lage der Dinge verschaffen sollte.

In der Zwischenzeit brach ein zweiter Aufstand aus. Dieses Mal schlugen die Ordnungskräfte schnell zurück und behielten die Kontrolle über das Gefängnis, wobei eine große Zahl von Insassen verwundet wurde.

Kurz darauf traf Foucault gemeinsam mit Gilles Deleuze in Toul ein, um eine Pressekonferenz abzuhalten. Einer der Gefängnisärzte, die Psychiaterin Edith Rose, hatte eine eidesstattliche Erklärung abgegeben, in der sie die Bedingungen in Toul fast schmerzlich genau beschrieb. Foucault und Deleuze stellten diesen Bericht der Presse vor – einerseits als Dokument, das seine eigene Berechtigung hatte, und andererseits als praktisches Beispiel dafür, daß ein befugter Experte den Mut aufbringen konnte, den Kode des amtlichen Schweigens zu durchbrechen, indem er mit möglichst einfachen Worten etwas ans Tageslicht brachte, von dem er Zeuge geworden war. [96]

Der Ton der Erklärung war in der Tat entwaffnend: »Was mich am meisten entmutigte und schmerzte«, schrieb Dr. Rose,

»war, mitansehen zu müssen, wie Männer eine Woche und länger angekettet waren. Ich versichere eidesstattlich, daß sie kein einziges Mal zur Nahrungsaufnahme losgekettet wurden. Von meinem Büro auf der Krankenstation aus hörte ich, wie sie die Aufseher darum baten, mit der Gabel gefüttert zu werden [. . .]. Von einigen Zeugen weiß ich, daß sie in ihren Exkrementen gelassen wurden, obwohl ich dies nicht selbst gesehen habe.« Sie hatte jedoch sicherlich genug gesehen, um sagen zu können, daß im Vergleich mit den Zuständen in Toul selbst der Tod eine annehmbare Alternative darstellte. »Ich versichere, daß mich seit meiner Ankunft in Toul die extreme Häufigkeit von Selbstmordversuchen verblüfft hat«, erklärte sie: »Erhängen, Aufschneiden der Pulsadern, Verschlucken von Löffeln, Gabeln, Neonleuchtbirnen, usw.«.[97]

Dies war genau die Art von dokumentarischem Material, das in Foucault immer eine besondere Leidenschaft entfachte, gleichgültig, ob er es in der Nationalbibliothek fand oder ob es ihm von Personen wie Dr. Rose zugänglich gemacht wurde. »Anstatt« das Gefängnis als Institution »zu kritisieren«, habe Dr. Rose, wie Foucault offensichtlich zustimmend feststellte, »bloßgelegt, was an diesem Tag, an diesem Ort, unter diesen Umständen geschehen war«. Mit nüchterner Stimme, die auf merkwürdige Art an einen der unbeteiligten Erzähler Robbe-Grillets erinnert, hatte die Gefängnispsychiaterin kühl die grauenhaftesten Einzelheiten wiedergegeben.[98]

In einer Vorbemerkung zu einem Wiederabdruck des Berichts der Psychiaterin im *Nouvel Observateur* faßte Foucault selbst die schockierendsten Details zusammen: »Männer tagelang an Füßen und Handgelenken angekettet, [. . .] routinemäßiger Wechsel zwischen Schlägen und Beruhigungsmitteln, Gewahrsam/Spritze, Kerker/Valium (oh, die beruhigende Kraft der Moral); Autodiebe, die im Alter von zwanzig Jahren zu Berufsverbrechern gemacht werden« (eine Behauptung, die in *Überwachen und Strafen* im Mittelpunkt stehen sollte); und – wie könnte sich Foucault diese Tatsache entgehen lassen – »fast jede Nacht Selbstmordversuche«.[99]

, Tatsächlich widmete GIP ihre vierte und letzte Schrift diesem Thema. *Suicides de Prison* (›Selbstmorde in Gefängnissen‹) wurde 1973 von Gallimard veröffentlicht und sollte wie seine Vorgänger eine mit Dokumenten angereicherte Breitseite sein, die Tatsachen und Augenzeugenberichte zusamenstellte, die dem Leser mit einem Minimum von erklärendem Kommentar vorgelegt wurden. Die Schrift begann mit der tabellenartigen Aufstellung der schockierend hohen Zahl von Todesfällen in französischen Gefängnissen im Jahre 1972 – zweiunddreißig –, die mit Sicherheit auf Selbstmord zurückzuführen waren. Alle Fälle wurden chronologisch aufgeführt, außerdem wurde die Todesursache für jeden einzelnen Fall angegeben: Erhängen, Drogenüberdosis, Vergiftung, Verschlucken einer Gabel, sogar ein Fall von Selbstopferung auf einer brennenden Matratze.[100]

Der Hauptteil der Dokumentation bestand jedoch aus Briefen eines Gefangenen, der nur als ›H.M.‹ vorgestellt wurde. H.M. – ein zweiunddreißigjähriger opiumsüchtiger Homosexueller – stammte aus einer zerstörten Familie (sein Vater war Alkoholiker). Er war zum ersten Mal im Alter von siebzehn Jahren verurteilt worden und hatte wegen verschiedener Vergehen in mehr als einem Dutzend Gefängnissen gesessen: Diebstahl, Überfall, Drogenhandel. Seine letzte Festnahme, behauptete er, sei das Ergebnis einer Polizeifalle gewesen: Er sei von Undercover-Beamten dazu angestiftet worden, Opium zu kaufen. Im Gefängnis machte er keinen Hehl aus seinem Verlangen nach Männern, und nach einer Streiterei hatte ein Aufseher seine sexuellen Aktivitäten gemeldet. Als man ihn daraufhin in Einzelhaft steckte, erhängte sich H.M.[101]

Es ist leicht einsichtig, warum Foucault diese Briefe faszinierten. H.M. schreibt intelligent und lebhaft, bezieht sich auf Schriftsteller, die er bewundert (Baudelaire, R.D. Laing), auf seine Lieblingsmusik (die Doors), und erzählt von der ungeheuren Wut über sein Lebensschicksal. Er betrachtet seine Existenz als eine Art von ›Falle‹, die von den verschiedenen Gefängnisexperten gestellt wurde, deren Aufgabe es war, ihn zu behandeln: »Vielleicht haben mir die guten Menschen das meiste Übel angetan.« Doch abgesehen von der Fähigkeit, sich ausdrücken zu können, scheint H. M. ebenso bemerkenswert unbefangen: Wie Foucault in einem kurzen, nicht namentlich gezeichneten Kommentar bemerkt, »kommen« die Briefe »immer wieder auf die Dinge zurück, die eine Obsession bilden«, wodurch dem Leser ein ungewöhnlich offener Einblick darin gewährt wird, »*was ein Strafgefangener denkt*«. [102]

Sollte man sich auf die Briefe H. M.'s verlassen können, ist das, ›was ein Strafgefangener denkt‹, ziemlich einfach: Er sehnt sich danach (so ähnlich wie Foucault selbst) »zu fliehen«, zu verschwinden, nicht mehr dazusein.

In seinen Briefen träumt H. M. wiederholt davon, nach Indien zu entkommen, sich der Hare Krishna-Bewegung anzuschließen, unter Drogeneinfluß »jenseits von Raum und Zeit« zu reisen und wie das Mitglied der *Black Panther*, George Jackson, aus dem Gefängnis auszubrechen. (Das Schicksal Jacksons, der 1971 bei einem Ausbruchsversuch aus einem kalifornischen Gefängnis niedergeschossen wurde, war das Thema der vorausgegangenen Veröffentlichung von GIP.) [103]

Vor allem jedoch träumt H. M., der fürchtet, daß es im Grunde keinen anderen Fluchtweg gibt, den letzten, den Foucaults Binswanger-Aufsatz zufolge wesentlichen Traum: Er träumt davon, sich selbst zu töten.

»Es ist etwas, womit ich mich jeden Tag beschäftige«, schreibt er in einer von Foucault zitierten Passage. »Es ist genau so schwierig zu leben wie zu sterben.« [104]

Die Bedeutung, die er diesem Todeswunsch beimißt, stellt vielleicht den erschreckendsten Aspekt an Foucaults Kommentar dar. Die Briefe H. M.'s, obwohl sie »aus Einsamkeit geboren« seien und mit seinem Tode endeten, müßten dennoch, glaubt Foucault, streng genommen als *politische* Dokumente betrachtet werden, die »eine neue Art politischen Nachdenkens« ausdrückten, »das dazu neigt, die herkömmlichen Trennungslinien zwischen Öffentlichkeit und Privatleben, Sexualität und Gesellschaft, kollektiven Forderungen und persönlicher Lebensführung zu verwischen«. Und obwohl für manche eine persönliche Lebensführung, die im Selbstmord mündet, wenig dazu

geeignet sein mag, die Revolution voranzutreiben, wider-
spricht Foucault dieser Ansicht heftig. [105]
»Die Grenzlinien zwischen der fortwährenden Versuchung,
Selbstmord zu begehen, und der Entstehung einer bestimmten
Form von politischem Bewußtsein sind sehr schmal.« [106]
Foucault ergänzt auf diese Weise das heroische Bild der tunesischen Studenten, die furchtlos »der Möglichkeit des absoluten
Opfers« entgegentreten, mit einer wesentlich dunkleren Vorstellung von politischem Kampf – einem Kampf bis auf den Tod,
der ins Innere verlegt ist. Es scheint, als ob die Tat des Selbstmords, richtig verstanden, unter gewissen verzweifelten Umständen, gewissermaßen auf dramatische Weise »einen von
der Geschichte durchdrungen[en] Leib« bloßlegen könnte,
wie sich Foucault in seinem Nietzsche-Aufsatz ausgedrückt
hatte – und als ob sie durch die Gewalttätigkeit der Handlung
selbst zeigen könnte, »wie die Geschichte am Leib nagt«. [107]

»GIP war so etwas wie ein gedankliches Experiment«, erinnerte sich Gilles Deleuze in einem Gespräch nach Foucaults Tod.
»Michel betrachtete den Prozeß des Denkens immer als ein Experiment; das war das Erbe Nietzsches. In diesem Fall ging es
nicht darum, mit Gefängnissen zu experimentieren, sondern
darum, das Gefängnis als einen Ort zu verstehen, in dem von
den Gefangenen eine bestimmte Erfahrung gelebt wurde, eine
Erfahrung, über die sich ein Intellektueller, jedenfalls so, wie
Foucault ihn sich vorstellte, Gedanken machen sollte.« [108]
Daß Deleuze in diesen Jahren zum engsten philosophischen
Gefährten Foucaults wurde, scheint passend zu sein, denn
wohl kein französischer Denker seiner Generation hat die Konsequenzen aus Foucaults einzigartigen Talenten – einschließlich
seiner anhaltenden Beschäftigung mit Selbstmord und Tod –
besser begriffen als Gilles Deleuze.
Deleuze, Jahrgang 1925, hatte an der *Sorbonne* Philosophie stu-
diert und seine *Agrégation* in Philosophie 1948 bestanden. Wie
Foucault entwickelte er in seiner Jugend eine leidenschaftliche
Verehrung für Artaud sowie eine Aversion gegen den Sartre,

der verkündet hatte, daß ›Existenzialismus ein Humanismus‹
sei. Im Gegensatz zu Foucault (und den meisten Studenten seiner Generation) trat er nie in die Kommunistische Partei ein
und zeigte nur beiläufiges Interesse an Heidegger, obwohl er indirekt durch das Werk Maurice Blanchots einen Großteil seiner
wichtigsten Anschauungen in sich aufnahm. [109]
Deleuze lehnte die übliche französische Hinwendung zum
deutschen Denken in diesen Jahren ab und entwickelte sich
stattdessen zu einem eigentümlichen Kenner angelsächsisch-
amerikanischer Philosophie. Sein erstes Buch, *Empiricisme et
subjectivité* beschäftigte sich mit David Hume, dessen skeptizistische Kritik an der Gegebenheit des Selbst und der Einheit
des Bewußtseins eine Grundvoraussetzung für Deleuzes Denken wurde. »Der Geist ist eine Art Theater«, hatte Hume geschrieben, indem er eine Metapher anwandte, die sich Deleuze
zu Herzen nahm. »Es findet sich in ihm in Wahrheit weder in
einem einzelnen Zeitpunkt Einfachheit noch in verschiedenen
Zeitpunkten Identität«; er sei vielmehr »beständig in Fluß und
Bewegung«, wobei »verschiedene Perzeptionen nacheinander
auftreten, kommen und gehen, und sich in unendlicher Mannig-
faltigkeit der Stellungen und Arten der Anordnung untereinander mengen«. [110]
Dieses Bild vom beständigen Fließen wiederholte und erweiterte Deleuze in den frühen sechziger Jahren in einer Reihe von
brillanten und originellen historischen Untersuchungen der
Werke Kants, Spinozas, des Lebensphilosophen Henri Bergson, des erotischen Schriftstellers Leopold von Sacher-Masoch
sowie Marcel Prousts und vor allem Friedrich Nietzsches – der
Autor, der sein Leben verändern sollte. [111]
»Ich selbst habe lange Philosophiegeschichte *gemacht*«, erklärte Deleuze einmal. »Nietzsche habe ich spät gelesen, und er hat
mich aus all dem herausgeholt [. . .]. Er gibt einem einen perversen Geschmack (weder Marx noch Freud haben den je irgend jemand gegeben, im Gegenteil): jedem den Geschmack,
einfache Dinge im eigenen Namen zu sagen, in Affekten, Intensitäten, Erfahrungen, Experiementen zu sprechen. Es ist etwas
sehr Merkwürdiges, etwas in seinem eigenen Namen zu sagen;

denn es ist gerade nicht im Moment, wo man sich für ein Ich, eine Person oder ein Subjekt hält, daß man in seinem Namen spricht. Im Gegenteil, ein Individuum erwirbt erst wirklich seinen Eigennamen, wenn es die strengste Depersonalisierungsübung hinter sich hat, wenn es sich den Vielheiten öffnet, die es von einem Ende zum anderen durchziehen, den Intensitäten, die es durchlaufen.« Auf diese Weise gelingt es diesem Individuum, eine »unendliche Vielzahl von geistigen Haltungen und Situationen« ungehemmt zu erforschen.[112]

Als Foucault Deleuzes Buch *Nietzsche und die Philosophie* las, fielen ihm natürlich die Berührungspunkte ihrer philosophischen Interessen ins Auge. Wenig später versuchte er, Deleuze nach Clermont-Ferrand zu locken. Obwohl dies mißlang (genauso wie sechs Jahre später, als er wieder versuchte, Deleuze einzustellen, dieses Mal in Vincennes), trafen sie sich und wurden Freunde. Es handelte sich nicht einfach um gegenseitige »intellektuelle Erkenntnis oder Übereinstimmung«, erinnerte sich Deleuze später, »sondern [um] Intensität, Resonanz, *musikalischen* Einklang«.[113]

In ihren Schriften erkundeten sie gemeinsam die Grenzen der Vernunft, drückten ihre Freude an »formlose[m] Fließen« aus und suchten nach angemessenen Worten, »eine sich selbst mitteilende Irrealität« hervorzubringen, die sich selbst, wie ein dem Denken innewohnender Virus »dem Verstehen und den Menschen durch Sprache mitteilt«. Nach 1962 verfolgten sie genau den Fortgang der Werke des andern und lasen sorgfältig jedes neue Buch, kommentierten es und fanden in ihm Herausforderung und Inspiration, tiefer nachzudenken, weiterzugehen und den gemeinsamen Versuch zu unternehmen, »den Gemeinsinn als Zuweisung festgelegter Identitäten zu zerstören«, wie sich Deleuze einmal ausdrückte.[114]

Nach den Ereignissen des Mai '68 vertiefte sich ihre philosophische und politische Verbindung. »Mai '68 war die Manifestation, das Hereinbrechen eines Werdens im Reinzustand«, sollte Deleuze später sagen. »Genau das nennt Nietzsche das Unzeitgemäße.«[115]

Deleuze ließ sich wie Foucault von der Studentenbewegung

einnehmen und begrüßte die Bildung neuer Gruppierungen, die sich Experimenten mit ›formlosem Fließen‹ verschrieben hatten. Er begann eine lange und fruchtbare Zusammenarbeit mit dem neomarxistischen Psychoanalytiker Félix Guattari, einem militanten Kritiker der orthodoxen Anwendung der Freudschen Lehre; zusammen mit Guattari und Foucault schloß er sich einem linken Forschungszentrum an, das urbane Probleme untersuchte; er unterstützte die Arbeit von GIP und die direkteren Aktionen der militanten Maoisten. Er verteidigte ebenso die sich in der Subkultur entwickelnden neuen Lebensformen vom Drogengebrauch der Kommunen bis zu den ersten Anzeichen der französischen Schwulenbewegung.[116]

Als Foucault ins *Collège de France* überwechselte, übernahm Deleuze seine Stelle in Vincennes und seine Rolle als intellektueller Sprecher der radikalen Linken. »Deleuze trat seinem Publikum jede Woche mit dem intensiven Blick eines Hochseilakrobaten entgegen«, erinnert sich ein Kämpfer aus jenen ungestümen Tagen. »Der kleine Raum, in dem er sprach, war so voll von Zigarettenqualm, daß man sich wie in einem türkischen Dampfbad vorkam. Er machte einen fiebernden, exaltierten und immer toleranten Eindruck und formulierte seine Gedanken wie ein singender Verrückter [. . .].« Seine Themenwahl reichte »von Spinoza bis zu moderner Musik, von chinesischer Metallurgie bis zu Vogelgesang, von Linguistik bis zum Bandenkrieg«; er zielte, wie er während eines Seminars einmal sagte, auf »die Herstellung von Materialien, um Kräfte zu nutzen und das Undenkbare zu denken«.[117]

Es scheint ironisch, daß Deleuze selbst, in dieser Hinsicht das ausgesprochene Gegenstück zu Foucault, wenig sichtbares Interesse zeigte, die gewagten und risikoreichen Dinge, die er in seinen Vorlesungen und Schriften so lebhaft beschwor, auch wirklich zu *tun*. Er war verheiratet, hatte zwei Kinder, und führte von außen betrachtet das Leben eines konventionellen französischen Professors. Seine auffälligste Ekzentrizität bestand in seinen Fingernägeln: er hielt sie lang und ungeschnitten, da ihm, wie er sich einmal ausdrückte, »die üblicherweise schützenden Fingerlinien fehlen« und es ihm aus diesem Grunde

»einen nervösen Schmerz verursacht, wenn ich mit den Finger-
spitzen einen Gegenstand und besonders Stoff berühre«.
Trotz seiner Begeisterung für Wandervölker (er hielt sich für
einen ›nomadischen‹ Denker) reiste er wenig. Ähnlich wie bei
Hume entfachte die anscheinende Diskrepanz zwischen der
Kühnheit seines Denkens und dem sanften Gleichmut seiner
persönlichen Lebensführung feindselige Kritik. »Wenn ich
mich nicht bewege, wenn ich nicht reise, so habe ich wie jeder
andere auch meine Reisen auf der Stelle«, entgegnete Deleuze
einmal. »Und meine Beziehungen zu Schwulen, Alkoholikern
und Drogenabhängigen, was haben sie hier zu suchen, wenn ich
bei mir mit anderen Mitteln analoge Wirkungen hervorbringen
kann?« [118]
Das vielleicht wichtigste dieser ›anderen Mittel‹ war seine zunehmend zwanglose Schreibweise: Nach 1968 wurde Deleuzes Stil immer taumelnder und erreichte mit *Logik des Sinns*
eine neue Tonlage von leuchtendem ›Irrealismus‹. Dieses Buch
ist wahrscheinlich Deleuzes größtes Werk, die Summe des
bisher Gelernten und der Beginn seiner Wanderungen im
›Wunderland‹. Trotz seines nüchternen Titels ist *Logik des
Sinns* keine traditionelle philosophische Abhandlung: Seine Inspiration war Lewis Carrolls *Alice im Wunderland*, und es präsentiert eine Reihe von Gedankenexperimenten, bei denen die
Philosophie in Kaninchenbauten verschwindet und (wie Alice)
abwechselnd größer und kleiner wird. Philosophie gibt ihre alten Gebietsansprüche auf die Bereiche logischer Strenge und
geordneter Beweise vernunftmäßiger Propositionen auf und
verwandelt sich wie von Zauberhand in eine bewegliche Armee von Metaphern. Indem er in die Fußstapfen Alices trat,
hoffte Deleuze, dem ›rebellischen Werden‹ eine neue Stimme
zu geben und zu zeigen, daß die Hervorbringung von ›Sinn‹
paradoxerweise eine Funktion des ›Unsinns‹ ist – und daß neue
Konzepte aus Phantasmen und körperlicher Zersplitterung erwachsen. Obschon Deleuze seine Zentralbegriffe mit Bedacht
definiert, stürzt er den Leser in Verwirrung, dessen Sinne
verunsichert werden und dem die Haare zu Berge stehen.
Er begibt sich auf eine in verwickelten und verwirrenden

Zickzacklinien verlaufende schöpferische Entdeckungsreise und entwickelt das Abbild eines ›großen innerlichen Labyrinths‹, wie Foucault Deleuzes Buch enthusiastisch zusammenfaßte. [119]

Die nietzscheanische Leidenschaft für Labyrinthe war jedoch keinesfalls das einzige, was Foucault mit Deleuze teilte, entdeckten doch beide Philosophen (wie Blanchot vor ihnen) im Zentrum des sprachlichen Labyrinths den Tod – das »Ereignis aller Ereignisse«, wie Foucault den deleuzianischen Entwurf deutete. [120]

Der beständig wiederholte ›Wille zum Nichts‹ – das, was Freud den ›Todestrieb‹ genannt hatte – »ist nicht nur Wille zur Macht, eine Qualität desselben«, erklärte Deleuze an zentraler Stelle in *Nietzsche und die Philosophie*, »*sondern die ratio cognoscendi des Willens zur Macht im allgemeinen*« – die einzige Weise, in welcher der moderne Mensch den Willen zur Macht als solchen begreifen kann. Eine Folgeerscheinung der Zivilisation ist, daß der Wille zur Macht ins Innere getrieben worden und gegen sich selbst gewendet worden ist, wodurch im Menschen »eine neue Neigung« entstanden ist, nämlich die Neigung, »sich zu zerstören«. Diese Neigung, die von abendländischen Lehren der Askese geformt worden ist und die den modernen Nihilismus eingeleitet hat, macht »den Brennpunkt« – und das zentrale Rätsel – von Deleuzes »dionysischer Philosophie« aus, nämlich die Frage, wie der Wille zur Macht, den Nietzsche als *Lebens*trieb angesehen hatte, möglicherweise seinen eigenen historisch bedingten Hang zur Selbstzerstörung überwinden könnte. [121]

Die Antwort auf diese Frage war Deleuze zufolge sowohl einfach als auch voller Widersprüche. Um ein gesundes Gleichgewicht wiederzuerlangen, müsse der dionysische Mensch seinen Willen zum Nichts ausnutzen. Indem er seine Macht zur Zerstörung *anwende*, würde er sich selbst *aktiv* zerstören und dabei all das vernichten, was seine Macht fesselt, sowie eine Reihe bislang ungewohnter Gefühlsregungen wiederentdecken. Deleuze selbst interessierte sich besonders für die durch masochistische Erotik herbeigeführte zerrüttende Umwandlung von

Schmerz in Lust; für die von Alkohol und Drogen herbeigeführten Halluzinationen (in diesem Zusammenhang beschäftigte er sich mit dem englischen Romancier Malcolm Lowry); für die Störfälle, die durch Guerrillakriege bewirkt werden; für die bei Schizophrenen anzutreffende psychologische Auflösung; sowie – an der äußersten Grenze – für das freiwillige Inkaufnehmen des Todes im Selbstmord.[122]

Sacher-Masoch und Lowry hatten jedoch wie die Studenten des Mai '68 und wie Artaud (ein anderer der Helden Deleuzes) vor Wahnsinn, Mord und Freitod haltgemacht und jeweils gezeigt, wie der Wille zum Nichts, aktiv ergriffen und kreativ angewandt, in sein Gegenteil verwandelt werden könnte – das heißt in die kraftvolle (Rück)bestätigung des Willens zur Macht in seinem (unzivilisierten) vitalen Wesen. »[J]eder von ihnen wagte etwas«, bemerkt Deleuze – zum Beispiel den Einsatz körperlicher und geistiger Gesundheit oder des Lebens – »und leitet daraus ein unverlierbares Recht ab«, durchbricht festgesetzte Grenzen. Es entsteht ein »Riß«: UNTER DEM PFLASTER LIEGT DER STRAND. Durch solche Risse in den von der Zivilisation errichteten gesellschaftlichen und psychologischen Monumenten könnte man vom »reinen Werden ohne Maßstab« einen Blick erhaschen (ein »monströse[s] und gesetzlose[s] Werden«, wie Foucault kommentierte). Durch solche Einblicke bestärkt, könnte der Mensch dann dazu in der Lage sein, »weiter zu gehen, als [er] es zu können geglaubt hätte«, neue Bilder, Vorstellungen, »neue Lebensformen« jenseits von Gut und Böse sowie jenseits des ›Willens zum Nichts‹ zu erkunden. Erst dann könne, lehrte Deleuze, »die ›große Politik‹« beginnen.[123]

Trotzdem mußte Deleuze zugeben, daß in *diesem* Kaninchenbau große Gefahren lauerten. Indem man sich unter Krämpfen aller Lasten entledigte – Schmerz, Schuld, Mitleid, Logik, Gesetze – lief man Gefahr, jedes Gefühl für Ordnung zu verlieren und in eine außer Kontrolle geratene Leere zu stürzen. »Dies ist das Phänomen des ›schwarzen Lochs‹«, erklärte Deleuze einmal: Das Individuum »fällt in ein schwarzes Loch, aus dem es sich aus eigener Kraft nicht befreien kann«. Deleuze nahm die

Wahrscheinlichkeit eines ›Absturzes‹ ernst, indem er sich auf folgende wehmütige Beobachtung F. Scott Fitzgeralds berief: »Selbstverständlich ist alles Leben ein Prozeß des Niedergangs.« Diejenigen, die drogensüchtig wurden, der Katatonie des Wahnsinns oder dem ›Mikro-Faschismus‹ politischer Gewalt oder des Terrorismus verfielen, erweckten in Deleuze, wie er einmal zugestand, »leichte Horrorgefühle [. . .]. Wie auch immer, sie machen mir Angst.«[124]

Trotzdem gelang es Deleuze, seine Ängste und übersensiblen Befürchtungen zu meistern. »[A]lles, was in der Menschheit gut und groß war«, erklärte er mit eisiger Entschlossenheit in *Logik des Sinns*, kann nur in denjenigen Menschen entstehen, die bereit sind, »sich kurzerhand selbst zu zerstören [. . .] [,]weil der Tod sich eher als die Gesundheit anbietet.«[125]

Oder, um es mit den Worten von Nietzsches Zarathustra zu sagen, die Deleuze gut kannte: »Ich liebe alle die, welche wie schwere Tropfen sind, einzeln fallend aus der dunklen Wolke, die über den Menschen hängt: sie verkündigen, daß der Blitz kommt, und gehen als Verkündiger zugrunde.«[126]

Foucault stimmte dem selbstverständlich zu. Außerdem sei, wie er in einem Gespräch sagte, das sich um den Mai '68 und seine Folgen drehte, »das System im Begriff, zerschlagen zu werden« – es werde eine neue Welt entstehen, die erobert werden müsse.[127]

Abgesehen von seiner Mitarbeit bei *Groupe D'Information sur les Prisons* machte Foucault seine politischen Ansichten in diesen Jahren in zahlreichen öffentlichen Auftritten und Interviews klar, wobei er wiederholt sein Interesse an dem bekundete, was Nietzsche die »Lust am Vernichten« genannt hatte.[128]

Foucault führte zum Beispiel Mitte 1971 ein Gespräch mit einer Gruppe junger Gymnasiasten, um die Bewegung und ihre Zielrichtung zu diskutieren. Ein Transskript der Tonbandaufzeichnung erschien in *Actuel*, der waghalsigsten Zeitschrift innerhalb der alternativen französischen Presse nach 1968. Das

Blatt war gewürzt mit Cartoons von Robert Crumb und brachte Nachrichten zu allen Aspekten der Subkultur, vom Maoismus bis zu LSD. [129]
Die Unterhaltung begann mit einer Herausforderung Foucaults
an die Schüler. Er fragte sie, »[w]elche Form der Repression
[. . .] für einen Schüler heute die unerträglichste« sei. Doch
nach kurzer Zeit stand der Philosoph selbst im Kreuzfeuer, der
als Antwort einen Katechismus seiner politischen Überzeugungen anbot. [130]
»[D]ie Wissenvermittlung stellt sich immer als etwas Positives
dar«, antwortete er einem Schüler zustimmend – selbst dann,
wenn es sich um voreingenommenes Wissen handle, wie sich
ein Schüler beklagte. »In Wirklichkeit – die Bewegung vom Mai
'68 hat es gezeigt –«, beinhalte Wissen immer eine »zweifache
Unterdrückung«, nämlich mit Bezug darauf, was es ausschließt,
und bezüglich des Ordnungssystems, das es aufdrängt. Zum
Beispiel behaupteten die französischen Geschichtsbücher, daß
»man Volksbewegungen [. . .] durch Hungersnöte, Steuerla-
sten, Arbeitslosigkeit erklärt; niemals sah man in ihnen einen
Kampf um die Macht, als könnten die Massen zwar von gutem
Essen träumen, aber gewiß nicht von der Ausübung von
Macht«. Das Problem der Macht werde einfach außer acht gelassen. Gleichzeitig versuchten diese Bücher, indem sie sich auf
eine bestimmte Anzahl von Kategorien beriefen – »die Wahrheit, den Menschen, die Kultur, die Literatur usw. – [. . .] das,
was sich vollzieht, zu bannen, [. . .] den Einbruch des Ereignisses auszuschließen« und die deleuzianischen ›Löcher‹, die
durch solche Ausbrüche wie demjenigen in der ›Nacht der Barrikaden‹ herbeigeführt würden, zu glätten und zu übertün-
chen. [131]
Der springende Punkt bei der ganzen Angelegenheit sei, so
Foucault, eine ziemlich einfache Sache: der »Humanismus«.
Das Problem festzumachen erwies sich ebenfalls als einfach –
zumindest drückte Foucault es bei dieser Gelegenheit unver-
blümter aus als an irgendeiner anderen Stelle in seinem
Werk:
»[D]er Humanismus ist all das, wodurch man im Abendland

dem Verlangen nach der Macht einen Riegel vorgeschoben hat.«[132]

Nietzsches Zentralbegriff – *Macht* – wurde hier zu guter Letzt zu einem Kernbegriff in Foucaults eigenem Vokabular: sein politisches Ziel sei, wie er jetzt erklärte, »eine ›Entunterwerfung‹ des Willens zur Macht«.[133]

Das Erreichen dieses Zieles verlange »revolutionäre Aktionen« – die »gleichzeitige Erschütterung des Bewußtseins und der Institution«.[134]

Die institutionelle Zielsetzung sei, wie er betonte, allumfassend: Es gehe in der Tat um nichts weniger als um die Zerstörung der modernen Gesellschaft als zusammenhängende, integrierte Totalität. »Die ›Gesamtgesellschaft‹ ist dasjenige, dem nur insoweit Rechnung zu tragen ist, als es zerstört werden soll. Es ist zu hoffen, daß es nichts mehr geben wird, was der Gesamtgesellschaft gleicht.« Indem ein solcher bedingungsloser Krieg gegen die ›ältesten Gesetze und Abkommen‹ vom Zaun gebrochen werde, könnte es durchaus geschehen (was für Kriegszeiten normal sei), daß althergebrachte moralische Prinzipien, die den Willen zur Macht beeinträchtigen, aufgeweicht würden. Dies sei aus einer nietzscheanischen Perspektive zu begrüßen. Doch müsse es nicht unbedingt zu einem blutigen Bürgerkrieg kommen, diese Prinzipien könnten ebenso auf nützliche Weise durch friedfertigere und örtlich begrenztere Erschütterungen wie die von Foucaults eigener GIP geschwächt werden: »Das eigentliche Ziel [der] Interventionen« von GIP, erklärte Foucault den Schülern, »war es nicht, daß die Besuche bei den Gefangenen dreißig Minuten dauern dürfen oder daß in den Zellen Wasserspülung installiert wird. Sondern es geht darum, daß die gesellschaftliche und moralische Unterscheidung zwischen Unschuldigen und Schuldigen selbst in Frage gestellt wird.« Sollte GIP Erfolg haben, würde eine »einfache, grundlegende Ideologie« zerstört – die »Ideologie von Gut und Böse«. Daher der Titel, unter dem das Gespräch stattfand: »Jenseits von Gut und Böse«.[135]

Die Crux des politischen Problems sei die »Subjektivierung«, und deshalb könne sich der einzelne Mensch dem Feind auch ganz alleine stellen und das »Bewußtsein« als ein Schlachtfeld bestimmen, auf dem er das »Subjekt[] als [. . .] Pseudo-Souverän[]« besiegen könne.[136]

Seine jugendlichen Gesprächspartner hatten zeitweilig Schwierigkeiten, der Logik Foucaults zu folgen. »Bedeutet dies«, fragte jemand, »daß Sie vor allem das Bewußtsein der Leute zu verändern suchen und daß Sie für den Augenblick den Kampf gegen die politischen und wirtschaftlichen Institutionen hintansetzen?«[137]

Keinesfalls, antwortete Foucault. »Sie haben mich nicht richtig verstanden.« Es komme schließlich nicht nur darauf an, Bewußtsein zu ändern, sondern gleichzeitig die Institutionen zu transformieren.[138]

Beide Ziele könnten, schlug Foucault vor, gleichzeitig durch eine Art »›kulturelle‹ Attacke«, welche die alten Institutionen durch Experimente mit neuen Praktiken bedrohen würde, verfolgt werden: »Aufhebung der sexuellen Tabus, Einschränkungen und Aufteilungen; Praxis des gemeinschaftlichen Lebens; Aufhebung des Drogenverbots, Aufbrechung aller Verbote und Einschließungen, durch die sich die normale Individualität konstituiert und sichert«. (Indem er sich für solche Überschreitungen aussprach, vertrat Foucault alles andere als die orthodoxe maoistische Parteilinie: Es wurde von verschworenen maoistischen Kämpfern erwartet, von Drogen Abstand zu halten, da diese als ›kleinbürgerliches‹ Laster galten.)[139]

»Ich denke da an alle Erfahrungen, die unsere Zivilisation verworfen hat«, erklärte Foucault, »oder nur in der Literatur zuläßt.« Doch die Zeiten hätten sich geändert: Seit dem Mai '68 seien ›Grenz-Erfahrungen‹ nicht mehr nur die Domäne des Schriftstellers und der Privatperson – sie stünden vielmehr im Mittelpunkt der neuen Politik, die im Begriff sei, sich ›jenseits von Gut und Böse‹ zu entfalten.[140]

»Die künftige Gesellschaft«, sagte Foucault am Ende optimistisch, »zeichnet sich vielleicht in Erfahrungen ab: Drogen, Sex, gemeinschaftliches Leben, ein anderer Typ von Individualität [. . .]. Ist der wissenschaftliche Sozialismus im neunzehnten Jahrhundert aus *Utopien* hervorgegangen, so wird die wirkliche

Sozialisierung im zwanzigsten Jahrhundert vielleicht aus *Erfahrungen* hervorgehen.«[141]

War Foucaults Denkweise selbst für philosophisch geschulte, junge militante Lyzeumsschüler zutiefst befremdend, für viele politische Aktivisten und Intellektuelle innerhalb und außerhalb Frankreichs war sie gänzlich unbegreiflich.
Das vielleicht anschaulichste (und amüsanteste) Beispiel für die Reaktionen, die Foucault hervorrufen konnte, mag vielleicht seine Debatte mit dem amerikanischen Linguisten Noam Chomsky sein. Das Treffen, das für eine niederländische Fernsehsendung organisiert worden war, fand im November 1971 statt. Chomsky kann sich immer noch gut daran erinnern. »Er schien überhaupt keine Moral zu haben«, sagt Chomsky. »Ich war nie zuvor jemandem begegnet, der so vollständig amoralisch war.«[142]
In bestimmter Hinsicht erschien eine Begegnung zwischen Chomsky und Foucault sinnvoll. 1971 waren beide international bekannte Intellektuelle; beide hatten Bücher über die Struktur der Sprache geschrieben (Chomsky ist von Hause aus Linguist und nicht Philosoph); vor allem standen beide im Ruf, kontroverse politische Ansichten zu vertreten – Chomsky hatte 1967 in der *New York Times Book Review* einen der einflußreichsten Artikel gegen den Vietnamkrieg geschrieben.
Wie Chomsky sich erinnert, trafen sie sich mehrere Stunden vor der Fernsehaufzeichnung und verbrachten die verbleibende Zeit miteinander. Trotz einiger Verständigungsschwierigkeiten fanden sie einige Gemeinsamkeiten. (Chomsky sprach nur wenig Französisch, und Foucaults Englisch war noch nicht so gut, wie es später werden sollte.) Sie unterhielten sich über politische Tagesthemen und die Grammatik von *Port-Royal*, einem beiderseitigen Forschungsinteresse.[143]
Doch es gab bereits Anzeichen dafür, daß dies keine gewöhnliche Debatte sein würde. In der Hoffnung, die steife Förmlichkeit des holländischen Studiopublikums aufzulockern, hatte der Gesprächsleiter, der überzeugte Anarchist Fons Elders,

eine knallrote Perücke mitgebracht und erfolglos versucht, Foucault dazu zu bewegen, sie zu tragen. Außerdem hatte Foucault, was Chomsky nicht wußte, als Anzahlung für seinen Auftritt einen großen Klumpen Haschisch erhalten, den Foucault und seine Pariser Freunde noch Monate später scherzhaft ›Chomsky-Hasch‹ nannten. [144]

Die Fernsehsendung selbst begann eigentlich ziemlich ruhig: Chomsky verteidigte die Vorstellung einer »biologisch festgelegten, unveränderlichen« Grundlage der menschlichen Natur, woran Foucault einige Zweifel anmeldete. Chomsky faßte sein Konzept der generativen Grammatik zusammen, und Foucault erklärte kurz, warum Geschichtsschreibung für ihn bedeute, »das Dilemma des wissenden Subjekts zu überwinden«. [145]

Als die Unterhaltung weiterhin in diesen Bahnen verlief, stieß Elders Foucault wiederholt unter dem Tisch an, wobei er auf die rote Perücke auf seinem Schoß zeigte und flüsterte: »Zieh' sie an, zieh' sie an.« Foucault bemühte sich, ihn zu ignorieren, doch als die Fragen von Elders immer sticheliger wurden, wurde Foucault schließlich wütend. [146]

Warum er sich so sehr für Politik interessiere? wollte Elders wissen. Warum nicht? gab Foucault zur Antwort. »Wie blind, wie taub, wie ideologisch beschränkt müßte ich sein, mich daran hindern zu lassen, an dem interessiert zu sein, was wahrscheinlich der springende Punkt unserer gesamten Existenz ist? [. . .] Das Wesentliche in unserem Lebens ist schließlich das politische Funktionieren der Gesellschaft, in der wir uns befinden.« [147]

Nachdem die Diskussion nun bei der Politik angelangt war, begannen Funken zu sprühen.

Chomsky sprach von seiner eigenen anarchistischen Utopie »eines föderalistischen, dezentralisierten Systems freier Verbindungen«. Im Gegensatz dazu weigerte sich Foucault wie immer, irgendein »ideales Gesellschaftsmodell« vorzulegen. [148]

Chomsky redete von der Notwendigkeit »eines unumstößlichen und humanen Konzepts des menschlichen Wesens und der menschlichen Natur«. Foucault widersprach wiederum: »Laufen wir dabei nicht Gefahr, uns zu irren? Mao Tse-tung unterscheidet zwischen einer bürgerlichen und einer proletarischen menschlichen Natur und behauptet, daß sie nicht gleich seien.«[149]

Danach forderte Foucault Chomsky direkt heraus: »Wenn Sie in den USA eine illegale Handlung begehen, rechtfertigen Sie diese dann in Begriffen der Gerechtigkeit oder einer höheren Gesetzgebung, oder rechtfertigen Sie sie mit der Notwendigkeit des Klassenkampfes, der gegenwärtig das Wesentliche im Kampf des Proletariats gegen die herrschende Klasse ausmacht?«[150]

Chomsky verblüffte die Stoßrichtung der Frage. Er hatte *Die Ordnung der Dinge* gelesen und kannte Foucaults Forschungsarbeit zur Sprachwissenschaft des achtzehnten Jahrhunderts. Und hier saß nun dieser Foucault, zitierte Mao Tse-tung und bestritt die fundamentalen Prinzipien der Gerechtigkeit! Vielleicht hatte er ihn nicht richtig verstanden.

Er nahm sich zusammen und gab eine ernsthafte Antwort: Auch er betrachte als Verweigerer aus Gewissensgründen den Staat mitunter als kriminell und seine Gesetze manchmal als null und nichtig; doch bedeute dies natürlich nicht, daß das *Prinzip* Gerechtigkeit gänzlich aufgegeben werden könne; ganz im Gegenteil. Sein eigener Widerstand gegen Gesetze, die ihm ungerecht erschienen, *verlange* geradezu nach dem Prinzip Gerechtigkeit. Zusammenfassend sagte er: »Wir müssen als sensible und verantwortliche Menschen handeln.«[151]

Auf den ersten Blick schien dies eine banale Feststellung zu sein, doch im Zusammenhang dieser Debatte war sie alles andere als das.

Foucault ließ sich dann auch überhaupt nicht darauf ein: Verantwortung, Sensibilität, Gerechtigkeit, Gesetz – dies alles seien leere Begriffe, ideologisch befrachtete Scheinvorstellungen, die unterdrückend, irreführend und schädlich seien. »Das Proletariat kämpft nicht gegen die herrschende Klasse, weil es diesen Kampf als gerecht ansieht«, erklärte er. »Das Proletariat führt Krieg gegen die herrschende Klasse, weil es zum ersten Mal in der Geschichte Macht ergreifen will.«[152]

Chomsky war bestürzt: »Ich kann dem nicht zustimmen«, sagte er stotternd.

Foucault: »Man führt einen Krieg, um ihn zu gewinnen, nicht, weil er gerecht ist.«

Chomsky: »Ich für meinen Teil stimme dem nicht zu [. . .].«

Foucault: »Wenn das Proletariat die Macht übernimmt, liegt es im Bereich der Möglichkeiten, daß es gegenüber der Klasse, die es besiegt hat, gewalttätige, diktatorische, ja blutige Macht ausüben wird. Ich kann nicht einsehen, wie man dem nicht zustimmen kann.«[153]

»Wenn man mit jemandem spricht, dann geht man gewöhnlich davon aus, daß man mit dieser Person eine gemeinsame moralische Grundlage teilt«, sagt Chomsky rückblickend. »Was man gewöhnlich vorfindet, ist die gegenseitige Rechtfertigung der jeweiligen moralischen Kriterien; wenn das so ist, kann man sich streiten, man kann herausfinden, was an der eigenen Position richtig und was falsch ist. Bei ihm hatte ich jedoch das Gefühl, als ob ich mit jemandem sprechen würde, der nicht das gleiche moralische Universum bewohnt.«

»Ich will damit sagen, daß ich ihn als Person mochte. Ich konnte ihn einfach nicht verstehen. Es war, als ob er zu so etwas wie einer anderen Gattung gehörte.«[154]

Die rohe Unbekümmertheit der politischen Ansichten Foucaults in dieser Zeit verwunderte nicht nur radikale Humanisten wie Chomsky, sondern sie verschlug auch den jungen maoistischen Verbündeten des Philosophen die Sprache, die gerade dabei waren, Ausmaß und Bedeutung des Konzepts ›Volksjustiz‹ zu debattieren.

In diesen Monaten war Pierre Victor (oder Benny Lévy) zu einem begeisterten Befürworter der Schaffung von ›Volkstribunalen‹ geworden. Diese sollten öffentliche Foren sein, in der von der maostischen Linken organisierte Personen eine Art von ›Gerichtshof‹ bildeten und über Verbrechen und Delikte zu Gericht saßen, die ansonsten von den staatlichen Gerichten ignoriert oder vertuscht wurden. Im Dezember 1970 hatte Sartre dem ersten dieser ›Volkstribunale‹ in der nordfranzösischen Bergarbeiterstadt Lens vorgesessen, in der sechzehn

Bergleute bei einer Grubenexplosion ums Leben gekommen waren. Das Tribunal in Lens hatte gleichzeitig als Forum dafür gedient, bestimmte Fakten öffentlich zu machen, sowie als theatralisches Mittel, die Rolle der Geschäftsleitung bei dem in Frage stehenden Unglück zu dramatisieren. Wie viele maoistische Aktionen dieser Jahre, so hatte auch dieses Tribunal durchaus seine Verdienste: Es lenkte die Aufmerksamkeit auf ein existierendes Problem; es entfachte öffentliche Debatten; und es zwang ansonsten isolierte Intellektuelle, in Kontakt mit Normalbürgern zu treten (was immer eine ebenso schwierige wie nützliche Übung ist).[155]

Die Erfahrungen von Lens bestärkten die Maoisten darin, ein weiteres ›Volkstribunal‹ abzuhalten, dieses Mal, um *in absentia* über das Verhalten von Polizisten zu richten, die beschuldigt waren, brutal vorgegangen zu sein. Doch als mehr und mehr Zeit verging und die Begeisterung der breiten Masse für die Volksjustiz anwuchs, wurden die Slogans immer bedrohlicher: »Unternehmer kann man einsperren.« »Der Kampf für die Freiheit bedeutet Wut.« »Abgeordnete kann man lynchen.« Solche Parolen hatten eine bestimmte Logik – und deuteten auf jene Art von terroristischer ›Volksjustiz‹ voraus, die von Ultralinken wie der Baader-Meinhof-Gruppe in Deutschland und den Roten Brigaden in Italien angewandt werden sollte.[156]

»Es war ein sehr schwieriges Problem«, erinnert sich André Glucksmann, der zu dieser Zeit ins Machtzentrum der maoistischen Bewegung vorgedrungen war. »Wir standen genaugenommen der Baader-Meinhof-Gruppe und den Roten Brigaden sehr nahe. Wir waren in der Lage, wie Terroristen zu handeln, wir hatten geheime Organisationsformen und Waffen. Wir hätten tun können, was Baader-Meinhof taten«, Entführungen, Folterungen, Mord. »Einige von uns bewegten sich in diese Richtung. Und man muß bedenken, daß Foucault zu Leuten sprach, denen nach Terrorismus zumute war.«[157]

Am 5. Februar 1972 traf sich Foucault mit Pierre Victor zu einem Gespräch für eine Sondernummer der von Sartre herausgegebenen Zeitschrift *Les Temps Modernes*. Zu diesem Zeitpunkt war eine wachsende Zahl von Victors Verbündeten und intellektuellen Genossen von seinem blutrünstigen Eifer in Alarm versetzt worden. Sie hofften, wie sich Glucksmann erinnert, ihm durch beständige Kritik an seinen Positionen die Flügel zu stutzen.[158]

In ihrer Debatte warf Foucault dann auch ein kritisches Auge auf Victors Enthusiasmus für ›Volkstribunale‹. Er lehnte »die Benutzung einer Form wie der des Tribunals« ab und kritisierte jeden Versuch, sich eines Individuums, sei es im Namen des Staates oder im Namen des Volkes, zu bemächtigen, das ansonsten unbestraft bleiben würde, es vor ein Gericht zu stellen, Schöffen dazu zu überreden, es »im Namen bestimmter Normen der Gerechtigkeit« zu verurteilen und dann das für schuldig befundene Individuum dazu zu zwingen, sich bestrafen zu lassen.[159]

Statt dessen sollte man, schlug Foucault vor, nicht »von einem Tribunal ausgehen«, sondern von »Aktionen der Volksjustiz. [. . .] Meine Hypothese ist es nun, daß das Tribunal nicht die natürliche Ausdrucksform der Volksjustiz ist, sondern daß es eher die geschichtliche Rolle hat, diese einzuholen, sie zu kontrollieren und zu ersticken, indem es sie wieder innerhalb typischer Institutionen des Staatsapparates eingliedert.«[160]

Um »den natürlichen Ausdruck von ›Volksjustiz‹« zu finden, schlug Foucault vor, sollten wir uns nicht an die Gerichtshöfe halten, sondern an die Straße – zum Beispiel an die Massaker vom September 1792!

Trotz seiner Bereitschaft zum Blutvergießen schreckte Victor offensichtlich vor den Implikationen dieses Beispiels zurück. Auf dem Höhepunkt der französischen Revolution hatten Horden von bewaffneten Parisern, aufgehetzt von Gerüchten über eine monarchistische Verschwörung, die Gefängnisse auf der Suche nach vermeintlichen Verrätern gestürmt. Diejenigen, von denen man glaubte, daß sie schuldig seien – darunter eine Reihe von Prostituierten und gewöhnlichen Verbrechern – wurden dazu gezwungen, vorbei an Knüppeln, Spießen, Äxten, Messern, Säbeln und in einem Falle sogar einer Schreinersäge Spießruten zu laufen. Nachdem die Opfer zu Tode geprügelt und in Stücke gerissen waren, wurden diejenigen, die Glück hatten, auf einen blutigen Haufen geworfen; die Körperteile der anderen – abgeschlagene Köpfe, verstümmelte Geschlechtsorgane – wurden auf Lanzen gespießt und triumphierend durch die Straßen von Paris getragen. Als der Mordrausch zu Ende war, waren mehr als tausend Männer und Frauen tot.[161]

Victor war zunächst verblüfft darüber, daß Foucault ihn quasi links überholt hatte, doch er faßte sich schnell und beeilte sich, Foucault zuzustimmen: Selbstverständlich würden sich zu Beginn aller Revolutionen die Massen erheben und ihre Feinde abschlachten. Ja, »Hinrichtungen von Despoten, Gegenschläge aller Art gegen die jahrhundertelang erduldeten Erpressungen« würden natürlich stattfinden, sagte Victor. »So weit, so gut.« *Trotzdem*, fügte er verteidigend hinzu, sei es bestimmt wichtig, Recht und Ordnung wiederherzustellen, bevor solches Blutvergießen zur Tagesordnung werde; sicherlich sei es vorrangig, neue Gerichte einzusetzen – und zwar genau aus dem Grunde, um festzustellen, ob »diese Hinrichtung oder jener Racheakt nicht einfach zu einer persönlichen Abrechnung wird, zur einfachen Revanche eines Egoismus«.[162]

Foucault widersprach.

Der ›Volksjustiz‹ sei am besten damit gedient, alle Gefängnisse zu öffnen und alle Gerichtshöfe zu schließen. Anstatt eine »Normungsinstanz« einzusetzen und Urteile in Übereinstimmung mit den Gesetzen zu fällen, sei es besser, den Massen einfach neue Informationen zukommen zu lassen (wie es bei dem Tribunal in Lens geschehen war) – und dann dem öffentlichen »Bedürfnis [nach] Erwiderung« freien Lauf zu lassen. Durch die uneingeschränkte Ausübung seiner Macht könnte es dem Volk gelingen, »verschiedene alte Riten« wiederzubeleben, »die zu der ›vorgerichtlichen‹ Justiz gehören«.[163]

In diesem Zusammenhang erwähnte Foucault die »alte germanische Sitte, den Kopf des getöteten [. . .] Feindes auf einen Pfahl zu spießen und öffentlich auszustellen«. In diesem Sinne zog der Mob nach dem Sturm auf die *Bastille* am 14. Juli 1789 mit dem abgeschlagenen Kopf des Kommandanten durch die Straßen von Paris. Foucault bemerkte dazu offensichtlich zustimmend: »Um das Symbol des Unterdrückungsapparates«,

die *Bastille*, »kreist, mit ihren alten urväterlichen Riten, eine
Volkspraxis, die sich keineswegs in den Gerichtsinstanzen wie-
dererkennt.«[164]
Im Verlauf dieses erstaunlichen Gesprächs schränkte Foucault
einige der von ihm geäußerten Ansichten wieder ein. Auf die
wiederholten Nachfragen Victors gestand er ein, daß eine »Ju-
stizaktion, mit der man dem Klassenfeind begegnet, nicht einer
Art von augenblicklicher, unüberlegter Spontanität anvertraut
werden kann [. . .]«. Er gab sogar zu, daß ein »revolutionärer
Staatsapparat[]« eine konstruktive Rolle spielen könnte –
zwar nicht durch die Errichtung neuer Gerichte, sondern vielmehr durch die »politische Ausbildung« der Massen:
»Und ist es [. . .] die Aufgabe des Staatsapparates, den Massen
einen bestimmten Urteilsspruch aufzuzwingen? Durchaus
nicht, er muß die Massen und ihren Willen in einer Weise erzie-
hen, daß es die Massen selbst sind, die dann entscheiden: ›den
Mann können wir wirklich nicht töten‹ oder ›in der Tat, wir müssen ihn töten.‹«[165]

Die in diesem Gespräch angesprochenen Themen waren keinesfalls nur theoretische Probleme.
Am 25. Februar 1972, drei Wochen nach der Aufzeichnung der
Debatte zwischen Foucault und Victor, wurde ein maoistischer
Arbeiter namens Pierre Overney, der zusammen mit anderen
politisch aktiven Maoisten von den Renault-Werken entlassen
worden war, während einer Demonstration vor den Fabrikto-
ren von betriebseigenen Wachmännern erschossen.[166]
In dieser Nacht schloß sich Foucault seinen maoistischen Freunden zu einer Protestkundgebung vor den Renault-Werken an,
die zu einer Feldschlacht mit der Polizei ausartete.
Wieder einmal beteiligte sich Foucault an einer Aktion des physischen Widerstandes gegen die Ordnungsmächte. Auf dem
Höhepunkt der Schlacht erspähten Augenzeugen den glänzenden Schädel des berühmten Professors vom *Collège de France*,
wie er die wiederholten Schläge eines Polizeiknüppels weg-
steckte.[167]

Am 8. März wurde das Bedürfnis nach Erwiderung gestillt, als eine maoistische Untergrundorganisation, die sich *Groupe Pierre-Overney de la Nouvelle Résistance* nannte, den Personalchef des Renault-Werkes entführte und an einem geheimen Ort versteckt hielt. [168]

Die Entführung entfachte einen Sturm der Entrüstung – und zwar nicht nur unter Rechten und Liberalen, sondern auch unter militanten Mitgliedern der französischen studentischen Linken.

Die Kommandogruppe stellte als Bedingungen für die Freilassung des Angestellten die Amnestierung sämtlicher verhafteter Renault-Demonstranten sowie die Wiedereinstellung aller entlassenen Arbeiter.

Die Regierung ließ sich auf keine Verhandlungen ein.

Das maoistische Kommando gab unter dem Einfluß der Kritik aus den Reihen ihrer ehemaligen Verbündeten in der französischen Linken nach. Zwei Tage später wurde der Renault-Angestellte unversehrt freigelassen. Anders als ihre Freunde in Deutschland und Italien hatten die französischen Maoisten vor politischem Mord haltgemacht. [169]

Aber warum hatten sie ausgerechnet an dieser und nicht an einer anderen Stelle haltgemacht? [170]

Dies mußte für Foucault, der zu dieser Zeit mitten in der Arbeit an einem Buch über Verbrechen und Strafe steckte, ein schwieriges, vielleicht kaum lösbares Problem sein. Fast zwei Jahrzehnte zuvor, 1953, hatte er erklärt, daß der Mensch »eine negative, im Modus des Hasses und der Aggression erlebte Erfahrung [von sich] machen« muß. Seine eigenen politischen ›Grenz-Erfahrungen‹, zuerst in Tunesien und dann in Frankreich, hatten ihn ermutigt, sich an offenen Feldschlachten mit der Polizei zu beteiligen; er hatte dabei mitgeholfen, Unzufriedenheit in den französischen Strafanstalten zu schüren; und er hatte zur Zerstörung der ›gesellschaftlichen Einheit‹ aufgerufen, wobei er das Blutvergießen bei Volksaufständen offenbar gleichgültig in Kauf nahm.

Seid Grausam!

Es überrascht nicht, daß die Themen ›Haß und Aggression‹ eine kritische und vielschichtige Rolle in der nächsten Phase von Foucaults Leben und vor allem in seinem einflußreichsten Werk spielen sollten – der ›Genealogie der modernen Moral‹, der er den Titel *Überwachen und Strafen* gab.

7

Eine Kunst der unerträglichen Empfindungen

Die ersten Sätze des Buches wirken wie ein nüchterner Tatsachenbericht; trotzdem sind sie, in den Worten eines der ersten Rezensenten, »unerträglich«:

> Am 2. März 1757 war Damiens dazu verurteilt worden, ›vor dem Haupttor der Kirche von Paris öffentliche Abbitte zu tun‹, wohin er ›in einem Stürzkarren gefahren werden sollte, nackt bis auf ein Hemd und eine brennende zwei Pfund schwere Wachsfackel in der Hand; auf dem Grève-Platz sollte er dann im Stürzkarren auf einem dort errichteten Gerüst an den Brustwarzen, Armen, Oberschenkeln und Waden mit glühenden Zangen gezwickt werden; seine rechte Hand sollte das Messer halten, mit dem er den Vatermord begangen hatte, und mit Schwefelfeuer gebrannt werden, und auf die mit Zangen gezwickten Stellen sollte geschmolzenes Blei, siedendes Öl, brennendes Pechharz und mit Schwefel geschmolzenes Wachs gegossen werden; dann sollte sein Körper von vier Pferden auseinandergezogen und zergliedert werden, seine Glieder und sein Körper sollten vom Feuer verzehrt und zu Asche gemacht, und seine Asche in die Winde gestreut werden.‹[1]

Dieses Mal – der Text erspart dem Leser keine Einzelheit des überlieferten Dokuments – mißlingt die Marter. Vier Pferde, eins an jedes Gliedmaß gebunden, sind nicht dazu in der Lage,

Damiens in Stücke zu reißen. Man versucht es mit sechs Pferden – ohne Erfolg.

> Nach zwei oder drei Versuchen zogen die Scharfrichter [. . .] Messer aus ihren Taschen und schnitten die Schenkel vom Rumpf des Körpers ab; die vier Pferde rissen nun mit voller Kraft die Schenkel los: zuerst den der rechten Seite, dann den andern; dasselbe wurde bei den Armen gemacht, und zwar an den Schultern und an den Achselhöhlen; man mußte das Fleisch beinahe bis zu den Knochen durchschneiden [. . .].[2]

Dies sind die ersten Zeilen von *Surveiller et punir.* Das Buch erschien in Frankreich Anfang 1975 und wurde 1976 als *Überwachen und Strafen. Die Geburt des Gefängnisses* ins Deutsche übersetzt. Die Konzeption des Werkes stammte aus der Zeit, als Foucaults politischer Aktivismus und seine Verbindung mit den französischen Maoisten und *Groupe d'Information sur les Prisons* auf dem Höhepunkt standen. Die Niederschrift erfolgte zwischen 1972 und 1974 zu einer Zeit, als die französische Ultralinke sich völlig zerstritten hatte und im Rückzug befand. Der Text erweist sich als Foucaults wichtigste Abhandlung zur politischen Theorie und bringt »vielfältige Unmöglichkeiten« zur Sprache. Er verdammt den Humanismus und rechtfertigt unausgesprochen Gewaltanwendung durch das Volk, wobei er den Leser dazu zwingt, sich mit der problematischen Rolle auseinanderzusetzen, die Haß und Aggression in der modernen Gesellschaft und der modernen Psyche zukommen.

In den Augen des Autors bildete das Buch den Höhepunkt seiner Laufbahn. Foucault nannte es »mein erstes Buch« – und es ist offensichtlich, wie er zu dieser Auffassung kommen konnte. Nie zuvor hatte sein Schreiben solches Selbstvertrauen und eine solche Beherrschung des Gegenstandes gezeigt. Nie wieder sollte es solch geballte – und verstörende – Kraft ausstrahlen.[3]

Der Beginn des Buches liefert ein vollendetes Beispiel dieser Kraft. Autorlos und unheimlich gerät er zu einem Kommentar

›à la Borges‹, wie Foucault einmal sagte – ein Kommentar, der nichts repräsentiert als die »wörtliche (aber feierliche und erwartete) Wiederholung dessen [. . .], was er kommentiert«.[4] Er fügte hinzu, daß »das Neue« (und die philosophische Bürde) eines solchen Kommentars »nicht in dem [liegt], was gesagt wird, sondern im Ereignis seiner Wiederkehr«, seiner seltsamen Wiederholung, seines liebevollen Echos – in diesem Falle als der Neuanfang des neuen Buches von Michel Foucault:

> Man zündete den Schwefel an, aber das Feuer war so schwach, daß die Haut der Hand davon kaum verletzt wurde. Dann nahm ein Scharfrichter, die Ärmel bis über die Ellenbogen hinaufgestreift, eine etwa anderhalb Fuß lange, zu diesem Zweck hergestellte Zange aus Stahl, zwickte ihn damit zuerst an der Wade des rechten Beines, dann am Oberschenkel, darauf am rechten Ober- und Unterarm und schließlich an den Brustwarzen. Obwohl dieser Scharfrichter kräftig und robust war, hatte er große Mühe, die Fleischstücke mit seiner Zange loszureißen; er mußte jeweils zwei- oder dreimal ansetzen und drehen und winden; die zugefügten Wunden waren so groß wie Laubtaler [. . .]. Bei jeder Peinigung schrie [Damiens] so unbeschreiblich, wie man es von den Verdammten sagt: ›Verzeihung mein Gott! Verzeihung, Herr!‹.[5]

Damiens qualvolle Marter wird in einen Zusammenhang gestellt. Foucaults Text läßt ihrer Beschreibung unmittelbar einen weiteren Kommentar ›à la Borges‹ folgen, ein ausführliches Zitat aus einem 1838 publizierten Buch des französischen Gefängnisreformers Leon Faucher, in dem die Umrisse eines Modellplans für den Tagesablauf junger Strafgefangener vorgelegt wurden:

> ›Beim ersten Trommelwirbel müssen die Häftlinge aufstehen und sich stillschweigend ankleiden, während der Aufseher die Türen der Zellen öffnet. Beim zweiten Trom-

melwirbel müssen sie aufsein und ihr Bett machen. Beim dritten ordnen sie sich zum Gang in die Kapelle, wo das Morgengebet stattfindet. Zwischen jedem Trommelwirbel ist ein Abstand von fünf Minuten [. . .].‹

›Um Viertel vor sechs im Sommer, um Viertel vor sieben im Winter gehen die Häftlinge in den Hof, wo sie sich waschen müssen und eine erste Zuteilung von Brot erhalten. Unmittelbar darauf formieren sie sich zu Werkstattgruppen und begeben sich an die Arbeit, die im Sommer um sechs Uhr beginnen muß und im Winter um sieben Uhr [. . .].‹

›Um halb acht im Sommer, um halb neun im Winter, müssen die Häftlinge in den Zellen sein, nachdem sie sich im Hof die Hände gewaschen haben und dort die Bekleidung kontrolliert worden ist. Beim ersten Trommelwirbel entkleiden sie sich, beim zweiten legen sie sich zu Bett. Die Türen der Zellen werden geschlossen und die Aufseher machen die Runde in den Korridoren, um sich der Ordnung und Stille zu vergewissern.‹[6]

Zwei verschiedene Dokumente, zwei verschiedene Bilder: Eines beschreibt eine öffentliche Hinrichtung, das andere eine vorbildliche Strafanstalt. Beide illustrieren eine jeweils andere Auffassung von Bestrafung, eine jeweils andere Art und Weise, gesellschaftliche Regeln durchzusetzen. Die eine drückt den unumschränkten königlichen Willen aus und zielt direkt auf das Fleisch: Sie wirkt barbarisch, spektakulär, abstoßend; die andere, der eine moderne Rechtsauffassung zugrunde liegt, bekundet eine gewisse Zurückhaltung. Sie wirkt methodisch, nüchtern, betäubend: »Man tritt ins Zeitalter der Strafnüchternheit ein.«[7]

Der Text, der diesen Beschreibungen folgt, ist elegant, verwikkelt und wie immer bei Foucaults Büchern, zutiefst verwirrend. Die Zielsetzung der bewundernswerten und gelehrten Studie ist in einer Hinsicht glasklar: Sie will in allen Einzelheiten die Veränderungen im ›Stil‹ des Strafvollzugs in Europa von der

Marter Damiens im Jahre 1757 bis zur Geburt der modernen Strafanstalt um 1840 darlegen. Wie seine Darstellung des Asyls in *Wahnsinn und Gesellschaft* eröffnete auch Foucaults Geschichte der Veränderungen im Strafvollzug eine überraschende neue Perspektive auf ein zuvor von der Geschichtsschreibung vernachlässigtes Forschungsgebiet.

Die Forschung im Anschluß an Foucaults Arbeit hat noch einmal auf die Eigentümlichkeit seiner Historiographie hingewiesen. Sein Text bietet eine charakteristische Mischung aus nuancierten Analysen, kompetenten Anmerkungen und überreicher Dokumentation – verbunden mit weithergeholten Metaphern, gewagten Behauptungen und ungestümen Verallgemeinerungen.[8]

Im Mittelpunkt des Werks steht überdies ein entwaffnend einfacher philosophischer Mythos: Foucaults ›Gefängnis‹ ist nicht nur eine aus Stein und Stahl erbaute und von Wächtern kontrollierte Institution, sondern auch ein ›Gefängnis‹ des Innern, das unter der Kontrolle des Gewissens steht und aus Fähigkeiten und Vorlieben zusammengesetzt ist. In diesem Sinne ist Foucaults Werk, genau wie er behauptet, eine Allegorie: »Die Seele, Effekt und Instrument einer politischen Anatomie. Die Seele: Gefängnis des Körpers.«[9]

Foucault sprach wiederholt in Gesprächen und öffentlichen Debatten über die Eigenheiten von *Überwachen und Strafen* und versuchte, mitunter mit wenig Erfolg, anderen zu erklären, worauf es ihm ankam und was die Gründe für sein Vorgehen waren.

Ganz allgemein bringt seine historische Untersuchung, wenn auch unter großen Schwierigkeiten, wie alle, die er zuvor durchgeführt hatte, »das Problem Wahrheit« zur Sprache. Das größte Problem biete die Einsicht in das, was Geschichte sei. Alle seine Studien hätten immer auch gezeigt, daß die Unterscheidungen und Kategorien, die ›Wissen‹ als solches ausmachten, vor allem die Unterscheidung zwischen wahr und falsch, ihrerseits die zeitlich begrenzten und veränderlichen Produkte zeitlich vergänglicher und veränderlicher Institutionen und Praktiken seien: »Wie kann es geschichtliches Wissen von einer Geschichte geben, die selbst die Unterscheidung zwischen wahr und falsch erst hervorbringt, von denen dieses Wissen abhängt?«[10] Wieder einmal sieht sich der Leser mit einer seltsamen, fast surrealistischen Geschichtsschreibung konfrontiert. Einerseits, wie Foucault in einem Interview 1978 erklärte, »benutze ich Methoden, die ich dem klassischen Vorrat entnehme: Veranschaulichung, Belege durch historische Dokumentation, Verweise auf andere Texte, Bezugnahme auf maßgebliche Kommentare, [Interpretationen der] Beziehungen von Gedanken zu Tatsachen, Erklärungsversuche durch Schemata, usw.«. Dieser Aspekt seiner Arbeit, der durch Fußnoten und Anmerkungen als nachweisbar beglaubigt wird, kann selbstverständlich mittels der strengen Richtschnur historischer Forschung widerlegt, erweitert oder bestätigt werden.[11] Andererseits fühlte Foucault sich immer noch dazu verpflichtet, ›Fiktionen‹, wie er das transzendente Element der Sprache nannte, in seine ansonsten auf heikle Weise ›faktische‹ Prosa einfließen zu lassen. »Es scheint mir die Möglichkeit zu geben«, bemerkte er während eines Gespräches 1977, »die Fiktion in der Wahrheit zum Arbeiten zu bringen, mit einem Fiktions-Diskurs Wahrheitswirkungen hervorzubringen und so zu erreichen, daß der Wahrheitsdiskurs etwas hervorruft, ›fabriziert‹, was noch nicht existiert, also fingiert.«[12] Somit »benutzt« *Überwachen und Strafen*, wie er sich einmal ausdrückte, »›wahre‹ Dokumente, aber auf eine solche Weise, daß es durch sie nicht nur möglich wird, die Wahrheit zu bestätigen, sondern auch eine *Erfahrung* zu bewirken, die uns zu einer Veränderung, einer Transformation des Verhältnisses ermächtigt, das wir zu uns selbst und zu unserem Kulturuniversum, kurz gesagt, zu unserem ›Wissen‹ haben«. Der ›fiktive‹ Aspekt des Buches ist in der Tat dazu angelegt, im Leser eine Art von ›Grenz-Erfahrung‹ hervorzurufen, eine Änderung in seiner ›Seele‹ und gleichzeitig in seiner Auffassung von ›Wahrheit‹ zur Folge zu haben.[13] Was aber wären die Folgen einer solchen Änderung?

In *Überwachen und Strafen* vervielfältigt Foucault bewußt Themen und Bilder, erschließt neue »analytische ›Ausbuchtungen‹«, wie er einmal sagte, schafft eine »zunehmende Vielgestaltigkeit« der Bildlichkeit und beschreibt genau ein verwirrendes und blendendes Aufgebot »perverser Erfindungen, [. . .] zynischer Diskurse, [. . .] ausgeklügelter Schrecken« (wie Gilles Deleuze den Gesamteindruck des Buches einmal zusammenfaßte). Der Effekt, den dies alles zusammengenommen hervorruft, ist sowohl einfach als auch klar ersichtlich: Es geht Foucault darum, die zwischen den beiden Bildern am Anfang des Buches hervorgerufene Spannung zu *vergrößern*.[14]

Damiens qualvoller Tod erscheint wie ein groteskes Spektakel – und bleibt unvergeßlich. Der Gefängnis-Zeitplan Fauchers verblaßt im Vergleich dazu: Er ist eintönig, exakt, überrational.

Im weiteren Kontext der Argumente Foucaults illustriert das zweite Bild die strenge Strukturiertheit des modernen Gefängnisses, während das erste ein Beispiel für jene grausamen und außergewöhnlichen Arten von Strafen ist, die das moderne Gefängnis ersetzen sollte. In den Händen der meisten Geschichtsschreiber mag diese Entwicklung irgendwie tröstlich wirken, begrüßen doch die meisten Historiker das Verschwinden der Marter als Zeichen für den Beginn jenes Prozesses, der zu ›Humanisierung‹ und Aufweichung der manchmal barbarischen Gewalttätigkeit vormoderner Gesellschaften führte.

Foucault läßt sich dann aber auf berühmt gewordene Weise nicht auf dieses Spiel ein. Er betrachtet das Verschwinden der Marter mitnichten als eine begrüßenswerte Entwicklung und meldet immer stärkere Zweifel an den verborgenen Kosten einer »Strafmethode« an, die offene Züchtigung vermeidet und statt dessen »in der Tiefe« wirkt, indem sie versucht, Einfluß auf »das Herz, das Denken, den Willen, die Anlagen« auszuüben. Bemühungen, »weniger Grausamkeit, weniger Leiden, mehr Milde, mehr Respekt, mehr ›Menschlichkeit‹« zu institutionalisieren, hätten laut Foucault die bösartige Folge gehabt, die gesamte moderne Gesellschaft nach dem Vorbild des Gefängnisses neu zu konzipieren. Dabei seien nicht nur Strafgefangenen immer subtilere, immer heimtückischere Formen von ›Disziplin‹ auferlegt worden, sondern ebenfalls Soldaten, Arbeitern, Studenten und sogar den verschiedenen Berufssparten, die dazu ausersehen waren, die verschiedenen Formen des »Disziplinierungsapparat[s]« zu kontrollieren. Im Verlauf dieser Entwicklung seien die neuen »Technologien zur Besserung des Individuums« verfeinert worden, die einen »doppelten Effekt« gehabt hätten: »eine erkennbare Seele und eine auf Dauer zu stellende Unterwerfung«.[15]

Die Szenen, die das Buch eröffnet hatten, erweisen sich demnach als doppelt verstörend: Der Text erweckt profunde Skepsis an Reformen, deren Absicht es ist, Qualen zu verringern, und lädt den Leser gleichzeitig dazu ein, jene grausamen Mächte mit ungewohnter Sympathie zu betrachten, die bei dem am Werke sind, was Foucault »*l'éclat des supplices*« (›Die Pracht der Martern‹) nennt, den Glanz und die explosive Pracht des Martertodes.[16]

Diese merkwürdige doppelte Umwertung mag die Beunruhigung erklären, die man am Ende der Lektüre von Foucaults Buch spürt. Die von *Überwachen und Strafen* aufgeworfenen Fragen zu durchdenken, läßt sich mit einem Spaziergang durch ein teuflisch geschickt angelegtes philosophisches Spiegelkabinett vergleichen. Indem man versucht, sich durch das Labyrinth seiner Irrwege hindurchzutasten, sich bemüht, Sackgassen zu vermeiden, und geduldig Umwege in Kauf nimmt, um schließlich Antworten auf die vielen Rätsel zu finden, die der Text im Hinblick auf Chronologie, Methode und Genealogie aufwirft, geschieht es leicht, daß die bestürzenden gewichtigen Probleme, die der Text gleichwohl beständig umkreist, aus dem Gesichtsfeld geraten.

Was sollen wir zum Beispiel von der Tatsache halten, daß Foucault offensichtlich der Martertod faszinierte?

Oder, um die Frage im Hinblick auf die ethische Problematik und Foucaults eigene politische ›Grenz-Erfahrung‹ nach dem Mai '68 abstrakter zu formulieren: Welche Rolle kommen Grausamkeit und Gewalt in der Organisation von Körper, Geist und Gesellschaft zu?

Foucault ist natürlich nicht der erste neuzeitliche Denker, der sich mit diesen Problemen beschäftigt hat. Sade, Bataille und Artaud hatten bereits Fragen über die Rolle von Grausamkeit und Gewalt aufgeworfen – wie auch schon Gilles Deleuze. Und vor allem Nietzsche. Foucault hatte sich in seinen *Überwachen und Strafen* vorausgehenden Werken auf viele dieser Autoren bezogen, als ob sie Vertreter eines gnostischen Mantras seien, als ob er durch sie die zerrüttenden Begeisterungsstürme des ›Denkens des Außen‹ hervorzaubern könnte. Doch eine der auffälligsten stilistischen Neuerungen in *Überwachen und Strafen* liegt in der Nicht-Erwähnung dieser gewohnten Ahnengalerie, deren Abwesenheit, wie sich herausstellt, durch den nüchternen Vorspann des Buches angezeigt wird. Die unbeteiligte Wiedergabe des Martertodes Damiens färbt wie die stumme Präsenz Nietzsches, dessen Einfluß stärker als je zuvor spürbar ist, auf eigentümliche Weise alles, was folgt.[17]
Es war schließlich Nietzsche, der als erster Techniken der Bestrafung mit dem Hervorbringen der menschlichen ›Seele‹ verbunden hatte, wodurch er die Befragung von Grausamkeit und Gewalt in den Mittelpunkt modernen Denkens gestellt hatte. Und Foucault gestand mehr als einmal seine philosophische Schuld Nietzsche und dessen Argumenten gegenüber ein: »Wollte ich anmaßend sein«, bemerkte er in einem kurz nach der Veröffentlichung von *Überwachen und Strafen* geführten Interview, indem er auf jenes Werk Nietzsches anspielte, das die erwähnte Verbindung hergestellt hatte, »würde ich dem, was ich tue, den Titel ›Genealogie der Moral‹ geben.«[18]

In den frühen siebziger Jahren hatte Foucault sich mit neugewonnenem Interesse dem Denken Nietzsches zugewandt. 1970 hatte er Nietzsche eines seiner Seminare in Vincennes gewidmet; 1971 hatte er in seiner ersten Vorlesungsreihe am *Collège de France* eine vergleichende Analyse von Aristoteles' *Metaphysik* und Nietzsches *Die fröhliche Wissenschaft* durchgeführt, die er »*La volonté de savoir*« (›Der Wille zum Wissen‹) genannt hatte.[19]

In der kurzen Vorlesungsankündigung faßte Foucault Nietzsches Ansichten zum Thema ›Erkenntnis‹ zusammen und zählte gleichzeitig seine *eigenen* tiefsten Überzeugungen diesbezüglich auf – Themen und Hypothesen, die sein Vorgehen in *Überwachen und Strafen* geleitet hatten:

> – die Erkenntnis ist eine ›Erfindung‹, hinter der etwas ganz anderes steckt: ein Spiel der Instinkte, der Triebe, der Begierden, der Angst, des Willens zur Aneignung. Auf dem Schauplatz, wo sie miteinander streiten, entsteht Erkenntnis.
>
> – sie entsteht nicht als ein Effekt der Harmonie oder des geglückten Gleichgewichts jener Elemente, sondern als Effekt ihrer Feindschaft, aufgrund eines zweifelhaften und vorübergehenden Kompromisses, eines Pakts, den sie immer schon zu brechen bereit sind. Erkenntnis ist keine dauerhafte Fähigkeit, sondern ein Ereignis oder eine Serie von Ereignissen.
>
> – sie ist stets leibeigen, abhängig, gefesselt (nicht von sich selbst, sondern von allem, was das Interesse des Instinktes oder der Instinkte, die sie beherrschen, erregen mag).
>
> – sie gibt sich als Erkenntnis der Wahrheit aus und stellt die Wahrheit durch das Spiel einer ursprünglichen und stets wiederholten Fälschung her, mit der die Unterscheidung zwischen wahr und falsch eingeführt wird. [20]

Auf den ersten Blick erscheinen diese vier Lehrsätze über den Stellenwert von ›Erkenntnis‹ und den Ursprung von ›Wahrheit‹ ziemlich weit entfernt vom Problem der Bestrafung und der Entstehung der modernen Strafanstalt. Doch für Foucault und für Nietzsche ist ›Erkenntnis‹ ein Nebenprodukt körperlicher Fähigkeiten und aufs engste mit allen Versuchen verknüpft, diese Mächte zu regulieren; Macht zu regulieren bedeutet für beide das Verbot gewalttätiger, grausamer und

313

aggressiver Triebe, ein Verbot, das durch Bestrafungen durchgesetzt wird. Beide Denker vertreten die Anschauung, daß diese gewalttätigen, grausamen und aggressiven Triebe, sobald sie daran gehindert werden, sich zu veräußerlichen, anstatt zu verschwinden, einfach verinnerlicht werden, wodurch erklärt werden kann – wie Foucault zu dieser im Zentrum der Philosophie Nietzsches stehenden Vorstellung anmerkte –, wie »der Mensch des modernen Humanismus geboren« und die Seele zum ›Gefängnis‹ des Körpers werden konnte. [21]

Nietzsche hatte diese Zusammenhänge in der berühmten zweiten Abhandlung in *Zur Genealogie der Moral* über »›Schuld‹, ›schlechtes Gewissen‹ und Verwandtes« analysiert. Wie eine zusammenfassende Darstellung des Gedankenganges Nietzsches verdeutlicht, stützte sich Foucault in *Überwachen und Strafen* mit beachtlicher Übereinstimmung auf diese Annahmen und wiederholt ihre wichtigsten Thesen.
Vor langer Zeit waren die Menschen nach Nietzsches Fabel vom *homo natura* (die Freud aus anderem Blickwinkel nacherzählen sollte) unglückliche »Augenblicks-Sklaven des Affektes«. Gedankenlos gaben sie jeder flüchtigen Laune nach. In diesem imaginierten Naturzustand genossen die Starken »alle[] Wollüste[] des Siegs«, den sie durch Anwendung von »Grausamkeit« und willkürliches Zufügen und Erleiden von Schmerz errangen; sie waren launische »Raubtiere«, die »[...] von einer scheußlichen Abfolge von Mord, Niederbrennung, Schändung, Folterung mit einem Übermute und seelischen Gleichgewichte davongehen, wie als ob nur ein Studentenstreich vollbracht sei, überzeugt davon, daß die Dichter für lange nun wieder etwas zu singen und zu rühmen haben«. Solche Raubtiere erweckten verständlicherweise bei ihren Nachbarn Furcht und Mißtrauen; im nietzscheanischen Naturzustand war das Leben für die meisten unerquicklich, brutal und kurz; deshalb spürten viele das Bedürfnis, diesen ansonsten beständigen »Kriegszustand« zu regulieren und der Kontrolle zu unterwerfen. [22]
Derartige Regulierungen entstanden durch die Auferlegung

einer »sozialen Zwangsjacke«, wie Nietzsche sich ausdrückt – der Ausweitung von Gebräuchen, moralischen Vorschriften und Gesetzen, deren Aufgabe es war, den Menschen »*bere-chenbar, regelmäßig, notwendig*« zu machen, mit einem Wort, *gelehrig.* Aber wie, so fragt er sich, geht die Transformation dieses mörderischen Raubtiers vonstatten? »Wie prägt man diesem [. . .] Augenblicks-Verstande [. . .] etwas so ein, daß es gegenwärtig bleibt?« [23]

Die Antwort, dachte Nietzsche, liegt in einer furchtbaren Art der »*Mnemotechnik*«, die darauf aus ist, »ein eigentliches *Gedächtnis des Willens*« zu schaffen; denn nur das Gedächtnis ermöglicht es dem Menschen, mit Beständigkeit zu handeln und sich der Zeitlosigkeit zu entledigen. »›Man brennt etwas ein, damit es im Gedächtnis bleibt‹«, lautet der springende Punkt der ›mnemotechnischen‹ Hypothese: »›[N]ur, was nicht aufhört, *wehzutun*, bleibt im Gedächtnis.‹« [24]

Viele Jahrhunderte lang wurden aus diesem Grunde Staatsgebilde oft von kaum gezähmten ›Raubtieren‹ mit »furchtbaren Mitteln« regiert. Diese Staatsgebilde versuchten, ihr Menschenmaterial in eine Form zu gießen, ihre Untertanen dazu zu zwingen, der Gewalt zu entsagen, Gesetze auf das »geplante Vergießen von Blut«, (wie sich Foucault ausdrückt) zu gründen. »[M]an denke an die alten deutschen Strafen«, schreibt Nietzsche und zählt die grausamsten Beispiele mit unverhohlener Genugtuung auf: »zum Beispiel an das Steinigen, [. . .] das Rädern, [. . .] das Werfen mit dem Pfahle, das Zerreißen- oder Zertretenlassen durch Pferde (das ›Vierteilen‹), das Sieden des Verbrechers in Öl oder Wein, [. . .] das beliebte Schinden (›Riemenschneiden‹), das Herausschneiden des Fleisches aus der Brust; auch wohl daß man den Übeltäter mit Honig bestrich und bei brennender Sonne den Fliegen überließ.« [25]

Wie der unbekümmerte Tonfall Nietzsches suggeriert, verursachte das Spektakel solcher Züchtigungen bei den Menschen sowohl Qual als auch Lust – eine Behauptung, die Foucault in seiner Diskussion des *éclat des supplices* noch verstärkt. Der Begriff *éclat* spielt hierbei auf einen Gedanken Nietzsches an, der im Verlauf von *Überwachen und Strafen* betont wird:

Marter ist bei weitem nicht der von modernen Humanisten oft
unterstellte ekelerregende Akt blindwütiger Barbarei, sondern
vielmehr ein sorgfältig abgestimmtes Kulturinstrument, eine
geregelte, glanz- und prachtvolle Praxis. Das öffentliche Ritual
des Martertodes war eine »Kunst der unerträglichen Empfindungen«, »das Theater aus der Hölle, [. . .] Dantes Dichtung als
Gesetz«, das Gelegenheit zu einer, wenn auch nur mittelbaren,
Erfahrung von Genüssen bot, die ansonsten verboten waren.
»Wenn sich die Menge um das Schafott drängt, so tut sie das
nicht nur, um den Schmerzen des Verurteilten beizuwohnen
und die Wut des Henkers anzuspornen: Sie will auch den, der
nichts mehr zu verlieren hat, die Richter, die Gesetze, die
Macht, die Religion verfluchen hören. Die Hinrichtung gestattet dem Verurteilten solche Ausschweifungen in einem Augenblick, in welchem nichts mehr verboten und strafbar ist.«[26]
Wie Nietzsche in *Zur Genealogie der Moral* deutlich macht, ehr-
ten und bewahrten die harschesten Bestrafungen auf paradoxe
Weise einige der elementarsten menschlichen Triebe; er sieht
im »Leiden-*machen* – ein eigentliches Fest« und sagt: »Leiden-
sehn tut wohl.« Der Augenzeuge der grausamsten Bestrafungen verspürt, daß die Handlungen des Verbrechers nicht »*an
sich*« verwerflich sind, denn er sieht genau die gleiche Art von
Handlungen im Dienste der Gerechtigkeit und mit gutem
Gewissen verübt und aus Prinzip angewandt: »Beschimpfen,
Gefangennehmen, Foltern, Morden«, von dem kein Versuch
gemacht wird, es zu entschuldigen.[27]
Indem er seine wesentliche Behauptung noch einmal unterstreicht, schreibt Nietzsche in *Ecce Homo* zusammenfassend
über die zweite Abhandlung von *Zur Genealogie der Moral*, daß
»[d]ie Grausamkeit als einer der ältesten und unwegdenkbar-
sten Kultur-Untergründe hier zum ersten Male ans Licht gebracht« worden sei.[28]
Im Verlauf der Geschichte wurden die grausamsten Triebe des
Menschen dann aber doch langsam, aber sicher gebändigt. Der
ausgesprochene Erfolg strenger Strafmethoden machte diese
nach und nach überflüssig und brachte statt dessen »die Ver-
mehrung der Furcht, die Verschärfung der Klugheit, die Bemei-

sterung der Begierden« hervor. Bestrafungen haben allerdings nicht dazu geführt, den Menschen »besser« zu machen. Ganz im Gegenteil: Wie Foucault das Wesentliche des nietzscheanischen Entwurfes einmal auf den Punkt brachte, bezeugt die Zurückweisung naturhafter Triebe keine »große moralische Konversion«, sondern »eigentlich [eine] *Perversion*«.[29] Nietzsche und Foucault hatten allen Grund, von einer ›Perversion‹ im wahrsten Sinne des Wortes zu sprechen, das die Bändigung jenes *transcendens* einzuschränken drohte, dem Nietzsche den Namen ›Wille zur Macht‹ gegeben hatte. Diese Macht verfügte, Nietzsche zufolge, in ihrem unverstümmelten Wesen über »spontane[], angreifende[] [. . .] [und] gestaltende[] Kräfte [. . .]«, die selbstredend grausam waren. »[D]er Grausame genießt den höchsten Kitzel des Machtgefühls«, hatte Nietzsche 1880 geschrieben. Macht unumschränkt auszuüben bedeutet eigentlich, grausam zu sein. Das ist die schwer verdauliche Lehre Nietzsches.[30]

Der Verzicht auf Gewalt und Grausamkeit in zivilisierten Gesellschaften ist jedoch mehr als ein bloßer Mangel. Sowohl Foucault als auch Nietzsche zufolge wurde ein völlig neuer Ort geschaffen, in dem die Triebe und Kräfte des Menschtiers ansässig sind: »Alle Instinkte, welche sich nach außen entladen«, meint Nietzsche, »*wenden sich nach innen* – dies ist das, was ich die *Verinnerlichung* des Menschen nenne: Damit wächst erst das an den Menschen heran, was man später seine ›Seele‹ nennt.«[31] Das Herausarbeiten der Seele spaltete das Menschtier. »[D]ieser zurückgedrängte, zurückgetretene, ins Innere eingekerkerte und zuletzt nur an sich selbst noch sich entladende Instinkt der Freiheit«, wie Nietzsche sich ausdrückt, dieser Organismus trat letztendlich in einen beständigen Kriegszustand mit sich selbst – jener Konflikt der Triebe, Instinkte und Begierden, den Foucault in seinem ersten Seminar am *Collège de France* beschrieb.[32]

Die meisten Menschen, um Frieden bemüht, kamen mit der Zeit dazu, allen möglichen Ausprägungen psychologischer ›Oligarchien‹ die Treue zu schwören: den »vornehmeren, Funktionen und Funktionäre[n], [die] für Regieren, Voraus-

sehn, Vorausbestimmen« verantwortlich sind, »(denn unser
Organismus ist oligarchisch eingerichtet)«, da nur so »unsre
Unterwelt von dienstbaren Organen, [die] für und gegeneinander arbeite[n],« in Schach gehalten werden konnte. Mit »Hilfe
der Sittlichkeit der Sitte« hielt sich diese Oligarchie des Organismus an der Macht; der Mensch lernte mit der Zeit, sich
seiner Triebe zu schämen. Indem er seine grausamen und mörderischen Impulse erstickte, wurde der Mensch zum Untertan
zivilisierter Vernunft und Moral.[33]
Doch die grausamen Triebe des Körpers verschwanden nicht
vollständig. Nietzsche erklärte das ansonsten Unerklärliche –
die Lust, die der Mensch offenbar daran hat, sich selbst unter
Schmerzen zu kontrollieren – mit dem Weiterleben *verinner-
lichter* Grausamkeit und der für diesen Augenblick eigentümlichen und paradoxen Konvergenz von Lust und Schmerz. Die
Vorstellung einer »selbsterwählte[n] Marter« – auf den ersten
Blick ein monströses Oxymoron – wird in *Zur Genealogie der
Moral* der Schlüssel zum Verständnis einer ganzen Reihe miteinander verknüpfter Phänomene: Schuld, schlechtes Gewissen und, als historische Voraussetzung für beide, der Triumph
der christlichen Askese.[34]
Der durch die Verinnerlichung grausamer Triebe angezeigte Triumph der Askese hatte unvorhersehbare Folgen. Schuldgefühle engten die tierischen Energien des Menschen ein; weitverbreitete Tabus machten die Ausübung des Willens schwierig
und manchmal gefährlich. Doch bei wenigen, nur selten anzutreffenden Menschen stärkten die masochistischen Genüsse
der Selbstkontrolle auf paradoxe Weise den Willen zur Macht
in all seiner grausamen Pracht; die alten tierischen Instinkte
brachen, mit Vorbedacht kultiviert und durch Gedächtnis, Vor-
stellungsvermögen und Vernunft gänzlich umgemodelt, in
neuen und fulminanten Ausprägungen wieder hervor.

> Diese heimliche Selbst-Vergewaltigung, diese Künstler-
> Grausamkeit, diese Lust, sich selbst als einer harten,
> widerstrebenden, leidenden Substanz Form zu geben,
> Willen, Kritik, Widerspruch, Verachtung, ein Nein einzu-

brennen, diese unheimliche und entsetzlich-lustvolle Arbeit einer mit sich selbst willig-zwiespältigen Seele, die sich aus Lust am Leiden-machen zum Leiden zwingt, dieses ganze *aktivische* ›schlechte Gewissen‹ hat zuletzt, man errät es schon – als der eigentliche Mutterschoß idealer und imaginativer Ereignisse auch eine Fülle von neuer befremdlicher Schönheit und Bejahung ans Licht gebracht und vielleicht überhaupt selbst erst Schönheit. [35]

In *Jenseits von Gut und Böse* verdichtete Nietzsche diese Vorstellung von Geschichte in der Metapher der Leiter. Die »große Leiter der religiösen Grausamkeit«, wie er sie nannte, hat drei Stufen. Auf der ersten »opferte man seinem Gotte Menschen«. Auf der zweiten »opferte man seinem Gotte die stärksten Instinkte, die man besaß, seine ›Natur‹; *diese* Festfreude glänzt im grausamen Blicke des Asketen«. Schließlich folgt das »paradoxe Mysterium der letzten Grausamkeit«, die Aufopferung Gottes. [36] Diese Form der Grausamkeit ist dem Philosophen angemessen. Schließlich tauchen – vom Erkenntniswillen angetrieben – Denker auf, deren Wille von der Praxis der Askese gespeist und aufrechterhalten wird und die in der Erkenntnis, daß die Idee der Wahrheit selbst eine Art Fiktion ist, keine Mühen scheuen, denen, die hören wollen, zu verkünden, daß all das, was wir als unverbrüchlich und sicher in der Welt ansehen, unter näherer Betrachtung nachweisbar zufällig, ungewiß oder falsch ist: Gesetze, Ideen, Philosophie, Religion, Moral, usw. Solch aufrichtiges Denken läuft Gefahr, im Nihilismus zu enden, jener katastrophalen Überzeugung, daß nichts wahr und alles erlaubt ist. Indem der philosophische Wille Regeln, Vorgaben und Überzeugungen unterläuft, die den Bestand von Gesellschaften sichern und es den meisten Menschen ermöglichen, sich in der Welt zu Hause zu fühlen, wird dieser Wille zur Wahrheit zu »einer Art sublimer Bosheit«. Im Erkenntniswillen Nietzsches liegt »etwas Mörderisches«, wie Foucault 1971 erklärte, etwas, das dem »Glück der Menschen« zuwiderläuft, denn dieser furchterregende Wille zur Erkenntnis »versammelt [. . .] immer mehr Gewaltinstinkte in sich«. [37]

Die Gewalttätigkeit des dionysischen Philosophen bleibt jedoch nicht mehr verinnerlicht; sie zielt nach außen; es macht ihr Spaß, all das zu zerstören, was das Leben verstümmelt, und sie zeigt bösartige Freude daran, den Menschen »zurück-[zu]übersetzen in die Natur« – eine tierische ›Natur‹, zu deren Eigenschaften unter anderem Grausamkeit gehört: die ursprüngliche Lust daran, Qualen und Schmerzen zuzufügen.[38]

In *Überwachen und Strafen* wiederholt und erweitert Foucault gleichzeitig Nietzsches Argumente, indem er aufzeigt, auf welche Weise die modernen Geisteswissenschaften die Funktion des Christentums bei der Disziplinierung des Körpers übernommen haben, wobei die »schuldbeladen und strafwürdig geboren[e]« christliche Seele durch eine noch schwachbrüstigere moderne Seele ersetzt wird, die bereits bei der Geburt überwacht und zum Objekt unendlicher Disziplinierungsmaßnahmen, »eine[r] Befragung ohne Ende« wird.[39]
Anders als Nietzsche besaß Foucault Ausbildung und Veranlagung zum Historiker: *Überwachen und Strafen* strotzte von Fußnoten und versprach nachprüfbare Belege dafür, auf welche Weise sich die ›Mnemotechniken‹ der modernen europäischen Gesellschaften im Verlauf des achtzehnten und neunzehnten Jahrhunderts verändert hatten.
Das vorgelegte dokumentarische Material legt nahe, daß irgendwann im Zeitalter der Französischen Revolution das grausige Spektakel der Marter an Beliebtheit verlor und von neuen und diskreteren Maßnahmen ersetzt wurde, den Seelen die gesellschaftlichen Regeln einzubrennen. Dabei bestand das Ziel darin, so Foucault, »daß nicht weniger, sondern besser gestraft wird; daß vielleicht mit einer gemilderten Strenge, aber jedenfalls mit größerer Universalität und Notwendigkeit gestraft wird; daß die Strafgewalt tiefer im Gesellschaftskörper verankert wird«.[40]
Obwohl sich im Denken über Sünde und Verbrechen vieles änderte, sind diese Änderungen nicht für diese Verschiebung ver-

antwortlich zu machen, sondern vielmehr, wie Foucault erklärte, grundlegendere Veränderungen in den Techniken der Regierungsgewalt. Zum ersten Mal bestand die Möglichkeit, »den Plebejer, den Volksangehörigen, den Proletarier und die Landbevölkerung genauestens zu überwachen«, wie Foucault in einem Interview 1973 feststellte. »Ich möchte die allgemeine, beständige Unterwerfung unter die Überwachung durch neue Formen politischer Macht, die gegen Ende des achtzehnten und zu Beginn des neunzehnten Jahrhunderts erfunden wurden, *Panoptismus* nennen.«[41]

Die Analyse dieses ›Panoptismus‹ steht im Mittelpunkt von *Überwachen und Strafen.* Die sprachliche Neuschöpfung, die dazu ausersehen war, die neuzeitliche ›Physik der Macht‹, welche die ungeschliffene ›Mnemotechnik‹ der Marter ersetzte, ist von Jeremy Bentham und seiner Schrift *Panopticon* abgeleitet. In dieser erstmals 1791 veröffentlichten Arbeit schlug der englische Jurist und Reformer die Errichtung einer kreisförmig angelegten Strafanstalt vor, in der die Insassen beständig überwacht werden konnten. Dieser Vorschlag erklärt den Titel des Buches, eine Derivation des altgriechischen Wortes *panoptes* (allsehend).

Bentham ist heute meist, wenn überhaupt, als Begründer des ›Utilitarismus‹ bekannt. Er entwickelte ein ethisches System, bei dem es darauf ankommt, durch komplizierte Kalkulationen angenehme Erfahrungen zu maximieren und schmerzliche möglichst auszuschalten. Bentham hoffte, damit »das größtmögliche Glück für die größtmögliche Zahl von Menschen« sicherzustellen – eine Zielsetzung, die man ohne große Übertreibung als die Definition des modernen Wohlfahrtsstaates ansehen könnte.

Obwohl einige zeitgenössische Philosophen wie zum Beispiel James Mill ihn bewunderten, dauerte es viele Jahre, bis Bentham als Rechtsphilosoph oder politischer Philosoph Anerkennung fand. Die englische Öffentlichkeit sah in ihm ganz im Gegenteil lange bloß einen komischen Kauz, einen fanatischen

Philanthropen mit einer einzigen Idee – dem Panoptikum. Bentham war davon überzeugt, daß diese »simple architektonische Idee« eines der lästigsten Probleme des aufklärerischen sozialphilosophischen Denkens lösen könnte. Indem der Grundsatz beständiger ›Aufsicht‹ auf die verschiedensten Bereiche vom Gefängnis bis zu Krankenhäusern und Schulen angewendet würde, könnten ›Eigeninteressen‹ und gesellschaftliche Verpflichtungen auf harmonische Weise miteinander in Einklang gebracht werden und möglichst schmerzlos ein Pflichtgefühl durchgesetzt werden. »Der grundlegende Vorteil des Panoptikums«, schrieb Bentham, »liegt so klar auf der Hand, daß man Gefahr läuft, ihn zu verschleiern, wenn man sich bemüht, ihn zu beweisen. Unaufhörlich unter den Augen einer Aufsichtsperson zu stehen bedeutet nichts anderes als den Verlust der Fähigkeit, Böses zu tun oder vielleicht sogar auch nur einen Gedanken daran zu verschwenden.«[42]

Mehrere Jahrzehnte lang verwandte Bentham einen Großteil seiner Zeit und des Vermögens seiner Familie an die Errichtung eines Panoptikums. Als er 1791 hoffte, daß ein revolutionäres Regime seinen Plan einer vorurteilslosen Überprüfung unterziehen würde, bot er seine Dienste der französischen Nationalversammlung an, jedoch ohne Erfolg. Die Franzosen machten ihn für seine Bemühungen zum Ehrenbürger. In England dagegen bestand die vielleicht nachhaltigste Wirkung seiner Idee in der Erweiterung des Sprachschatzes: Dank des öffentlichen Spottes, dem sein Allheilmittel ausgesetzt war, wurde der Begriff ›Panoptikum‹ vom neunzehnten Jahrhundert an in der englischen (und wenig später auch in der deutschen) Sprache nicht nur als Begriff für »einen Ort, an dem alles sichtbar ist«, verwendet, sondern auch für »Raritätenkabinett«.[43]

Als Foucault mit seiner Forschungsarbeit begann, war Benthams Buch zu einer Kuriosität abgesunken und wurde kaum noch ernsthaft gelesen. Doch mußte Foucault feststellen, daß im neunzehnten Jahrhundert fast alle Schriften, die sich mit Gefängnisreformen befaßten, auf Bentham Bezug nahmen. »Es gibt kaum einen Text oder einen Reformvorschlag bezüglich

der Gefängnisse, der Benthams ›Erfindung‹ nicht erwähnt«, erinnerte sich Foucault später. [44]
Man kann sich die Begeisterung gut vorstellen, die ihn ergriff, als er schließlich Benthams Buch in die Hände bekam. Er hätte sich kein treffenderes Symbol für all das vorstellen können, was er an der modernen Gesellschaft verachtete.
Benthams Panoptikum ist ohne Zweifel elegant – aber auch unheimlich. »Sein Prinzip ist bekannt«, schreibt Foucault, indem er die Vorstellung mit sarkastischer Genauigkeit heraufbeschwört.

> An der Peripherie ein ringförmiges Gebäude; in der Mitte ein Turm, der von breiten Fenstern durchbrochen ist, welche sich nach der Innenseite des Ringes öffnen; das Ringgebäude ist in Zellen unterteilt, von denen jede durch die gesamte Tiefe des Gebäudes reicht; sie haben jeweils zwei Fenster, eines nach innen, das auf die Seite des Turms gerichtet ist, und eines nach außen, so daß die Zelle auf beiden Seiten von Licht durchdrungen wird. Es genügt demnach, einen Aufseher im Turm aufzustellen und in jeder Zelle, einen Irren, einen Kranken, einen Sträfling, einen Arbeiter oder einen Schüler unterzubringen. Vor dem Gegenlicht lassen sich vom Turm aus die kleinen Gefangenensilhouetten in den Zellen des Ringes genau ausnehmen. Jeder Käfig ist ein kleines Theater, in dem jeder Akteur allein ist, vollkommen individualisiert und ständig sichtbar. [45]

Bentham selbst hatte eingestanden, daß seine »schmiedeeiserne Einrichtung« den Anschein erwecken könnte, ihrem Ziel entgegenzuwirken und den »freimütigen Geist und die Energie eines freien Bürgers« gegen »die mechanische Disziplin eines Soldaten« einzutauschen, wodurch »ein Sortiment aus *Maschinen*« geschaffen würde, »die *Menschen* ähneln«. Doch der große Reformer war davon überzeugt, daß seine »neue Methode, den Geist durch den Geist zu beherrschen«, ein unvergleichliches Mittel sei, größtmögliches Glück für die größtmögliche Anzahl von Menschen zu sichern. »Nennt sie ruhig Soldaten oder Maschinen«, schrieb Bentham: »Sollten sie *glückliche* Soldaten oder Maschinen sein, so kümmert's mich wenig.«[46] Im Grunde hatte der utilitaristische Denker einen vollendeten Weg erdacht, jene Welt zu erschaffen und dann zu kontrollieren, die Nietzsche am meisten fürchtete: eine Welt, die einem »ungeheure[n] Räderwerk von immer kleineren, immer feiner ›anzupassenden‹ Rädern« glich, was »ein immer wachsendes Überflüssig-werden aller dominierenden und kommandierenden Elemente« zur Folge hat und in der das Individuum nur noch »*Minimal-Kräfte, Minimal-Werte*« repräsentiert. Derartige Individuen, die das Spektakel von Bestrafungen entbehren müssen und des inneren Kriegzustandes müde sind, sehnen sich nach Frieden und Ruhe, einem Ende von Chaos und Leiden. Der Mensch, der sich nun vor nichts mehr zu fürchten braucht, kann »sich selber nicht mehr verachten« und keinen Genuß mehr am Schmerz empfinden. Am Ende dieses Weges steht Nietzsches »letzter Mensch«: »›Wir haben das letzte Glück erfunden‹ – sagen die letzten Menschen und blinzeln.«[47]

In gewisser Hinsicht sprachen natürlich Bentham und Nietzsche von einer ungewissen Zukunft: Das Panoptikum war nicht realer als Nietzsches Altptraum vom ›letzten Menschen‹. Foucault jedoch besteht darauf, daß das Panoptikum mehr als nur ein nichtssagendes Hirngespinst sei. Benthams »simple architektonische Idee«, schreibt Foucault, »ist das Diagramm eines auf seine ideale Form reduzierten Machtmechanismus«; es entwirft die von Foucault ›Disziplinierung‹ genannte spezifische Anatomie moderner Macht.[48]
Anders als die Macht der Staatsgewalt, die auf spektakuläre Weise gewalttätig war (wie der grausame Tod Damiens gezeigt hatte), ist die Macht der Disziplinierung milde, human – und hinterhältig, gerade weil sie eher durch diskrete Überwachung als durch offene Nötigung unsichtbar ausgeübt wird. Derartige Überwachung »spaltet die Macht des Körpers« wie sich Foucault ausdrückt, macht ihn gelehrig und »normalisiert« ihn (eine weitere einflußreiche Sprachschöpfung Foucaults). Er

wird wie der Soldat einer modernen Armee dazu bereit, Befehle von oben zu befolgen. Das Ergebnis ist im Grunde ein »automatische[s] Funktionieren von Macht, [. . .] die Perfektion der Macht«, die paradoxerweise dazu neigt, »ihre tatsächliche Ausübung überflüssig zu machen« (was für einen Nietzscheaner wenig lobenswert erscheinen muß).[49]

Für Foucault war die abstrakte Idee des ›Panoptismus‹ in der Lage, eine ganze Reihe tatsächlicher Institutionen zu erklären, die im Begriff waren, das moderne Leben zu verändern. »In meinem Buch über die Geburt des Gefängnisses«, erklärte er in einem Interview 1978, »habe ich versucht, genau aufzuzeigen, wie die Vorstellung von einer Technologie des Individuums, eine bestimmte Ausprägung von Macht«, als eine Art »striktes Gegenstück zur Geburt einer bestimmten liberalen Regierungsform für die Bändigung, Formung und Verhaltenssteuerung des Individuums angewandt wurde.« Eine bestimmte »kerkerartige« Denkweise, die sich auf strafbare Abweichungen von der Norm konzentrierte, konnte so über die eigentliche Strafanstalt hinaus eine ganze Reihe moderner Institutionen beeinflußen. Vorgesetzte regulierten in Schulen, Fabriken und Kasernen vermittels einer »Mikro-Justiz der Zeit (Verspätungen, Abwesenheiten, Unterbrechungen), der Tätigkeit (Unaufmerksamkeit, Nachlässigkeit, Faulheit), des Körpers (›falsche‹ Körperhaltungen und Gesten, Unsauberkeit), der Sexualität (Unanständigkeit, Schamlosigkeit)«, sowie der Sprache (Schwätzen, Aufsässigkeit, Vulgärsprache). Die zuerst von Bentham formulierten Grundsätze legitimierten nun auf dem Wege einer »natürliche[n] Verlängerung« ihres Anwendungsbereiches, wie Foucault im apokalyptischen Schlußkapitel von *Überwachen und Strafen* nahelegt, eine »unbegrenzte Disziplin«, die darauf angelegt war, durch »eine Befragung ohne Ende [. . .] gelehrige Körper« zu schaffen, und zwar nicht nur von Strafgefangenen, sondern von jeder modernen menschlichen Seele: »[E]ine Ermittlung, die bruchlos in eine minutiöse und immer analytischer werdende Beobachtung überginge; ein Urteil, mit dem ein nie abzuschließendes Dossier eröffnet würde; die kalkulierte Milde einer Strafe, die von der rücksichtslosen

Neugier einer Untersuchung durchsetzt wäre« – mit einem Wort – die Verwirklichung von Nietzsches Alptraum.[50] In einem »Überwachungssystem besteht keine Notwendigkeit für Waffen, physische Gewaltanwendung, materielle Einschränkungen«, beschrieb Foucault diese düstere Vision zusammenfassend, sondern »[n]ur für einen Blick. Einen prüfenden Blick, einen Blick, dessen Gewicht das Individuum nur dadurch von sich abwenden kann, daß es sein eigener Aufseher wird und diese Aufsicht für sich selbst und gegen sich selbst durchführt. Ein vorzügliches Rezept: beständig angewandte Macht zu äußerst geringen Kosten« – zumindest für die Gesellschaft.[51]

Aus umgekehrtem Blickwinkel sah die Sache jedoch anders aus. Da der Mensch seinen animalischen Trieben immer mehr entfremdet wurde, verstärkte sich notgedrungen das Potential für einen erneuten Ausbruch des Krieges im Innern. Vor dieser Welt, die vom ›letzten Menschen‹ beherrscht wird, warnte Nietzsche: »Jeder will das Gleiche, jeder ist gleich«, und »wer anders fühlt, geht freiwillig ins Irrenhaus.« »O über diese wahnsinnige Bestie Mensch!« schrieb er in *Zur Genealogie der Moral*. »Welche Einfälle kommen ihr, welche Widernatur, welche Paroxysmen des Unsinns, welche *Bestialität der Idee* bricht sofort heraus, wenn sie nur ein wenig verhindert wird, *Bestie der Tat* zu sein!«[52]
Äußerlich betrachtet, für den Blick des Aufsehers, mag der Körper in der modernen Gesellschaft gezähmt erscheinen. Im Innern jedoch kochen und brodeln diese Körper und Seelen, ihr heimlicher Traum von gnadenloser Herrschaft wird »isoliert, intensiviert und einverleibt«. Die ins Innere verlegte Grausamkeit, von ihrer alten Verbindung zum strafenden christlichen Gewissen abgelöst, das sich in den ungeheuren Greueln der Inquisition veräußerlicht hatte, wandelt sich, um es mit den Worten Foucaults zu sagen, »von den Kämpfen zu den Phantasmen«.[53]
Es lohnt sich, den Verweis auf Phantasmen etwas genauer zu verfolgen, da Phantasievorstellungen, Träume, Einbildung zu-

sammengenommen eine wichtige Rolle für Foucaults Vorstellung von Grausamkeit spielen. »Die Phantasmen«, bemerkte er einmal in einer Zusammenfassung der Theorien Deleuzes, »topologisieren die Materialität des Körpers« – sie planen die ansonsten unsichtbare Entfaltung der Gefühlsregungen und Triebe jedes Menschen. Die Vorstellungskraft versieht jeden Menschen »mit den beunruhigenden und nächtlichen Kräften«, die ihn mehr oder weniger blindlings antreiben, als ob ihn ein außergewöhnlicher *daimon* verfolge. Bei jedem »gesunden, normalen und gesetzestreuen Erwachsenen« besteht stets die Möglichkeit, die einzigartige Gestalt dieser ›dunklen Mächte‹ ans Licht des Tages zu bringen, indem die Frage gestellt wird, wie Foucault sich in *Überwachen und Strafen* ausdrückt, »was er noch vom Kind in sich hat, welcher geheime Irrsinn in ihm steckt, welches tiefe Verbrechen er eigentlich begehen wollte«. Wie verstörend bestimmte sich wiederholende Traumbilder auch sein mögen, so sind »Phantasmen« doch, wie Foucault sagt, »Einbezug des Anscheins in das Licht des Ursprungs« – das Zeichen der ›höheren Notwendigkeit‹ jedes einzelnen Menschen, der Granitstein, aus dem jeder von uns jene Statue meißeln muß, die wir unser ›Selbst‹ nennen. Wie Deleuze fordert auch Foucault demnach, Phantasmen »vom Dilemma wahr/falsch, Sein/Nicht-Sein freizumachen, [...] und sie als ›Außer-Sein‹ tanzen zu lassen«, selbst wenn dieser Tanz der Phantasmen in Foucaults Worten zu »sowohl topologischen« – das heißt in die Materialität des Körpers als sexuelles Begehren eingeschriebenen – »wie grausamen« Ergebnissen führen sollte.[54]

Doch damit nicht genug. Insofern die Traumwelt zur letzten, nicht zu unterdrückenden Zuflucht jener uranfänglichen Lust wird, die bei der Zufügung und beim Erdulden von Schmerzen empfunden wird, unterzieht sich die Phantasie einer bahnbrechenden Transformation: »Der Sadismus«, wie Foucault sich in *Wahnsinn und Gesellschaft* ausgedrückt hatte, ist »eine der größten Wandlungen der abendländischen Vorstellungskraft: die zum Delirium des Herzens, zum Wahnsinn der Lust, zum wahnsinnigen Dialog der Liebe und des Todes.«[55]

Die Folgen dieser ›Wandlung‹ zeigen sich in der Gestalt der modernen politischen Institutionen, denn wie peinlich genau reglementiert eine Gesellschaft auch sein mag, ihre Schutzwälle werden mitunter gewaltsam durchbrochen. Das Verbrechen, die »fatale Wiederkehr und die Revolte des Unterdrückten«, hat aus genau diesem Grund »eine bestimmte Gestalt und eine bestimmte Zukunft«, wie die radikalsten Anhänger des utopischen Sozialisten Fourier in den dreißiger Jahren des neunzehnten Jahrhunderts behauptet hatten – und wie Foucault in einigen seiner Äußerungen zur *Groupe d'Information sur les Prisons* zu Anfang der siebziger Jahre nahegelegt hatte. Indem sie einfach ihre eigenen Erlebnisse beschrieben, konnten verurteilte Verbrecher einen produktiven ›Gegen-Diskurs‹ beginnen, dessen Ziel war, die »gelassene Herrschaft des Guten über das Böse« zu stören, »manifestiert doch im Grunde«, wie Foucault in *Überwachen und Strafen* bemerkte, »die Existenz des Verbrechens glücklicherweise eine ›Nicht-Unterdrückbarkeit der menschlichen Natur‹. Statt einer Schwäche oder Krankheit ist in ihm eine Energie zu sehen, die sich aufrichtet, ein ›unüberhörbarer‹ Protest der menschlichen Individualität, die ihm seine befremdende Anziehungskraft verleiht.«[56]

Natürlich sprach Foucault hier von sich selbst. Durch seine Forschung für *Überwachen und Strafen* sowie durch seine Arbeit für GIP wurde er immer mehr vom »Leben der infamen Menschen«, wie er sich ausdrückte, in Bann geschlagen. Mit unstillbarer Neugier hatte er die Antworten in den Fragebögen von GIP durchkämmt und viele Stunden in Archiven mit der Durchsicht alter Polizeiakten und Gerichtsunterlagen verbracht; dabei hatte er lange Zeit bei den Dokumenten verweilt, die ihn betroffen machten. Mitunter verspürte er beim Lesen der Akte irgendeines unbedeutenden Strafgefangenen – eines »jene[r] niedrigen Leben, [. . .] die zu Asche geworden sind«, wie er sagte – eine merkwürdige »Erschütterung«: Man muß sich ihn in der Nationalbibliothek wie einen Wünschelrutengänger vorstellen, der zitternd in der Wüste vor einer verborgenen Wasserquelle steht.[57]

Als ausgebildeter Wissenschaftsphilosoph habe er, wie er später sagte, »zu wissen versucht, warum es plötzlich in einer Gesellschaft wie der unsrigen so wichtig gewesen ist, daß ein anstößiger Mönch oder ein wunderlicher und wankelmütiger Wucherer ›erstickt‹ werden (wie man einen Schrei, ein Feuer oder ein Tier erdrosselt)«. Als Schüler Batailles und Blanchots mußte er jedoch andererseits eingestehen, daß »die ersten Intensitäten, die mich motiviert hatten, [draußen] blieben« und nicht völlig in »die Ordnung des Verstandes« eintreten konnten.[58]

Obwohl die Gründe für seine eigene spezifische Faszination nicht ganz klar wurden, bestand kein Zweifel daran, welche jener ›infamen Lebensläufe‹ Foucault am meisten anzogen. Das Schicksal von Menschen, die fürchterliche Qualen erdulden mußten, lähmte ihn, zum Beispiel das von Damiens (dessen Pein ein Jahrhundert zuvor schon Baudelaires Vorstellungskraft nicht losgelassen hatte). Das Schicksal zeitgenössischer Verbrecher wie H.M., deren ›Vergehen‹ gering waren, deren Los jedoch auf abschreckende Weise ungerecht erschien, faszinierte ihn, – Männer, die sich danach sehnten, entkommen zu können, denen jedoch abgesehen von Selbstmord und Tod kein Fluchtweg offenstand.

Vor allem jedoch zogen ihn jene wahrhaft ›gefährlichen Individuen‹ an, deren Motive unbegreiflich waren und deren Taten scheinbar nicht vergeben werden konnten – Männer wie Pierre Rivière, dessen Leben er ausgrub und mit Unterstützung seiner Studenten in einem zweijährigen Seminar am *Collège de France* mit großer Sorgfalt analysierte.

Wie Foucault selbst 1972 in seinem *Résumé des cours* für das *Collège de France* erklärte, war Pierre Rivière ein »im neunzehnten Jahrhundert kaum bekannte[r] Mörder; mit zwanzig Jahren hatte er seine Mutter, seinen Bruder und seine Schwester enthauptet; nach seiner Verhaftung hatte er ein erläuterndes Memoire verfaßt, das seinen Richtern und den Ärzten vorgelegt wurde, die den Auftrag hatten, eine psychiatrische Expertise zu erstellen.«[59]

Das Seminar Foucaults war darauf angelegt, den weiteren kulturellen Kontext des Mordes und der darauffolgenden Gerichtsverhandlung zu rekonstruieren. Der Fall war nicht ohne historisches Interesse: Rivière war erstmals 1835 vor Gericht gestellt worden, zu einem Zeitpunkt, als französische Experten gerade damit begonnen hatten, die Anwendung psychiatrischer Konzepte im Strafrecht zu debattieren. Bei dieser ersten Verhandlung war Rivière zum Tode verurteilt worden. Doch auf den Einspruch psychiatrischer Experten hin, unter ihnen der unsägliche Esquirol, einer der legendären Namen in der frühen französischen Psychiatrie, war seine Strafe in lebenslängliche Haft umgewandelt worden. Der Fall Rivière lieferte somit eine ausgezeichnete Möglichkeit, die sich verändernden Kriterien für kriminelle Unzurechnungsfähigkeit zu untersuchen. [60]

Doch wie Foucault selbst eingestand, war dies nicht der wahre Grund, warum er zwei Jahre der Untersuchung des kurzen Lebens Pierre Rivières widmete: »Der Ausgangspunkt der ganzen Arbeit war unsere Betroffenheit [. . .]. Der Elternmörder mit den roten Augen hatte uns in seinen Bann geschlagen.« [61]

Es gab auch allen Grund, von dieser Persönlichkeit gebannt zu sein!

Pierre war das Paradebeispiel eines barbarischen Sadisten. Den Dokumenten zufolge, die Foucault und seine Mitarbeiter peinlich genau zusammenstellten, hatte es dem Bauernjungen aus dem kleinen Dorf La Faucterie besonderen Spaß gemacht, Kleintiere zu peinigen: Er kreuzigte Vögel, häutete Frösche, wobei er geschickt immer neue Apparate erfand, die dazu dienten, die zum Tode führenden Qualen zu verlängern. Er beschränkte sich jedoch nicht nur auf Tierquälerei: Er war berüchtigt dafür, hinter anderen Kindern mit einer Sense herzujagen. Einmal band er seinen Bruder an einen Kesselhaken und versuchte, darunter ein Feuer zu entfachen.

Den Nachbarn kam sein Verhalten natürlich absonderlich vor, und sie versuchten, Gründe dafür zu finden: »Stets wurde seine Ablehnung gegen alle Frauen bemerkt.« Es hieß, daß er seine Nächte häufig in einem in der Nähe des Dorfes gelegenen Steinbruch verbrachte, wobei er, wie einige düster vermuteten, einen Pakt mit dem Teufel geschlossen habe.[62] Rivière selbst hielt sich jedoch für einen Philosophen. In seiner Freizeit las er theologische und spekulative Werke; er glaubte, ein äußerst aufgeklärter Mensch zu sein, der sich nicht an die gebräuchlichen Vorschriften zu halten brauchte, die für andere galten: »Ich kannte die menschlichen Gesetze, die Gesetze der Polizei«, schrieb er später in seinen Memoiren, »aber ich hielt mich für weiser als sie.«[63]

Der örtliche Staatsanwalt beschrieb ihn als von Natur aus begabt, philosophisch interessiert und mit guter Lernfähigkeit ausgestattet, Anlagen, die jedoch durch eine »lebhafte Einbildungskraft grausam und gewalttätig« zerstört worden seien.[64]

Am Morgen des 3. Juni 1835 entdeckten die Behörden des Ortes, daß im Hause Rivière in La Faucterie gerade »ein grauenhaftes Verbrechen, ein dreifacher Mord« begangen worden sei. Drei Leichen waren gefunden worden. Die Kehle von Pierres schwangerer Mutter war durchschnitten worden, wobei der Kopf fast vom Rumpf getrennt worden war; der zertrümmerte Schädel seines Bruders war von Messerstichen übersät und vollständig zerquetscht; das Gesicht seiner toten Schwester war ebenfalls zerschnitten und verstümmelt.[65]

Dies war, um es mit den Worten Foucaults zu sagen, ein »außergewöhnlicher Kriminalfall von der brutalsten und seltensten Sorte«. Es war mehr als ein ordinärer Mord, es handelte sich vielmehr um ein Verbrechen »gegen die Natur, gegen jene Gesetze, von denen man annimmt, daß sie direkt ins menschliche Herz eingeschrieben sind und die Familien und Generationen miteinander verbinden«. Hier lag, kurz gesagt, genau die Art von unmotiviertem gewalttätigem Akt vor, von dem Sade nur hatte träumen können – eine Handlung von solch unbegreiflichem Haß und solcher Aggression, daß sie die »völlige Infragestellung« jener modernen Gesellschaftsform darstellte, die *Überwachen und Strafen* analysiert hatte.[66]

Kurz nachdem er Mutter, Schwester und Bruder abgeschlachtet

hatte, floh Pierre mit der blutverschmierten Hippe aus dem Haus. »Jetzt habe ich meinen Vater von allem Unglück befreit«, vertraute er einem Passanten an. »Ich weiß, daß man mich dafür töten wird, aber das macht mir nichts aus.«[67] Daraufhin verschwand er.

Fast einen Monat lang versteckte er sich im Wald, wobei er sich von Pflanzen und Wurzeln ernährte. Am 2. Juli 1835 wurde er schließlich gefaßt.

»Er behauptet, daß er das Verbrechen auf himmlische Weisung hin verübt habe«, berichtete eine Zeitung kurze Zeit später, daß »Gott Vater ihm erschienen sei inmitten seiner Engel; daß alles im Licht gestrahlt habe« – all dies, so schloß der Bericht, seien Anzeichen dafür, daß der arme Junge an »Fanatismus oder [. . .] Wahnsinn« leide. [68]

In seinen Memoiren breitete Rivière die Geschichte mit kühler Logik und anscheinend unbefangener Offenheit aus. Er habe seine Mutter gehaßt, erklärte er; sie habe seinen Vater gequält und aus dem Haus getrieben; er habe die Familie von diesem zänkischen Weib befreien und außerdem »in der Welt Aufsehen erregen« wollen, denn es seien »die körperlich Stärkeren, die«, wie der selbstgemachte junge Philosoph erklärte, »immer [. . .] das Gesetz gemacht haben«. [69]

»[J]etzt wo ich meine ganze Untat zur Kenntnis gebracht habe«, schlossen die Memoiren, »erwarte ich das Los, das mir beschieden ist.« Er freue sich auf die Qualen, Folterungen und den bevorstehenden Tod – verdienten seine Sünden doch eine solche Strafe, und nur der Tod könnte »all meiner Bitterkeit ein Ende bereiten«. [70]

Obwohl Rivière mit seinen Memoiren offensichtlich die Absicht hatte, »den Tod herbeizuführen«, hatten sie die gegenteilige Wirkung. Die »Ausschweifungen« des Martertodes, die Damiens hundert Jahre zuvor vergönnt waren, blieben Pierre Rivière verwehrt. [71]

Stattdessen wurde er zu einem ›Fall‹, der zu analysieren, zu klassifizieren, einzuschränken war. Die Begleitumstände seiner Greueltat erweckten psychiatrisches Interesse. Die Experten betrachteten seine Memoiren, trotz ihrer augenscheinlichen

Klarsicht, als Beweis dafür, daß Pierre in der Tat wahnsinnig sei. Wie ein Richter das Beweismaterial zusammenfassend beurteilte, sei der junge Mann einer »Reihe falscher Gedankenbildungen« erlegen, welche die »vollständigste Verwirrung der Urteilskraft« offenlege. Nachdem er einige der angesehensten französischen Ärzte um Rat gesucht hatte, stimmte der Justizminister zu. Er schloß, daß Pierre wahnsinnig sei, und wandelte die Todesstrafe in lebenslängliche Haft um.[72]
Der Mörder, der um sein Rendezvous mit dem Tod gekommen war und statt dessen in eine Zelle eingesperrt wurde, glaubte von sich, wie Foucault in seinem kurzen Kommentar betont, »bereits tot« zu sein. Er weigerte sich, seinen Körper zu pflegen; er sagte, daß er sich enthaupten wolle; 1840 schließlich, fünf Jahre, nachdem er seine Familie hingeschlachtet hatte, berichteten die Zeitungen, daß es Pierre Rivière endlich gelungen sei, sich durch Erhängen selbst zu töten.[73]

Das Dossier, das Foucault mit den Studenten seines Seminars zur Veröffentlichung vorbereitete, reproduzierte die Dokumente in chronologischer Reihenfolge, ein weiterer Kommentar ›à la Borges‹. Wie Foucault erklärte, werde auf diese Weise erreicht, »die Verwirrung, die ein Diskurs wie der Rivières stiftet«, für sich selbst sprechen zu lassen – genauso wie es H.M. erlaubt wurde, in der GIP-Veröffentlichung *Suicide de Prison* für sich selbst zu sprechen. Gleichzeitig sollte der ebenfalls kommentarlose Wiederabdruck der im distanzierten klinischen Ton verfaßten juristischen und ärztlichen Gutachten »all die Taktiken« bloßlegen, die Experten des neunzehnten Jahrhunderts dazu benutzten, um das Dasein monströser Existenzen wie Rivière »einzuordnen«, indem sie entweder als »Wahnsinnige[]« oder als »Kriminelle[]« etikettiert wurden.[74]
Foucault glaubte, daß die Anwendung solcher Kategorien dazu diente, »das Entsetzen« zu entschärfen, das die Existenz von Menschen wie Rivière hervorrief – und sie damit ihrer wahren »Macht« zu berauben. Seiner Meinung nach verdienten Riviè-

res Handlungen weder Therapie noch Gewahrsam. Sie geböten eher »eine Art Ehrfurcht [. . .]. Der intensivste Punkt der Leben, wo sich ihre Energie konzentriert«, schrieb er, »ist dort, wo sie mit der Macht zusammenstoßen, sich mit ihr auseinandersetzen, ihre Energien zu verwenden oder ihren Fallen zu entrinnen versuchen.« Aufgrund dieses Kampfes und aufgrund »aufopferungsvoller und großartiger Morde« werden Menschen wie Rivière zu »Existenzen, die Blitze sind,« die »die Zweideutigkeit dessen, was gerechtfertigt und was verboten ist«, klarmachen, sowie »in unumwundener Form das Verhältnis zwischen der Macht und dem Volk« darstellen: »Befehl zum Töten, Verbot des Tötens; sich töten lassen, hingerichtet werden; freiwillige Opferung, auferlegte Strafe; Erinnerung, Vergessen«.[75]

Rivière war, auf einen Nenner gebracht, ein ›tragischer‹ Held wie Sade oder Artaud. Seine Morde wurden wie seine Memoiren zu bewundernswerten Kunstwerken. Foucault selbst verglich das über Rivière angelegte Dossier mit seinem Buch zu Raymond Roussel. »In beiden Werken«, erklärte er, »wird die gleiche Frage gestellt: Von welchem Punkt an beginnt ein Diskurs (sei es der eines Kranken oder der eines Verbrechers) in einem Bereich zu funktionieren, der ihn als Literatur qualifiziert?«[76]

Rivières Memoiren seien, so erklärte er in einem weiteren Interview, »so stark und so fremdartig, daß das Verbrechen eigentlich gar nicht mehr existiert«.[77]

Das Verbrechen existiert eigentlich gar nicht mehr?

Es scheint, als ob selbst die mörderischste Tat, wenn sie nur auf angemessene Art in einem Kunstwerk erinnert werde, irgendwie wiedergutgemacht, in ihrer Bedeutung umgewandelt werden könnte, wodurch selbst aus dem niederträchtigsten Dasein, wie Foucault sich in *Wahnsinn und Gesellschaft* ausgedrückt hatte, »eine Leere, ein Augenblick des Schweigens, eine Frage ohne Antwort [. . .] ein Zwist ohne Versöhnung« entstehen könnte, bei dem »der Welt ihre eigene Schuld bewußt gemacht wird«.[78]

1973, kurz nach der Veröffentlichung von *Der Fall Rivière*, führte Foucault ein Gespräch mit den Herausgebern der radikalen belgischen Jura-Zeitschrift *Pro Justitia*, bei dem das Buch über die Geburt des modernen Gefängnisses diskutiert werden sollte, an dem er zu dieser Zeit noch arbeitete. Dieses Interview, in dem Foucault die Verbindungslinien zwischen seiner Forschungsarbeit und seiner gleichzeitigen Arbeit in *Groupe d'Informations sur les Prisons* deutlich machte, zeigte außerdem, daß *Überwachen und Strafen* nicht nur von Nietzsche und der ›Ehrfurcht‹ geleitet war, die der Autor für ›infame Menschen‹ wie Pierre Rivière empfand, sondern gleichzeitig auch Foucaults deutliche persönliche Verstrickung in eine verbotene revolutionäre Bewegung.[79]

»In jedem System«, erklärte Foucault den Herausgebern von *Pro Justia*, »begehen unterschiedliche gesellschaftliche Gruppierungen, Klassen und Kasten ihre eigenen gesetzwidrigen Handlungen«, die »für die Ausübung von Macht unverzichtbar« sind. Für jedes Zeitalter waren Ausmaß und Charakter dieser stillschweigend geduldeten Gesetzesverstöße höchst unterschiedlich. Zur Zeit des *ancien régime* zum Beispiel versuchten Bauern und Handwerker alles, um Steuerzahlungen zu vermeiden; Kaufleute übertraten immer wieder die Bestimmungen, die ihr Geschäftsgebaren regulieren sollten; und monströse Verbrecher wie Pierre Rivière wurden in Flugschriften und Volksliedern, welche die »Schönheit und [. . .] Größe von Verbrechen« feierten, oft in plebejische Helden verwandelt, die bewiesen, »wie Menschen sich gegen die Macht erheben, das Gesetz überwinden und sich dem Tode durch den Tod aussetzen konnten«.[80]

Vor 1789 blieben in Frankreich eine relativ große Anzahl von Gesetzwidrigkeiten unbestraft: Die Macht des Königs war, obschon theoretisch absolut, praktisch begrenzt. Die Strafen, die verhängt wurden, waren auf spektakuläre Art und Weise grausam, ein sichtbares Zeichen dafür, was absolutistische Macht theoretisch bedeutete und bei wem sie lag. Als die Französische Revolution ausbrach, konnten sich deshalb schnell neue uneingeschränkte Formen der Macht des *Volkes* durch aufsehenerregend grausame Handlungen ausbreiten, wobei das Strafmaß in einer Art spontanen Gegenjustiz festgelegt wurde: so zum Beispiel am 14. Juli 1789, als ein Mob die *Bastille* erstürmte und den Kommandanten des Gefängnisses gefangennahm und dann enthauptete, ein Ereignis, das abrupt den Ablauf der Geschichte änderte.

Die Revolution verkörperte nach den Worten Foucaults »eine neue Form politischer Illegalität, eine neue Form des politischen Kampfes gegen das bestehende System«. Das Bürgertum, das von den neuen Formen des ›politischen Kampfes‹ profitierte, duldete und ermunterte zunächst die sich ausbreitende Woge der Gewalt. Mit der Zeit jedoch, als die mit den unkontrollierten revolutionären Impulsen verbundenen Gefahren immer deutlicher wurden – zum Beispiel durch das Blutbad vom September 1792 –, beeilten sich die neuen Führer des neuen französischen Regimes, der neuen politischen Ungesetzmäßigkeit »einen Maulkorb anzulegen« (wie Foucault sich ausdrückt), indem sie einen neuen Rechtscode, ein neues Strafrecht, und schließlich jene neue Form politischer Machtausübung einführten, die Foucault schon 1973 ›Panoptismus‹ nannte.[81]

Aus der Sicht der Revolutionäre waren die Folgen der Reform auf den ersten Blick schädlich – ein Argument, das Foucault in *Überwachen und Strafen* dadurch illustrierte, daß er den öffentlichen Aufruhr betonte, der während eines ritualisierten Martertodes mitunter ausbrechen konnte. Seiner Beschreibung nach war die Praxis der *supplice* (Marter) »mit seiner plötzlich umkehrbaren Gewaltsamkeit« immer ein ungewisses und unbeständiges öffentliches Ritual: »Es gibt in diesen Hinrichtungen, welche die Schreckensgewalt des Fürsten kundtun sollten, etwas Karnevaleskes, das die Rolllen vertauscht und die Verbrecher heroisiert.« Die verborgene Macht der Menge als »Armee der Unordnung« wurde während des *ancien régime* durch den Genuß gemeinsam erlebter spektakulärer Gewaltakte mit frischen Kräften versehen und stillschweigend bestärkt. Es war diese grausame Macht, die während der großen *journées* (Tagewerke) der Französischen Revolution als eine »Art beständig

von neuem begonnene Liturgie« des »Kampfes und des Opfers« ausgebrochen war. [82]
Das moderne Strafsystem hatte im Gegensatz dazu »dem Volk
seinen alten Stolz auf seine Verbrechen genommen«. Es war
nicht länger gestattet, die Übertretung von Gesetzen zum Anlaß öffentlicher Belustigung zu machen. Es wurde zunehmend
schwieriger, aus Figuren wie Pierre Rivière heldenhafte *out-
laws*, passende Gegenspieler zur absoluten Macht zu machen;
wie die Geschichte Rivières zeigte, wurden solche Menschen
zusehends als ›abweichend‹ betrachtet, Abirrungen von der
Norm einer allgemeingültigen Menschlichkeit und deshalb ›Fälle‹, die zu analysieren, zu rehabilitieren und, wenn möglich, zu
heilen waren. Diejenigen, die als unheilbar eingestuft wurden,
konnten andererseits als hoffnungslose ›Delinquenten‹ klassifi-
ziert werden, die den Arbeitern ein »negatives Beispiel« setzten: »Wenn du nicht in die Fabrik gehst, wirst du so enden«,
faßt Foucault diese Haltung zusammen. Wie er den Herausgebern von *Pro Justitia* auseinanderlegte, eigneten sich diese
Delinquenten auch hervorragend als Informanten, Schwarz-
arbeiter und Streikbrecher; und wenn nichts anderes mehr half,
konnten Berufsverbrecher immer noch nach Übersee ver-
schifft werden und als billige Arbeitskräfte ausgebeutet werden, wie es im neunzehnten Jahrhundert in Kolonien wie
Australien und Algerien geschehen war. [83]
Foucault faßte die politischen Implikationen 1973 so zusammen: »Ich glaube, daß das Strafsystem und vor allem das Überwachungssystem, wie es Ende des achtzehnten und Anfang des
neunzehnten Jahrhunderts in allen Ländern Europas errichtet
wurde, eine neue Situation sanktionierte: Die althergebrachte
öffentliche Gesetzwidrigkeit, die in bestimmten Formen während des *ancien régime* geduldet wurde, ist im buchstäblichen
Sinne unmöglich geworden.« [84]
Dies war, wie so oft, eine Übertreibung.
Obwohl Überwachungsmechanismen im Verlauf des neunzehnten Jahrhunderts ›verallgemeinert‹ worden sein mögen,
so war doch die Möglichkeit der persönlichen und der gemeinschaftlichen Revolte keinesfalls erstickt worden, wie er selbst

am Ende seines Gespräches mit den Herausgebern von *Pro Justitia* betonte. Unvorhergesehen öffneten sich »Risse«: in der Seele durch die nicht zu unterdrückende Macht »einer hitzigen, grausamen und ungestümen Vorstellungskraft«; und im öffentlichen Leben durch solch neuartige ›Liturgien‹ des ›Kampfes und des Opfers‹ wie die ›Nacht der Barrikaden‹. Selbst im Innern von streng überwachten modernen Gefängnissen erhoben sich mitunter die Insassen gemeinsam, wie die Unruhen des Jahres 1971 in Attica und Toul bezeugen.

»Ich habe die interessante Beobachtung gemacht«, sagte Foucault im Interview 1973, »daß es irgendwie die gleiche Bewegung ist, die zu Revolten von Patienten in psychiatrischen Anstalten, Schülern in Lyzeen, Gefangenen in Zuchthäusern führt.« Sie sind »alle in gewisser Weise in der gleichen Revolte begriffen, weil sie sich tatsächlich gegen dieselbe Art von Macht richten«, namentlich den Panoptismus. »Das Problem wird aus diesem Grunde politisch sehr interessant und sehr schwierig«, fügt Foucault hinzu. »Wenn man von so verschiendenen ökonomischen und sozialen Grundlagen ausgeht, wie kann man dann gegen die gleiche Art von Macht kämpfen? Das ist die Hauptfrage.«[85]

Es ist nicht ohne Ironie, daß die globale Revolte, von der Foucaults ›Hauptfrage‹ hervorgerufen worden war, im Jahre 1975, als *Überwachen und Strafen* verspätet erschien, schon im Begriff war, aus dem Gesichtsfeld zu verschwinden.

Die GIP hatte sich im Dezember 1972 in aller Stille aufgelöst und viele ihrer Funktionen waren von einer neuen Organisation übernommen worden, dem *Comité d'Action des Prisonniers*, eine Gruppierung, deren Mitglieder gänzlich aus den Reihen von Strafgefangenen und ehemaligen Häftlingen kamen. Daniel Defert nimmt rückblickend an, daß die Agitationsarbeit von GIP in den frühen siebziger Jahren eine Rolle bei den mehr als zwei Dutzend Gefängnisrevolten gespielt hatte, die zwischen 1971 und 1973 in Frankreich stattfanden. Foucault seinerseits schwankte in späteren Jahren dazwischen, GIP als ein

Unternehmen einzuschätzen, das völlig versagt hatte, und die greifbaren (und unumstrittenen) Erfolge der Gruppe aufzuzählen: Sie hatte Gefängnisverwaltungen dazu gezwungen, die Insassen Zeitungen lesen zu lassen, Strafgefangene dazu in die Lage versetzt, für sich selbst zu sprechen, sowie das Schweigen der Medien zu den Zuständen in französischen Gefängnissen gebrochen. [86]

Der Zerfall der französischen maoistischen Bewegung hatte ebenfalls in diesen Monaten begonnen. Sie war innerlich zerrissen: aufgrund von Streitereien über Fragen der Strategie sowie wachsender Uneinigkeit bezüglich der Lynch-Mentalität, die sich aus der Verpflichtung der Gruppe zum Konzept der ›Volksjustiz‹ entwickelt hatte. Im Mai 1972, drei Monate nach der Entführung des leitenden Renault-Angestellten durch eine maoistische Kommando-Truppe, flammte die Gewaltdebatte in der maoistischen Bewegung erneut auf. Dieses Mal ging es um Ereignisse in der kleinen Bergarbeiterstadt Bruay-en-Artois. Im April war die Leiche eines auf brutale Weise ermordeten sechzehnjährigen Arbeitermädchens auf einem leerstehenden Grundstück gefunden worden; kurze Zeit später wurde ein prominenter Anwalt beschuldigt, die Tat begangen zu haben. Der Untersuchungsrichter setzte keine Kaution aus und inhaftierte den Anwalt. Dagegen wurde Berufung vor einer höheren Rechtsinstanz eingelegt, und die Klage wurde schließlich fallengelassen. In der Zwischenzeit hatten maoistische Aktivisten die Bevölkerung von Bruay mobilisiert und die Forderung aufgestellt, daß der Angeklagte in Haft bleiben und zur Verantwortung gezogen werden müsse. Die Art von ›Volksjustiz‹, welche die maoistische Tageszeitung *La Cause du Peuple* forderte, wurde immer sadistischer: »Er muß große Qualen erleiden [. . .]. Liefert ihn uns aus, und wir werden ihn in Stücke schneiden [. . .]. Ich werde ihn an meinen Auspuff binden und mit hundert Stundenkilometern hinter mir herschleifen.« Der Beitrag des maoistischen Führers Pierre Victor (= Benny Lévy) bestand in einer generellen Rechtfertigung umstürzlerischer Gewaltanwendung. »Bei seinem Versuch, die Herrschaft der bürgerlichen Klasse zu stürzen, hat das gedemütigte Volk allen

Grund«, erklärte Victor, »kurze Zeit ein Terrorregime zu errichten und ein paar verabscheuungswürdige, haßerfüllte Individuen physisch zu malträtieren. Es ist schwierig, die Herrschaft einer Klasse zu attackieren, ohne dabei die Köpfe einiger Vertreter dieser Klasse auf Lanzenspitzen herumzutragen.« [87]

Dies schien ›Volksjustiz‹ nach dem Geschmack Foucaults zu sein. Wie eine Reihe von Intellektuellen fuhr Foucault in die kleine Bergarbeiterstadt. Nachdem er seine eigenen Nachforschungen vor Ort angestellt hatte, kam Foucault zu dem Schluß, daß der angeklagte Anwalt schuldig sei. Einige Augenzeugen vermuten, daß ihn Victors Rhetorik faszinierte und daß ihn die Aussicht auf eine plebejische Revolte gegen das französische Justizsystem anzog.

Doch trotz seiner vollmundigen Rechtfertigung des September-Massakers nur wenige Wochen zuvor, beteiligte Foucault sich nicht direkt an den Hetzreden in Bruay. Nach seinem Besuch hielt er Abstand zu den Ereignissen. Er behielt seine eigene Meinung weitgehend für sich und kommentierte die Situation in Bruay nicht öffentlich – privat sagte er verschiedenen Leuten verschiedene Dinge. Mal kritisierte er Artikel in der maoistischen Presse zu Bruay aufs schärfste und behauptete, sie seien unaufrichtig und manipulierend, mal bestand er darauf, daß die Agitation in Bruay nützlich und gerechtfertigt sei. [88]

Mit der Zeit wurde Foucaults offenbar genauso zwiespältig wie die Gewaltdebatte innerhalb der maoistischen Bewegung selbst. Die Geschehnisse in Bruay, die der Entführung des Renault-Angestellten auf dem Fuße folgten, machten überdeutlich, daß bei dem Kampf immer mehr auf dem Spiel stand: »Libidinöser Marxismus, unbekümmerter Immoralismus« (wie Lévy sich später ausdrückte) hatte die französische Ultralinke in ein mörderisches politisches Pokerspiel geführt. Es war an der Zeit, die Karten auf den Tisch zu legen – oder aus dem Spiel auszusteigen. [89]

Prominente Militante, welche die ständig drohende Gefahr der Gewaltanwendung sowohl ermüdete als auch besorgte, zogen

sich einer nach dem anderen zurück. André Glucksmann erinnert sich noch heute an den ernüchternden Effekt, den der von
Arabern ausgeführte Anschlag während der olympischen Som-
merspiele 1972 in München hatte, bei dem zwölf israelische
Sportler ums Leben kamen. Glucksmann ist Jude, wie eine ganze Reihe französischer Maoisten; er war unter der Vorstellung,
zu einer neuen *Résistance* zu gehören, die eine neue Ausprägung von französischem Faschismus bekämpfte, an den Rand
des Terrorismus gedrängt worden. Doch als ihm die Folgen des
arabischen Terroranschlags bewußt wurden, sah er eine Verbindung zwischen seiner *eigenen* Bereitschaft zu politischer
Gewalt und der Bereitwilligkeit, mit der die Araber Juden mor-
deten. »Die Sache in München war für uns alle sehr problematisch«, erinnerte er sich Jahre später. »Wir nahmen die Frage
des Terrorismus ernst, zu dieser Zeit viel ernster als [die Ultra-
linke] in Deutschland oder Italien.«[90]
Auch Michel Foucault hatte nach dem Mai '68 den brutalsten
Formen politischer Gewalt nahegestanden. Doch als die gesamte maoistische Bewegung 1972 und 1973 Zerfallserscheinun-
gen zeigte, zog er sich wie Glucksmann zurück und begann damit, seine Position neu zu überdenken.
Jahre später sollte Foucault zumindest privat zugeben, daß es
falsch von ihm wahr, die Schuld des Anwalts in Bruay voraus-
zusetzen. Wie noch zu zeigen sein wird, sollte er schließlich
der Frage, »ob die Revolution wünschbar ist« skeptisch gegenüberstehen. Und mitunter sollte er sogar reuevoll eingestehen,
daß sein eigenes groß angelegtes Experiment in der Politik dionysischer Revolte schließlich gescheitert war.[91]
»Zu Beginn der siebziger Jahre war ich davon ausgegangen, daß
es möglich sei, das echte, konkrete, tatsächliche Problem ans
Licht zu bringen«, bemerkte Foucault während einer öffentlichen Debatte, »und daß daraus eine politische Bewegung entstehen würde, die sich dieses Problems annehmen und aus den
Tatsachen des Problems etwas Neues machen würde. Ich glaube
jedoch, daß diese Annahme falsch war [. . .]. Die politische, spontane Bewegung, in die ich unter großen Mühen meine Erfahrungen, meine Hoffnungen legte – sie hat nicht stattgefunden.«[92]

Statt dessen hatte Foucault auf dem Gipfel seines politischen Eifers an seinem bislang gewichtigsten Werk gearbeitet. In der Tat stellte *Überwachen und Strafen* das bei weitem bedeutsamste – und zutiefst zwiespältige – Ergebnis der politischen Experimente Foucaults nach dem Mai '68 dar: Die Arbeit ist das subtile und geschliffene Nebenprodukt seines persönlichen Engagements in einer revolutionären Bewegung, das erst beendet wurde, als die Bewegung selbst bereits auseinandergebrochen war.

Das Buch, sein erstes größeres Werk seit fast einem Jahrzehnt, erschien im Februar 1975; in schneller Folge wurde es in mehr als ein Dutzend Fremdsprachen übersetzt (darunter Deutsch, Italienisch und Spanisch 1976, Englisch und Dänisch 1977).[93]

In Frankreich wurde das Erscheinen des Buches zu einem Ereignis. *Le Monde* widmete seiner Rezension zwei Seiten. Die ehrwürdige Zeitschrift *Critique* veröffentlichte nicht weniger als drei Artikel. Und die Monatszeitschrift *Magazin Littéraire* setzte ein Photo Foucaults auf die Titelseite und veröffentlichte ein weitausholdendes ›Dossier‹, das eine Besprechung, kritische Aufsätze, ein Interview, eine kommentierte Bibliographie und sogar eine kurze Antwort auf die 1975 unumgängliche Frage: ›Was war GIP?‹ enthielt.[94]

Für viele Leser in Frankreich und anderswo war allein die Tatsache, daß Foucault seit Mai '68 politischer Aktivist war, selbst wenn sie wenig über die Begleitumstände von Aufstieg und Fall dieser politischen Aktivität wußten, Grund genug, ihre Meinung über den Autor und sein Buch zu ändern. Von Anfang an wurde *Überwachen und Strafen* als entscheidendes Werk radikaler Gesellschaftskritik betrachtet. In Ländern wie zum Beispiel den Vereinigten Staaten wurde es eifrig von politisch bewußten Lesern konsumiert, denen *Die Ordnung der Dinge* nur dem Namen nach bekannt war, von *Wahnsinn und Gesellschaft* ganz zu schweigen. Viele dieser neuen Leser hatten wie Foucault und seine maoistischen Genossen bereits damit begonnen, Wesen und Zielsetzung der sozialen Bewegungen der sechziger Jahre einer kritischen Neueinschätzung zu unterziehen. Foucaults Methode, die den weltweit einflußreichen sektiererischen Ultra-Marxismus abzulösen schien, wirkte bemerkenswert frisch und neuartig. Sie erweckte außerdem den Eindruck, daß sie einer der wesentlichen Bemühungen dieser Generation von Linken Vorschub leistete: eine Kritik der modernen Kultur und Gesellschaft auszuarbeiten, die sowohl den undurchdachten Materialismus des orthodoxen Marxismus als auch den konservativen Empirismus der bürgerlichen Gesellschaftswissenschaften vermeiden sollte.

Aus dieser Perspektive waren die abstrakten Passagen aus *Überwachen und Strafen* die vielleicht entscheidenden: die wenigen Abschnitte im ersten Kapitel, in denen Foucault kurz einige der Folgen seiner neuen Auffassung von ›Macht‹ ansprach. Wenn – wie er nun behauptete – Macht »eher ausgeübt als besessen« wird; wenn sie in der Praxis eher zerstreut als in den Händen einer kleinen herrschenden Klasse konzentriert ist; wenn sie nur auf dem Wege »der ihr entsprechenden Konstitution eines Bereiches des Wissens« verstanden werden kann; wenn schließlich die Effekte eines solchen Wissens in den Fähigkeiten und Neigungen eines jeden einzelnen Individuums festgestellt werden können; dann ergab eine Reihe liebgewonnener marxistischer Formeln keinen Sinn mehr. Die Welt zu verändern verlangt dann, zusätzlich zur Veränderung der Wirtschaftsform und der Gesellschaft, uns selbst, unsere Körper, unsere Seelen und all die althergebrachten Weisen zu ändern, auf die wir etwas ›wissen‹. Diktatorische Machtformen zu ›ergreifen‹ und auszuüben könnte dann bedeuten, alte Muster der Unterwerfung unter einem neuen Namen zu wiederholen – wie es offensichtlich in real existierenden sozialistischen Gesellschaften geschehen war, in denen zum Beispiel Homosexuelle und Drogenabhängige genauso unnachsichtig wie zuvor behandelt wurden.[95]

»Es hatte den Anschein, als ob endlich etwas Neues [. . .] auftauchte«, das über Marx hinausging, bemerkte Gilles Deleuze in seiner Besprechung von *Überwachen und Strafen,* wobei er einem Gefühl Ausdruck verlieh, das von vielen Lesern der siebziger Jahre geteilt wurde, die sich zumindest dem Namen nach dem im Mai '68 begonnenen revolutionären Experiment noch verpflichtet fühlten. »Foucault begnügt sich nicht damit, zu sagen, man müsse gewisse Begriffe neu überdenken, er sagt es nicht einmal, sondern tut es und schlägt auf diese Weise neue Koordinaten für die Praxis vor.«[96]

Was Deleuze und zahllose andere fortschrittliche Akademiker in der ganzen Welt in Begeisterung versetzte, hinterließ bei vielen anderen Lesern ein Gefühl der Verblüffung. Der Rezensent von *L'Express* hielt die Argumente des Buches für übertrieben. Andere, darunter eine Reihe von Fachleuten, die sich aktiv an Bemühungen zur Gefängnisreform beteiligten, klagten über die ihrer Meinung nach begrenzte praktische Anwendbarkeit des Buches. »Man hat mir oft gesagt«, erinnerte sich Foucault in einem Gespräch 1978, »selbst Leute, denen das Buch gefiel, daß es sie vollständig paralysiert habe.« Diese Wirkung sei bewußt hervorgerufen worden, behauptete Foucault mehr als einmal. »Es stimmt schon, daß bestimmte Leute, zum Beispiel diejenigen, die im institutionellen Rahmen der Gefängnisse arbeiten, [. . .] Mühe haben, in meinen Büchern Ratschläge oder Anweisungen zu finden, die ihnen sagen, ›was zu tun sei‹. Doch das ist es, was ich erreichen will: Sie sollen ›nicht länger wissen, was zu tun sei‹, so daß die Handlungen, Gesten, Diskurse, die bis zu diesem Zeitpunkt als selbstverständlich angesehen wurden, problematisch, schwierig, gefährlich werden.«[97]
Sollten solche Leser durch Zweifel gelähmt werden, um so besser. Daniel Defert erinnert sich, daß Foucault die öffentliche Reaktion auf *Überwachen und Strafen* fast vollständig zufriedenstellte, ein scharfer Gegensatz zu dem Katzenjammer, den er empfunden hatte, nachdem *Die Ordnung der Dinge* zum Bestseller geworden war.[98]
Es gab jedoch eine Ausnahme. Viele Berufshistoriker reagierten, wie vielleicht vorauszusehen war, kühl auf *Überwachen und Strafen*. Wie jedoch weniger vorauszusehen war, schmerzte Foucault diese Kritik immer noch, und er verteidigte einmal beinahe wehleidig »die Redlichkeit« seiner eigenen »wissenschaftlichen Arbeit«.[99]

Doch die Anhäufung von Fußnoten und Quellennachweisen konnte nicht ganz darüber hinwegtäuschen, daß es sich bei *Überwachen und Strafen* um ein höchst ungewöhnliches Stück moderner Geschichtsschreibung handelte. Anders als *Wahnsinn und Gesellschaft* machte das Buch nur wenige Zugeständnisse an die Sozialgeschichte der Neuzeit, und es ignorierte zum großen Teil den weiteren Kontext der ›Geburt des Gefängnisses‹. Trotz seiner offenkundigen Gelehrtheit beruht das Werk auf relativ wenig Archivmaterial. Wie immer wagte Foucault jene kühnen Verallgemeinerungen, welche die Zunft der Historiker zutiefst beunruhigt. Das Buch kennt keinen traditionellen narrativen Aufbau und bietet wenig konventionelle Erklärungsmuster. Und zu allem Überfluß mußte man sich auch noch mit Foucaults eigenartiger kritischer Perspektive herumschlagen, die nur schwer festzumachen, doch überall spürbar war.

Wie der Historiker Lawrence Stone von der Universität Princeton scharfsichtig festgestellt hat, findet sich ein merkwürdiges Argument in *all* seinen Büchern. Gleichgültig, ob Foucault über Gefängnisse, Krankenhäuser oder psychiatrische Anstalten schreibt, bemerkt Stone, immer »finden wir die Zurückweisung der Auffassung, daß die Aufklärung einen Fortschritt der menschlichen Erkenntnis und Sensibilität darstellt, sowie eine kausale Verbindung zwischen ihr und jenen sexuellen Phantasien, die mit Dominanz, Gewalt und Marter zu tun haben und welche das Denken Sades beherrschten«. Das »zentrale Problem«, schlußfolgert Stone, sei moralisch und politisch: es sei Foucaults »immer wiederkehrende Hervorhebung von Kontrolle, Dominanz und Strafe als den einzig möglichen vermittelnden Merkmalen in persönlichen und sozialen Beziehungen«.[100]

Im Mai '68 war das ›zentrale Problem‹ im Grunde auf folgende Parole reduziert worden: *SOYONS CRUELS – »SEID GRAUSAM!«* Vielleicht hatten die Radikalen, die diesen Slogan an die Wände der *Sorbonne* gesprüht hatten, Foucault gelesen, wahrscheinlich jedoch nicht: Solche Gefühle lagen in der Luft. Abgesehen davon faßt diese Parole in ihrer sparsamen Ökonomie auf vollendete Weise die nietzscheanischen Überzeugungen zusammen, die im Zentrum von *Überwachen und Strafen* stehen, aber sie markiert auch, so darf man vermuten, den Ausgangspunkt für viele Vorbehalte dem Wert des Foucaultschen Werkes gegenüber. [101]

Tatsächlich tut man gut daran, einen guten Schuß Skepsis sowie eine gesunde Portion Humor mitzubringen, wenn man versucht, dieses œuvre in seiner Gesamtheit einzuschätzen. Einige unbekümmert provokante Passagen Foucaults, zum Beispiel die, in denen er seine ›Ehrfurcht‹ für Charaktere wie Pierre Rivière bekundet, erinnern an George Batailles frühe ungestüme Arbeit ›Der Gebrauchswert D.A.F. de Sades‹. Nachdem er zunächst André Breton und die Surrealisten dafür tadelt, ihre Bewunderung für den Marquis de Sade auszudrücken, ohne die geringsten Anstalten zu machen, den Sadismus praktisch umzusetzen, erklärt Bataille feierlich, daß es an der Zeit sei, zwischen dem Betragen von Feiglingen, die vor ihren eigenen lustvollen Ausschweifungen Angst haben, und mutigen Sadisten, die es wirklich ernst meinen, zu wählen. Zu letzteren muß wahrscheinlich Bataille selbst gezählt werden, der dazu aufruft, nach einer »Revolution durch Feuer und Blut [. . .] Gruppierungen« ins Leben zu rufen, »die die Ekstase und die Raserei zum Ziel haben (spektakuläre Tötung von Tieren, partielle Marterungen, orgiastische Tänze etc.)«. [102]

Dies war natürlich Blödsinn. Und fünfundzwanzig Jahre später gab Bataille dies auch freimütig in seinem Meisterwerk *Der heilige Eros* zu. »[E]ine so befremdende« Lehre wie die Sades, schreibt Bataille 1957, kann »nicht allgemein akzeptiert, nicht einmal allgemein vorgebracht werden, ohne daß sie ihrer Spitze beraubt, ihres Sinnes entleert, auf einen Skandal ohne Konsequenz reduziert würde. Wer sieht wirklich nicht, daß sie, ernst genommen, die Gesellschaft nicht einen Augenblick akzeptieren könnte.« [103]

Aber was *könnte* eine Gesellschaft akzeptieren? Was könnte die Aufforderung SEID GRAUSAM! bedeuten?

Es folgen einige der von Foucault angebotenen Möglichkeiten:

– SEID GRAUSAM in eurer Suche nach Wahrheit, unnachgiebig in eurer Aufrichtigkeit, brutal in eurer Geringschätzung. Dies ist die Grausamkeit des Philosophen in der Nachfolge Nietzsches, eine Grausamkeit, die von Foucault sicherlich praktiziert wurde, zu dessen großen und nicht besonders geheimen Vergehen die freudige Verabschiedung der Vorstellung vom ›Menschen‹ gehörte, wie sie von modernen Humanisten von Kant bis Sartre verstanden wurde.

– SEID GRAUSAM in eurer Entschlossenheit, findet euch mit dem strengen Verzicht und dem mitunter hohen Preis ab, den ihr dafür zahlen müßt, unnachgiebig eure hohen Ideale zu verfolgen, seien diese Wahrheit, Gottesfürchtigkeit oder revolutionäre Unverfälschtheit. Dies ist die Grausamkeit des Asketen, die Bereitwilligkeit, jene Qualen zu erdulden, welche die unerschütterliche Verpflichtung zu einem hitzigen Glaubensbekenntnis oder das Streben nach Transzendenz erfordern. Diese Form der Grausamkeit nahmen sowohl Foucault als auch Nietzsche ohne Zögern hin.

– SEID GRAUSAM in den Werken der Phantasie, die ihr schafft: Erspart euch keine Einzelheit, wenn ihr die Dämonen malt, die den Hl. Antonius in der Wüste verführen: den Reiter mit einem Haupt aus Disteln; die auf einer Ratte reitende Meerjungfrau; den tonsurierten Teufel mit der Schweineschnauze; zeichnet zwei vor Glück strahlende Huren, die einen würdevollen Wüstling mit einem Hühnerkörper halten und ihm den Kiel einer ausgerissenen Feder in den Hintern schieben; erzählt uns vom Tod Damiens mit all seinen unerträglichen Einzelheiten: Laßt uns genau wissen, wie weißglühende Zangen sein Fleisch versengten, wie seine Schenkel zerlegt und auseinandergerissen wurden. Dies ist die Grausamkeit des Künstlers, eine Grausamkeit, die wir bei Nietzsche und auch bei Foucault finden, sowie in den Gemälden Boschs, den *Caprichos* und *Disparates Goyas*, dem Theater Artauds und der Pornographie Batailles.[104]

– SEID GRAUSAM bei euren erotischen Spielen: Legt Handschellen, Halskrausen und Ketten an, befestigt Stifte und Klammern an Brustwarzen, führt peinlich genaue Prügelstrafen
durch; oder seid eine Nacht lang Sklaven und erlebt mit der Hilfe eures Meisters die alte »Kunst der unerträglichen Empfindungen«, erschaudert vor »*the most exquisite agonies*«, genießt die Zerstückelung und Erniedrigung des Selbst in der
jouissance zunichte gemachter Grenzen. Dies ist die Grausamkeit Sades und Sacher-Masochs, eine Art vorgetäuschter Grausamkeit, die Nietzsche nie direkt anspricht und die Foucault
bald ausdrücklich befürworten sollte, als er in den folgenden
Jahren damit begann, sado-masochistische Sexualpraktiken dafür zu loben, »neue Möglichkeiten der Lust« durch die »Erotisierung der Macht« zu erfinden. [105]

– SEID GRAUSAM der Freiheit gegenüber, die ihr individuellen
Taten und politischen Praktiken zugesteht, die Leiden und Tod
zur Folge haben: Singt den Mördern ein Loblied, den maßlosen
Herrschern und den blutigen Volksaufständen. Dies ist die Grausamkeit, die der ähnelt, die Sades Helden, Machiavellis Prinz und
die Möchtegern-Guerrillakämpfer der französischen Ultralinken
befürworten. Es ist die Art von Grausamkeit, die Nietzsche und
Foucault, der sie ganz bestimmt nicht ausschließt, ausdrücklich in
Erwägung ziehen oder sogar, wie es beide Männer in unterschiedlichen Kontexten tun, enthusiastisch empfehlen. [106]

Foucault scheint wie Nietzsche, um die Stoßrichtung dieser
verschiedenen Möglichkeiten kurz und bündig auf den Punkt
zu bringen, folgendes sagen zu wollen: Veräußerlichte Grausamkeit ist besser als verinnerlichte, denn sie ist gesünder, ›aktiver‹ und nicht schwach und ›reagierend‹. Verinnerlichte Grausamkeit ist besser als gar keine: Sowohl die unnachgiebige
Entschlossenheit des Asketen als auch die brutalen Phantasievorstellungen des Künstlers und des einsamen Onanisten
legen zumindest Zeugnis ab von dem unablässigen Chaos in-
stinktiver Gewalttätigkeit – jene Art von Chaos, die nötig ist,
um ›einen tanzenden Stern‹ zu gebären. [107]

Wie aber die Auflösungserscheinungen innerhalb der maoistischen Bewegung deutlich gemacht hatten, verbarg sich hinter all dem eine Gefahr: die Gefahr, in einem ›schwarzen Loch‹ zu verschwinden, wie Deleuze sich ausgedrückt hatte. Was würde geschehen, sollte der Mensch, der seine ansonsten tabuisierten grausamen Impulse zur freien Entfaltung kommen ließe, unmerklich von philosophischen über asketische, ästhetische, erotische Handlungen schließlich zu politisch grausamen Handlungen schlittern, um schließlich Mord und Totschlag gutzuheißen?

Die Verbindungslinien – und Unterschiede – zwischen den verschiedenen Formen der Grausamkeit sind keinesfalls offensichtlich. Vielleicht ist veräußerlichte Grausamkeit, sei es in der Kunst oder im erotischen Spiel, dazu in der Lage, aggressiven Impulsen ein brauchbares Ventil zu liefern und Triebe zum Ausdruck zu bringen, die andernfalls die Gesellschaft zerstören würden. Es könnte aber auch sein, daß die Äußerung von aggressiven Impulsen, wenn auch nur in der Kunst und im erotischen Spiel, den Appetit auf sie nur noch anheizt, wodurch sich die Wahrscheinlichkeit erhöht, daß diese mörderischen Energien tatsächlich den Zusammenbruch der Gesellschaft zur Folge haben. Wie die Unentscheidbarkeit gegenwärtiger Debatten über das Verbot von Pornographie und über die Darstellung von Gewalt nahelegen, wissen wir immer noch sehr wenig über die vielschichtigen Unterschiede und Ähnlichkeiten der verschiedenen möglichen Formen von Gewalt.

Trotzdem hatte der Schritt von der philosophischen zur politischen Gewalt eine bestimmte Folgerichtigkeit. Es handelte sich um jene Logik, die Foucault in seiner Debatte mit dem maoistischen Führer Pierre Victor im Jahre 1972 dazu veranlaßte, selbst die blutrünstigsten Akte von ›Volksjustiz‹ zu entschuldigen.

Und eine verhängnisvoll ähnliche Logik hatte eine Reihe faschistischer und nationalsozialistischer Philosophen dazu verleitet, viele von ihnen ebenfalls berauscht von Phantasien dionysischer Revolte, grausame Zurschaustellung von Gewalt zu rechtfertigen, in einigen Fällen zum ›totalen Krieg‹ aufzurufen,

in anderen eine verheerende ›Katastrophe‹ zu befürworten, die, unabhängig davon, wie ›tragisch‹ sie auch sein mag, trotzdem die seltene Gelegenheit dafür bieten würde, etwas ›Beispielloses‹ zu wünschen und den Menschen in eine »Bresche« springen zu lassen, in der »plötzlich die Gewalten der losgebundenen Übergewalt des Seins aufgehen und ins Werk als Geschichte eingehen«, wie sich Heidegger 1935 ausdrückte. [108]
1939 hatte sich tatsächlich eine ›Bresche‹ aufgetan. Die ›Übergewalt des Seins‹ hatte sich entfaltet. Das ›Beispiellose‹ war geschehen. In einem immer noch unfaßbaren Ausmaß war die Aufforderung ›SEID GRAUSAM!‹ ›ins Werk als Geschichte eingegangen‹. Und in den Todeslagern der Nazis hatte die Welt erneut erfahren, zu welch niederträchtigen Taten – zu welch unglaublichen ›Verbrechen gegen die Natur‹ – das Menschtier nach wie vor fähig war.
Die vielschichtigen und zweideutigen Beziehungen zwischen dem Übereinkommen Nietzsches, eine Art Faustischer Pakt mit dem Todestrieb, und den Massengräbern des faschistischen Wahns – blieben Foucault und seinen Weggenossen nicht verborgen. Gilles Deleuze, dem die zunehmende Anziehungskraft Sorgen bereitete, den der Terrorismus auf die französischen Maoisten Mitte der siebziger Jahre ausübte, hatte damit begonnen, vor den Gefahren eines ›Mikro-Faschismus‹ der Ultralinken zu warnen. Zur gleichen Zeit begann André Glucksmann mit wesentlich mehr Nachdruck über die Verbindungen zu schreiben, die er jetzt zwischen der Guerrilla-Gewalt der französischen Maoisten und jenem Staats-Terrorismus sah, der es sowohl Stalin als auch Hitler ermöglicht hatte, in den dreißiger Jahren Millionen erbarmungslos abzuschlachten. Auch Foucault redete nun nicht mehr über die prächtige Gewalt der ›Volksjustiz‹ und begann nach 1975, den »Faschismus in uns allen« anzusprechen. [109]
Die Hinwendung der Ultralinken zum Terrorismus machte, wie die Hinwendung einer sich auf Nietzsche berufenden Politik zur Bejahung einer Macht »ohne Gesetz und Regel, [. . .] Zuweisung und Gefüge«, auf widersprüchliche Weise genau die Bestätigung von Gesetz und Regel notwendig. »Uneinge-

schränkte Macht«, wie Foucault 1983 bemerkte,»ist direkt mit Wahnsinn verbunden.« (Ein Satz, der für den Autor von *Wahnsinn und Gesellschaft* natürlich zweideutig ist).[110] Aber wie könnte eine solche Bestätigung von Regeln in die Tat umgesetzt werden? Welche ›Gefüge‹ – und welche ›Zuweisung‹ – sollten bestätigt werden? Für einen Nietzscheaner gab es auf solche Fragen keine einfachen Antworten. Nietzsche selbst hatte darauf bestanden, daß es nur ein kleiner Schritt vom ›Übermenschen‹ zum ›Unmenschen‹ sei, vor allem in jenen gebieterischen Gemütern, die stark genug sind, ›große‹ Politik durchzuführen.»Mit solchen Wesen rechnet man nicht«, warnte Nietzsche, »sie kommen wie das Schicksal, ohne Grund, Vernunft, Rücksicht, Vorwand, sie sind da, wie der Blitz da ist, zu furchtbar, zu plötzlich, zu überzeugend, zu ›anders‹, um selbst auch nur gehaßt zu werden. Ihr Werk ist ein instinktives Formen-schaffen, Formen-aufdrücken, es sind die unfreiwilligsten, unbewußtesten Künstler, die es gibt –.«[111] Doch wenn man sich lebenspraktisch dem Unbewußten verpflichtete, konnte niemand wissen, wohin die Aufforderung SEID GRAUSAM! letztendlich führen würde. Niemand konnte voraussehen, zu welch ›undenkbaren‹ Handlungen eine von bestialischen Wunschvorstellungen siedende moderne Seele in der Lage sein würde.»Sicherlich oszilliert das Unbewußte zuweilen zwischen den beiden Polen des Wahns«, schrieben Deleuze und Guattari 1972,»so, wenn [. . .] eine unerwartete revolutionäre Kraft sich erhebt oder umgekehrt, wenn es sich faschistisch wendet und abschließt.« Für den, der sich im Strudel der ›Grenz-Erfahrung‹ verfangen hatte, wurde es fast unmöglich, das wahrhaft Kreative (und demnach für Deleuze wahrhaft ›Revolutionäre‹) von dem zu unterscheiden, was bloß blinde Wiederholung bösartiger zerstörerischer Triebe ist (und deshalb, so glaubte Deleuze, die tödliche Verstärkung rigoroser Machtverflechtungen und darum potentiell ›faschistisch‹).[112] Jeder, der sich anschickt, die ›befreite Übergewalt‹ des Menschen zu erkunden, muß den Versuch, den ›Faschismus in uns allen‹ festzustellen und aus der Verankerung zu heben, rücksichtslos und schonungslos durchführen: »Wie«, fragte sich

Foucault, »kann man sich davor bewahren, Faschist zu sein, auch (und besonders dann) wenn man sich für einen revolutionären Militanten hält? Wie können wir unser Sprechen und unser Tun, unsere Herzen und unsere Lüste vom Faschismus befreien. Wie können wir den in unserem Verhalten eingewurzelten Faschismus aufstöbern?«[113]
Ja, wie sollte dies vonstatten gehen?

»Ich spreche Dinge nicht aus, weil ich sie denke«, erklärte Foucault 1971 einem verwunderten Gesprächspartner gegenüber, indem er die Qualen und die Zweifel zusammenfaßte, die hinter dem dionysischen Überfließen seiner Werke aus dieser Zeit lauern: »Ich sage sie vielmehr mit der Zielsetzung, daß sie sich selbst zerstören, damit ich [sie] nicht mehr denken muß und ich sicher sein kann, daß sie von nun an ein Dasein außerhalb von mir führen werden oder einen Tod sterben, in dem ich mich nicht wiedererkennen muß.«[114]

Am gleichen Tag, an dem Foucault die endgültige Fassung von *Überwachen und Strafen* fertigstellte, begann er mit der Arbeit an seinem nächsten Buch, dem ersten Band der Geschichte der Sexualität. (*Sexualität und Wahrheit I: Der Wille zum Wissen*).
Daniel Defert erinnert sich daran, wie erstaunt er war. Es habe sich schließlich um »zwei sehr verschiedene Bücher« gehandelt, meint er rückblickend, »und an dem Tag, an dem er das eine beendet, beginnt er mit dem anderen, was mich sehr überraschte.«[115]
Die beiden Bücher sind jedoch nicht so verschieden, wie es erscheinen mag. Wie Foucault selbst betonte, war *Überwachen und Strafen* der Versuch, »eine Genealogie der Moral mittels einer politischen Geschichte der Körper zu produzieren«. In diesem Werk hatte er argumentiert, daß der »menschliche Körper in eine Machtmaschinerie [eingeht], die ihn durchwühlt, zergliedert und wieder zusammensetzt«. – wobei unausweichlich auch die Erfahrung der Sexualität sich ändert.[116]

Wie Defert sich weiter erinnert, begann Foucault sein neues Buch damit, indem er darüber schrieb, was er verrätselt das »Recht über den Tod und Macht zum Leben« nannte. Diese dichtgedrängten und schwierigen Seiten sollten schließlich 1976 als das letzte Kapitel des ersten Bandes der Geschichte der Sexualität erscheinen. Foucault selbst sah sie als »die Hauptsache an diesem Buch« an, vielleicht weil sie den ersten Versuch darstellten, sich mit der Romantisierung der Gewalt, dem ›Faschismus‹ im Innern, abzugeben.[117]

In diesen Abschnitten versuchte er in eiligen und oft schwindelerregend elliptischen Sätzen einen der verblüffendsten Widersprüche der modernen europäischen Geschichte zu erläutern: das gleichzeitige Auftreten einer allgemeinen Verweichlichung des gesellschaftlichen Lebens und des Ausbruchs immer tödlicherer Formen von Massengewalt.

»Immer seltner sind die geworden, die auf dem Schafott sterben«, schrieb er, wobei er auf sein gerade beendetes Buch anspielte, »im Gegensatz zu denen, die in den Kriegen sterben.«[118]

Was war die Ursache für diesen Widerspruch? Foucault beantwortet diese Frage nicht direkt, sondern liefert vielmehr eine befremdende Folge von nur dürftig miteinander verknüpften und äußerst spekulativen Hypothesen, die in der rätselhaften Aufforderung gipfeln, einen radikal neuartigen Zugang zum Körper in Betracht zu ziehen.

Er beginnt wiederum mit der Berufung auf den Übergang vom absolutistischen Monarchen, der »seine Macht über das Leben nur durch den Tod [offenbart], den zu verlangen er imstande ist«, zu einer freiheitlichen Gesellschaftsform, die darauf aus war, »Kräfte hervorzubringen, wachsen zu lassen und zu ordnen«, um ihre Macht nicht mehr länger durch die Androhung des Todes, sondern durch die Verwaltung des Lebens auszuüben.[119]

Als der moderne Staatsapparat seine Kontrollmechanismen über den Einzelnen verfeinerte, dehnte sich seine Macht auf die gesamte Bevölkerung aus: Foucault nennt als Beispiele die Einführung landesweiter Hygienebestimmungen, medizinischer Betreuung und Altersversorgung.

Wie nie zuvor verlor der Tod zunehmend seinen Zugriff auf die Alltagsgeschäfte des Menschen. Die Gefahr von Epidemien und Hungersnöten verschwand nach und nach. Eine Gesellschaft, die beständig mit willkürlichen Gewaltakten rechnen mußte, verwandelte sich allmählich in eine solche, die von einem zentralistischen Staatsapparat einheitlich überwacht wurde, der für sich ein Monopol auf legitime Gewaltanwendung beanspruchte. Der Martertod verschwand ebenfalls und mit ihm eines der wichtigsten öffentlichen Rituale, die den Tod ins Alltagsleben einbezogen, ihn »annehmbar« gemacht und »seinen ständigen Aggressionen Sinn« verliehen hatten. Die übliche Organisation der modernen Gesellschaft »vermied« die Tatsache des Todes mit »Sorgfalt« und verbannte sie bewußt von der Bühne der Geschichte – als ob der Tod etwas Schändliches oder Bedrohliches sei. [120]

Und auf eine bestimmte Weise *war* der Tod tatsächlich etwas Bedrohliches: »Mit dem Übergang von einer Welt zur anderen«, bemerkt Foucault, »war der Tod die Ablösung einer irdischen Souveränität durch eine andere und ungleich mächtigere.« Die wachsende Macht des modernen Staates sah sich durch eine höhere Notwendigkeit eingeschränkt: »Der Augenblick des Todes ist [die] Grenze [der Macht] und entzieht sich ihr.« »Er über-endet alle Vollendung, er über-grenzt alle Grenzen« (wie sich Heidegger einmal ausdrückte) und wird damit zur unheimlichen Erinnerung daran, daß Menschsein letztendlich bedeutet, jenseits von allem weltlichen Gefüge und allen Ordnungssystemen der »Ausweglosigkeit des Todes« ausgeliefert zu sein. [121]

Von diesem Umstand leitet sich ein bestimmter Aspekt der fortwährenden und widersprüchlichen Anziehungskraft des Todes innerhalb der modernen Gesellschaft ab: Einerseits wird er zum »›privatesten‹ Punkt der Existenz«, andererseits zum unbezwinglichsten. Wenn alle anderen Ausdrucksformen des Protests versagen, bleibt immer noch der Selbstmord: Dieses »hartnäckige Sterbenwollen, das so fremd war und doch so regelmäßig und beständig auftrat, [. . .] war eines der ersten Rätsel einer Gesellschaft, in der die politische Macht eben die Verwaltung des Lebens übernommen hatte.« [122]

Selbstmord war jedoch nur das pathologischste Symptom eines »wirklichen Kampf[es]«, der innerhalb der modernen Gesellschaft seit ihrem Entstehen ausgebrochen war. Es bildeten sich Gruppierungen, die die neue politisch motivierte Betonung des Lebens als höchstes Gut für bare Münze nahmen und die Befriedigung grundlegender Bedürfnisse einklagten. Sie setzten sich für annehmbare Arbeitsbedingungen, bessere Bezahlung und das Ende aller Unterdrückung ein, wobei sie auf einer neuartigen und beispiellosen Art von ›Recht‹ bestanden: auf dem »›Recht‹ auf die Wiedergewinnung alles dessen, was man ist oder sein kann«. [123]

In diesem Zusammenhang, bemerkt Foucault, wurde Sexualität zum politischen Problem: »Vermittels der Themen Gesundheit, Nachkommenschaft, Rasse, Zukunft der Gattung, Lebensfähigkeit des Staatskörpers sprach die Macht gleichzeitig *über* und *zur* Sexualität.« Während die Familie das Inzestverbot und das Masturbationstabu bekräftigte, träumten Rassehygieniker davon, das Sexualleben der gesamten Gesellschaft durch strenge Regulation von Ehe, Fortpflanzung, Gesundheit und den Schutz von Kindern zu verwalten. [124]

Doch von Beginn an wurde die Rolle der Sexualität genauso grundlegend in Frage gestellt wie der Stellenwert des Todes. In den Schriften Sades und in den Werken derjenigen, die in seinen Fußstapfen folgten (darunter natürlich Foucault), zeigte sich, daß »der Sex ohne Norm [ist], ohne innere aus seiner Natur fließende Regel«. Gleichzeitig legten die Arbeiten Sades und seiner Nachfolger in ihrer Glorifizierung von Marter, Grausamkeit und Tod nahe, daß die Versuche, dem Tod auszuweichen und die Sexualität zu regulieren, durch eine quasi gegenläufige Bewegung eine merkwürdige und verstörende neue Verbindung zwischen Eros und Thanatos geschaffen hatten: »Der faustische Pakt, dessen Versuchung uns das Sexualdispositiv ins Herz geschrieben hat, lautet: tausche das ganze Leben gegen den Sex, gegen die Wahrheit und die Souveränität des Sexes. Der Sex ist den Tod wohl wert. In diesem – rein historischen Sinn – ist der Sex heute vom Todestrieb durchkreuzt.« [125]

Dieser Aspekt der Foucaultschen These ist bisher, obwohl er sich in jedem seiner Hauptwerke findet, kaum bemerkt und noch viel weniger ernst genommen worden. Es mag sein, daß er, wie Lawrence Stone offenbar glaubt, abgesehen von den offensichtlichen autobiographischen Bezügen, zu weit hergeholt scheint. Es ist jedoch interessant, daß sich eine ähnliche Behauptung in der 1972 erschienenen *Geschichte des Todes* findet, der meisterhaften Studie zur westlichen Zivilisation des großartigen französischen Historikers Philippe Ariès: »In zwei Bereichen wirkt die Allmacht der Natur auf den Menschen: Sexualität und Tod«, kommentiert Ariès bestimmte Entwicklungen während des neunzehnten Jahrhunderts:

> Die Ordnung der Vernunft, der Arbeit, der Disziplin hat sich den Instanzen des Todes und der Liebe, der Agonie und des Orgasmus, der Verwesung und der Fruchtbarkeit gebeugt, aber diese ersten Einbrüche geschahen zunächst im Bereich des Imaginären, das seinerseits den Übergang zum Realen herbeigeführt hat. Durch diese beiden Pforten ist die natürliche Wildheit in die geordnete Welt der Menschen eingebrochen, im Augenblick, als diese im neunzehnten Jahrhundert sich rüstete, die Natur zu besiedeln, und die Grenzen einer technischen Besitzergreifung und einer rationalen Organisation immer weiter trieb. Man möchte meinen, daß die Gesellschaft der Menschen in ihrer Anstrengung, die Natur und die Umwelt zu erobern, ihre alten Verteidigungswerke um Sexualität und Tod aufgegeben hat, und die Natur, die man für besiegt halten konnte, ist in den Menschen zurückgeströmt, durch die verlassenen Tore eingedrungen und hat ihn wieder zum Wilden gemacht. [126]

Vielleicht, deutet Foucault an, liegt in dieser wiedergeborenen Wildheit eine der Ursachen für die ansonsten schwer verständliche Bösartigkeit der von den modernen Staaten vom Zaune gebrochenen Kriege. Einst, so stellt er fest, hätten bewaffnete Konflikte vergleichsweise bescheidene Ziele gehabt, seien für einen Herrscher geführt worden, dessen Befehle ausgeführt werden mußten. Dies sei heute anders. Nun, so drückt er sich aus, werden Kriege »im Namen der Existenz aller [geführt]. Man stellt ganze Völker auf, damit sie sich im Namen der Notwendigkeit gegenseitig umbringen. Die Massaker sind vital geworden« – und niemals waren sie todbringender als im Nazi-Deutschland.[127]

Und hiermit sind wir bei der einzigen Passage in Foucaults größeren Werken angelangt, in der er sich, wenn auch nur kurz, mit den ›Problemen‹ befaßt, die von der nationalsozialistischen Erfahrung hervorgerufen wurden.

In gewisser Hinsicht, behauptet er, hat Hitlers Regime die im neunzehnten Jahrhundert entwicklten Techniken gesellschaftlicher Disziplin nur verfeinert und vollendet. Andererseits jedoch stellte Hitlers Regime einen bewußten Rückgriff auf eine archaische »Gesellschaft des Blutes« dar, die um einen wiederbelebten Todeskult kreiste. Deutschland war »ein vollständig suizidaler Staat«, der nach 1932 zu einem »vollständig mörderischen Staat« wurde, in dem sich die Herrschaft des Volkswillens durch eine zügellose Umklammerung des Todes ausdrückte. Der Nazismus begann mit der Entfesselung eines »traumartigen Begeisterungstaumel[s]« der Grausamkeit, dem »systematischer Völkermord an anderen« sowie »die Bereitschaft zur totalen Selbstaufopferung« folgte.[128]

In diesem besonderen Zusammenhang erlaubt sich Foucault – auch dies das einzige Mal in seinen Hauptwerken – eine Kritik am Marquis de Sade.

War es nicht so, daß Sade den ›traumartigen Begeisterungstaumel‹ der Grausamkeit ausgedrückt hatte? Hatte er nicht das Zusammentreffen von Eros und Thanatos in seinen endlosen Phantasievorstellungen von hemmungslosen Gemetzeln gefeiert und das »schrankenlose[] Recht der allmächtigen Monstrosität« gefordert?[129]

Einst hatte Foucault geglaubt, daß diese Phantasievorstellung von der ›allmächtigen Monstrosität‹ eine nützliche ›völlige Infragestellung‹ der westlichen Kultur darstelle.

Dies war nicht mehr der Fall. An dieser Stelle schlagen Foucaults Bemerkungen zu Sade einen nüchternen und vorsichtigen Ton an. Das nostalgische Schwärmen des Libertins für eine ›Gesellschaft des Blutes‹ sei, warnt er, »letzlich nur eine nostalgische Rückwendung«. [130]

Foucault will sich der Beherrschung des Körpers durch die moderne Gesellschaft immer noch entgegenstellen; er fühlt sich dem Kampf um die ›Wiedergewinnung alles dessen, was man ist oder sein kann‹, verpflichtet.

Doch nun legt er nahe, daß die ›Losung‹ dieses Kampfes nicht mehr länger die unumschränkte Glorifizierung der ›Überschreitung‹ sein kann. [131]

»Glauben wir nicht, daß man zur Macht nein sagt, indem man zum Sex ja sagt«, denn die moderne Gesellschaft hat, wie sich herausstellt, den Körper neu erfunden, indem sie Sexualität und Tod in eine unheimliche und möglicherweise katastrophale neue Verbindung zueinander gebracht hat, die sich in einer historisch einzigartigen Verknüpfung mörderischer und wahnsinniger Phantasien ausdrückt. [132]

Wenn dem so ist, was bleibt dann zu tun?

In dieser Situation spielt der Intellektuelle, sagt Foucault, nicht mehr länger die Rolle des »Sängers der Ewigkeit, sondern des Strategen des Lebens und des Todes«. [133]

Das Ziel bleibt weiterhin, jene feindseligen Kräfte in die Flucht zu schlagen, welche die Fähigkeiten des Individuums unterdrücken, und irgendwie diesen Fähigkeiten zu ihrem Recht zu verhelfen, ohne den archaischen Phantasmen nachzugeben, die sich in unsere Sprache und unsere Handlungen, unsere Herzen und unser tiefstes, unbewußtestes Begehren eingeschlichen haben, wo sie wie eine düstere fünfte Kolonne wirken.

Der Mensch, der versucht, ›den Faschismus in uns allen‹ zu besiegen – jene Lust auf Herrschaft, jenes Verlangen nach der Wiedergeburt »einer gewalttätigen, diktatorischen und sogar blutigen Macht« –, dieser Mensch muß eigentlich eine neue Frontlinie auftun, neue Angriffspunkte finden, Angriffspunkte jenseits von Überschreitung, jenseits der Lust auf den Tod, auf irgendeine Weise sogar jenseits des »Sex-Begehrens«. [134]

Und wo könnten die Kräfte für einen solchen Gegenangriff gefunden werden?

In dem, was Foucault verrätselt »Körper und Lüste« nennt – dem geheimen Kristallisationspunkt der nächsten Stufe seiner ›großen nietzscheanischen Suche‹. [135]

8

Der Wille zum Wissen

Es war Nacht geworden im *Death Valley*. Neben einem auf dem Parkplatz des *Zabriskie Point* abgestellten Auto stand ein Kassettenrekorder, aus dem elektronische Musik ertönte, Karlheinz Stockhausens *Kontakte*. In der Nähe des Rekorders saß Michel Foucault neben zwei jungen Amerikanern, dem Historiker Simeon Wade und dessen Liebhaber Michael, einem Pianisten und angehenden Komponisten. Als die elektronisch erzeugten Echozeichen und Geräusche die kühle Wüstenluft erfüllten, starrten die drei Männer stillschweigend in die Leere. Zwei Stunden zuvor hatten alle drei eine Kapsel LSD geschluckt.[1]

Foucault war im Begriff, die, wie er sie später nannte, schönste Erfahrung seines Lebens zu machen – eine Epiphanie, die in einer Reihe ähnlich intensiver ›Grenz-Erfahrungen‹ in der Schwulengemeinde San Franciscos gipfeln sollte. Das Ergebnis dieser Erfahrungen war eine dramatische Kehre in Foucaults Denken, die auf paradoxe und überraschende Weise seinen anhaltenden Versuch änderte, ›das Rätsel zu lösen, das der Mensch lösen muß‹ (Nietzsche): das Rätsel seines eigenen besonderen Daseins.

Foucault stand schon lange den gewohnten Methoden feindlich gegenüber, sich diesem Rätsel zu nähern. Wollte der Mensch, ›das, was er ist‹, entdecken, mußte er »sich den Vielheiten öffne[n], die [ihn] von einem Ende zum anderen durchziehen«, wobei er sich der »strengste[n] Depersonalisierungsübung« aussetzt, wie Gilles Deleuze einmal gesagt hat. Im Sinne rigoroser Selbst-Tilgung und Selbst-Zerstörung hatte Foucault jahrelang versucht, eine Antwort auf Nietzsches merkwürdige Frage zu finden: »Wie bin ich so geworden, wie ich bin, und weshalb leide ich denn an diesem So-sein?« Die sichtbarste Frucht dieser Bemühungen war natürlich seine fortgesetzte historische Untersuchung der verschiedenen ›Wahrheitsspiele‹, die den Menschen dazu brachten, sich als verrückt, krank oder kriminell anzusehen. Aber wie Foucault 1968 in seinem Aufsatz ›Was ist ein Autor?‹ bemerkte, können diese Texte nicht isoliert betrachtet werden, denn »das Schreiben ist heute an das Opfer gebunden, selbst an das Opfer des Lebens; an das freiwillige Auslöschen, das in den Büchern nicht dargestellt werden soll, da es im Leben des Schriftstellers selbst sich vollzieht«.[2]

Und so saß Michel Foucault, der »politische Aktivist und Professor am *Collège de France*«, im Frühjahr 1975, so unwahrscheinlich es klingen mag, vollgedröhnt mit LSD auf einem Felsenvorsprung mitten in der amerikanischen Wüste.[3]

Einmal mehr tilgte er sich selbst bei der Suche nach sich selbst, er verwirrte seine Sinne, opferte seinen Körper und öffnete sich dem ansonsten Undenkbaren. Er versuchte der einzigartigen Konstellation von Trieben und Phantasievorstellungen auf die Spur zu kommen, die (zumindest Nietzsches Erkenntnistheorie zufolge) jene Werke fiktiver Genealogie hervorgebracht hatten, welche der institutionalisierte Kulturbetrieb bereits als Zeichen von besonders seltenem und feinsinnigem Genie mit höchsten Weihen versehen hatte.

Wie eine ganze Reihe entscheidender Ereignisse in seinem Leben war auch Foucaults Drogentrip im Death Valley weitgehend dem Zufall zu verdanken.

Begonnen hatte alles mit einem Brief Simeon Wades, damals ein junger Dozent an der *Claremont Graduate School*, einer kleinen Universität, die mit einer Reihe angesehener Colleges in der vor den Toren von Los Angeles gelegenen Kleinstadt Claremont verbunden ist. Wade hatte Foucault im Herbst 1974 geschrieben, kurz nachdem er erfahren hatte, daß der Philosoph wie viele der Pariser Gurus des Strukturalismus eine Amerikareise vorhatte. Foucault hatte eine Einladung an die *University of California* in Berkeley in der Nähe San Franciscos angenommen und sollte während des Sommersemesters 1975 in der romanistischen Abteilung Vorlesungen halten.

Foucault war zu diesem Zeitpunkt in den USA noch nicht besonders bekannt. Er war nur zweimal kurz im Lande gewesen, jeweils als Gastprofessor am romanistischen Institut der *State University of New York* in Buffalo. Für einige amerikanische Akademiker war er jedoch bereits zur Kultfigur geworden.

Die Ordnung der Dinge hatte Wade vom Stuhl gerissen. Er war davon überzeugt, daß Foucault nichts weniger als der bedeutendste Denker des zwanzigsten Jahrhunderts sei, und gab sich ganz der Aufgabe hin, sein Werk bis in die verstiegensten Anspielungen und Verweise vollständig zu meistern. Er hatte eine Ausbildung zum Historiker an der *Harvard University* hinter sich und war während der Unruhen der sechziger Jahre zu politischem Bewußtsein gelangt. Er hatte zuvor einer marxistisch-hegelianischen Geschichtsauffassung angehangen und dabei verschiedene Alternativen zur bürgerlichen Geschichtsschreibung ausprobiert. Außerdem war er, was vielleicht wichtiger ist, ein überzeugter Hedonist, der sich mit ganzem Herzen der schwulen Befreiungsbewegung verschrieben hatte.

In seinem ersten Brief an Foucault lud Wade den Philosophen höflich dazu ein, einen öffentlichen Vortrag in Claremont zu halten. Foucault zögerte, wobei er sich darauf berief, den Zeitplan seiner Amerikareise noch nicht festgelegt zu haben; er forderte Wade jedoch auf, ihm nach seiner Ankunft in Amerika noch einmal zu schreiben.

Und das tat Wade dann auch. In seinem zweiten Brief schlug er einen detaillierten Zeitplan mit Seminaren, Vorlesungen und Parties vor. Außerdem machte er den kühnen Vorschlag, einen gemeinsamen Ausflug ins *Death Valley* zu unternehmen, was er damit begründete, daß dies ein besonderer Ort sei, an dem Foucault sich vielleicht fühlen könnte, als ob er sich »im Schwebezustand inmitten der Natur« befände, »auf nichts als den Wind hoffend«. Wade zitierte hier eine Stelle aus Artauds *Die Tarahumaras*, eine Darstellung der Erfahrungen, die der Theatertheoretiker 1936 beim Experimentieren mit der mexikanischen Peyote-Pflanze gemacht hatte.

Obwohl Wade in diesem Brief dies nicht ausdrücklich sagte, hatte er ein ähnliches Experiment im *Death Valley* vor. »Hatte nicht Artauds Zunge Feuer gefangen«, dachte er sich, »nachdem er mit den Tarahumara-Indianern im Grand Canyon Mexikos auf einen Peyote-Trip gegangen war? Und konnte man nicht mehr, viel mehr, von Michel Foucault erwarten?«[4]

Der große Mann gab keine Antwort. Wade war am Boden zerstört. Doch schließlich sollte er Erfolg haben.

Einige Wochen später flog Foucault nach Irvine, ganz in der Nähe von Claremont, um an der dortigen Zweigstelle der *University of California* eine öffentliche Vorlesung zu halten. Wade und sein Liebhaber Michael fuhren nach Irvine, um den Philosophen leibhaftig zu erleben – und um ihn ein letztes Mal anzusprechen. Nach der Vorlesung kämpften sich Wade und sein Begleiter durch die Menschenmenge, die Foucault bedrängte und ihm gratulierte, die beiden stellten sich vor, und Wade lud Foucault noch einmal nach Claremont ein.

Foucault sagte ab. »›Ich fürchte, ich bin nicht sehr höflich zu Ihnen gewesen‹«, sagte Foucault, wie sich Wade erinnert, »›aber ich habe hier in Kalifornien so viele Verpflichtungen, daß ich wohl keine Zeit haben werde, dieses Mal Claremont zu besuchen.‹«

Wade und sein Freund gaben nicht auf. Sie schlugen einen eintägigen Besuch vor.

Foucault, der sich vielleicht an Wades zweiten Brief erinnerte, verstummte. Er musterte seine unnachgiebigen Anhänger, die mit stechenden Blicken vor ihm standen. Es bestand kein Zweifel daran, daß es ihnen ernstgemeint war. Plötzlich zeigte Foucault sein strahlend-weißes Lächeln: »›Aber wie kann ich das Tal des Todes sehen, wenn ich nur einen Tag mit Ihnen verbringe?‹«

Der Philosoph forderte Wade dazu auf, ihn in seinem Büro in Berkeley anzurufen.

Als Wade dies eine Woche später tat, hatte Foucault sich entschieden. »›Ich habe beschlossen, Sie in Claremont zu besuchen‹«, sagte er Wade zufolge.

»›Ich hoffe, daß wir genug Zeit haben werden, das ›Tal des Todes‹ zu sehen.‹«[5]

Einige Wochen später, an einem Sonntagmorgen befand sich Foucault mit Wade und Michael auf der Fahrt ins *Death Valley*. Am vorhergehenden Abend hatte Foucault gemeinsam mit seinen amerikanischen Gastgebern gegessen, Musik gehört und etwas Marihuana geraucht. Von LSD war bislang noch keine Rede gewesen.

»›Wir haben etwas ganz Besonderes für Sie in der Wüste geplant‹«, sagte Wade, als sie Los Angeles verließen.

»›Was denn?‹«, fragte Foucault.

»›Wir haben etwas Acid eingepackt‹«, erklärte der junge Dozent. »›Wir dachten, daß Sie vielleicht an einem visionären Erlebnis im *Death Valley* interessiert sein würden.‹«

»›Das bin ich in der Tat‹«, antwortete Foucault ohne Zögern. »›Ich kann es kaum erwarten.‹«[6]

Seine Bereitwilligkeit überrascht kaum. Wie Wade gut wußte, faszinierte Foucault schon seit langem die Fähigkeit von Drogen, »Denken [. . .] als intensive Regelwidrigkeit – [als] Auflösung des Ich« herbeizuführen. In einem Interview im Jahre 1967 hatte er die Nützlichkeit bestimmter Drogen als Mittel verteidigt, bestimmte kulturell festgelegte Grenzen zu durchbrechen und es dem Individuum zu ermöglichen, in einen »Zustand der Nicht-Vernunft« zu verfallen, bei dem die Erfahrung des Wahnsinns »nicht auf die Begriffe ›normal‹ und ›pathologisch‹ zurückzuführen ist«. Da Drogen im allgemeinen festliegende Kategorien des Denkens auflösen, haben sie »mit dem Wahren und dem Falschen nichts zu schaffen«, schrieb Foucault 1970. »Während das Denken der Dummheit ins Auge zu schauen hat, verleiht ihm die Droge Farbe, Bewegung, Furchen und Differenzen; aus dem seltenen Blitz macht sie phosphoreszierendes Schimmern. Vielleicht gibt die Droge nur einem Schein-Denken Raum. Vielleicht.«[7]

In diesem Aufsatz (über das Werk Gilles Deleuzes, der sich in einem veröffentlichten Kommentar zu dem zitierten Abschnitt

laut fragte: »Was wird man von uns denken?«) beschrieb Foucault die spezifischen Wirkungen von Opium (dessen Genuß »zu schwereloser Unbeweglichkeit, zu einer Schmetterlingserstarrung« führt) – und von LSD: »Es setzt die Oberhoheit der Kategorien erst dann außer Kraft, wenn es der Indifferenz der Dummheit den Boden entzogen hat und ihre stumpfsinnige Mimik auf null heruntergesetzt hat. Und diese ganze univoke und akategoriale Masse wird unter seiner Einwirkung nicht nur zu einem buntscheckigen, bebenden, ungeordneten und widerhallenden Labyrinth: es wird zu einem immer wieder aufblitzenden Gewimmel von Ereignis-Phantasmen.«[8]
Diese wie im Delirium geschriebene, schelmische Passage ist ein wenig irreführend. Vor seinem Besuch im *Death Valley* – und trotz seiner lebenslangen Experimente mit allen möglichen Drogen von Haschisch bis Opium hatte Foucault noch nie LSD probiert.
»›Es gab Gelegenheiten, aber ich habe es bisher noch nicht versucht‹«, sagte Foucault während der Autofahrt ins *Death Valley*, wie sich Wade erinnert. Später erklärte er, daß es in Paris schwierig war, saubere Drogen aufzutreiben. Doch der eigentliche Grund für sein Zögern, sagte er Wade, war persönlicher Natur. Immer, wenn ihnen in Paris LSD angeboten worden war, hatte Daniel Defert für sie beide abgelehnt. »›Vielleicht hat er eine Abneigung gegen halluzinogene Drogen, weil er ein bestimmtes Verhältnis zu seinem Körper hat‹«, fragte sich Foucault Wade zufolge. »›Schließlich bestehen wir doch aus unserem Körper‹« – aber auch noch, fügte der Philosoph nach einer kurzen Pause hinzu, aus »›etwas anderem‹«.[9]
Darin lag das Problem. Welchen Effekt würde LSD auf dieses schwer faßliche ›etwas andere‹ haben? Französische Philosophen sprachen oft in gewagten Tönen über Experimente und Kulturrevolution – doch zogen die meisten von ihnen wie Intellektuelle überall vor, ihren Geist unter strenger Kontrolle zu halten. Sartre nahm einmal unter der Aufsicht des Psychiaters Jean Lagache etwas Meskalin im Krankenhaus *Sainte-Anne* zu sich, doch die Erfahrung, keine Kontrolle über sich zu haben, behagte ihm nicht, und er schwor, dieses Zeug nie wieder anzufassen.[10]

Artaud war natürlich bis an die Grenze gegangen – wofür er mit einem zehnjährigen Sanatoriumsaufenthalt hatte bezahlen müssen.

Foucault (und auch Daniel Defert) hatten deshalb allen Grund, vorsichtig die möglichen Konsequenzen einer so starken Droge wie LSD abzuwägen.

Das tat auch Simeon Wade. »Ich wußte, daß wir ein Risiko eingingen«, erinnerte sich Wade später. »Die Einverleibung des Steins der Weisen könnte die Sicherungen des Meisterdenkers unserer Zeit durchbrennen lassen.« Oder – was vielleicht noch enttäuschender sein würde! – »sie könnte wirkungslos bleiben«.

Was er aufs Spiel setzte, erinnert sich Wade, war ganz einfach: Indem er Foucault im *Death Valley* auf einen LSD-Trip mitnahm, riskierte er, »einen intellektuellen Vulkanausbruch« hervorzurufen, »der den Wundern der Science Fiction nahekam, etwas in der Größenordnung des Dr. Morbius (einer Figur aus dem 1956 gedrehten Science Fiction-Film *Der verbotene Planet*) oder der *Galaxy Being* aus der ersten Episode der Fernsehserie *The Outer Limits*«. [11]

Was tatsächlich im *Death Valley* geschehen sollte, reichte an solche bizarren Phantasievorstellungen nicht heran. Trotzdem war es bemerkenswert genug.

Nachdem sie den größten Teil des Tages damit verbracht hatten, die trockene, leere Weite der Mojave-Wüste zu durchqueren, erreichten die drei Männer die *Furnace Creek Ranch*, eine Hotelanlage in einer Oase am Rande des *Death Valley*. Sie bezogen ihre Zimmer, und Foucault ruhte sich kurze Zeit aus.

Frisch gestärkt fuhren sie ins *Death Valley*. Nachdem sie an einem Aussichtspunkt geparkt hatten, betrachteten sie die Wüstensohle, die in der untergehenden Sonne in allen Regenbogenfarben leuchtete. Nach einem kurzen Spaziergang auf einem menschenleeren Pfad hielt Michael an und begann mit der zeremoniellen Einnahme der Droge.

Er hielt drei LSD-Kapseln in der Hand.

Foucault machte ein besorgtes Gesicht und ging plötzlich weg.

Als er zurückkam, verkündete er, daß er nur eine halbe Kapsel nehmen wolle, da dies seine erste Erfahrung mit einer so starken Droge sei.

Wade nahm den Philosphen bei der Hand. Die beiden unternahmen einen kleinen Spaziergang. Der junge Dozent erklärte geduldig, warum es notwendig sei, die ganze Dosis zu nehmen, wollte man die magischen Effekte des künstlichen Elixiers genießen.

Foucault dachte nach. Als sie zurückkamen, fragte er Michael, wie er die Droge einnehmen sollte.

Dann schluckte er die ihm angebotene Kapsel. [12]

Zwei Stunden später hörte man Stockhausen. Von seinem Platz am *Zabriskie Point* aus starrte Foucault lächelnd in die Leere und zeigte, wie sich Wade später erinnerte, auf die Sterne: »›Der Himmel ist explodiert‹«, sagte er, »›und die Sterne regnen auf mich hinab. Ich weiß, daß das nicht wahr ist, aber es ist die Wahrheit.‹«

Foucault verstummte.

Wade, zweifellos erleichtert, daß das Gehirn des Meisterdenkers noch nicht wie eine von Salvador Dalis Uhren dahingeschmolzen war, redete davon, wie die alten Sumerer psychedelische Drogen genommen hätten. Schließlich hielt auch er wieder den Mund.

Die drei Männer starrten auf die schwarze Leere über ihnen, während die elektronische Musik im Hintergrund weiterspielte.

»›Endlich verstehe ich die Bedeutung von Malcolm Lowrys *Unter dem Vulkan*‹«, sagte Foucault.

Lowry war einer seiner Lieblingsautoren und *Unter dem Vulkan*, ein Roman, der auf poetische Weise die alkoholisierten Trancezustände eines Konsuls beschreibt, hatte dem Philosophen schon seit langem als Brücke zu der ansonsten unzugänglichen Welt Jean Barraqués gedient, der zwei Jahre zuvor, 1973, an Alkoholismus gestorben war.

»›Das Meskal des Konsuls, das seine Wahrnehmungsfähigkeit veränderte‹«, sagte Foucault, »›wirkte für ihn so ähnlich wie ein Halluzinogen.‹«[13]

Drogen waren für Lowrys Romanhelden, für Barraqué und wohl auch für Foucault ein Mittel, Denkprozesse hervorzurufen. »[...] Nacht – und wieder einmal das nächtliche Ringen mit dem Tode«, hatte Lowry geschrieben, als er die Gedankengänge des Konsuls unter dem Einfluß des mexikanischen Schnaps wiedergab. »Ich glaube, ich weiß sehr viel über körperliches Leiden, Aber das ist das Schlimmste: zu fühlen, wie die Seele stirbt. Im Augenblick empfinde ich so etwas wie Frieden – ob es wohl daher kommt, daß heute abend meine Seele wirklich gestorben ist? Oder kommt es daher, daß es einen Weg durch die Hölle gibt, wie Blake sehr wohl wußte, und daß ich diesen Weg, wenn ich ihn auch vielleicht nicht gehen werde, doch manchmal in letzter Zeit im Traum habe sehen können? [...] Mir ist, als sähe ich jetzt zwischen den Mescals diesen Weg und dahinter seltsame Ausblicke, wie Visionen von einem neuen gemeinsamen Leben [...].«[14]

Die Wirkung des LSD verstärkte sich – und auch Foucault begann ›seltsame Ausblicke, wie Visionen von einem neuen gemeinsamen Leben‹ zu verspüren.

Er versuchte, einen Vergleichsmaßstab für diese Gefühle zu finden und bezog sich auf die Vorstellung einer anderen ›Grenz-Erfahrung‹, die er mehrmals in den letzten Wochen in San Francisco gemacht hatte:

»›Ich kann diese Erfahrung in meinem Leben nur mit der vergleichen, mit einem Unbekannten zu schlafen‹«, sagte er. »›Kontakt mit einem fremden Körper vermittelt eine ähnliche Erfahrung der Wahrheit wie die, welche ich gerade habe.‹«[15]

Eine ganze Reihe von Fragen schossen Wade in den Kopf. Das war der Augenblick, auf den er gewartet hatte. Was dachte der große Mann sonst noch?

Wade hielt seine Zunge jedoch im Zaum: Es wäre unpassend, weiter in Foucault zu dringen.

Die Zeit verging.

Die drei Männer rückten enger zusammen, als ein kräftiger und kühler Wind über die Felsen zog, auf denen sie saßen. Schließlich sprach Foucault wieder. »›Ich bin sehr glücklich‹«, soll er Wade zufolge gesagt haben. Tränen flossen ihm die Wangen hinunter.

»›Heute abend habe ich einen neuen Aspekt meines Selbst kennengelernt‹«, fuhr er fort.

»›Ich verstehe von nun an die Sexualität [. . .].‹« [16]

»›Wir *müssen* wieder nach Hause.‹«

Er hielt inne.

»›Wir müssen wieder nach Hause.‹« [17]

Er verstummte.

Foucaults Aufenthalt in Kalifornien veränderte sein Leben. Er veränderte auch seine Ansichten über Sex und Sexualität. Als er im Frühjahr 1975 in Berkeley eintraf, steckte er mitten in der Arbeit für die Geschichte der Sexualität – ein Projekt, das er erstmals vierzehn Jahre vorher angekündigt hatte, im ursprünglichen Vorwort zu *Wahnsinn und Gesellschaft*. »Die Idee, eine Geschichte der Sexualität zu schreiben«, erklärte er später, »hatte ich von dem Augenblick an, als ich mit der ›Geschichte des Wahnsinns‹ begonnen hatte. Es waren Zwillingsprojekte. Damals schon wollte ich wissen, wie das Normale und das Pathologische auch bei der Sexualität voneinander abgegrenzt werden.« [18]

Jahrelang hatte Foucault in aller Stille geforscht, Bücher gelesen, Archive durchforstet, Material zusammengetragen; in den vorausgegangenen Monaten hatte er sich, nach dem Abschluß von *Überwachen und Strafen*, in dieses Material vertieft, darüber nachgedacht, es sondiert und analysiert. Als er sich im Frühjahr 1975 nach Kalifornien aufmachte, war er mit der Forschungsarbeit fast fertig. Er wußte, was er sagen wollte; und er hatte bereits damit begonnen, in Entwürfen die Ergebnisse seiner Lektürearbeit zusammenzutragen. Nur noch der letzte Schritt blieb zu tun, nämlich diese Ergebnisse seiner historischen Forschung durch einen ›fiktionalen‹ Schreibstil in ein Kunstwerk zu verwandeln. [19]

Diese letzte Stufe war entscheidend, hatte Foucault doch schon seit langem davon geträumt, daß seine Geschichte der Sexualität mehr als nur ein Buch sein würde: mit Mallarmés Worten ›*das* Buch‹, eine Verkörperung der »Wonne, wenn man unsterblich, eine Stunde lang, mit allem gebrochen hat, seine Chimäre zu übersetzen«.[20]

Die Erfüllung dieses Traums sollte Foucault verwehrt bleiben – nicht zuletzt, so scheint es, wegen der beunruhigenden Folgen seiner Epiphanie im *Death Valley*.

Als er im Juni nach Paris zurückkehrte, legte er die umfangreichen Entwürfe für die Geschichte der Sexualität beiseite – hunderte von Seiten über Masturbation, Inzest, Hysterie, Perversion und Rassenhygiene.[21]

Er ignorierte den Berg von bereits geschriebenen Manuskripten und verfaßte zunächst einen kurzen methodologischen Aufsatz, in dem er einige allgemeine Prinzipien verkündete – eine Art anti-kantischer ›Prolegomena zu jeder künftigen Physik‹ – und in dem er seinen nietzscheanischen Machtbegriff weiterentwickelte und in höchst abstrakter Sprache einige der Implikationen beschrieb, die sich aus dem Nachdenken über den Körper ergeben hatten.

Zu diesem Zeitpunkt hatte er bereits, wie sich Daniel Defert erinnert, seinen ursprünglichen Plan für ein monumentales siebenbändiges Werk aufgegeben. In diesem Sinne schrieb er Simeon Wade und berichtete ihm, daß ihn der Trip im *Death Valley* dazu veranlaßt hatte, alles, was er bislang über Sexualität geschrieben hatte, beiseite zu legen.[22]

Obwohl er im Verlauf der nächsten Jahre vorgab, seine ursprünglichen Pläne weiterzuverfolgen, fing er im Grunde von vorne an.

Die Basis für seine Metamorphose war in San Francisco gelegt worden. Dort hatte der Sexualhistoriker zu seinem Erstaunen und zu seiner Freude eine der ungehemmtesten sexuellen Gemeinschaften in der Geschichte der Menschheit entdeckt. Und dort, in den Tagen, die zu seiner Epiphanie im *Death Valley* führten, hatte die Odyssee Michel Foucaults die erste und schicksalshafteste ihrer unerwarteten Kursänderungen erfahren. San Francisco war in diesen Jahren zum Mekka für schwule Männer geworden: Zwischen 1969 und 1973 schwärmten ungefähr neuntausend von ihnen in die Stadt, denen bis 1978 weitere zwanzigtausend folgen sollten. Die Anfänge dieser Massenbewegung lagen im sogenannten ›Sommer der Liebe‹ 1967. In diesem Jahr hatte das Nachrichtenmagazin *Time* das *Haight-Ashbury*-Viertel der Stadt zum »vibrierenden Zentrum der Hippiebewegung« erklärt, wodurch San Francisco zum Anziehungspunkt für abenteuerlustige Aussteiger auf der Suche nach freier Liebe, guten Drogen und veränderten Bewußtseinszuständen wurde. Die meisten dieser jungen Alternativ-Touristen verschwanden so schnell, wie sie gekommen waren; aber diejenigen, die blieben, verwandelten Tonfall und Stimmungslage der gesellschaftlichen und sexuellen Sitten der Stadt; häufiger Partnerwechsel war an der Tagesordnung, allem polymorph Perversen trat man mit unverkrampfter Offenheit gegenüber. Die kleine, doch wachsende Zahl schwuler Kneipen und Badehäuser spiegelte diese neue Stimmung: Erstmals tauchten ›Orgienräume‹ auf. Und die örtlichen Bestimmungen paßten sich der veränderten öffentlichen Meinung an: Nach 1966 gab es immer weniger Polizeirazzien; ein Jahrzehnt später wurden in Kalifornien sämtliche auf gegenseitigem Einverständnis beruhenden sexuellen Handlungen zwischen rechtsmündigen Erwachsenen offiziell entkriminalisiert. Zu diesem Zeitpunkt war die schwule Völkerwanderung nach Kalifornien in vollem Gange. Schwule Stadtviertel entstanden in den Gegenden um die *Castro Street, Polk Street* und *Folsom Street*. Immer mehr schwule Kneipen, Diskotheken und Badehäuser wurden in der ganzen Stadt eröffnet und ebneten den Weg für einen überschwenglichen Ausdruck der Experimente mit neuen Formen der Selbstverwirklichung, neuen Arten von Freizügigkeit, neuen Verbindungen zwischen Drogen und Sex, neuen – mitunter erstaunlich erfindungsreichen – Kombinationen von »Körpern und Lüsten«.[23]

»In San Francisco werden schwule Träume wahr«, schrieb

371

Edmund White 1980 zu einem Zeitpunkt, als es schien, daß nur
Langeweile und Ermüdung den erotischen Abenteuern der Stadt
Einhalt gebieten könnten. »Die einzige Frage, die sich in dieser
Stadt stellte, ist schließlich, ob wir die Erfüllung bestimmter Träume wünschten – oder ob wir lieber andere verwirklicht sehen
wollten. Wußten wir, welchen Preis wir für diese Träume zu zahlen haben würden? Konnten wir voraussehen, wie lebhaft und
beständig sie uns unfähig machen würden, die Geschäfte des täglichen Lebens auszuführen? Oder hätte unser Begriff vom Alltagsleben selbst verändert werden müssen?«[24]
Foucault, dem es wie immer darauf ankam, das Muster seines eigenen Alltagslebens zu ändern, stürzte sich mit Leidenschaft in die
schwule Gemeinde San Franciscos. Wie Daniel Defert sich erinnert, gefiel ihm die unverfrorene Festlichkeit und Offenheit des
schwulen Lebensstils der Stadt. »In Amerika«, sagt Defert, »hatte
er Gelegenheit zu neuen Erfahrungen, die gesellschaftlich organisiert waren [. . .]. Als er in Schweden lebte, ein Land, das ›sexuell
befreit‹ war, [. . .] sprachen die Leute über all ihre Erfahrungen
in psychologischen Begriffen [. . .]. Was Foucault an der kalifornischen Kultur gefiel, war, glaube ich, daß diese Erfahrungen«,
im Gegensatz zu einem »psychologischen Drama für Individu-
en, gemeinschaftlich gemachte Erfahrungen waren«.[25]

Obwohl Foucault den Gemeinschaftssinn schätzenlernte, dem
er zuerst in San Francisco begegnet war, stand er doch den von
den Wortführern dieser Gemeinschaft bevorzugten politischen Taktiken wesentlich skeptischer gegenüber. Am Tag nach
seinem LSD-Erlebnis im *Death Valley* sprach ihn ein junger
schwuler Aktivist auf einer Party an. Er bedankte sich bei Foucault, dessen Denken, sagte er (wie sich Simeon Wade an den
Wortwechsel erinnert), »›Dinge wie die schwule Befreiung
möglich gemacht‹« habe.[26]
Foucault wies das Kompliment höflich zurück. »›Das haben Sie
sehr nett gesagt‹«, erinnert sich Wade an seine Antwort,
»›doch hat meine Arbeit eigentlich gar nichts mit schwuler Befreiung zu tun.‹«

»›Wie war es für Sie vor der schwulen Befreiung?‹« fuhr der junge Mann unbeeindruckt von der lauwarmen Antwort fort.
»›Sie werden mir vielleicht nicht glauben‹«, sagte Foucault, »›aber mir gefiel die Situation vor der schwulen Befreiung, als alles mehr im Dunkeln vor sich ging. Wir waren Mitglieder einer Untergrund-Verbindung, es war aufregend und ein wenig gefährlich. Freundschaft bedeutete sehr viel, wir schützten einander und verständigten uns durch Geheimzeichen.‹«
»›Was halten Sie denn von der schwulen Befreiung heute?‹« wollte der junge Mann wissen.
»›Ich glaube, daß der Begriff ›schwul‹ überflüssig geworden ist‹«, lautete Wade zufolge die Antwort Foucaults. »›Der Grund dafür liegt in unserer geänderten Vorstellung von der Sexualität. Wir erkennen das Ausmaß, in dem unser Streben nach Genuß durch ein Vokabular eingeschränkt war, das uns aufgehalst wurde. Menschen sind weder das eine noch das andere, weder schwul noch heterosexuell. Das Feld dessen, was wir sexuelles Verhalten nennen, ist unbegrenzt [. . .]‹«.[27]

Trotz Foucaults offensichtlicher Bedenken gegen eine militante soziale Bewegung, die sich um das öffentliche Bekenntnis zu einer vermeintlichen sexuellen Identität organisierte, sollte die ›schwule Befreiung‹, wie sie sich in Nordamerika entwickelt hatte, den vielleicht wichtigsten politischen Einfluß auf Foucaults Denken nach dem Kollaps der *Gauche Prolétarienne* haben.
Wie der französische Maoismus hatte die amerikanische Bewegung für die Rechte der Schwulen ihre Anfänge in den Unruhen der späten sechziger Jahre. Alles hatte mit einem Krawall begonnen. Am 27. Juni 1969 hatte die Polizei die Schwulenkneipe *Stonewall Inn* im New Yorker Stadtteil *Greenwich Village* gestürmt. Anschließend wurde die Kneipe geschlossen. Solche Belästigungen waren an der Tagesordnung. Die Reaktion der schwulen Gemeinde New Yorks an diesem Tage war jedoch außergewöhnlich. Einige Gäste widersetzten sich der Verhaftung; die Verärgerung der Passanten wuchs; Steine und Flaschen flogen; als alles zu Ende war, war die Kneipe niederge-

brannt und die aus wütenden Homosexuellen bestehende Menge hatte der Polizei bis tief in die Nacht eine Schlacht geliefert.

GAY POWER verkündete am nächsten Tag in ganz *Greenwich Village* an Häuserwände und auf Bürgersteige gesprühte Graffiti in Anlehnung an die von afro-amerikanischen Aktivisten benutzte Parole BLACK POWER. Innerhalb weniger Wochen hatten schwule Aktivisten eine neue Organisation gegründet, die *Gay Liberation Front* (›Schwule Befreiungsfront‹), oder kurz GLF.

»Wir sind eine revolutionäre homosexuelle Gruppierung, die in der Einsicht gegründet worden ist, daß die vollständige Befreiung aller Menschen nur dann erreicht werden kann, wenn die vorhandenen gesellschaftlichen Institutionen abgeschafft werden«, erklärte das Gründungsmanifest von GLF. »Wir lehnen alle Versuche der Gesellschaft ab, unserer Existenz sexuelle Rollen und Definitionen aufzuoktroyieren.«[29]

Es dauerte nicht lange, bis die Meldungen von den *Stonewall*-Krawallen über den Atlantik drangen. Im März 1971 verkündete eine aus französischen Ultralinken bestehende kleine Gruppe die Formierung der *Front Homosexuel d'Action Révolutionnaire* (›Revolutionäre Homosexuelle Aktionsfront‹; FHAR), eine Gruppierung, die sich die amerikanische *Gay Liberation Front* ausdrücklich zum Vorbild genommen hatte. Am 27. Juni dieses Jahres feierte FHAR einen ›Gay Pride Day‹, um ihre amerikanischen Vorläufer zu ehren und des zweiten Jahrestages der *Stonewall*-Krawalle zu gedenken. Obwohl FHAR eine kleine und ziemlich kurzlebige Organisation war, gelang es ihr doch, die Frage der Homosexualität in Frankreich zu politisieren – kein geringer Erfolg in einem Land, das bis zum heutigen Tag großen Wert auf *pudeur* (›Zurückhaltung‹) legt, besonders, wenn es um intime Dinge geht.[30]

Wie ihr amerikanisches Gegenstück sah sich FHAR als eine revolutionäre Organisation, die von der weltweiten Kritik an gesellschaftlicher Unterdrückung geleitet wurde. Der theoretische Kopf der Gruppe war der begabte junge Philosoph Guy Hocquenghem, ein Veterane des Mai '68 und ein erklärter

Nietzscheaner vom Schlage Foucaults und Deleuzes. In seinem 1972 veröffentlichten Buch *Das homosexuelle Verlangen*, das viele seiner theoretischen Prinzipien aus Deleuze und Guattaris *Anti-Ödipus* entlieh, argumentierte er, daß das ›homosexuelle Verlangen‹, so wie es sich unter den neuzeitlichen unterdrückenden Zuständen entwickelt habe, obwohl das Begehren an sich form- und geschlechtslos sei, doch auf paradoxe Weise ein größeres Maß an Freiheit und Veränderbarkeit bewahrt habe als das ›heterosexuelle Verlangen‹. Homosexuelle hätten, sobald ihnen ihre Schuldgefühle genommen würden, anders als Heterosexuelle, die Freiheit, so der Jargon Hocquenghems, »die Organe ohne Gesetz und Regel umherschweifen und sich untereinander verbinden« zu lassen, zu experimentieren. Ein solches Experimentieren könnte eine radikale Infragestellung des Rollenverhaltens und sexueller Identität zur Folge haben, die moderne Gesellschaften all ihren Mitgliedern auferlegt hatten. [31]

Diese Überlegungen stimmten, auch wenn sie sehr weit gingen, mit Foucaults Überzeugungen und mit seinem Charakter überein. Was er aber nur viel schwerer akzeptieren konnte, war die vielleicht bedeutsamste Taktik der schwulen Befreiungsbewegung: das, was Aktivisten *coming out* nennen.

Ursprünglich bezog sich dieser Ausdruck nur auf das freimütige Eingeständnis der eigenen Homosexualität sich selbst und schwulen Freunden gegenüber. Doch die schwule Befreiungsbewegung veränderte diesen zunächst diskreten und höchst informellen Prozeß in ein politisiertes Ritual öffentlichen Bekenntnisses. Das herausfordernde Eingeständnis des eigenen Schwulseins bedeutete nun, auf dramatische Weise die Vorstellung zurückzuweisen, daß die eigene Sexualität als beschämend oder krankhaft anzusehen sei; es bedeutete, gesellschaftliche Tabus zu mißachten und den Mut aufzubringen, sich zu seinen Überzeugungen zu bekennen und dabei das Risiko einzugehen, Freunde sowie den Rückhalt der Familie und vielleicht sogar die Arbeitsstelle zu verlieren; es bedeutete weiterhin, eine entscheidende Grenze zu überschreiten und sich auf den Erfolg einer öffentlichen Protestbewegung zu verlassen.

Schwule Aktivisten hofften, daß sie dabei ihren eigenen Mangel an Selbsthaß unter Beweis stellen konnten – und ihren Widerstand gegen die Institutionen einer Unterdrückungsgesellschaft. Ein Slogan der *Gay Liberation Front* verkündete: »*COME OUT* FÜR DIE FREIHEIT! *COME OUT* JETZT! [. . .] *COME OUT* AUS DEINER ECKE, BEVOR DIE TÜR ZUSCHLÄGT!*«* [32]
Die Problematik dieser Vorgehensweise war aus Foucaults Blickwinkel einfach: Sie setzte voraus, daß man eine mehr oder weniger festgelegte sexuelle Identität besaß, die es wert war, sich öffentlich zu ihr zu bekennen. Er hatte diese Voraussetzung seit langem abgelehnt. »Die Beziehungen, die wir zu uns selbst haben«, sagte er in einem Interview mit schwulen Aktivisten 1982, »sind keine der Identität, sondern sie müssen vielmehr Beziehungen der Differenzierung, der Schöpferkraft, der Erneuerung sein. Immer der Gleiche zu sein ist wirklich langweilig.« [33]
Außerdem hütete sich Foucault verständlicherweise davor, in den Augen der Öffentlichkeit zu sehr mit der schwulen Subkultur in Verbindung gebracht zu werden, zu der er doch gehörte. Wie Leo Bersani, sein wohl engster Freund in Berkeley, sagt, wollte Foucault nicht, daß seine Arbeit »als Gerede über eine möglicherweise sonderbare Minderheit verstanden« würde. [34]
»Dies beschäftigte Foucault in starkem Maße«, erinnert sich Bersani. »Ich kann mich noch an einen jungen Studenten bei einer seiner öffentlichen Vorlesungen in Berkeley erinnern, der offensichtlich nur gekommen war, um diese eine Frage zu stellen: ›Warum sprechen Sie nicht mehr über die schwule Befreiung?‹ Foucault schien sehr betroffen, denn es war dem Jungen äußerst ernstgemeint, er bewunderte Foucault offensichtlich, der jedoch sehr verärgert war.« [35]
»[Z]wischen der Bejahung: ›Ich bin homosexuell‹ und der Ablehnung, das zu sagen, besteht eine ganze Dialektik«, bemerkte Foucault 1982 in einem Gespräch, wobei er seine Verbitterung über den unablässigen Druck, Stellung zu beziehen, kaum verbergen konnte. »Die Bejahung ist notwendig, denn sie bekräftigt das Recht, aber sie ist zugleich ein Käfig und eine Falle.

Eines Tages wird die Frage ›Sind Sie homosexuell?‹ ebenso selbstverständlich sein wie die Frage ›Sind Sie ledig?‹«[36] Da das Problem einfach nicht verschwinden wollte, improvisierte Foucault eine charakteristisch komplexe Strategie, öffentlich mit Fragen nach seiner Homosexualität umzugehen. In Frankreich unterstützte er still, jedoch ohne Zweifel aufkommen zu lassen, die Aktivisten von FHAR. Und mit zunehmender Kühnheit sprach er über den rechtlichen Status von Homosexuellen und über Strafrecht im allgemeinen.

Im Jahre 1978, kurz nachdem eine französische Regierungskommission zur Reform des Strafrechts ihn um Rat gebeten hatte, stimmte Foucault Guy Hocquenghems scharfer Kritik an den Statuten des Strafrechts zu, die sich auf homosexuelles Verhalten bezogen. Wie Hocquenghem forderte Foucault die Regierung dazu auf, ein einheitliches Alter für die Straffreiheit sexueller Handlungen festzulegen (seit 1942 hatte das Mindestalter für Homosexuelle bei einundzwanzig, das für Heterosexuelle bei sechzehn Jahren gelegen). Foucault und Hocquenghem setzten sich ebenfalls dafür ein, die Gesetze, die sexuelle Aktivitäten zwischen Erwachsenen und Kindern regeln, auf spürbare Weise freizügiger zu gestalten. Im Grunde argumentierten beide Männer dafür, unabhängig vom Alter der Beteiligten keinerlei gesetzliche Vorschriften zu erlassen, wenn gegenseitige Einwilligung vorliegt. »Niemand unterschreibt vor dem Geschlechtsakt einen Vertrag«, scherzte Hocquenghem 1978 während eines gemeinsamen Radioauftritts. »Das ist richtig«, stimmte Foucault zu, »es ist ziemlich schwierig, Barrieren aufzurichten«, besonders weil »es passieren kann, daß das Kind aufgrund seiner eigenen Sexualität den Erwachsenen begehrt.«[37]

In einer weiteren öffentlichen Debatte aus der gleichen Zeit ging Foucault sogar noch weiter, indem er den Vorschlag unterbreitete, daß es vielleicht sinnvoll sein könnte, die strafrechtliche Verfolgung sexueller Handlungen gänzlich abzuschaffen – selbst bei Vergewaltigung. »Ich glaube, daß man im Prinzip sagen kann«, erklärte er, »daß Sexualität unter keinen Umständen das Thema von wie auch immer gearteter Gesetzgebung sein sollte [. . .]. Und wenn man Vergewaltigung bestraft, sollte man körperliche Nötigung und sonst gar nichts bestrafen. Und man sollte sagen, daß es sich um eine aggressive Tat handelt, daß es im Prinzip keinen Unterschied macht, ob man jemanden mit der Faust ins Gesicht oder den Penis ins Geschlechtsteil schlägt.«[38]

Obwohl die verschiedenen Anregungen Foucaults äußerst fragwürdig sind – einigen mögen sie sicherlich obszön oder absurd oder beides vorkommen –, steht sein Mut außer Frage. Indem er offen einige der vorstellbaren Konsequenzen seiner eigenen tiefsten Überzeugungen aussprach, nahm er in Kauf, etliche ansonsten tabuisierte Themen anzuschneiden und Möglichkeiten Beachtung zu schenken, die einige seiner Bewunderer zutiefst beunruhigten. Gleichzeitig bekannte er sich öffentlich ohne Vorbehalte zur »Frauenbewegung und zu Bewegungen zur Befreiung homosexueller Männer und Frauen«.[39]

Und doch dauerte es bis 1978, als Foucault, von schwulen Aktivisten in Nordamerika ebenso wie in Frankreich unter Druck gesetzt, damit begann – meist auf dem Wege von Interviews für schwule Publikationen mit kleiner Auflage –, Kultur und Politik der Schwulengemeinde direkt zu kommentieren. Indem er sich zu solchen Themen äußerte, hatte er im Grunde sein eigenes *coming out* – vielleicht verspätet, doch auch ohne Umschweife.

Die ersten Interviews, in denen Foucault ausschließlich über schwule Themen sprach, wurden auf Initiative eines jungen Aktivisten und Journalisten namens Jean Le Bitoux geführt, der 1979 das schwule Magazin *Gai Pied* in Frankreich ins Leben gerufen hatte. Ein Jahr zuvor hatte Le Bitoux den Philosophen um Rat und Hilfe gebeten, beeindruckt von Foucaults Bereitschaft, öffentlich die sich auf Kinderschändung beziehenden Paragraphen im französischen Strafrechts zu kritisieren. Le Bitoux, ein erfahrener Kämpfer der Maiunruhen und Aktivist bei FHAR, hatte 1977 gemeinsam mit Guy Hocquenghem als offen ›schwuler‹ Kandidat für einen Parlamentssitz kandidiert (beide verloren die Wahl); wie Hocquenghem hatte er sich der Schaffung einer französischen Schwulenbewegung nach amerikanischem Vorbild verschrieben.[40]

»Foucault und ich diskutierten oft über seine Bedenken gegenüber der Notwendigkeit des *coming out*«, erinnerte sich Le Bitoux später. »Diese privaten Bedenken hielten Foucault jedoch nie davon ab, sich für die Rechte von Schwulen einzusetzen« – oder Le Bitoux dabei zu helfen, *Gai Pied* aus der Taufe zu heben. Einer der Beiträge Foucaults bestand im Namen des Magazins. (*Gai Pied* bedeutet wörtlich ›schwuler Fuß‹ und ist außerdem ein Wortspiel zwischen *guêpiers*, ›Wespennest‹ und der umgangsprachlichen Bezeichnung für den Orgasmus: *pendre son pied*.)[41]

In der ersten Nummer von *Gai Pied* befand sich ein kurzer Artikel Foucaults. Und 1981 publizierte das Magazin ein ausführliches Interview unter der Überschrift ›Gespräch mit einem fünfzigjährigen Leser‹, der namentlich nicht genannt wurde, obwohl sich der Gesprächspartner am Ende diskret mit den Worten »Danke, Michel Foucault« verabschiedet.[42]

In diesem Interview sprach der Philosoph – eigentlich zum ersten Mal in seinem Leben – offen und ausführlich von seiner Hoffnung, das zu entwickeln, was er neuerdings »einen homosexuellen Lebensstil« nannte. Foucault wies, wie immer, wenn er sich öffentlich äußerte, jeden Versuch von sich, »die Frage der Homosexualität zurück[zu]führe[n] auf die Frage: ›Wer bin ich? Was ist das Geheimnis meines Begehrens?‹« und behauptete, daß eine angemessenere Frage vielmehr folgendermaßen lauten sollte: »›Was für Beziehungen können über die Homosexualität aufgebaut, entworfen, erweitert und von Fall zu Fall verschieden gestaltet werden?‹« Homosexualität sei in seinen Worten »keine Form des Begehrens, sondern etwas Begehrenswertes [. . .]. Wir müssen also darauf hinarbeiten, homosexuell zu *werden*.«[43]

Für Foucault beinhaltete die Suche nach einem ›Lebensstil‹, die dem ›zu werden, was man ist‹ (im Sinne Nietzsches) angemessen ist, eine ungewöhnliche Form ›homosexueller Askese‹: »Askese als Lustverzicht erfreut sich keines guten Rufs«, erklärte er. »Doch Askese ist etwas anderes: Es ist die Arbeit, die man an sich selbst leistet, um sich zu verwandeln oder jenes *Selbst* erscheinen zu lassen, das man glücklicherweise nie erreicht.«[44]

Diese auf typische Weise gewundene und in sich widersprüchliche Formulierung versichert und verweigert gleichzeitig die Möglichkeit, durch die Erkundung von ›Körpern und Lüsten‹ ein identifizierbares ›Selbst‹ als existenzielles ›Werk‹ entstehen zu lassen. Im Anschluß daran bemerkt Foucault, daß es ihm darum gehe, »eine homosexuelle Kultur [zu] ermöglichen, das heißt Werkzeuge für vielgestaltige, variable und individuell ausgeprägte Beziehungen an die Hand [zu] geben. Die Idee eines Programms mit Vorschlägen ist jedoch gefährlich.« Die Unterschiede zwischen verschiedenen Menschen und verschiedenen nationalen Kulturen seien zu respektieren: »Es müßte einen Erfindungsgeist geben, der unserer [französischen] Situation entspricht und jenem Verlangen nach dem, was die Amerikaner *coming out* nennen« – Foucault benutzt den englischen Ausdruck –, »das heißt danach[,] aus sich herauszugehen.«[45]

»Man muß sehr in die Tiefe gehen«, schloß er mit einer Anspielung auf seine eigene ›archäologische‹ Untersuchung der Geschichte der Sexualiät, »um zu zeigen, daß die Dinge aus diesem oder jenem Grunde historisch bedingt sind.« Doch sei ein historisches Bewußtsein, obschon äußerst wertvoll, nicht genug: »Darüber nachzudenken, was es gibt, heißt noch lange nicht, alle möglichen Räume auszuschöpfen. Wir wollen aus der folgenden Frage eine unabweisbare Herausforderung machen: ›Worum können wir spielen und wie können wir ein Spiel erfinden?‹«[46]

Dieses Interview ist so wie andere ihm folgende auch deshalb bemerkenswert, weil es ausgesprochen abstrakt ist. Wie Leo Bersani in einem nach Foucaults Tod geschriebenen Aufsatz aufzeigen sollte, war die Rhetorik der öffentlichen Aussagen Foucaults, die zu Fragen der Homosexualität Stellung nahmen, »herausfordernd, provozierend und doch, trotz ihrer radikalen Absichten, irgendwie beschwichtigend«, vor allem, weil sie den körperlichen Praktiken auswich, die zur Debatte standen. Gerade die Abstraktheit der Sprache hatte den »perversen«

Effekt, wie Bersani sich ausdrückt, »unsere Aufmerksamkeit vom Körper abzuwenden – von den Handlungen, auf die er sich einläßt, von dem Schmerz, den er zufügt und um den er bittet«. Aus der Sicht Bersanis liefen die utopischsten Bemerkungen Foucaults – seine wiederholten Gesten bezüglich einer Umgestaltung des Körpers und der Lust – auf eine Art Leugnung seiner eigenen unnachgiebigen erotischen Vorlieben hinaus, auf eine Vernebelung dessen, was Bersani in seinem Aufsatz »den furchteinflößenden Reiz des Selbstverlusts, der Selbsterniedrigung« nennt.[47]

Was Foucault vielleicht die größten Schwierigkeiten bereitete, war eigentlich nicht, wie Bersanis Bemerkung nahelegt, über Homosexualität oder den Körper an sich zu sprechen, sondern vielmehr über seine fortwährende Vorliebe für sado-masochistische Erotik.

Er war in dieser Zeit dazu in der Lage, diese Praktik offener auszuleben als je zuvor. Aufgrund der schwulen Befreiungsbewegung waren bislang stigmatisierte erotische Spielarten in den Mittelpunkt herausfordernd öffentlicher Subkulturen in den schwulen Stadtvierteln von New York, Chicago, Los Angeles und San Francisco gerückt. Und seit seinem ersten Besuch in Kalifornien im Jahr 1975 hatte Foucault kein Geheimnis daraus gemacht, daß ihn das ungewöhnlich breite Spektrum der Sinnesfreuden faszinierte, die in der *Folsom Street* – dem Zentrum der ›Leder-Szene‹ San Franciscos – zu finden waren.[48]

Zu dieser Zeit war ›Leder‹ unter amerikanischen Schwulen zum Kodewort für Kleidung und Sprache von Männern geworden, die sado-masochistische Erotik, kurz ›S/M‹, bevorzugten. Wie die Form der Sexualität, die es bezeichnet, war das öffentliche Erscheinungsbild dieser Subkultur ungeschliffen, athletisch und pompös. Nach Sonnenuntergang strömten Männer in Blue Jeans und Lederjacken, viele auf Motorrädern, in den schwach beleuchteten Lagerhallenbezirk, durch den die *Folsom Street* verläuft, wobei das Vorbild die Rowdys aus dem Marlon Brando-Film *The Wild One* (1954) waren. Einige trugen Taschentücher in der Hintertasche, deren Farbe ihre erotischen Vorlieben anzeigten – ein Tuch in der linken Tasche signalisierte, um nur einige Beispiele zu nennen, ›Sadist‹, eins in der rechten ›Masochist‹; blau bedeutete altmodische Vögelei; schwarz ernsthafter S/M. Mit diesen ihre Wünsche anzeigenden Signalen stürmten diese Männer in Kneipen und Badehäuser, die Namen wie *The Barracks, The Brigg* oder *The Boot Camp* hatten. Jede dieser Örtlichkeiten bot eine etwas andere Atmosphäre, in denen ›Phantasiewelten‹ simuliert wurden, viele davon imitierten Orte, die im Verlauf der Geschichte für Schwule mit Gefahren verbunden gewesen waren. ›Glory holes‹ waren öffentlichen Bedürfnisanstalten nachempfunden. Irrgärten erlaubten den Beteiligten, verstohlene Rendezvous an dunklen Orten nachzuspielen. Karzerartige Räume, die mit Peitschen, Ketten und Gefängniszellen gefüllt waren, beschworen das Simulakrum einer Haftanstalt herauf, die zum angenehmen Lebensraum des sexuell Gesetzlosen und seines strafenden ›Meisters‹ wurde. Das Angebot umfaßte alles, was das Herz des Masochisten höher schlagen läßt, angefangen von Einzelhaft in einem Sarg bis zur öffentlichen Demütigung am Kreuz. In manchen Nachtclubs konnte man die Illusion des Gefesseltseins genießen – oder unmittelbare Spielarten selbstgewählter körperlicher ›Marter‹ erfahren.[49]

»Ich habe diese Gegend oft besucht«, schrieb Edmund White über dieses Stadtviertel in *States of Desire*, dem unbekümmerten Bericht über seine Reisen durch das neue schwule Amerika. »Im *Black and Blue* sind die Besucher so ›macho‹, daß sie den Perrier-Sprudel gleich aus der Flasche trinken (in die der Barkeeper die Zitronenscheibe einfach hineinsteckt). Über einem Billardtisch im größten Raum hängt unter blinkenden Sternen ein überreich geschmücktes Motorrad. Ein Schuhputzer hantiert mit seinen Bürsten und Lappen unter einem altmodischen Standplatz, von dem aus der mit schwarzen Kappen und Masken bekleidete Sadist seine ›Sklaven‹ beobachten kann. Diese Räume führen in zwei eingezäunte Gärten; einer dient als Abstellplatz für Motorräder, im anderen befindet sich ein Bad, in dem nackte Wassergeister sitzen und übermütig unter dem aus menschenähnlichen Statuen spritzenden Wasser auf und ab hüpfen.«[50]

Anderswo ging es härter zu. Statt zwischenmenschlicher Wärme und freundschaftlichen Spielereien in einer Zirkusatmosphäre gab es düstere Räume für Gruppensex, von denen sich labyrinthartige Flure auftaten, an denen kleine Zellen mit angelehnten Türen lagen, in denen namenlose Insassen darauf warteten, »mit einem fremden Körper in Berührung zu kommen«.

Foucault war alles andere als sexuell unerfahren oder prüde. Aber so etwas wie die *Folsom Street* hatte er noch nie gesehen.

Zu Beginn seines Aufenthalts in Kalifornien im Jahre 1975 hatte er zunächst eine Studentenwohnung in Berkeley gemietet. Nach kurzer Zeit jedoch zog er auf die andere Seite der *San Francisco Bay* in ein Zimmer in der Nähe der *Folsom Street*. Mit dem Beistand eines Kollegen aus Berkeley, der zur S/M-Szene gehörte, ging er einkaufen und deckte sich mit den Utensilien des Lederschwulen ein: schwarze Lederjacke, schwarze Lederkappen und schwarze Ledermütze mit Visier, zum Zeitvertreib eine Auswahl von ›Spielsachen‹: Schwanzringe, Brustklammern und Handschellen; Kapuzen, Knebelinstrumente und Augenbinden; Peitschen, Paddel, Reitgerten, usw.

S/M wurde in Frankreich schon seit langem verstohlen und im Dunkeln von berufsmäßigen Betreibern angeboten; es war die Domäne eines alteingesessenen ›rauhen Gewerbes‹ – man fuhr an die Docks von Le Havre und kam mit ein paar blauen Flecken zurück. Nichts war weiter entfernt von dem offenen, fast übermütigen geselligen Treiben der Leder-Szene in San Francisco.[51]

Auf der Autofahrt ins *Death Valley* fragte Simeon Wade, ob Foucault die *Folsom Street* bereits gesehen hätte. »›Natürlich‹«, erinnert sich Wade an Foucaults Antwort, auf dessen Gesicht sich ein Grinsen gelegt hatte. Selbst in dem verrücktesten der die Lederklientel bedienenden Vergnügungspaläste, den berüchtigten *Barracks*? »›Ja‹«, sagte Foucault: »›Was für ein Ort! Noch nie habe ich ein so offenes Zurschaustellen von Sexuali-

tät in einer Kneipe gesehen.‹« Andere Örtlichkeiten fand er
noch erstaunlicher: »›Vor einiger Zeit habe ich abends in einem
Badehaus einen attraktiven jungen Mann kennengelernt, der
mir erzählte, daß er wie viele andere ein paar Mal in der Woche
in die Badehäuser ging, oft unter dem Einfluß von Aufputsch-
mitteln und *amyl*.‹« (Amphetamine [*uppers*] sind Stimulanz-
mittel, durch die das Gefühl erhöhter physischer Energie und
geistiger Wachsamkeit hervorgerufen wird. *Amyl* [*poppers*] besteht aus Amylnitrit und war eine der in diesen Tagen meistbe-
nutzten Drogen in der Schwulenszene: »Kurz nach dem Inhalieren«, beschreibt ein Experte die Wirkung, »ist der Benutzer
in der Lage, ein größeres Maß an Schmerz als unter normalen
Umständen zu ertragen und das durch mehrmaliges Inhalieren
über den Zeitraum von etwa einer Stunde hervorgerufene
Schwindelgefühl schafft eine angenehme, leuchtende innere
Wärme.«) [52]
»›Solch ein Leben‹«, erklärte Foucault Wade gegenüber,
»›erscheint mir ganz außergewöhnlich, unglaublich. Diese
Männer leben für Gelegenheitssex und Drogen. Hat man so etwas schon einmal gehört! Solche Orte gibt es in Frankreich
nicht.‹« [53]
Foucault konnte dieser Versuchung nicht widerstehen.
»Seine Begeisterung hatte einen Hauch von Explosivität«, erinnert sich Leo Bersani. »Ich meine, es machte Spaß, die Szene zu
beobachten. Aber doch nicht *soviel* Spaß!« [54]
Bersani und andere waren von der Heftigkeit vor den Kopf gestoßen, mit der Foucault sich auf alles stürzte, was mit der
Leder-Szene zu tun hatte, als ob ihn das Spektakel der Ausschweifung mit neuen Kräften versähe. »Ich hatte das Gefühl,
es handelte sich dabei um die typisch europäische Angewohnheit, bestimmte Dinge zu verherrlichen oder zu ästhetisieren«,
sagt Bersani. »Ich glaube, er dachte, daß ich einigen Dingen zu
nüchtern und skeptisch gegenüberstand, was richtig ist. Ich habe mich nie für Drogen interessiert. Deshalb haben wir uns
über bestimmte Dinge auch nicht unterhalten.«
»Andererseits war er einer der wenigen französischen Intellektuellen, die dazu in der Lage zu sein schienen, Amerika mit offe-

nen Augen zu begegnen, wenn sie hierher kamen. Und was er
sah, als er seine Augen öffnete, war die ganze Schwulenszene in
Kalifornien und San Francisco. Und all dies bedeutete für ihn etwas. Es ging nicht einfach darum, sich zu amüsieren. Wissen Sie,
viele Franzosen kommen hierher, gehen aus, benehmen sich
daneben und fahren wieder nach Hause – und es hat überhaupt
keine Bedeutung. Auf Foucault traf das nicht zu. All diese Erfahrungen waren wichtig für ihn: Das Leben seines Körpers war
für das geistige Leben von Bedeutung.«[55]

Es sollte noch einige Jahre dauern, bis Foucault offen über S/M
sprechen sollte. Seine Zurückhaltung kann kaum überraschen.
Neben Inzest und Knabenverführung gehört S/M immer noch
zu den in weiten Kreisen stigmatisierten Sexualpraktiken. Obwohl es in den USA nicht ausdrücklich verboten ist, werden
andere Gesetze, wie zum Beispiel diejenigen, die sich auf
Prostitution, ›unzüchtiges Verhalten‹ und ›tätlichen Angriff‹ beziehen, mitunter zur Strafverfolgung von Mitgliedern der S/M-
Gemeinde herangezogen. (Rein rechtlich kann man sein Einverständnis zu einem ›tätlichen Angriff‹ nicht geben.)[56]
Daß Foucault schließlich doch öffentlich über S/M sprach,
zeugt von seiner nicht unbeträchtlichen Zivilcourage. Er
sprach das Thema in mehreren nach 1979 veröffentlichten
Gesprächen am Rande an und diskutierte ausführlich über
S/M in zwei längeren Interviews mit schwulen Aktivisten. Das
erste dieser Interviews wurde von Jean Le Bitoux 1978 in Paris arrangiert; das zweite ist eine Unterhaltung, die er 1982
mit Bob Gallagher und Andrew Wilson in der kanadischen
Stadt Toronto führte.[57]
Das Interview mit Le Bitoux gehört in den Rahmen der Bemühungen Foucaults, dem jüngeren Mann dabei zu helfen, *Gai
Pied* aus der Taufe zu heben. Foucault hatte in der Hoffnung, re-
gierungsamtliche Zensurmaßnahmen zu vereiteln, für die erste
Ausgabe einen ins Auge springenden Beitrag versprochen. Die
beiden entschieden, daß ein Interview das zu diesem Zweck ge-
eignete Mittel sei. Aber nachdem das Interview durchgeführt

worden war, zog Foucault seine Einwilligung zurück, was das Ausmaß seiner zwiespältigen Gefühle einer offenen Diskussion solcher Dinge an den Tag legte, und schrieb statt dessen einen nicht ganz ernst gemeinten Artikel über Homosexualität und Selbstmord. Das Interview von 1978 ist niemals in *Gai Pied* erschienen. Mit der Zustimmung Foucaults erschien es jedoch vier Jahre später in einer holländischen Zeitschrift. (Nach dem Tod Foucaults publizierte Le Bitoux die ursprüngliche französische Mitschrift in dem kurzlebigen Schwulenmagazin *Mec.*) [58]

Das Interview mit Gallagher und Wilson kam aufgrund der Freundschaft zwischen Foucault und Gallagher zustande, den er 1982 während eines Aufenthalts in Toronto kennengelernt hatte, wo er an einem von der Universität von Toronto veranstalteten Sommerseminar zu semiologischen Fragen teilgenommen hatte. Gallagher war zu dieser Zeit Doktorand und arbeitete an einer Dissertation über Foucaults Theorie der Macht. In diesem Sommer belegte er das Seminar des Philosophen. Er war schwuler Aktivist und hatte zu einer Reihe wichtiger Figuren innerhalb der anglo-amerikanischen schwulen Intelligentsia Kontakt. Außerdem kannte er sich gut mit S/M aus. Auf den Wunsch des Philosophen führte er Foucault in die Leder-Szene Torontos ein. (Foucault hatte keine Mühe, Gallagher als Mitglied dieser Subkultur zu erkennen, da er sein Lederzeug öffentlich trug.) Kurz nachdem Foucault gemeinsam mit Gallagher am 27. Juni in Torontos *Gay Pride Parade* marschiert war, stimmte er zu, Gallagher und Andrew Wilson ein auf englisch zu führendes Interview zu geben, bei dem verschiedene Fragen zur Homosexualität zur Sprache kommen sollten. Wilson war wie Gallagher mit dem Schwulenmagazin *Body Politic* verbunden. Foucault redigierte den Text des Interviews wie immer sorgfältig, wobei er einige Passagen über S/M herausstrich, die er als »zu polemisch« einstufte. Nachdem eine Veröffentlichung des Interviews zunächst von der radikalen Vierteljahresschrift *Social Review* als ›uninteressant‹ abgelehnt worden war, erschien es schließlich in dem nordamerikanischen Schwulenwochenblatt *Advocate*. [59]

»Ich glaube nicht, daß die Bewegung zur sexuellen Befreiung irgendetwas mit der Offenlegung oder dem Verständnis sadomasochistischer Tendenzen in unserem Unterbewußten zu tun hat«, sagte Foucault Gallagher und Wilson. »Ich glaube, S/M ist viel mehr als das: Es ist die Verwirklichung neuer Genußmöglichkeiten.« Durch S/M »erfinden« die Menschen »neue Genußmöglichkeiten mit merkwürdigen Körperteilen – auf dem Wege der Erotisierung des Körpers. Ich glaube, es ist eine Art von Kreativität, ein kreatives Unternehmen, zu dessen wichtigsten Eigenschaften das gehört, was ich die Entsexualisierung der Lust nenne. Die Vorstellung, daß körperliche Freuden immer durch sexuelle Lust entstehen, sowie die Vorstellung, daß sexuelle Lust die Grundlage *aller* körperlichen Freuden ist, ist, glaube ich, eine ziemlich falsche Vorstellung.« [60]
In diesem Zusammenhang hat Foucault einige lobende Worte sowohl für Drogen übrig, »die sehr intensive Genüsse schaffen können«, als auch für den theatralischen Aspekt von S/M, der den Teilnehmern erlaube, in verschiedenen Szenerien und unter verschiedenen Begleitumständen eine Vielzahl von Rollen zu übernehmen, sowie für die Institution der Badehäuser, die es erleichterten, mit »einem fremden Körper in Berührung zu treten«. [61]
»Das S/M-Spiel ist sehr interessant«, sagte Foucault Wilson und Gallagher, »weil es eine strategische Beziehung ist, die jedoch ständig in Fluß ist. Natürlich sind dies Rollen, doch weiß jeder ganz genau, daß diese Rollen vertauschbar sind. Diese Szenen beginnen damit, daß einer den ›Herrn‹ und der andere den ›Sklaven‹ spielt, und am Ende ist der ›Sklave‹ zum ›Herrn‹ geworden. Aber selbst wenn die Rollen ziemlich festgelegt sind, weiß man ganz genau, daß es immer nur ein Spiel ist: Entweder werden die Regeln überschritten, oder es gibt eine explizite oder stillschweigende Vereinbarung, welche die Teilnehmer auf bestimmte Grenzen aufmerksam macht.« Bei einem solchen Spiel »heben sich«, um eine der hermetischen Formulierungen zu benutzen, die Foucault in der Geschichte der Sexualität gebraucht, »Lust und Macht nicht auf, noch wenden sie sich gegeneinander; sondern übergreifen einander, verfol-

gen und treiben sich an. Sie verketten sich vermöge komplexer und positiver Mechanismen von Aufreizung und Anreizung.«[62]

Im Gegensatz dazu erlaubten die Badehäuser eine ganz andere Art von ›Spiel‹, das unvorhersehbar, anonym und dem Zufall überlassen ist. »Ich glaube, daß es von politischer Bedeutung ist«, sagte Foucault Bitoux, »daß Sexualität so funktionieren kann, wie sie in den Badehäusern funktioniert. Dort trifft man auf Männer, für die du das Gleiche bist, was sie für dich sind: nichts als ein Körper, der verschiedene Kombinationen und Herbeiführungen von Lust möglich macht. Du hörst damit auf, der Gefangene des eigenen Gesichts, deiner eigenen Vergangenheit, der eigenen Identität zu sein.«

»Es ist bedauerlich, daß es solche Stätten für erotische Erfahrungen« – für unbegrenzte anonyme Begegnungen – »noch nicht für Heterosexuelle gibt«, fuhr Foucault fort. »Denn wäre es in der Tat nicht wunderbar, zu jeder Tages- und Nachtzeit Gelegenheit zu haben, einen Ort zu besuchen, der mit all den Bequemlichkeiten und Möglichkeiten ausgestattet ist, die man sich nur vorstellen kann, und dort einem Körper zu begegnen, der gleichzeitig greifbar und doch flüchtig ist? In diesem Zusammenhang besteht die einzigartige Möglichkeit, sich selbst zu entsubjektivieren, sich selbst zu entsubjugieren«, sich durch die Affirmation einer »›Nichtidentität‹ zu ent-sexualisieren«: durch »eine Art Sprung ins kalte Wasser, bei dem man lange unter Wasser bleibt und erst dann wieder auftaucht, wenn man nichts mehr von der Qual verspürt, die einen manchmal sogar noch nach einem befriedigenden sexuellen Erlebnis heimsucht«.[63]

Der Schlüssel jedoch lag, wie er Le Bitoux und auch Gallagher und Wilson erklärte, in der unbegreiflichen Zauberkraft von S/M und in den Methoden, mit denen man durch den Gebrauch von Utensilien und Techniken am Körper arbeiten und Schmerz in Lust umwandeln kann. Foucault selbst hat öffentlich wenig über die spezifischen erotischen Praktiken verlauten lassen, an denen er interessiert war. Doch es existieren einige hilfreiche Selbstdarstellungen der Subkultur, wie zum Beispiel Geoff Mains *Urban Aboriginals*, freche Reisetagebücher wie Edmund Whites *States of Desire* und vor allem *The Leatherman's Handbook* von Larry Townshend, dem meistgelesenen schwulen S/M-Handbuch. [64]

Laut Townshends maßgeblicher Fibel aus dem Jahre 1972 gehören folgende Merkmale zu S/M: »1) Eine aus Dominanz und Unterwerfung bestehende Beziehung; 2) Zufügung oder Erduldung von Schmerz, der für beide Beteiligten mit Lustgefühlen verbunden ist; 3) Phantasievorstellungen und/oder Rollenspiel eines oder beider Partner; 4) bewußte Erniedrigung eines Partners durch den andern; 5) Einbeziehung von Fetischobjekten; 6) Ausführen einer oder mehrerer ritualisierter Interaktionen (fesseln, auspeitschen, usw.).« [65]

Obschon die häufigsten S/M-Techniken wie Fesselungen (*Bondage*) und Auspeitschungen relativ harmlos sind, umfaßt das ›Usw.‹ in Townshends Liste ›ritualisierter Interaktionen‹ ein ganzes Arsenal von Möglichkeiten: knebeln, stechen, schneiden, aufhängen, erteilen von Elektroschocks, auf eine Streckbank anbinden, einsperren, brandmarken, die Augen verbinden, mumifizieren, anpissen, anscheißen, rasieren, verbrennen, kreuzigen, an die Decke hängen, Luft abdrücken, Fist-fukking. [66]

Vier Dinge sollten im Auge behalten werden:

Erstens handelt es sich bei S/M trotz der fast ausschließlich schwulen Kundschaft der *Folsom Street* Mitte der siebziger Jahre weder um eine ausschließlich schwule noch ausschließlich von Männern praktizierte Sexualtechnik. Obwohl sich die ersten S/M-Kneipen und Badehäuser in den fünfziger Jahren fast gänzlich an homosexuelle Kunden richteten, gab es damals wie heute einen ziemlich weitreichenden und blühenden heterosexuellen S/M-Untergrund, der durch ein informelles Netzwerk und private Verbindungen funktioniert. Die Expertin Gayle Rubin schätzt, daß es wesentlich mehr heterosexuelle als schwule Anhänger von S/M gibt. Diese Tatsache kann kaum überraschen, drückt S/M doch zumindest in gewisser Hinsicht

die sadistischen und masochistischen Phantasievorstellungen aus, die unausgesprochen in vielleicht allen zwischenmenschlichen Beziehungen mit im Spiel sind. »Genauso wie in allen Menschen, in denen ein Funke Verstand vorhanden ist, irgendwo Depressionen und Paranoia lauern«, bemerkt der amerikanische Psychoanalytiker Robert J. Stoller, »gibt es auch sado-masochistische Bewußtseinszustände. Doch Sado-Masochismus ist nur ein Wort, kein Molekül.«[67]
Zweitens sollte man nicht vergessen, daß die S/M-Subkultur sich auf gegenseitiges Vertrauen gründet. Den Worten Edmund Whites zufolge »ist die Freiheit, eine Sex-Szene zu beginnen oder zu beenden, Teil einer jeden S/M-Abmachung«. Allein das Vorhandensein einer solchen Abmachung muß unterstrichen werden: S/M, so wie er in den siebziger Jahren in der *Folsom Street* praktiziert wurde, beruht auf *gegenseitigem* Einverständnis. Sado-Masochisten sind nach Partnern auf der Ausschau, die intelligent genug sind, das Spiel innerhalb bestimmter Grenzen zu spielen, was eigentlich bedeutet, genau zu wissen, wann und wie weit man die Grenzen der Schmerz/Lust ausweiten kann.[68]
Drittens muß betont werden, daß es sich bei Anhängern von S/M nicht um jene neonazistischen Schläger handelt, die sich Außenstehende oft vorstellen. Im Durchschnitt sind sie genauso friedfertig und angepaßt wie jedes andere gesellschaftliche Segment. White bemerkt dazu (was durch zuverlässige psychiatrische Befunde bestätigt wird): »Sex nimmt ihnen den gewöhnlichen Vorrat an Gehässigkeit auf eine Weise, die sie zu relativ harmlosen Wesen werden läßt.«[69]
Viertens sollte bedacht werden, daß die gruseligen Requisiten, die zu vielen S/M-Szenen gehören – zum Beispiel Handschellen und Peitschen –, nicht mehr sind, als genau das: Requisiten. Die große Mehrheit aller S/M-Szenen beinhalten weder reale Grausamkeit noch physische Gewaltanwendung. »Bei auf gegenseitigem Einverständnis beruhendem Sado-Masochismus wird der Partner weder brutalisiert noch erniedrigt oder gefoltert«, schreibt Robert Stoller, einer der wenigen Psychiater, die sich der Mühe unterzogen haben, die organisierte S/M-Subkul-

tur empirisch zu erforschen: »Zuerst wird aufgereizt und
dann befriedigt.« Das Spiel mit den Folterwerkzeugen in einer
Vielzahl erniedrigender und degradierender Umstände ermöglicht den Beteiligten, die Illusion von Grausamkeit, Hilflosigkeit und bevorstehender Gefahr auszukosten. »Die Kunst
des Sado-Masochismus besteht in seiner Dramaturgie«,
schreibt Stoller, »in seiner köstlichen Simulation von Schaden
und hohem Risiko.« [70]
Diese ›Simulation von Schaden‹, auf die man sich unter kontrollierten Bedingungen freiwillig einläßt, scheint zum Teil den Reiz
von S/M auszumachen. Die einfallsreichen Drehbücher, die vielen S/M-Szenen eine bestimmte Abfolge und eine bestimmte
Einheit verleihen, versetzt beide Partner, den ›Herrn‹ und den
›Sklaven‹, in die Lage, bewußt Wunschvorstellungen von Herrschaft und Knechtschaft auszuspielen, die ansonsten als unfreiwillig erfahren werden. »Die Neuinszenierung vermindert
Angstgefühle, gleichgültig, ob man den ›Herrn‹ oder den ›Sklaven‹ spielt«, kommentiert White. »Entlastung wird nicht von
einer bestimmten Rolle gewährt, sondern von dem Bewußtsein, daß dieses Drama etwas ist, was man selbst begonnen hat
und jederzeit beenden kann.« [71]
Trotzdem ist S/M mehr als bloß Theater. Von waghalsigen Teilnehmern praktiziert, können mit einigen der S/M-Techniken
zerrüttende Zustände intensiver Schmerz-Lust hervorgerufen
werden.
»Die verbreiteste, fast überall anzutreffende Komponente«
von S/M-Inszenierungen ist Townshend zufolge *bondage*: Der
Partner, der die Rolle des Masochisten oder ›Sklaven‹ spielt,
wird gebunden, gefesselt, bekommt Handschellen angelegt
und die Augen verbunden. An diesem Punkt wird dann als eine
Art Appetitanreger »leicht ausgepeitscht«. [72]
Von dort aus können die Partner zu spezielleren Techniken
übergehen, wobei sie das Handwerkszeug des Lederfans benutzen. Für den der Sache ergebenen Masochisten, »der an seine Stellung erinnert werden will«, gibt es »lederne Schwanzringe, die kleine Nadeln an der Innenseite haben« – wenn der
Penis steif wird, schneiden die Spitzen ins Fleisch. Ein ähnliches

Gerät, das ebenfalls ans Glied angebracht wird, ist das »sehr beliebte sogenannte *English Cage Harness*«, eine aus Leder und Metallringen bestehende Vorrichtung, die als ein »bescheidenes genitales Folterwerkzeug« benutzt werden kann, indem Gewichte an die Ringe gehängt werden, die dann die Hoden nach unten ziehen.[73]

Bei der ›Tittenfolter‹ benutzen die Partner Klammern, Streckvorrichtungen und Zaumzeug, die manchmal mit Gewichten beschwert werden oder durch Brustklammern mit den Genitalklammern verbunden werden. Die Klammern, die mit verstellbaren Schrauben versehen sind, können nach und nach festgezogen werden, wobei sie gerade das richtige Schmerzgefühl hervorrufen. »Es gibt einen Augenblick bei der ›Tittenfolter‹, in dem alles möglich ist«, erklärt Geoff Mains in *Urban Aboriginals*. »Jede Form von Schmerz wird zum schieren Begeisterungstaumel. Nadeln werden ins Fleisch gerammt. Heißer Kerzenwachs wird über Klammern geträufelt. Äußerst starker Druck wird auf Muskeln und Bindegewebe ausgeübt. Die Grenzlinie zwischen Schmerz und Lust wird überschritten.«[74]

Dies geschieht auch beim sogenannten Fist-fucking – dem vorsichtigen Einführen von Hand und Unterarm in den Anus des Partners. Es handelt sich dabei um einen ausgesprochen akrobatischen Akt, der erfordert, »einen der empfindlichsten und straffsten Muskeln des menschlichen Körpers zu verführen«. Ein langwieriges und ausgefeiltes Vorspiel ist notwendig, um diese Handlung überhaupt durchführen zu können. Man beginnt mit einer Dusche und Maniküre und schreitet mit der langsamen, schrittweisen Einführung zuerst der Finger, dann der Hand und schließlich des Armes fort, wobei große Mengen von Vaseline verwendet werden. »Ist die Penetration gelungen«, schreibt Mains, erzeugt »interne Massage, die mit auf und ab führenden Bewegungen gekoppelt wird, anfallartige intensive Euphorie.«[75]

Fist-fucking – erstmalig während des Höhepunkts der schwulen Subkultur in den siebziger Jahren verbreitet – war etwas Neuartiges – eine Praktik, die sich weder Sade noch Sacher-Masoch im Traum hätten vorstellen können. Außerdem handelt es sich wie bei zahlreichen S/M-Techniken um eine Praktik, die meist aus einem langen Vorspiel besteht, das nicht zur Klimax führt: Seine Freuden machen vor dem Orgasmus halt. »Das physische Gefühl ist so intensiv, daß es beinahe asexuell wird«, erklärt Larry Townshend. »Die meisten Szenen werden ausgeführt, ohne daß beide Partner eine Erektion haben.« Mains schreibt: »Viele Beteiligte haben kein Interesse an einem Orgasmus. Es geht vielmehr um einen geistigen Raum, der zwischen zwei Menschen entsteht.«[76]

Eine Reihe von anderen, wesentlich ungewöhnlicheren und auf sinnlichere Weise ›schmerzvollen‹ Szenen, die auf ähnliche Weise asexuell und anorgastisch sind, erinnern an psychologische Zustände. (Stoller bemerkt, daß man, schreibt man über S/M, eine gewisse »Schwäche des Vokabulars« empfinde; »es gibt nicht genug Worte für die Farbtöne des Schmerzes.«)[77]

Bei einer ›Hängeszene‹ zum Beispiel wird der Masochist mit verbundenen Augen in ein Ledergeschirr eingespannt und ausgepeitscht, wodurch bei ihm »ein Gefühl völliger Hilflosigkeit« ausgelöst wird, wie Townshend sich ausdrückt, »während es gleichzeitig fast den Anschein hat, als ob er fliegen könnte«.[78]

Eine weitere Variante stellt die sogenannte ›Kreuzigungsszene‹ dar, bei welcher die Hand- und Fußgelenke des Partners, der den ›Märtyrer‹ spielen will, zum Zwecke »ausführlicher Tittenarbeit und/oder Schwanz- und Eierfolter« an ein Holzkreuz geschlagen werden.[79]

Im Gegensatz dazu legt bei ›Doktorspielen‹ der Arzt seinen Patienten auf einen Operationstisch und benutzt eine Lanzette, um »Brustwarzen, Penishaut« oder Hodensack zu durchstechen. »Dies ist sicherlich schmerzvoll«, gesteht Townshend, »und mitunter fließt ein wenig Blut, doch der eigentliche Trip spielt sich im Kopf ab.«[80]

Townshend behauptet sogar, Zeuge einer ›Kastrationsszene‹ gewesen zu sein, bei der dem Opfer die Hoden abgeschnitten und für kurze Zeit in den Mund gelegt worden seien. Dies dürfte wohl reine Erfindung sein – mit Sicherheit hat es nichts mit gewöhnlichen S/M-Praktiken zu tun. Und wie Townshend schnell hinzufügt, bevorzugen die wenigen Männer, die durch die Vorstellung einer Kastration erregt werden, ihre Kastrationsphantasien durch weniger gefährliche Techniken auszuleben: indem das Glied durchstoßen, die Hoden unter Verwendung von Klammern und Gewichten ›gefoltert‹ oder – für waghalsigere Gemüter – indem ein Nagel durch die lose Haut des Glieds in ein Brett getrieben wird. [81]

Zur Blütezeit der S/M-Szene San Franciscos in den siebziger Jahren wurden solche ›schweren Schmerz-Trips‹ durch den Gebrauch von Drogen manchmal noch gesteigert. Zu den am häufigsten benutzten gehörten Amylnitrit, LSD und MDA. Amylnitrit, sogenannte *poppers*, nehmen dem Schmerz seine Durchschlagskraft; LSD verstärkt die zersetzende Wirkung des psychologischen Melodrams und des körperlichen Leidens; MDA, eine zu den Amphetaminen zählende Substanz, erzeugt einen abgeschwächten psychedelischen Effekt und bewirkt »ein Gefühl von Zärtlichkeit und Einfühlungsvermögen, sogar von Freude«. [82]

»Durch *bondage*«, beschreibt Geoff Mains die Empfindungen, »versteht man die Topologie des eigenen Körpers besser« – sowie die Struktur des Geistes. »In der Bewegungsunfähigkeit wird die Welt des Traums, der Erinnerungen und der Sehnsüchte in ein neuartiges Verhältnis zu der Welt gestellt, die wir beständig durch unsere Sinne wahrnehmen.« Im Gegensatz dazu stürzt sich der Körper in ›Folterszenen‹ in ›Schmerz/Lust‹, wobei seine ›Topologie‹ durch solche Techniken und Werkzeuge zunächst zerstört und dann erneuert wird, die den Organismus, wie sich Mains ausdrückt, »an seine ihm bekannten Grenzen und darüber hinaus« treiben. [83]

An diesen Grenzen läßt uns unser bekanntes Wissen im Stich, wie Robert Stoller hellsichtig bemerkt: »Es entstehen Fragen, die wir noch nicht einmal so gut kennen, daß wir sie stellen können.« Wie Stoller hinzufügt, erinnern die von Mains und anderen Anhängern von S/M beschriebenen Erfahrungen an jene Begeisterungsstürme, die von »den Philosophen der Drogenkultur« sowie von den Theoretikern »anderer Gesellschaftsformen und Religionen« berichtet werden, »die Drogen, körperlichen Schmerz, Hungern und andere Mittel der Bewußtseinsveränderung anwenden«. Außerdem erinnern sie an die Gefühlszustände »einiger Menschen, die durch Operationen oder Krankheiten am Rande des Todes gestanden haben, dem Ertrinken nahe waren oder durch Zufall bestimmte Arten von Selbstmordversuchen überlebt haben«. Geoff Mains spekuliert, daß das bei gewissen S/M-Szenen hervorgerufene intensive Schmerzgefühl genauso wie der von anderen Formen körperlichen Leidens hervorgerufene Schmerz die endogenen Morphine des Menschen auslöst und dadurch die Weiterleitung des Schmerzes einschränkt und Schmerzgefühle in eine Art von Lust verwandelt, bei dem das Individuum in einen hier freiwillig herbeigeführten narkotischen Trancezustand verfällt. Welche Mixtur aus physiologischen, psychologischen und gesellschaftlichen Faktoren dabei auch immer eine Rolle spielen mag, man muß auf jeden Fall Stoller zustimmen, der zu dem Schluß kommt, daß »die Erfahrung extremen Schmerzes auf die Grenzen menschlichen Verhaltens weist, die weit über die exotischen Spielereien des perversen Sado-Masochismus hinausgehen«.[84]

Foucault hat öffentlich wenig über die spezifischen Instrumente und Praktiken von S/M gesagt. Er hat jedoch gesagt, daß diese Spielart von ›Grenz-Erfahrung‹ für ihn eine tiefe philosophische Bedeutung besaß.
»Praktiken wie Fist-Fucking«, erklärte er Jean Le Bitoux 1978, »sind Praktiken, die man ›entmännlichend‹ oder ›entsexualisierend‹ nennen könnte. Sie stellen im Grunde genommen *außerordentliche Fälschungen der Lust* dar, die unter Zuhilfenahme einer bestimmten Anzahl von Instrumenten, Zeichen, Symbolen oder Drogen wie *poppers* oder MDA erzielt wird.« Benutzt man die richtigen ›Instrumente‹ (Brustklammern, Schwanzringe, Peitschen, Ketten, Lanzetten) und ›Symbole‹ (Zellen, Operationstische, Kerker, Kruzifixe), könnte man dazu in der Lage sein, wie Foucault Le Bitoux erklärt, »sich selbst zu erfinden« – ein neues ›Selbst‹ zum Vorschein kommen zu lassen – und

außerdem »aus seinem Körper einen Ort zur Schaffung außerordentlich vielschichtiger Freuden zu machen und ihn gleichzeitig der Überbetonung der Geschlechtsorgane [Foucault benutzt den Begriff *sexe*] und besonders des männlichen Geschlechtsorgans zu entziehen«.[85]

An diesen Ausführungen ist vielleicht Foucaults Verwendung des Begriffes ›Fälschung‹ bemerkenswert. Er gehört ansonsten nicht zu Foucaults Wortschatz. Er erscheint jedoch an einer anderen entscheidenden Stelle: in seiner Besprechung von Nietzsches Erkenntnistheorie im Rahmen der ersten Vorlesungsreihe am *Collège de France*, in der er ›Wahrheit‹ als das Produkt »einer ersten und stets wiederholten Fälschung« versteht, »mit der die Unterscheidung zwischen wahr und falsch eingeführt wird«.[86]

Es scheint, als ob Foucault sagen möchte, daß S/M selbst auf irgendeine Weise eine Art von nietzscheanischem ›Wahrheitsspiel‹ ist – ein Spiel, das mit dem Körper selbst gespielt wird.

Es erscheint auf den ersten Blick weithergeholt, S/M als eine Gelegenheit zur Hervorbringung einer besonderen Art von ›Wahrheit‹ zu betrachten. Doch Foucault selbst hat in diesen Jahren von einer »Erotik der Wahrheit« gesprochen. Er redete von der »leidenschaftlichen Erforschung einer bestimmten Wahrheit der Lust« – einer »Wahrheit«, der man sich auf dem Wege von »Erfahrung« nähern müsse und die »auf ihre Qualität hin analysiert und in ihren Ausstrahlungen im Körper und in der Seele verfolgt« werden müsse. Diese ›Erotik der Wahrheit‹ sei ein »kunstvolles Wissen«, wie Foucault sagt, das »unter dem Siegel des Geheimnisses in der Initiation durch einen Meister an jene übertragen [wird], die sich seiner würdig erwiesen haben und die es nun wieder in ihre Lust einströmen lassen, um sie intensiver, stärker, vollkommener zu machen«.[87]

Diese Beschreibung paßt sicherlich auf die S/M-Subkultur. Doch wie Foucault genau wußte, können sich die meisten Menschen, ganz bestimmt die Mehrzahl seiner Kollegen, kaum vorstellen, sich ›Wahrheit‹ oder ›Lust‹ auf dem Wege der ›Initiation‹ in eine esoterische erotische Praktik zu nähern. Und was für eine Art von ›Wahrheit‹ könnte eine solche Praktik zum Ausdruck bringen?

Foucault hat sich in einer Reihe 1973 und 1974 gehaltener Vorträge, die in einige seiner späteren Texte eingearbeitet wurden, dieser Frage indirekt zugewandt, indem er zwischen zwei verschiedenen Zugängen zur ›Wahrheit‹ unterschied. Der eine betont eine Gruppe von Praktiken, die Foucault durch die ihnen gemeinsame Anwendung von *l'enquête* definiert, die andere legt das Gewicht auf eine Gruppe esoterischer Rituale, die er durch ihren Rückgriff auf *l'épreuve* bestimmt. *Enquête* hat im Deutschen etwa die Bedeutungen ›Untersuchung‹, ›Überblick‹ oder ›genaue Prüfung‹; *épreuve* kann als ›Zerreißprobe‹, ›Test‹ oder ›Gerichtsverhandlung‹ übersetzt werden.[88]

Die Vorstellung einer ›Wahrheit‹, der man sich auf dem Wege der Untersuchung (*enquête*) annähern könne, ist Foucault zufolge eine typische Erfindung der Neuzeit und eine der methodologischen Grundlagen der zeitgenössischen Wissenschaft. Bei einer Untersuchung sammelt man Beweismaterial in der Annahme, daß ›Wahrheit‹ objektiv sei, also etwas, das von jedem nachvollziehbar sei, der über eine angemessene Ausbildung und über angemessenes Wissen verfügt. Dieses Modell der Untersuchung steht im Mittelpunkt juristischen Vorgehens im modernen Staat – und ebenso wissenschaftlicher Prozeduren bei der Sammlung von Information über die Natur. Sobald dieses Modell, Foucault zufolge gegen Ende des achtzehnten Jahrhunderts, in die kontrollierte Situation von Laborexperimenten einbezogen worden war, wurde dieser Art durch wissenschaftliche Forschung verifizierbarer ›Wahrheit‹ universelle und von Raum und Zeit unabhängige Geltung zugestanden, da verschiedene Forscher in verschiedenen Laboratorien die Gültigkeit der von anderen anderswo gewonnenen Ergebnisse bestätigen konnten.[89]

Dieses wissenschaftliche Konzept von ›Wahrheit‹ bewies seine Schlagkraft in der Praxis. Trotzdem »findet sich in den Grundlagen unserer Zivilisation«, wie Foucault in einem Aufsatz feststellt, in dem er *enquête* und *épreuve* gegenüberstellt, »eine andere Vorstellung [von ›Wahrheit‹], die sowohl der Wissenschaft als auch der Philosophie zuwiderläuft«. Innerhalb dieser schattenartigen ›Gegen-Tradition‹ erscheint ›Wahrheit‹ als das besondere Produkt »günstiger Augenblicke« und »privilegierter Orte«, an denen sich eine ritualisierte »Zerreißprobe« (*épreuve*) entfalten kann.[90]

Zu den von Foucault erwähnten ›privilegierten Orten‹ zählt Delphi, wo Sokrates das Orakel eröffnet wurde, das seine lebenslange Suche nach Wahrheit auslöste. Foucault erinnert weiterhin an jene Höhlen in der Wüste, wohin sich frühchristliche Asketen wie der heilige Antonius zurückzogen, um mit dem Teufel zu kämpfen und ihren Glauben auf die Probe zu stellen.[91]

Und zu den ›günstigen Augenblicken‹, die Foucault bespricht, zählen die ›Krise‹ der vormodernen Medizin, die archaische Kunst der Marter, sowie das martialische Gepränge des Ritterkampfes, in denen sich der turbulente Aggressionstrieb auf dem Wege des organisierten Blutvergießens öffentlicher Kriegsspiele niederschlug und geehrt wurde.

Die Vorstellung von einem ritualisierten Wettbewerb, der Tugend und Heldenmut, Schuld und Unschuld bestimmen sollte, wurde für Foucault so etwas wie ein Paradigma: »Die Zerreißprobe, durch die sich der Beschuldigte einem Test [*épreuve*] unterzieht, oder das Duell, bei dem sich Angeschuldigter und Anschuldigender (oder ihre Stellvertreter) gegenüberstehen, war keine rohe oder irrationale Weise, die Wahrheit ›ausfindig zu machen‹, um in Erfahrung zu bringen, was bei der in Frage stehenden Sache ›wirklich geschehen war‹; es handelte sich vielmehr um ein Mittel zu entscheiden, auf wessen Seite Gott die Waagschale des Glücks oder der Kraft *in diesem Augenblick* sich neigen ließ, was zum Erfolg des einen oder anderen der beiden Gegner führte.«[92]

Die Marter, wie Foucault sie beschreibt, gehört in diese Tradition, ›Wahrheit‹ zu bestimmen. »Schmerz, Kampf und ›Wahrheit‹«, schreibt er in *Überwachen und Strafen*, standen durch eine Art »Kampfgericht«, »Schlacht« oder »Zweikampf« miteinander in Verbindung; »[d]ie rituelle Hervorbringung der

Wahrheit spielt sich in einer Schlacht ab, in der einer über den anderen siegt«. Meistens trug natürlich der Wille des Fürsten den Sieg davon, da er sich der »Kunst unerträglicher Empfindungen« seines Henkers bedienen konnte, um Geständnisse zu erzwingen. Trotzdem schlichen sich im Verlauf dieser schmerzvollen Tortur mitunter Zufall und fremde Mächte ein. Und wenn es dem Verdächtigen gelang, ›durchzuhalten‹, galt seine Unschuld als erwiesen; der Richter war gezwungen, die Anklage fallen zu lassen. Indem er unsägliche Qualen tapfer aushielt und dem Tod ins Angesicht schaute, gewann der gemarterte Mensch sein Leben.[93]

Ein ähnlich paradoxes Schauspiel entfaltete sich in der ›Krise‹ der Medizin, die Foucault beschreibt. Auch hier wurde eine Art rituelle ›Schlacht‹ durchgeführt – in diesem Falle gegen eine tödliche Krankheit. Der Verlauf der Krankheit war eine »selbständige Bewegung«, doch eine, an welcher der Arzt teilnehmen konnte, indem er dem erkrankten Menschen dabei half, sich auf den Tod vorzubereiten. Auf dem Höhepunkt der Krise befreite sich der pathologische Vorgang aus eigener Kraft von seinen Fesseln. Diejenigen, die am Krankenbett saßen, mußten hilflos mit ansehen, wie das Fieber seinen Verlauf nahm. Das Leben hing an einem seidenen Faden; der Patient konnte sterben, doch schien die Möglichkeit, den Kranken in ein fiebriges Delirium fallen zu lassen, die letzte und beste Hoffnung auf Genesung zu eröffnen.[94]

»Für unsere eigene Zivilisation«, faßte Foucault seine Hypothese zusammen, »muß man daher eine ganze Technologie der Wahrheit annehmen, die von der wissenschaftlichen Praxis nach und nach in Mißkredit gebracht, verdeckt und vertrieben wurde. Diese Wahrheit gehört nicht zur Ordnung dessen, was ist, sondern zu der, was geschieht: Sie ist ein Ereignis. Sie wird nicht verzeichnet, sondern erweckt: eine Schöpfung, welche die Stelle der ›Apophantik‹ einnimmt« (ein philosophischer Fachbegriff, der die Lehre von Aussagesätzen bezeichnet, die sich auf die Wirklichkeit beziehen).[95]

›Wahrheit‹ in diesem veralteten und diskreditierten Sinne, fährt Foucault fort, »wird nicht mit Meßinstrumenten« des modernen Laboratoriums »entdeckt«, sie wird vielmehr direkt erzeugt und in den Körper und die Seele des Einzelnen eingeschrieben. ›Wahrheit‹ als das Ergebnis einer ›Zerreißprobe‹ läßt sich nicht durch methodische Prinzipien regulieren, sie wird vielmehr »durch Rituale hervorgelockt, durch Kunstgriffe erlangt, sie wird nur zufällig durch Strategie und nicht durch eine Methode gewonnen. Das Ereignis [der Erzeugung von Wahrheit], das auf diese Weise im Individuum produziert wird, und zwar in einem Individdum, das auf es lauert und von ihm heimgesucht wird, schafft keine Beziehung zwischen einem Objekt und einem wissenden Subjekt, sondern eher eine in ihrer Meisterung, Beherrschung und ihrem Triumph mehrdeutige, umkehrbare, kampflustige Beziehung – eine Machtbeziehung.«[96]

Gehört S/M zu dieser okkulten und diskreditierten Weise, eine besondere – und möglicherweise verändernde – Art von ›Wahrheit‹ hervorzubringen?

Foucaults Freund Gilles Deleuze war offensichtlich dieser Ansicht. »Materiell«, schrieb er 1967 in seiner Arbeit über Sacher-Masoch, »stellt sich der Masochismus als eine Gegebenheit der Sinne dar« – zum Beispiel eine bestimmte Kombination von Schmerz und Lust – »moralisch als eine Gegebenheit des Gefühls. Aber jenseits der Sinne und des Gefühls erzählt der Masochist eine Geschichte, und diese Geschichte ist gleichsam das überpersönliche Element«, das, wie Nietzsches Traum vom Übermenschen, zur »Entstehung des Neuen Menschen« führt, behauptet Deleuze.[97]

Es war charakteristisch für Foucault, daß er in seinen eigenen Schriften mit mehr Vorsicht zu Werke ging. Trotzdem hat er im ersten Band seiner Geschichte der Sexualität – der methodologischen Vorüberlegung, die er im Dezember 1976 unter dem auf Nietzsche anspielenden Titel *La volonté de savoir (Sexualität und Wahrheit I: Der Wille zum Wissen)* veröffentlicht – behauptet, daß der Mensch der Moderne, ob er will oder nicht, dazu verdammt sei, unser Verständnis von *persönlicher* ›Wahrheit‹ durch Sexualität und Sex zu klären: »[D]aher erscheinen uns alle Rätsel der Welt leicht im Vergleich zu diesem Geheimnis, das in jedem von uns so winzig ist, und doch seiner Dichte wegen schwerer wiegt als jedes andere.« Abgesehen davon, daß sich unsere eigene, kulturell verfaßte Erfahrung von Genitalsex als ausgesprochen ›imaginär‹ und historisch bedingt erweisen mag, soll jeder Mensch durch Sex »Zugang zu seiner Selbsterkennung haben (weil er zugleich das verborgene Element und das sinnproduzierende Prinzip ist), zur Totalität seines Körpers (weil er ein wirklicher und bedrohter Teil davon ist und überdies sein Ganzes symbolisch darstellt), zu seiner Identität (weil er an die Kraft eines Triebes die Einzigartigkeit einer Geschichte knüpft)«. [98]

Genauso verblüffend an diesem Buch war Foucaults schwer verständlicher Vorschlag, daß der einzige Weg, über eine lähmende Identifikation mit unserem »Sex-Begehren« (oder ›Genital-Begehren‹) hinauszugelangen, in einer Rückkehr zu »Körper[n] und Lüste[n]« liege. [99]

Seiner Ansicht nach ist eine solche Rückkehr heute möglich wie selten zuvor in der Geschichte. Die Voraussetzungen für ihre Durchführung sind paradoxerweise in jener sich beschleunigenden Verbreitung von »Perversionen« zu suchen, die von der modernen Kultur geschaffen werden. »[O]rdentliche Sexualität« wird »in einer Art Rückfluß von den peripheren Sexualitäten her [. . .] befragt«, die in »*einer unaufhörlichen Spirale* der Macht und der Lust« verfangen sind und neue und vielgestaltige Beziehungen hervorbringen. Als er nach seiner Rückkehr aus Kalifornien 1976 über diese »häretischen Sexualitäten« schrieb, klang Foucault sehr optimistisch: »[N]iemals gab es mehr Machtzentren, niemals mehr Berührungs- und Verbindungskreise, niemals mehr Brennpunkte, an denen sich die Intensität der Lüste und die Beharrlichkeit der Mächte entzünden, um weiter auszustrahlen.« [100]

Sämtliche ›Grenz-Erfahrungen‹, die Foucault in Kalifornien, zunächst in der *Folsom Street*, dann im *Death Valley*, gemacht hatte, bestätigten seine These, daß der Körper wie die Seele in bestimmter Hinsicht gesellschaftlich bedingt – und deshalb zumindest grundsätzlich Änderungen offen seien. Sogar ›Sex‹ – der gesamte Bereich psychischen Begehrens und physiologischer Impulse, der mit den Fortpflanzungsorganen in Verbindung steht – erwies sich, wie er in *Der Wille zum Wissen* schrieb, als bloß »imaginäre[r] Punkt«, als das historisch bedingte Produkt der »Macht in ihren Zugriffen auf die Körper, ihre Materialität, ihre Kräfte, ihre Energien, ihre Empfindungen, ihre Lüste«. (An dieser und an anderen Stellen benutzt Foucault das französische Wort *sexe*, in dem die Bedeutung ›Geschlechtsorgane‹ in einer Weise mitschwingt, die dem deutschen Begriff *Sex* fehlt.) [101]

Die Radikalität dieser Ansicht ist vielleicht nicht genügend betont worden. Sagt Foucault hier doch, daß der menschliche Organismus ein im wesentlichen formloses, ständiges Fließen von Trieben und Energien ist, wobei es innerhalb der von der modernen Wissenschaft gespielten ›Wahrheitsspiele‹ unmöglich ist, dieser Eingebung Ausdruck zu verleihen. Viele der physiologischen Triebe, die auf den ersten Blick wie unveränderliche Instinkte zu funktionieren scheinen, einschließlich der Fixierung auf Genitalsex, sind eigentlich Hirngespinste des kollektiven Einbildungsvermögens, die dem kollektiven Spiel und sogar einem großen kulturellen Experiment der ›Desexualisierung‹ offenstehen. [102]

In einem Interview faßte Foucault die wichtigsten politischen Punkte des Buches im Jahre 1977 folgendermaßen zusammen: Man sollte in den neuen feministischen und schwulen gesellschaftlichen Bewegungen nicht auf die ›Befreiung‹ des ›Sex-Begehrens‹ zielen, sondern vielmehr »auf eine allgemeine Ökonomie der Lust, [. . .] die nicht sexuell normiert ist«. [103]

Weiterhin sollte man, wie Foucault in einem der ersten Interviews, das er nach seiner Rückkehr aus Kalifornien gab, die ›Wahrheit‹ dieser Vision auf den Prüfstein legen – und jeder Mensch sollte für sich durch eine bestimmte Art von *épreuve* den formlosen ständigen Wandel des (desexualisierten) Körpers bestätigen. Dies könnte geschehen, indem man »den langsamen Bewegungen von Schmerz/Lust« nachspüre, wie der Philosoph sich diskret ausdrückte. Die gewohnte Struktur des

Körpers scheine im Hin-und-Her-wiegen, im Gleiten der Gefühle vom Schmerz zur Lust und wieder zum Schmerz unter der Woge unbekannter Empfindungen zusammenzubrechen, wobei seine Instinkte und Triebe zu einer Masse »unförmige[r] Pseudopodien« würden – als ob jede Körperzone, wie die Amöbe durch ihre Pseudopodien, dann dazu in der Lage sei, ihre Gestalt beständig zu verändern.»Es handelt sich um ein Vervielfältigen und Knospentreiben des Körpers, um eine gewissermaßen autonome Steigerung seiner kleinsten Partien, der geringsten Möglichkeiten eines seiner Bruchstücke«, bemerkte Foucault, indem er die Erfahrung beschreiben wollte. »Dabei vollzieht sich eine Anarchisierung des Körpers, in der die Hierarchien, die Verortungen und Benennungen, das Organische, wenn sie es so wollen, in Auflösung begriffen sind [. . .]. Es ist etwas ›Unbenennbares‹ und ›Unbenutzbares‹, außerhalb aller Wege des Begehrens. Es ist ein durch die Lust völlig plastisch gewordener Körper, etwas, das sich öffnet und spannt, das zuckt, schlägt und klafft.« [104]

Foucault wußte genau, wie kurios – und wie einfach der Lächerlichkeit preiszugeben – eine solche Vision eines »andere[n], ein[es] jüngere[n], ein[es] schönere[n] Körper[s]« ist. Im ersten Band der Geschichte der Sexualität (*Der Wille zum Wissen*) stellt er sich sogar mit offensichtlichem Gleichmut die Einwände vor, die gemacht werden könnten: »Man wird mir entgegenhalten, daß ich einem eher hastigen als radikalen Historismus verfalle; daß ich zugunsten einiger vielleicht variabler, gewiß zerbrechlicher, zweitrangiger und oberflächlicher Probleme die biologisch solide Existenz der sexuellen Funktionen umgehe; daß ich von der Sexualität spreche, als gäbe es den Sex (*le sexe*) nicht [. . .]. Man wird sagen: ›[F]ür Sie gibt es nur Effekte ohne Basis, Verzweigungen ohne Wurzel, eine Sexualität ohne Sex (*sexe*). Wieder mal eine Kastration.‹« [105] Doch Foucault hat für diese imaginären Einwände nur ein Achselzucken übrig. Er wiederholt seine Überzeugung, daß die Gesellschaft den Körper von Grund auf transformiert und seine

»physiologische[n] Prozesse« formt. *Und* er wiederholt mit größtem Nachdruck seine Ansicht, daß die Genitalien (*sexe*) alles andere als der »biologisch fundierte« Ausgangspunkt für eine Geschichte der Sexualität seien, sondern vielmehr »das spekulativste, das idealste [. . .] Element« einer solchen Geschichte. [106] Eines Tages könnte sich herausstellen, daß die Skepsis, die der Befreiung von der Dominanz von Penis, Vagina und Orgasmus entgegengebracht wird, so kurzsichtig und lediglich historisch interessant ist wie der viktorianische Horror vor der Masturbation; zumal dann, wenn sich das genitale Begehren im großen und ganzen als imaginärer Ort, als eine pardoxerweise von zufälligen atmosphärischen Bedingungen unseres nüchternen kulturellen Klimas bewirkte Sinnestäuschung erweist, die sich nach »den unberechenbaren Lüsten [. . .] des Körpers im fliegenden [. . .] Zustand« überraschend auflöst. [107] In diesem Zusammenhang erinnert Foucaults Kritik der »strengen Monarchie des Sex (*sexe*)« an den frühchristlichen Philosophen Origenes, von dem es heißt, daß er sich bei dem übereifrigen Bemühen, ein Leben ekstatischer Reinheit zu führen, selbst kastriert habe. Wie Foucault ging Origines ebenfalls davon aus, daß der Körper unter dem Einfluß einer bestimmten Art von ›Grenz-Erfahrung‹ – für den Theologen war dies das heiße Verlangen, von der Weisheit Gottes durchdrungen zu werden – weniger ›dickflüssig‹, ›geronnen‹, ›verhärtet‹ und endlich frei und fließend werden könnte. Wie der Historiker Peter Brown die Konsequenzen einer solchen Auffassung zusammenfaßt, ist »das menschliche Leben, das in einem mit sexuellen Merkmalen versehenen Körper verbracht [wird], [. . .] nur die letzte dunkle Stunde einer langen Nacht, die mit der Morgenröte verschwinden würde. Der Körper [steht] vor einer Verwandlung, die so gewaltig [ist], daß sie alle gegenwärtigen Auffassungen von einer an sexuelle Unterschiede gebundenen Identität und alle auf Ehe, Fortpflanzung und dem Gebären von Kindern beruhenden sozialen Rollen so fragil erscheinen [lassen] wie Staubkörnchen in einem Sonnenstrahl.« [108] Doch Foucault, der ein lebhaftes Interesse an Anschauungen von Askese wie zum Beispiel der des Origines entwickelt hatte, brauchte nicht so weit auszuholen, um Rückhalt für seine eigene, genauso ungewöhnliche Hoffnung auf eine Neubestimmung des Körpers zu finden. Artaud hatte schließlich die ganz ähnlich anmutende Zuversicht geäußert und den Versuch unternommen, über eine Körperlichkeit hinauszugehen, die er als »fortwährende Kreuzigung« erfuhr. In diesem Sinne hatte er mit bewußtseinserweiternden Drogen experimentiert und absichtlich den Wahnsinn bei dem verzweifelten Versuch mit in Kauf genommen, auf irgendeine Weise den Körper zu transformieren und umzugestalten, der ihm wie ein »Klumpen unverbundener Organe« vorkam, »denen ich, so schien es mir, zusah wie einer riesigen Eislandschaft, die gerade auseinanderbricht«. [109]

»Wir müssen uns also entschließen, den Menschen zu kastrieren«, erklärte er an zentraler Stelle in seinem im Jahre 1947 geschriebenen Hörspiel ›Schluß mit dem Gottesgericht‹, wobei er eine Art »dionysischer Kastration« vorschlug (um eine der nachhaltigsten Formulierungen Foucaults zu gebrauchen):

– Indem man ihn noch einmal, aber das letzte Mal, über den Autopsietisch gehen läßt, um ihm seine Anatomie zu erneuern. Ich sage, um ihm seine Anatomie zu erneuern.

Der Mensch ist krank, weil er schlecht konstruiert ist. Man muß sich dazu entschließen, ihn bloßzulegen, um ihm diese Mikrobe abzukratzen, die ihn zu Tode reizt.

Gott
und mit Gott
seine Organe.

Denn binden Sie mich, wenn Sie wollen,
aber es gibt nichts Sinnloseres als ein Organ.

Wenn Sie ihm einen Körper ohne Organe hergestellt haben, dann werden Sie ihn von all seinen Automatismen befreien und ihm seine wirkliche und unvergängliche Freiheit zurückerstattet haben. [110]

Artauds Vorstellung von der Erzeugung eines ›organlosen Körpers‹ mag genauso absurd oder gar verrückt erscheinen wie das nicht weniger radikale, doch gegenläufige Konzept des Origenes, den Körper in einen ›Tempel Gottes‹ zu verwandeln. Doch Gilles Deleuze und Félix Guattari hatten in ihrem von Foucault gelesenen und bewunderten Werk *Anti-Ödipus* Artauds Idee systematisch ausgeweitet. Und in einem 1974 veröffentlichten Aufsatz gingen Deleuze und Guattari sogar noch weiter und schlugen eine Anzahl handfester Möglichkeiten vor, den ›organlosen Körper‹ zu schaffen, von denen keine verblüffender – oder Foucaults eigenen Überlegungen zur Erotik näherstehend – war als diejenige, die Deleuze und Guattari »den *masochistischen Körper*« nannten.[111]
Ihre Vorschläge lauten folgendermaßen:

1. Du kannst mich auf den Tisch schnallen und festbinden, zehn bis fünfzehn Minuten, Zeit genug, um die Instrumente vorzubereiten. 2. Mindestens einhundert Peitschenschläge, einige Minuten Pause. 3. Du beginnst mit dem Nähen, Du vernähst das Loch in der Eichel, Du nähst die Haut, die um die Eichel herum ist, an dieser fest, so daß sie nicht herunterrutschen kann, Du nähst den Hodensack an der Haut der Oberschenkel fest. Du nähst die Brüste zusammen, einen Knopf mit vier Löchern fest an jeder Brustspitze. Du kannst sie durch ein Knopflochgummiband verbinden – *Du gehst zur zweiten Phase über:* 4. Du hast die Wahl, ob Du mich auf dem Tisch umdrehen willst, auf dem Bauch liegend festgeschnallt, aber mit zusammengelegten Beinen, oder ob Du mich an einen einzelnen Pfahl binden willst, mit gefesselten Handgelenken und Beinen, den ganzen Körper ordentlich festgebunden. 5. Du peitschst mir den Rücken den Hintern die Schenkel, mindestens einhundert Peitschenschläge. 6. Du nähst die Hinterbacken zusammen, die ganze Arschritze. Solide mit einem doppelten Faden, wobei Du bei jedem Stich innehältst. Wenn ich auf dem Tisch liege, bindest du mich nun an den Pfahl. 7. Du gibst mir mit einer Reitpeitsche fünfzig Schläge auf

den Hintern. 8. Wenn Du die Folter steigern und deine
Drohung vom letzten Mal wahrmachen willst, stichst Du
mir bis zum Anschlag die Nadeln in die Hinterbacken.
9. Du kannst mich dann an den Stuhl fesseln, Du gibst mir
dreißig Schläge mit der Reitpeitsche auf die Brust und
stichst kleinere Nadeln hinein. Wenn Du willst, kannst Du
sie vorher auf dem Kocher zum Glühen bringen, alle oder
einige. Du mußt mich ganz fest an den Stuhl fesseln, und
die Handgelenke müssen auf den Rücken gefesselt werden, damit die Brust nach vorn gedrückt wird. Wenn ich
nichts vom Brandmalen gesagt habe, so liegt das daran,
daß ich demnächst einen Arzt aufsuchen muß, und die
Heilung dauert dafür zu lange.

Deleuze und Guattari fügen hinzu: »Das ist kein Phantasma,
sondern ein Programm.« [112]

Dieses ›Programm‹ konnte natürlich, sollte jemand das Verlangen haben, in der S/M-Subkultur unter Verwendung all der ›häretischen‹ Techniken und Mittel, die Foucault selbst beschrieben hatte, ausprobiert werden.
Ein Individuum könnte auf dem Wege der Qualen selbstgewählter ›Marter‹ herkömmliche Denkmodelle und die als gegeben angesehene ›Aufwertung‹ der Geschlechtsorgane hinter
sich lassen. Es könnte durch die Mobilisierung alter Triebe und
Wunschvorstellungen befähigt werden, der besonderen Struktur von Zwangshandlungen und fixen Ideen eine neue Wendung zu geben, welche die moderne ›Mnemotechnik‹ aus Moral und Schuld dem Körper und der Seele eingebrannt hat.
Dann könnte es vielleicht einen kurzen Augenblick lang dazu in
der Lage sein, sich durch Hingabe an eine Art von »zersetzende[m] Blick, welcher auch sich selber aufösen [. . .] kann, [. . .]
de[n] Leib« zu sehen, wie »er von der Geschichte durchdrungen ist und wie die Geschichte am Leib nagt«. [113]
Mit diesem durch und durch nietzscheanischem ›Wissen‹ ausgestattet könnte es dem Genealogen der ›Schmerz/Lust‹ dann

sogar gelingen, sich *neue* Kombinationsmöglichkeiten aus Trieben und Phantasmen vorzustellen, neue Machtbeziehungen, einen neuen ›Lebensstil‹ – vielleicht sogar ein neues ›Wahrheitsspiel‹.[114]

Doch konnte eine Praktik wie S/M Foucault (oder wen auch immer) in die Lage versetzen, ›anders zu denken‹?
Könnte eine erotische ›Zerreißprobe‹ den Menschen wirklich befähigen, wie Foucault andeutete, in einem ›Augenblick der Wahrheit‹ auf schöpferische Weise seinen besonderen *daimon* zu begreifen – und dadurch sein historisches Schicksal umzuformen und »der Geburt des neuen Menschen« den Weg zu ebnen?
Oder erlaubt S/M dem Individuum nur (wie von einigen Feministinnen behauptet wird), die rohesten und grausamsten (männlichen) Phantasien brutaler Dominanz und äußerster Unterwerfung auszuleben, um auf diesem Wege durch das, was ein Freudianer einen ›Wiederholungszwang‹ nennen würde, jenes morbide Zusammentreffen von Sexualität und Tod zu verstärken, vor dem Foucault am Ende von *Der Wille zum Wissen* warnte?[115]
Foucault kannte diese Gefahren genau und hatte betont, daß die durch eine ›Zerreißprobe‹ gewonnene ›Wahrheit‹ stets ›zwiespältig‹ und ›widerrufbar‹ sei. In seinen Vorlesungen über Nietzsches Erkenntnistheorie hatte er 1971 ähnliche Überlegungen angestellt. Aus der Perspektive Nietzsches sei ›Erkenntnis‹ (einschließlich Foucaults eigenem bekundeten ›Willen zum Wissen‹) immer »zweifelhaft«, ein »vorübergehender Kompromiß« zwischen antagonistischen Trieben, Impulsen und Begierden. Die ›Erkenntnis‹ selbst, sagt Foucault »ist stets leibeigen, abhängig, interessiert (keineswegs an sich selbst, sondern sie ist an dem interessiert, was geeignet ist, das Interesse des Instinkts [. . .] zu erregen)«.[116]
Foucault hat dies einfacher in einem Interview aus dem Jahre 1977 gesagt: »*Und es gibt immer irgend etwas in uns, das etwas anderes in uns bekämpft.*«[117]

Zu den Dingen, gegen die er ausdrücklich zu Felde ziehen wollte, gehört der ›Faschismus in uns allen‹. Wie er im letzten Kapitel von *Der Wille zum Wissen* eingestand, verbindet eine »traumartige Begeisterung des unbegrenzten Rechts einer allmächtigen Monstrosität« die todessüchtigen Lüste des Marquis de Sade mit den Todeslagern der Nazis.[118]

Auf dem Spiel steht, ein gefährdetes Gleichgewicht zu finden, denn einerseits war es »Sades großartiges Experiment«, wie sich Foucault in einem Gespräch 1973 ausdrückte, »ungeordnetes Begehren in eine von Ordnung und Klassifikation beherrschte Welt einzuführen«. Eine philosophische Konsequenz dieses ›großartigen Experiments‹ sah Foucault in »der Auflösung des Selbst, zumindest so, wie dieser Begriff seit Descartes verstanden wurde«. Es war »genau diese orgiastische Eigenschaft der zeitgenössischen Sexualität«, die Sade erstmals zur Sprache brachte, »welche die Frage nach der Stellung des Subjekts hervorbrachte«. Foucault hat sich niemals von diesem Aspekt des Sadeschen Werkes abgesetzt.[119]

Andererseits war Sade jedoch nicht weit genug gegangen. Er war eine Übergangsfigur, die auch dann noch dem Zeitalter der Aufklärung verhaftet blieb, als er (in Foucaults eigenwilliger Sichtweise) die Tür zu unserer eigenen modernen Gegenkultur aufstieß, die sich auf ›Fiktion‹ und ›Grenz-Erfahrung‹ gründet. Foucault erklärte in einem Gespräch 1975, daß Sade die herkömmliche Vorstellung vom Körper als Gebilde hierarchisch strukturierter Organe nicht aufgeben konnte. »Der Körper ist bei Sade noch stark organisch«, bemerkte er, »und in einer Hierarchie verankert, mit dem Unterschied allerdings, daß die Hierarchie nicht wie im alten Märchen vom Kopf, sondern vom Sex (sexe) aus organisiert wird.« Da Sade noch auf genitalen Geschlechtsverkehr fixiert blieb, formulierte er eine Erotik, »die zu einer Disziplinar-Gesellschaft gehört, zu einer reglementierten hierarchisierten Gesellschaft der Anatomie – mit ihrer sorgfältig eingeteilten Zeit und ihren in Planquadrate aufgeteilten Räumen, mit ihrem Gehorsam und ihrer Überwachung«.[120]

»Davon gilt es wegzukommen«, sagte Foucault 1975 nach

seiner Rückkehr aus Kalifornien. »Mit dem Körper und seinen Elementen, mit seinen Oberflächen, Volumen und Verdichtungen, muß man eine nicht-disziplinierte Erotik erfinden, eine Erotik des Körpers [. . .] mit seinen zufälligen Begegnungen und seinen unberechenbaren Lüsten.«[121]

Dieser »des-organisierte Körper« wäre »das Gegenteil des Sadismus«. Das Gefühl der »›Schmerz/Lust‹ ist ganz anders als dasjenige, das man im [gewohnten sexuellen] Begehren oder dabei, was man Sadismus oder Masochismus nennt, antrifft«. »Die Vorstellung, daß S/M etwas mit ausschweifender Gewalt zu tun hat, daß diese Gewalt, diese Aggression durch S/M-Praktiken freigesetzt werden könnte, ist ausgesprochen dumm.«[122]

Die ›langsamen Bewegungen‹ der ›Schmerz/Lust‹ sind weit davon entfernt, einfach Sades eigene grausamen Phantasievorstellungen in die Tat umzusetzen, sondern könnten den Menschen vielmehr von eben diesen grausamen Phantasievorstellungen befreien, indem sie die historisch bedingten Zwangsvorstellungen von Gewalt und Aggression freilegen und durch ihre Anwendung die morbide Verwirklichung jenes ›sexuellen Begehrens‹ auflösen, dem Freud den Namen ›Todestrieb‹ gegeben hatte.

Darin liegt im Grunde eine der geheimnisvollen Möglichkeiten, die Foucault am Schluß von *Der Wille zum Wissen* angedeutet hat.

Doch ist das Ergebnis dieser dunklen Zerreißprobe, bei der Körper und Seele einer Prüfung unterzogen werden und all ihren kampflustigen Trieben und Phantasmen in einer Art von erotischem ›Zweikampf‹ oder ›Kampfgericht‹ freier Lauf gelassen wird, immer zweifelhaft. »Worin besteht jene Macht, die all denen die Sprache verschlägt, die ihr von Angesicht zu Angesicht gegenübergetreten sind und die alle diejenigen zur *Verrücktheit* verdammt, die diese Zerreißprobe [*épreuve*] der Unvernunft gewagt haben?« Foucault stellte diese rhetorische Frage 1961, indem er an die Risiken erinnerte, die von Orakeln des ›Denkens des Außen‹ wie Sade und Artaud eingegangen worden waren.[123]

»Die kritische Ontologie unserer selbst«, faßte Foucault 1983 die unsichere Natur seines eigenen Versuchs, ›anders zu denken‹, nüchterner zusammen, »darf beileibe nicht als eine Theorie, eine Doktrin betrachtet werden, auch nicht als ständiger, akkumulierender Korpus von Wissen; sie muß als eine Haltung vorgestellt werden, ein *Ethos*, ein philosophisches Leben, in dem die Kritik dessen, was wir sind, zugleich die historische Analyse der uns gegebenen Grenzen ist und eine mögliche Zerreißprobe [*épreuve*] ihrer Überschreitung.«[124]

Hier nun eine solche ›Zerreißprobe‹ aus der Phantasiewelt Sades:

Deine Hände sind an die Zimmerdecke angebunden. An deine Arme werden Schnüre angelegt, die langsam enger gezogen werden. Ein Mann mit einer Lanzette kommt auf dich zu und durchsticht an jedem Arm eine Vene. Du schaust hilflos zu, wie das Blut aus deinem Körper tropft.[125]

Die Marter ist wie die ›Krise‹ der mittelalterlichen Medizin strukturiert. Es handelt sich um ein Spiel, ein sorgfältig reguliertes Ritual, ein Spektakel der »bewegungslosen Kontemplation, des nachgeahmten Todes«. Sein Ziel: leidenschaftlich und aktiv der qualvollen Lust auf Blut und Tod *Ausdruck zu verleihen* und diese Lust durch »fortgesetzte[] Ironie« zu veräußerlichen – und sie somit auf dem Wege einer »perversen Mystik« zu reinigen, aufzuzehren, sie »im voraus [zu] entwaffne[n]«.[126]

Durch Hingabe an dieses halluzinatorische Fieber stehst du, während das Spektakel deines eigenen Blutes einen Rauschzustand hervorruft, deinem Augenblick der Wahrheit gegenüber.

Du machst unvermittelt die von wissenschaftlicher Forschung nie adäquat nachvollziehbare Erfahrung der »ganze[n] schwarze[n] Innenwelt des Körpers, die von augenlosen Träumen bebildert wird«.[127]

Und durch diese Erfahrung, die dich sicher an die Schwelle deines eigenen eingebildeten Todes führen wird, wirst du den pathologischen Prozeß spüren, der aus eigener Kraft die Ketten der Seele zerbricht.

Doch kann diese ›Zerreißprobe‹ gelingen?

»Wir sprachen oft über Sade«, erinnert sich Bob Gallagher an die vier Wochen, die er im Sommer 1982 mit Foucault bei der Erkundung der S/M-Subkultur Torontos verbrachte. »Viele unserer Gespräche drehten sich um S/M. Eigentlich um Sexualpraktiken, die er intellektualisierte. Deshalb sprachen wir über Sade – auch wenn das zu einer Zeit war, da, betrachtet man sein Werk, die intensive Beschäftigung mit Sade schon lange zurücklag. Doch in seinem Privatleben, in seinem Sexualleben beschäftigte er sich immer noch sehr mit Sade.«

»Unsere Gespräche drehten sich fast immer um Sex. Wir sprachen über Vorlieben, Techniken, und oftmals gab er so etwas wie eine Einführung in das Werk Sades und in den Stellenwert von Ausschweifungen; er sprach über Sade fast im Ton eines Predigers: Er bezog sich auf die Suche nach Ekstase, auf die Sinnlichkeit der Hingabe, die Sinnlichkeit von Qualen, die Sinnlichkeit von Schmerz, die Sinnlichkeit des Todes.«

»Ich hatte das Gefühl, daß seine Todesbesessenheit – und es gibt keinen Zweifel daran, daß er vom Tod besessen war – etwas mit Tod als Repräsentation des Selbst, Tod als Zeichen des Selbst, Tod als Abstandnahme vom Selbst zu tun hatte.«

»Er dachte während dieser Zeit viel an Sade. Ich nahm dies damals für bare Münze. Doch ich habe mich dann rückblickend immer wieder gefragt, warum ihn Sade so faszinierte.« [128]

Einer der engsten Pariser intellektuellen Weggefährten Foucaults, der Philosoph, Übersetzer und Verfasser erotischer Romane Pierre Klossowski, hatte eine merkwürdige, doch vielleicht relevante Theorie entwickelt.

Klossowski hatte in einem 1939 gehaltenen Vortrag erstmals die Ansicht vertreten, daß der Marquis de Sade keinesfalls der Anti-Christ sei, sondern eine seinem Zeitgenossen Joseph de Maistre, dem vielleicht dunkelsten der konservativen christlichen Kritiker der Französischen Revolution, geistig verwandte Figur. Klossowskis Lektüre von *Die neue Justine* zufolge habe Sade in dieses Werk geschickt eine gnostische Theologie der Erbsünde eingeschmuggelt, die in ihrem Tonfall genauso finster manichäisch wie

de Maistres Philosophie, doch methodisch trügerisch esoterisch sei. Sie »maskiert sich als Atheismus, um den Atheismus zu bekämpfen«, und benutze »die Sprache des moralischen Skeptizismus, um moralischen Skeptizismus zu bekämpfen«.[129]
Sade habe gezeigt, daß das Böse ein natürliches Ergebnis des freien Willens sei: Im modernen demokratischen Staatsgebilde, das sich erklärtermaßen auf den freien Willen gründet, konstituiere die Möglichkeit, daß das Böse ausbreche, »eine beständige Bedrohung«; der demokratische Staat versuche deshalb, während er sich öffentlich zum freien Willen bekenne, gleichzeitig die ausgesprochene Ausübung dieses freien Willens zu kontrollieren; das Resultat sei, daß die demokratische Kultur »die in der Tiefe liegenden Bazillen des Bösen« wachrufe und dadurch auf verdrehte Weise der Gefahr Vorschub leiste, daß das Böse in noch schlimmeren Formen hervorbrechen könne. Der göttliche Marquis sei von dieser Gefahr – die durch den Terror der Französischen Revolution, die Sade bekanntermaßen verachtete – besessen gewesen. »Es war notwendig geworden, irgendwo die geheimen Triebkräfte der revolutionären Massen bloßzulegen«, erklärte Klossowski. »Und dies geschah nicht in politischen Demonstrationen, denn selbst wenn die Massen zu Tode prügelten, ersäuften, aufhängten, plünderten, brandschatzten und vergewaltigten, geschah dies immer im Namen des souveränen Volks.« Klossowski sah das, was oberflächlich betrachtet im Werk Sades als eine Manifestation der niederträchtigsten und abscheulichsten Phantasien erscheinen mag, als eine hermetische Teufelsaustreibung mit unberechenbaren politischen Konsequenzen: »*Dieses Böse muß daher ein für alle mal ausbrechen; die Saat des Bösen muß aufgehen, damit der Geist sie ausrotten und vertilgen kann.*«[130]
Es scheint, als ob die ›Kunst unerträglicher Empfindungen‹ – ein erotisches Theater der Grausamkeit –, wie sich Foucault in seinem Interview mit Le Bitoux 1978 ausgedrückt hatte, »eine Art Sprung ins kalte Wasser« hervorrufe, »bei dem man lange unter Wasser bleibt und erst dann wieder auftaucht, wenn man nichts mehr von der Qual verspürt, die einen manchmal sogar noch nach befriedigenden sexuellen Erlebnissen heimsucht«.[131]

»Michel Foucault war ein Mann, den Macht in ihren totalitären Ausprägungen anzog, seien diese politisch oder sexuell«, bemerkte Edmund White nach dessen Tod. »Sein ganzes Leben lang hat er sich gegen diese Anziehungskraft gesträubt. Dies habe ich am meisten an ihm bewundert.«[132]

Ende Mai 1975, zwei Tage nach seiner Epiphanie im *Death Valley*, besuchte Foucault gemeinsam mit Simeon Wade eine selbsternannte ›taoistische‹ Kommune, in der eine Reihe junger Männer in Hütten lebten, die sich an die Hänge des *Mount Baldy* in Südkalifornien schmiegen. Foucault hatte um diesen Besuch gebeten, nachdem er am vorigen Abend einen attraktiven jungen Mann kennengelernt hatte, der in dieser Kommune lebte. Und so kletterten Wade und Foucault an einem kühlen Maimorgen des Jahres 1975 einen schmalen Pfad bergauf, der sich an Pinien und riesigen Zedern vorbeischlängelte. Wade erinnert sich daran, daß ein angenehmer Moschusduft in der Luft lag. Die beiden Männer genossen immer noch die Nachwirkungen ihres LSD-Trips.[133]
Als sie die Hütte erreicht hatten, begrüßte sie der junge Mann, der Foucault aufgefallen war, ein Student namens David. Er lud Foucault und Wade dazu ein, sich am Kamin aufzuwärmen, während er Kaffee kochte. Als die anderen jungen Mitglieder der Kommune erfuhren, daß ein berühmter Gast eingetroffen war, kamen sie zusammen und schlossen sich der Unterhaltung an. Foucault ging auf die Terrasse der Hütte, von der aus er über die Wipfel der Pinien und Zedern hinweg auf das darunterliegende Gebirgstal blicken konnte, und stellte sich den Fragen der ihn umgebenden Studenten, wobei er wie immer die geliebte Rolle eines neuzeitlichen Sokrates spielte.
Einer der jungen Männer sagte wehleidig, daß er sich vollständig verloren vorkäme.
»›Als junger Mann muß man sich verloren vorkommen‹«, erinnert sich Wade an Foucaults Antwort: »›Man gibt sich nicht wirklich Mühe, wenn man sich nicht verloren vorkommt. Es ist ein gutes Zeichen. Ich habe mich als junger Mann auch verloren gefühlt.‹«

»›Soll ich in meinem Leben etwas riskieren?‹« fragte der junge Mann ernsthaft.

»›Auf jeden Fall! Geh' Risiken ein, geh' aufs Ganze!‹«

»›Aber ich sehne mich nach Lösungen.‹«

»›Es gibt keine Lösungen‹«, sagte der französische Philosoph nachdrücklich.

»›Dann wenigstens ein paar Antworten.‹«

»›Es gibt keine Antworten!‹« rief Foucault aus. [134]

Das Kaminfeuer war beinahe verloschen und Foucault bot an, etwas Holz zu hacken. Nachdem er einige Holzstücke aus einem Stoß vor der Hütte ausgesucht hatte, schwang er die Axt mit solcher Wucht, daß es Wade die Sprache verschlug. Er photographierte die Szene – ein Schnappschuß, den Foucault ins Herz schloß, er ließ das Photo einrahmen und hing es ins Wohnzimmer seines Pariser Appartements. [135]

Nachdem sich die Gruppe wieder um den Kamin versammelt hatte, sagte einer der jungen Männer, daß er das Bedürfnis habe, sich psychotherapeutischer Behandlung zu unterziehen, und fragte Foucault, welche Methode er empfehlen würde. »›Die Freudsche Methode ist ganz in Ordnung‹«, sagte der Philosoph.

Wade, der sich zu dieser Zeit in die Theorien von Foucaults Freund Deleuze vertieft hatte, war überrascht: »Ich hätte gedacht, daß ›Schizoanalyse‹ angebrachter wäre«, sagte Wade in Anspielung auf jenes verwirrende psychologische Konzept, daß Deleuze und Guattari im *Anti-Ödipus* entwickelt hatten. Foucault krümmte sich vor Lachen.

Nachdem er sich wieder gefaßt hatte, sagte er Wade zufolge: »›Es kann keine allgemeine Theorie der Psychoanalyse geben – *jeder muß es für sich selber tun.*‹« [136]

Die Gruppe beschloß, eine Wanderung zu einem in der Nähe gelegenen Bergsee zu unternehmen. Während einige der jungen Männer ein mittägliches Bad nahmen, versammelten sich die anderen um den Philosophen, der sich auf einem großen Felsen neben einem Wasserfall niedergelassen hatte.

David nahm den Gesprächsfaden wieder auf: »›Michel, bist du glücklich?‹«

Foucault wurde munter, wie sich Wade erinnert: »›Ich bin mit meinem Leben glücklich‹«, sagte er, aber »»*nicht so sehr mit mir selbst.*‹«

David war verwundert: »»Mit anderen Worten‹«, fragte er, »›du bist nicht stolz auf dich, aber du bist darüber glücklich, wie sich dein Leben entfaltet und entwickelt hat?‹«

»›Ja‹«, antwortete der Philosoph.

»›Aber eine solche Unterscheidung scheint mir schwierig zu sein‹«, sagte David. »›Wenn dir die Art und Weise gefällt, in der sich dein Leben entfaltet hat, und wenn du dich dafür irgendwie verantwortlich fühlst, dann solltest du doch wohl auch ein gutes Gefühl von dir selbst haben.‹«

»›Tja‹«, erwiderte Foucault laut Wade, »›Ich fühle mich nicht dafür verantwortlich, was mir in meinem Leben passiert ist.‹«

David gab sich immer noch nicht zufrieden: »›Aber glaubst du denn nicht, daß Nietzsche meinte, daß es wichtig sei, zu versuchen, *den Willen* zu spüren, den du als Person in dir trägst?‹«

»›Nein‹«, sagte Foucault. »›Ich glaube nicht, daß Nietzsche das gemeint hat [. . .]. Nietzsche hat ausgedrückt, wie wenig der Mensch dafür verantwortlich ist, was er ist, besonders in Bezug darauf, was er als seine Moral ansieht. Die Moral ist bestimmend für das Dasein des Individuums. Das Individuum ist abhängig und geformt vom Gewicht der moralischen Tradition und nicht wirklich autonom.‹« [137]

»Niemand ist für seine Taten verantwortlich, niemand für sein Wesen; richten ist soviel als ungerecht sein«, hatte Nietzsche 1878 geschrieben. [138]

Foucault sah diesen Satz im Verlauf seines Lebens bestätigt.

Die Fähigkeit, jede festgelegte Form zu überschreiten – von Nietzsche ›Wille zur Macht‹ genannt – war, wie Foucault 1983 zum wiederholten Male feststellte, immer ›begrenzt und bestimmt‹. Nietzsche hatte bereits hundert Jahre zuvor eingeklagt, daß »während der kurzen Lebensdauer eines Menschen die einwirkenden Motive nicht tief genug ritzen können, um die aufgeprägten Schriftzüge vieler Jahrtausende zu zerstören«. [139]

Trotzdem verfügt der Mensch, wie Foucault selbst immer wieder behauptet hat, obwohl er in der Falle »allgemeiner Strukturen« sitzt, über bestimmte Mittel, mit Hilfe derer er ihrer unterdrückenden Macht, wenn auch nur für einen kurzen Augenblick, entkommen und vielleicht sogar tief genug ›ritzen‹ kann, um, wie kurzfristig auch immer, ›die aufgeprägten Schriftzüge vieler Jahrtausende‹ zu tilgen.

Eine »perverse[] Veranstaltung«, wie Foucault sich in einem Deleuze gewidmeten Aufsatz 1970 ausdrückte, könnte auf paradoxe Weise, indem unser »böse[r] Wille[]« ins Spiel gebracht werde, eine »plötzliche Differenz des Kaleidoskops« hervorrufen, »das Aufleuchten der Zeichen, den Wurf der Würfel, ein anderes Spiel«. [140]

Foucaults ›Kaleidoskop‹ war im Frühjahr 1975 in Kalifornien kräftig geschüttelt worden.

Obwohl es Jahre dauern sollte, bis er sich darüber Klarheit geschaffen hatte und darüber offen sprechen konnte, was geschehen war, scheint es so, als ob er gespürt habe, daß ihn seine ›Zerreißproben der Wahrheit‹ an der *Folsom Street* und im *Death Valley* gemeinsam mit der Erfahrung der Schwulenbefreiung in San Francisco nicht nur zu einem neuen Verständnis seiner Sexualität, sondern auch zu einem neuen Machtgefühl und einem neuen, völlig unerwarteten Gefühl von Freiheit verholfen hatten.

Als Ergebnis dieser »Arbeit von uns selbst an uns selbst« war er in der Lage, wieder »von neuem zu beginnen«. [141]

9

Das Donnergrollen der Schlacht

Das Auditorium Maximum, in dem einst Henri Bergson am Rednerpult gestanden hatte, platzte aus allen Nähten. Zuhörer drängten sich in den Gängen und saßen auf dem Boden. Studenten hatten um den Tisch, an dem Michel Foucault sitzen sollte, eine Phalanx aus Kassettenrekordern aufgebaut. Als er erschien, ging ein Raunen durch den Saal. Ohne großes Aufheben bahnte er sich den Weg durch die Menge und ließ sich mit seinem Manuskript auf einem Stuhl nieder. Er sprach in seinen Vorlesungen am *Collège de France* nur selten frei. Die Seiten wurden von einer kleinen Tischlampe erleuchtet, und mit intensiver Konzentration begann er zu sprechen.[1]

Die Einleitung bestand aus einer Klage über die Unangemessenheit seines bisherigen Werkes. Solches Wehklagen gehörte zu dieser Zeit zwar zum festen Ritual der Foucaultschen Rhetorik, doch bei dieser Gelegenheit, der Einführung zu einer neuen Vorlesungsreihe am 7. Januar 1976 (als er seinem französischen Publikum zum ersten Mal nach seiner Rückkehr aus Kalifornien gegenübertrat), hörte sich das Klagelied ungewöhnlich heftig an. Seine bisherigen Forschungsvorhaben, beklagte er sich, seien »zerstreut[] und sich ständig wiederholend[]« gewesen. Trotz der vorgeblichen Verschiedenheit der behandelten Themen – Wahrheit, Strafrecht, Konzepte der Psychiatrie – »schleppt« seine Forschung »sich hin, geht nicht vorwärts, wiederholt sich und bildet kein zusammenhängendes Ziel. Im Grunde sagt es beständig das Gleiche, doch sagt es vielleicht auch gar nichts.« Es sei »verworren«, »nicht entzifferbar«, »unschlüssig«, ein »Durcheinander«. [2]

Vielleicht aber sei der Anschein der mangelnden Organisation irreführend: »Ich könnte ihnen sagen«, fuhr Foucault fort, »daß es sich letztlich um Spuren handelte, denen es zu folgen galt, wobei es von geringer Bedeutung war, wohin sie führten«. Man fühlt sich an Nietzsches Schrift ›Schopenhauer als Erzieher‹ erinnert: »Es gibt in der Welt einen einzigen Weg, auf welchem niemand gehen kann, außer dir: Wohin er führt? Frage nicht, gehe ihn.« [3]

»Was mich betrifft«, bemerkte Foucault, wobei er diskret auf den eigenartigen Charakter seiner ›großen nietzscheanischen Suche‹ anspielte, »so kam ich mir wie ein Fisch vor, der aus dem Wasser hochspringt und auf der Oberfläche eine kleine, kurze Schaumspur hinterläßt und der glauben läßt oder glauben machen will oder glauben möchte oder vielleicht tatsächlich selbst glaubt« – wobei ›glauben‹ in diesem Zusammenhang Verstellung und die Gefahr des Selbstbetrugs miteinschließt –, »daß er weiter unten, dort, wo man ihn nicht mehr sieht, wo er von niemandem bemerkt oder kontrolliert wird, einer tieferen, kohärenteren, vernünftigeren Bahn folgt«. [4]

Nachdem er auf diese Weise sein ansonsten verborgenes ›Selbst‹ einen kurzen Moment lang im weithergeholten Bild des Seeungeheuers hatte auftauchen lassen, fuhr Foucault fort, indem er eine jener Erfahrungen beschrieb, die er mit einer großen Anzahl der im Hörsaal Versammelten gemein hatte: die Verwicklung in die durch den Mai '68 symbolisierten politischen Kämpfe.

»Es scheint mir«, sagte Foucault, »daß die von uns unternommene Arbeit einer bestimmten Zeitspanne angemessen war – derjenigen der letzten zehn, fünfzehn, höchstens zwanzig Jahre.« Diese Epoche sei in seinen Augen in erster Linie wegen des »Aufstand[s] der unterworfenen Wissensarten« bemerkenswert. Sie sei gekennzeichnet von neuen sozialen Bewegungen, der Entinstitutionalierung von Geisteskranken, der veränderten Schuldzuweisung bei Verbrechen, dem unbefangenen Ausdruck von bislang als ›krank‹ eingestuften Trieben. Doch neue

Fragen waren aufgetaucht, gerade wegen dieser immer stärker
werdenden neuen Bewegungen: »Befinden wir uns noch in dem
gleichen Kräfteverhältnis, das uns erlauben würde, diese ausge-
grabenen Wissensarten sozusagen in lebendigem Zustand und
außerhalb jeglicher Unterwerfungsbeziehung geltend zu machen? Wieviel Kraft haben diese aus sich selbst heraus?«[5]
In den vorausgegangenen Jahren hatte sich Foucault diesen Fragen angenähert, indem er, was er hier ›Nietzsches Hypothese‹
nannte, einer Prüfung unterzog: die Behauptung, daß »Macht
der mit anderen Mitteln fortgesetzte Krieg« sei. Die Geschichte kennt nur ein einziges Schauspiel, das sie immer wieder auf-
führt, das endlose Spiel von Niederwerfung und Revolte. In jeder Gesellschaftsform beuten die Machthaber ihre Macht aus,
Regeln aufstellen und deren Verletzung bestrafen zu dürfen, indem sie ihre Logik und ihre Gesetzestafeln »in Dinge und sogar
in Körper« einschreiben, wodurch ein »Universum der Regeln« entsteht, das »keinesfalls darauf aus ist, Gewalt abzuschwächen, sondern vielmehr darauf, sie zu befriedigen«.
Selbst in einer scheinbar befriedeten Gesellschaft ist es nur
»das Versprechen von Blut«, das, wenn auch verschleiert, die
beständige Gefahr der Auflösung von Ordnung unter Kontrolle hält, wodurch ein System fortwährenden Kampfes innerhalb
»der gesellschaftlichen Institutionen, ökonomisch unterschiedlicher Schichten, der Sprache« und – vielleicht vor allem – »innerhalb des Körpers eines jeden einzelnen« geschaffen wird.
Foucaults Ziel war schon seit langem, »das Faktum der Herrschaft« zu beschreiben und sie »in ihrer Subtilität wie auch in
ihrer Gewalttätigkeit in den Vordergrund zu stellen«, indem er
das »Donnergrollen der Schlacht« hinter der zahmen Oberfläche der modernen Welt verstärkte. Das Potential für erneute
offen geführte Gefechte ist schließlich endlos: Dies ist je nach
Sichtweise der hoffnungsvollste oder der erschreckendste
Aspekt der ›Hypothese Nietzsches‹. »Die Menschheit schreitet
nicht langsam von Kampf zu Kampf bis zu einer universellen
Gegenseitigkeit fort«, schrieb Foucault 1971, indem er eine der
verstörenden Implikationen der Gedanken Nietzsches zusammenfaßte: Die Menschheit »verankert alle ihre Gewaltsamkei-

ten in Regelsystemen und bewegt sich so von Herrschaft zu Herrschaft«. [6]
Diese Auffassung von der Menschheitsgeschichte wollte Foucault jetzt erneut in Augenschein nehmen, »sowohl weil [sie] in einer ganzen Reihe von Punkten noch unzureichend ausgearbeitet ist als auch, weil ich glaube, daß gerade die beiden Begriffe Unterdrückung und Krieg beträchtlich modifiziert, wenn nicht vielleicht sogar aufgegeben werden müssen«. Soziale Bewegungen wie die Schwulenbefreiung schienen im Begriff zu sein, den Sieg davonzutragen. Doch sollten diese Bewegungen wahrhaft ›befreiend‹ wirken – sollten sie ihr ›eigenständiges Leben‹ bewahren –, dann müßten sie »auf ein neues Recht zugehen«, das »vom Prinzip der Souveränität befreit« sein müßte. Und wollte man sich *vorstellen*, wie dieses neue ›Recht‹ aussehen könnte, erwies es sich als notwendig, ›Nietzsches Hypothese‹ anzuzweifeln – und, wenn möglich, über sie hinauszugehen. [7]

Als er sich mit diesen ungewohnten politischen und ethischen Problemen herumschlug, befand sich Foucault in einer tiefen und anhaltenden geistigen und persönlichen Krise. Zwischen 1968 und 1975 hatte er gewußt, was er sagen wollte, und hatte gewußt, welche politische Richtung er einschlagen wollte. Für ihn war diese Periode eine Zeitspanne der »Wucht und unbändiger Freude, voll schöpferischer Vergnügtheit«, wie sich Gilles Deleuze später erinnerte. In den darauffolgenden Jahren schien Foucault, so Deleuze, eine »Krise« durchzumachen, jedoch »mehr eine innere, vielleicht depressiver, geheimer«. In einer Weise, der Deleuze oft nicht zustimmen konnte, veränderte Foucault die Art seiner politischen Verpflichtungen und die Stoßrichtung seiner Forschung; wie nie zuvor schien er sich im Unklaren über seinen ›einzigen Weg‹. [8]
Der Stil seiner Vorlesungen war dafür symptomatisch: Seine Sprache war nicht mehr explosiv und schillernd, sondern wurde nüchtern, vorsichtig, mitunter sogar verbissen. Seine wichtigste politische Aussage aus dieser Zeit, die Einführung zu *Der*

Wille zum Wissen, stellte ihn nicht zufrieden. Er beschäftigte sich in schneller Folge mit Nietzsche, Machiavelli und Ludwig von Mises. Indem er sich in neue Forschungsgebiete stürzte, versuchte er seine Machttheorie, seinen Politikbegriff und schließlich seine Methode umzuformulieren, über das schwerfaßlichste aller Probleme zu schreiben: das Selbst.

Keines dieser Forschungsvorhaben schritt glatt voran; vieles war ›verworren‹ ›unschlüssig‹, genau wie Foucault befürchtet hatte. Eigentlich ging es beim Ringen mit ›Nietzsches Hypothese‹ um ein Ringen mit sich selbst; er versuchte einen Teil seiner selbst und dessen, was er noch werden sollte, zu entschlüsseln. Dies war kein geradliniger Prozeß. Umwege führten in Sackgassen; er fühlte sich verloren und entmutigt, versuchte von neuem zu beginnen; mitunter schien er, wie sich ein Freund später erinnerte, »von Verdruß oder gar furchtbarem Zweifel übermannt«.[9] Doch er machte weiter. Und um sich diese verschlungene Phase seiner lebenslangen Suche zu vergegenwärtigen, erscheint es ratsam, sich an die äußeren Begebenheiten zu halten und in chronologischer Abfolge einige der öffentlich vorgetragenen Ideen und ausgeführten Handlungen zu beschreiben, mit denen er nach einer neuen Richtung seines Denkens suchte.

In seinen Vorlesungen am *Collège de France* im Winter 1976 bediente sich Foucault einer altmodischen Technik, die er für den Rest seines Lebens mit zunehmender Häufigkeit anwenden sollte. Er wurde zum Philologen, der in seinen Texten lebte. Trotz der zeitgenössischen Themen, die er in seinen ersten beiden Vorlesungen ansprach – die Ausarbeitung einer positiven politischen Grundlage für die neuen sozialen Bewegungen –, konzentrierte sich die darauf folgende Untersuchung auf einen eng gefaßten Bereich und stellte eine spezifische historiographische Frage: »Wie und wann entstand die Auffassung, daß in Machtbeziehungen immer ein Krieg im Gange ist, und daß die bürgerliche Ordnung im Grunde eine Schlachtordnung ist?«[10]

Oder pointierter: »Wer spürt im Lärm und der Unordnung des Krieges, im Schmutz des Gefechts, das Prinzip der Verständlichkeit, der Ordnung, der Institutionen, der Geschichte auf?«[11] Diese Frage beleuchtete er mit gelehrter Umständlichkeit, indem er ausführlich das Werk der folgenden drei frühneuzeitlichen Machttheoretiker untersuchte: Sir Edward Coke (1552-1634), ein englischer Rechtsphilosoph des Parlamentarismus, der den Vorrang der Rechtsstaatlichkeit gegenüber dem absoluten Recht des Königs verteidigt hatte; John Lilburne (1614-1657), dem Anführer der *Leveller*, einer radikalen, auf Gleichheit aller Menschen bestehenden politischen Gruppierung von Puritanern, die während des englischen Bürgerkrieges in den vierziger Jahren des siebzehnten Jahrhunderts eine kurze Blütezeit erlebt hatte; und Henri de Boulainvilliers (1658-1722), ein einflußreicher Kritiker der absolutistischen Theorie, die Ludwig der XIV. auf die prägnante Formel ›*L'état, c'est moi*‹ gebracht hatte.[12]

Trotz einer ganzen Reihe offenkundiger Unterschiede in den Theorien dieser drei Pioniere der Kritik an monarchistischen Staatsformen entdeckte Foucault bei allen drei eine »neue Art des Diskurses« und eine spezifische neue »Form der Analyse«, die er mit Bezug auf die folgenden drei Hauptkriterien definierte:

Erstens ist »das durch diese Diskurse sprechende Subjekt« unfähig dazu, selbst wenn es wollte, »die Stelle des Juristen oder des Philosophen, das heißt eines Universalsubjekts, einzunehmen«: die eines unbeteiligten Schiedsrichters, der über den gesellschaftlichen Kämpfen steht. Anders als Solon, der sagenumwobene antike Gesetzgeber, oder Kant (um eins von Foucaults Beispielen zu wählen) steht der neuzeitliche Gegner der absoluten Macht nicht im politischen Abseits: Er befindet sich vielmehr »im Gefecht; er hat Feinde; er kämpft um den Sieg. Ohne Zweifel versucht er, auf einem Recht zu bestehen, doch handelt es sich hierbei um sein eigenes Recht – ein besonderes Recht, das sich dadurch auszeichnet, daß es in Beziehung zu seiner Errringung steht.«[13]

Zweitens greifen Coke, Lilburne und Boulainvilliers auf überlieferte Argumente zurück, indem sie mit Bravour, doch bewußt irreführend, archaische Dokumente wie zum Beispiel die *Magna Carta* interpretieren. »Diese Art von Diskurs breitet sich gänzlich in einer historischen Dimension aus«, bemerkt Foucault. »Er ist nicht darauf aus, Geschichte, ungerechte Regierungsformen, Mißbräuche und Gewalt am Ideal der Vernunft oder des Gesetzes zu messen, sondern versucht im Gegensatz dazu, unter der Oberfläche von Institutionen und Gesetzgebung die vergessene Vergangenheit realer Kämpfe, verdeckter Siege oder Niederlagen, das auf den Seiten der Gesetzbücher getrocknete Blut wieder zum Leben zu erwecken.« Ein solcher Diskurs, der »gleichermaßen die Nostalgie zu Ende gehender Aristokratien und die Glut der Rachegelüste des Volkes aushalten kann«, weicht nicht davor zurück, »althergebrachte mythische Formen« zu benutzen, um eine im Grunde fiktive Geschichte zu schreiben, deren Aufgabe ist, die strategischen Ziele des Autors voranzutreiben. [14]

Drittens »kehrt« die Bezugnahme auf die Geschichte »die traditionellen Werte der Verständlichkeit um«. Obwohl Coke, Lilburne und Boulainvilliers auf der Suche nach Recht und Wahrheit sind, betrachten alle drei »universelle Wahrheiten und universelle Rechte« als »Illusionen oder Fallen«. Sie suchen »das Prinzip der Dechiffrierung« anderswo: im »Durcheinander der Gewalt, der Leidenschaften, des Hasses und der Rache [. . .]. Nur jenseits dieser Verwicklungen kann eine an Kraft gewinnende Vernunft skizziert werden – eine Vernunft, die, je höher wir steigen und je weiter sie sich entwickelt, um so anfälliger, trügerischer ist, und sich mit Illusionen, Phantasien und Mystifikationen verbindet [. . .]. Der geheimnisvolle und düstere Kriegsgott muß den langen Tag der Ordnung, der Arbeit und des Friedens erhellen. Zorn muß Harmonien erklären.« [15]

Diese Analyse ist, wenn sonst nichts, ein erstaunliches Beispiel intellektueller Bauchrednerei: Es ist unmöglich, bei Foucaults Charakterisierung Cokes, Lilburnes und Boulainvilliers sich nicht beständig an eine Charakterisierung des Autors von *Überwachen und Strafen* erinnert zu fühlen.

Dieses Gefühl verschleierter Selbstanalyse verstärkte sich noch in der letzten Vorlesung der Reihe von 1976, in der Foucault eine Übersicht über die Auswirkungen dieser ›strategischen‹ Konzeption auf das neunzehnte Jahrhundert lieferte. Foucault begann damit, seine Zuhörer daran zu erinnern, daß Coke, Lilburne und Boulainvilliers den historischen Kampf vor allem als Auseinandersetzung »zwischen zwei feindseligen Rassen« ansahen, »die über unterschiedliche Institutionen und Interessen verfügten«. Für die englischen Theoretiker bestand der relevante Konflikt zwischen dem angelsächsischen Gewohnheitsrecht und dem von Wilhelm dem Eroberer eingeführten ›normannischen Joch‹. Boulainvilliers sah ein Jahrhundert später den entscheidenden Kampf zwischen einer sich auf germanische Abstammung berufenden Aristokratie und einer degenerierten Monarchie, die bereit war, mit »einer Bourgeoisie gallisch-römischen Ursprungs« gemeinsame Sache zu machen. Unter Beschuß stehende Adelige in Frankreich und Deutschland konnten sich im neunzehnten Jahrhundert das rassistische Element in diesem Denkmodell aneignen und Geschichte als eine »biologische Konfrontation« begreifen. Liberale und Sozialisten konnten zur gleichen Zeit die Erinnerung an die in diesen Ansichten verankerte ›Glut der Rachegelüste des Volkes‹ dahingehend ausbeuten, daß sie Geschichte im Sinne des ›Klassenkampfs‹ darstellten. Foucault bezog sich hier auf Augustin Thierry (1795-1856), einen streitbaren Liberalen, der von der Rolle der Gewalt bei der Sicherstellung von Rechten begeistert war und den Marx einmal »*le père* des ›Klassenkampfes‹ in der französischen Geschichtsschreibung« genannt hatte.[16]

Foucault hielt sich jedoch weder lange bei den Texten Thierrys noch bei denen von Marx auf. Vielmehr beschrieb er in dieser letzten Vorlesung die Entstehung einer neuen Art von ›Bio-Politik‹, durch die der moderne Staat versuche, das Leben der gesamten Bevölkerung zu kontrollieren, indem er Gesundheitswesen, Hygiene und öffentliche Sicherheit unter Aufsicht gestellt habe. All dies waren Themen, auf die Foucault in *Der Wille zum Wissen* zurückkommen sollte. Doch obwohl er

Sexualität beiläufig erwähnt, liegt das Augenmerk in dieser Vorlesung nicht auf dem Marquis de Sade und der morbiden Vermischung von Sex und Tod (wie in *Der Wille zum Wissen*), sondern vielmehr auf der gleichermaßen morbiden Weise, mit der sich unsere moderne zeitgenössische *Politik* mit der romantischen Vorstellung eines Kampfes bis auf den Tod vermischt. In dem von Thierry beispielhaft vertretenen Denkmodell wurzeln deshalb eine ganze Reihe von Rezepten für Bürgerkriege, einige davon von reaktionären Nationalisten ausgeheckt und andere von revolutionären Sozialisten erdacht. [17]

Die neuen Kämpfer am linken und rechten Rand waren gleichermaßen vom ›auf den Seiten der Gesetzbücher getrockneten Blut‹ begeistert – sowie von den Versuchen des neuzeitlichen Staats angewidert, sich von seinen Wurzeln in der Gewalt abzusetzen. Trotz tiefsitzender ideologischer Meinungsverschiedenheiten begrüßten sowohl Protofaschisten als auch militante Sozialisten die Aussicht auf nackte Gewalt: »›Um den Sieg davonzutragen‹«, schienen beide zu sagen, »›ist es notwendig, deine Feinde abzuschlachten.‹« In seiner Vorlesung bestimmte Foucault diese Faszination durch Bürgerkrieg als eine Art »Rassismus«; in *Der Wille zum Wissen* sollte er im Gegensatz dazu einfacher von »einem Walten von Blut« sprechen. [18]

»Immer dann, wenn sich der Sozialismus genötigt sah, auf dem Problem des Kampfes zu bestehen«, behauptete er, sei dieses ›Walten von Blut‹ angewachsen; oder, wie sich Foucault in der Vorlesung in seinem eigenen eigentümlichen Sprachgebrauch ausdrückte, »*lebte der Rassismus wieder auf*«. Das für den Klassenkampf vergossene Blut wurde als Mittel dazu glorifiziert, einen neuen Menschen zu formen. Bei dem Kampf, »den Feind im Herzen der kapitalistischen Gesellschaft« auszuschalten, wurden bestimmte Gruppen zur Vernichtung ausersehen. Dies scheint eine Übertreibung Foucaults zu sein, bis man sich an Stalins Austilgung der ukrainischen Kulaken in den Jahren 1932-33 erinnert; oder an Stalins gleichermaßen bösartige Versuche, 1953 Juden aus einflußreichen Positionen innerhalb der Sowjetunion zu vertreiben (das Ereignis, das Foucaults Austritt

aus der Kommunistischen Partei hervorgerufen hatte); oder,
um ein zeitgenössisches Beispiel zu wählen, an Pol Pots Liqui-
dierung der kambodschanischen Stadtbevölkerung in den Jahren 1975-78. [19]

»Die Folge dieser Entwicklung«, schloß Foucault, »ist, daß immer da, wo es Sozialismus, dem Sozialismus ähnliche Formen
oder Augenblicke des Sozialismus gibt, Rassismus entsteht.
Die rassistischsten Ausprägungen des Sozialismus waren deshalb natürlich der Blanquismus, die *Commune* und der Anar-
chismus [. . .].« [20]

Dies ist eine erstaunliche Liste. Sie kritisiert nicht nur die sich
auf Auguste Blanqui (1805-1881) berufende konspirative Tradition, die paramilitärische Verschwörungstaktiken bei Revolten anwandte, sondern auch die vielleicht wichtigste spontane
Volkserhebung des neunzehnten Jahrhunderts (deren berühmte Verherrlichung Marx' Schrift *Der Bürgerkrieg in Frankreich*
darstellt) und die antiautoritären Anarchisten der gleichen Epoche, die unnachgiebige Kritiker des modernen Staates waren –
obwohl auch sie, wie Blanqui und die Pariser Kommunarden,
vor spektakulären Gewaltakten nicht zurückschreckten.

Die Tatsache, daß alle drei Beispiele aus dem neunzehnten Jahrhundert stammen, ist etwas irreführend. Schließlich haben
Blanqui, die Kommunarden und die Anarchisten alle bleibende
Techniken des gewaltsamen Aufstands entwickelt, die regelmäßig im zwanzigsten Jahrhundert nachgeahmt wurden, nicht zuletzt von der internationalen Neuen Linken der sechziger Jahre.
Und obwohl Foucault die Wiederaufnahme dieser Techniken
in Frankreich während der militanten Revolten im Anschluß an
den Mai '68 nicht ausdrücklich erwähnt, konnte keinem Veteranen der *Gauche Prolétarienne* der zeitgenössische Subtext dieser Kritik verborgen bleiben – ein überraschender Schlußpunkt
zu einer überraschenden Vorlesungsreihe.

Doch welche praktischen Konsequenzen konnte diese verschleierte Selbstkritik haben?
»Um also bei der Suche nach einer nicht disziplinären Macht

[. . .] gegen die Disziplinen vorgehen zu können«, bemerkte Foucault zu Beginn seines Seminars am *Collège de France* 1976, »dürfte man nicht die Richtung des alten Rechts der Souveränität einschlagen« (wie es Sade und Georges Bataille getan hatten), »sondern müßte auf ein neues Recht zugehen«, das nicht mehr länger vom ›Donnergrollen der Schlacht‹ verfolgt wird. Er kehrte zu dieser Möglichkeit in seinen Vorlesungen nie wieder zurück: Wie genau dieses ›neue Recht‹ aussehen sollte, blieb ein Geheimnis. [21]

Doch daß er dieses Geheimnis illuminieren könnte, sollte er sich der Mühe unterziehen, wird aus seinem nächsten größeren Werk ersichtlich – dem ersten Band seiner Geschichte der Sexualität. [22]

Foucaults neues Buch erschien im Dezember 1976. *Der Wille zum Wissen* wurde rasch in die wichtigsten europäischen Sprachen übersetzt und erschien 1977 unter dem Titel *Sexualität und Wahrheit I: Der Wille zum Wissen* auf deutsch.

Es handelt sich um eine äußerst merkwürdige Arbeit. Es ist ein methodologischer Essay in einem polemischen Gewand, der gegen eine innerhalb der internationalen Linken weitverbreitete Auffassung zu Felde zieht: die Ansicht, daß Sexualität in der modernen Gesellschaft verdrängt werde. Foucault argumentiert, daß Sexualität ganz im Gegensatz dazu eine *Erfindung* der modernen Gesellschaft sei, ein neues Denkmodell, das um den erstmals im neunzehnten Jahrhundert formulierten Gedanken kreise, daß der Mensch durch seine sexuellen Triebe und Wünsche erkannt und definiert werden könne.

Der Text ist eine listige, vielschichtige, ironische und von beiläufig eingeschobenen Ideen berstende Übung. Er bemüht sich weder um philologische Dokumentation noch zeigt er großes Interesse an einer durchgängigen These. Er ist stilistisch anmaßend und voller Leidenschaft sowie von einem solch eleganten hohen Abstraktionsgrad, daß es dem Leser schwerfällt, konkrete Themen im Auge zu behalten.

Doch obwohl Teile des Buches rätselhaft sind, konnte die polemische Stoßrichtung 1976 kaum verborgen bleiben, die sich in der Behauptung manifestierte, daß die bekannte ›Verdrängungsthese‹, wie sie zum Beispiel im Werk von marxistischen Freudianern wie Wilhelm Reich erscheint, viel zu simpel sei. Trotz aller Tabus und Verbote, die unsere sexuelle Freiheit immer noch einschränken, leben wir in einer sexuell saturierten Welt, die sich nicht darauf beschränkt, über Sexualität nur zu reden. (Diesen Punkt hatte Foucault schließlich kurz zuvor in der schwulen Subkultur San Franciscos bestätigt gesehen.) Die moderne Wissenschaft hatte, indem sie »die Sexualität der Kinder, der Irren und Kriminellen« einer beispiellosen Überprüfung unterzog und die sexuellen Aspekte von »Träumereien und Zwangsvorstellungen, die kleinen Manien und die großen Leidenschaften« im Detail schilderte, paradoxerweise die Ausbreitung von »polymorphem« Sexualverhalten befördert, da es umso leichter wurde, sich die Ausführung solcher Akte vorzustellen, je mehr Beachtung der Sexualität geschenkt und je mehr Information über ungewöhnliche sexuelle Akte zusammengetragen und in Umlauf gebracht wurden. (»Die moderne Gesellschaft ist pervers«, schreibt Foucault mit verständlichem Nachdruck, »aber nicht trotz ihres Puritanismus oder als Folge ihrer Heuchelei; sie ist wirklich und direkt pervers.«) Versuche, bestimmte sexuelle Handlungen als ›widernatürlich‹ zu kriminalisieren, schlagen ebenso fehl und schaffen nur noch verquerere neue Formen körperlicher Lüste. (Wie die Rituale des S/M verdeutlichen, können selbst bösartige, repressive Praktiken in erotisch geladene Spielereien verkehrt werden und ungeahnte neue Genußmöglichkeiten eröffnen.) Aus all diesen Gründen kann dann auch die Nachdrücklichkeit, mit der Freudsche Marxisten auf die Überwindung von Tabus und Verboten pochen, nur zu einer unausgegorenen Vorstellung von ›Befreiung‹ führen. Wenn Sexualität und Sex wie der Körper grundlegend und tief von einer Art ›Bio-Macht‹ geformt werden, die uns ein physiologisches Gefühl von unserer Existenz in der Welt vermitteln, dann wird und kann die Verkündung sexueller Freiheit allein noch nicht das »Neue Jerusalem« erotischer Glückseligkeit zur Folge haben. Die bloße

Beseitigung der verschiedenen juristischen und gesellschaftlichen Sanktionen, welche die Veräußerlichung sexuellen Verhaltens regulieren und beschränken, würde (unter anderem) nämlich den eisernen Käfig der Schuld unberührt lassen, dessen Fundament in der Tiefe des Unbewußten liegt und dessen grausame ›Mnemotechniken‹ immer noch unser somatisches Universum aus Trieben und Begehren (de-)formieren, und uns so, ob wir wollen oder nicht, zu Paroxysmen endloser Selbstanalyse treiben, die beständig die Sexualität umkreisen (Foucault hatte die offensichtliche Unentrinnbakeit dieses Zwanges natürlich mit besonderer Stärke während seiner LSD-Epiphanie im Mai 1975 im *Death Valley* am eigenen Leibe verspürt.) [23]

Bei einem Gespräch über das Buch faßte Foucault das seiner Ansicht nach im Mittelpunkt stehende Problem so zusammen: »[W]ie kommt es, daß in einer Gesellschaft wie der unseren Sexualität nicht einfach das ist, was für die Fortpflanzung der Art, der Familie, der Individuen sorgt? Nicht einfach etwas, was Lust und Genuß bereitet? Wie kommt es, daß sie als der privilegierte Ort angesehen worden ist, an dem sich unsere tiefe ›Wahrheit‹ ausspricht oder ablesen läßt?« [24]

Es sollte betont werden, daß ein Einlassen auf dieses Problem keinesfalls bedeutet, daß die ›Verdrängungs-Hypothese‹ gänzlich aufgegeben werden sollte. Foucaults Text lädt uns vielmehr dazu ein, unsere Vorstellung davon zu verändern, wie Macht funktioniert, indem er Nuancen und Vielschichtigkeiten zum Vorschein bringt sowie eine Vorliebe für gewagt paradoxe Formulierungen an den Tag legt. Trotz des beunruhigenden und mitunter apokalyptischen Grundtenors seiner Äußerungen aus diesen Monaten – »Macht hat den Menschen in ein Sexmonster verwandelt«, erklärt er frohgemut in einem Interview – stimmte er gleichzeitig eine Art schrägen, ja unterschwellig optimistischen Ton an, wenn es um die Zukunft ging. [25]

»Ich bin für die Dezentralisierung, die Regionalisierung, die Privatisierung aller Genüsse«, erklärte er einem Reporter von *L'Express* kurz nach Erscheinen des Buches. »Wir sind im Begriff, neue Freuden zu erfinden, die über Sex hinausgehen!« Er fuhr fort, indem er augenzwinkernd einen Insiderwitz erzähl-

te: »Ein junger Mann, der gerade von einem Besuch im progressiven Milieu Kaliforniens zurückgekehrt war, kam voller Begeisterung zu mir gelaufen, um folgende frohe Botschaft zu verkünden: ›Erektionen sind *out*!‹«[26]
Doch die Möglichkeiten, auf die Foucault hier anspielte, hatten
so wenig mit der Lebenserfahrung der meisten seiner Leser zu
tun, daß das Buch für viele entweder ein Gefühl der Verwunderung oder der Verwirrung hinterließ. Trotz zahlreicher begei-
sterter Rezensionen war der Autor enttäuscht. Er wollte seine
Leser aufrütteln, sie zu einem neuen Denken bringen, neue
Diskussionen provozieren, besonders innerhalb der Linken.
Doch viele seiner Leser, gerade in der Linken, hielten die Anzeichen seines Verblüfftseins – seine Kritik an der ›Verdrängungsthese‹, sein Vorschlag, alle möglichen Formen der Macht in
Augenschein zu nehmen, seine Aufforderung, das ›Sex-Begehren‹ hinter sich zu lassen – für die Verkündigung eines neuen
Dogmas. Und niemand, so beklagte er sich, war willens (oder in
der Lage?), über das entscheidende, doch rätselhafte Schlußkapitel über das »Recht über den Tod und Macht zum Leben« zu
sprechen.[27]
Zunächst einmal lag die Schuld dafür natürlich bei Foucault
selbst. Der Schwierigkeitsgrad des Buches stammt zum großen
Teil von der Hermetik seiner Sprache, besonders auf den letzten Seiten. Die Geheimnisse seiner eigenen besonderen »Erotik der Wahrheit« war er nur gewillt, unter dem »Siegel des
Geheimnisses« preiszugeben.[28]
Doch war dies nicht die einzige Ursache für die Mißverständnis-
se. Wie Foucault erkennen sollte, war die Aufnahme, die *Der
Wille zum Wissen* gefunden hatte, symptomatisch für andere
machtvolle gesellschaftliche Kräfte, die in diesen Jahren im Begriff waren, die Art und Weise intellektueller Produktion zu
verändern. 1945 war Sartre noch durch einen einzigen öffentlichen Vortrag zu einer globalen Berühmtheit geworden: ›Ist der
Existenzialismus ein Humanismus?‹; 1966 gelang Foucault dies
durch eine einflußreiche Besprechung seines Buches *Die Ordnung der Dinge* in einem Nachrichtenmagazin mit großer Auflage; zehn Jahre später war das Medium, das den Pariser Ideen-

markt bestimmte, nicht mehr der öffentliche Vortrag oder die Buchbesprechung, sondern ein allwöchentlicher Schlagabtausch in einer Fernsehsendung mit dem Titel *Apostrophes*. Dieses Programm, das sich mit Neuerscheinungen auf dem Büchermarkt beschäftigte, war 1974 von dem Literatur-Impresario Bernard Pivot ins Leben gerufen worden. Die außerordentliche Beliebtheit der Gesprächsrunden Pivots – jede Woche blieben rund drei Millionen Franzosen freitags abends zu Hause, um sich *Apostrophes* anzuschauen – erweiterte auf dramatische Weise das potentielle Publikum eines Intellektuellen und verstärkte gleichzeitig die in Paris bereits weit verbreitete Angewohnheit, philosophische Traktate als *fashion statements*, als Statussymbole anzusehen, die auf dem Kaffeetisch zur Schau gestellt wurden. [29]

»Was passiert, ist folgendes«, erklärte Foucault einem französischen Gesprächspartner 1983: »Ein einigermaßen etablierter Diskurs wird heutzutage – anstatt durch zusätzliche Arbeiten, (entweder durch Kritik oder Bestätigung) weitergeführt zu werden, die ihn entweder schwieriger oder sogar ausgeprägter erscheinen lassen –, dieser Diskurs wird quasi von unten verstärkt. Nach und nach gelingt es uns – vom Buch zur Rezension zum Zeitungsartikel, und dann vom Zeitungsartikel zum Fernsehen –, ein Buch oder eine Fragestellung in ein paar Schlagworten zusammenzufassen [. . .]. Es hat fünfzehn Jahre gedauert, mein Buch über den Wahnsinn in einen Slogan zu verwandeln: ›Im achtzehnten Jahrhundert wurden alle Irren eingesperrt‹. Doch es hat nicht einmal fünfzehn Monate gedauert – eigentlich nur drei Wochen –, mein Buch über den Willen zum Wissen in den Slogan ›die Sexualität wurde nie verdrängt‹ zu transformieren.« [30]

Foucault selbst trat nur einmal in *Apostrophes* auf – doch es war ein bemerkenswerter Auftritt. Im Dezember 1976 war er eingeladen worden, um über *Der Wille zum Wissen* zu sprechen. Während der Sendung bestand Foucault jedoch darauf, über ein völlig anderes Buch zu sprechen, das von der Gerichtsverhandlung eines sowjetischen Dissidenten handelte. Bernard Pivot konnte seine Verwunderung nicht verbergen: »Sie wollen also wirklich nicht über Ihr Buch sprechen?« Foucault blieb beharrlich: »Ein Buch zu Ende zu bringen, bedeutet, es nicht mehr sehen zu wollen«, sagte er, wobei er es nicht schaffte, ein ernstes Gesicht zu behalten. Jahre später, am Abend seines Todes, wurde ein Ausschnitt seines Auftritts bei *Apostrophes* – sein letzter im französischen Fernsehen – noch einmal gezeigt. Man sieht, wie der vornehm gekleidete Philosoph in heftiges Gelächter ausbricht – »sich buchstäblich vor Lachen krümmt«, wie ein alter Freund verwundert feststellte, »und zwar ausgerechnet in dem Augenblick, in dem von ihm erwartet wird, daß er todernst über irgendeine Stelle in seiner subversiven Geschichte des Verhaltens predigt [. . .]«.[31]

Doch diese neueste Provokation Foucaults war schnell vergessen, als die Pariser Intelligentsia ein beinahe komisches *déjà-vu* der Debatten aus den ersten Jahren des Kalten Krieges erlebte. Kurz nach dem Erscheinen von *Der Wille zum Wissen* wurde Paris von einer neuen philosophischen Modewelle erfaßt, die von dem Auftritt zweier brillanter junger Autoren bei *Apostrophes* ausgelöst worden war: Bernard-Henri Lévy und – nach einer bemerkenswerten Kehrtwendung – André Glucksmann, dem Veteranen des Mai '68 und der *Gauche Prolétarienne*. Urplötzlich schienen die Gesichter der beiden allgegenwärtig zu sein: Man sah sie auf den Titelseiten von Magazinen, im Fernsehen, auf Postern, auf T-Shirts. Sie wurden vermarktet wie Rockstars und nannten sich – nach der unbescheidenen Eingebung Lévys – die ›Neuen Philosophen‹. Und nach wenigen Tagen war die Hauptthese ihrer ›Philosophie‹ auf einen Werbeslogan reduziert: »Der Marxismus ist tot.«[32]
Angesichts der Tatsache, daß der Marxismus schon dreißig Jahre vorher von vielen Intellektuellen in Europa und Nordamerika gründlich kritisiert worden war – und angesichts des oft schockierend niedrigen Niveaus der Debatte in Frankreich – ist es einfach, die Auseinandersetzung um die ›Neuen Philoso-

phen‹ lächerlich zu machen. Wie ein Beobachter giftig bemerkte, reagierten viele französische Intellektuelle, »als ob die Freiheit des Individuums eine neue Idee sei« – und die tyrannische Diktatur des Kommunismus eine neue Entdeckung. Trotzdem standen, wie Foucault allen Grund hatte festzustellen, gewichtige Probleme zur Debatte – besonders in Glucksmanns Buch *Les maîtres penseurs* (1978 als *Die Meisterdenker* ins Deutsche übersetzt).[33]

Glucksmanns Buch war der Kulminationspunkt einer theoretischen Odyssee, die fünf Jahre zuvor mit seinem Austritt aus der französischen maoistischen Bewegung begonnen hatte. Das Werk ist verschnörkelt, gewunden und – unter der reich verzierten rhetorischen Fassade – ein unmißverständlicher Herzenserguß. Wie konnten er und seine Generation mörderischen politischen Luftschlössern zum Opfer fallen? Eine Antwort war, behauptete Glucksmann, in den geheiligten Texten zu suchen, die sie intellektuell geformt hatten. Hegel, Marx und Nietzsche hätten dogmatische Versicherungen und endgültige Lösungen angeboten und »bis zum Sagbaren diesen Willen zur Macht« erhoben, der, wie sich Glucksmann ausdrückte, »im Kleinen, im Geheimen die Chefs und Unterchefs der Disziplinargesellschaften beseelt«. Eine logische Folge solch philosophischer Anmaßung sei seiner Ansicht nach Auschwitz, eine andere der Gulag. Die Rechte habe kein Monopol auf das Böse.[34]

Was darüber hinaus auch immer die Verdienste von Glucksmanns Buch sein mögen, es war auf jeden Fall eine überzeugende Selbstkritik. Der Trieb zum Totalitären war, wie er betonte, nichts Äußerliches, das man selbstgefällig an anderen denunzieren konnte: Vielmehr betraf dieser Trieb »jeden«. Jeder von uns ist »doppelt«, gleichzeitig gefangen in den Klauen der Macht und anfällig für die Versuchung, sie zu mißbrauchen. Und »[d]ie Berücksichtigung dieser inneren Trennung müßte die Vorstellung von einer einzigen, letzten Revolution unmöglich machen, in der die Guten und Bösen in einer entscheidenden Schlacht gegenübergestellt werden«.[35]

Einige alte Kämpfer des Mai '68 betrachteten dies als eine

Kampfansage. Viele der alten Verbündeten Glucksmanns – zum Beispiel Gilles Deleuze – waren von *Die Meisterdenker* derartig provoziert, daß sie auf das Buch mit bitterem Spott reagierten. [36]
Foucault jedoch schlug einen gänzlich anderen Ton an. In einer im *Nouvel Observateur* veröffentlichten wichtigen Besprechung pries er Glucksmann nachdrücklich. »Mit dem Gulag«, schrieb Foucault, indem er an ein Thema anknüpfte, das er ein Jahr zuvor in seinen Vorlesungen über Krieg und Klassenkampf angesprochen hatte, »sah man nicht die Folgen eines unglückseligen Irrtums, sondern die Wirkungen der ›wahrsten‹ Theorie in der Ordnung der Politik«. Die Tatsache, daß die Greueltaten Stalins im Namen eines revolutionären Ideals begangen worden waren, stellte dieses revolutionäre Ideal selbst und nicht nur seine stalinistische Version in Frage. »Worin bestand die Revolution?« fragte Foucault jetzt, wobei er eine der Implikationen von *Der Wille zum Wissen* radikaler formulierte: »Kann sie, muß sie von neuem beginnen? Ist sie unvollständig, muß man sie vollenden? Ist sie vollendet, welche andere Geschichte hebt damit an? Was muß man jetzt tun, um die Revolution zu machen, um die Revolution zu verhindern?« [37]
»Glucksmann beruft sich nicht auf einen neuen Dionysos hinter Apollo«, schloß Foucault. »Im Herzen des erhabensten philosophischen Diskurses beschwört er die herauf, die vor ihm auf der Flucht sind, seine Opfer, seine unerbittlichen Feinde, seine beständig beiseite geschafften Dissidenten – kurz, seine ›bluttriefenden Häupter‹.« Diese Worte bedeuteten eine vielsagende Kehrtwendung, kommen sie doch von einem nietzscheanischen Philosophen, der noch fünf Jahre zuvor die ›alte deutsche Sitte‹ gepriesen hatte, mit den Häuptern abgeschlachteter Feinde auf Lanzenspitzen zu paradieren. Genau genommen ratifizierte Foucault Glucksmanns politische Metamorphose – und schloß sich seiner Geste des politischen Widerrufs an. [38]

Gilles Deleuze konnte diese Verhaltensänderung des alten Freundes nicht übersehen. Mehr als ein Jahrzehnt lang hatten

Foucault und er gemeinsam nach ›Dionysos hinter Apollo‹ gesucht. Doch nun brach dieses Bündnis auseinander.

Im philosophischen Bereich konnte man Foucaults Kritik des ›Sex-Begehrens‹ auch als verschleierte Kritik an Deleuze und Guattaris *Anti-Ödipus* lesen – ein Buch, das schließlich zutiefst von Wilhelm Reich beeinflußt ist. Deleuze reagierte auch tatsächlich und schrieb Foucault eine detaillierte Antwort.[39] Kurz darauf entschloß sich Foucault urplötzlich, daß er von nun an nichts mehr mit Deleuze zu tun haben wollte. »Das war ein Spleen Foucaults«, sagt ein Freund, »ein persönliches Problem, das er zu dieser Zeit hatte.« In den folgenden Jahren standen die beiden Philosophen in losem Briefkontakt. Doch sie sollten sich nie mehr persönlich treffen.[40]

Die politischen Meinungsverschiedenheiten verschärften sich. Ihre Ansichten gingen über die Bedeutung des Marxismus und das Erbe des Mai '68 auseinander. Bezüglich der Probleme im Nahen Osten stand Deleuze eingefleischt auf Seiten der Palästinenser und Foucault genauso eingefleischt auf Seiten Israels.[41]

Außerdem ging es noch um die Frage des linken Terrorismus, die in Frankreich im Jahre 1977 wieder aufgeworfen wurde. Der Anlaß war dieses Mal kein Gewaltakt der französischen Ultralinken, da die maoistische Bewegung mittlerweile fast gänzlich untergegangen war. Es handelte sich vielmehr um einen gefeierten Rechtsfall, in dessen Zentrum Klaus Croissant stand, der Hauptanwalt der Baader-Meinhof-Gruppe. Als Croissant in Deutschland mit einer Gefängnisstrafe rechnen mußte, nachdem er auf illegale Weise Material für inhaftierte Terroristen in Gefängnisse geschmuggelt hatte, hatte er sich nach Frankreich abgesetzt und dort um politisches Asyl gebeten. Die deutsche Regierung verlangte die Auslieferung des Anwalts; und als die französische Regierung Anstalten machte, diesem Gesuch nachzukommen, brachen auf seiten der französischen Linken Proteststürme aus. Es wurden die üblichen Manifeste und öffentlichen Verlautbarungen verfaßt, Demonstrationen abgehalten, und in dem Pariser Gefängnis, in dem Croissant festgehalten wurde, kam es zu einer gewalttätigen Auseinandersetzung mit der Polizei.[42]

Foucault und Deleuze kämpften beide gegen die Auslieferung Croissants – doch unter Berufung auf völlig verschiedene Kriterien. Deleuze wollte nicht nur gegen Croissants Zwangslage protestieren, sondern auch dagegen, was er als den ›Staatsterrorismus‹ der deutschen Regierung ansah, wodurch er unausgesprochen das von der Baader-Meinhof-Gruppe gezeichnete Bild bestätigte. Foucault drückte seine Position auf der anderen Seite unter Berufung auf ein *Recht* aus. »Es gibt das Recht auf einen Anwalt, der für dich und mit dir spricht, der es ermöglicht, daß du gehört wirst, dein Leben, deine Identität und die Wirksamkeit deiner Aussageverweigerung garantiert«, schrieb Foucault im *Nouvel Observateur*. »Dieses Recht ist keine juristische Abstraktion und auch kein nebulöses Ideal; dieses Recht ist Bestandteil unserer historischen Realität und darf nicht aus ihr entfernt werden.« Indem er das Recht des Beschuldigten auf einen Anwalt verteidigte, unterstützte er im Grunde politische Ziele, die nicht nur den Zielen der Baader-Meinhof-Gruppe zuwider liefen, sondern ebenfalls seinen vormaligen Überzeugungen von ›Volksjustiz‹.[43]

Jahre später traf Deleuze drei Feststellungen zum Bruch einer der wichtigsten intellektuellen Verbindungen seines Lebens – und sicherlich einer der wichtigsten im Leben Foucaults.

»Erstens«, erklärte Deleuze, »ist klar, daß es keine einfache Antwort auf die Frage gibt: ›Was ist passiert?‹ Einer von uns gibt heute eine bestimmte Antwort, und morgen eine andere. Doch nicht aus Wankelmut. Handelt es sich doch hier um einen Bereich, bei dem es vielfältige Gründe gibt, von denen keiner ›wesentlich‹ ist. Genau weil keiner dieser Gründe ›wesentlich‹ ist, sind immer mehrere gleichzeitig beteiligt. Es ist jedoch von großer Wichtigkeit, daß ich [Foucault] lange Zeit politisch gefolgt bin; und von einem bestimmten Zeitpunkt an teilte ich seine Einschätzung vieler Themen nicht mehr.«

»Zweitens: Dies hat nicht zu einer ›Entfremdung‹ zwischen uns geführt und es bedarf auch keines ›Kommentars‹. Wir sahen einander weniger häufig, was durch Umstände bedingt war, die es uns immer schwerer machten, uns noch einmal zu treffen. Das Merkwürdige ist, daß es nicht wegen Meinungsverschiedenheiten war, daß wir uns nicht mehr sahen, sondern ganz im Gegenteil, weil wir uns nicht mehr trafen, entstand eine Art von gegenseitigem Unverständnis oder Distanz.«

»Drittens muß ich Ihnen sagen, in welchem Maße ich beständig und zunehmend bereue, ihn nicht mehr gesehen zu haben. Was hat mich davon abgehalten, ihn anzurufen? An diesem Punkt wird ein Grund sichtbar, der tiefliegender und wichtiger ist als alle anderen zusammengenommen. Ob ich nun recht hatte oder nicht, jedenfalls glaubte ich, daß er für sein Leben und sein Denken eine größere Abgeschiedenheit wünschte, und daß er diese Abgeschiedenheit brauchte und nur mit seinen engsten Freunden Beziehungen aufrechterhielt. Heute bin ich der Meinung, daß ich hätte versuchen sollen, ihn noch einmal zu sehen, aber ich habe es aus Respekt nicht versucht.«

»Ich leide immer noch daran, ihn nicht noch einmal gesehen zu haben, umso mehr, weil ich nicht glaube, daß es einen offensichtlichen Grund gab, warum dies nicht geschah.« [44]

Für das akademische Jahr 1977-78 kündigte Foucault eine Vorlesungsreihe unter dem Titel ›Sicherheit, Territorium, Bevölkerung‹ an. (Im vorausgegangenen Jahr hatte er keine Vorlesungen gehalten, da er ein Freisemester hatte.) Die Ankündigung mit seinem Verweis auf ›Bevölkerung‹ ließ darauf schließen, daß er da weitermachen würde, wo er 1976 aufgehört hatte, und Rassismus, Klassenkampf und die Virulenz ›entscheidender Massaker‹ in der neueren Geschichte behandeln sowie die Analyse der ›Bio-Macht‹ vertiefen würde, die er im letzten Kapitel von *Der Wille zum Wissen* skizziert hatte.

Wie sich einer seiner engsten Mitarbeiter am *Collège de France* später erinnerte, verlief das Seminar anders als geplant.

»Lange Zeit«, sagt dieser Augenzeuge, »wußte Foucault nicht, in welche Richtung er gehen sollte. Er schien sich damals in großen Schwierigkeiten zu befinden. Ich erinnere mich noch gut an ein Gespräch, das ich während der Weihnachtsferien mit Foucault über die bevorstehenden Vorlesungen führte. Sie sollten von den im letzten Kapitel von *Der Wille zum Wissen* angesprochenen Themen handeln. Doch Foucault sagte, dies sei zu schwierig und er wisse nicht, worüber er sprechen solle. Foucault war sehr verschlossen, deshalb kennen wir seine Gefühle nicht. Doch es ist klar, daß er zu dieser Zeit eine Krise durchmachte. Als die Vorlesungen begannen«, am 11. Januar 1978, »konnte niemand ahnen, daß er ein völlig neues Thema gewählt hatte.« [45]

Jede Woche beobachtete sein Mitarbeiter am *Collège* Foucault dabei, wie er sich mit seinem Stoff abmühte. »Wenn man alle Vorlesungen hörte«, sagt er, »hörte man die Qual, den *Schmerz*. Dies war völlig klar.« [46]

Foucault begann damit, wie angekündigt, über Sicherheit und ›Bio-Politik‹ zu sprechen. Doch plötzlich – kurz nach Beginn des Seminars, erinnert sich sein Mitarbeiter, »hielt er inne. Er war nicht in der Lage weiterzumachen. Und es war klar, daß diese Problematik, ›Bio-Politik‹, für ihn erledigt war – er war mit ihr fertig.«

»Seine Methode änderte sich. Aber er wußte immer noch nicht, in welcher Richtung er weitermachen sollte.« [47]

In seinen Vorlesungen von 1978 wandte sich Foucault abrupt einem neuen Thema zu – dem, was er ›*Gouvernementalité*‹ (›Regierungsanalyse‹) nennen sollte. Der unhandliche Neologismus verdeutlicht nicht nur sein Interesse an den politischen Aspekten des Regierens, sondern auch das an seinen pädogogischen, geistigen und religiösen Dimensionen. Er versuchte immer noch herauszufinden, ›wie wir in die Falle unserer eigenen Geschichte‹ geraten konnten, und begann nun mit einer Analyse dessen, wie wir erlernt haben, über eine Reihe miteinander verbundener Fragen zu denken: »Wie wir uns regieren sollen, wie wir uns regieren lassen sollen, wie wir andere regieren sollen, wie wir den, der uns regiert, durchschauen, wie man der bestmögliche Regent wird, usw.« [48]

Er stellte die Vermutung an, daß sich erstmals im sechzehnten Jahrhundert die moderne Herangehensweise an solche Fragen als Reaktion auf zwei sich überschneidende Prozesse herauskristallisiert habe: die Entstehung »der großen Gebiets-, Verwaltungs- und Kolonialstaaten«; und der Religionskrieg zwischen Protestanten und Katholiken, durch den »die Art und Weise« wichtig geworden sei, »auf die man auf dieser Erde spirituell regiert und geführt wird, um das Ewige Heil zu erlangen«. [49]

In diesem Zusammenhang begannen die frühen Machttheoretiker zwei verschiedene Denkmuster miteinander zu verknüpfen. Einerseits hatten weltliche Philosophen schon seit langem die Kunst des Regierens mit säkularen Begriffen beschrieben: Es wurde als Aufgabe des Staatsmannes angesehen, Konflikte zu lösen und das Territorium der Stadt zu schützen und somit harmonisches Zusammenleben und Frieden zu sichern. Theologen hatten sich andererseits der Regierungskunst ausdrücklich mit Bezug auf eine *andere Welt* genähert: Der ›pastorale‹ Führer hatte eine spirituelle Aufgabe; er war auf die Rettung der Seele aus und wachte über das Gewissen eines jeden, wie ein Schäfer auf seine Herde aufpaßt. Im sechzehnten und siebzehnten Jahrhundert wurden diese beiden Denkmodelle, so lautete die Hypothese Foucaults, erstmals miteinander in der Praxis in Verbindung gebracht. Das Ergebnis war eine neue Mischform der Regierungskunst, die wie nie zuvor auf die Regulierung und Überwachung des inneren und äußeren Lebens eines jeden Bürgers aus war. [50]

Wie 1976 entwickelte Foucault seine These weitgehend durch genaue Lektüre verschiedener Texte, vor allem klassische Abhandlungen zu Regierungskunst und ›Staatsräson‹. Zum Beispiel analysierte er in der vierten Vorlesung, die als einzige zu seinen Lebzeiten veröffentlicht wurde, den Einfluß Machiavellis und lieferte eine Interpretation der obskuren, 1555 von Guillaume de La Perrière veröffentlichten Abhandlung *Miroir Politique*, in der die Vorstellung vom politischen Gemeinwesen als einem harmonisch geordneten Ganzen in Verbindung mit der Rechtfertigung unbegrenzter monarchischer Souveränität formuliert wurde. [51]

Die Heraufkunft »der großen Formen und Ökonomien der Macht in der westlichen Welt« gliedert Foucault jetzt schematisch in drei Abschnitte. Es begann mit einer »Phase der Justiz«, die sich im Mittelalter konsolidiert hatte und die sich um Gebräuche und Gesetze organisierte, die darauf abzielten, jeden Untertanen ins Gemeinschaftsleben zu integrieren. Danach entstand im sechzehnten Jahrhundert ein »Verwaltungs- und Polizeistaat«. Er wurde um neue Prinzipien in Pädagogik und Staatskunde organisiert, die nach einem »greifbaren, genau definierten und abgewägten Wissen über die Stärke des Staates« suchten, um über das Leben des Menschen in einer Weise zu herrschen, »welche die Entwicklung des Individuums der Entwicklung des Staates dienlich macht«. Schließlich entstand der von Foucault so bezeichnete »Regierungs-Staat«, der im Verlauf des achtzehnten und neunzehnten Jahrhundert verfeinert wurde und der über unvergleichliche Macht verfügte, die er einsetzte, um das Schicksal von Individuen und ganzen Völkern zu bestimmen. [52]

Der kumulative Effekt dieser langen Entwicklung war, wie Foucault 1979 in einem Gespräch zusammenfassend bemerkte, daß politische Macht »heute bis in die letzte Faser des Individuums reicht, seinen Körper berührt, seine Gesten beeinflußt, sein Verhalten, seinen Diskurs, seine Entwicklungsjahre, sein tägliches Leben«. [53]

Foucaults Vorlesungen zur ›Regierungsanalyse‹ zeugen von Belesenheit, sie sind prägnant und oftmals provokativ – ein Tribut an seine unnachgiebige (und allzu seltene) Fähigkeit, grundlegende Fragen der Analyse von Gesellschaft und Politik immer wieder neu zu überdenken und neu zu fassen. Trotzdem liegt über seinem Werk aus diesen Monaten ein ironischer Grundton. Abgesehen von der Inanspruchnahme eines ganzen Arsenals von Konzepten ist die Schlachtordnung am Ende seiner Beschäftigung mit ›Regierungsanalyse‹ im Grunde die gleiche, die er auf den Seiten von *Überwachen und Strafen* beschrieben hatte. Auf der einen Seite steht eine allmächtige Regierungsmaschine, die bis ins Detail darauf angelegt ist, ihre Gesetze ›in jede Faser des Individuums‹ einzuschreiben, während auf der anderen Seite der einzelne Mensch steht, dessen Freiheitstrieb zurückgedrängt und eingekerkert wird, bis er schließlich »nur

an sich selbst noch sich entladen[] und auslassen[]« kann – genau wie Nietzsche in *Zur Genealogie der Moral* vermutet hatte.[54]
Wie sehr er es auch versucht haben mag, Foucault scheint nicht über ›Nietzsches Hypothese‹ hinausgekommen zu sein; und in der Ferne hören wir immer noch ›das Donnergrollen der Schlacht‹.

In diesen Monaten hatte Foucault damit begonnen, wie sich einer seiner engen Mitarbeiter am *Collège de France* erinnert, die frühen Kirchenväter zu lesen: Augustinus, Ambrosius, Hieronymus, Benediktus. Er analysierte also auf der einen Seite frühneuzeitliches politisches Denken, während er sich andererseits auf frühchristliches Denken über die Seele und die ihr angemessene Sorge konzentrierte, wobei er immer noch im Unklaren darüber war, wie er seine Geschichte der Sexualität neu organisieren und wie er überhaupt wieder von neuem beginnen sollte.[55]

Am 27. Mai 1976 sprach Foucault vor der *Société française de philosophie*. In einem neun Jahre zuvor vor der gleichen philosophischen Gesellschaft gehaltenen Vortrag hatte er sich mit der auf die damals modische Semiologie zurückzuführende Frage: ›Was ist ein Autor?‹ beschäftigt. Als ob er seine beiden Vorträge in eine gewisse Symmetrie zueinander bringen wollte, sprach er bei dieser neuerlichen Gelegenheit über ein Problem, das im Rahmen seiner eigenen politischen Interessen aufgetreten war: ›Was ist Kritik?‹[56]
Das Wort war im Verlauf der siebziger Jahre wieder in Mode gekommen, als die erneute Begeisterung für ›Kritik‹ eine Reihe »unbedeutender polemisch-akademischer Aktivitäten« hervorgebracht hatte, wie Foucault halb im Spaß den nicht enden wollenden Erguß von Arbeiten linker Gesellschaftskritik bezeichnete. Obwohl der Begriff ›Kritik‹ sein modernes Verständnis Kant verdankt, wie Foucault pflichtbewußt anmerkt, hatte

Marx ihn für sich reklamiert, als er seinem Hauptwerk *Das Kapital* den Untertitel *Kritik der politischen Ökonomie* gab. Sowohl für Kant als auch für Marx war es die Aufgabe von ›Kritik‹, ansonsten unausgesprochene Voraussetzungen unseres Denkens auszusprechen und diese Voraussetzungen einer öffentlichen Überprüfung auszusetzen. Im Werk Kants enthüllte ›Kritik‹ die Grenzen der Vernunft sowie das nicht zu bändigende Verlangen des menschlichen Geistes, über diese Grenzen hinauszugehen; im Marxschen Werk hingegen zeigte ›Kritik‹, in welchem Verhältnis das moderne Wirtschaftswesen zu den »Produktionsverhältnisse[n] dieser historisch bestimmten gesellschaftlichen Produktionsweise« steht. [57]

Foucaults eigene Konzeption von ›Kritik‹ ist in mancherlei Hinsicht bemerkenswert, auch wegen der eigentümlichen Weise, in der er diese historische Tradition interpretiert. Er sah ›Kritik‹ nicht als ein von bestimmten deutschen Theoretikern benutztes Mittel, sondern vielmehr als eine »Einstellung« oder als eine »Generaltugend«. Er definiert ›Kritik‹ deshalb vorläufig als »die Kunst des ›Nicht Regiert-Werdens‹, oder, was noch besser ist« – da sich diese Kunst immer in einem bestimmten historischen Kontext entfaltet, »die Kunst, nicht auf eine bestimmte Weise und zu einem bestimmten Preis regiert zu werden«. [58]

Diese ›Kunst‹ war nicht erstmals im Werk Kants oder Marx' entwickelt worden, sondern vielmehr in den ketzerischen Praktiken bestimmter religiöser Sekten im Zeitalter der Reformation, als die Protestanten die Autorität der Katholischen Kirche in Frage stellten. Aus der religiösen Sphäre sickerte diese neue Kunst in den Bereich säkularer politischer Theorie, als einige dem Parlamentarismus und republikanischen Ideen verpflichtete Kritiker des Absolutismus (man fühlt sich an Coke und Lilburne erinnert) begannen, »universelle und unveräußerliche Rechte« einzuklagen. Schließlich erlangte die ›kritische‹ Einstellung im siebzehnten Jahrhundert philosophische Bedeutung, als eine Reihe von Denkern sich erneut Gedanken über die Beschaffenheit unseres Wissens machten und im allgemeinen gegen Vorurteile und Aberglauben zu Felde zogen, wodurch von neuem die Frage nach der »Gewißheit angesichts von Autoritäten« gestellt wurde. Foucault faßte diese langfristige historische Entwicklung folgendermaßen zusammen: »Ich würde sagen, daß es sich bei ›Kritik‹ um jene Bewegung handelt, die es dem Subjekt erlaubt, die Wahrheit zu entdekken«, indem es »die Kunst freiwilliger Widersetzlichkeit, bedächtigen Ungehorsams« praktiziert. [59]

Zunächst überrascht an dieser Darstellung der Nachdruck, den sie auf die Weigerung des Subjekts legt, unterworfen zu werden. Die zweite Überraschung besteht in der Tatsache, daß Foucault seine eigenwillige Darstellung mit Kants berühmter Definition von ›Aufklärung‹ in Verbindung bringt.

Kant hatte diese Definition in seinem Aufsatz: ›Beantwortung der Frage: Was ist Aufklärung?‹ geliefert. Er war erstmals 1784 erschienen, drei Jahre nach der ersten Ausgabe der *Kritik der reinen Vernunft*. »*Aufklärung ist der Ausgang des Menschen aus seiner selbst verschuldeten Unmündigkeit*«, lauten die ersten Sätze der Kantschen Schrift. »Unmündigkeit ist das Unvermögen, sich seines Verstandes ohne Leitung eines anderen zu bedienen. Selbstverschuldet ist diese Unmündigkeit, wenn die Ursache derselben nicht am Mangel des Verstandes, sondern der Entschließung und des Mutes liegt, sich seiner ohne Leitung eines andern zu bedienen. *Sapere aude!* Habe Mut, dich deines *eigenen* Verstandes zu bedienen! ist also der Wahlspruch der Aufklärung.« [60]

Unter dem Zugriff Foucaults wird bei dieser Definition – die er stillschweigend als passende Beschreibung seines Lebenswerkes ansieht – der Begriff *Mut* als die spezifische Tugend des ›Willens zum Wissen‹ betont. Diese Nachdrücklichkeit macht vor allem Kants Aufforderung, ›sich seines *eigenen* Verstandes zu bedienen‹, zu einem Vorläufer des Aufrufs Nietzsches an den Menschen, ›den Sinn seines *eigenen* Lebens‹ zu entdecken.

Nach Kant ist es in der Tat Nietzsche, der das ›Problem Aufklärung‹, so wie Foucault es versteht, am ehesten in den Griff bekommt. Die Philosophen, hatte Nietzsche ungefähr hundert Jahre nach Kants Aufsatz geschrieben, »müssen sich die Begriffe nicht mehr nur schenken lassen, nicht nur sie reinigen und aufhellen, sondern sie allererst *machen, schaffen*, hinstellen und zu ihnen übersetzen. Bisher vertraute man im ganzen seinen Begriffen, wie als einer wunderbaren *Mitgift* aus irgendeiner Wunder-Welt.« Doch dieses Vertrauen muß durch Mißtrauen ersetzt werden: »Zunächst tut die absolute Skepsis« – und hier findet Nietzsches ›Wille zur Macht‹ seine eigentliche Berufung – »gegen alle überlieferten Begriffe not.« Mit einem Wort: ›Kritik‹.[61]

In diesem Sinne betrachtet Foucault das ›Problem Aufklärung‹ als *das* zentrale Problem der modernen Philosophie überhaupt. Denn wie können überlieferte Anschauungen überprüft werden? Wie kann man zu einer ›Einstellung‹ gelangen und den Mut aufbringen, der dazu vonnöten ist, sich seines eigenen Verstandes zu bedienen? Durch welche Vernunftakte – und durch welche Art der Lebensführung mag man der ›selbstverschuldeten Unmündigkeit‹ entkommen?

Fragen dieser Art waren auf verschiedene Weise von verschiedenen modernen Philosophen aufgenommen worden – von Hegel bis Marx, von Schopenhauer bis Wittgenstein, von Nietzsche bis Heidegger, von Karl Popper bis Gaston Bachelard.

Foucaults eigene Methode, wie er sie hier beschrieb, hatte bislang darin bestanden, »die Beziehungen zwischen Macht, Wahrheit und Subjekt« zu entziffern, vermittels »einer bestimmten Praktik, die man historisch-philosophisch nennen könnte«. Diese Praktik war ganz bewußt im eigentlichen Sinne gar nicht nachahmbar: »Es kommt im Grunde darauf an«, sagt Foucault, »sich selbst seine *eigene* Geschichte zu erschaffen«, indem man sorgfältig Inventur der einzigartigen ›Mitgift‹ ererbter Konzepte macht, während man gleichzeitig versucht, *neue* Konzepte »wie bei einer erfundenen Geschichte« zu entwikkeln.[62]

Daß eine Art fiktive Geschichte der Denkmodelle den Stellenwert des Kantischen Kritizismus einnehmen sollte, ist schon merkwürdig genug, aber damit enden die Eigentümlichkeiten des Foucaultschen Zugriffs auf das ›Problem Aufklärung‹ noch nicht, denn er machte anders als Kant (und auch Marx) keinerlei Anstalten, wie er sagt, »das Wahre vom Falschen, das Begründete vom Unbegründeten, die Wirklichkeit von der Illusion, Wissenschaft von Ideologie, das Rechtmäßige vom Unrechtmäßigen« zu sondern. Indem er untersucht hatte, wie verschieden der Mensch zu verschiedenen Zeiten über Wahnsinn, Verbrechen und Krankheit nachgedacht hat, hatte er nur versucht, »herauszufinden, welche Verbindungen und Beziehungen zwischen Mechanismen der Nötigung und den Elementen des Verstehens entdeckt werden können«. Dadurch hatte er bislang nicht Hinterfragbares in Frage gestellt. »Es lag nicht in der Natur der Sache, daß Wahnsinnige als geisteskrank betrachtet wurden; es war keinesfalls selbstverständlich, daß man mit Kriminellen nichts anderes anzufangen wußte, als sie einzusperren; es war ebenso wenig selbstverständlich, daß den Ursachen einer Krankheit durch die individuelle Untersuchung von Körpern auf die Spur zu kommen war, usw.« [63]

Die bloße »Beschreibung der Komplizenschaft von Wissen und Macht« hatte zur Folge, daß sie als unerträglich angesehen werden mußte, – enthüllt doch die historisch-philosophische Kritik die »Beliebigkeit« aller Erkenntnis sowie die »Gewalt« der Macht. [64]

Doch warum sollte bereits die Beschreibung von ›Beliebigkeit‹ und ›Gewalt‹ überhaupt eine Reaktion hervorrufen?

Weil, antwortet Foucault, die Wahrheitsspiele dank der »Logik von Interaktionen« zwischen Menschen von Natur aus »immer unbeständig und ungewiß« sind. Die Ordnung der Dinge hängt zu einem gewissen Grade immer von »Subjekten, Verhaltensmustern, Entscheidungen, Alternativen« ab. Anstatt vor der Beliebigkeit und Gewalt all dessen zu verzagen, was bislang wie selbstverständlich als ›wahr‹ erschien, könnte der Mensch stets den Mut dazu aufbringen, Widerstand zu leisten und anders zu denken. [65]

Foucault beendete seinen Vortrag mit folgender Bemerkung: »Sollte es sich als notwendig erweisen, die Verstehensfrage mit Bezug auf die Herrschaft zu stellen« – was er 1978 offensichtlich glaubte –, dann »muß dies vor allem mit *dem festen Willen getan werden, nicht regiert zu werden.«* [66]

Die Philosophen im Publikum verblüffte diese seltsame Schlußfolgerung, besonders da sie von Michel Foucault kam.
Nach der Vorlesung stellte sich Foucault den Fragen seiner Zuhörer. Ein Teilnehmer fragte sich, ob Foucaults Methode nicht
auf einer »okkulten Grundlage« beruhe. Unterhalb der diskursiven Praktiken, die er mit soviel Sorgfalt in seinen Büchern
über Wahnsinn und Strafe beschrieben hatte, schien eine »Art
gemeinsames Wesen von Wissen und Macht« zu schlummern –
ein Wesen, fügte der Fragesteller hinzu, »von dem ich nicht um-
hinkomme, es den Willen zur Macht zu nennen«.[67]
»Ganz richtig«, antwortete Foucault. »Genau diesen Punkt habe ich nicht genügend klargestellt.« Außerhalb des »verflochte-
nen Netzwerks« von Macht und Wissen gibt es, so glaubt er, in
der Tat noch etwas anderes: etwas, das ›dem *transcendens*
schlechthin‹ ähnlich ist, die von aller Bedingtheit losgelöste Fähigkeit, von sich aus jede festgesetzte Grenzlinie zu überschreiten, was Kant ›Freiheit‹ und Nietzsche ›Willen zur Macht‹ genannt hatten. Es bereitete Foucault jedoch Schwierigkeiten, auf
den Punkt zu bringen, was dieses ›etwas‹ denn sein könnte:
Man fühlt sich an Kant erinnert, der einmal bemerkte: »[D]ie
Unerforschlichkeit der Idee der Freiheit schneidet aller positiven
Darstellung gänzlich den Weg ab.« Abgesehen von dieser ›Unerforschlichkeit‹ stimmte er seinem Gesprächspartner zu, daß
es genau dieses ›okkulte Wesen‹ sei, daß »ich versucht habe,
zum Vorschein zu bringen«, wenn auch nur als eine »Art von
Schimmern« an den Grenzen »meiner historisch-philosophischen Praxis«.[68]
»Sie haben [. . .] von dem festen Willen, nicht regiert zu werden, gesprochen«, bemerkte ein anderer Zuhörer. »Sollte
nicht diese Aussage selbst Gegenstand der Untersuchung, der
Befragung werden?« Sollte sich das kritische Verhalten Foucaults auf einen Willensakt gründen, was konnte dann noch
über diesen Akt gesagt werden?[69]
»Wenn man sich auf eine Überprüfung dieser Dimension von
Kritik einzulassen wünscht«, antwortete Foucault, müßte man
sich von der Philosophie im engeren Sinne verabschieden und
über die historischen Erscheinungsformen der Freiheit »in der

Praxis der Revolte« Gedanken machen. Wenn er die Zeitspanne seit der Renaissance betrachte, »springt mir eine erstaunliche Übereinstimmung« zwischen dem »geistigen« Bemühen des Individuums »ins Auge«, sich aus den Fängen der Macht zu befreien, fügt Foucault hinzu, – obwohl ich vielleicht voreingenommen bin, da mich diese Dinge zur Zeit sehr beschäftigen – und dem kollektiven »politischen Kampf«, die äußerlichen Regierungsinstitutionen zu verändern. Foucault vergleicht den zeitgenössischen Marxismus mit protestantischen Bewegungen im sechzehnten Jahrhundert und stellt fest, daß er Ähnlichkeiten zwischen ihrer »Seinsweise« und der großen Hoffnung auf eine schnelle Umformung des Bewußtseins und der Gesellschaft feststellen könnte, die beide hervorgerufen haben. [70]

Er schloß seine Bemerkungen damit, daß es aus diesen Gründen vielleicht notwendig geworden sei, das gesamte Problem des Willens in seiner Beziehung zum »*Mystizismus*« neu zu überdenken. Schließlich seien einzelne Mystiker im Verlauf der Geschichte, zum Beispiel während der Reformation, nicht als Feinde aufgeklärter ›Kritik‹ erschienen, sondern vielmehr als deren unwissentliche Parteigänger, da sie »eine der ersten großartigen Formen der Revolte in der westlichen Welt« definiert hätten. Außerdem hätten sie dazu beigetragen, die ansonsten verborgene Erfahrung der Freiheit zunächst zu bestimmen und dann ihr Prinzip zu verteidigen. [71]

Einige Wochen später machte Foucault eine der wichtigsten ›mystischen‹ Erfahrungen seines Lebens. Es war Juli und der Philosoph hatte auf der Suche nach »diesen unglaublich intensiven Genüssen, hinter denen ich her bin, die zu erfahren ich nicht in der Lage bin und die ich mir selbst nicht gewähren kann«, Opium geraucht. [72]

Er verließ seine Wohnung und überquerte die *Rue de Vaugirard*. In diesem Augenblick wurde er von einem Wagen erfaßt. Er wurde zu Boden geschleudert. Die Zeit schien stillzustehen. Er hatte das Gefühl, seinen Körper zu verlassen. [73]

Er betrat jenen Bereich zwischen Leben und Tod, der seine Vorstellungskraft schon lange beschäftigt hatte, und fühlte einen Zustand der Verzückung.[74]

Foucault kam mit dem Leben davon. Doch der Unfall bestätigte eine langgehegte Überzeugung: Vor dem Tod brauchte man keine Angst zu haben. Ganz im Gegenteil. Als er sich »der Grenze aller Grenzen« genähert hatte, verspürte er ein ganz besonders seltenes Wonnegefühl: Sterben schien genauso »unbeschreiblich lustvoll« zu sein, wie Sade versprochen hatte.

»Ich glaube, daß die Lust eine sehr schwierige Verhaltensform ist«, erklärte er einem Gesprächspartner 1982. »Es ist keine einfache Sache«, – er mußte lachen – »sich zu amüsieren. Ich muß schon sagen, daß ich davon träume. Ich habe den Wunsch und die Hoffnung, an einer Überdosis von Lust zu sterben.« Er lachte wieder. »Ich glaube, daß dies wirklich schwierig ist, und ich habe immer das Gefühl, *die Lust*, die totale Lust zu versäumen, die für mich mit dem Tod verbunden ist.«[75]

Sein Gesprächspartner war verblüfft: »Wie können Sie so etwas sagen?«

»Weil ich glaube, daß die Lust, die ich als *die* wahre Lust ansehen würde«, antwortete der Philosoph, »so gewaltig, so intensiv, so überwältigend sein würde, daß ich es nicht überleben könnte. Ich müßte sterben. Ich will Ihnen ein klares und einfaches Beispiel geben. Ich wurde auf der Straße einmal von einem Wagen angefahren. Ich ging spazieren. Und ungefähr zwei Sekunden lang hatte ich das Gefühl zu sterben, ein wirklich sehr, sehr intensives Lustgefühl. Das Wetter war wunderbar. Es war sieben Uhr an einem Sommerabend. Die Sonne ging unter. Der Himmel war wunderschön, blau und so weiter. Dies ist immer noch eine meiner schönsten Erinnerungen.«[76]

Er lachte noch einmal.

Alle vierzig Tage versammelte sich die Menge, um die Toten zu betrauern. Alle vierzig Tage griff die Polizei ein und schuf weitere Märtyrer. Ein Land mit einer der schlagkräftigsten Armeen der Erde war im Begriff, ins Chaos zu versinken. Die Bevölkerung schien den Tod plötzlich mit offenen Armen zu begrüßen.

Das gesamte Arsenal von Panzern, Bomben und Maschingewehren, das der Nation zur Verfügung stand, schien der Flutwelle suizidaler Revolte keinen Einhalt gebieten zu können. In jeder Kleinstadt, in jedem Stadtviertel der Großstädte ertönten aus Kassettenrekordern von körperlosen Stimmen gehaltene, merkwürdig geheimnisvolle Predigten. Mit religiösem Feuer sprachen sie mehr von der Unsterblichkeit der Seele als vom Sieg im drohenden Bürgerkrieg. Ihre Botschaft war streng und unerschrocken, als ob sie von einer ursprünglichen und lange vergessenen Sehnsucht gespeist würde und die unruhigen Geister Savonarolas von Florenz, Johannes' von Leyden in Münster und der Leveller aus der Zeit Cromwells heraufbeschwören wollte.[77]

Dies war die unheimliche Atmosphäre im Iran im Herbst 1978 – jedenfalls so, wie Michel Foucault sie verstand. Vielleicht war revolutionärer Geist noch nicht ganz tot; vielleicht war ein Aufstand gegen eine sich verschanzende Macht doch noch möglich; vielleicht könnte die ›Kunst des Nicht-Regiert-Werdens‹ durch so etwas wie eine tragische Liturgie des Leidens und des Todes doch noch ohne Disziplinierungstechniken und ohne Rückgriff auf bewaffneten Klassenkampf durchgesetzt werden; vielleicht könnte durch wiederholtes Zurschaustellen von Widerstand die latente Gegen-Macht eines Volkes entfesselt werden, das dann nicht nur ein Regime stürzen, sondern es auch geistig transformieren könnte.[78]

In einem entscheidenden Punkt hatte Foucault recht: Die Revolution im Iran war in der Tat, den Worten eines nüchternen akademischen Experten zufolge, »eine der größten populistischen Erhebungen der Menschheitsgeschichte«.[79]

Die Wurzeln der Unruhen lagen tief: lang anhaltende Opposition der unabhängigen schiitischen religiösen Führung gegen die säkulare Politik der persischen Monarchie; anwachsender weitverbreiteter Unmut gegenüber der Unterordnung des Regimes unter die Interessen des Westens und besonders Amerikas; die Korruptheit des Schahregimes, sein Größenwahn und die zunehmende Brutalität der gefürchteten Geheimpolizei SAVAK, die für ihre Grausamkeit und Foltermethoden berüchtigt war.[80]

Die neuesten Unruhen waren am 8. Januar 1978 ausgebrochen, als Polizeikräfte im Wallfahrtsort Qom, einem traditionellen Zentrum religiöser Unterweisung, auf eine Gruppe von Theologie-Studenten geschossen hatten. Die Gruppe hatte lautstark die Rückkehr des religiösen Oberhaupts der Schiiten, Ayatollah Khomeini, gefordert, der seit langem zu den Kritikern des Schahregimes gehörte. Als die Gewehre verstummten, waren ungefähr zwanzig Studenten tot – Märtyrer der guten Sache.

Schiiten versammeln sich traditionell vierzig Tage nach einem Todesfall, um den Toten zu betrauern. Während der nächsten vierzehn Monate strömten alle vierzig Tage Schiiten auf die Straßen der Großstädte des Iran, um ihre Märtyrer zu ehren und dem Regime die Stirn zu bieten, was gewaltsame Vergeltungsmaßnahmen der Polizeikräfte des Schahs zur Folge hatte und weitere Märtyrer schuf. Mit der Zeit verwandelte sich die Bevölkerung des Iran unweigerlich in eine Trauergemeinde, als immer mehr Menschen den Tod eines Freundes oder Verwandten zu beklagen hatten. Die Trauerfeierlichkeiten wuchsen sich zu heftigen Protestkundgebungen aus, die durch die zunehmende Bereitschaft von immer mehr Menschen, den Tod auf sich zu nehmen, noch an Stärke gewannen. [81]

Einige Monate zuvor war Foucault von den Herausgebern der italienischen Tageszeitung *Corriere della Sera* um einen Beitrag gebeten worden. Da die Ereignisse im Iran ihn sehr interessierten, schlug er vor, als Korrespondent dorthin zu gehen, um Material für eine Reihe von Artikeln zu sammeln. Foucault hatte schon lange davon geträumt, Journalist zu werden; außerdem betrachtete er die Aussicht auf einen Iranbesuch als Teil seines andauernden Bemühens, die Berufung des Intellektuellen neu zu definieren. »Ich bin der Ansicht, daß dies zu der Rolle gehört, die der Intellektuelle spielen sollte«, bemerkte Foucault im Herbst 1978, als er nach seinem Interesse für den Iran befragt wurde: »Er muß sich vor Ort ein Bild von den Dingen machen. Er sollte sich nicht darauf beziehen, was im Ausland geschieht, ohne über genaue, detaillierte und, so weit möglich, reichhaltige Informationen zu verfügen.« [82]

Die Herausgeber des *Corriere della Sera* stimmten der Entsendung Foucaults in den Iran zu (es ist für europäische Zeitungen nicht ungewöhnlich, berühmte Intellektuelle um Berichterstattung zu bitten). Und so saß Foucault dann im September 1978 in einem Flugzeug mit Ziel Teheran und hoffte, mehr über eine Revolte zu erfahren, die einen Großteil der unbeteiligten Beobachter wegen ihrer Dauer, ihres Ausmaßes und ihrer zunehmenden Heftigkeit überrascht hatte.

Kurz vor Foucaults Ankunft hatte der Aufstand einen neuen leidenschaftlichen Höhepunkt erreicht, der auf das Massaker des ›schwarzen Freitags‹ vom 8. September zurückging. Bei dieser Gelegenheit war eine große Zahl von Demonstranten in Teheran umgekommen, was mehr als jedes andere Ereignis viele Iraner von passiven Zuschauern in Teilnehmer an einer Revolution verwandelte.

»Als ich im Iran ankam, kurz nach dem September-Massaker«, erinnerte sich Foucault später, »glaubte ich, daß ich eine Stadt in Angst und Schrecken vorfinden würde, weil es viertausend Tote gegeben hatte. Ich habe zwar nicht gerade glückliche Menschen angetroffen, doch war die Situation gekennzeichnet von einem Mangel an Furcht und von der Intensität der Zicvilcourage oder vielmehr der Intensität, zu der ein Volk fähig ist, wenn eine Gefahr zwar noch nicht ganz überwunden, aber doch schon irgendwie hinter sich gelassen hat.«[83]

Wie ein Jahrzehnt zuvor in Tunesien faszinierte Foucault auch jetzt das Spektakel eines Volkes, das vereint ist »in seinem Verlangen nach einem absoluten Opfer, dessen Vorgeschmack in der Luft liegt, und von dem es weiß, daß es zu ihm in der Lage ist«. In seinen ersten Berichten aus Teheran jedoch bemühte er sich um ein gewisses Maß an journalistischer Neutralität. Er hatte einen Assistenten und suchte Kontakt zu anderen ausländischen Journalisten. Der Neuling interviewte verschiedene Quellen, sprach mit Vertretern der Schaharmee, amerikanischen Beratern, Oppositionsführern wie Mehdi Bazargan und Abol Hassan Bani-Sadr sowie mit dem Ayatollah Shari'atmadari, den viele zu dieser Zeit als einflußreichsten gemäßigten religiösen Führer betrachteten.[84]

In seinen ersten Artikeln vermerkte Foucault pflichtbewußt die wachsende Fremdenfeindlichkeit der gegen das Regime gerichteten Demonstrationen sowie weitverbreitete antisemitische Untertöne. Er begriff ebenfalls besser als andere ausländische Reporter die religiöse Dimension der Revolte. Wie er in seinem dritten Artikel für den *Corriere della Sera* schrieb, »versieht der schiitische Glaube, wenn er sich einer festgefügten Macht gegenübergestellt sieht, den Gläubigen mit unnachgiebiger Ungeduld. Er stattet ihn mit einem Eifer aus, der gleichzeitig politisch und religiös ist.« [85]

Immer wieder betonte er, daß die religiösen Gegner des Schahs im Gegensatz zu dem Eindruck, den westliche Medien so oft vermittelten, *keine* ›Fanatiker‹ seien. Er sah in den Mullahs glaubwürdige Sprachrohre des Volkswillens, die »den Zorn und die Wünsche der Gemeinschaft« zum Ausdruck brachten. Er war der Meinung, daß das eingestandene Ziel, eine neue ›islamische Regierung‹ an die Macht zu bringen, Anlaß zu der Hoffnung auf eine begrüßenswerte neue Form von »*politischer Spiritualität*« gebe, die in der westlichen Welt »seit der Renaissance und der großen Krise des Christentums« unbekannt sei. Aus gutem Grund betrachtete Foucault die gebieterische, doch ferne Figur des Ayatollah Khomeini, der sich immer noch im Exil befand, als eine Art mythischen ›Heiligen‹, der sich in einem gewaltigen Kampf gegen einen nicht weniger mythischen ›König‹ befand. Er hielt es jedoch nicht der Mühe wert, sich die Pläne des Ayatollah näher anzuschauen – ein Fehler, den er mit vielen Führern der säkularen iranischen Opposition in diesen Monaten teilte. [86]

Als die Revolution im Lauf der Zeit an Heftigkeit gewann, wuchs Foucaults Begeisterung nur noch. Im November kehrte er in den Iran zurück; und in den Berichten über diesen Besuch erreichte seine Sprache einen neuen Ton chiliastischer Glut. In der Ausgabe des *Corriere della Sera* vom 26. November fragte er sich, ob die iranische Revolution nicht »die erste große Erhebung gegen das Planetensystem, die wahnsinnigste und modernste Form der Revolte« sei. Die Iraner kämpften nicht nur gegen den Schah, sondern auch gegen »weltweite Vormachtstellung«. Sie versuchten nicht nur, ihre Regierungsform zu ändern, sondern die Art und Weise, wie sie ihr tägliches Leben führten, sie entledigten sich »des Gewichts einer ganzen Weltordnung«. Sie seien von einer »Religion des Kampfes und des Opfers« inspiriert und hätten einen authentischen »kollektiven Willen« entwickelt, der ein äußerst seltenes historisches Phänomen schaffe, die Möglichkeit der »völligen Umgestaltung dieser Welt«. [87]

Die Freimütigkeit – und die Torheit – der Foucaultschen Reaktion auf die Revolution im Iran erinnert an eine berühmte Bemerkung Kants zur Französischen Revolution: »Die Revolution eines geistreichen Volkes«, schrieb er in der 1798 veröffentlichten Schrift *Der Streit der Fakultäten*, »[. . .] mag gelingen oder scheitern; sie mag mit Elend und Greueltaten dermaßen angefüllt sein, daß ein wohldenkender Mensch sie, wenn er sie, zum zweitenmale unternehmend, glücklich auszuführen hoffen könnte, doch das Experiment auf solche Kosten zu machen nie beschließen würde – diese Revolution, sage ich, findet doch in den Gemütern aller Zuschauer (die nicht selbst in diesem Spiele mit verwickelt sind) eine *Teilnehmung* dem Wunsche nach, die nahe an Enthusiasm grenzt, und deren Äußerung selbst mit Gefahr verbunden war, die also keine andere, als eine moralische Anlage im Menschengeschlecht zur Ursache haben kann«. [88]
Kant gab dieser ›moralischen Anlage‹ unter anderem den Namen Freiheit, Foucault würde sie vielleicht ›den Willen zum Nicht-Regiert-Werden‹ nennen. [89]

Am 10. Januar 1979 begann Foucault mit seiner jährlichen Vorlesungsreihe am *Collège de France*. Er ließ wie üblich tagespolitische Ereignisse außer acht und wandte sich wieder dem Thema ›Regierungsanalyse‹ zu. Auch dieses Mal nahmen seine Überlegungen zu Fragen der Politik eine überraschende Wendung.

Trotz seiner eigenen ›Teilnehmung dem Wunsche nach‹ an der iranischen Revolution riet er seinen Studenten, anderswo nach dem ›Willen des Nicht-Regiert-Werdens‹ Ausschau zu halten. Er forderte sie dazu auf, sorgfältig die Werke der beiden angesehenen österreichischen Wirtschaftswissenschaftler Ludwig von Mises und Frederick Hayek zu lesen. Beide waren scharfe, jedoch hellsichtige Kritiker des Marxismus sowie Jünger einer liberalistischen Richtung innerhalb der modernen Gesellschaftswissenschaften, deren Wurzeln in der Verteidigung des freien Marktes als Eckstein individueller Freiheit und als Schutzwall gegen die Macht des Staates lagen. [90]

Foucault richtete seine Aufmerksamkeit in diesen Vorlesungen gleichzeitig auf den modernen Liberalismus, indem er dessen Merkmale mit ungewohnter Sympathie analysierte. In einer nachträglichen Zusammenfassung dieser Vorlesungen sagte er, daß der Liberalismus als ein neuartiges »Prinzip und als Methode« verstanden werden müßte, »die Ausübung von Regierungsmacht aufzufassen«. Seine Neuartigkeit sah er in seinem Bruch mit dem rivalisierenden Prinzip der ›Staatsräson‹, das er im vorhergehenden Jahr unter die Lupe genommen hatte. Dem machiavellistischen Prinzip der ›Staatsräson‹ zufolge ist der Staat ein Ziel an sich. Er wird nur von seiner internen Struktur reguliert und findet seine Daseinsberechtigung in der Ausweitung seiner Macht und seines Geltungsbereichs. Der Leser von *Überwachen und Strafen* könnte auf die Idee kommen, daß aus Foucaults Perspektive jedes moderne Staatsgebilde dem machiavellistischen Prinzip folge, daß ›zu wenig regiert wird‹, – und daraus das Recht ableiten, staatliche Macht zu einer immer ausgedehnteren Einmischung in individuelles Verhalten auszuweiten. [91]

Doch in den Vorlesungen des Jahres 1979 führt Foucault eine völlig neue – und die Sache komplizierende – Dimension in sein historisches Verständnis des neunzehnten Jahrhunderts ein. Der Liberalismus definiert sich schließlich ganz im Gegensatz zum Machiavellismus durch die Maxime, daß »›immer zuviel regiert wird‹ – oder daß es zumindest vonnöten ist, die Vermutung anzustellen, daß zuviel regiert wird«. Die Folge dieses liberalen Prinzips ist, daß »die ›Regierungsanalyse‹ nicht ohne ›Kritik‹ durchgeführt werden kann«. Jede Regierungsform muß nicht nur daraufhin überprüft werden, inwieweit sie sich um materielle Belange kümmert und das Wohlergehen ihrer Bürger gewährleistet, sondern auch, inwieweit sie ihren Machtanspruch legitimieren kann. Warum ist es überhaupt notwendig, daß der Staat in irgendeinen Aspekt des Lebens gestaltend eingreift?[92]

In der Zusammenfassung des Seminars betont Foucault den ›Polymorphismus‹ des Liberalismus im neunzehnten Jahrhundert. Er zeigt »Entwicklung und Ambiguitäten in der Lehre Benthams und seiner Anhänger« auf, die vom Vertrauen auf vernunftgemäße Verwaltung zur Verteidigung repräsentativer Demokratie fortschritten. Weiterhin erinnert er an die Meinungsverschiedenheiten zwischen deutschen und französischen Liberalen, wobei die einen sich auf die Marktwirtschaft als dem wichtigsten Mittel dafür verlassen wollten, »die Folgen exzessiver Einmischung von Regierungen zu beseitigen«, während die anderen mehr Nachdruck auf die Idee eines »*L'État de droit* legten, in dem rechtsstaatliche Prinzipien herrschten«.[93]

Trotz der neugewonnenen Wertschätzung für die Vielschichtigkeit der sich im neunzehnten Jahrhundert entwickelnden liberalen Glaubensbekenntnisse fehlt bei Foucault auffällig jede Erwähnung der republikanischen Strömung von Rousseau bis Durkheim und darüber hinaus innerhalb des französischen liberalen Denkens. Dies war kein Zufall. Wie er in einem Interview bemerkte, leiteten sich einige der schäbigsten Aspekte der modernen ›Regierungsanalyse‹ vom Rousseauschen Traum einer durch ungehinderte Ausübung des freien Volkswillens institutionalisierten Tugendrepublik ab: »Es war der Traum von einer durchlässigen Gesellschaft, die völlig sichtbar und entzifferbar ist; der Traum, der keine dunklen Bereiche mehr zuläßt; keine Bereiche, die von den Privilegien königlicher Macht oder den Vorrechten einer beliebigen Behörde etabliert werden; keine Bereiche ohne Ordnung. Es war der Traum davon, daß jedes Individuum, gleichgültig welche Position es in der Gesellschaft einnimmt, dazu in der Lage sein sollte, die Gesamtgesellschaft zu verstehen; daß der Mensch mit dem Herzen kommunizieren sollte, sein Blick von keinerlei Hindernissen verstellt, und daß die Meinung der Mehrheit alle beherrschen sollte.«[94]

Rousseaus Traum war Foucaults Alptraum. Ihm waren Situationen zuwider, bei denen andere ihn »von allen Seiten um[geben]« und er sich beständig der Tatsache bewußt ist, »daß er überwacht, beurteilt und verurteilt wird«. Er hatte die totalitären Folgen von Institutionen, die darauf abzielten, solche Situationen zur Gewohnheit zu machen, in *Wahnsinn und Gesellschaft* und *Überwachen und Strafen* heraufbeschworen, indem er im einzelnen den Schrecken von Pinels Anstalt und Benthams Modellgefängnis beschrieben hatte. Der utopische Anspruch, an der Schaffung von Gemeinschaften von »ethischer Uniformierung« mitzuarbeiten, wie Foucault sich ausdrückte, zwang jeden Menschen, der sich weigerte, dabei mitzumachen, in »eine Beziehung zu sich, die zur Ordnung der Verfehlung gehört, und in eine Beziehungslosigkeit zu den anderen, [. . .] die zur Ordnung der Schmach gehört«.[95]

Im Gegensatz zu der von solchen Institutionen gesicherten vermeintlich ›positiven‹ Freiheit war es nun offensichtlich die gegenläufige Vorstellung von einer rein ›negativen‹ Freiheit, die sich in der Forderung nach ›Nicht-Regiert-Werden‹ ausdrückte, die Foucaults spätes Interesse an liberalistischen Ideen hervorrief. Frei zu sein bedeutet in diesem strikt negativen Sinne, wie Isaah Berlin einmal gesagt hat, »nicht von anderen gestört zu werden [. . .]. Je größer der Bereich der Nichteinmischung«, meinte Berlin, »desto größer ist meine Freiheit.« Oder, um es mit Foucaultschen Begriffen zu sagen, je weniger Disziplin und ›Bio-Macht‹ von oben auferlegt wird, desto mehr Spielraum eröffnet sich dem rätselhaften, doch ›entschiedenen‹ Willen des Individuums.[96]

Am 11. Mai 1979, kurz nach Beendigung seiner Vorlesungen zum Liberalismus, veröffentlichte Foucault in *Le Monde* sein vielleicht leidenschaftlichstes politisches Bekenntnis. In ihm beantwortete er die auf der ersten Seite schlagzeilenartig gestellte Frage: ›Ist Revolte sinnlos?‹ [97]

Diese Frage bezog sich auf die Folgen der Revolution im Iran. Am 11. Januar 1979 war ein wichtiges Ziel dieser Revolution erreicht worden: Der Schah war, um sein Leben fürchtend, außer Landes geflüchtet. Am 1. Februar kehrte Ayatollah Khomeini in den Iran zurück. Zehn Tage später war die vom Schah installierte Übergangsregierung zusammengebrochen, und Khomeini nahm auf dem Schulhof eines Teheraner Gymnasiums den Aufmarsch der Streitkräfte ab, die dadurch dem neuen Regime Treue schworen. [98]

Der Wahnsinn, der jetzt den Iran in Bann schlug, ging über alles hinaus, was sich Foucault oder andere Beobachter in ihren kühnsten Träumen hätten vorstellen können. Tausende Iraner, die mit dem alten Regime in Verbindung standen, wurden verhaftet und entweder gefoltert oder in Massenhinrichtungen einfach exekutiert. Manchmal geschah beides. Ein neues und drakonisches Strafrecht, das sich auf Khomeinis Verständnis vom ›islamischen Staat‹ berief, wurde im Lande eingeführt. Täglich wurden Körperverletzungen dadurch gesühnt, daß dem Schuldigen Wunden in der gleichen Breite, Länge und Tiefe zugefügt wurden. Homosexuelle wurden standrechtlich erschossen; Ehebrecher wurden zu Tode gesteinigt. Der Traum von ›politischer Spiritualität‹ wich der Realität einer erbarmungslosen Theokratie. [99]

In diesem Zusammenhang hätte es Foucault freigestanden, seiner neugewonnenen Sympathie für eine gewisse Art liberaler Argumentation prinzipiell Ausdruck zu verleihen und vielleicht sogar den Grundsatz, daß ›immer zu viel regiert wird‹, auf eine Kritik an Khomeinis neuem islamischen Regime anzuwenden. Doch er tat nichts derartiges. Ohne ein Zeichen von Reue beharrte er auf seiner Begeisterung für die iranische Revolution – und rechtfertigte sie ohne Umschweife.

»Während des letzten Sommers sagten die Iraner: ›Wir sind bereit, in Scharen zu sterben, um den Schah loszuwerden‹«, leitete er seinen Artikel für *Le Monde* ein. »Heute sagt der Ayatollah: ›Iran muß bluten, damit die Revolution stark sein kann.‹

Zwischen diesen beiden Sätzen besteht eine merkwürdige Verbindung. Verwirft das Grauen des zweiten den Begeisterungstaumel (*ivresse*) des ersten?«[100]
Als ob er in der zitierten Bemerkung den nietzscheanischen Unterton des französischen Wortes *ivresse* unterstreichen wollte (bei dem die deutschen Begriffe ›Begeisterungstaumel‹, ›Rausch‹, ›Ekstase‹ oder ganz wörtlich ›Trunkenheit‹ mitschwingen: daher erinnert das Wort an ›Dionysos hinter Apollo‹), verbindet Foucault den Überschwang der Revolte mit dem unheimlichen Ausbruch des Unzeitgemäßen.»Während Revolten im Rahmen der Geschichte ausbrechen, stehen sie in gewisser Hinsicht außerhalb von ihr. Einige Bewegungen sind unwiderruflich: die, bei denen ein einzelner Mensch, eine Guppe, eine Minderheit oder ein ganzes Volk darauf bestehen, nicht mehr länger einer als ungerecht angesehenen Macht gehorchen und für sie ihr Leben einsetzen zu müssen. *Es gibt keine Macht, die eine solche Bewegung unmöglich machen könnte.*«[101]
Der Preis für das große schiitische Erwachen waren seine Schreckenstaten: Zwischen zehn und zwölftausend Iraner starben allein während des Aufstands von 1978 – und weitere Tausende bei den folgenden Ereignissen. Es mag sein, daß jede Revolte in einem Blutbad enden muß; es mag sein, daß es das Schicksal jeder Gesellschaft ist, als Maschinerie für unvorstellbares Leiden zu funktionieren; es mag schließlich sein, daß die bloße Tatsache der Macht im Normalfall Krieg bedeutet, ›ein mit andern Mitteln fortgesetzter Krieg‹.
Trotzdem bleibt Revolte die einzige Möglichkeit, Veränderungen herbeizuführen – ungeachtet ihrer hohen Menschenopfer und tragischen Ergebnisse. Alle, die bei einer Revolution ums Leben kommen, sind irgendwie unsterblich, als ob sie »die Grenze zwischen Himmel und Erde in einem historischen Traum« überschreiten würden, »der so religiös wie politisch ist«. Und wer den Wert des ›Begeisterungstaumels‹ einer solchen Prüfung zu schätzen weiß, der kann auch die Erinnerung an ihre Märtyrer und Opfer würdigen, deren Beispiel wieder »die Erfahrung der Revolution« entzünden könnte – »buchstäblich ein Licht«, wie Foucault ihr Auftauchen im Iran

beschreibt, »das in ihnen allen entflammte und in dem sie sich alle gleichzeitig baden konnten«. [102]
In solchen Augenblicken könnte es einer Nation und all denen, die ihr Augenmerk auf sie richten, gelingen, einen Schimmer der einzigen Hoffnung zu erhaschen, die Foucault ausmachen kann. »Alle erworbenen oder eingeklagten Freiheiten«, schreibt er, »finden ohne Zweifel in der Revolte einen letzten Zufluchtsort, in dem sie sich verankern können; ein Zufluchtsort, der sowohl zuverlässiger als auch näher ist als alle ›Naturrechte‹. Sollte es Gesellschaften geben, die festgefügt und lebendig sind, was bedeutet, daß es Mächte gibt, die nicht ›völlig absolut‹ sind, dann verdanken diese sich der Tatsache, daß es jenseits aller Unterwerfungen und Nötigungen und jenseits aller Gefahren, Gewalt und Überredungskünste die Aussicht auf einen Augenblick gibt, in dem sich das Leben auf keinen Tauschhandel mehr einläßt, Macht zu nichts mehr fähig ist und in dem die Menschen im Angesicht des Galgens und des Maschinengewehrs revoltieren.« [103]

Diese Sätze bedeuteten das Ende einer Ära für Foucault. Nie wieder sollte er dazu Gelegenheit haben, seiner Begeisterung für eine Revolte gegen die Ordnung der Dinge in der modernen Welt im allgemeinen Ausdruck zu verleihen. Nie wieder sollte es ihm vergönnt sein, seine im Grunde mystische Vision von Politik als ›Grenz-Erfahrung‹ offen zu artikulieren.
Auch für die französische Linke neigte sich eine Ära dem Ende zu. Seit dem II. Weltkrieg hatte fast jeder wichtige französische Linksintellektuelle, von Sartre bis Foucault, den apokalyptischen Phantasien der Kommunisten oder, nach dem Mai '68, der maoistischen Ultralinken Frankreichs nahegestanden; mit Wort und Tat hatten sie ihre Feindseligkeit gegenüber dem autoritären Liberalismus De Gaulles und dann gegenüber seinen Nachfolgern Georges Pompidou und Valéry Giscard d'Estaing ausgedrückt.
Doch 1979 hatte die kommunistische Idee an Glaubwürdigkeit verloren und für die Kommunistische Partei Frankreichs

hatte eine Zeit des anscheinend unwiderruflichen Abstiegs begonnen; und für die wenigen Verfechter des Mai '68, die immer noch der Idee von einer gewalttätigen Konfrontation nachhingen, blieb wenig anderes zu tun, als die terroristischen Zellen der Baader-Meinhof-Gruppe und der Roten Brigaden zu verteidigen. Mehr aus Mangel an Alternativen als aus Überzeugung sah sich ein Großteil der französischen Linken – trotz der von Foucault geteilten kurzlebigen Begeisterung für die iranische Revolution – in der Situation, eine Art von liberaler (und geläuterter) Vision davon in Anspruch zu nehmen, wozu Politik in der Lage sein könnte. Diese Vision fand ihren anschaulichsten Ausdruck in der ›Menschenrechts-Bewegung‹, die zu dieser Zeit in der Sowjetunion und in Osteuropa entstand.

Am 26. Juni 1979 schloß sich Foucault seinem alten Feind, Jean-Paul Sartre, zu einem, wie sich herausstellen sollte, letzten gemeinsamen öffentlichen Auftritt an. Der Anlaß war eine Pressekonferenz am *Collège de France* nach einem Besuch im *Elysée-Palast*, bei dem sich eine von Sartre angeführte Delegation mit Staatspräsident Giscard d'Estaing getroffen hatte, um die französische Regierung dazu aufzufordern, vietnamesische Flüchtlinge besser zu unterstützen, die zu dieser Zeit zu Tausenden in selbstgemachten Segelbooten versuchten, aus ihrem vom Krieg verwüsteten Land und vor seinen kommunistischen Diktatoren zu flüchten. André Glucksmann, ein Mitorganisator des Ereignisses, Yves Montand und Simone Signoret, zwei der bekanntesten Mitglieder der linken Protestszene, schlossen sich Sartre und Foucault bei der Pressekonferenz an. Außerdem war noch – eine große Überraschung – Raymond Aron mit von der Partie, das lange Zeit isolierte Oberhaupt des französischen Liberalismus. Die französische Presse sah in dieser unwahrscheinlichen politischen Annäherung zwischen Sartre und Aron nicht ohne Grund ein Zeichen für einen Klimawechsel im intellektuellen Leben Frankreichs. Weniger als ein Jahr später war Sartre tot.[104]

461

Foucaults wachsende Verstrickung in die Bemühungen, das Schicksal von Flüchtlingen zu verbessern und die Rechte von Dissidenten auf der ganzen Welt sicherzustellen, beeinflußte – wie sein öffentliches Eintreten für die ›Neuen Philosophen‹ und seine Vorlesungen zum Liberalismus 1979 – eine ganze Generation französischer Intellektueller. In einer kurz nach Foucaults Tod verfaßten Würdigung pries André Glucksmann den Philosophen für seinen Bruch mit »dem terroristischen Radikalismus der theoretischen Avantgarde seit der Dada-Bewegung«. In den letzten Jahren seines Lebens habe Foucault, so Glucksmann, einen neuen Stil politischen Gebarens versinnbildlicht und »Schärfe bei der Analyse von Mißständen, aber auch Zurückhaltung an den Tag gelegt, wenn es darum ging, sich einer Sache zu verpflichten«. Keine andere Figur seiner Generation habe dem in Frankreich in den achtziger Jahren wiederauflebenden Neoliberalismus mehr Vorschub geleistet als er. [105]

In gewisser Weise hatte er mit Erfolg sein politisches Denken transformiert. Er betrachtete nicht mehr länger jeden Paragraphen des Strafgesetzbuchs bloß hinsichtlich der »Unterwerfungsprozeduren, [...] die er ins Werk setzt«. Er sah nicht mehr länger das »Modell Krieg« als Paradigma für jede Gesellschaftsanalyse: »Diese Vorgehensweise führt ohne Umwege in die Unterdrückung«, behauptete er jetzt und fügte hinzu, daß der Gesellschaftskritiker stets mit Bedacht und Demut zu Werke gehen müsse. Es erschien ihm nun ein nutzbringendes und sinnvolles Unternehmen, auf den Rechten des Individuums gegenüber der Regierungsmacht zu bestehen. [106]

Trotz all dem verpflichtete er sich nicht – und konnte dies auch gar nicht – aus vollem Herzen einer der herkömmlichen Versionen des Liberalismus. Gefährliche und potentiell tödliche Formen der Unordnung verhießen mitunter immer noch die Aussicht auf eine völlige Umgestaltung der menschlichen Existenz – dies war, glaubte Foucault, das großartige und auf tragische Weise verratene Versprechen der iranischen Revolution des Jahres 1978. Zieht man seine anhaltende Begeisterung für die von solchen Augenblicken verzückter Rebellion eröffneten schöpferischen Aussichten in Betracht, konnte er sich nicht, wie es liberale Theoretiker so gerne tun, mit dem Bestehen auf einer Reihe von Rechten zufrieden geben. Eigentlich konnte er Rechte als nichts anderes als eine interessegeleitete ›Erfindung‹ ansehen, die letztendlich nur durch die Bereitschaft wachsamer Individuen oder Gruppierungen, Machtmißbräuche anzuprangern, erkämpft und gewährleistet werden konnten. Da er nicht dazu in der Lage war, über ›Nietzsches Hypothese‹ hinauszugehen, konnte er sich nicht vorstellen, zum liberalen Rechtsphilosophen oder zum Moralphilosophen in der Nachfolge Kants zu werden und die Dinge aus der Perspektive eines ›Universalsubjekts‹ unparteiisch zu sehen. Die Vorstellung von ›Rechten‹ konnte er nicht anders als eine Art politischer ›Fiktion‹ betrachten, gleichgültig, als wie nützlich sich diese ›Fiktion‹ erweisen sollte (wie es Coke und Lilburn vor ihm ergangen war). Wie er offen eingestand, war sein Eintreten für Menschenrechte deshalb im Grunde rein ›taktisch‹. Es handelte sich dabei letzlich mehr um einen Willensakt als um ein vernunftgeleitetes Argument. Selbst wenn sich herausstellen sollte, wie er behauptete, daß »all die erworbenen und eingeklagten Freiheiten, all die als wertvoll angesehenen Rechte« in der Revolte »einen letzten Zufluchtsort [finden], in dem sie sich verankern können« – ein Zufluchtsort, schrieb er, der »zuverlässiger und näher ist als alle ›Naturrechte‹« –, so war das Phänomen der Revolte doch, davon war Foucault überzeugt, an sich geheimnisvoll und unergründlich. »Der rebellierende Mensch entzieht sich jedem Erklärungsversuch.« »Sein Handeln ist notwendig ein Auseinanderbrechen, das den Faden der Geschichte und ihre lange Kette von Gründen zerreißt.«[107]

Außerdem hat die Arbeit des Philosophen selbst in Gesellschaften, die Menschenrechte und ein gewisses Maß an persönlicher Freiheit in ihrer Verfassung garantieren, gerade erst begonnen. In einem Interview aus dem Jahre 1982 drückte er dies so aus: »Wenn es unser Ziel ist, eine neue Lebensform zu schaffen«, – eines seiner großen Ziele –, »dann spielt die Frage der Rechte des Individuums keine Rolle.«[108]

Was jedoch eine Rolle spielte, war die unnachgiebige Praxis der ›Kritik‹, wie Foucault sie nun verstand. Unabhängig davon, mit welcher Regierungsform er sich auseinanderzusetzen hatte, sei sie demokratisch oder totalitär, war es die Aufgabe des Intellektuellen, den »bestimmten Willen des ›Nicht-Regiert-Werden-Wollens‹« auszudrücken und öffentlich seine Besorgnis über unhaltbare Zustände zum Ausdruck zu bringen. Indem er seine Zustimmung vorenthielt, konnte der Intellektuelle seine Mitmenschen an ihre ›selbstverschuldete Unmündigkeit‹ erinnern – und gleichzeitig an ihre Fähigkeit, sich dieser Unmündigkeit zu entledigen. Die Tatsache, daß – historisch nachweisbare – Techniken zur Durchsetzung gedankenloser Konformität eine wichtige Rolle dabei gespielt hatten, den Triumph des Liberalismus in unserer Zeit sicherzustellen (eine Meinung, die nicht nur von Michel Foucault, sondern auch von Tocqueville und John Stuart Mill vertreten wurde), machte den Liberalismus selbst zum Gegenstand der Kritik. Vielleicht leisteten auch gewisse Rechte und Gesetze, wurden sie allgemein durchgesetzt, in gewissen Fällen dem Mißbrauch der Justiz Vorschub. Auch dies konnte der Kritik unterzogen werden. [109]

»Wir müssen der oft anzutreffenden Arbeitsteilung zwischen empörten Einzelnen, die sich zu Wort melden, und Regierungen, die reagieren und handeln, Widerstand leisten«, erklärte Foucault 1981, indem er die am Ende seines Lebens gewonnene Ansicht von seiner politischen Rolle zusammenfaßte. »Der Wille von Individuen muß« in dem fortwährenden Bemühen »vereint werden, jeden Machtmißbrauch, von wem auch immer begangen, wer auch immer seine Opfer sein mögen«, in Theorie und Praxis an den Pranger zu stellen. [110]

Der Philosoph war an einem entscheidenden Punkt angelangt. Zum ersten Mal seit dem Mai '68 stand er ›über‹ den Kämpfen des politischen Alltagslebens. Er hatte sich vom Leben des militanten Aktivismus losgesagt. Und zum ersten Mal in seiner Karriere als Gelehrter, der sich der Öffentlichkeit stellte, hatte er die Notwendigkeit eingestanden, das anzusprechen, was er jetzt das ›Problem des Willens‹ nannte.

Es handelte sich dabei um eine Frage, welche die abendländische Philosophie immer nur sehr zaghaft und mit großer »Vorsicht und unter Schwierigkeiten« angegangen war, wie Foucault 1978 vor der *Societé française de philosophie* bemerkt hatte. Lange Zeit habe er die Neigung verspürt, vertraute er dem gleichen Publikum an, das Problem gänzlich »zu vermeiden« und den Willen »so weit wie möglich« trotz des Auftretens des Begriffs im Titel seines zu diesem Zeitpunkt letzten Buches (*Der Wille zum Wissen*) außer acht gelassen. [111]

Doch die Zeit des Ausweichens war vorbei. Seit seinen ›Grenz-Erfahrungen‹ 1975 in Kalifornien hatte sich »das Problem des individuellen Verhaltens« in den Vordergrund seines Denkens gedrängt. Seine Versuche, eine neue Art des Nachdenkens über Politik zu finden, hatten zu einer Neueinschätzung der Menschenrechte geführt – und zu einem neuen Gefühl davon, wie hinfällig die Begrenzungen aller von außen aufgezwungenen Verhaltensregeln eigentlich waren. Deshalb begann er nun damit, einige der Wege zu erforschen, auf die der Mensch seinen freien Willen anwenden könnte, um selbst ›Regierungsmacht‹ auszuüben und sich Grenzen zu setzen.

In diesen Monaten verfaßte er mehrere kurze programmatische Entwürfe, welche die Richtung anzeigen sollten, in die er gehen wollte. Bei ihrer Veröffentlichung gab er ihnen den Titel ›Das Subjekt und die Macht‹. In diesen Bemerkungen verband er sein eigenes Vorgehen wiederum mit Kants Ideal von ›Aufklärung‹. Und nachdrücklicher als je zuvor erklärte er, daß sein »allgemeine[s] Thema [. . .] nicht die Macht, sondern das *Subjekt*« sei. [112]

»Im Zentrum der Machtbeziehung«, schrieb er, »stecken die Widerspenstigkeit des Wollens und die Intransitivität der Freiheit [. . .]. Statt von einem wesentlichen ›Antagonismus‹ sollte man besser von einem ›Agonismus‹ sprechen.« Dieser Neologismus erweckte den Eindruck eines organisierten Gefechts – das, was die antiken Griechen ›agon‹ nannten –, bei dem Wille und Macht beständig aufeinanderprallen und sich gegenseitig auf geheimnisvolle Weise »ständig ›provozieren‹«. Und im Zentrum dieses ›agon‹ muß man sich Foucault selbst vorstellen, wie er mal in diese Richtung, mal in die andere gezerrt wird, und wie er wie immer über die Grenzen der Macht staunt und von neuem das Ausmaß seiner Freiheit prüft.[113]

»Wer sind wir?« fragte sich Foucault in ›Das Subjekt und die Macht‹, wobei er eine Frage wiederholte, die er bereits 1976 gestellt hatte. »Wer spürt im Lärm und im Durcheinander des Krieges, im Schmutz des Gefechts, das Prinzip der Intelligibilität der Ordnung auf?«[114]

Als ein neues Jahrzehnt begann, war er einer Antwort auf diese Fragen vielleicht nicht näher gekommen als vier Jahre zuvor. Der Kampf in seinem Innern tobte unvermindert weiter. Doch durch seine andauernde Beschäftigung mit ›Körpern und Lüsten‹ – und durch den angestrengten Versuch zu begreifen, wie spätantike Philosophen erklärt hatten, auf welche Weise der Mensch seine Dämonen, Träume und versteckten Wünsche erkennen kann – war Foucaults Werk im Begriff, seine letzte und lang aufgeschobene Wende zu erfahren: von »einer Untersuchung der Grenzen und ihrer Überschreitung«, wie er sich 1960 ausgedrückt hatte, zu »einer Untersuchung der Rückkehr des Selbst«.[115]

10

Die Verschriftlichung des Selbst

Zu guter Letzt begann Michel Foucault, offen über die Wurzeln seiner eigenen hermetischen Suche zu sprechen, die darin bestand zu verstehen, wer er war und was er noch werden sollte. Dies war nicht auf den plötzlichen Entschluß zurückzuführen, sein Innenleben preiszugeben. Obwohl er nun ungewohnt häufig und mit oft überraschender Offenheit über eine ganze Reihe von Aspekten seines eigenen Lebens zu sprechen begann, besonders in den immer häufiger werdenden Interviews mit der schwulen Presse, legt sein Verhalten in diesen Jahren insgesamt eine sich vertiefende Verlegenheit darüber nahe, was denn nun diese das ›Selbst‹ genannte Sache eigentlich sei.

Er fing an, diese Verlegenheit systematisch zu untersuchen, vor allem in einer langen Reihe von Vorträgen und Aufsätzen zu den verschiedenen Konzeptionen des ›Selbst‹ in der griechischen und römischen Antike. Diese gelehrten und strengen Arbeiten scheinen auf den ersten Blick unpersönlicher und gelassener über den Dingen stehend als alles, was er vorher geschrieben hatte. Doch wie so oft bei Foucault trügt dieser erste Eindruck, verschanzte er sich doch immer mehr in seinem eigenen Labyrinth, wobei er sich auf den »wiedergefundenen Ursprung« hin zurückbewegte und sich heftiger als je zuvor mit seiner nicht nachlassenden Todesfaszination auseinandersetzte. Er versuchte, zum Teil in seinen Schriften und zum Teil in seiner unablässigen Jagd nach erotischer Ekstase die folgenden ungeheuren Fragen Nietzsches zu enträtseln: »[W]arum lebe ich? welche Lektion soll ich vom Leben lernen? Wie bin ich so geworden, wie ich bin und weshalb leide ich denn an diesem So-sein?«[1]

Das erneute wissenschaftliche Interesse Foucaults am ›Selbst‹ war aus seiner Beschäftigung mit Sexualität erwachsen. Vor seiner LSD-Epiphanie im *Death Valley* 1975 hatte er die Absicht gehabt, die verschiedenen Bände seiner monumentalen Geschichte der Sexualität der genauen Untersuchung von Themen wie Hysterie, Inzest, Masturbation und Perversion zu widmen und dabei die Entwicklung von Biologie, Medizin und Psychopathologie im neunzehnten Jahrhundert zu analysieren. Doch als er in den späten siebziger Jahren seine Gedanken zur Sexualität neu formulierte, änderte sich seine Perspektive gänzlich. Anstatt zu entwirren, wie das moderne Verständnis vom ›Selbst‹ mit der vermeintlich wissenschaftlichen Interpretation eines mehr oder weniger festgelegten Arsenals sexueller Triebe und Begierden vermischt worden war, ging Foucault zeitlich zurück und machte sich an eine peinlich genaue Inventur einiger Modelle, die abendländische Philosophen und Theologen von Sokrates bis Augustinus zum ›Selbst‹ vorgelegt hatten.

Foucault rechtfertigte seinen radikalen Richtungswechsel mit der Bemerkung, daß eine weitere Untersuchung der Denkmodelle des neunzehnten Jahrhunderts »bezüglich Sexualität« nur noch einmal dieselben Muster von »Kontrolle und Nötigung« nachweisen würde, die schon aus seinen vorherigen Büchern über *Wahnsinn und Verbrechen* sowie aus seinen Vorlesungen zur ›Regierungsanalyse‹ bekannt seien. Durch die Lektüre antiker Texte versetzte Foucault sich eigentlich in eine andere Welt. »Anstatt an der Schwelle der Formierung der sexuellen Erfahrung Stellung zu beziehen, habe ich versucht, die Formierung einer bestimmten Beziehung zum Selbst in der Erfahrung des Fleisches zu analysieren.«[2]

Die überraschende neue Ausrichtung des Foucaultschen Denkens wurde trotz ihrer anscheinenden Absonderlichkeit überall kommentiert und diskutiert, da er zu dieser Zeit auf dem Höhepunkt seines Ansehens stand. 1980 waren fast alle seine Bücher in sämtliche wichtigen Sprachen übersetzt worden und hatten eine gewaltige und anwachsende Sekundärliteratur zu den kanonischen Texten des Meisters von *Wahnsinn und Gesellschaft* bis zu *Überwachen und Strafen* nach sich gezogen. Für viele war er zum Prüfstein eines neuen Stils der intellektuellen Lebensführung geworden: militant, subversiv, schwer verständlich.

Es ist ironisch, daß Foucaults Verlangen, aus den Augen der Öffentlichkeit zu verschwinden, umso stärker wurde, je mehr Beachtung ihm geschenkt wurde. Er weigerte sich heftig, den seit Sartres Tod 1980 frei gewordenen Thron des Philosophenkönigs zu besteigen und schalt alle, denen es »in der Welt der Ideen nach einer kleinen Monarchie verlangt«. Er versuchte weiterhin, den ungeschriebenen Gesetzen des Pariser Geisteslebens keine Beachtung zu schenken. In einem mit Le Monde im April 1980 geführten Interview bestand er auf Anonymität. »Ich schlage ein Spiel vor«, erklärte er mit geheucheltem Ernst, und zwar das Spiel »des ›Jahres ohne Namen‹. Ein Jahr lang würde man Bücher ohne Autorennamen veröffentlichen: »Die Kritiker müßten dann ehrlich sein, die Leser selbst nachdenken – und, was das Beste wäre, die Schriftsteller würden unsichtbar werden!« [3]

Doch es wurde immer schwieriger, sich die Erfüllung dieser Phantasie Foucaults vorzustellen. In Paris konnte er abends nicht mehr ausgehen, ohne von Verehrern umringt zu werden. Und sogar in Amerika war er so etwas wie ein Star geworden, besonders an den Universitäten. Studenten, die mit den *Talking Heads* und David Lynch aufgewachsen waren, strömten in seine öffentlichen Vorlesungen und verehrten den kahlköpfigen Weisen als eine Art postmoderne Sphinx, einen metaphysischen *Eraserhead*, der sich komisch verhielt und rätselhafte Sätze von sich gab – und dessen Philosophie *mirabile dictu* trotzdem auf eine simple, nur aus zwei Worten bestehende Losung gebracht werden konnte: ›Wissen‹ und ›Macht‹. [4]

In dieser Atmosphäre stellte sich Michel Foucault am 20. Oktober 1980 an der Universität von Berkeley einer Menschenmenge.

An diesem Abend sollte er die erste von zwei Howison-Vorlesungen an dieser Universität halten. In diesen beiden Vorlesungen bot er seinen bis dahin bündigsten Überblick über die Richtung, in die sich seine Forschung bewegte: zurück zu den Vätern des abendländischen Denkens. Sein amerikanisches Publikum hatte jedoch keine Ahnung von diesem Vorhaben. Die Studenten befaßten sich immer noch mit dem blutrünstigen Anfang von *Überwachen und Strafen* – und dem rätselhaften Schluß von *Der Wille zum Wissen*. Körper! Lust! Marter! Hatte sich Philosophie je so sexy angehört?

Der Aufmarsch begann eine Stunde vor dem angekündigten Beginn der Vorlesung. Bald war jeder Sitz in dem großen Hörsaal besetzt. Mehr und mehr Schaulustige kamen. Bald hatten sich einige Hundert Menschen vor den Türen des Vorlesungsraums versammelt und versuchten, ins Innere zu gelangen. Polizei wurde zu Hilfe gerufen. Die Türen des Hörsaals wurden verriegelt. Unter den Draußengebliebenen entstanden Handgemenge, man schrie und schlug gegen die Tür.[5]

Foucault war verlegen. Als man ihn von der verzweifelten Meute in Kenntnis setzte, wandte er sich an Hubert Dreyfus, den Berkeley-Professor, der ihn einführen sollte, und flehte ihn an, doch etwas, *irgend etwas* zu unternehmen, damit diese Leute verschwinden würden.

Dreyfus sprach die Menge halbherzig an, doch fügte er sich den Wünschen Foucaults: »Michel Foucault hat mir gesagt, daß er eine ziemlich schwierige Vorlesung voller Fachbegriffe halten wird, die, so meint er wohl, langweilig sein wird. Deshalb hielte er es für besser, wenn alle *sofort* nach Hause gingen.«[6]

Niemand rührte sich von der Stelle.

Sollte der Vortrag des großen Mannes ruhig unverständlich und schwierig sein, um so besser! Die Aussicht auf esoterische Enthüllungen gehörte sowieso zu seinem Flair.

Das Thema der beiden Howison-Vorlesungen war, wie er in vorsichtigem Englisch erklärte, »die Genealogie des modernen Subjekts«. Er gestand ein, daß er sich mit diesem Thema »seit

Jahren fast wie unter einem Zwang« beschäftige, und er schickte sich an, einen präzisen Überblick über sein neues Interesse am ›Selbst‹ zu liefern. Er begann mit einer autobiographischen Skizze. Er habe sich in seiner bisherigen Forschungsarbeit, erklärte er, als im Hintergrund immer noch gegen die Tür getrommelt wurde, in erster Linie für »solche Institutionen wie Krankenhäuser, Asyle für Geisteskranke und Gefängnisse« interessiert, »in denen bestimmte Individuen«, die als wahnsinnig, krank oder kriminell eingestuft worden waren, »gleichzeitig zu Gegenständen des Wissens und der Unterwerfung gemacht worden waren«. In seinem Frühwerk, fuhr er fort, habe er »vielleicht zu sehr auf [. . .] Techniken der Dominierung bestanden«, sei ihm doch jetzt die Bedeutung »anderer Techniken« klargeworden. Dies seien vor allem all jene »Techniken, die es dem Individuum erlauben, eine bestimmte Anzahl seiner körperlichen, seelischen und geistigen Funktionen sowie seines Verhaltens zu beeinflußen, auf eine Weise, die es ihm gestattet, sich zu ändern, zu modifizieren oder in einem bestimmten Zustand der Perfektion, des Glücks, der Reinheit, übernatürlicher Macht usw. zu handeln«.[7]

Er wolle von nun an diese ›Techniken‹ oder »Technologien des Selbst«, wie er sie nannte, untersuchen. Besonders interessiere er sich, wie er sagte, für die Wurzeln der vielleicht wichtigsten abendländischen ›Technologien des Selbst‹: solche, »die sich auf die Entdeckung und Formulierung der Wahrheit über sich selbst erstrecken«.[8]

Foucault widmete den Rest der beiden Vorlesungen einer Analyse zweier spätantiker Zugriffe auf das Selbst. Die heidnische Annäherung interpretierte er im Rahmen einer Darstellung der Stoa und des philosophischen Werks Senecas (ca. 3 v. Chr.-65 n. Chr.); christliche Techniken der Selbstüberprüfung zeigte er in erster Linie am Werk von Johannes Cassianus (360-435 n. Chr.), einem der Väter des christlichen Mönchwesens. Die beiden Vorlesungen waren darauf angelegt zu verdeutlichen, wie die positive griechische Richtschnur ›Erkenne dich selbst‹ in das negative christliche Gebot ›Entsage dir selbst‹ umgewandelt worden war.

Foucault näherte sich Eigenart und Folgen dieses Wandels mit beträchtlicher Dringlichkeit. Da ihn seine zwischen 1976 und 1979 angestellten Bemühungen, ein ›neues Recht‹ durch eine positive *politische* Philosophie zu entwickeln, einigermaßen frustriert hatten, wandte er sich dem Denken der heidnischen Antike in der Hoffnung zu, in ihm ein neues positives ›Prinzip‹ auszumachen, durch das er doch noch die Praxis »zeitgenössischer Befreiungsbewegungen« verstehen könnte. Natürlich bot das Zwiegespräch mit dem toten Geist der griechischen und hellenistischen Kultur allein noch keine sofortigen Lösungsvorschläge für politische Zwickmühlen in der Gegenwart, die sich darauf bezogen, wie der Mensch sich verhalten und welche Grenzen er nicht überschreiten sollte. Doch durch die Analyse vorchristlicher Vorstellungen vom Menschen könnte man vielleicht dazu angereizt werden, einen neuen in die Zukunft weisenden Weg zu finden. Wie er in seiner ersten Vorlesung in Berkeley klarstellte, »neigte« die stoizistische Ethik trotz ihrer Anweisungen »dazu, die Autonomie des Angewiesenen zu betonen«. Anders als die auf Befolgung des göttlichen Gebots ausgerichtete christliche Ethik »konzentrierte sich« das Denken der Stoa auf »das Problem der persönlichen Entscheidung, auf die Ästhetik«. Sein Ziel war es, durch eine einzigartige Kunst der ›Mnemotechniken‹ das Selbst zu formen und am Ende eines jeden Tages sich an Handlungen und Ereignisse zu erinnern und sie zu bewerten, um eine noch zu überwindende »Bilanz der Abhängigkeiten« aufzustellen. Seneca sah das Selbst deshalb auch weder als ein *fait accompli* noch als den Ort sündhafter Triebe, dem öffentlich entsagt werden mußte, sondern vielmehr als eine »ideale Einheit von Willen und Wahrheit«, eine *ethische* Einheit, die von religiösen Geboten und staatlichen Gesetzen unabhängig ist. [9]

»Die Vorstellung von einem *bios*, der das Material für ein ästhetisches Kunstwerk abgibt, fasziniert mich«, erklärte Foucault in einem Interview, in dem er diesen Aspekt seines Interesses am Stoizismus zusammenfaßte. Ebenso faszinierte ihn »die Vorstellung, daß die Ethik der Existenz eine sehr starke Struktur geben kann, ohne sich auf ein Rechtswesen, ein Autoritäts-

system oder eine Disziplinstruktur beziehen zu müssen. All
das ist hochinteressant.«[10]
Interessant, aber auch äußerst problematisch, wie Foucaults Er-
örterung des christlichen Zugangs zum Selbst verdeutlicht.
Während ein heidnischer Philosoph wie Seneca einiges Vertrauen darauf setzen konnte, daß das Selbst Herr im eigenen
Haus werden konnte, betrachtete ein christlicher Denker wie
Cassianus das Selbst als einen tiefen Abgrund, in dem beständig
dunkle Mächte lauern, die uns von der einzigen Quelle allen
Heils ablenken – eine Wende in der Einschätzung des eigenen
Selbst, die sich in einem Ausspruch der Wüstenheiligen nieder-
schlägt: »Je mehr ein Mensch Gott nahekommt, desto mehr
sieht er sich selbst als Sünder.« Anders als der Stoizismus, der
sich auf die Autarkie und Unabhängigkeit des Selbst verlassen
hatte, betonte die christliche Kultur des Selbst deshalb die Notwendigkeit einer unnachgiebig mißtrauischen Selbstanalyse,
die unter dem wachsamen Blick eines geistlichen Hirten durchzuführen war. Der Christ mußte jeden Impuls und jeden Gedanken abwägen und es war ihm untersagt, selbst herauszufinden, welche von Gott und welche aus »der Teufelsküche«
stammten. Der Christ entdeckte »die Sünden, die er begangen
haben könnte«, wie Foucault sich ausdrückt, und war dazu verpflichtet, diese Dinge »anderen Menschen« zu beschreiben
und »somit öffentlich zum Kronzeugen gegen sich selbst zu
werden«.[11]
Doch damit war die christliche »Zerreißprobe der Wahrheit«
noch nicht zu Ende. Um gegen sich selbst angemessen Zeugnis
ablegen zu können, mußte der Christ alle seine Sünden augenscheinlich machen, nicht nur, indem er sich geistlicher Führung
anvertraute, sondern auch, indem er sich selbst durch verschiedene körperlich demütigende Riten bestrafte und somit seinem Selbst »eine Art von Märtyrertum« auferlegte. Foucault
zählt kurz einige der öffentlichen Bußrituale auf – Büßerge-
wand; mit Asche bestreutes Haupt; Vorzeigen von Narben und
Wunden – durch welche die frühen Christen versucht hatten
zu verstehen, was sie waren und was sie durch die Gnade Gottes noch werden sollten. Der christliche Asket prüfte die Seele

wie der Geldwechsler das Gold im Feuer und befand sich im beständigen Kampf mit seinem diabolischen Doppelgänger. Er beschwor diesen dämonischen Anderen, um das verabscheuungswürdige Selbst im spirituellen Gefecht zu besiegen und zu vertreiben.[12]

Im Grunde war der Christ gezwungen, einen Teil von dem, was er war, zu *opfern*; und, wie Foucault sich alle Mühe gab zu betonen, »wir dürfen dieses Opfer nicht als einen radikalen Wechsel der Lebensweise auffassen, sondern als die Folge eines Schemas. Man verzichtet darauf, Gegenstand des eigenen Willens zu sein«, zum Teil, indem man den Willen Gottes erkennt und ihn befolgt, und zum Teil, indem man sich von den Verlockungen und Verführungen dieser Welt »durch die symbolische Inszenierung des eigenen Todes« lossagt.[13]

Auf den ersten Blick mag Foucaults Behandlung der christlichen ›Hermeneutik des Selbst‹ wenig mit dem Verständnis des Philosophen davon gemein haben, wer er war und wer er noch werden sollte. Seiner Ansicht nach bildeten die christlichen Techniken des »unbedingten Gehorsams, der endlosen Prüfung und der vollständigen Beichte« so etwas wie eine ›Unheilige‹ Dreifaltigkeit. Selbstabtötung war nicht sein Stil.[14]

Oder vielleicht doch? Es ist schließlich kaum möglich, die Verbindungen zwischen der frühchristlichen Bußfertigkeit, wie der Philosoph sie in Berkeley beschrieb, und dem erotischen Theater der Grausamkeit zu übersehen, das er gleichzeitig in San Francisco auskundschaftete. Jahre vorher hatte er in einem Aufsatz über Georges Bataille selbst diese Übereinstimmungen angesprochen und vermutet, daß der Mensch in »der christlichen Welt der gefallenen Körper und der Sünde« das Fleisch einmal in einer »natürlichere[n] Bedeutung« gesehen habe. »Beweis dafür ist eine Mystik, eine Spiritualität, in der das Begehren, der Rausch, das Eindringen, die Ekstase und das ohmächtige Verströmen bruchlos ineinander übergingen.«[15]

Auch Foucault war schon seit langem vom Märtyrertum und der Vorstellung des Selbstopfers fasziniert – man muß nur an seinen Enthusiasmus für die iranische Revolution oder an seine berühmten Sätze über den Tod des Autors denken: »[D]as

Schreiben ist heute an das Opfer gebunden, selbst an das Opfer des Lebens«, hatte er 1969 erklärt. »Das Werk, das die Aufgabe hatte, unsterblich zu machen, hat das Recht erhalten, seinen Autor umzubringen.« »Die Verneinung des Selbst«, bestätigte er in einer Diskussionsrunde nach seiner Vorlesung in Berkeley, »steht im Zentrum der literarischen Erfahrung in der modernen Welt.«[16]

Somit überrascht kaum, daß Foucault am Ende seiner Howison-Vorlesungen in der christlichen Kunst des Selbstopfers eine wahrhafte »Fülle« feststellen konnte: »Es gibt keine Wahrheit über das Selbst ohne die Aufopferung des Selbst.«[17]

Trotzdem schloß er mit einer zwiespältigen, nachdenklichen Bemerkung. *Sollte* es ihm gelingen, nachzuweisen, »daß das Selbst nichts anderes als das Korrelat [einer] historisch bedingten Technologie ist«, dann würde das »Problem des Selbst« vielleicht verschwinden. Man könnte sich vorstellen, daß sich der Mensch in einer anderen Welt, die sich dem Selbst mit anderen Technologien annähern würde, nicht mehr das Bedürfnis verspüren würde, sich zu strafen – und sich selbst zu ›opfern‹ – um das zu werden, was man ist.[18]

Wie eine solche Welt aussehen würde, konnte niemand sagen, denn sie zu bewohnen würde einen fast unvorstellbaren Wandel in unserem Denken über das Selbst – und unser Dasein in der Welt – notwendig machen. Foucault drückte diese Schwierigkeit in den abschließenden, zögernden Worten seiner Howison-Vorlesungen so aus: »Vielleicht geht es jetzt darum, diese Technologien [des Selbst] zu ändern, oder vielleicht sie ganz loszuwerden und dann sich des Opfers zu entledigen, das mit diesen Praktiken verbunden ist. In diesem Falle wäre das größte Problem im strengsten Sinne des Wortes die Politik – die Politik unsres Selbst.«[19]

Am Ende seines Lebens, 1984, versuchte Foucault, die eigentümlich persönlichen Untertöne seiner Forschungsarbeit in diesen Jahren zu erklären: Seine Vorträge und Schriften zur griechischen und römischen Antike »sind – will man sie unter dem Gesichtspunkt ihrer ›Pragmatik‹ betrachten – das Protokoll einer Übung, die langwierig und tastend war und die oft von neuem anfangen und sich berichtigen mußte«. Seine Beschäftigung mit antiken Autoren zielte nicht auf den bloßen Erwerb eines bestimmten Wissensfundus über die Vergangenheit um ihrer selbst willen. Seine Forschungsarbeit war vielmehr ein Ziel an sich, »eine philosophische Übung«, in der er sich darum bemühte zu verstehen – und zu ändern –, wer *er* ist: »[E]s ging darum zu wissen, in welchem Maße die Arbeit, seine eigene Geschichte zu denken, das Denken von dem lösen kann, was es im stillen denkt, und inwieweit sie es ihm ermöglichen kann, anders zu denken.«[20]

Im Grunde, erläuterte er weiter, war sein Eintauchen in die antike Welt für ihn so etwas wie eine eigentümliche Prüfung oder ein »Essay« gewesen, wobei dieses Wort in seinem ursprünglichen alchemistischen Sinn gebraucht wird, und einen Versuch, ein Experiment anzeigt, das unternommen wird, den Wert einer kostbaren Sache festzustellen – in diesem Falle den Wert des Selbst. »Der ›Essay‹ – zu verstehen als eine verändernde Erprobung seiner selbst und nicht als vereinfachende Aneignung des andern zu Zwecken der Kommunikation – ist der lebende Körper der Philosophie, sofern diese jetzt noch das ist, was sie einst war: eine Askese, eine Übung seiner selbst, im Denken.«[21]

Wie Leo Bersani kurz nach Foucaults Tod beklagen sollte, erweckt sein alter Freund hier eines der abgedroschensten Klischees des abendländischen Denkens wieder zum Leben: das »des Philosophen, der dazu in der Lage ist, sich aus seinem eigenen Denken herauszudenken«.[22]

Dies ist richtig. Doch hat Bersani offensichtlich übersehen, daß es mehr als nur ein übler Streich Foucaults war, dieses abgedroschene Klischee auf die Realität zu übertragen. Wie Foucault in einem Vortrag 1983 feststellte, mußte man dazu bereit sein, sein Selbst sowie seine gesamte Weltsicht durch »eine Art sofortige Umkehr« *umzuformen*. Wollte man einem solchen »Bruch mit seinem Selbst, mit seiner Vergangenheit, mit der Welt und mit seinem gesamten bisherigen Leben« den Weg ebnen, war es notwendig, falsche Meinungen, bösartige Lehrmeister und alte Gewohnheiten über Bord zu werfen. Und dies bedeutete nicht nur eine beständige, jeden Teilaspekt der Erfahrung prüfende und wertende ›Kritik‹, sondern auch fortwährende Kämpfe, Schlachten, deren Ausgang zweideutig, umkehrbar und stets unsicher war.[23]

In dieser Unsicherheit bestand vielleicht die größte Qual. Setzte man sich den Martern des Selbstzweifels aus, konnte man nie gewiß sein, daß man sich endlich von diesem verabscheuten Selbst befreit oder das gesuchte neue Selbst gefunden hatte.

»Darin liegt die Ironie der Mühen, die man auf sich nimmt, seinen Blickwinkel zu ändern, den Erkenntnishorizont zu transformieren, sein Denken ein wenig streunen zu lassen«, schrieb Foucault 1984 und stellte die entscheidende Frage, eine Frage, die am besten unbeantwortet bleibt:

»Haben [meine Anstrengungen] wirklich dazu geführt, anders zu denken?«[24]

Foucaults eigene Versuche, in diesen Jahren ›anders zu denken‹, entfalteten sich auf vielschichtige, komplexe und manchmal paradoxe Weise. Zunächst änderte er seinen Schreibstil. Er verzichtete jetzt auf schockierende Vignetten, weithergeholte Verallgemeinerungen und schicke Neologismen, verknappte seine Sprache auf das Wesentliche, relativierte seine Behauptungen gewissenhaft und belegte jedes Wort in seinen historiographischen Werken, wobei er auf Modejargon verzichtete. Wie einer jener alten ›Wahrheitsverkünder‹, die er in diesen Jahren analysierte, benutzte er die »geradlinigsten Worte und Ausdrucksformen«, die er finden konnte.[25]

Rückblickend ist es einfach zu vergessen, welche Risiken diese Wandlung in sich barg. Er war kein ausgebildeter Altphilologe und sprach mit schmucklosen Worten über schwierige Sachverhalte, von denen er, wie er 1983 zugab, »vor sechs oder sieben Jahren kaum etwas gehört hatte«. Indem er dies tat, setzte er sich der Gefahr aus, eine Anzahl von Schnitzern zu begehen und Experten in antiker Philosophie vor den Kopf zu stoßen –

was dann auch prompt geschah. Gleichzeitig riskierte er, sein eigenes großes Publikum ergebener Leser zu verlieren – was ebenfalls prompt geschah: Leo Bersani war nicht der einzige, den Foucaults Spätwerk enttäuschte oder gar langweilte.[26]

In der Zwischenzeit versuchte Foucault, eine Reihe von Verhaltensmustern in seinem Alltagsleben und seiner öffentlichen Erscheinung zu ändern, einiges davon offensichtlich trivial, anderes ebenso offensichtlich nicht.

In Paris verlegte er seinen Forschungsstützpunkt von seinem alten Schlupfwinkel in der Nationalbibliothek in die ruhige und moderne *Bibliothèque du Saulchoir*, die von Dominikanern unterhalten wird. Dort fiel es ihm leichter, sich in frühchristliche Texte zu vertiefen. Er sprach davon, seine Stellung am *Collège de France* aufzugeben und aufs Land zu ziehen. Außerdem begann er, seine Zeit zwischen Frankreich und Nordamerika aufzuteilen: Er besuchte Los Angeles 1981; Toronto, Vermont und New York 1982; und Berkeley zweimal 1983. Zum Zeitpunkt seines Todes hatte er eine Vereinbarung getroffen, jedes Jahr mehrere Monate an der *University of California* in Berkeley zu verbringen.[27]

In Frankreich war er weiterhin eine Persönlichkeit mit beträchtlichem öffentlichen Ansehen, und er setzte seine Bemühungen fort, seine politischen Verpflichtungen in gemäßigtere Bahnen zu lenken. Er begrüßte vorsichtig den Wahlerfolg der Sozialistischen Partei im Mai 1981, als François Mitterrand mit dem vom Mai '68 ausgeliehenen Slogan *Changer la vie* (›Das Leben verändern‹) an die Macht kam. Doch schneller als vielen anderen wurde ihm bewußt, daß die Partei im Begriff war, ihre erklärten Ideale zu verraten; und Ende 1981 protestierte er dagegen, daß die Regierung Mitterrand die Unterdrückung der friedlichen Gewerkschaft und Oppositionsbewegung *Solidarnosc* durch die polnische Regierung stillschweigend duldete. In den folgenden Jahren, als in Paris die üblichen Streitereien und Kontroversen stattfanden, hielt sich Foucault zurück und wandte seinen eigenen ›festen Willen, nicht regiert zu werden‹, im Geiste jener untertreibenden Demut an, die er schmerzlich erlernt hatte. Doch er verstummte nicht ganz. Zwischen 1980 und 1984 meldete er sich zu Menschenrechtsverletzungen in Vietnam und Polen zu Wort und half bei der Gründung einer kleinen politischen Gruppierung mit, die aus Pariser Aktivisten, Journalisten und Intellektuellen bestand und sich zur Aufgabe gestellt hatte, den Mißbrauch von Macht überall auf der Welt anzuprangern und der Öffentlichkeit bewußt zu machen. Er stand in Verbindung mit Frankreichs größter nicht-kommunistischer Gewerkschaft, der *Confédération française et démocratique du travail* (CFDT), eine dem demokratischen Grundsatz der Arbeiterselbstverwaltung verpflichtete Organisation. Und im stillen hielt er Kontakt zur Sozialistischen Partei. [28]

Gleichzeitig nahm Foucault in Frankreich und besonders in Nordamerika an einem ganz anderen sozialen Experiment teil und erforschte eine wesentlich radikalere ›Politik des Selbst‹. In diesen Jahren verwickelte sich der Philosoph immer tiefer in die Schwulengemeinde. Er verteidigte öffentlich »die Möglichkeit – und das Recht –, die eigene Sexualität zu wählen«, während er in seinem täglichen Leben weiterhin aktiv mit S/M als Weg zur »Entdeckung neuer Lebensformen« experimentierte. Durch die ›Schmerz/Lust‹ eines »zertrümmerten Denkens« könne es gelingen, den Körper in der Praxis zu entsexualisieren und auf diese Weise mörderische Triebe umzuwandeln und »unser Selbst für Lüste unvergleichlich empfänglicher« zu machen. In den Augen des Philosophen war solche »homosexuelle Askese« eine weitere Art der »Arbeit an sich selbst« und vielleicht sogar ein Weg, »eine Lebensart [zu] erfinden (ich sage nicht entdecken!), die noch unwahrscheinlich scheint«. [29]

Foucaults revolutionäre Hoffnungen auf eine völlige Umwandlung des Lebens, die in Frankreich gedämpft worden waren, lebten somit in Amerika deutlich weiter. Doch in beiden Ländern arbeitete er jetzt – ob als bescheidener Gelehrter, der in seinen Schriften Bedenken als Kritiker der Macht ausspricht, oder indem er neue Formen der Lust erkundete – offener und leidenschaftlicher als je zuvor auf ein Ziel hin, das leicht zu formulieren, jedoch verteufelt schwierig zu erreichen war, wie das Auf und Ab seines bisherigen Lebens bestätigt hatte. »Ich bin kein Großintellektueller«, sagte er einem amerikanischen Gesprächspartner 1982 mit diesmal nicht ganz falsch anmutender Bescheidenheit. »Das Wichtigste im Leben und in der Arbeit ist, etwas zu werden, was man am Anfang nicht war.«[30]

Im Mittelpunkt der Bemühungen Foucaults, sich zu ändern, stand in diesen Jahren ein neues Verständnis der Bedeutung privater Beziehungen. Zum ersten Mal in seinem Leben wurde der Begriff ›Freundschaft‹ zu einem wichtigen Anliegen für ihn. Mehr als einmal wandte er sich in seinen Interviews und Schriften der theoretischen Möglichkeit zu, daß zwei Menschen trotz unterschiedlichen Alters, sozialer Rangstellung und Ansichten doch in der Lage sein könnten, diese Unterschiede durch eine neu entdeckte ›Kunst‹ der Freundschaft zu überwinden. In der offenen Diskussion mit einer Person, die weder ein Schmeichler noch ein Feigling, weder ein Liebhaber noch ein Schüler war, könnte es vielleicht gelingen, die Spannweite der Gefühle zu erweitern, den Wert der eigenen Meinungen zu prüfen und im Verlauf dieses Prozesses einen Teil der eigenen Persönlichkeit der Sorge eines anderen Menschen anzuvertrauen.[31]
Die verstreuten Bemerkungen Foucaults zu diesem Thema haben einen bitteren Beigeschmack: Der Bereich intimer Beziehungen, den die meisten Menschen als selbstverständlich voraussetzen, schien aus der Sicht des Philosophen die Anstrengungen eines Herkules zu erfordern. »Foucault war immer sehr allein«, erinnert sich einer seiner engsten Mitarbeiter am *Collège de France*. Wie den meisten seiner Bekannten kam Foucault auch diesem Mitarbeiter oft undurchschaubar und melancholisch vor, als ob er an einer unsäglichen *tristesse* leide. Sein legendäres Lachen und die Ungezwungenheit seines Auftretens war, vermutet dieser Augenzeuge, »ein Weg, diese Traurigkeit zu verbergen«.[32]
Trotz all dem strengte sich Foucault in den letzten Lebensjahren außerordentlich an, Verbindungen herzustellen, Kontakte anzuknüpfen und die unsichtbare Mauer zu durchbre-

chen, die ihn immer noch von den meisten anderen Menschen trennte.

Er freundete sich mit einer aus jungen Pariser Künstlern bestehenden Clique an, zu denen der Schriftsteller Hervé Guibert gehörte. Er hatte mit der Schauspielerin Simone Signoret und auch mit dem Arzt und engagierten Kämpfer für Menschenrechte Bernard Kouchner vertrauten Umgang. Außerdem wurde sein Kollege Paul Veyne vom *Collège de France* zum engen Vertrauten, und er lernte Peter Brown gut kennen, ein Professor in Berkeley und einer der angesehensten Kenner des frühen Christentums. [33]

Doch die merkwürdigste und auch vielsagendste all der neuen Verbindungen, die Foucault in diesen Jahren anknüpfte, war wohl diejenige, die er von 1982 an mit Robert Badinter aufrechterhielt, zu dieser Zeit der Justizminister Frankreichs.

Foucault hatte Badinter in den siebziger Jahren kennengelernt. Zu diesem Zeitpunkt war Badinter gerade dabei, sich einen Namen als gewandter Gegner der Todesstrafe zu machen. Badinter, wie Foucault in den zwanziger Jahren geboren, war Schriftsteller, Professor für Jura an der Sorbonne und außerdem ein bekannter Rechtsanwalt. Außer ihrer gemeinsamen Ablehnung der Todesstrafe hatten die beiden wenig gemein. Badinter war ein weltmännischer Gelehrter, der die französische Gesetzgebung, seine Gerichte und Gefängnisse aus erster Hand kannte. Er war unerschrocken und freisinnig und hatte sich der Reform des Justizsystems verschrieben. In diesem Sinne hatte er Foucaults beißende Skepsis am Wert der Strafrechtsreform kritisiert. [34]

Kurz nach der Regierungsübernahme der Sozialistischen Partei im Mai des Jahres 1981 war er François Mitterrands erster Justizminister geworden. Er verblieb in dieser Position bis 1986, als er Präsident des *Conseil constitutionnel* (›Verfassungsrat‹) wurde. Sein erstes Ziel als Justizminister war die Erfüllung des Wahlversprechens der Sozialisten, die Todesstrafe abzuschaffen, was dann auch schnell noch vor Ende des Jahres geschah. Es war die Krönung seiner Laufbahn. [35]

Foucaults Reaktion auf dieses epochale Ereignis war ausgesprochen typisch – und zeigte, wie wenig er sich eigentlich trotz all seiner Bemühungen ändern konnte. »Die älteste Form der Strafe ist im Begriff, in Frankreich auszusterben«, schrieb Foucault einen Tag vor der Abschaffung der Todesstrafe in einem Artikel für *Libération*. »Wir haben allen Grund, uns zu freuen; es besteht jedoch kein Anlaß, überschwängliche Lobeshymnen anzustimmen [. . .]. Es ist ziemlich leicht, damit Schluß zu machen, ein paar Köpfe abzuschlagen, weil dabei Blut fließt, weil das in einer gesitteten Gesellschaft nicht mehr ganz passend ist und weil immer die Gefahr besteht, daß man einen Unschuldigen enthauptet. Doch die Todesstrafe abzuschaffen, weil man das Prinzip vertritt, daß keine öffentliche Macht [. . .] das Recht hat, über das Leben *irgendeiner* Person zu verfügen – an diesem Punkt beginnt eine wichtige und schwierige Debatte.« Den Rest seines Artikels nutzte Foucault dazu, seine Leser aufzufordern, sich Gedanken über die Abschaffung *sämtlicher* Strafen zu machen. Dies war natürlich unrealistisch, doch angesichts der ›Hypothese Nietzsches‹ über den Stellenwert der Strafe für den Teufelskreis aus Schuld und Überschreitung war es vielleicht die einzig annehmbare Position für ihn. [36]

Dem Justizminister verschlug es die Sprache. »Ich war etwas überrascht und vielleicht auch ein wenig verletzt«, erinnert sich Badinter, »weil [die Abschaffung der Todesstrafe] ein großer Erfolg war. Und auch, weil ich wußte, daß er durch diesen Artikel denen Rückenwind geben würde, die der Meinung waren, daß Frankreich von einem Haufen intellektueller Spinner regiert werde, und die sagen würden: ›Da sieht man's! Die wollen nicht nur den schlimmsten Verbrechern das Leben schenken, sondern sie auch noch auf freien Fuß setzen, damit sie noch mehr Leute umbringen können.‹« [37]

Dieser kleine Artikel Foucaults bildete jedoch das Fundament, auf dem die spätere persönliche Beziehung zu Badinter entstehen sollte. In einem einige Monate später geführten Interview erteilte der Justizminister, der immer noch von dem stacheligen Kommentar gekränkt war, Foucault einen Seitenhieb, wo-

mit der Dialog zwischen den beiden Männern begann, der erst
mit Foucaults Tod enden sollte.

»Foucault wollte geliebt werden«, erinnert sich einer seiner
engsten Mitarbeiter, der Foucault oft sah, nachdem er mit Badinter zu Mittag gegessen hatte. »Er sehnte sich nach einer Verbindung«, sagt dieser Zeuge: »keine Verbindung zur Macht,
sondern aus Liebe: Es war offensichtlich, daß er auf die Wertschätzung eines Ministers wartete, darauf, daß jemand ihn um
Rat fragen würde, was er zum Beispiel über Probleme des
Rechtswesens dachte.« Dieser Augenzeuge weist außerdem
darauf hin, daß es ziemlich schnell klar wurde, daß es Foucault
durch die Verbindung mit dem Justizminister gelingen würde,
Regierungsgelder für verschiedene seiner Lieblingsprojekte sicherzustellen sowie einigen Einfluß auf die Positionen der Regierung in Sachen Strafrecht auszuüben. Doch seiner Ansicht
nach zählte für Foucault am meisten die Tatsache, daß Badinter
ihm mit Respekt begegnete, »als einem Mann, von dessen Erfahrungen man einiges lernen konnte«. [38]

Badinter hatte seine eigenen Gründe, die gemeinsamen Mittagessen zu schätzen. »Foucault war ein außergewöhnlicher
Mensch«, sagt er – »und als Minister trifft man nur selten außergewöhnliche Menschen. Offen geführte intellektuelle Gespräche sind ein Lebenselexir, wenn man Regierungsmitglied ist,
weil man so oft mit seiner Meinung hinter dem Berg halten
muß – man hat keine Gelegenheit, frei zu sprechen.« [39]

Mit der Zeit scheint sich ihre Beziehung vertieft zu haben. Sie
kamen darin überein, daß sie zu bestimmten Dingen verschiedene Meinungen hatten: Der Minister konnte sich nicht mit der
»dämonischen Machtkonzeption« des Philosophen anfreun-
den; Foucault fiel es dagegen oft schwer, die pragmatische
Sichtweise des Ministers nachzuvollziehen. In anderen Dingen,
zum Beispiel wenn es um das Wesen der Gerechtigkeit oder
die Bedeutung von Veränderungen ging, entdeckten sie jedoch
Gemeinsamkeiten. Sie machten Pläne für ein gemeinsames Seminar, das sich mit den Gründen für das wiederholte Scheitern
von Reformversuchen im Strafrecht beschäftigen sollte. Foucault sprach von seiner Bewunderung für die großen amerikani-

schen Universitäten, die er besucht hatte, und schlug vor, daß
die Sozialisten eine neuartige Institution ins Leben rufen sollten, an der Gelehrte und Studenten aus verschiedenen europäischen Ländern zusammenkommen sollten. »Wir begannen mit
der Arbeit an diesem Projekt«, erinnert sich Badinter. »Ich
sprach mit dem Staatspräsidenten über einige der Ideen Foucaults, und er war sehr daran interessiert.«

Vor allem begannen sie, mehr über private Dinge zu sprechen:
»Wir sprachen über Leben, Tod, Altwerden«, erinnert sich Badinter. »Doch ich bin ein diskreter Mensch; ich weiß, daß er
nicht gewollt hätte, daß ich über diese Dinge rede.«

Das letzte gemeinsame Mittagessen fand im Frühjahr 1984
statt. Der Minister, dessen Terminplan für den Nachmittag
einen Auftritt im französischen Senat vorsah, fragte den Philosophen, ob er schon einmal dort gewesen sei. Der große Kritiker der ›gouvernementalité‹ mußte eingestehen, daß er die
französische Regierung noch nie bei der Arbeit gesehen hatte.
»Aha«, sagte der Justizminister, »es gibt dort eine hervorragen-
de Bibliothek. Begleiten Sie mich doch.«

Eine Limousine brachte die beiden Männer an ihren Bestimmungsort – den ursprünglich von Marie de Médicis erbauten
und nach der Revolution in den Amtssitz der neuen republikanischen Regierung umgewandelten *Palais de Luxembourg.* An
der Seite Badinters besichtigte der Philosoph das Gebäude mit
einem verschmitzten Lächeln, denn er konnte nicht umhin, die
Widersinnigkeit des großzügigen Mobiliars und des Dekors
festzustellen, von dem das meiste aus der restaurierten Bour-
bonenmonarchie Louis-Philippes stammte. »Meine letzte
Erinnerung an die Physiognomie Foucaults«, erinnert sich Badinter, »ist, wie er den Senat verläßt und lachend sagt: ›Na,
nächstes Mal müssen wir einen anderen Palast besuchen.‹«

Die Verbindung zwischen Foucault und Badinter zeugt, wenn
von sonst nichts, von Foucaults anhaltendem Interesse daran,
die wichtigen tagespolitischen Ereignisse zu verstehen und irgendwie zu beeinflußen. Doch dieses Interesse rief bei ihm

eine paradoxe und sich vertiefende Verwirrung hervor. Genau wie das Wesen der Freundschaft wurde in diesen Jahren ebenso Ursprung und Eigenart der Beziehung, die der moderne Philosoph mit seiner eigenen Zeit eingeht, zum Gegenstand seines Nachdenkens. Während er sich in der Praxis darum bemühte, seine politischen Verpflichtungen mit neugewonnenem Bedacht und mit Zurückhaltung zu erfüllen, begann er in der Theorie damit, seine eigene kulturelle Funktion als Intellektueller, der seine Epoche kommentierend begleitet, mit Erstaunen zu betrachten, was kaum verwundern dürfte. Denn warum – und wie – war ausgerechnet er wie Sartre vor ihm zum Modell avantgardistischen Engagements geworden?

Wie oft in diesen Jahren befragte Foucault seine Verwirrung auf abstraktem Wege und durch bedächtige Umwege, indem er einen Teil von sich selbst dadurch entschlüsselte, daß er über jemand völlig anderen schrieb, jemand, mit dem er sich trotz allem identifizieren konnte, in diesem Falle Immanuel Kant. Er ging wieder von der gleichen Schrift zur Aufklärung aus, die schon 1978 die Grundlage seines Aufsatzes ›Was ist Kritik?‹ gebildet hatte. Im Grunde wurde der erste Abschnitt von Kants Artikel aus dem Jahre 1784 zu einer Art Rorschach-Test für Foucault. Bei jeder neuen Beschäftigung mit dem Text in diesen Monaten, zunächst im Rahmen der ersten Vorlesung des Jahres 1983 am *Collège de France*, dann in einer Reihe von Vorträgen und Schriften, enthüllte er einen neuen Aspekt der Verwunderung über sich selbst. Er tat dies gewöhnlich im Gewand irgendeiner gewundenen und schwer verständlichen Frage, die sich so anhörte, als sei eine Figur aus einem Beckett-Stück plötzlich von dem brennenden Verlangen erfaßt worden, wissen zu wollen, ob sie ein Mittel der Aufklärung oder einfach nur ein rasender Idiot sei: »Wie können wir die Formierung unseres Selbst durch die Geschichte unseres Denkens analysieren?« »Was ist meine Gegenwart? [. . .] Was tue ich, wenn ich von meiner Gegenwart spreche? [. . .] Welche Gegenwart produziert Sinnhaftigkeit für meine philosophische Reflexion? [. . .] Was soll man mit dem Willen zur Revolution tun? [. . .] Wer sind ›wir‹ zum jetzigen Zeitpunkt?«[40]

Die aufschlußreichste Untersuchung dieser Fragen findet sich in der lakonischen Aufreihung von Gedanken, die wie Kants ursprünglicher Aufsatz den Titel ›Was ist Aufklärung?‹ trägt. Daß Foucault diesen Artikel für wichtig, wenn nicht sogar endgültig hielt, geht daraus hervor, daß er auf sein Drängen hin an den Anfang der maßgeblichen englischsprachigen Anthologie seines Werkes (*The Foucault Reader*) gestellt wurde. [41]

Er verfolgt das Thema ›Aufklärung‹ in diesem Text in drei Schritten. Zunächst interpretiert er den Kantischen Essay als Paradebeispiel einer neuen ethischen Haltung, die ohne Vorläufer ist und die er ›die Haltung der Moderne‹ nennt; im zweiten Teil bespricht er die ›Dandy‹-Vision des Dichters Charles Baudelaire, die er als ein weiteres Modell für das ›Verhalten der Moderne‹ ansieht; im dritten und abschließenden Teil faßt Foucault seine *eigene* philosophische Ethik zusammen, die er in Begriffen beschreibt, die auf bemerkenswerte Weise Aspekte der Idealvorstellung Kants vom Philosophen auf der einen Seite mit Baudelaires Definition des Dandys auf der anderen miteinander verbindet.

Zunächst richtet er sein Augenmerk auf die Verwendung des Begriffs ›Ausgang‹ in Kants Text: »Aufklärung ist der Ausgang des Menschen aus seiner selbst verschuldeten Unmündigkeit.« Indem er den Begriff ›Ausgang‹ gebraucht, fordert uns Kant dazu auf, Aufklärung auf »ausschließlich negative Weise« zu begreifen. Es ist ein Fluchtmittel, ein ›Ausgang‹, ein ›Ausweg‹. Um diesen Ausweg nutzen zu können, erweist es sich als notwendig, jenen »Zustand unseres Willens« zu verändern, »der uns jemandem die Autorität zugestehen läßt, uns in den Bereichen zu führen, wo der Gebrauch der Vernunft gefordert wird«. Eine solche Modifizierung hat Veränderungen zum Inhalt, die »zugleich geistig und institutionell, ethisch und politisch« sind. Das Ideal der Aufklärung muß deshalb »sowohl als Prozeß verstanden werden, an dem die Menschen kollektiv teilnehmen, als auch als ein Akt des Mutes, der persönlich erbracht werden muß. Die Menschen sind zugleich Bestandteile und Handelnde desselben Prozesses. In dem Maße, in dem sie daran teilnehmen, können sie Handelnde sein; und der Prozeß ereignet sich in dem Maße, in dem die Menschen entscheiden, darin freiwillig Handelnde zu sein.« Der Erfolg der Aufklärung hängt von einer bestimmten Applizierung des freien Willens ab.[42]

Indem er Kants Aufsatz so interpretiert und ihn ausdrücklich an den »Schnittpunkt von kritischer Reflexion und der Reflexion der Geschichte« stellt, signalisiert Foucault das Ausmaß, zu dem seine *eigene* Reflexion über die Geschichte von dieser expliziten »Haltung der Moderne« geprägt ist. Daher ist es auch von nicht geringer Bedeutung, daß Foucault 1983 sein Seminar am *Collège de France* mit einer Vorlesung über Kant beginnt. Wie Kant sieht Foucault den freien Willen als »die ontologische Bedingung der Ethik«, die er deshalb als »die von der Freiheit bewußt angenommene Form« betrachtet. Als er diese spezifisch modernen Auffassungen auf die folgenden Besprechungen Platos und Senecas anwendet, zeigt sich, daß Foucault der Tendenz des Platonismus und Stoizismus, das Bewußtsein des Selbst als Teil der Natur, als Bruchstück universaler Vernunft anzusehen, wenig Bedeutung zumißt. Wie ein Kenner des Stoizismus scharfsichtig bemerkt hat, begann Foucaults Studium der Antike mit dem gelehrten Interesse an geistigen Übungen – es gipfelte jedoch in einer »neuen Form von *dandysme*«.[43]

Diese Verbindungslinie zog Foucault selbst im zweiten Teil seines Essays, der sich mit Baudelaires Bemühen beschäftigt, der Poesie des modernen Lebens den ihr angemessenen Ausdruck zu verleihen. Foucault erkannte in der Nachfolge Kants und Baudelaires, daß dieses Bemühen ein »verwandelnde[s] Spiel der Freiheit mit der Wirklichkeit« verlangt. »Modern-Sein heißt nicht«, schreibt Foucault, »sich so, wie man innerhalb des Flusses vergehender Momente ist, anzuerkennen; es heißt, sich als Objekt einer komplexen und harten Arbeit zu sehen: Dies nennt Baudelaire im Sprachgebrauch seiner Zeit *dandysmus*.« Baudelaire hatte 1863 *dandysmus* als »Einrichtung außerhalb der Gesetze« definiert, die trotzdem ihre »eigenen strengen Gesetze [hat], denen all seine Untertanen unerbittlich unterworfen sind«. Der Anhänger des *dandysmus* »hat nichts anderes zu tun, als die Idee des Schönen in [seiner] Person zu kultivieren, [seine] Leidenschaften zu befriedigen, zu empfinden und zu denken. Er wird vor allem angetrieben durch das brennende Bedürfnis, sich [. . .] eine wirkliche Originalität zu schaffen«, wodurch er zu einem »seltsamen Spiritualisten« wird, der sich einer »Art Kult seiner selbst« widmet. Als Poet des Fleisches ist er äußerst feinfühlig für exquisite körperliche Freuden und führt ein erotisches Leben, das von »glühenden und träumerischen Capricen« gekennzeichnet ist.[44]

Foucault präsentiert Baudelaires Dandy somit als Künstler des Alltagslebens, der wie Kants Philosoph sowohl mit dem freien Willen als auch mit der ›Moderne‹ verbunden ist. Merkwürdig genug, gehört doch die ›träumerische Caprice‹ bestimmt nicht zum Repertoire Kants, der vielmehr feste Grenzen des Denkens und Handelns auffinden und bestimmen wollte. Doch die ›träumerische Caprice‹ gehört zum Stil Foucaults, der wie Baudelaire ein Leben erotischer Ausschweifung führte und die Freiheit testen wollte, »jede angegebene Grenze [zu] übersteigen«. »Aber wenn es die Kantische Frage war zu wissen, welche Grenzen die Erkenntnis nicht überschreiten darf«, bemerkt er in der Zusammenfassung seines *eigenen* Ethos, »scheint es mir, daß die kritische Frage heute in eine positive gekehrt werden muß [. . .]. Alles in allem geht es darum, die in der notwendigen Begrenzung ausgeübte Kritik in eine praktische Kritik in Form einer möglichen Überschreitung zu transformieren.«[45]

Die Überschreitung aller Grenzen ist jedoch weder für Foucault noch für Baudelaire ein Ziel an sich, da der Dandy, wie Foucault ihn versteht, so etwas wie ein moderner ›Asket‹ ist. Er gibt sich dem freien Spiel der Vorstellungskraft hin, wohin auch immer diese ihn leiten möge, und versucht auf diesem Wege, »im Vorübergehenden [das] Poetische[]« ausfindig zu machen. Indem er »aus dem Vergänglichen das Ewige herauszieh[t]«, das nicht jenseits oder hinter dem gegenwärtigen Augenblick liegt, sondern in ihm, entblößt er sein Herz und wird zum sichtbaren Zeichen (in Foucaults Worten) der »*wesentliche[n], beständige[n] und zwanghafte[n] Beziehung unserer Zeit zum Tod*«. Doch der asketische Dandy empört sich auch gegen diese

Todesfaszination und erlegt sich selbst »eine Disziplin« auf, »die despotischer ist als die schrecklichsten Religionen«, und die »aus seinem Körper, seinem Verhalten, seinen Gefühlen und Leidenschaften, seiner Existenz ein Kunstwerk macht«. Auf diesem Wege kämpft er darum, von sich selbst befreit zu werden – um dann »sich selbst zu erfinden«.[46]

Im letzten Teil dieses bündigen und erhellenden Texts faßt Foucault kurz sein eigenes »philosophisches Ethos« zusammen. Sein Werk, gibt er zu Bedenken, versinnbildliche eine »*Grenzhaltung*«, die zu einer »permanenten Kritik unserer selbst« führe. »Dies ist keine Modernität der ›Befreiung des Menschen zu seinem eigenen Sein‹«, bemerkt er abschließend, sondern »sie zwingt ihn, sich der Aufgabe der Ausarbeitung seiner selbst zu stellen« und, wohin ihn dieses Unternehmen auch führen möge, die »unbestimmte[] Arbeit der Freiheit« voranzutreiben – und dabei Wege einzuschlagen, die Kant kaum wiedererkennen würde.[47]

Kurz nachdem Foucault sein Seminar am *Collège de France* im Wintersemester 1983 beendet hatte, erschien der gefeierte deutsche Philosoph Jürgen Habermas in Paris, um seinerseits vier Vorlesungen am *Collège* zu halten. Das Thema von Habermas sollte ausgerechnet der von ihm selbst so bezeichnete ›philosophische Diskurs der Moderne‹ sein.[48]

Der Besuch war auf Betreiben von Foucaults bestem Freund am *Collège*, Paul Veyne, zustande gekommen. Foucault erzählte Habermas später, daß er selbst eine wichtige Rolle bei der Planung des Besuchs gespielt hatte.[49]

Der Eifer, mit dem Foucault offenbar alles daran setzte, Habermas direkt zu konfrontieren, war ein weiteres Symptom seines anhaltenden Bemühens, anders zu denken und zu ändern, wer er war. Es hatte Zeiten in seinem Leben gegeben, in denen er nichts unversucht gelassen hätte, eine solche Begegnung zu *vermeiden*. 1967 hatte zum Beispiel der Phänomenologe Paul Ricœur mehrere Vorlesungen an der Universität von Tunis gehalten, an der Foucault gerade lehrte. Zu dieser Zeit stand die

Auseinandersetzung um Foucaults *Die Ordnung der Dinge* und um den Strukturalismus auf dem Höhepunkt. Während einer dieser Vorlesungen machte sich Foucault beständig und für seine Nachbarn deutlich hörbar über Ricœur lustig; doch als es an der Zeit war, Fragen zu stellen, sagte er kein Wort, genauso wie er nach Jacques Derridas Kritik an *Wahnsinn und Gesellschaft* verstummt war. In gewisser Hinsicht grenzte in diesen Jahren seine Art zu denken an Solipsismus, was zu jener Haltung eisiger Einsamkeit führte, die erst von den Ereignissen des Jahres 1968 aufgebrochen wurde, in deren Folge Foucault zu einer Figur des öffentlichen Lebens wurde. Doch selbst dann konfrontierte Foucault seine Kritiker im Normalfall durch Polemiken – man denke nur an seine brutale Attacke auf Derrida im Jahre 1971. Erst gegen Ende seines Lebens schwächte sich sein Verhalten ab, und Foucault machte auch den nächsten Schritt, der darin bestand, die Möglichkeit des gegenseitigen Gedankenaustauschs in Betracht zu ziehen. Wie Jean Lacouture einmal passend die Umrisse der intellektuellen und existenziellen Lebensbahn Foucaults zusammenfaßte, »ebnete er sich seinen Weg vom Monolog zum Dialog durch den Kampf«.[50]
Dialog war das philosophische Markenzeichen von Habermas: Nur selten hat ein Denker eine solch prinzipielle Bereitschaft an den Tag gelegt, seine Ideen durch die freie und offene Überprüfung im Gespräch und den Kontakt mit denen, die nicht mit ihm übereinstimmen, der Kontrolle auszusetzen. Habermas, Jahrgang 1929 und drei Jahre jünger als Foucault, ist der bedeutendste lebende Vertreter der ›Frankfurter Schule‹ der ›Kritischen Theorie‹. Die Kritische Theorie beruft sich auf den Marxismus und wurde erstmals in den zwanziger und frühen dreißiger Jahren an der Universität Frankfurt von Max Horkheimer, Theodor W. Adorno und Herbert Marcuse ausgearbeitet, denen es allesamt darum ging, eine neue Spielart philosophischer Kritik und der Kulturkritik zu entwickeln, die zur Gesellschaftsveränderung beitragen sollte. Als Habermas dieses Vorhaben nach dem II. Weltkrieg als Mitarbeiter Adornos in Frankfurt wiederaufnahm, vollzog er einen Bruch mit dem klassischen Marxismus und mit Adornos Konzept der Ausarbeitung einer

rein ›negativen Dialektik‹. Statt dessen behauptete er, daß es
möglich sei, eine rational begründbare normative Grundlage
für Kritik durch die von ihm so bezeichnete ›Diskursethik‹ zu
finden. Dieser ethischen Konzeption liegt die Behauptung zugrunde, daß in unserem alltäglichen Sprachgebrauch die Möglichkeit zu herrschaftsfreier Kommunikation verborgen liegt, die als
regulatives Prinzip eine universelle Grundlage für die verstandesmäßige Entscheidbarkeit sich einander widersprechender
Werte und Interessen zur Verfügung stellt: »Immer dann, wenn
wir einen Diskurs beginnen und ihn lange genug fortführen«, formulierte Habermas einmal seine freimütig idealisierte Grundvoraussetzung, »müßten wir zu einem Konsens gelangen, der
per se ein wirklicher Konsens sein würde.«[51]
Foucault stand der Kritischen Theorie im allgemeinen und Habermas im besonderen zwiespältig gegenüber. Obwohl ihm
die Arbeiten der Frankfurter Schule erst Mitte der siebziger Jahre bewußt wurden, erkannte er sofort, daß Horkheimer und
Adorno in mancher Hinsicht verwandte Geister waren; es ist
klar, daß er gewisse Aspekte in den Arbeiten von Habermas
ebenfalls bewunderte. »Die Philosophen dieser Schule haben
Fragen gestellt, mit deren Beantwortung wir uns immer noch
beschäftigen«, bemerkte er in einem Interview 1978: »Zum
Beispiel das Problem der Machteffekte auf einen [Typus der]
Rationalität, der historisch und geographisch in der westlichen
Welt seit dem sechzehnten Jahrhundert ausgearbeitet wird
[...]. Nun, wie können wir diese Rationalität von den Mechanismen, Prozeduren, Techniken und Wirkungen der Macht
trennen, die sie bestimmen und die wir nicht mehr länger aner-
kennen können? [...] Müssen wir nicht die Schlußfolgerung
ziehen, daß das Versprechen der Aufklärung, nämlich daß Freiheit durch die Anwendung von Vernunft erreichbar sei, durch
die Vormachtstellung der Vernunft selbst unterlaufen wird, die
in zunehmendem Maße den Ort der Freiheit okkupiert?« In seiner eigenen Arbeit hatte Foucault ähnliche Problemstellungen
untersucht, indem er aufgezeigt hatte, wie subtil gesellschaftliche Mechanismen den Willen abtöten, die Vorstellungskraft
einschränken und somit den freien Geist eindämmen.[52]

Andererseits wurde Foucault das Gefühl nicht los, daß sogar Horkheimer und Adorno noch immer der marxistischen Vision vom Wesen des Menschen verpflichtet waren, die er ablehnte. »Ich bin der Ansicht, daß es nicht unsere Aufgabe ist, einen Menschen zu schaffen, wie die Natur es vorgesehen hat«, erklärte er 1978 bei dem Versuch klarzustellen, in welchen Punkten er sich am deutlichsten von der Kritischen Theorie unterschied. »Was hervorgebracht werden muß, ist etwas, daß noch ganz und gar nicht existiert, von dem wir überhaupt noch nichts wissen [. . .]. Die Schöpfung von etwas völlig Anderem, eine Innovation.«[53]

Die Konturen der Meinungsverschiedenheiten traten im Falle von Habermas selbst noch nachdrücklicher hervor; denn so sehr Foucault dessen analytischen Scharfsinn und seine fortwährenden Bemühungen um die Entwicklung einer Erkenntnistheorie innerhalb gesellschaftlicher und historischer Rahmenbedingungen auch bewunderte, so ließ ihn das Ideal einer »vollkommen transparenten Kommunikation« unberührt: »Die Vorstellung, daß es einen Zustand der Kommunikation geben kann, worin die Wahrheitsspiele ohne Hindernisse, Beschränkungen und Zwangseffekte zirkulieren können, scheint mir zur Ordnung der Utopie zu gehören.« Dies war von Foucault nicht als Kompliment gemeint.[54]

Habermas war seinerseits genauso kritisch mit dem Werk Foucaults umgegangen und hatte seinen Rückgriff auf »die dionysische Macht des Poetischen« angeprangert sowie seine genealogische Geschichtsschreibung als »kryptonormative Scheinwissenschaft« zurückgewiesen. Von solchen Bemerkungen angespornt hatten sich amerikanische Habermas-Schüler oft Gefechte mit Zöglingen Foucaults geliefert, wobei es um das Erbe der linken Gesellschaftskritik ging. Das durch diese Auseinandersetzungen hervorgerufene Aufheben konnte Foucault bei seinen Amerikabesuchen kaum übersehen. Auf welcher Basis und mit welchem Recht, fragten die Anhänger von Habermas, konnte sich Foucault als Kritiker der modernen Gesellschaft aufspielen? Warum sollten seine Leser Widerstand der Unterwerfung vorziehen? »Nur wenn er normative Kriterien irgendeiner Art einführt«, schrieb eine Kritikerin, »kann Foucault damit beginnen, diese Fragen zu beantworten. Nur durch die Einführung normativer Kriterien könnte er beginnen, uns zu sagen, was denn an dem modernen Regime von Macht und Wissen nicht stimmt, und warum wir es bekämpfen sollen.«[55]

Diese Art der Argumentation irritierte Foucault gewaltig. Privat machte er seinem Ärger deutlich Luft, indem er wutschnaubend gegen das wetterte, was er die »Erpressung der Aufklärung« nannte. Andererseits bemühte er sich, in der Öffentlichkeit, diplomatischer vorzugehen. Er befinde sich »in vollständiger Übereinstimmung« mit Habermas, erklärte er in einem amerikanischen Interview 1982: »Vergißt man das Werk Kants«, riskiere man, »in die Irrationalität zu verfallen«. Allerdings habe man das Werk Kants vielleicht, gibt Foucault zu bedenken, zu engstirnig interpretiert: »Ich glaube, daß das zentrale Problem der Philosophie und des kritischen Denkens seit dem achtzehnten Jahrhundert die Frage war, ist und, wie ich hoffe, bleiben wird, *was* die von uns angewandte Vernunft ist. Was sind ihre historischen Wirkungen? Was sind ihre Grenzen und mit welchen Gefahren ist sie verbunden? Wie können wir als vernunftbegabte Wesen existieren, die sich zum Glück zum Gebrauch einer Vernunft verpflichtet haben, die unglücklicherweise von ihr innewohnenden Gefahren durchzogen wird? Man sollte diesen Fragen so nahe wie möglich bleiben und im Auge behalten, wie schwierig ihre Beantwortung ist.«[56]

Am 6. März 1983 erschien Habermas im *Collège de France*, um die erste seiner geplanten vier Vorlesungen zu halten. Er sprach im berühmten ›Hörsaal 8‹, in dem traditionell Inauguralvorlesungen gehalten werden. Der deutsche Gast fand jenes erwartungsvolle, den Hörsaal zum Überfließen bringende Publikum vor, das sonst nur Foucault und einer Handvoll französischer Philosophen vorbehalten war.[57]

Nach einer kurzen Einführung durch Paul Veyne begann Habermas. Eine verblüffte Stille legte sich über die Zuhörer. Das

Mikrofon funktionierte nicht richtig. Seine Aussprache war entstellt. Und das Schlimmste von allem war, er sprach Englisch! Niemand konnte auch nur ein Wort verstehen – was wahrscheinlich auch besser so war. Ein Reporter von *Libération*, der ein Manuskript des Textes ergattert hatte, war über seinen Inhalt entsetzt. Habermas, der eingeladen war, an Frankreichs angesehenster Forschungseinrichtung und vor den beiden bekanntesten lebenden Nietzscheanern des Landes – Veyne und Foucault – zu sprechen, hatte die Dreistigkeit, einen Vortrag zu halten, der zumindest teilweise von den faschistischen Konsequenzen der Denkweise Nietzsches handelte. Dies sei, bemerkte der Journalist ätzend, »eine merkwürdige Vorgehensweise«, zumal »an einem Ort, an dem zwei prominente Nietzscheaner lehren, von denen wohl keiner mit einem Feind der Demokratie verwechselt werden kann«. [58]

Dies war ein verheerender Anfang – und tatsächlich schrumpfte das Publikum für die drei folgenden Pariser Habermas-Vorlesungen beträchtlich. Doch während dieses Aufenthaltes gelang es Foucault und Habermas erstaunlicherweise doch, miteinander in eine Art Dialog zu treten. [59]

»Wir haben mehrere Gespräche geführt«, erinnert sich Habermas. »Am ersten Abend haben wir gemeinsam in einem Restaurant gegessen.« Die beiden Philosophen sprachen zunächst über deutsche Filme und entdeckten, daß, wie man erwarten konnte, ihre Geschmäcker vollständig gegenläufig waren, als es um Lieblingsfilme und –regisseure ging. »Ein weiteres Thema«, sagt Habermas, »waren unsere jeweiligen philosophischen Biographien« – und in diesem Punkt wurden die Unterschiede zwischen den beiden Männern bedeutsam. »Er erklärte, wie wichtig für ihn der Bruch mit der phänomenologischen Tradition war. Ich erinnere mich noch, daß er sagte: ›Ich habe mich aus den Klauen des transzendentalen Subjekts befreit‹, was Husserl, Sartre usw. hieß; und zwar durch den Strukturalismus einerseits und Heidegger andererseits. Ich hingegen versuchte, ihm nahezulegen, daß ich unter den Einfluß Heideggers geraten war und versucht hatte, mich von ihm zu emanzipieren, sobald mir die politischen Implikationen seiner Philosophie oder zumindest einer bestimmten Stoßrichtung des Heideggerschen Werkes in den dreißiger Jahren klar wurden, und mich den Junghegelianern und der Kritischen Theorie usw. zuwandte.«[60]

Habermas fand den Gedankenaustausch »aufregend« – wie auch Foucault, der dies in einem einen Monat später geführten Interview zugab. »Mich hat seine Feststellung beeindruckt, in welchem Maße das Problem Heidegger und die politischen Konsequenzen des Heideggerschen Denkens für ihn ziemlich dringlich und wichtig waren«, sagte Foucault. »Eine seiner Bemerkungen hat mich nachdenklich gestimmt, und ich möchte mir noch etwas länger darüber Gedanken machen. Nachdem er klargestellt hatte, auf welche Weise das Denken Heideggers eine politische Katastrophe darstellte, sprach er über einen seiner Professoren, einen bedeutenden Kantianer, der in den dreißiger Jahren sehr bekannt war. Er erklärte, wie erstaunt und enttäuscht er gewesen sei, als ihm einmal beim Durchblättern eines Bibliothekskatalogs aus dem Jahre 1934 einige Texte dieses illustren Kantianers aufgefallen seien, die ganz klar von der Naziideologie beeinflußt gewesen seien.«[61]

Foucault machte klar, daß dies beileibe kein Einzelfall sei: Er selbst habe gerade entdeckt, daß einer der besten deutschen Kenner des Stoizismus in diesem Jahrhundert Hitler unterstützt hatte.

Doch was hatte dies zu bedeuten? Konnte diese Verbindung der beiden Philosophieprofessoren mit der Naziideologie die ganz unterschiedlichen ethischen Konzepte in Frage stellen, die sie jeweils verteidigt hatten? Warum sollte das Denken Nietzsches und Heideggers politisch anfechtbar sein, während es das Denken Kants und Senecas nicht war. Es konnte unterstellt werden, daß der kantianische Nazi sich einem rationalen Moralkode verpflichtet hatte; trotzdem war er ein Nazi gewesen: Was können wir daraus über die Grenzen der Vernunft in der politischen Arena ablesen? War Habermas' einseitige Kritik an Nietzscheanern und Heidegger nicht von einer ärgerlichen Inkonsistenz?

»Ich leite davon nicht ab, daß man im Bereich der Theorie alles behaupten darf«, sagte Foucault, »sondern daß ganz im Gegenteil ein anspruchsvolles, weitsichtiges und ›experimentelles‹ Verhalten notwendig ist; in jedem Augenblick, Schritt für Schritt, muß man das, was man denkt und sagt, an dem überprüfen, was man tut, *was man ist*.« Für Foucault war deshalb der Schlüssel für die Einschätzung der von *jedem* Philosophen beglaubigten Werte »nicht in seinen Gedanken« zu suchen, »als ob er aus diesen abgelesen werden könnte, sondern vielmehr in seiner gelebten Philosophie, in seinem philosophischen Leben, in seinem Ethos«.[62]

Habermas sah die Dinge weiterhin anders. Doch je länger er mit Foucault sprach – sie trafen sich ein zweites Mal zum Mittagessen –, desto mehr war er von ihm beeindruckt. »Ich hätte ein wenig mehr Pariser Ironie erwartet«, sagt Habermas. »Er hatte davon *nichts, aber auch gar nichts* an sich. Er beklagte sich über den Pariser Stil, das Nachlaufen hinter jeder Modeerscheinung. Doch auch abgesehen von dieser Bemerkung merkte ich, wie ernsthaft er war, wie wenig er mit diesem ›Zirkus‹ zu tun hatte. Ich meine, er war ein *Philosoph*.«[63]

Während eines letzten Zusammentreffens in Foucaults Büro am *Collège de France* versuchte Habermas, »ihn auf seinen ›glücklichen Positivismus‹ hin anzusprechen. Ich sagte zu ihm: ›Schauen Sie, es hat keinen Sinn, sich davor zu drücken, normative Vorgaben zu erklären, wenn man so kritisch wie Sie vorgeht.‹« Habermas wiederholte hier ein Argument, das aus seinen Schriften bekannt ist.

Wieder gab Foucault eine überraschende Antwort. »Er sagte: ›Sehen Sie, das ist ein Problem, mit dem ich mich gerade beschäftige. Und wenn ich mit meiner Geschichte der Sexualität fertig bin, werden Sie entscheiden müssen, wie gut mir die Antwort gelungen ist.‹«[64]

Endlich erschienen die ersten Bruchstücke der von Foucault völlig neu konzipierten Arbeit über die Sexualität. 1982 publizierte er einen Aufsatz mit dem Titel ›*Le combat de la chasteté*‹ (›*Der Kampf um die Keuschheit*‹), dem wenige Monate später der Essay ›Rêvers de ses plaisirs‹ folgte. Mit »beschämende[r] Heiterkeit und [. . .] unaffektierte[r] Kompetenz« untersuchten die beiden Aufsätze jeweils ziemlich geheimnisumwitterte Texte: die *Instituta Coenobiorum* und *De Incarnatione Christi* des Johannes Cassianus bzw. die *Oneicritica* des heidnischen Philosophen Artemidor von Daldis. Doch gleichzeitig waren beide Texte zutiefst persönlich und handelten im Gewand strenger Gelehrsamkeit von Lebensbereichen, in denen der Autor sich seit geraumer Zeit bemüht hatte, ›anders zu denken‹. Was war zum Beispiel das Verhältnis zwischen einer Diagnose des Selbst, die darauf abzielte, all die »dunklen Mächte« zu erkennen, »die sich unter der Oberfläche verbergen können«, und dem in der Lebenspraxis unternommenen Versuch, der – wie Foucault sich ausdrückt – »kargen Alleinherrschaft des Sexes« zu entkommen? Wenn unsere Träume, wie er 1953 behauptet hatte, »die heimliche Kraft ein[setzen], die in den sichtbarsten Formen der Gegenwart am Werk ist«, war es dann »gut oder schlecht, von Vorteil oder verhängnisvoll«, Befriedigung in einem spezifischen Traumtypus zu finden?[65]

Wie Gilles Deleuze später bemerken sollte, trieben Foucaults unbeirrte Versuche, sein Selbst zu verändern, ihn tiefgreifender als je zuvor dazu, »über die im Innern kondensierte Vergangenheit in ihrer Beziehung zum Selbst nachzudenken (›In mir steckt ein antiker Grieche, ein Christ‹ [. . .])«. Indem er sich auf diese Weise prüfte, habe sich sein alter Freund, vermutet Deleuze, darum bemüht, sein Denken von einem »Vitalismus auf der Grundlage« eines Mortalismus, der den Tod in seiner einzigartigen Negativität als das bestimmende Element des Daseins betrachtet, in einen Vitalismus zu verwandeln, der stattdessen auf der Ästhetik beruht, das heißt auf einer Auffassung vom Leben, das in seiner Positivität ein besonderes Handlungs- und Gedankengefüge ist, das man wie ein Kunstwerk für sich selbst gestalten kann. Durch die Analyse der Zugänge zum Selbst in der abendländischen Geschichte, sei es in antiken, christlichen (oder ›modernen‹) Begriffen, konnte der Philosoph seine eigene besondere ›Mitgift‹ von Vorstellungen und Regeln in Augenschein nehmen, einige davon verwerfen, andere für wertvoll befinden. Bei diesem Prozeß konnte er neue Vorstellungen und Regeln für sich selbst erarbeiten. Deleuze faßt Foucaults Methode so zusammen: »Das Denken denkt seine eigene Geschichte (Vergangenheit), jedoch um sich von dem zu befreien, was es denkt (Gegenwart), um schließlich ›anders denken‹ zu können (Zukunft).«[66]

Die verborgenen Wurzeln dieses Vorgehens führte Foucault selbst in einem Artikel aus dem Jahre 1983 auf die Stoa zurück, den er ›*L'écriture de soi*‹ (›Die Verschriftlichung des Selbst‹) nannte. Im Hauptteil dieses wundervoll durchkomponierten Essays erinnert Foucault an einige der Anwendungsbereiche von Schrift, die Seneca, Marc Aurel und Plutarch empfohlen hatten. Der Stoiker konnte ein spezifisches ›Skript‹ für sich selbst erstellen, indem er es sich zur Gewohnheit machte, über die eigene Existenz zu meditieren und bestimmte Ideen durch ihre Niederschrift zu erforschen und sie dann im praktischen Leben zu überprüfen. Dieses ›Skript‹ versetzte ihn dann in die Lage, die Wahrheit, so wie er sie verstand, in ein *Ethos* zu verwandeln – eine Lebensform, die sowohl die Forderungen der Vernunft als auch das Bedürfnis nach mutigem Verhalten erfüllen konnte. Diese ›Verschriftlichung‹ des Selbst war den heidnischen Philosophen in erster Linie durch regen Briefverkehr mit gleichgesinnten Gemütern und vor allem durch die tägliche Abfassung von Tagebüchern und Journalen gelungen, in denen sorgfältig Gedanken über Gelesenes und Erlebtes aufgezeichnet wurden. Das auf diese Weise gesammelte Rohmaterial wurde dann von Schriftstellern wie Seneca später in systematische Abhandlungen umgesetzt, die Techniken und vernünftige Argumente zur Überwindung solch individueller Zeichen von Schwäche wie Zorn, Neid und Schmeichelei vorschlugen.[67]

All dies weist mehr als nur oberflächliche Parallelen dazu auf, wie Foucault seit langem sein eigenes Werk angegangen war. Er führte sein ganzes Leben lang Tagebücher, wie sich Daniel Defert erinnert, die in großen Teilen Exzerpten aus Büchern, die er gerade las, gewidmet waren – Defert zufolge meistens literarische Werke. »Während seiner letzten acht Lebensmonate«, sagt Paul Veyne, »spielte die Niederschrift seiner zwei Bücher für ihn dieselbe Rolle wie philosophisches Schreiben und private Tagebücher in der antiken Philosophie: eine am Selbst durchgeführte Arbeit, eine Autostilisierung.«[68]

Doch Foucaults Essay ›Die Verschriftlichung des Selbst‹ beschränkt sich nicht auf die Erhellung der Funktion von Briefen und Tagebüchern in der antiken Philosophie, denn er verflicht seine Bemerkungen zur Stoa mit dem wesentlich düstereren christlichen Verständnis derselben Techniken als Mittel, »in sich die Macht des anderen, des *Widersachers* zu brechen, der sich unter der Hülle des eigenen Selbst verbirgt«. Den Beginn von ›Die Verschriftlichung des Selbst‹ bildet in der Tat ein langes Zitat aus Athanasius' *Leben des heiligen Antonius*, eines der grundlegenden frühen Dokumente des christlichen Mönchtums. In dieser von Foucault als ein weiterer unauffälliger ›Kommentar à la Borges‹ wörtlich zitierten Passage wird von Antonius berichtet, daß er all jenen, »welche die Machenschaften des Feindes mit Füßen treten wollen«, dringend geraten habe, durch tägliches Aufschreiben der Erfahrungen den »*Körper zu unterwerfen* [. . .]. Wir wollen unsere Handlungen und Seelenregungen so feststellen und niederschreiben, als ob wir sie einander berichten wollten«, sagt Antonius, »und du kannst sicher sein, daß wir uns so sehr vor dem Bekanntwerden unserer Taten fürchten, daß wir aufhören werden zu sündigen und überhaupt sündige Gedanken zu haben.«[69]

Für einen Einsiedler wie den heiligen Antonius, der jahrelang in der Wüste lebte und tapfer alle Versuchungen des Teufels zunächst suchte und ihnen dann standhielt, »bedeutete die Abfassung eines ›Skripts‹ für sein Selbst eine Erleichterung der Fährnisse der Einsamkeit«. Der Prozeß des Schreibens legt im Grunde »den inneren Bewegungen der Seele« jene Art von Beschränkungen des Verhaltens auf, die sonst durch die Anwesenheit anderer Menschen auferlegt werden. Dies geschieht jedoch nicht ohne gewaltige Kämpfe. In diesen notwendigen Kämpfen, die mit schmerzlicher Entsagung verbunden sind, liegt für Foucault genau der entscheidende Unterschied zwischen der stoizistischen und der christlichen ›Verschriftlichung‹ des Selbst, muß doch der Mensch, der *alle* seine Erfahrungen niederschreibt, immer wieder seinem diabolischen Doppelgänger gegenübertreten. Schreiben wird zu einer Waffe im Kampf gegen jene dämonische Macht, die uns vom rechten Pfad ableiten und über unser eigenes Selbst in die Irre führen will. Die Schrift wird zur »Zerreißprobe [*épreuve*] und zum Prüfstein«, schreibt Foucault, »und bringt die Bewegungen des Denkens ans Tageslicht«, um schließlich »die Dunkelheit im Innern zu vertreiben, in welcher der Feind seine Fäden spinnt«.[70]

Foucault hat die stoische Kunst der ›Verschriftlichung‹ erst ziemlich spät in seinem Leben entdeckt. Und obwohl der bedächtige und beruhigende *Stil* eines Essays wie ›Die Verschriftlichung des Selbst‹ die Vermutung nahelegt, daß Seneca, genau wie Paul Veyne meint, für ihn zu einer Art Vorbild geworden war, so war es doch die Figur des heiligen Antonius – und Nietzsches fürchterliche Vision der ›selbstgewählten Marter‹ des asketischen Philosophen –, welche die Vorstellungskraft Foucaults Zeit seines Lebens beschäftigte. Trotz aller Bemühungen gelang es ihm nicht, das Selbst in einem positiveren Licht zu sehen; selbst in seiner ›Ethik‹ konnte er nicht über ›Nietzsches Hypothese‹ hinausgelangen. »Nun, es stellt sich die folgende Frage«, bemerkte er in einer Diskussionsrunde über sein Werk an der Universität von Berkeley: »Haben wir es geschafft, der Hermeneutik des Selbst eine positivere Grundlage zu geben als das Selbstopfer? Leider nicht. Wir haben es zwar mindestens vom Humanismus bis heute versucht, aber *wir können sie einfach nicht finden.*«[71]
Seine lebenslange Beschäftigung mit den Ursprüngen und morbiden Konsequenzen des negativen, asketischen Gebots der Entsagung veranlaßte Foucault, nicht weniger als drei verschiedene Schilderungen des heiligen Antonius und seiner Prüfungen zu verfassen, in denen er drei verschiedene Einschätzungen von der Figur des Einsiedlers entwickelte – sowie drei verschiedene Allegorien seines eigenen lebenslangen Kampfes, sich, wie er in seinem letzten Werk sagt, »von sich selber zu lösen« (›*se déprendre de soi-même*‹).[72]

Foucaults erste Beschreibung des heiligen Antonius erschien 1961. Sie stand unter dem Einfluß von Hieronymus Boschs berühmtem Gemälde ›Die Versuchung des heiligen Antonius‹ und bildet einen Teil des ersten Kapitels von *Wahnsinn und Gesellschaft*. Foucault nähert sich diesem Gemälde durch eine Beschreibung des Mittelteils von Boschs Triptychon mit seinem Gewimmel von »dementen, hermetischen Formen, die aus einem Traum aufgestiegen sind«, wobei sein Blick auf eine dem Einsiedler direkt gegenüberstehende Figur fällt. Es handelt sich um einen Schädel, der auf zwei Beinen liegt und dessen entstelltes Antlitz von einem fahlen Lächeln umspielt wird. Dies, so der Kommentar Foucaults, sei eine jener »wahngeborenen Gestalten«. Die Figur sei ein Gleichnis schrecklicher »Einsamkeit«, und das entstellte Antlitz repräsentiere die ungewollte »Buße« des wahnsinnig gewordenen Mannes – seine endlose, einer wahnwitzigen Parodie auf die Passion Christi gleichende Wiederholung »der Vorstellungen, die sich mit der Folter verbinden, und ihre zahllosen Träume [. . .]. Nun ist es genau diese Silhouette eines Nachtmahr«, eines *daimon*, der sich seines irdischen Gewandes entledigt, fleischlichen Gelüsten abgeschworen hat oder einfach schon tot ist, »die zugleich Subjekt und Objekt der Versuchung ist; sie fasziniert den Blick des Asketen – wobei beide Gefangene einer Art Spiegelbefragung bleiben, die für immer unbeantwortet bleibt in einem Schweigen, das nur von dem dämonischen Schwarm, der sie umgibt, bewohnt ist«. Es ließe sich kaum ein düstereres Bild vorstellen: Aus dieser ›Spiegelbefragung‹ gibt es kein Entkommen – keine Möglichkeit für den Wahnsinnigen, aufgeklärt zu werden. Trotzdem findet der Mensch genau in diesem Bildnis des Asketen und seines dämonischen Doppelgängers, wie sich Foucault vielsagend ausdrückt, »*eines der Geheimnisse und eine der Bestimmungen seiner Natur*«. Die entstellte Figur »fasziniert, weil [sie] Wissen ist« – ein Symbol, das die Preisgabe des großartigen Geheimnisses eines »schwierigen, geschlossenen, esoterischen Wissens« verheißt. Und obwohl dieser dämonische Doppelgänger die schrecklichste aller vorstellbaren Wahrheiten zu enthüllen scheint: »die Herrschaft Satans und das Ende

501

der Welt, das letzte Glück und die endgültige Bestrafung, die Allmacht auf Erden und den Höllensturz«, spürt Boschs heiliger Antonius, wie Foucault ihn hier begreift, trotzdem die Versuchung, und zwar nicht die des Fleisches, sondern vielmehr den »viel hinterhältigeren Stachel der Neugier«.[73]

Foucaults zweite Schilderung des heiligen Antonius erschien 1964. Sie wurde unter dem Einfluß von Flauberts Roman *Die Versuchung des heiligen Antonius* als Vorwort zu einer deutschen Übersetzung dieses Werkes veröffentlicht. Wie Bosch in seinem Gemälde benutzt auch Flauberts Roman das Leben des Einsiedlers als Rohmaterial für »das Protokoll eines freigesetzten Traums«, wie Foucault sich ausdrückt, wobei er betont, daß beide Künstler (und unausgesprochen auch der Philosoph) die Bildlichkeit des asketischen Kampfes wiederaufnehmen, um die »großen gefällten Bäume des Traums« in eine Form zu bringen. In diesem Zusammenhang beschäftigt sich Foucault eingehend mit den wunderlichen Gründen für die Zwangslage des heiligen Antonius. Der von Halluzinationen verfolgte und von monströsen Phantasmagorien überwältigte Asket hatte sich der Heiligen Schrift zugewandt und die Bibel aufgeschlagen, um seine Gedanken zu sammeln und seine Phantasmen zu vertreiben, sowie den Funken Gottes in sich wieder zu entfachen. Sein Blick fällt ausgerechnet auf Esther 9,5: »Also schlugen die Juden an allen ihren Feinden eine Schwertschlacht und würgten und brachten um und taten nach ihrem Willen an denen, die ihnen feind waren.« Flauberts Antonius ist entsetzt: »[. . .] [I]ch labe mich an Bildern von Mord und Blut!« Dies ist eine der großartigen komischen Stellen in Flauberts merkwürdigem Buch – und Foucault verweilt bei ihr. Hier sei das Böse nicht in individuellen Gestalten verkörpert, kommentiert er, sondern vielmehr in Worten. »Das Buch, das an die Schwelle des Heils führen soll, öffnet gleichzeitig die Pforten der Hölle. Die ganze Phantasmagorie, die vor den Augen des Einsiedlers abrollt: orgiastische Paläste, berauschte Herrscher, entfesselte Häretiker, zerfallende Formen sterbender Götter, widernatürliche Wesen – das ganze Schauspiel ist aus dem Buch erstanden, das der heilige Antonius aufgeschlagen hat.«[74]

Antonius wird zum dritten und letzten Male in Foucaults Aufsatz ›Die Verschriftlichung des Selbst‹ zum Thema, wobei er sich auf Athanasius' kanonisches *Leben des heiligen Antonius* bezieht. Zunächst hat es den Anschein, als ob das von der Vorstellungskraft angezündete Pulverfaß entschärft sei: Ohne einen Hauch von Ironie bietet Foucault in Anlehnung an Anthanasius eine kurze Übersicht über die von Antonius verwendeten Techniken der Selbstbeherrschung. Es scheint, als ob der Philosoph durch diese Geste versuche, sich einem anderen Aspekt der durch den Einsiedler inaugurierten Tradition zuzuwenden (genau wie Paul Veyne angedeutet hatte),»um einen vor langer Zeit sich selbst ausgestellten Schuldschein einzulösen«. Indem er den Lohn für eine im Delirium geborene Selbst-Erfindung von sich weist, ruft er in diesem Text mit auffallender Gelassenheit und sorgfältiger Treue zu den behandelten Texten das asketische Regiment in Erinnerung, das sich der Wüstenheilige auferlegt hatte. [75]

Wie wir gesehen haben, betrachtete sich Foucault in diesen Jahren als eine Art Asket. Doch was für ein Asket? Was für ein Selbst ›verschriftlichte‹ er in seinen Texten? War er der ›Spiegelbefragung‹ entkommen, indem er den Mut aufbrachte, ›anders zu denken‹? Stand er nun an der ›Schwelle des Heils‹? Oder war er wie Flauberts unglücklicher Einsiedler dazu verdammt, seinen eigenen morbiden Phantasievorstellungen zum Opfer zu fallen und von einem Buch, von dem er sich Erlösung erhoffte, in die Irre geführt zu werden? [76]

Im Frühjahr 1983, kurz nach der Habermas-Visite, reiste Foucault wieder nach Kalifornien. Dank der vereinten Bemühungen von Leo Bersani, der zu dieser Zeit das romanistische Institut der Universität in Berkeley leitete, und Hans Sluga, Direktor der philosophischen Abteilung, war es Foucault gelungen, einen Vertrag mit der Universität abzuschließen, der vorsah, daß er jährlich zwei Monate in Berkeley lehren sollte. »Ich sah ihn ziemlich oft«, erinnert sich Sluga, der Foucault in diesen Jahren wegen seines intellektuellen Muts und der

Bereitschaft, seine Meinung zu ändern, bewunderte. »Wenn er hier war, wohnte er immer in San Francisco. Er fuhr sehr oft mit mir im Wagen nach Hause.«[77] Und wenn sie auf der Berkeley mit San Francisco verbindenden *Bay Bridge* im Berufsverkehr steckten, unterhielten sie sich.

»Wir sprachen über verschiedene Dinge«, sagt Sluga. »Ich beschäftigte mich gerade mit Wittgenstein und deshalb unterhielten wir uns oft über Wittgensteins Kritik des Selbst. Er interessierte sich außerdem sehr dafür, welche Positionen die Kollegen der Philosopieabteilung vertraten, welche Interessen sie hatten – es war offensichtlich, daß er sich fragte, wie er in ihre Vorstellung von Philosophie paßte.«

»Er war ein sehr nüchterner Mensch. Er lebte sehr geradlinig und einfach; er war zielgerichtet, entschlossen und nachdenklich.«

»Trotzdem gab es Dinge in seinem Leben, die er meistens ausklammerte; er versuchte zum Beispiel, sein Selbst auszuklammern. Man konnte das an seinem Verhältnis zu seinem Ruhm ablesen. Er zog sich zurück, er wollte nicht im Mittelpunkt des Interesses stehen. Ich interpretiere diesen Rückzug als den Versuch, sich für sich selbst zu bewahren – und auch als einen Weg, vor seiner Identität zu flüchten.«

»Wir sprachen oft über das Leben in San Francisco. Wir hatten einige lange Gespräche über die Lederszene, für die er Interesse zeigte, von der ich aber nur sehr wenig wußte. Er sprach das Thema an, indem er mich fragte, was ich davon hielt. Und ich antwortete: ›Sehen Sie, ich glaube, daß die Menschen unterschiedliche Bedürfnisse und Interessen haben, und mir persönlich bedeutet die Lederszene sehr wenig.‹ Meiner Meinung nach war für ihn das Entscheidende an der Lederszene, daß sie etwas mit Machtbeziehungen und Sexualität zu tun hatte; es bestand die Möglichkeit, daß es Machtbeziehungen geben könnte, die nicht nur einseitig waren: Herr und Knecht konnten ihre Rollen vertauschen, es war eine ambivalente Beziehung. Er interessierte sich auch für die Frage der Männlichkeit. Mir wurde klar, daß die Lederszene für ihn sehr wichtig war, und deshalb sprachen wir darüber.«

»Ich erinnere mich daran, wie wir eines Tages über die Brücke fuhren und ich ihm von einer merkwürdigen neuen Krankheit erzählte, die gerade aufgetaucht war und noch keinen Namen hatte. Ich sagte ihm: ›Seien Sie vorsichtig.‹«

»Er glaubte nicht daran. Seiner Meinung nach waren Amerikaner im Grunde puritanisch und deshalb der Sexualität gegenüber voreingenommen, was sich in der plötzlichen Hysterie über diese mysteriöse Krankheit äußere. Ich erwähnte diese Krankheit nie wieder. Im Nachhinein habe ich Schuldgefühle deswegen. Ich denke, ich hätte nachdrücklicher auftreten sollen. Ich bin mir aber nicht sicher, ob dies geholfen hätte.«[78]

Wahrscheinlich nicht. Zu viel stand bei Foucaults fortgesetzter Erforschung von Körpern und Lüsten auf dem Spiel. Da ihn die ›hinterhältigste‹ aller Begierden, die Neugier, lockte, und da er davon überzeugt war, daß die Art von Neugier, die »es gestattet, sich von sich selber zu lösen«, sogar »den mit ein wenig Hartnäckigkeit zugefügten Schmerz verdient«, war Foucault weiterhin verzweifelt darauf aus, die Wahrheit über sich selbst herauszufinden. Durch die Entdeckung der Wahrheit könnte es ihm doch noch gelingen, sich selbst umzuformen und etwas zu schaffen, »das noch ganz und gar nicht existiert und von dem wir nichts wissen« – ein anderer Mensch mit einer anderen Seele und einem »andere[n], ein[em] jüngere[n], ein[em] schönere[n] Körper«.[79]

Dies war natürlich mit Gefahren verbunden. Man mußte Mut aufbringen. Das war der springende Punkt am Kantischen Motto für die Aufklärung: *Sapere aude!*

»Wir haben den guten Mut zum Irren, Versuchen, Vorläufignehmen wieder erobert«, schrieb Nietzsche in einer von Foucault 1971 behandelten Passage. »[U]nd gerade deshalb können Individuen und Geschlechter jetzt Aufgaben von einer Großartigkeit ins Auge fassen, welche früheren Zeiten als Wahnsinn und Spiel mit Himmel und Hölle erschienen sein würden. Wir dürfen mit uns selbst experimentieren! Ja die

Menschheit darf es mit sich! Die größten Opfer sind der Erkenntnis noch nicht gebracht worden [. . .].«[80]
Foucaults Kommentar zu dieser Stelle: »Die Religionen forderten einst die Opferung des menschlichen Leibes; das Wissen ruft uns heute dazu auf, daß wir mit uns selber experimentieren« – sogar dann, wie er vieldeutig hinzufügt, wenn dieses Experimentieren »die Aufopferung des Subjekts dieses Wissens« einschließt. Die Möglichkeit, Böses zu tun oder zu erdulden, hat als Gegenargument keine Bedeutung. Auch die Aussicht auf den Tod hat keine. Sollte zu werden, ›was man ist‹, morbide Zwänge freisetzen, so ist dem nicht abzuhelfen, da »dem Menschen sein Bösestes nötig ist zu seinem Besten –«. Sollte der Versuch, den *daimon* des Todes zu enträtseln, selbstmörderisch erscheinen, ist auch dem nicht zu helfen: »[D]as Geheimnis, um die größte Fruchtbarkeit und den größten Genuß vom Dasein einzuernten, heißt: *gefährlich leben.*«
In seinem Aufsatz aus dem Jahre 1971 zitierte Foucault Nietzsche noch einmal: »[E]s könnte selbst zur Grundbeschaffenheit des Daseins gehören, daß man an seiner völligen Erkenntnis zugrunde ginge.«[81]

Während seines Aufenthalts in Berkeley im Frühjahr 1983 gab Foucault seinen amerikanischen Exegeten Paul Rabinow und Hubert Dreyfus eine Reihe von Interviews. Er hatte eingewilligt, über die Texte zu sprechen, an denen er gerade arbeitete, so daß diese Interviews in die Taschenbuchausgabe von Rabinows und Dreyfus' Darstellung seiner Philosophie mit dem Titel *Michel Foucault: Jenseits von Strukturalismus und Hermeneutik* erscheinen konnten.
In diesen Gesprächen beschrieb Foucault die Schwierigkeiten, die aufgetreten waren, als er mit seiner Geschichte der Sexualität wieder von neuem begonnen hatte: »[Ich habe] zunächst ein Buch über Sex geschrieben, das ich zur Seite legte«, erklärte er. »Dann schrieb ich ein Buch über das Selbst und die Selbsttechniken, Sex verschwand, und beim dritten Mal versuchte

ich, ein Buch zu schreiben, das zwischen dem einen und dem anderen das Gleichgewicht hielt.«[82]

Außerdem begründete er seine offensichtliche Faszination durch hellenistisches und römisches Denken:»Ich glaube nicht, daß man zum Beispiel in der stoischen Ethik irgendeine Normalisierung finden kann. Der Grund, denke ich, liegt darin, daß das Hauptziel, die Hauptabsicht dieser Art von Ethik ästhetischer Art war. Erstens war diese Art von Ethik nur Sache der persönlichen Entscheidung. Zweitens war sie auf einige Leute innerhalb der Bevölkerung beschränkt; es ging nicht darum, ein Verhaltensmuster für jedermann zu liefern. Es war die persönliche Entscheidung einer kleinen Elite. Der Grund für diese Entscheidung war der Wille, der Wille, ein schönes Leben zu leben« – das positive Gegenstück zum, wenn man so will, ›festen Willen, nicht regiert zu werden‹. Das Ziel, fuhr er fort, sei gewesen, »anderen das Gedächtnis an eine schöne Existenz zu hinterlassen. Ich glaube nicht, daß man sagen kann, diese Art von Ethik sei ein Versuch zur Normalisierung der Bevölkerung gewesen.«[83]

An einer Stelle fragten Rabinow und Dreyfus:»Was kommt dann?«

»Nun«, rief Foucault spontan aus, »ich werde mich um mich kümmern!«[84]

Aber wie? Trotz der vielen Anregungen in seinen Arbeiten zur Genealogie des modernen Subjekts bleibt eine merkwürdige Leerstelle an dem Ort, den Foucault selbst in seiner eigenen ›Verschriftlichung‹ des Selbst einnehmen könnte.

Trotzdem gibt Foucault in seinen letzten Vorlesungen, Aufsätzen und Büchern einige Hinweise darauf, wie er sich jetzt die ›Sorge um sich‹ vorstellte. Um diesen Hinweisen eine gewisse Ordnung zu geben, erscheint es sinnvoll, sich an die Kategorien zu erinnern, die er in seinen letzten Büchern anwandte und mit Hilfe derer er den ›Ethos‹ der verschiedenen Richtungen im antiken Denken analysierte. Wie er in seinen Gesprächen mit Rabinow und Dreyfus und in seiner Einführung zu *Der Gebrauch*

der Lüste feststellte, unterschied er zwischen vier verschiedenen Hauptaspekten in der ethischen »Beziehung zu sich selbst«:
– Erstens gilt es, die Substanz dessen zu begreifen, um das sich zu sorgen ist; »das heißt, die Art und Weise, in der das Individuum diesen oder jenen Teil seiner selber als Hauptstoff seines moralischen Verhaltens konstituieren soll«.[85]
– Zweitens gilt es, auf die Methode zu achten, mit der man sich um diese Substanz kümmert, »das heißt auf die Art und Weise, wie das Individuum sein Verhältnis zur Regel einrichtet und sich für verpflichtet hält, sie ins Werk zu setzen«.[86]
– Drittens geht es um die Mittel, mit denen die Sorge um sich ausgeübt wird, das heißt um die »*ethische[] Arbeit*[,] [. . .] die man an sich selber vornimmt – nicht nur, um sein Verhalten einer gegebenen Regel anzupassen, sondern um zu versuchen, sich selber zum moralischen Subjekt seiner Lebensführung umzuformen«.[87]
– Viertens schließlich muß noch das Ziel in Erwägung gezogen werden, auf das sich diese Bemühungen richten, das heißt die »Seinsweise«, die zum Ziel des Individuums wird.[88]
Für Foucault war die ›Substanz‹, die bei der Sorge um sich auf dem Spiel stand, weder sein Begehren noch sein Denken, sondern sein »*bios*«, wie er Rabinow und Dreyfus gegenüber bemerkte – das Leben in seinem ungeordneten, vorindividuellen Fluß. Von dieser ›Substanz‹ hatte er an den Grenzen der Erfahrung aus erster Hand einen flüchtigen Eindruck bekommen, als er ›Körper und Lüste‹ erkundete.[89]
Die Tatsache, daß er sich überhaupt zu dieser Sorge genötigt sah, war weder auf ein göttliches Gebot noch ein Naturgesetz oder eine Vernunftregel zurückzuführen, sondern auf seine Leidenschaft für die Schönheit, die ihn dazu veranlaßt hatte, wie er Rabinow und Dreyfus gegenüber erklärte, den Versuch zu unternehmen, »seiner Existenz die schönstmögliche Form zu geben«. Indem man sein Leben in solch offenkundig ästhetischen Begriffen anging, könnte es gelingen, sein Selbst zu einem existenziellen Kunstwerk zu machen –zu einem œuvre (wie es Maurice Blanchot genannt hatte), das den Künstler er-

mächtigen könnte, »jenen Teil seines Selbst umzuwandeln, von dem er sich befreit zu haben glaubt und zu dessen Befreiung das œuvre selbst beigetragen hat«. [90]

Die Mittel, durch die Foucault diese Ästhetisierung der Sorge um sich ausdrückte, waren relativ traditionell. Indem er eine ›Wahrheitsanalyse‹ durchführte, hatte er sein Leben der Disziplinierungstechnik der Kritik gewidmet und sein Selbst in den historisch-philosophischen Werken verschriftlicht, die er geschrieben hatte. Dadurch hatte er versucht zu verstehen, wie er das geworden war, was er war und sich gleichzeitig darum bemüht, »den lebende[n] Körper der Philosophie« zu erneuern, »sofern diese jetzt noch das ist, was sie einmal war: eine Askese, eine Übung seiner selber, im Denken«. Doch er hatte nicht nur durch Denken und Schreiben versucht, sich um sich selbst zu sorgen, sondern er hatte gleichzeitig an einer ›kritischen Ontologie‹ gearbeitet, um sein Selbst zu transformieren und zu verändern, indem er Experimente angestellt, sich selbst geopfert und seinen Körper und seine Seele unmittelbar durch eine geheimnisvolle Art der Askese einer Prüfung ausgesetzt hatte, die um die dämonischen Zerreißproben von S/M kreisten. [91]

Sein Telos und Endziel bei diesem hermetischen und höchst zweideutigen ›Wahrheitsspiel‹ bestand nicht darin, keusch, rein oder unsterblich zu werden, es bestand noch nicht einmal in der Beherrschung des Selbst. Es bestand vielmehr darin, »anders zu denken«, das Gefühl zu haben, in »vergessenem Glanz und primitivem Licht« zu baden; es bedeutete, sich im Einklang mit einem geheimnisvollen (und vielleicht göttlichen) inneren Funken zu befinden, ein Funke, den Kant Freiheit und Nietzsche Wille zum Wissen genannt und dem Heidegger den Namen ›*transcendens* schlechthin‹ gegeben hatte. [92]

An dem Tag, an dem das letzte Interview mit Rabinow und Dreyfus aufgezeichnet worden war, traf Foucault einen anderen Kollegen der Universität beim Mittagessen, den Anglisten D. A. Miller.

Als sie auf dem Weg zu Millers Auto waren, schien Foucault

plötzlich in der heißen Sonne einen Schwächeanfall zu erleiden. Er stolperte auf eine Wiese, fiel zu Boden und schrumpfte wie eine Stoffpuppe in sich zusammen, wie sich Miller erinnert. [93]

Der Englischprofessor kam ihm zuhilfe und fragte, was los sei. Foucault antwortete, daß es ihm schon wieder besser gehe, und Miller lief zu seinem Wagen. Als er zurückkehrte, war der Philosoph zwar bei Bewußtsein, doch immer noch benommen. Miller half Foucault auf den Vordersitz des Wagens. »Er sagte, daß er sich wieder gut fühle, aber es war klar, daß dies nicht stimmte.« Miller wußte nicht, was er tun sollte und fuhr zu einem in der Nähe gelegenen luftgekühlten Restaurant, da er annahm, daß der ältere Mann einen Sonnenstich abbekommen habe. Es war an diesem Tag ziemlich heiß und vielleicht würde ihm die kühle Luft guttun. Im Wagen sprachen sie nicht miteinander.

Der Szenenwechsel hatte die erhoffte Wirkung: Sobald sie im Innern des Restaurants waren, faßte Foucault frischen Mut. Er wurde wieder so wie immer, weltmännisch und munter. Unter Verwendung eines bestimmten schwulen Jargons begann er, die sich im Raum befindlichen Männer zu taxieren. Nachdem ihre Freundschaft dadurch wieder auf festen Boden gestellt worden war, sprach Foucault das Thema AIDS an.

Er wollte von Miller wissen, was diese Abkürzung bedeute. »Es war so etwas wie ein Versuchsballon«, sagt Miller, »seine Art zu fragen: ›Was hältst du von dieser Sache?‹«

Sie sprachen darüber, was die Medizin bislang über AIDS wußte, und von der Vorstellung eines ›schwulen Krebs‹.

»*Je n'y crois pas*‹«, sagte der Philosoph Miller zufolge: »›Ich glaube nicht daran.‹«

Foucault stand mit seiner Skepsis nicht allein. Es konnte allmählich nicht mehr verleugnet werden, um was für eine Art von Epidemie es sich handelte – und doch waren Verwirrung, Ungläubigkeit und Verleugnung besonders in diesen Monaten noch häufig anzutreffende Reaktionen unter schwulen Männern. »Man kann nicht behaupten, daß die Leute nichts von AIDS wußten«, sagt Miller, »doch niemand wollte glauben, daß es eine Krankheit war, die dich befiel, weil du schwul bist.«

Wie Miller betont, war diese Skepsis völlig berechtigt, besonders angesichts der langen Geschichte von Versuchen verschiedener medizinischer ›Experten‹, Homosexualität als krankhaft zu stigmatisieren. Daß die Wissenschaft AIDS zunächst als ›homosexuelle Krankheit‹ betrachtete, ist, den Worten eines Immunologen zufolge, ein »sozialgeschichtlicher Zufall«. Die Epidemie war nicht deshalb ausgebrochen, wie viele Menschen nur zu gerne glauben wollten, weil Homosexuelle »sich gegen die Natur versündigt« hatten.[95]

Doch in anderer Hinsicht wurde die bittere Wahrheit immer klarer, daß die in den siebziger Jahren entstandenen experimentierfreudigen schwulen Subkulturen ein ideales Medium für das Auftreten und die Verbreitung von virulenten Formen des HIV-Virus bildeten.

Am 17. März hatte der *Bay Area Reporter*, die schwule Tageszeitung San Franciscos, folgenden Kommentar veröffentlicht: »Wir haben immer darauf bestanden, daß jeder Mensch der Eigentümer seines Körpers ist und über ihn frei verfügen kann. Und dies gilt auch für die Weise, in der er zu sterben wünscht.« Doch es war durch die Epidemie unmöglich geworden, so zu tun, als ob nichts geschehen sei, sich so zu verhalten, als ob AIDS nur ein Vorwand dazu sei, Schwule zu Sündenböcken zu machen: »Wir haben die sehr schwierige Entscheidung gefällt«, verkündete der Kommentar, »den Lautstärkepegel zum Thema AIDS und den fatalen Furien in seinem Schlepptau nach oben zu fahren.«[96]

Der Kommentar wurde zum Signal: In diesem Frühjahr begann der Wind der Meinungen in der Schwulengemeinde aus einer anderen Richtung zu wehen. Eine schmale, doch wachsende Gruppe schwuler Männer, die von dem sich anhäufenden medizinischen Belegmaterial überzeugt und von alarmierten Mitgliedern ihrer eigenen Gemeinschaft mobilisiert worden waren, begann damit, ihren Lebensstil zu ändern und ihre eigene einfallsreiche Version von *safe sex* auszuprobieren. Sie benutzten nun Kondome, schränkten sexuelle Kontakte ein, wodurch sie im Verlauf weniger Monate des Jahres 1983 liebgewonnene Vorstellungen und Praktiken innerhalb der männlichen Schwulengemeinde radikal veränderten.[97]

Miller selbst gehörte zu denen, die bereits davon überzeugt waren, daß AIDS eine reale Bedrohung war. Er versuchte nun, auch Foucault davon zu überzeugen: »Ich machte ein wenig Propaganda für *safe sex*.«

Der Philosoph lachte.

»›Hast du Angst davor zu sterben?‹«, fragte er, wie sich Miller erinnert.

»Und ich sagte: ›Ja‹, obwohl ich wußte, daß ihn diese Antwort enttäuschen würde.«

Ob er enttäuscht war oder nicht, bleibt unklar, doch Foucault widersprach heftig.

Man brauche sich vor dem Tod nicht zu fürchten, versicherte er Miller. Eines Tages, erzählte er, »er habe vor seiner Pariser Wohnung die Straße überquert und sei von einem Auto angefahren worden. Dabei habe er das Gefühl gehabt zu sterben. Er verglich dies mit einem Drogenrausch: Es handle sich um einen euphorischen, ekstatischen Augenblick. Er habe sich gefühlt, als ob er seinen Körper verlasse, sich bereits außerhalb seines Körpers befinde.«

Der Philosoph war zu großer Form aufgelaufen. Er war jetzt munter und umgänglich – die Stoffpuppe, die einige Minuten vorher auf dem Rasen gelegen hatte, war nicht wiederzuerkennen. Doch er hatte noch einen weiteren entscheidenden Grund anzubringen und neigte sich dem Professor zu.

»›Außerdem‹«, sagte er, »›was könnte schöner sein, als für die Liebe zu Knaben zu sterben?‹«[98]

Am Ende seiner berühmten Schrift *De Providentia* (›Über die Vorsehung‹) stellt sich Seneca vor, wie Gott mit einem Menschen spricht, der sich vor seinem Schicksal fürchtet: »Verachtet die Armut«, mahnt Senecas imaginärer Gott; »Verachtet den Schmerz. [. . .] Verachtet den Tod«, und schließlich »Verachtet das Schicksal: Keine Waffe habe ich ihm gegeben, mit der es eure Seele verwunden kann. Vor allem habe ich dafür gesorgt, daß keiner euch festhalte gegen euren Willen: Offen steht der Weg aus dem Leben.«[99]

In den meisten Fällen besteht der ›Weg‹ für philosophische Gemüter wie Seneca und Foucault darin, diszipliniert das eigene Dasein zu prüfen: *Dieser Weg* könnte die nachdenkende Seele aus der selbstverschuldeten Unmündigkeit herausführen. Man mußte seinen Willen nur auf die Sorge um das eigene Selbst konzentrieren – einen Vorgang, dem Kant den Namen ›Aufklärung‹ gegeben hatte.

Doch mitunter drohten unkontrollierbare Mächte das Individuum zu überwältigen. Man lief Gefahr, durch den Druck der Ereignisse zum Gefangenen des Schicksals zu werden.

Doch Senecas imaginärer Gott hält auch für solch schreckliche Umstände einen Ausweg bereit, der von vielen großen Moralisten (zum Beispiel Kant) einfach ausgeschlossen worden war: den Freitod.

»Vor allem habe ich dafür gesorgt, daß keiner euch festhalte gegen euren Willen«, sagt Senecas imaginärer Gott; »offen steht der Weg aus dem Leben. Wenn ihr kämpfen nicht wollt, könnt ihr fliehen. Deswegen habe ich von allen Dingen, die ich als euch unentbehrlich ansah, nichts leichter gemacht als zu sterben.«[100]

Daraus leitet der heidnische Gott folgenden Ratschlag ab: »Jeder Augenblick, jeder Ort soll euch lehren, wie leicht es ist, der Natur aufzukündigen und ihr Geschenk ihr vor die Füße zu werfen. Gerade an den Altären und bei den feierlichen Zeremonien der Opfernden, während man sich das Leben wünscht, lernt man den Tod.«[101]

Michel Foucault hatte dies früh und gründlich getan.

»Der Selbstmord ist kein Weg, die Welt oder mich selbst zu tilgen«, hatte er 1953 unter dem Einfluß von Ludwig Binswangers stoischer Annäherung an den Tod Ellen Wests geschrieben; Selbstmord sei vielmehr der Augenblick möglicher ›Authentizität‹, ein Weg zum »Wiederfinden des Ursprungsmoments, in welchem ich mir Welt mache«.[102]

»Ich bin Partisane in einem wirklichen Kulturkampf«, bekräftigte Foucault fast dreißig Jahre später; »die Menschen müssen darüber aufgeklärt werden, daß es keine wundervollere Verhaltensform gibt als den Selbstmord, die gerade aus diesem Grunde zum Gegenstand vorsichtigen Nachdenkens gemacht werden muß. Man sollte an seinem Selbstmord lebenslänglich arbeiten.«[103]

Daniel Defert sagte mehrere Jahre nach Foucaults Tod, daß der Philosoph »ein asketisches Kunstwerk aus sich selbst machte, und in dieses Kunstwerk hat er seinen Tod eingeschrieben«.[104]

Und aus dem Blickwinkel des Foucaultschen Ethos muß man fragen: Warum auch nicht?

Denn wenn das eigene ›bios‹ einem dem ›transcendens schlechthin‹ nachempfundenen Kunstwerk gleicht, dann kann es keinen passenderen Schlußstein zu diesem Werk geben als das freie Inkaufnehmen eines schönen Todes.

Am letzten Tag seiner Lehrtätigkeit in Berkeley im Frühjahr 1983, einem Freitag, stand für fünf Uhr nachmittags eine ungewöhnliche Besprechung mit einem jungen Studenten auf Foucaults Terminkalender.

Der Student hieß Philip Horvitz. Er wollte zwar Schauspieler und Tänzer werden, doch hatte er sich wie viele ambitionierte junge Künstler daran gemacht, sich mit den Hauptströmungen des modernen avantgardistischen Denkens zu beschäftigen. Die Passagen aus *Überwachen und Strafen*, die er gelesen hatte, hatten ihn beeindruckt, und er war zu einer der öffentlichen Vorlesungen des großen Mannes gegangen, die in Berkeleys größtem Hörsaal vor zweitausend Zuhörern stattfand. Die Vorlesung befaßte sich mit Kant, Sokrates und Seneca. Er verstand wenig und war sogar etwas gelangweilt. Trotzdem gab es etwas in Foucaults Verhalten, das ihn in Bann schlug, genau wie es etwas in seinem Schreiben gab, das seine Neugier geweckt hatte. Deshalb entschloß er sich, jene an amerikanischen Universitäten gewohnte Einrichtung auszunutzen, an der auch Foucault geflissentlich festhielt: die Sprechstunde für Studenten.[105]

Als Horvitz ins Büro trat, sah Foucault blaß und müde aus. Er war von Studenten umringt, die ihn eifrig mit Fragen der folgenden Art traktierten: ›Was haben sie genau damit gemeint, was Sie auf Seite hundertsiebenundfünfzig Ihrer ›Geschichte der Sexualität‹ geschrieben haben [. . .]?‹

Horvitz wartete geduldig, bis er an der Reihe war, während Foucault sich den wißbegierigen Fragen der anderen, wie sich Horvitz erinnert, fast immer mit einem Lachen stellte, »als ob er sagen wollte: ›Ist das Ihr Ernst?‹«

Schließlich fiel Foucaults Blick auf ihn. Er nahm seinen ganzen Mut zusammen und stellte seine Frage (wobei er seine begrenzte Beherrschung des Jargons des Meisters offenbarte): »Hat der Künstler eine Identität oder ist er ein ohnmächtiger ›Typus‹, der während der letzten fünfzig Jahre aufgrund der Manipulation durch technische Medien wie das Fernsehen ohnmächtiger als je zuvor geworden ist? Kann der Künstler über ›die Struktur‹ hinausgehen? Oder ist er dazu verdammt, eine Ware, eine Marionette zu sein?«[106]

Foucault hielt inne und schaute den ernsthaften jungen Mann vor sich prüfend an. Dann sagte er Horvitz zufolge: »›Kommen Sie morgen noch einmal. Ich brauche Zeit, um über Ihre Frage nachzudenken.‹«

Er kam zurück. Wieder war Foucault von schwänzelnden jungen Aposteln umgeben. Nachdem er einige Zeit gewartet hatte, erklärte Horvitz, daß er gehen müßte und fragte, ob Foucault seine Frage nun beantworten könnte. »›Nein‹«, antwortete der Philosoph – »›Aber wir können uns Freitag nachmittag um fünf zum Kaffee treffen.‹«

Horvitz konnte kaum glauben, was er da hörte. Er wurde von Michel Foucault *zum Kaffee eingeladen*. Die anderen Studenten tauschten neidische und fragende Blicke aus.

Zur verabredeten Zeit erschien Horvitz vor Foucaults Büro. Einige Minuten später kam er. Als sie über das Universitätsgelände zur Cafeteria gingen, ergriff Foucault, dem die Situation offensichtlich Spaß machte, die Gelegenheit zu einer Art spontanen Predigt, die offenbar von Horvitz' ursprünglicher Frage inspiriert worden war.

Freiheit könne gefunden werden, sagte er – doch immer nur in einem Kontext. Die Tatsache der Macht bringe einen fortwährenden Kampf mit sich, dem man nicht entkommen könne. Aber die Freiheit bestünde darin zu wissen, daß man sein eigenes Spiel spiele. Man solle nicht nach Autoritäten Ausschau halten, da die Wahrheit in einem selbst zu suchen sei. Er solle keine Angst haben, Vertrauen in sich haben, sich nicht vor dem Leben fürchten. Und er solle keine Angst vor dem Tod haben und Mut beweisen. Er solle tun, was er glaube, tun zu müssen: Begehren, etwas produzieren, über die Dinge hinausgehen – er könne das Spiel gewinnen. [107]

Foucault verstummte.

Horvitz fand den Mut, weiter in den Philosophen zu dringen. Er fragte ihn nach den ökonomischen Beschränkungen des Künstlers.

»›Tja, man kann keine perfekte Welt haben‹«, antwortete Foucault. Revolutionen seien erfolglos. Trotzdem seien sie eine Idealvorstellung. *Mit* den Strukturen zu spielen – ihre Grenzen zu transformieren und zu ändern – sei etwas anderes, als *innerhalb* der Strukturen zu spielen. Künstler hätten mehr Freiheit als je zuvor. Früher sei die bloße Andersartigkeit des Künstlers in seinem Äußeren und seinem Betragen ein Skandal gewesen. Dies sei heute nicht mehr der Fall.»›Schau mal, wieviel Freiheit du hast, nutze sie, um noch mehr zu erlangen.‹«

Schließlich kamen sie an ihrem Bestimmungsort an. Nachdem sie Kaffee bestellt hatten, sah Foucault Horvitz durchdringend an: »›Du bist schwul, nicht wahr?‹« [108]

Der Student war verbüfft. Ja, antwortete er, er glaube schon, daß er schwul sei, obwohl er noch kein *coming out* gehabt habe.

Der Philosoph ließ einen erneuten Redeschwall auf den Studenten los.

Schau dir die Schwulengemeinde an, die entstanden ist, sagte er. Und schau dir an, was AIDS aus ihr macht. Es ist fürchterlich, absurd. Eine Gruppe, die soviel aufs Spiel gesetzt hat, die soviel erreicht hat, sucht jetzt in der Krise bei außenstehenden Autoritäten nach Führung. Sie verläßt sich auf Beamte der Gesund-

heitsbehörde. Hört auf Ärzte. Unglaublich! Die Welt, die Spiele der Macht, der Wahrheit, all dies »*ist gefährlich*‹«, rief er beinahe schreiend aus: »›Doch so ist es nun einmal! Soweit sind wir jetzt gekommen!‹« Wie könne man nur vor AIDS Angst haben? Am nächsten Tag schon könnte man von einem Auto überfahren werden. Sogar das Überqueren der Straße sei gefährlich. »›Wenn Sex mit einem Knaben Spaß macht‹« – wie könne man sich dann einen solchen Genuß vorenthalten?
Wir haben die Macht, sagte er noch einmal; *wir* dürfen nicht aufgeben.
Horvitz hörte schweigend zu. Er war wie vor den Kopf geschlagen. Er war zutiefst berührt, doch auch verwirrt. Da er keine Worte finden konnte, sagte er nichts.
Foucault gab zu verstehen, daß er gehen müsse. Der Student begleitete ihn zur nächsten U-Bahn-Haltestelle.
Als Foucault die Treppe hinabgehen wollte, um nach San Francisco zurückzufahren, hielt er inne und drehte sich noch einmal nach Horvitz um. »›Viel Glück‹«, sagte er. »›Und hab' keine Angst!‹«
»Dasselbe wünsche ich Ihnen«, erwiderte Horvitz. »Haben Sie auch keine Angst.«
Foucault zuckte mit den Achseln.
»›Ach, weine nicht um mich, wenn ich sterbe‹«, sagte er lachend – und verschwand.[109]

II

Die Geheimnisse eines Mannes

Am 2. Juni 1984 brach Foucault in der Küche seiner Pariser Wohnung zusammen. In den vorausgegangenen Monaten hatte er wiederholt ins Krankenhaus gemußt. Er litt an einem trokkenen Husten und häufig an fürchterlichen Migränen. Er wurde immer schwächer. Da seine Ärzte ihn gewarnt hatten, daß ihm nur noch wenig Zeit bliebe, hatte er fieberhaft am Abschluß seiner Geschichte der Sexualität gearbeitet und gegen Schmerzen und Ermüdung angekämpft. Zum Zeitpunkt des Zusammenbruchs waren zwei Bände beendet und ein dritter fast fertiggestellt. [1]

Am nächsten Tag bekam er im Krankenhaus Besuch von einem seiner engsten Freunde, dem jungen Künstler Hervé Guibert. Jahre später beschrieb Guibert den Anblick in einem seiner autobiographischen Romane: »Er [. . .] wich [. . .] meinen Blikken aus«, schreibt Guibert. »Er sagte: [. . .] ›Man denkt immer, es gebe über diese Art Situation etwas zu sagen, und jetzt gibt es eben überhaupt nichts zu sagen.‹« Der Philosoph war erschöpft und litt offensichtlich große Schmerzen, doch »das Schlimmste« war »sein[] geistige[r] Ausfall[]«, schreibt Guibert. Der Philosoph hatte Angst vor einer von seinen Ärzten angeordneten Lumbalpunktion. »[I]n seinem Blick war die panische Angst vor einem Leiden lesbar, das nicht mehr im Körper bemeistert, sondern künstlich von außen hervorgerufen wird, durch einen Eingriff in den Herd des Übels [. . .].« [2]

Er sollte nicht mehr nach Hause zurückkehren. Mit der Zeit versank Foucault in einen »Zustand von Schwäche und Ergebung, welcher dem Tier, das man in sich trug, den Käfig öffnet«, wie Guibert später die verheerenden Wirkungen des AIDS-Virus

beschrieb. »Die Pneumozystis-Pilze, würgende Boas für Lunge
und Atem, und die Toxoplasmose-Erreger, die das Hirn zerrüt-
ten, leben im Inneren jedes Menschen, nur verweigert ihnen
das Gleichgewicht seines Immunsystems schlicht und einfach
das Bürgerrecht, während AIDS ihnen grünes Licht gibt und die
Schleusen der Zerstörung öffnet.« [3]
1984 konnten die Ärzte den Zerfall noch nicht aufhalten und
nur wenig zur Linderung der Schmerzen beitragen. Trotzdem
ließ das Ende auf sich warten. Foucault konnte noch die ersten
Rezensionen seiner neuen Bücher lesen, die Mitte Juni erschienen. Er war in der Lage, ein letztes Interview zur Veröffentlichung vorzubereiten. Und in den letzten Tagen seines Lebens,
als er im Krankenbett jene Qualen durchmachte, die er sich
schon lange vorgestellt hatte und die nun Wirklichkeit geworden waren, wurde er noch zum Darsteller in einem zweideutigen, doch charakteristischen kleinen Drama, das sich in seinem
Krankenzimmer abspielte.
Im Mittelpunkt dieses Dramas, das einen der widersprüchlich-
sten Aspekte des Foucaultschen *Ethos* beleuchtet – sein qualvoller persönlicher Zugang zum Aussprechen der Wahrheit –
stand Hervé Guibert. Fast täglich sprach er mit Foucault, solange der Philosoph noch Worte finden konnte und solange der
junge Künstler Besuchserlaubnis hatte. Fast tagtäglich hörte
Guibert aufmerksam zu, bis Foucaults Stimme verstummte,
und schrieb alles Gesagte auf. Und wenn Guiberts nachträglichen Berichten vertraut werden darf, tat Foucault in dieses Gesprächen etwas, was er nur selten tat: Er legte ein Geständnis
ab. Indem er von seiner Kindheit und ihren Träumen erzählte,
teilte er mit, was er für die tiefsten Wahrheiten über sich hielt.

Augenzeugen bestätigen, daß seine Freundschaft mit Guibert
die intimste Beziehung seiner letzten Jahre und im wahrsten
Sinne des Wortes keusch war. Obwohl erst neunundzwanzig
Jahre alt, hatte Guibert sich bereits einen Namen als Schriftstel-
ler, Photograph und Drehbuchautor gemacht. Seine blonden
Locken, seine flüsternde Stimme und sein durchstechender

Blick erinnerten an einen Engel. Seine verzehrenden Leidenschaften waren jedoch alles andere als himmlisch. Wie Foucault
faszinierten ihn Überschreitungen, Augenblicke des Wahnsinns, der fließende Übergang von Phantasiewelt und Wirklichkeit, Lust und Schmerz, Leben und Tod. Einer seiner ersten
Romane war dann auch folgerichtig eine »sado-masochistische
Erzählung«, die er, wie er später zugab, in der – unerfüllt geblie-
benen – Hoffnung geschrieben hatte, Foucault zu beeindruk-
ken: »Ich glaube, das Buch enttäuschte seine eigenen intensiven sado-masochistischen Gefühle.« [4]
Die beiden waren sich erstmals 1977 über den Weg gelaufen.
Ihre Freundschaft entwickelte sich den Worten Guiberts zufolge »in sehr sonderbaren und langsamen Bahnen«. Zu diesem
Zeitpunkt hielt Foucault oft in seiner Pariser Wohnung Hof,
wobei er sich mit einem ausgewählten Kreis gutaussehender
und begabter junger schwuler Männer umgab. Innerhalb dieser
Clique war Guibert vielleicht der attraktivste und sicherlich der
begabteste, ein moderner Dandy, der nebenbei ein Arsenal sur-
realer Bildlichkeit meisterhaft beherrschte, das er ungeniert
mit Erlebnissen aus erster Hand speiste. [5]
Foucault bewunderte Guiberts künstlerisches Können. In
einem 1983 veröffentlichten Aufsatz verglich er ihn mit dem
Schriftsteller Malcolm Lowry, dem Maler René Magritte und
dem Photographen Duane Michals, allesamt Künstler, die er
hoch einschätzte. Sie alle hatten Kunstwerke geschaffen, die
auf subtile Weise die Welt verformen und Erfahrungswerte in
Phänomene verwandeln, durchsetzt mit unheimlichen, sich
unstet zwischen Traum und Wirklichkeit – zwischen Wahrheit
und Lüge – verborgenen Möglichkeiten. Eine solche »Verwandlung« bedeute nicht, »die Realität [aufzuheben]«, sondern ein
schwieriges Spiel zwischen der Wahrheit des Wirklichen und
der Ausübung von Freiheit, schrieb Foucault 1983. ›Natürliche‹
Dinge werden dann ›mehr als natürlich‹, ›schöne‹ Dinge werden dann ›mehr als schön‹, und einzigartige Gegenstände erscheinen ›mit einem enthusiastischen Leben erfüllt wie die Seele ihres Erweckers‹«. [6]
Ein Brief Foucaults an Guibert aus dem gleichen Jahr gewährt

einen kleinen Einblick in das verträumte Wesen ihrer Freundschaft und macht außerdem deutlich, wie sehr sich die vom
Philosophen und vom Schriftsteller bewohnten imaginären
Universen ähnelten. »Ich verspüre das Verlangen«, schreibt
Foucault, »Dir von dem Vergnügen zu berichten, das es mir
macht, einen Knaben zu beobachten, übrigens ohne mich von
meinem Tisch wegzubewegen, der sich jeden Tag um die gleiche Zeit aus einem Fenster an der *Rue d'Allerey* lehnt. Um neun
Uhr öffnet er das Fenster, nur von einem blauen Handtuch oder
ähnlich blauer Unterwäsche bekleidet, stützt seinen Kopf auf
die Arme, wobei er sein Gesicht im Ellbogen verbirgt [. . .]. Er
sucht nach sehr starken, intensiven, ermüdenden Träumen, was
ihn in einen Zustand tiefer (eine Flöte, noch mehr blaues Papier) Mutlosigkeit versetzt [. . .]. Dann erhebt er sich schnell,
setzt sich an einen Tisch. Liest er? Oder schreibt er? Gibt er etwas in die Schreibmaschine ein? Ich weiß es nicht, ich kann nur
den entblößten Ellbogen und die Schulter sehen; ich frage
mich, welche Träume seine Augen aus seinem angewinkelten
Arm ziehen, welche Worte oder Bilder daraus entspringen;
doch ich sage mir, daß ich der Einzige bin, der von außen gesehen hat, wie die anmutige Raupe Formen annimmt, Formen, in
denen sie geboren wird, und dann wieder zerfällt. Heute morgen blieb das Fenster verschlossen, deshalb schreibe ich Dir.«[7]

Im Juni 1984 dachte Hervé Guibert nicht an solche erotischen
Tagträume. Als der Monat zu Ende ging, war klar, daß Foucault
bald sterben würde. Nach einem Leben, das mit der Suche nach
den Wurzeln seiner ›Erfahrung‹ sowohl in ihren negativen als
auch ihren positiven Dimensionen und der Erkundung der ungewissen Grenzlinie zwischen Leben und Tod verbracht worden war, machte der Philosoph sich daran – dieses Mal allen Ernstes –, diese Grenzlinie endgültig zu überschreiten. Und der
Künstler entdeckte, daß ihn trotz der Morbidität, die er in seinen fiktiven Werken aufs Feinste entwickelt hatte, keine seiner
bisherigen Erfahrungen auf die Qualen vorbereitet hatte, die
ihm seine Besuche am Krankenbett bereiten sollten.

Guibert entschloß sich, im stillen ein Tagebuch zu führen, um zu versuchen, mit seinem Schmerz fertig zu werden, wie er später erklärte. Nach und nach wuchs in ihm die Überzeugung, daß er »im Begriff war, mein eigenes, mir vorbestimmtes Schicksal niederzuschreiben«, und dokumentierte systematisch Gedanken, Stimmungen und äußere Erscheinung des Mannes, der vor seinen Augen dahinsiechte. Er notierte »Punkt für Punkt, Geste für Geste, und ohne das mindeste Detail unseres durch die Umstände verknappten und furchtbar eingeschränkten Gesprächs auszulassen«.[8]

Guibert gestand später ein, daß ihn sein eigenes Verhalten anekelte. Sein Tagebuch hätte Foucault, so vermutet er, angewidert, genauso wie seine späteren Bücher und öffentlichen Stellungnahmen zu ihrer Freundschaft.

Wie der Künstler gut wußte, war Foucault ein Mann von äußerster Diskretion, bewußter Zurückhaltung und ausgedehnten Phasen des Schweigens. Die Tatsache, daß dem Philosophen sehr daran lag, Abstand zu anderen Menschen zu halten, beweist eine der bemerkenswertesten Photographien, die Guibert von Foucault machte: Der Philosoph trägt einen Kimono. Seine Mundwinkel werden vom Anflug eines Lächelns umspielt und hinter ihm öffnet sich ein brillant ausgeleuchteter Raum. Foucault selbst steht in einer Türschwelle; seine Umrisse werden von der offen stehenden Tür und ihrem blankpolierten dunklen Holz umrahmt, wobei sich seine Gestalt in den flachwinkligen ebenholzfarbenen Oberflächen als entstellte Reflexion vervielfältigt und er einem Mann gleicht, der stumm aus dem Jenseits hinüberwinkt.[9]

In den Monaten vor seinem Tod hatte Foucault in aller Eile hunderte Seiten von Notizen, Briefen und Manuskripten einschließlich einer unveröffentlichten Arbeit über den Maler Manet zerstört. In seinem Testament verbat er die postume Veröffentlichung von Dokumenten, die er übersehen haben sollte. Er wollte nicht einfach nur sterben, sondern das genießen, was er wenige Monate zuvor die »Tilgung durch den Tod« genannt hatte. Seine Absicht war, wie sich Guibert später ausdrückte, »nur noch die blankgeputzten Gräten zurückzulassen, rund um den schwarzen, leuchtenden und undurchdringlichen, seine Geheimnisse treu bewahrenden Diamanten«.[10]

Doch sollten Guiberts Berichte so wahrhaftig sein, wie es den Anschein hat, dann ließ sich Foucault am Ende seines Lebens erweichen und gab in der Tat einige seiner Geheimnisse gerade an Guibert preis. Warum? Warum enthüllte er die Wahrheit über einige entscheidende Erfahrungen, die er sich ein Leben lang bemüht hatte, für sich zu behalten?

Zufällig hatte Foucault in seinen letzten Vorlesungen am *Collège de France* einige Monate zuvor ausgerechnet diese Frage angesprochen. Warum soll man die Wahrheit sagen? Was *verpflichtet* uns geradezu, die Wahrheit zu sagen – und zwar besonders die Wahrheit über uns selbst?

Sein eigentliches Thema war *Parrhesia* – jene Kunst, die Wahrheit zu sagen, wie sie von Sokrates und seinen kynischen und stoizistischen Nachfolgern praktiziert worden war. Doch unausgesprochen analysierte Foucault wiederum eingefleischte Denkgewohnheiten – und versuchte sie implizit zu verändern. Er hatte oft eine seiner grundlegenden Annahmen wiederholt, nämlich daß das Konzept Wahrheit so etwas wie ein Spiel sei, das ungewisse Resultat sich wandelnder Regeln, die durch unterschiedliche gesellschaftliche Glaubenssätze und Praktiken verkörpert wurden. Doch schien ihm das Bemühen, die Wahrheit zu sagen, ein Spiel zu sein, das es wert war, gespielt zu werden, besonders beim Herannahen des Todes. Diese Annahme, die sich sowohl im Ton als auch im Inhalt der Vorlesungen äußerte, war für Foucault etwas Neues, etwas anderes.[11]

Seit Jahren hatte Foucault eine Art praktischen und theoretischen Untergrundkrieg gegen das Gebot geführt, die Wahrheit sagen zu müssen. Er hatte darauf bestanden, daß nicht derjenige Mensch ein Beispiel setzt, »der sich auf die Entdeckung seiner selbst begibt, seiner Geheimnisse und seiner versteckten Wahrheit; sondern der, der sich selbst zu erfinden versucht«, und der sich nicht an die Einschränkungen durch herkömmliche Moralsätze gebunden fühlt. Foucault betrachtete die Beichtpflicht als die vielleicht ärgerlichste dieser Beschränkungen – eines der heimtückischsten Vermächtnisse, die das Christentum der modernen Gesellschaft hinterlassen hatte. Er fürchtete sich davor, daß man ihm auf die Schliche kam, und wetterte sein ganzes Leben gegen jene »Pastoralmacht«, die dadurch, daß sie in Erfahrung bringt, »was in den Köpfen der Leute vor sich geht, [. . .] ihre Seelen erforsch[t], sie veranlaßt, ihre innersten Geheimnisse zu offenbaren«, und die droht, »das Individuum an sich selber« zu ketten und seine kreativen Fähigkeiten zu ersticken. »Man gesteht in der Öffentlichkeit und im Privaten«, klagte er in Der Wille zum Wissen. In einem höllischen, spiralenförmigen Crescendo der Worte, das den Menschen überflutet, aufspürt, hintergeht und ihn dazu veranlaßt, das »auszusprechen, was kaum ausgesprochen werden kann«, bekennt man sich zu »Verbrechen, [. . .] Sünden, [. . .] seinen Gedanken und Begehren«, Kindheitserinnerungen, zur »Vergangenheit und ihren Träumen«; man beichtet »seinen Eltern, seinen Erziehern, seinem Arzt und denen, die man liebt« – und damit noch nicht genug. Denn der Mensch macht auch noch »sich selbst mit Lust und Schmerz Geständnisse, die vor niemand anders möglich wären, und daraus macht man dann Bücher«. [12] Doch indem der Philosoph sich auf seinem Sterbebett Hervé Guibert anvertraute – einem Mann, der sich offensichtlich für Dinge interessierte, ›aus denen man Bücher macht‹ – ebenso wie in seinen letzten Vorlesungen am Collège de France, gestand Foucault im Grunde seine eigene Unfähigkeit ein, dann, wenn reiner Tisch gemacht werden muß, der Verpflichtung zu entkommen, die Wahrheit zu sagen – vor allem die Wahrheit darüber, wer man ist und wie man dies geworden war.

In gewisser Hinsicht war es eigentlich einfacher als je zuvor geworden, die Wahrheit zu sagen, denn was er geworden war, erschien klarer als je zuvor. Schließlich war er, so hatte er entschieden, kein Wissenschaftsphilosoph wie Bachelard, kein Intellektueller wie Sartre, kein Revolutionär wie Marx, kein ›infamer‹ Mensch wie Pierre Rivière, sondern etwas, das auf den ersten Blick gewohnt, beruhigend und einsichtig erschien: War er doch, dachte er jetzt, ein Philosoph – jemand, der die Weisheit liebte, die Wahrheit suchte.

»Habe ich erst die Wahrheit erkannt, werde ich mich verändern«, sagte er 1982 in einem seiner aufschlußreichsten Interviews. »Und vielleicht werde ich dann erlöst werden. Oder ich werde sterben« – er lachte –, »doch ich glaube, das ist für mich sowieso dasselbe.«[13]

Bei der Beschäftigung mit den Stammvätern des besonderen *Stils* seines philosophischen Lebens besprach Foucault in seinen letzten Vorlesungen zwei ziemlich verschiedenartige Vorläufer, zwei mögliche Modelle, die zwei verschiedene Wege zur Wahrheit aufzeigten: Auf der einen Seite denjenigen, den Sokrates beschritten hatte und auf der anderen den des Kynikers Diogenes.[14]
Bei der Nacherzählung des sokratischen Lebens hielt sich Foucault bei einer ganzen Reihe von Einzelheiten mit autobiographischen Anklängen auf. Er erinnerte an den rätselhaften *daimon* des Philosophen, jenen gespenstischen Doppelgänger, der den ersten großen Vernunftapostel in eine Art unfreiwillige Zerreißprobe (*épreuve*) der Wahrheit gezwungen hatte. Er sprach über das Delphische Orakel, das Sokrates verkündet worden war und das seine lebenslange Suche (*recherches*) veranlaßt hatte, herauszufinden, ob es einen weiseren Menschen als ihn gäbe. Und er beschrieb die von Sokrates angewandte ›Sorge‹ (*souci*), die sich darin äußerte, anderen Fragen zu stellen und seine Seele einer Prüfung zu unterziehen, wobei er eine neue Art von Kunst entwickelte, nicht regiert zu werden, und bewundernswerten und standfesten Mut durch seine Bereitschaft an den Tag legte, mit anderen ohne irgendwelche Vorgaben zu diskutieren. Indem er sein Leben der ›Kritik‹ im Foucaultschen Sinne widmete, wurde Sokrates zu jemandem, der einen gerechten und gefälligen Ausgleich zwischen *logos* und *bios*, Denken und Leben, verkörperte.[15]
Die Entscheidung, freiwillig in den Tod zu gehen, wurde in den Händen Foucaults zur Erfüllung dieses philosophischen Lebens. Er dachte über die Bedeutung der letzten Worte des Märtyrers nach, die er aussprach, nachdem er aus dem Becher getrunken

hatte: »Kriton, wir sollten Asklepios einen Hahn opfern.« Einen Gedanken seines alten Freundes Georges Dumézil aufnehmend weist Foucault darauf hin, daß Kriton vorher den Philosophen davon zu überzeugen versucht hatte, aus Athen zu flüchten, um dem Tod durch den Giftbecher zu entgehen. Er hatte dabei argumentiert, daß die Öffentlichkeit es als einen Skandal ansehen würde, sollte der Philosoph nicht alles in seiner Macht stehende tun, um den Tod zu vermeiden. Sokrates hatte Kriton heftig widersprochen und behauptet, daß sich ein Philosoph niemals, auch wenn es um Tod oder Leben ging, von der öffentlichen Meinung leiten lassen sollte, sondern vielmehr von den Überzeugungen, die er für sich selbst in seiner lebenslangen Suche nach der Wahrheit gewonnen hatte. Außerdem könnte sich der Philosoph nach einem Leben des unablässigen Kampfes gegen irrige Meinungen und falsche Autoritäten erst in der Todesstunde von diesen frei fühlen und seinen inneren Frieden finden. Deshalb, sagte Foucault, seien die letzten Worte Sokrates' folgendermaßen zu verstehen: Der Philosoph begrüßt den Tod, denn er fühlt sich durch ihn von den Mühen seines lebenslangen Kampfes gegen alle Falschheit befreit; deshalb fordert er Kriton auf, Asklepios, dem griechischen Gott der Heilung und der Gesundheit, ein Dankesopfer zu bringen.[16]
Es wird klar, daß Sokrates für Foucault (wie für Nietzsche vor ihm) zum Vorbild wurde: Er wird für immer der erste große abendländische Denker bleiben, der seine eigene Existenz zum unerschöpflichen Gegenstand philosophischer Befragung gemacht hatte. Doch natürlich war die sokratische Methode – der Versuch, einen aus der Vernunft abgeleiteten Moralkodex auszuarbeiten, seine Suche nach den Prinzipien universaler Gerechtigkeit, sein aufreibender Kampf darum, seinen Geist von »der Torheit des Leibes« zu reinigen (Phaidon 67a) – nicht ganz diejenige Foucaults. Und in seinen letzten Vorlesungen ließ er auch folgerichtig sowohl Sokrates als auch das Thema Seneca und Stoa fallen und erwähnte sie nur noch beiläufig. Stattdessen konzentrierte er sich auf eine weniger bekannte Figur und eine wesentlich obskurere geistige Tradition, nämlich diejenige des Diogenes und der Kyniker.

Foucault widmete diesem Thema, wie sich herausstellen sollte, die letzten fünf Vorlesungen seines Lebens. In diesen Vorlesungen, die vom 29. Februar bis zum 28. März 1984 am *Collège de France* gehalten wurden, holte er weit aus und sprach mit Nachdruck – seine Sprache war wuchtig, seine Analysen kühn und voller Überraschungen. Er behandelte die Kyniker nicht nur als eine heidnische Philosophenschule, sondern redete auch über den Kynismus als eine vernachlässigte Richtung in der Geschichte des abendländischen Denkens; er sprach von Diogenes als dem größten kynischen Helden und davon, was aus ihm, Foucault, geworden sei: eine Art archetypischer moderner Kyniker, der in der Nachfolge des Diogenes und späterer Kyniker stehe.

Er begann, indem er die Tradition des klassischen heidnischen Kynismus definierte, deren Blütezeit ungefähr vom Ende des ersten Jahrhunderts vor Christi bis zum Ende des vierten Jahrhunderts nach Christi fiel. Es handelte sich um eine philosophische Richtung, deren Vertreter nur lose miteinander verbunden waren und die sich nicht um Abhandlungen und Texte organisierte, sondern vielmehr um das Studium von Musterbeispielen: Menschen, die die Kyniker bewunderten und als Vorbilder betrachteten, zum Beispiel Herakles, Odysseus und auch Diogenes. Diese teils realen, teils mythischen Helden verkörperten allesamt eine »äußerst radikale Vorstellung«, nach der ein Mensch »nichts anderes ist als sein Verhältnis zur Wahrheit«, wobei die Wahrheit »ihre Umrisse und Gestalt« *einzig* im »eigenen Leben« des Menschen annimmt.[18] ›Wahres‹ Leben konnte nur verkörpert und nicht als Gebot, Erlaß oder Gesetz vermittelt werden. Im Gegensatz zum klassischen Platonismus und Stoizismus – und natürlich genauso zum Judentum und Christentum – verlangte heidnischer Kynismus nicht das »Studium etablierter Texte« und »keine festgelegte, erkennbare Lehre«. Doch handelte es sich nicht um einen Zusammenschluß von Solipsisten, denn die Zyniker gaben ihren Zugang zur Wahrheit auf drei verschiedene Weisen weiter, bei denen sie ihr eigenes, eigentümliches ›Wahrheitsspiel‹ entwickelten:
– Erstens hielten sie ›kritische Predigten‹, Monologe, die sich an

eine große Zuhörerschaft wandten. Diese aggressiven Reden mit ihren häufigen Aphorismen und schwer verständlichen Einschüben sollten die Zuhörer zum Handeln und Revoltieren bringen und sie dazu bewegen, »all die Abhängigkeiten abzuwerfen, die ihnen von der Kultur auferlegt worden waren«. (Diese kynische Methode stand in scharfem Gegensatz zum sokratischen Dialog, der sich nur an wenige auserwählte Geister wandte und dessen Ziel es war, ein kontemplatives Leben zu bewirken, das dem gegenseitigen Austausch aus der Vernunft gewonnenen Wissens über unveränderliche und universale Ideen gewidmet werden sollte.)[19]

– Zweitens nutzten die Kyniker die pädagogischen Möglichkeiten »skandalösen Verhaltens« aus, indem sie ihr Verhalten zum Gegenstand öffentlicher Kontroverse machten. Sie brachen Gesetze, verhöhnten althergebrachte Konventionen und ignorierten Tabus. Auf diese Weise, kommentiert Foucault, verwandelte der Kyniker sich selbst in »ein *Emblem* fundamentaler Wahrheiten« und nahm die Dinge oft in die eigene Hand.[20]

– Drittens machten die Kyniker sich manchmal das zunutze, was Foucault »provokativen Dialog« nannte, nämlich einen Meinungsaustausch, bei dem die Achtung und das gegenseitige Vertrauen, die eine Grundlage der sokratischen Suche gebildet hatten, durch so etwas »wie ein Kampf, eine Schlacht« ersetzt wurden, und zwar »mit Augenblicken außerordentlicher Aggression und solchen friedlicher Stille«. Der kynische Held verhielt sich dabei so gegenüber anderen, wie er sich gegen sich selbst verhielt: Der Gesprächspartner wurde in ein offenes geistiges Gefecht verwickelt, bei dem man vielleicht lernen konnte, sich sowohl mit seinem Gegenüber als auch mit dem im Innern lauernden *daimon* auseinanderzusetzen. Die Kyniker betrachteten das Leben als ein im Sinne des Odysseus zu bestehendes Abenteuer und nahmen an, daß jeder darin seine ihm gemäße Heimat finden könnte, doch nur, wenn man den Überredungskünsten der Versklavung widersteht, die Segel setzt, sich verschanzt, auf seinem Kurs beharrt und unbeirrt den Gesang der Sirenen ignoriert. »Das Ziel dieses ›parrhesiastischen‹ Kampfes mit der Macht besteht nicht darin«, kommentiert Fou-

cault, »den Gesprächspartner einer neuen Wahrheit zuzufüh-
ren oder ihn auf eine höhere Stufe der Wahrnehmung seiner
selbst zu führen, sondern den Gesprächspartner dazu zu bringen, diesen ›parrhesiastischen‹ Kampf zu *verinnerlichen* – mit
sich selbst gegen die eigenen Mängel zu kämpfen.«[21]
Das erste große historische Produkt dieses kämpferischen und
eigentümlichen Herangehens an die Wahrheit waren nach Foucaults Rekonstruktion der kynischen Richtung im abendländischen Denken die frühchristlichen Asketen. Der Wüstenheilige löste sich wie der heidnische Kyniker vom Alltagsleben und
von normaler menschlicher Gesellschaft, indem er die gewohnten Verbindungen abbrach, die den Menschen mit seiner Familie und mit seinen Freunden verflocht. Das Ziel dieses Vorgehens war jedoch nicht wie bei Sokrates und den Stoikern ein
gefälliges Gleichgewicht zwischen *logos* und *bios*. Das Ziel bestand vielmehr in der völligen Transformation dessen, was man
war und was man dachte, wobei, falls nötig, durch übertriebene
und strapazenreiche Praktiken, eine radikal *andere* Art der Existenz geschaffen werden mußte, die sich im Körper sowie unmißverständlich im Lebensstil manifestierte und das *bios* als
solches in »die unmittelbare, explosive und ungebändigte Anwesenheit der Wahrheit« verwandelte. Ein ähnlich radikaler
Versuch, eine gleichermaßen persönliche Art von ›Wahrheit‹
zu produzieren, sei, fährt Foucault fort, in der Renaissance von
bestimmten Künstlern und während der Reformationszeit von
gewissen radikalen protestantischen Sekten wiederaufgenom-
men worden; während der Aufklärung hätte ›Rameaus Neffe‹,
Diderots fiktive Figur der aufgeklärten Torheit, und an der
Schwelle unserer eigenen Zeit Faust, Goethes mythisches, dia-
bolisches Genie, dasselbe unternommen; und in unserer eigenen ungewissen Epoche schließlich hätten Sade und seine der
Erotik verpflichteten Anhänger, Nietzsche und seine philosophischen Erben, sowie die Jünger jenes revolutionären Nihilismus, denen Dostojewskij in seinen *Dämonen* ein Denkmal
gesetzt hat, und eine ganze Reihe äußerst beunruhigender moderner Dichter, Maler und Künstler von Baudelaire bis Beckett
diesen Zugang zur Wahrheit gesucht.[22]

Diese Genealogie ist enthüllend. Doch mit Ausnahme der Wüstenheiligen, mit denen er sich ausführlich beschäftigte, widmete Foucault den modernen Erben des Kynismus in seinen Vorlesungen wenig Zeit, vielleicht weil er so viele von ihnen bereits in früheren Vorträgen, Aufsätzen und Büchern diskutiert hatte. Stattdessen richtete er in diesen letzten Vorlesungen das Augenmerk auf Leben und Legende des Erzkynikers Diogenes. Dieser sagenumwobenste aller antiken Kyniker wurde im Grunde zu einem Prüfstein für Foucault, durch den eine lange Denktradition – und sein *eigener* besonderer Zugriff auf die Wahrheit – verstanden werden konnte und an dem sie sich zu messen hatte.

Man behauptet von Diogenes von Sinope (413-327 v. Chr.), einem Zeitgenossen Platos, daß er in einer Tonne gelebt habe und mit einer angezündeten Fackel im hellen Tageslicht umhergegangen sei, was er mit der Bemerkung: ›Ich suche einen Menschen‹ erklärt habe. Als man ihn einmal fragte, was für ein Mann er sei, antwortete er: »Ein verrückter Sokrates.« Anstatt zu versuchen, klar formulierte Gedanken zur unsterblichen Seele und zum transzendentalen Guten zu entwickeln, oder Weisheit als das verstandesmäßige Nachdenken über eine ›andere Welt‹ zu begreifen, war er darauf aus, seine eigene einzigartige Wahrheit zu verkörpern, indem er ein ›anderes Leben‹ lebte.[23]

Wie Sokrates hatte auch Diogenes ein Delphisches Orakel erhalten: »Verändere die Sitten!« Er interpretierte dieses Orakel als eine Aufforderung, die öffentliche Meinung zu verändern, und machte sich daran, jeden Brauch und jedes Gesetz seiner Gesellschaft zu übertreten, wobei er behauptete, daß »sein Lebensstil genau derselbe sei wie derjenige des Herakles, als dieser seine Freiheit allem anderen vorzog«. Er nannte sich selbst einen ›Hund‹, um die ›Umwertung der Werte‹ zu betonen, die ihn dazu geführt hatte, ohne Schamgefühle seine eigenen animalischen Triebe zu befriedigen. Da er keine Angst davor hatte, selbst schockierende Wahrheiten auszusprechen, hatte er sogar die Frechheit besessen, den mächtigsten Herrscher seiner Zeit zu beleidigen: Bei einer legendären Begegnung mit Alex-

ander dem Großen erniedrigte der Erzkyniker den mächtigen
Feldherrn und personifizierte laut Foucault dabei das politische Paradox, ein »königlicher Gegen-König« (*le roi anti-roi*)
zu sein, ein Herrscher, der gegen Herrschaft ankämpft.[24]
Furchtlos erkundete Diogenes die Grenzen der Vernunft,
gleichgültig, wie verrückt sein Unternehmen auch erscheinen
mochte. Er war dafür berüchtigt, Kannibalismus und Inzest zu
befürworten: Man berichtet, daß Diogenes die Entdeckung
des Ödipus, daß er seinen Vater getötet und seine Mutter ge-
ehelicht hatte, mit folgenden Worten kommentierte: »Dies
passiert in meinem eigenen Hühnerstall jeden Tag!« Doch das
vielleicht bezeichnendste Symbol für die Lebensweise des Kynikers war für Foucault seine Angewohnheit, öffentlich auf
dem Marktplatz zu masturbieren und aufmüpfig »*alles* in der
Öffentlichkeit zu verrichten, die Werke Demeters und diejenigen Aphrodites«.[25]
In anderen Worten, Diogenes ging die Philosophie als einen Bereich der ›Grenz-Erfahrung‹ an und trieb das Denken an seine
Bruchstelle – genau wie Michel Foucault. Indem er die Wahrheit einer Prüfung aussetzte, verhöhnte, schockierte und provozierte er – genau wie Michel Foucault. Vor allem aber wurde
er dadurch, daß er seinen körperlichen Bedürfnissen freien
Lauf ließ, für die von ihm kritisierte und zurückgewiesene Gesellschaft zu einer Herausforderung, was Foucault so ausdrückte: »Der *bios philosophicos* wird zur Tierheit des Menschen, die
als Provokation wiederkehrt, als eine Übung praktiziert und
den Menschen als Skandal ins Gesicht geschleudert wird.«[26]
In einer Hinsicht wurde der archetypische Kyniker zu einer letzten Herausforderung für Foucault, zu einer letzten Prüfung,
einer letzten ›Zerreißprobe der Wahrheit‹. Denn auch Diogenes nahm das Gebot ›Erkenne dich selbst‹ nicht weniger ernst
als Sokrates. Und auch Diogenes war wie Sokrates der Ansicht,
daß eine solche Erkenntnis den Philosophen dazu verpflichte,
die Wahrheit über sich selbst zu sagen. In den Worten Epiktets
darf der Kyniker »nicht irgend etwas verbergen wollen, sonst
kann er gehen, ist er verloren, er, der Kyniker, der nur den frei-
en Himmel über sich kennt«.[27]

»[W]ieso kümmert man sich um sich selbst nur vermittels der Sorge um die Wahrheit?« fragte Foucault in einem seiner letzten Interviews. Hält man sich seine früheren Ansichten vor Augen, so hat seine Antwort einen bitteren Beigeschmack: »Ich glaube, da stößt man auf eine fundamentale Frage, die die Frage des Abendlands ist, möchte ich sagen: Was hat die gesamte abendländische Kultur dazu gebracht, sich um diese Verpflichtung zur Wahrheit zu drehen, die eine ganze Reihe verschiedener Formen angenommen hat? *So wie die Dinge liegen«* – und darin liegt der Kern des Problems –, »*hat bis heute nichts zeigen können, daß man außerhalb dessen eine Strategie definieren kann«*, das heißt eine Strategie, die über die ›Sorge um die Wahrheit‹ hinausgeht. [28]

Die ›Verpflichtung zur Wahrheit‹ ist kurz und bündig unser unvermeidliches Schicksal – ob wir es wollen oder nicht. Der abendländische Mensch kommt, so sehr er es auch versuchen mag, nicht umhin zu sagen, wie er wirklich ist. Wie ungewöhnlich sein Lebensstil im Einzelfall auch sein mag und wie heftig einzelne Individuen auch gegen den von der Gesellschaft aufrechterhaltenen und von anderen befolgten Moralkodex protestieren mögen, wir können – und sollen – nicht vermeiden, über uns selbst, unsere Geheimnisse, unsere verborgenen Mysterien, unsere besondere und persönliche ›Wahrheit‹ zu sprechen.

Man fühlt sich an eine der Lieblingsstellen Foucaults aus dem Werk Becketts erinnert: »[M]an muß weitermachen, ich kann nicht weitermachen, man muß weitermachen, ich werde also weitermachen, man muß Worte sagen, solange es welche gibt; man muß sie sagen, bis sie mich finden, bis sie mich sagen – seltsame Mühe, seltsame Sünde« – ein merkwürdiges und unausweichliches Geständnis der Wahrheit. [29]

Angesichts dessen erscheint es glaubhaft, daß sich Foucault an der Schwelle des Todes, »vor [der] Tür, die sich zu meiner Geschichte öffnet«, dazu entschlossen haben mag, es Diogenes und all denen gleichzutun, die ihm – vom heiligen Antonius bis zu Sade, von Baudelaire bis Beckett – gefolgt waren. Er würde versuchen, ›anders zu denken‹ und die Wahrheit zu sagen. Indem er alte Wunden wieder aufriß, verschüttete Erinnerungen ausgrub und sich an die Furien erinnerte, die ihn zu dem gemacht hatten, was er war – ein Philosoph! –, würde er einen Freund dazu einladen (war Guibert der einzige?), auf jene »seltsame Mühe, seltsame Sünde« zu blicken, die bis dahin im stillen sein Inneres durchfurcht und anonym im »Wortstaub« seiner Bücher gehaust hatte. Er würde Asklepios Tribut zollen und darüber sprechen, was Beckett »etwas Stummes, in einem harten, leeren, geschlossenen, trockenen, nackten, finsteren Ort« genannt hatte, »wo nichts spricht, und daß ich lausche, und daß ich höre, und daß ich suche, wie ein im Käfig geborenes Tier von im Käfig geborenen Tieren von im Käfig geborenen Tieren von im Käfig geborenen Tieren von im Käfig geborenen [. . .]«. [30]

Geboren worden war er siebenundfünfzig Jahre zuvor in Poitiers. Doch über diesen Ort und diese längst vergessene Zeit hatte er nur sehr selten gesprochen – bis zu jenem Juni 1984. Als der Tod immer näher rückte, tauchte Foucault immer tiefer in die Vergangenheit ein, vielleicht angespornt von Guiberts Aufmerksamkeit und seinen Beteuerungen immerwährender Freundschaft. Er taumelte in diese Vergangenheit und begann sich an schmerzliche Wahrheiten zu erinnern, beichtete private Geheimnisse und grub Vorstellungen aus dem versunkenen Kontinent der Kindheit aus – Vorstellungen, die er noch mit niemandem geteilt hatte, nicht einmal mit Daniel Defert. [31]
Was Foucault in diesen Gesprächen enthüllt haben mag, läßt sich an zwei Orten nachlesen: in Guiberts Roman *Dem Freund, der mir das Leben nicht gerettet hat*, der in der Hauptsache von AIDS handelt und 1990 zu einem Zeitpunkt veröffentlicht wurde, als Guibert selbst an der Krankheit litt und dem Tode nahe war; und in seiner Kurzgeschichte ›Les secrets d'un homme‹ (›Die Geheimnisse eines Mannes‹), die einen Tag nach Foucaults Beerdigung geschrieben, doch erst 1988 publiziert wurde. [32]
›Les secrets d'un homme‹ ist sowohl aufschlußreicher als auch –

nicht ganz zufällig – makaberer und phantastischer als der Roman, Guibert zufolge eine zwar »unvollständige und parteiliche«, doch recht bewegende und oft nachweislich akkurate Beschreibung Foucaults, die in erster Linie um seine Haltung gegenüber AIDS kreiste, sowie darum, wie er mit dem herannahenden Tod fertig wurde. [33]

In keinem der beiden Werke wird Foucault namentlich genannt. Im Roman erscheint er als ›Muzil‹, als sollte er an den österreichischen Romancier Robert Musil und seinen autobiographischen Helden Ulrich erinnern, jenen ›Mann ohne Eigenschaften‹ auf der Suche nach seinem eigenen *daimon*, ein sich selbst tilgender Verkünder von Nietzsches ›Übermenschen‹.

In der Erzählung hingegen erscheint die Foucault nachgeahmte Figur passender als namenloser, doch berühmter Philosoph.

Die Kurzgeschichte beginnt mit einer für den makabren Stil Guiberts typischen Passage. Sie beschreibt, wie ein Chirurg mit Wonne den Schädel eines Genies aufschneidet und auf verquere Weise stolz darauf ist, »eine solche Festung zu stürmen«. Er ist entzückt, das innere Heiligtum eines solch berühmten Kritikers der modernen Psychiatrie und Medizin verletzen zu dürfen, und verblüfft von der Schönheit des »leuchtenden« Organs vor ihm, das trotz dreier Geschwulste, die er entfernen soll, um das bevorstehende Delirium und den Tod zu verzögern, immer noch voller Leben ist. (Foucault litt in der Tat an Toxoplasmose, was Hirngeschwulste zur Folge hat; doch die Ärzte hielten seine Wucherungen für inoperabel – so wie Guibert es in seinem Roman beschreibt.) [34]

Die im Normalfall verborgenen Nerven- und Gefäßbahnen des namenlosen Denkers erinnern den Erzähler an die subterrane Vielschichtigkeit seiner Persönlichkeit. »Wenn man ein wenig bohrte, fand man riesige Lagerhäuser, die Abstellkammern von Geheimnissen, Kindheitserinnerungen und neuartigen Theorien. Die Kindheitserinnerungen waren tiefer verborgen als alles andere, damit sie nicht zum Gegenstand idiotischer Interpretationen oder zweifelhafter Kunstfertigkeit werden konnten, die sein Werk wie ein trügerisch durchsichtiger Schleier umgeben

würden.« Gewisse Urszenen waren jedoch zu tief eingebrannt, um leicht getilgt zu werden.» Und in der Zufluchtsstätte seiner Gefäßbahnen lauerten, fürchterlichen Dioramen gleich, zwei oder drei Bilder.«[35]
Es sind offensichtlich *diese* Bilder, die Foucault auf seinem Totenbett mit Guibert teilte: Sie enthüllen den versunkenen Kontinent seiner Kindheit sowie die ›Geheimnisse‹, die der Kurzgeschichte ihren Namen geben; sie stellen das Geständnis der besonderen Wahrheiten des Philosophen dar; den »Granit von geistigem Fatum«, zu guter Letzt in Urszenen offenbart wie der Felsblock in Magrittes Gemälde ›Das Schloß in den Pyrenäen‹, in dem das Blau des Meeres und der Luft um den wohlgeformten Stein so übernatürlich, so unheilschwanger ist wie die Ansicht der bislang verborgenen Festung, die plötzlich im Blickfeld auftaucht und wie ein gänzlich harter, verschlossener, dürrer, kalter, schwarzer Ort in den Lüften zu schweben scheint.[36]

Das erste dieser »fürchterlichen Dioramen«, schreibt Guibert, »zeigt den Philosophen als Kind, wie er von seinem Vater, einem Chirurgen, in den Operationssaal eines Krankenhauses in Poitiers geführt wird, um bei der Amputation eines Beins zuzusehen – dies sollte die Männlichkeit des Jungen stählen«.[37]

Im zweiten ›Diorama‹ sehen wir den jungen Philosophen beim Spaziergang durch einen nicht näher beschriebenen Hinterhof. »Doch über diesem Hof lag der Nervenkitzel der Verrufenheit, denn hier hatte jahrzehntelang in einer Art Schuppen eine Frau auf einer Strohmatratze gelebt, welche die Zeitungen ›die Eingesperrte von Poitiers‹ genannt hatten.«[38]

Das dritte ›fürchterliche Diorama‹ spielt in den Kriegsjahren: »In der Schule wird der kleine Philosoph, der immer Klassenerster war, vom plötzlichen, zunächst unerklärten Eindringen einer Bande junger arroganter Pariser bedroht, die natürlich schlauer als alle anderen sind. Das entthronte Philosophenkind lernt zu hassen, verflucht die Eindringlinge, wünscht ihnen die Pest an den Hals: Tatsächlich verschwinden die jüdischen Kinder, die in der Provinzstadt Zuflucht gesucht hatten; sie werden in ein Konzentrationslager abtransportiert.«[39]

Nietzsche, ein eifriger Leser der Anekdoten, die antike griechische Weise wie Diogenes umgaben, bemerkte einmal, daß »das ewig Unwiderlegbare« bei jedem Philosophen das »Persönliche« sei, und fügte hinzu: »Aus drei Anekdoten ist es möglich, das Bild eines Menschen zu geben.«[40] Bietet Guibert uns drei solcher Anekdoten an? Erleuchten die drei ›fürchterlichen Dioramen‹ das, was das ›Persönliche‹ und ›Unwiderlegbare‹ an Foucaults Werk ist? Und schließlich: Sind sie ›wahr‹?

Die Geschichte, daß ihn sein Vater gezwungen habe, bei einer Amputation dabeizusein, hat Foucault noch mindestens einer Person vor seinem Tode anvertraut.[41] Das beweist natürlich nicht, daß sie in dem Sinne ›wahr‹ ist, daß sie akkurat eine Begebenheit wiedergibt, die sich so ereignet hat. Die Erinnerung an Urszenen aus der Kindheit produziert oft, wie Freud gelehrt hat, Hinzufügungen, Auslassungen, merkwürdige und vielsagende Ellipsen und Erfindungen, wodurch die aus der Vergangenheit zurückgeholte Szene ›von einem Triebleben durchpulst wird, das demjenigen in der Seele ihres Schöpfers gleicht‹.
Die Vorstellung hat sicherlich alle Zutaten eines häufig wiederkehrenden Alptraums: der sadistische Vater, das machtlose Kind, das ins Fleisch schneidende Messer, der verstümmelte Körper, die Forderung, die Allmacht des Patriarchen anzuerkennen und die unaussprechliche Erniedrigung des Sohnes, dessen Männlichkeit auf die Probe gestellt wird.
Wie die Überreste eines Schiffsbruchs tauchen Fragmente dieser Szene immer wieder in Foucaults Leben und Werk auf. Man

denke nur an den Jugendtraum von einem Skalpell – oder an den jungen Studenten, der seinen Brustkorb mit einem Rasiermesser aufschlitzt. Außerdem fühlt man sich an die merkwürdige Verbindungslinie erinnert, die der Philosoph in *Die Geburt der Klinik* zwischen Sadismus und den wissenschaftlichen Grundlagen der modernen Medizin zieht. Schließlich sei noch an das wahrhaft fürchterliche Diorama am Anfang von *Überwachen und Strafen* erinnert. In diesem Abschnitt zwingt uns der Philosoph, zum Zuschauer einer Szene zu werden, bei der dem Königsmörder Damiens das Fleisch von Beinen und Armen abgezogen wird und er dann von sechs Pferden in Stücke gerissen wird. An einer späteren Stelle im gleichen Buch beschäftigt sich Foucault mit den Gefühlen von Menschen, die solchen Zerstückelungen beiwohnten. Er glaubt, daß in den Zuschauern ein Gefühl bitteren Zorns erweckt worden sei und daß sie beständig kurz davor gestanden hätten, in eine Orgie unkontrollierbarer Gewalt auszubrechen, die sich auf den verhaßten Herrscher richten würde, der diese grausame Zurschaustellung seiner Macht angeordnet hatte. [42]

Die zweite und am schwersten zugängliche Szene in der Kurzgeschichte Guiberts – bei der der junge Philosoph einen ›Nervenkitzel‹ empfunden hatte, als er an dem Ort vorbeigeht, in dem eine Frau ›eingesperrt‹ worden war – scheint Foucault niemandem sonst mitgeteilt zu haben. Ob der junge Mann jemals diesen ›Nervenkitzel‹ gespürt hat, kann nicht mit Sicherheit gesagt werden.
Doch ein Aspekt dieser Vignette beruht nicht nur nachweislich auf Tatsachen, sondern gibt auch einen vielsagenden Einblick in Foucaults lebenslanges Interesse an der Einsperrung von Geistesgestörten, Kranken und Kriminellen in geschlossenen Institutionen. Die ›Eingesperrte von Poitiers‹ hat wirklich existiert. Und es erscheint unwahrscheinlich, daß Foucault *nicht* von ihr gehört haben soll, da ihre Entdeckung einer der größten Skandale des Jahrhunderts in Poitiers war.
Die Geschichte beginnt 1901. Im Mai dieses Jahres entdeckt die

von einem anonymen Hinweis alarmierte Polizei von Poitiers, daß eine Frau in den Mitfünfzigern namens Melanie Bastian, die wie Foucault aus einem unbescholtenen großbürgerlichen Hause stammt, von ihrem Bruder und ihrer Mutter seit Jahren in einem Raum mit abgeschotteten Fenstern in völliger Dunkelheit eingesperrt worden war. Man hatte ihr kaum genug Nahrungsmittel zum Überleben gelassen, und sie lebte inmitten ihrer Exkremente und war von Läusen, Würmern und Ratten übersät. Es stellt sich heraus, daß sie als Fünfundzwanzigjährige ein Vierteljahrhundert zuvor ein uneheliches Kind zur Welt gebracht und den illegitimen Säugling getötet hatte. Die Familie behauptete, daß die Tochter wahnsinnig geworden sei, und ließ sie zunächst in einem Krankenhaus und dann bei einer wohltätigen religiösen Gemeinschaft unter Aufsicht stellen; schließlich sperrte man sie in den dunklen Schuppen mit der Strohmatratze, in dem sie 1901 gefunden wird. Bei der Durchsuchung des Raumes entdecken die Untersuchungsbeamten folgende Wandinschrift: »Um Schönheit zu erschaffen, nicht aus Liebe oder aus Freiheit, sondern aus ewigwährender Einsamkeit, mußt du in einem Kerker leben und sterben [. . .].«[43]

In einer Kleinstadt wie Poitiers – die alte Römersiedlung hatte in den dreißiger Jahren eine Bevölkerung von ungefähr fünfundvierzigtausend Menschen – blieb ein Haus, in dem ein furchtbares Verbrechen begangen worden war, für lange Zeit ein gebrandmarkter, verwunschener Ort. Und obwohl der Fall schnell abgeschlossen wurde – Mutter und Bruder wurden vor Gericht gestellt und freigesprochen –, lebte die Erinnerung an den Vorfall weiter, wie auch die Frau selber (obwohl sie nie wieder ihren Verstand wiederfand). Das Ereignis war schockierend genug, um die Vorstellungskraft André Gides anzuregen, der zeitgenössische Zeitungsberichte und Gerichtsunterlagen zusammentrug und sie 1930 in einem schmalen Band unter dem Titel *Die Eingesperrte von Poitiers* veröffentlichte. Es gibt keine Belege dafür, daß Foucault das Buch Gides gelesen hat. Doch es gibt verblüffende Übereinstimmungen zwischen dem zuerst von Gide benutzten dokumentarischen Format und Foucaults eigenem späteren aus Zeitungsberichten und Gerichtsunterlagen bestehenden Dossier über die gleichermaßen unheimliche Gerichtsverhandlung Pierre Rivières.[44]

Und natürlich wurde Foucaults eigene Imagination während seines gesamten Lebens, wie wir gesehen haben, von Vorstellungen heimgesucht, die von dunklen, verschlossenen Orten wie zum Beispiel Kerker, Labyrinthe erweckt wurden, von grausamen und ungewöhnlichen Strafmethoden, den unhaltbaren und schrecklichen Zuständen in französischen Strafvollzugsanstalten, in denen Männer an ihr Bett angekettet und in ihren Exkrementen liegengelassen wurden, von der qualvollen Überzeugung, die unausgesprochen bleibt, doch machtvoll und unmißverständlich auf den Seiten von *Überwachen und Strafen* ausgedrückt wird, daß seine eigene Seele ein solcher Ort sei, ein übelriechender Käfig und ein Gefängnis, in dem seine eigenen tierischen Triebe eingesperrt und auf eine Weise pervertiert worden seien, die in einer Art scheußlichen Rückflußbewegung zu einem äußerst schockierenden Kynismus geführt hätten – als ob auch er dazu verdammt worden sei, »Schönheit zu erschaffen, nicht aus Liebe oder aus Freiheit, sondern aus ewigwährender Einsamkeit [. . .]«.

Was das dritte ›fürchterliche Diorama‹ in Guiberts Kurzgeschichte angeht – das den Schuljungen beschreibt, der seinen neuen Pariser Rivalen den Tod wünscht –, so scheint auch diese Schilderung ein Körnchen Wahrheit zu enthalten. Nach ungewöhnlich schlechten Noten im vorausgegangenen Schuljahr wechselte Foucault 1940 auf das katholische *Collège de Saint-Stanislas*, wo er wieder sehr gute Leistungen erbrachte und in vielen Fächern Klassenbester oder -zweiter war.

Wie Guibert nahelegt, konnte Foucault den Krieg in diesen Jahren nie ganz vergessen. Flüchtlinge aus Paris strömten in die Stadt und erschwerten das Leben sogar für Schüler wie Foucault. Der Philosoph erzählte mindestens einem weiteren Freund von der Verwirrung, die der Zustrom von Neulingen und die daraus resultierende Tatsache, daß er plötzlich nicht mehr der Klassenbeste war, zur Folge hatten. [45] In einem der wenigen Interviews, in denen er öffentlich über seine Kindheit sprach, erinnert Foucault sich daran, wie zu dieser Zeit sein »Privatleben wirklich bedroht war«. Als kleiner Junge war die Schule »ein Ort« gewesen, »der vor den Übeln der Außenwelt geschützt war« – doch nach Kriegsbeginn gab es keine sichere Zufluchtsstätte mehr. »Vielleicht stammt daher meine Begeisterung für Geschichte und die Beziehung zwischen persönlicher Erfahrung und den Ereignissen, von denen wir ein Teil sind«, spekulierte er später: »Ich glaube, dies ist der Ursprung meines theoretischen Begehrens.« [46] Ein entscheidender Aspekt der dritten Vignette Guiberts kann unmöglich nachgewiesen werden. Es erscheint klar, daß Foucault sich mit dem Schicksal der Juden im II. Weltkrieg beschäftigt hat: Dies hat er mehr als einmal bestätigt. Doch hatte er seinen sich auf der Flucht befindenden Rivalen wirklich den *Tod* gewünscht?

Obwohl diese Einzelheit nicht belegt werden kann, so kann doch die enge Beziehung zwischen diesem letzten der vorgeblichen Foucaultschen Geständnisse und einem der verdrießlichsten Teilaspekte seines ›theoretischen Begehrens‹ nicht übersehen werden – nämlich demjenigen, der sich auf das Verstehen und das Aufstöbern der Lust auf Macht und auf den ›Faschismus‹ richtet, wo auch immer er auftauchen mag. ›Faschismus‹ war für ihn »nicht nur der historische Faschismus, der Faschismus Hitlers und Mussolinis«, wie er einmal sagte, »sondern auch der Faschismus in uns allen, in unseren Köpfen und in unserem alltäglichen Verhalten«, in »unser[em] Sprechen und unser[em] Tun, unsere[n] Herzen und unsere[n] Lüste[n]«; er ist in unsere Körper eingeschrieben und seine Spuren sind nur schwer auszulöschen; es ist dies »der Faschismus, der uns die Macht lieben läßt, der uns genau das begehren läßt, was uns beherrscht und ausbeutet«. [47] Doch war Macht nicht das einzige, von dem Foucault fürchtete, daß er es lieben könnte, sie war nicht das einzige seinem Körper eingeschriebene bösartige Begehren, das in seinem Spre-

chen, seinem Tun, seinem Herzen und seiner Lust vergraben
lag. Auch der Tod stand wie eine unerbittliche Sphinx an der
Schwelle seiner zärtlichsten Träume. Und wenn er vor langer,
langer Zeit seinen Rivalen einmal den Tod gewünscht hatte,
dann hatte er vielleicht am Ende seines Lebens *sich selbst* den
Tod gewünscht und sein Schicksal freimütig mit einer Gemeinschaft verknüpft, die, wie er wußte, dem Untergang so sicher
geweiht war wie die Juden von Poitiers fünfzig Jahre zuvor. Er
hätte sein Leben dann mit einer selbstmörderischen Geste der
Solidarität geendigt, indem er sich im Herbst 1983 in die Badehäuser San Franciscos verschanzte und seinen Körper ein letztes Mal in einem schockierenden, doch auf befremdliche Weise
lyrischen und logischen Akt der Leidenschaft aufs Spiel setzte,
der vielleicht wahnsinnig, vielleicht tragisch, auf jeden Fall jedoch völlig passend war. Vielleicht.

Dies sind einige der Tatsachen, die mit den von Hervé Guibert
geschilderten ›fürchterlichen Dioramen‹ zu tun haben, und
einige mit ihnen verwandte Details aus Leben und Werk des
Philosophen.
Zusammengenommen bilden die von Guibert beschriebenen
Szenen eine Art ›Unheilige Dreifaltigkeit‹. In ihnen finden sich
eine Amputation, ein Kerker, eine Mordphantasie, eine Figur
böswilliger Macht, eine erotische Überschreitung, die unausgesprochene Last unerträglicher Schuldgefühle: drei Bilder, die
ein furchterregendes Echo haben; Bilder der Grausamkeit, der
Einsperrung und des Todes.
Ist es Guibert dann gelungen, ›die Geheimnisse eines Mannes‹
zu enthüllen?

Im Jahre 1990, als Guibert selbst an AIDS litt, entbrannte in Paris eine hitzige Debatte über Glaubwürdigkeit und Motivation
des Künstlers. Der Anlaß war die Publikation seines Schlüssel-
romans *Dem Freund, der mir das Leben nicht gerettet hat.* Einige

Kommentatoren vertraten die Ansicht, daß die kaum verschleierte Beschreibung Foucaults nicht nur das Vertrauen des toten
Freundes hintergangen, sondern auch die in Frankreich noch
immer befolgte Regel verletzt habe, die besagt, daß man in der
Öffentlichkeit über das Privatleben eines anderen Menschen
einfach nicht spricht. Die Kritiker waren besonders über Guiberts Schilderung des Todesdeliriums des Philosophen und,
was noch skandalträchtiger war, über die Beschreibung seiner
sado-masochistischen erotischen Praktiken sowie seiner Vorliebe für die schwulen Badehäuser San Franciscos entsetzt.
In einer ganzen Reihe von Interviews verteidigte Guibert sich
geduldig. Er unternahm keinen Versuch zu verleugnen, daß die
Muzil genannte Figur in der Tat Foucault sei, wobei er betonte,
daß der Schwerpunkt des Romans auf AIDS liege und er die Todesqualen des Philosophen als Vorschau auf ein Schicksal behandelt habe, was ihm selbst, wie er wußte, bevorstand. Seine
Kurzgeschichte, so erklärte er, sei ebenfalls ein Herzenserguß
gewesen, den er wenige Stunden nach der Beerdigung des Philosophen als Trauerarbeit verfaßt habe. Er wies darauf hin, daß
er mehrere Angebote ausgeschlagen habe, die Memoiren seiner Freundschaft mit Foucault zu schreiben, und daß er es vor-
ziehe, seine fiktiven Werke für sich selbst sprechen zu lassen.
(In diesem Sinne hat er auch ein Interview für dieses Buch abgelehnt.) [48]
Auf dem Höhepunkt des Entrüstungssturms trat Guibert in der
Fernsehsendung *Apostrophes* auf. Er sah blaß und fahl aus, und
seine schönen, durchdringenden Augen waren in einer Art To-
tenmaske versunken. Guibert gab zu, daß er tatsächlich Schuldgefühle gehabt habe, als er heimlich ein Tagebuch schrieb, als
Foucault im Sterben lag. Er gestand ein, daß sein Verhalten den
Philosophen wahrscheinlich »wütend« gemacht hätte. [49]
Der Leiter der Sendung, Bernard Pivot, ließ nicht locker und
verlas eine der umstrittensten Passagen des Romans: »›Heute
nachmittag war ich allein mit Muzil in seinem [Kranken]zim-
mer.‹ Muzil ist Foucault. ›Lange Zeit hielt ich seine Hand, genauso wie er in seiner Wohnung meine manchmal gehalten hatte.
Dann legte ich meine Lippen auf seine Hand und küßte sie. Als

ich wieder zu Hause war, wusch ich diese Lippen mit einem Gefühl der Scham und der Erleichterung, so als ob sie verunreinigt
worden seien. Ich war so glücklich, so erleichtert.‹ So etwas zu
schreiben, ist schrecklich!«

»Ja«, antwortete Guibert, »es ist schrecklich!« Doch, fügte der
Künstler hinzu, »*es ist die Wahrheit.*«

Doch warum, wollte Pivot wissen, bestand Guibert darauf, gerade *diese* Wahrheit zu enthüllen? Weil, antwortete der
Schriftsteller mit einer Bemerkung, die gut zu der Tonlage der
letzten Vorlesungen Foucaults am *Collège de France* paßte,
»die Wahrheit eine Tugend ist [. . .]. Die Wahrheit, auch wenn
sie grausam ist, ich weiß nicht so recht, [. . .]. Ich glaube, es liegt
eine gewisse Zärtlichkeit darin«, – sogar in der Darstellung der
skandalösesten Tatsachen und Ereignisse. Und außerdem:
»Michel Foucault war jemand, der genau auf sein Privatleben
achtete, doch er war auch jemand, der Freiheit und Kühnheit in
seinem Leben an den Tag legte, und der alles andere als das war,
was man im schwulen Jargon eine ›*closet queen*‹ nennt« – Guibert gebrauchte den englischen Begriff. Der Philosoph selbst,
so fuhr der Künstler fort, »hat Interviews zum Thema Sado-
Masochismus gegeben«, er sei in der Öffentlichkeit in Leder
aufgetreten und habe kein Geheimnis aus seinen Neigungen
gemacht – er habe, auf seine eigene Weise, so frei und provokativ wie Diogenes im klassischen Athen gelebt.

Dies alles stimmt, wie wir gesehen haben.

Doch nichts von all dem kann allein die bleibenden Zweifel darüber aus dem Weg räumen, ob die von Guibert geschilderten
›fürchterlichen Dioramen‹ »die Wahrheit des Wirklichen«
preisgeben.

Was uns bleibt, ist in den Worten Foucaults »die eigensinnige,
fragende Indiskretion eines seinerseits verriegelten Schlüssels
– dechiffrierende und chiffrierte Chiffre«.[50]

Bei der Einschätzung der offensichtlichen Offenbarungen seiner
inneren Geheimnisse gegenüber Guibert fühlt man sich beständig an das erinnert, was Foucault selbst über den Schriftsteller

Raymond Roussel geschrieben hatte. Foucault faszinierte das Werk Roussels nicht zuletzt wegen seiner letzten zweideutigen Geste, einem postum veröffentlichten Essay, in dem Roussel seine literarische Methode erklärte und der den Titel trug: ›Wie ich bestimmte meiner Bücher geschrieben habe‹. »Im Moment des Todes«, schreibt Foucault, hält der Autor »seinem Werk einen Spiegel« vor, der »eine sonderbare[] Magie« besitzt: »Er drängt die Hauptgestalt in den Hintergrund, wo die Linien sich verwirren, rückt den Ort der Offenbarung möglichst weit weg, holt aber, gleichsam für die extremste Kurzsichtigkeit, das heran, was dem Augenblick, in dem die Offenbarung spricht, am fernsten ist. Je näher die Offenbarung sich selber kommt, desto tiefer verstrickt sie sich in ein Geheimnis. In ein doppeltes Geheimnis: Denn seine feierliche allerletzte Form, die Sorgfalt, mit der sie das gesamte Werk hindurch hinausgezögert worden ist, um im Augenblick des Todes fällig zu werden, verwandelt das Verfahren, das sie an den Tag bringt, in ein Rätsel« – und stürzt den Leser in einen Zustand der Verblüffung, »wenn es darum geht, diese Form des Verschweigens näher zu bestimmen, die das Geheimnis in jener plötzlich aufgegebenen Zurückhaltung bewahrt hat«.[51]

Vielleicht dachte Foucault an Roussels letzte Geste, als er sich ausgerechnet Guibert anvertraute, weil er erwarten konnte, daß seine Geständnisse öffentlich gemacht werden würden, aber erst, nachdem der Künstler sie in ein ›fiktives‹ Gewand gekleidet haben würde.[52]

Und vielleicht dachte Foucault auch an Roussel, als er vor seinem Tod ein letztes Interview gab, eine Art öffentliches Gegenstück zu seinen privaten Gesprächen mit Guibert. Ein letztes Mal sollte er darauf hinweisen, daß sein *gesamtes* Werk als eine Art Autobiographie zu lesen sei; ja, er sollte sogar wie Roussel erklären, wie er bestimmte seiner Bücher geschrieben hatte.

Die Einleitungsfrage war sorgfältig vorbereitet worden: »Was bei der Lektüre Ihrer letzten Büchern auffällt, ist eine klare, reine, ausgefeilte Schreibweise, die sich sehr von dem Stil unterscheidet, den wir gewohnt waren [. . .]. Sind Sie nicht – wenn

Sie einen gewissen Stil aufgegeben haben – philosophischer geworden, als Sie es vorher waren?«

»Wenn man einräumt, – und das tue ich! –« rief Foucault aus, »daß ich mit *Die Ordnung der Dinge, Wahnsinn und Gesellschaft,* sogar in *Überwachen und Strafen* philosophische Studien betrieben habe, die im wesentlichen auf einen bestimmten Gebrauch des philosophischen Vokabulars, des Spiels und der philosophischen Erfahrung zurückgehen, und daß ich mich ihm mit Haut und Haaren ausgeliefert habe«, gesteht der sterbende Weise, »dann stimmt es, daß ich jetzt versuche, mich« von dieser in ihrer Rhetorik ausweichenden »Form der Philosophie« zu befreien, »[e]ben, um sie dazu zu benutzen, sie als Erfahrungsbereich zu studieren, auszumessen und zu organisieren«. Dies solle teilweise durch die Einführung einer vormals verdunkelten Dimension geschehen; nämlich derjenigen des Subjekts, des Selbst und des leidenschaftlich an der Wahrheit über sich interessierten Philosophen.[53]

Diese Worte sind ein merkwürdiges Echo des folgenden Satzes Nietzsches: »Allmählich hat sich mir herausgestellt, was jede große Philosophie bisher war: nämlich das Selbstbekenntnis ihres Urhebers und eine Art ungewollter und unvermerkter *mémoires.*«[54]

Auch die folgende Klage Foucaults aus *Der Wille zum Wissen* klingt hier an: »Man macht sich selbst mit Lust und Schmerz Geständnisse, die vor niemand anders möglich wären, und daraus macht man Bücher.«

Die ›Verpflichtung zur Wahrheit‹ wurde, so scheint es, wahrlich zum unvermeidlichen Schicksal Foucaults – genau wie er in seinen letzten Vorlesungen am *Collège de France* angedeutet hatte. Auch wenn er es versucht haben sollte, konnte der Philosoph nicht darüber schweigen, wer er war. Aus diesem Grunde bilden *alle* Bücher Foucaults, vom ersten bis zum letzten, ›eine Art ungewollter und unvermerkter *mémoires*‹, ein stillschweigendes Bekenntnis.

Und aus diesem Grunde sind sie trotz all der ›Spiele‹, die Foucault eingestandenermaßen in ihnen spielte, zumindest der ernste und unumstößliche Ausdruck einer Wahrheit – der

Wahrheit über sich selbst. Diesem Selbst, das er sein ganzes Leben lang versuchte zu enträtseln, neu zu erfinden und sich von ihm loszusagen, konnte er nie ganz entkommen: Es ist immer präsent, direkt vor unseren Augen, lauert in den Seiten seiner Bücher, wirbelt im »Wortstaub« als eine, in den Worten Foucaults, »vergängliche Existenz, die zweifellos dem Verschwinden geweiht ist [und] nicht genau vorstellbare[] Mächte und Gefahren« freisetzt und die im Werk unheimliche Spuren von seinen »Kämpfen, Siegen, Verletzungen, Überwältigungen und Knechtschaften« hinterläßt. Und sogar wenn das Schreiben selbst »sich seit langem abgeschliffen« und etwas von seinen »Rauheiten« verloren und den »merkwürdigen Schmerz« gelindert haben sollte, der immer noch still das Innere durchzieht, so bleibt Foucaults einzigartige Wahrheit doch in der dunklen Innerlichkeit dieser gepeinigten Sprache des Bestreitens gefangen und abgeschieden in einem gänzlich »harten, leeren, geschlossenen, trockenen, nackten, finsteren Ort«, darauf wartend, »verortet«, aufgebrochen und überprüft zu werden – ein einzigartiges Feld aus innerer Erfahrung, das von philosophischer Bedeutsamkeit birst.[55]

Als sein Ende nah war, scherzte der Philosoph Guibert zufolge mit dem Schriftsteller über seine Lieblingsphantasie, den charakteristischen Traum, sich unsichtbar machen zu können. In seinen berühmtesten Büchern ist ihm dies, wie wir nur zu gut wissen, auch gelungen; und zwar nicht durch einen Zauberkraft besitzenden Gyges-Ring, sondern vielmehr durch die Alchimie seiner Sprache. Er hatte diesen Traum immer noch, obwohl er seit mindestens einem Jahrzehnt versucht hatte, ›anders zu denken‹ und sich alle Mühe gegeben hatte, die Wahrheit zu sagen – wenn auch nur durch seine Vorlesungen zur *Parrhesia* und indem er Anleitungen dazu gegeben hatte, wie bestimmte seiner Bücher zu lesen seien.
Eines Abends, so Guibert, habe ihm der Philosoph den Genuß beschrieben, den ihm die Vorstellung bereite, sich eine Institution auszumalen, in der man nicht sterben würde, sondern in

der es nur den *Anschein* hätte, als ob man stürbe. »›Natürlich müßte alles prunkvoll sein‹«, gab Guibert später die Gedanken des Freundes wieder. Es gäbe »prächtige[] Bilder und sanfte[] Musik, aber nur, damit des Pudels Kern besser versteckt wird, denn ganz hinten in dieser Klinik gäbe es eine kleine Tür, vielleicht hinter einem dieser Bilder, die einen ins Träumen bringen, man würde in der einlullenden Melodie des Nirwana aus der Spritze verstohlen hinter das Bild schlüpfen und schwups! wäre man verschwunden, tot in aller Augen, und man würde auf der anderen Seite der Wand wiederauftauchen, im Hinterhof, ohne Gepäck, mit nichts in den Händen, ohne Namen, und man müßte sich eine neue Identität erfinden«.⁵⁶

Seine Freunde erzählen, daß Foucault ihnen nie so gelassen vorgekommen sei wie in den letzten Wochen seines Lebens.⁵⁷

Und nie habe der Philosoph, berichtet Hervé Guibert, so lauthals gelacht wie zum Zeitpunkt seines Sterbens, als er, so darf man annehmen, sich »die Tür« vorstellte, »die sich zu meiner Geschichte öffnet«, wohl wissend, daß er bald ihre Schwelle überschreiten und dann nur noch »Wortstaub« sein würde, nicht mehr länger sprechen, zuhören, suchen, in einem Käfig sitzen müßte, wahrlich »etwas Stummes in einem [. . .] leeren Ort« – endlich vom Zwang zur Wahrheit befreit.

Nachwort

Während der Arbeit an diesem Buch haben mich Freunde und Bekannte oft gefragt, warum ich mich mit Foucault beschäftigte und was ich von dem Leben hielte, das ich im Begriff war nachzuerzählen. Einige Gründe habe ich im Vorwort bereits angeführt, und zweifelsohne lassen sich meine Gefühle Foucault gegenüber an der Art und Weise ablesen, wie ich diese Geschichte erzählt habe. Da jede historiographische Arbeit, wie sehr man sich auch um ein gewisses Maß an Objektivität bemühen mag, zumindest partiell von den persönlichen Interessen und moralischen Grundsätzen des Autors beeinflußt wird, scheint es mir am Ende meines Berichts doch sinnvoll, ein wenig genauer auf einige der Zufälle, gemischten Gefühle und eingeflossenen Werturteile einzugehen, die mein Schreiben geleitet haben. Außerdem möchte ich meine eigenen Überzeugungen, was die Bedeutung des Foucaultschen Lebens und Werks angeht, etwas näher erläutern.

Meine Nachforschungen begannen mit einem Gerücht – ein Gerücht, von dem ich heute glaube, daß es im wesentlichen unwahr ist.

An einem Frühjahrsabend des Jahres 1987 erzählte mir ein alter, in meinem Wohnort Boston lehrender Freund schockiert, daß man munkle, Michel Foucault sei, nachdem er 1983 erfahren habe, daß er an AIDS leide, weiter in die schwulen Badehäuser Amerikas gegangen und habe vorsätzlich andere Menschen mit dem Virus infiziert.

Zu diesem Zeitpunkt gehörte ich nicht zu den Bewunderern des sogenannten ›Poststrukturalismus‹ oder der ›postmodernen‹ Denkweise; eigentlich bin ich immer noch der Meinung, daß viele der in den achtziger Jahren in Amerika modischen französischen Philosophen – zum Beispiel Baudrillard – ziemlich unbedeutend sind. Foucault jedoch war für mich immer etwas anderes. Ich nahm seine Arbeiten ernst, obwohl ich sie nicht besonders gut kannte. Im Frühjahr 1987 beherrschte ich den Foucaultschen Jargon einigermaßen und konnte zu Partygesprächen über das Zusammenspiel von Macht und Wissen beitragen; in den sechziger Jahren hatte mich *Wahnsinn und Gesellschaft* beeindruckt, *Überwachen und Strafen* hatte mir im Zusammenhang mit einem früheren Buch über Jean-Jacques Rousseau und die französische Revolution beim Nachdenken über bestimmte Themen geholfen; darauf beschränkte sich zu dieser Zeit meine Kenntnis von Foucaults Werk und mein Interesse daran.

An dem Abend, an dem mir mein Freund das Gerücht über Foucault und AIDS erzählte, dachte ich nicht weiter darüber nach. Als ich jedoch am nächsten Morgen aufwachte, stellte ich fest, daß mir die Geschichte meines Freundes nicht aus dem Kopf ging. Was hätte es zu bedeuten, wenn sie wahr wäre? Als ich weiter darüber nachdachte, ging ich zu meinem Bücherregal und nahm die Bücher Foucaults in die Hand. Wie sich herausstellte, besaß ich eine ganze Reihe, jedenfalls mehr, als ich gelesen hatte. Ich merkte jedoch bald, daß seine Bücher wenig über die Person Foucaults verrieten. Auf fast allen Klappentexten der englischen Übersetzungen seiner Werke fand sich dieselbe Kurzbiographie; dieselben nichtssagenden Sätze wurden sogar wortwörtlich in der Einleitung zu Hubert Dreyfus' und Paul Rabinows maßgeblicher Einführung wiederholt (*Michel Foucault: Jenseits von Strukturalismus und Hermeneutik*): »Michel Foucault, 1926 in Poitiers, Frankreich, geboren, [. . .] schreibt häufig für französische Zeitungen und Journale [. . .].«

Da ich neugierig geworden war, rief ich meinen Freund an und fragte ihn, wo er die grausige Geschichte über Foucault gehört habe. Er gab mir den Namen eines ebenfalls in Boston lehrenden bekannten Romanisten. Ich rief diesen Professor an und fragte ihn auch, wo er die Geschichte gehört habe. Nach drei Telefonaten gab ich zunächst einmal auf. Die Spur des Gerüchts

wies nach Paris. Und mir drehte sich der Kopf von all den unglaubwürdigen Geschichten, die ich über Foucault gehört hatte,
wovon sich viele um seine Vorliebe für sado-masochistische
Formen der Erotik drehten.

Ich beschloß, zunächst nicht mehr den Journalisten zu spielen,
und machte mich an die Lektüre der Bücher Foucaults. Langsam
nahm die Idee Gestalt an, etwas über ihn zu schreiben. Doch
was hatten, wenn überhaupt etwas, all die Geschichten, die mir
erzählt wurden, mit Foucaults Werken zu tun?

Ich nahm mir vor, seine Bücher in chronologischer Abfolge zu lesen und mit *Wahnsinn und Gesellschaft* zu beginnen. Was mich
sofort verblüffte, war die Tatsache, daß die Gerüchte mich dazu
veranlaßten, bestimmten bislang übersehenen Aspekten an Foucaults Stil und an seinen historischen Argumenten mehr Aufmerksamkeit zu schenken. Der Marquis de Sade zum Beispiel
spielte eine kleine, doch entscheidende Rolle in *Wahnsinn und
Gesellschaft* – was mir vorher nie aufgefallen war. Ein Großteil
der Foucaultschen Sprache schien mir nun von einer merkwürdigen morbiden und mystischen Aura durchzogen. Ich wußte nicht,
was ich davon halten sollte und verstand nicht, auf welche Weise
Foucaults Sprache diese Wirkung erzielte. Ich fragte mich, ob ich
nicht vielleicht zuviel in sie hineinläse, bezweifelte dies jedoch.
Um sicher zu gehen, begann ich damit, mir Notizen zu machen
und erstellte so einen unsystematischen Index häufig auftreten-
der Bilder und Motive, wobei ich auf meine eigene ungehobelte
Art und Weise eine Methode anwandte, die der Literaturkritiker
Jean Starobinski bis zur Vollendung entwickelt hat.

Obwohl ich es mir noch nicht eingestand, war ich Foucault bereits verfallen. Ich war den Verführungskünsten seiner Rhetorik erlegen und ertappte mich dabei, wie ich mir über Themen
Gedanken machte, die ich bislang tunlichst vermieden hatte.
Auf eine Art und Weise, die mir unbekannt war und deshalb
mein Interesse erweckte, begann ich, über die Bedeutung von
Tod und der menschlichen Fähigkeit zur Grausamkeit, über den
fügsamen Charakter von Schmerz und mögliche Implikationen
einer ethischen Haltung nachzudenken, die bewußt keine Verantwortung übernehmen will.

Nachdem ich alle Bücher Foucaults gelesen hatte, war ich davon überzeugt, daß ich zumindest einen Essay schreiben würde. Doch ich war mir immer noch nicht darüber klar, daß ich ein Buch schreiben würde.

Ich sprach mit einigen akademischen Foucault-Experten, von denen ein paar ihn persönlich gekannt hatten. Mehr als einmal wurde ich darauf hingewiesen, daß Foucault selbst den Mythos des ›Autors‹ in Frage gestellt hatte. Die meisten warnten mich davor, daß meine Neugier für den Menschen den Geist seiner Philosophie verletzen würde. Doch fast alle erzählten mir freiwillig weitere Anekdoten über ihn.

Mit einigen Bedenken machte ich weiter, denn mir war mittlerweile nur allzu bewußt geworden, wieviel ich noch nicht wußte. Ich hatte immer noch nicht herausgefunden, ob das ursprüngliche Gerücht stimmte, obwohl ich mittlerweile glaubte, daß es falsch war. Ich wußte viel zu wenig über das intellektuelle Milieu Frankreichs, in dem Foucault groß geworden war und gewirkt hatte. Ich stellte fest, was von noch größerer Bedeutung war, daß ich so gut wie nichts über die amerikanische Schwulengemeinde wußte – und noch weniger über ihre sadomasochistische Subkultur.

Während der nächsten zwei Jahre versenkte ich mich in die Werke des Marquis de Sade, Antonin Artauds, Georges Batailles, Maurice Blanchots, Samuel Becketts und René Chars, las ein Buch nach dem anderen, wobei ich immer Foucaults Perspektive im Auge behielt, machte mir Notizen und versuchte mir vorzustellen, was ihn zu diesen sehr unterschiedlichen Autoren gezogen haben mochte.

Gleichzeitig versuchte ich, mir ein Bild von den politischen Problemen der Schwulengemeinde zu machen und freiwilligen Sado-Masochismus zu verstehen. Da ich bereits ein Buch über die radikalen Studentenbewegungen im Amerika der sechziger Jahre geschrieben hatte und aktiver Teilnehmer an der radikalen ›Gegen-Kultur‹ dieser Zeit gewesen war, schien mir die schwule Befreiungsbewegung, die ebenfalls in den sechziger Jahren entstanden war, in vieler Hinsicht ähnlich, auch wenn ich ein Außenstehender war. Die Welt des Sado-Masochismus

stellte mein Einfühlungsvermögen jedoch auf eine harte Probe. Zunächst war ich schlichtweg schockiert: Ich konnte nicht begreifen, wie zwei Menschen Befriedigung im Zufügen und Erleiden von Schmerz finden konnten – ich bin jemand, der in Angstschweiß ausbricht, wenn er zum Zahnarzt muß. Doch je mehr ich las, desto besser konnte ich die Faszination von S/M verstehen. (Dabei hatte ich einen Vorteil: Ich habe wie so viele, die in den sechziger Jahren erwachsen wurden, mit LSD experimentiert. Ich weiß, welche Anziehungskraft künstliche Bewußtseinserweiterung haben kann; und wie ich entdeckte, gehört Bewußtseinserweiterung zur Faszination von S/M.)
An einem entscheidenden Punkt in meiner Forschungsarbeit entdeckte ich die Arbeiten des amerikanischen Psychoanalytikers Robert J. Stoller. Seine Theorien über abweichendes Sexualverhalten und seine ethnographischen Studien über freiwilligen Sado-Masochismus bestätigten vieles von dem, was die Anhänger von S/M selbst geschrieben haben. Dank Stoller und Schriftstellern wie Geoff Mains und Gayle Rubin, deren Arbeiten zu einem weiteren Prüfstein für mich wurden, habe ich erkannt, daß es sich bei S/M um eine relativ harmlose Sexualpraktik handelt. Ihre Techniken schockierten mich nicht länger. Und heute bin ich davon überzeugt, daß die verschiedenen Verbote und Vorurteile gegenüber diesen Praktiken unberechtigt sind.
Ich stellte außerdem fest, daß S/M einige der philosophischen Themen verdeutlichte, die durch meine Foucaultlektüre entstanden waren. Zum Beispiel schien die offensichtlich selbstverständliche Unterscheidung zwischen Lust und Schmerz – eine Unterscheidung, die viele Moralphilosophen von Plato bis Bentham für einigermaßen wichtig gehalten hatten – aus der Perspektive eines freiwillig eingegangenen S/M alles andere als selbstverständlich. Ebensowenig selbstverständlich schienen die Mittel, die diese Praktiken offenbar anboten, um aggressive und grausame Phantasien nicht nur auszudrücken, sondern vielleicht sogar einfallsreich meistern zu können. Darüber hinaus schien S/M nachdrücklich eine Reihe weiterer Fragen anzusprechen, die alle bedeutsam für Foucaults Werk sind und

besondere Wichtigkeit für das Verständnis und die Einschätzung seiner Vorstellung von ›Grenz-Erfahrung‹ haben. Woher kommen unsere dem Anschein nach so unausweichlichen Triebe? Sind sie bedingt oder unbedingt – oder eine unstete Mixtur? Zeugen Aggression, Feindseligkeit und Todesfaszination, die so lebhaft im S/M-Theater der Grausamkeit dramatisiert werden, vom Vorhandensein elementarer und im Grunde unveränderlicher animalischer Instinkte, wie Freud vermutet hatte? Sind die erotisch aufgeladenen unserer grausamen Impulse möglicherweise transformierbare Nebenprodukte schmerzvoller und erniedrigender Kindheitserfahrungen, wie Robert Stoller nahelegt? Oder repräsentieren und reproduzieren unsere unwiderstehlichen Begierden vielmehr ein Netzwerk gesellschaftlich konstruierter Verhaltensmuster und Neigungen, die, wie Foucault mitunter andeutete, verschwinden könnten – doch nur wenn unser gesamter Lebensstil völlig umgeformt würde?

Ähnliche Fragen tauchten in den Büchern auf, die ich las – im Werk Sades, Artauds und Batailles, allesamt Autoren, deren Arbeiten ich vor meiner Beschäftigung mit Foucault nie ernsthaft gelesen hatte. Außerdem waren ganz ähnliche Fragen von Nietzsche aufgeworfen worden, einem Philosophen, den ich kannte und dessen Schriften ich nun mit anderen Augen zu lesen begann.

Im Sommer 1989, als sich diese Phase meiner Arbeit dem Ende näherte, hatte ich gelernt, Foucault Respekt, wenn nicht gar Staunen entgegenzubringen. Obwohl ich mir ganz und gar nicht darüber im klaren war, ob ich alles verstand, was er zu sagen hatte (selbst heute bin ich mir ziemlich sicher, daß dies nicht der Fall ist), war ich mir sicher, daß er einer der originellsten – und waghalsigsten – Denker dieses Jahrhunderts ist. Ich hatte mich dazu entschieden, daß ich in der Tat ein Buch über sein Leben und Werk schreiben wollte.

Ich wandte mich wieder seinen Texten zu und las alles von ihm, was ich finden konnte, was er gesagt und geschrieben hatte. Die Interviews, Essays, Bücher und auch die Anekdoten schienen nur Bruchstücke eines großen Puzzles zu sein. Und dieses

Puzzle, davon war ich mittlerweile überzeugt, konnte nicht gelöst werden, indem man sich entweder ausschließlich auf seine Texte oder nur auf sein Leben konzentrierte. Sein Werk schien aus seinen Büchern *und* aus seinem Leben zu bestehen; das eine konnte nicht ohne das andere – zumindest im philosophischen Sinne – verstanden werden. Ja, jeder biographische Zugang, welche Gestalt er auch annehmen sollte, schien von Foucaults eigenen späten Bemerkungen über das von ihm anscheinend geführte ›philosophische Leben‹ gerechtfertigt zu werden. Wie er die Zuhörer seiner letzten Vorlesungen am *Collège de France* belehrte, hieß ›Philosoph zu sein, in der Antike ein bestimmtes Leben zu führen und eine bestimmte Denkweise zu verkörpern. »Und es scheint mir eine lohnende Aufgabe«, bemerkte er während einer dieser Vorlesungen, »eine Geschichte zu schreiben, die vom Problem des philosophischen Lebens ausgeht, ein Problem[,] [. . .] das als eine Wahl ins Auge gefaßt wird, die sowohl in den Ereignissen und Entscheidungen einer Biographie als auch in der [Beschreibung] desselben Problems im Innern eines [Gedanken]gebäudes aufgespürt wird, sowie in dem Stellenwert, der dem Problem des philosophischen Lebens in diesem System zugestanden wird.« In dieser Vorlesung wetterte Foucault an anderer Stelle gegen die neuzeitliche »Vernachlässigung« der Idee des »philosophischen Lebens«, die sich deshalb im Rückzug befinde, so spekulierte er, »weil die Beziehung zur Wahrheit heute nur noch in der Form naturwissenschaftlicher Erkenntnis bestätigt und dingfest gemacht werden kann«.[1]

Ich wollte Foucaults Herausforderung annehmen und hoffte, eine ungewohnte Form des ›philosophischen Lebens‹ zu beschwören, indem ich beschloß, ein Buch zu schreiben, das persönliche Vignetten und Textexegese miteinander verbinden sollte, genauso wie der antike Historiker Diogenes Laertius es in seiner *De clarorum philosophorum vitis* getan hatte; doch wollte ich moderne kritische Methoden benutzen, um die Fakten zu etablieren und meine Interpretationen einer unabhängigen kritischen Überprüfung offenzuhalten. Mein Ziel war dabei, um es mit den Worten Gilles Deleuzes zu sagen, »vitale

Aphorismen [zu] finden, die zudem Anekdoten des Denkens«
sind.[2]

Im Herbst 1989 machte ich mich auf die Suche nach den richtigen Anekdoten, indem ich Interviews führte. Ich begann an der amerikanischen Westküste und arbeitete mich langsam nach Paris vor. Inzwischen war ich mir sicher, daß Foucaults Vorliebe für Sado-Masochismus ein wichtiger Schlüssel dafür war, äußerst schwierige, doch gemeinhin vernachlässigte Aspekte seines Werkes in den Griff zu bekommen. Ich hatte auch die – wie sich herausstellen sollte – richtige Vermutung, daß Amerikaner wesentlich bereitwilliger über diese Seite des Foucaultschen Lebens sprechen würden als Franzosen.

Inzwischen war ich davon überzeugt, daß das Gerücht, das meine Arbeit in die Wege geleitet hatte, falsch war. Erstens war seine sexuelle Topographie verdächtig: Alle Informanten waren heterosexuell. Zweitens hatte ich bereits eine ganze Reihe von Belegen gesammelt, die darauf hindeuteten, daß Foucault niemals völlig darüber aufgeklärt worden war, daß er AIDS hatte. Sollte dies stimmen, schien die Unterstellung weithergeholt, daß er zu einer Art von ›AIDS-Guerilla‹ gehört habe, die darauf aus war, andere umzubringen – ein perverser Tribut, sagte ich mir, an die anfänglichen paranoiden und panischen Reaktionen auf AIDS, selbst unter ansonsten vernünftigen Menschen.

Mein Parisbesuch im März 1990 gab mir frischen Mut. Ich hatte seit einigen Monaten versucht, mit Foucaults langjährigem Gefährten Daniel Defert in Kontakt zu treten. Er war schwer zu erreichen. Meine ersten Briefe blieben unbeantwortet. Als ich in Paris ankam, versuchte ich ihn – zunächst erfolglos – telefonisch in seiner Wohnung zu kontaktieren. An einem Sonntag nachmittag um fünf Uhr bekam ich ihn endlich an die Strippe. Ohne Umschweife erklärte ich ihm mein Vorhaben; er lud mich ein, noch am selben Abend vorbeizukommen. Ich fuhr schnell zu Foucaults alter Wohnung, in der Defert jetzt allein wohnt. Wir unterhielten uns drei Stunden. Die Stoßrichtung meiner Fragen schien ihm nahezugehen. Es wurde ihm bald klar, glaube ich, daß ich mich in Foucaults Schriften vertieft hatte. Es war ebenso klar, daß ich mich informiert hatte, was Foucaults Erfahrungen mit dem schwulen Amerika betraf. Defert wußte natürlich von diesen Erfahrungen, und er stimmte mir zu, daß sie wichtig, wenn nicht gar entscheidend für ein angemessenes Verständnis der Foucaultschen Werke waren, besonders des Spätwerks. An diesem Abend sprach Defert ausführlich über Foucaults Konzept der ›Grenz-Erfahrung‹. Ich spürte sofort, daß die Nachdrücklichkeit, mit der Defert von diesem Konzept sprach, der Sache angemessen war – und mein Buch drückt diese Überzeugung aus.

Als wir zwei Stunden miteinander geredet hatten, kam das Thema AIDS zur Sprache. Defert erklärte mir, inwiefern die drohende Gefahr von AIDS eine entscheidende Rolle dabei gespielt hatte, wie Foucault sich dem Denken der römischen und griechischen Antike genähert hatte. »Es ist gut möglich«, bemerkte Defert, »daß er sich über sein bevorstehendes Ende im klaren war. Er machte kein Drama daraus, sondern formte, eigentlich tagtäglich, eine [neue Art von Beziehung] mit anderen [. . .]. Selbst wenn er sich nicht sicher über seine eigene Situation war«, so war das Übel AIDS doch beständig in seinen Gedanken. »Er nahm AIDS sehr ernst«, fuhr Defert fort. »Als er zum letzten Mal nach San Francisco fuhr, betrachtete er dies als eine ›Grenz-Erfahrung‹.«

Ich war sprachlos.

Wir unterhielten uns noch eine weitere Stunde. Doch als ich Foucaults alte Wohnung an diesem Abend verließ, konnte ich nur an Deferts trügerisch simplen Satz denken: *Er nahm AIDS sehr ernst; er betrachtete es als eine ›Grenz-Erfahrung‹.*

Ich mußte mich nun fragen, ob das ursprüngliche Gerücht der Wahrheit nicht doch näher kam, als ich es für möglich gehalten hatte.

Als ich aus Paris zurückkehrte, machte ich mich sofort ans Schreiben. Da ich nicht wußte, was ich von Deferts Satz halten sollte, versuchte ich zuerst, seine Bedeutung zu verstehen und ihn in einen Kontext zu stellen, indem ich ihn mit anderen Bemerkungen verglich, die Foucault gegenüber Freunden zu AIDS und zum Tod gemacht hatte. Ich stellte ein Experiment an und befolgte Foucaults Ratschlag, daß man sich, wolle man das Leben eines Schriftstellers verstehen, ansehen solle, wie er gestorben war. Doch bald stellte ich zu meiner Verwunderung fest, daß diese (jedenfalls für mich) ungewöhnliche Weise, sich dem Leben eines Autors zu nähern, zumindest bei Foucault Schritt für Schritt und fast zwangsläufig zu den großen Themen seiner Philosophie führte, die ich meinen Lesern zur Überprüfung vorlegen wollte.

Ich stand nun vor dem Problem, wie ich mit der Möglichkeit umgehen sollte, daß Foucault AIDS als ›Grenz-Erfahrung‹ betrachtet hatte. Alles, was ich von Defert und anderen erfahren hatte, bestärkte mich in der Überzeugung, daß es im höchsten Maße unwahrscheinlich ist, daß Foucault (wie es das Gerücht wollte) ausgezogen war und bewußt versucht hatte, unschuldige Menschen zu infizieren – und damit im Grunde zu ermorden. Offensichtlich wußte er – vielleicht bis zur Stunde seines Todes – nicht mit letzter Sicherheit, ob er AIDS hatte oder nicht. Die Situation in San Francisco im Herbst 1983, so wie ich sie habe rekonstruieren können, läßt kaum einen anderen Schluß zu, als daß, wenn man AIDS als ›Grenz-Erfahrung‹ ansah, man potentiell selbstmörderische Handlungen mit willigen Partnern hätte durchführen müssen, von denen die meisten wahrscheinlich sowieso schon infiziert waren; Foucault und diese Männer hätten ihr Leben also gemeinsam aufs Spiel gesetzt, hätten sie alle Vorsichtsmaßnahmen über den Haufen geworfen. So verstehe ich jedenfalls das, was vielleicht geschehen ist.

Mein gänzlich indirektes Belegmaterial, das zudem aus zweiter Hand stammt, kann, das gebe ich freimütig zu, auch anders verstanden werden. Ein skeptischer Gesprächspartner hat mich darauf hingewiesen, daß es durchaus möglich ist, daß Foucault, selbst wenn er die Badehäuser im Herbst 1983 noch besucht hätte, *safe sex* praktiziert haben könnte; doch scheint mir dies in Anbetracht seiner eigenen lebenslangen Überzeugungen hinsichtlich Selbstmord und Tod sowie seiner Geringschätzung für *safe sex* unwahrscheinlich. Andererseits ist es auch möglich, wie andere Leser vermutet haben, daß Foucault, sollte er wei-

terhin die Badehäuser frequentiert haben, unwissende Partner
gefährdet hat; doch auch dies scheint unwahrscheinlich: Obwohl 1983 noch nicht alle Einzelheiten über AIDS bekannt waren, muß sich wohl jeder, der 1983 noch in die Badehäuser ging,
der damit verbundenen möglichen Risiken bewußt gewesen
sein.

Doch darf nicht vergessen werden, daß diese Risiken im wahrsten Sinne des Wortes Risiken und keine Gewißheiten waren.
Wie Allan Bérubé schreibt, infizierten sich »selbst diejenigen,
die in diesen Monaten bewußt die größten Risiken eingingen,
nicht einfach freiwillig mit AIDS«. Sein Leben aufs Spiel zu setzen – und das Spiel zu verlieren – ist nicht ganz dasselbe wie
sich bewußt selbst umzubringen. [3]

Man darf sich an dieser Stelle an Foucaults Worte über Raymond Roussels tödliche Drogenüberdosis 1933 erinnern: Hatte Roussel die Absicht, »den Tod zu befreien«? Oder vielleicht
»ein Leben wiederzufinden, von dem er sich hartnäckig zu lösen versuchte, obwohl er so lange davon geträumt hatte, es
durch seine Werke und selbst in seinen Werken durch sorgfältige, phantastische, unermüdliche Vorrichtungen ins Unendliche zu verlängern?« Vielleicht hatte Roussel in einem Wahn-
sinnsanfall versucht, sich das Leben zu nehmen. Oder war er
vielleicht ganz im Gegenteil bei einem Unfall umgekommen,
der die unbeabsichtigte Folge seines fortwährenden Kampfes
war, durch die lebenswichtige Alchimie der ›Grenz-Erfahrung‹
»sich von sich selber zu lösen« (se déprendre de soi même)?
Wie Foucault es in seinen Bemerkungen zu Roussels scheinba-
rem Selbstmord ausdrückt, liefert »die Unmöglichkeit«, die
Motive des toten Mannes nachzuvollziehen, »jeden Diskurs«
über sein Werk der Gefahr aus, »weniger durch ein Geheimnis
getäuscht zu werden als vielmehr durch das Bewußtsein, daß es
Geheimes gibt«. [4]

Eine letzte Bemerkung in diesem Zusammenhang erscheint angebracht. Nachdem es keinen Zweifel an den tödlichen Folgen
des HIV-Virus mehr gab, änderte die überwältigende Mehrheit
sexuell aktiver schwuler Männer ihr Verhalten auf dramatische
Weise. Die Mitglieder der S/M-Subkultur zeigten besonderen

Erfindungsreichtum, als es darum ging, sich neue erotische Spielarten auszudenken, die ungefährlich, aber doch befriedigend sind. Das Ergebnis dieser bemerkenswerten Veränderung von Meinungen und Verhaltensmustern innerhalb der Schwulengemeinde war ein ermutigender Rückgang durch Geschlechtsverkehr hervorgerufener Infektionen innerhalb dieser Gruppe. Man darf annehmen, daß auch Foucault, wäre ihm nur genug Zeit geblieben, letztlich seine Meinung genauso geändert hätte, wie er es auch schon getan hatte, als er sich über die praktischen Folgen der mörderischen politischen Phantasievorstellungen klar wurde, die er mit der französischen Ultralinken geteilt hatte. Eine Freundin Foucaults aus San Francisco, Gayle Rubin, schrieb mir folgendes in einem Brief nach der Lektüre einer frühen Fassung dieses Buches: »Abgesehen von seinen romantischen Vorstellungen vom Tod, von Extremverhalten und von seinem Endeckergeist glaube ich doch, daß seine HIV-Infizierung eine unvorhergesehene, zufällige, unglückliche und ausgesprochen tragische Folge davon war [. . .]. Wenn er damals gewußt hätte, wie er diese Infizierung und diesen scheußlichen Tod hätte vermeiden können, hätte er, da habe ich keine Zweifel, alles in seiner Macht Stehende getan, um sich vorzusehen; gleichzeitig hätte er, so glaube ich, den Verlust einiger sehr wichtiger, tiefschürfender und aufrütteln der Erfahrungen bereut.« [5]
Rubin hat nicht ganz unrecht: Angesichts der persönlichen Bereicherung, die S/M Foucault brachte, hätte er (wie viele Mitglieder dieser Subkultur) allen Grund gehabt, den Verzicht auf bestimmte Erfahrungen zu bereuen. Je länger ich die Risiken und die grimmige Alternative in der Rückschau abwäge, vor die sich jeder sexuell aktive schwule Mann 1983 gestellt sah – ängstliche Zurückhaltung einerseits oder fatalistische Unbekümmertheit andererseits – desto mehr Verständnis habe ich für diejenigen, die sich für einen Weg entschieden, der sich im nachhinein als töricht herausstellte. In gewisser Hinsicht sind Foucaults Bemühungen gegen Ende seines Lebens, ›anders zu denken‹, vielleicht gescheitert. Doch im Zusammenhang mit dem ›Ethos‹ des reifen Foucault, so wie ich es begreife, hat sein

mögliches Herangehen an AIDS als ›Grenz-Erfahrung‹ eine gewisse Würde. Indem er so sein Schicksal offenbar mit dem der schwulen männlichen S/M-Subkultur verknüpfte, bestätigte er auf paradoxe Weise, wie positiv und wahrhaft transformierend seine Erfahrungen in dieser Gemeinschaft gewesen waren. Die letzten beiden Kapitel meines Berichts legen von dieser Ansicht Zeugnis ab.

Ich bin mir völlig bewußt, daß einige Leser meine abschließenden Ansichten zu diesen und einigen anderen kontroversen Themen, mit denen ich mich beschäftigt habe, abscheulich finden und als ein weiteres Anzeichen für jene Art von moralischer Dekadenz ansehen werden, die erst dann akzeptabel wird, wenn strenge moralische Prinzipien keine Anwendung mehr finden. Doch vielleicht sagt das alte Sprichwort eine Wahrheit: Verstehen heißt Vergeben. Es ist sicherlich richtig, daß meine beständigen Versuche, an entscheidenden Stellen Einfühlungsvermögen an den Tag zu legen, moralische Werturteile bewußt außer acht lassen – und dies mag sehr wohl eine wichtige Grenze der angewandten biographischen Methode aufweisen. Meine Arbeit steht außerdem im Zeichen der vielleicht irrigen Überzeugung, daß das, was Nietzsche und Foucault zur Genealogie moralischer Werturteile geschrieben haben, im weitesten Sinne ›wahr‹ ist. Aus all diesen Gründen habe ich keinen Anlaß dafür gesehen, Foucaults Leben – oder die Weise, auf die er sein irdisches Dasein ausklingen ließ – einem zusammenfassenden Urteil zu unterziehen. Andere werden sich sicherlich zu weniger Zurückhaltung genötigt sehen.

Wie die vorausgegangenen Bemerkungen vielleicht deutlich machen, herrschte bei der Niederschrift meines Buches eine ständige Spannung zwischen manchmal einander widersprechenden Impulsen. Kein anderes Thema, über das ich zuvor geschrieben hatte, hat ein solches Wechselbad der Gefühle hervorgerufen, die von Entsetzen bis Mitleid reichten. Da ich über das Foucaultsche Lebenswerk sowohl leidenschaftlich als auch objektiv schreiben wollte (zwei, wie ich glaube, sich nicht gegenseitig ausschließende Ziele), mußte ich sowohl mein Belegmaterial als auch meine Gefühle an der kurzen Leine halten.

Welche Gefühle sollte ich in meine Sprache einfließen lassen? Wie mitfühlend durfte ich sein? Abgesehen von der alles entscheidenden Verpflichtung zur Wahrheit, an welche Werte sollte ich mich halten? Als ich mich mit diesen Fragen herumschlug, versuchte ich, aufgeschlossen zu bleiben und mich nicht von blinder Gefolgschaft übermannen zu lassen.

Im Herbst 1990 begann ich in den Vereinigten Staaten, öffentlich über mein Buch zu sprechen. Mir wurde schnell klar, daß ich keine Frohe Botschaft zu verkünden hatte – wenn es denn eine Botschaft war, die ich unter die Leute bringen wollte: Eine Kritikerin erinnerte mich daran, daß wohl die Möglichkeit bestünde (sie schien der Meinung zu sein, daß es sich eher um die Wahrscheinlichkeit handelte), daß die Figur, der ich den Namen Foucault gegeben hatte, im Grunde das Hirngespinst meiner eigenen pathologischen Homophobie sei.

Diese ersten Reaktionen verblüfften mich; natürlich nahm ich sie mir zu Herzen. Wir laufen schließlich immer Gefahr, bei der Arbeit uneingestandene Vorurteile mit einfließen zu lassen. Doch nachdem ich die Vorbehalte meiner lautstarken Kritiker gründlich durchdacht hatte, beschloß ich, die entscheidenden Thesen meines Buches unverändert zu lassen. Trotzdem glaube ich, daß ich jetzt besser verstehe, warum einige Leute sich so sehr über das aufgeregt haben, was ich zu sagen hatte. In den achtziger Jahren wurde Foucault an den amerikanischen Universitäten von manchen zum Säulenheiligen erhoben, zu einer kanonischen Figur, auf deren Autorität man sich immer dann berufen kann, wenn man seiner eigenen Version von ›progressiver‹ Politik den angemessenen akademischen Anstrich geben will. Die meisten dieser zeitgenössischen amerikanischen Foucault-Schüler haben hehre demokratische Ziele, sie wollen am Aufbau einer mannigfaltigen Gesellschaft mitarbeiten, in der Menschen verschiedener Hautfarbe, Hetero- und Homosexuelle, Männer und Frauen ihre ethnischen und geschlechtsspezifischen Unterschiede beibehalten und trotzdem harmonisch miteinander leben können und sich gegenseitig achten – ein schönes, doch schwer zu erreichendes Ziel, das tief in der judeo-christlichen Tradition wurzelt. Doch leider ist Foucaults

Lebenswerk, so wie ich es jetzt verstehe, wesentlich vielschichtiger – und verwirrender –, als einige seiner ›progressiven‹ Bewunderer wahrhaben wollen. Ich müßte mich schon sehr irren,
sollte Foucault nicht fast alles, was in der abendländischen Kultur als ›wahr‹ angesehen wird, mutig und grundlegend ange-
zweifelt haben – einschließlich fast aller Glaubensbekenntnisse,
die viele linke amerikanische Akademiker für ›wahr‹ halten.
Was soll man denn nun – fragen Freunde mich oft – von diesem
unruhestiftenden Denker halten?
Ein Teil der Antwort auf diese Frage scheint eindeutig zu sein:
Foucault nahm Nietzsches Aufforderung, ›zu werden, was man
ist‹, ziemlich ernst – in mancher Hinsicht ernster als Nietzsche
selbst. Im Verlauf seiner ›großen nietzscheanischen Suche‹ führte Foucault tapfere Gefechte: gegen althergebrachte Denkgewohnheiten, gegen unerträgliche Formen gesellschaftlicher
und politischer Macht, gegen unerträgliche Aspekte seiner eigenen Existenz. Er hielt mit einer Wißbegierde und mit einem
Mut durch, der Bewunderung abverlangt. Er verbarg seine un-
gezügeltesten Impulse in den Büchern, die er schrieb, und versuchte, diese Impulse zu verstehen, indem er sie gleichzeitig
erklärte und auslebte. Er bannte dabei sein Begehren, während
er sich darum bemühte, auf der Unschuld dieses Begehrens zu
bestehen, teilweise, indem er systematisch den historischen
Ursprung der Unterscheidungen zwischen gut und böse, wahr
und falsch, normal und pathologisch nachwies, an die wir uns
gewöhnt haben. Auf diese zweideutige Weise nahm er am großen Raunen der Kultur teil, zweifelte einige ihrer Grundlagen
an und wies weitverbreitete Annahmen zurück. Gleichzeitig
bot er uns sein Leben als Modell an, nicht als Modell der Wahrheit, sondern als Modell dafür, was die Suche nach der Wahrheit einzuschließen habe. Sein eigener *Wille zum Wissen* war
unerschütterlich und unnachgiebig. Indem er seinen Geist und
seinen Körper wiederholt an ihre Bruchstellen führte, setzte er
einen neuen Maßstab für ein philosophisches Leben, das nach-
zuahmen für die meisten Menschen gefährlich, wenn nicht
unmöglich ist. Sein Lebenswerk beweist meiner Meinung nach
zumindest die Weisheit des alten Satzes von Nietzsche, der

besagt, daß die »Liebe zur Wahrheit etwas Furchtbares und Gewaltiges ist«.[6]
Im Sinne dieses zweischneidigen Aphorismus habe ich versucht, Foucaults Lebensgeschichte zu erzählen. Und sollte mir mit meinem Buch nichts anderes gelungen sein, als dem Leser ein wenig von der verstörenden Gewalt der wichtigsten Themen Foucaults zu vermitteln und ihn vielleicht mit den gemischten Gefühlen, die ich beim Schreiben hatte, anzustecken, – dann, so glaube ich, habe ich mein Ziel erreicht.

Nachwort des Übersetzers

> Die Biographie nimmt berühmten Toten ihre Geheimnisse und wirft sie der Welt vor die Füße. Der Biograph bei der Arbeit ist wie der Dieb, der sich nachts ins Haus einschleicht und die Schränke durchwühlt, in denen er Geld und Juwelen zu finden hofft.[1]

Bereits vor ihrem Erscheinen Anfang 1993 hatte James Millers Foucault-Biographie, *The Passion of Michel Foucault*, in den USA für Aufregung gesorgt, vor allem im Lager eingefleischter, auf Einhaltung der reinen Lehre bedachter Anhänger des Philosophen. Als sich herumgesprochen hatte, daß der in Foucault-Kreisen weitgehend unbekannte Miller an einer weitausholenden Studie über den Philosophen arbeitete, war man alarmiert. Hatte nicht der französische Journalist Didier Eribon bereits 1989 eine Biographie veröffentlicht und Details aus Foucaults Leben sowie die geistesgeschichtlichen und gesellschaftlichen Zusammenhänge, in denen sein Werk situiert war, der Öffentlichkeit ein für allemal vorgelegt? Wozu dann noch eine zweite Biographie? Hinter vorgehaltener Hand wurde gemunkelt, daß Miller weitaus sinistere Absichten habe als der vorsichtige Eribon und daß er gewisse skandalöse Einzelheiten – vor allem, was die Berkeley-Aufenthalte Foucaults während seines letzten Lebensjahrzehnts anging – ohne die *pudeur* seines Vorgängers ausleuchten wollte. Solche Enthüllungen, so hieß es, könnten schlimme Folgen für das Ansehen Foucaults haben: daß der Philosoph schwul war, hatte sich ja mittlerweile herumgesprochen, auch, daß er an AIDS gestorben war, wußten zumindest Eingeweihte seit einiger Zeit. Doch Miller, flüsterte man sich zu, werde ausführlich auf Foucaults

Eskapaden im schwulen Untergrund San Franciscos eingehen, wobei er sich auf unzählige Interviews in den USA und in Frankreich berufen könne; kurz: mit dem Schlimmsten sei zu rechnen.

Miller selbst hatte seit einiger Zeit begonnen, Auszüge aus seinem Buch vorzutragen, bei denen er Foucaults Werk und Leben miteinander verband und beide im Schatten von Nietzsches apodiktischer Aufforderung aus *Ecce Homo* ansiedelte, »zu werden, was man ist«: Foucault habe Nietzsches Satz, so Miller, zu seinem Motto gemacht und sei in seinem Leben und in seinen Texten unnachgiebig ›Grenz-Erfahrungen‹ nachgejagt, die in jener Heideggerschen ›Bresche‹ nisten, die zwischen Leben und Werk geschlagen ist.

Bei diesen Vorträgen kam es zu tumultartigen Szenen. Die Historikerin Lynn Hunt berichtete, daß sie auf einer Tagung mit »Verblüffung« während eines Miller-Vortrags Augenzeugin geworden sei, wie das gewöhnlich zurückhaltende akademische Publikum »mit Wut und Empörung auf das Gesagte reagierte. Ich gebe zu, daß ich die Reaktionen [. . .] noch interessanter fand als den Vortrag selbst, [. . .] und zwar wegen des Aufruhrs, den [Millers] Äußerungen verursachten. Von der sonst so betulichen Atmosphäre bei einer wissenschaftlichen Vorlesung war nichts mehr zu spüren; einige Zuhörer sprangen auf und schrien ihren Mißmut geradezu heraus. Miller wurde aller erdenklichen intellektuellen Vergehen bezichtigt, und das Publikum war ganz offensichtlich der Meinung, das Andenken Foucaults gegen die bedrohlichen Angriffe eines erbarmungslosen Außenseiters in Schutz nehmen zu müssen.«[2] Die angesehene *Chronicle of Higher Education* sah sich dann auch bereits einige Monate vor der Veröffentlichung von *The Passion of Michel Foucault* dazu veranlaßt, ihr gelehrtes Publikum auf die zu erwartenden Scharmützel einzustimmen: »Neue Foucault-Biographie sorgt für Aufregung unter Akademikern«, lautete die Überschrift einer Vorbesprechung. »Wissenschaftler machen sich Sorgen, daß [Millers Arbeit] Enthüllungen über Foucaults Privatleben enthält, die seinen wegweisenden Beitrag zum zeitgenössischen Denken überschatten werden.«[3] Im gleichen Artikel vermutete der Philosoph Richard D. Mohr, daß Millers Studie »die de Man-Affäre wie ein gemütliches Picknick erscheinen lassen«[4] werde, und Wendy D. Hunt fragte sich – offensichtlich mit nur begrenzter Textkenntnis –, »was es angesichts des derzeitigen Klimas für die politische und akademische Diskussion um Homosexualität und Poststrukturalismus bedeutet, ein Buch zu schreiben, das diese beiden Dinge abwertend miteinander – sowie mit Terrorismus, politischem Straßenkampf und Nihilismus – in Verbindung bringt?«[5]

Als *The Passion of Michel Foucault* dann schließlich auf den amerikanischen Büchermarkt kam, erschienen innerhalb weniger Wochen Rezensionen in allen wichtigen Tages- und Wochenzeitschriften.[6] Anders als an den Universitäten wurde die Studie vom offiziellen Kulturbetrieb jedoch durchweg positiv, mitunter sogar enthusiastisch begrüßt, ganz so wie die Apologeten Foucaults vorausgesehen hatten.[7] So lobte Kenneth Woodward in *Newsweek* Millers »kühne und brillante Rekonstruktion des Foucaultschen Lebens und Werks«, was besonders durch das »typisch amerikanische unbeirrte Bestehen [des Biographen] darauf, die Schriften des Philosophen durch sein Privatleben zu erhellen«,[8] erreicht worden sei. Mark Edmundson in der Washington Post sah in dem Buch »die beste Einführung in das Spätwerk Foucaults«[9], und Gary Kamiya ließ sich in der Zeitschrift *Artforum* zu folgender Hymne hinreißen: »James Millers *The Passion of Michel Foucault* ist ein Kulturereignis: ein Klassiker der intellektuellen Biographie, eine tour de force, die psychologischen Scharfsinn [. . .] mit dem Feingefühl eines Künstlers für die inneren Landschaften des Denkens verbindet. Miller lüftet das Geheimnis des großartigen, maskierten Denkers eindrucksvoll, doch letztendlich mit begrüßenswerter Zurückhaltung.« Und Kamiya empfahl all denen Millers Buch, die »schon einmal den Sirenengesang des Nihilismus vernommen, jemals vom Schlaf der Vernunft geträumt haben [. . .]. Nach der Lektüre von *The Passion of Michel Foucault* wird man Foucault mit anderen Augen lesen müssen.«[10] Selbst Alexander Nehamas, Autor einer mittlerweile klassischen Nietzsche-Biographie, auf die Miller ausdrücklich als Ein-

fluß hinweist (vgl. p. 589, Anm. 1 u. p. 583), äußerte sich in *The New Republic* lobend, wenn er auch einige Aspekte von Millers Studie »besorgniserregend« fand.[11]
Doch war auch den Rezensenten des offiziellen Kulturbetriebs klar, daß Millers Schlußfolgerungen sowohl für die akademische Reputation des Foucaultschen Werks als auch für das öffentliche Ansehen des Philosophen gefährlich werden konnten, und sie machten pflichtschuldig auf die bereits angelaufene Kontroverse aufmerksam: »Miller greift all denen unter die Arme, die Foucaults Werk umgehen zu können glauben, indem sie es als Ergebnis lebenslanger Neurosen abqualifizieren«[12], meinte Edmundson, und die Literaturwissenschaftlerin Isabelle de Courtivron sah in der einflußreichen *New York Times Book Review* schon dunkle Gewitterwolken am Horizont aufziehen: »Ich vermute, daß eine Reihe von Intellektuellen bereits an ihren Computern sitzen und sich für die Debatten in Gefechtsstellung bringen, die [Millers Buch] zweifellos hervorrufen werden [. . .]. Höchstwahrscheinlich werden sich in Amerika beide Fronten im Kulturkampf [*The Passion of Michel Foucault*] zunutze machen: Die einen werden einige Details heraus- und verstellen, um mit Foucault abzurechnen [. . .]. Diejenigen, die die Vorherrschaft französischer Theorie für den traurigen Zustand des [amerikanischen] Erziehungswesens verantwortlich machen, werden in diesen Chor wohl einstimmen. Auf der anderen Seite werden hartgesottene Foucault-Anhänger [. . .] stehen, die in Millers Projekt [. . .] einen Verrat an Foucault sehen.«[13]
Courtivron sollte sich nicht getäuscht haben: Einer der bekanntesten amerikanischen Foucault-Schüler, der Anthropologe Paul Rabinow, der den Philosophen in seinen letzten Lebensjahren sehr gut gekannt und mit ihm bei seinen Aufenthalten in Berkeley eng zusammengearbeitet hatte, versuchte sich zunächst in der altbewährten Taktik, den Boten für die überbrachte Nachricht zur Rechenschaft zu ziehen, indem er Miller pekuniäre Motive unterstellte und zu Protokoll gab, *The Passion of Michel Foucault* sei »ein billiges Machwerk. Miller wollte ein Buch mit viel Sex schreiben und sich damit eine goldene Nase

verdienen«[14]; und Judith Butler, Professorin an der Johns-Hopkins-Universität, meinte gar, Millers Studie passe »wunderbar zu der reaktionären Einstellung von Leuten wie Patrick Buchanan«.[15]

Roger Kimball, einer der führenden amerikanischen rechten Intellektuellen, schien Butler im konservativen Intelligenzblatt *The New Criterion* zu bestätigen: Millers Buch kam ihm gerade recht für eine Generalabrechnung mit Foucault, dessen Werk für ihn zur konsequenten Götterdämmerung der in den sechziger Jahren begonnenen und kläglich gescheiterten Kulturrevolution wird: Foucault sei zwar »berühmt – zumindest an amerikanischen Universitäten, wo über hermetische Thesen zu Sexualität und Macht nachgedacht wird«[16], aber offensichtlich habe niemand bemerkt, daß Foucault »niemals etwas Originelles oder Bedeutendes geschrieben hat«.[17] Folgerichtig empfiehlt er dann auch dem Leser, sich nicht täuschen zu lassen, denn hinter Millers offensichtlich so distanzierter Analyse des Foucaultschen Lebenswerks stecke »nichts anderes als [. . .] die erstmals von Herbert Marcuse und anderen propagierte Vision jener polymorphen Emanzipation, die dazu beigetragen hat, die sechziger Jahre zu dem moralischen und politischen Debakel werden zu lassen, in das sie schließlich einmündeten«.[18] Was Kimball besonders stört, ist Millers Anbindung des Foucaultschen Lebenswerks an Nietzsche, und noch einmal wird Foucault »Originalität«[19] abgesprochen: »Der Vergleich mit Nietzsche ist im Grunde eine Verleumdung Nietzsches [. . .]. [Foucault] hat niemals etwas geschaffen, das an Nietzsches Einsichten heranreicht [. . .]. Wenige haben so ehrlich mit dem Nihilismus gerungen wie [Nietzsche]. Foucault hat mit dem Nihilismus als ›Grenz-Erfahrung‹ nur geflirtet.«[20] Daß Miller Foucaults Sado-Masochismus als ›Grenz-Erfahrung‹ in die Gleichung des Foucaultschen Lebens einbezieht, droht Kimballs ideologisches Kartenhaus vollends einstürzen zu lassen: »Herr Miller scheint nicht zu wissen, daß es – selbst wenn es stimmte, daß wir alle ›implizite‹ [sado-masochistische] Phantasien hätten – genau der Unterschied zwischen ›implizit‹ und ›explizit‹ ist, auf dem unser gesamtes sittliches Verhalten beruht.«[21] Das abschließende Urteil kann dann auch nur vernichtend ausfallen: »Die Karriere dieses ›Repräsentanten‹ des zwanzigsten Jahrhunderts repräsentiert nichts anderes als einen der gemeinsten Taschenspielertricks in der jüngeren Geistesgeschichte.«[22]

Bei solch heftigen Reaktionen scheint mehr auf dem Spiel zu stehen als nur puritanische Empörung über Enthüllungen aus dem Privatleben eines berühmten Zeitgenossen. Der Blick durchs Schlüsselloch ins Schlafzimmer gehört ja mittlerweile zum Alltagsgeschäft des Biographen und löst außer bei den unmittelbar Beteiligten kaum mehr als ein Achselzucken hervor. Miller muß sich angesichts der bezogenen Schelte gröberer und ungewöhnlicherer Verstöße schuldig gemacht haben, Verstöße, bei denen der Kern des Foucaultschen Werks unter Beschuß geraten zu sein scheint.

Im Winter 1993 wurden die Aufsätze eines von Millers amerikanischem Verlag organisierten Symposions in der Zeitschrift *Salmagundi* publiziert, wobei einige der Angriffe präzisiert und sachlicher diskutiert wurden.[23] Die einzelnen Beiträge, deren Argumente im folgenden kurz skizziert werden sollen, verdeutlichen, warum sich so viele Leser durch Millers Buch provoziert fühlen konnten:

Gleich im ersten Artikel merkt Lynn Hunt an, daß Millers Schwierigkeiten damit beginnen, daß er ein Buch über Foucault schreibt, ohne selbst Foucauldianer zu sein, und daß er Kategorien und Normen wiedereinsetzt, denen Foucaults Werk immer wieder in all seinen Verästelungen nachspürt und die es für die ungeheuerliche Macht moderner Institutionen verantwortlich macht: »Wie Miller selbst zugibt, hat er kein ›Foucault-Buch‹ über Foucault geschrieben: Er hat den Menschen [Foucault] in den Mittelpunkt gerückt, also ausgerechnet jenen Menschen, der das baldige Verschwinden des Menschen angekündigt hatte.«[24] Ein Beispiel für Millers Festhalten an von Foucault in Frage gestellten Kategorien sei Millers Behauptung, Foucault habe Zeit seines Lebens versucht, sich selbst als den ›Autor‹ zu schaffen, der er dann tatsächlich wurde[25], womit Miller ins Herz der Foucaultschen Lehre treffe, die Normalisierung und Kategorisierung immer wieder – man lese nur *Wahnsinn und Gesellschaft, Die Geburt der Klinik* und *Überwachen und Strafen* – als die heimtückischsten Disziplinierungsmechanismen des abendländischen Diskurses herausgestellt hat. Mit anderen Worten: Miller führt sich auf wie wie jemand, der eine Biographie Kants schreiben will und dabei von der Prämisse ausgeht, daß der kategorische Imperativ purer Unsinn sei. Im Falle Millers kommt noch erschwerend hinzu, daß er die von Jacques Derrida denunzierte »Metaphysik der Präsenz« bei Foucault sucht und nicht zuläßt, daß Foucaults Leben, um das berühmte Diktum aus *Die Ordnung der Dinge* zu zitieren, »verschwindet wie am Meeresufer ein Gesicht im Sand«. Er sucht die verwischten Spuren von Foucaults »Gesicht im Sand«, um zu erklären, wie dieses Gesicht so übermächtige Wirkung haben konnte, und er sucht sie gerade dort nicht, wo dieser uns aufgetragen hatte, nach dem Menschen Ausschau zu halten: bei den Disziplinierungsmächten und der Diskurspolizei moderner Institutionen. Miller weist vielmehr nach, daß Foucault die Spiele des Strukturalismus, des Maoismus und des politischen Aktivismus spielt, um sich selbst, das von der Postmoderne so gefürchtete Subjekt, zu finden. Dabei stellt sich heraus, daß Foucault sich nie – trotz des Einspruchs, den er immer wieder erhoben hat – ganz aus der Umklammerung des transzendentalen Subjekts und seiner Erfahrungen befreien konnte. Der Mensch, der den Tod des Menschen vorausgesagt hatte, lebt weiter als interessantes, einzigartiges Individuum, sogar nach seinem Tod – in der Tat ein postmoderner Skandal.

Damit eng zusammen hängt der Vorwurf, daß Miller auch methodisch auf einen ausgedienten und antiquierten Biographismus zurückfällt und sich zudem auf herkömmliche, von dekonstruktionistischer Feinsinnigkeit gänzlich unbeleckte Textanalyse verläßt. Dabei geht es den Kritikern weniger um das Verstehen der Texte Foucaults als vielmehr um die interpretativen Strategien der Postmoderne: Man denke z.B. an Paul de Mans Thesen zur ›Blindheit‹ des Interpreten, oder auch an Roland Barthes' strahlenförmigen Text, der sich nicht linearen Verständnismustern erschließt, sondern sein gefächertes Bedeutungspotential für jeden Leser neu generiert. Miller dreht den

Spieß herum, zeichnet mit traditionellen Mitteln der Geschichtsschreibung das Leben eines der führenden Repräsentanten der Postmoderne nach und kündigt dadurch – ohne es vielleicht selbst zu wissen – das Ende der Postmoderne an.[26] Doch Millers Studie geriet nicht nur durch Vertreter postmoderner Literaturkritik und Philosophie unter Beschuß, sondern auch durch diejenigen, für die Amerikas Kulturöffentlichkeit nach wie vor nach alten Freund/Feind-Mustern organisiert ist, und für die jede Äußerung im Rahmen eben dieser Öffentlichkeit nach ihrem Nutzwert im vermeintlichen Kulturkampf befragt werden muß. Millers Biographie wird aus diesem Lager vorgehalten, ungewollt der Gefahr Vorschub zu leisten, skandalöse Details aus Foucaults Leben zum Vorwand zu nehmen, um das ganze Werk abzulehnen, wodurch *The Passion of Michel Foucault* letztendlich zum Instrument einer konservativen Gegenrevolution Kimballscher Provenienz werde, die sich gegenwärtig in einer rücksichtslosen Attacke gegen all das befinde, was sie unter das bequeme Schlagwort *political correctness* subsumiert, und für dessen intellektuellen Wegbereiter sie vor allem den französischen Poststrukturalismus hält. Dabei spielt eine Rolle, daß die akademische Linke in Amerika – anders als in Europa – seit den späten sechziger Jahren, als das Frühwerk in Übersetzungen erschien, auf Foucault politische Hoffnungen gesetzt hatte. Französische Theorie wurde in den USA anders als in Europa nicht in erster Linie als Gegenbewegung zum Marxismus, sondern als dessen konsequente Fortführung rezipiert. Foucaults, Derridas und Lacans Kritik an der Macht von Institutionen und Diskursen, an der Vorherrschaft des abendländischen Logos und an der Freudschen Auffassung vom Subjekt sollte, so hoffte man, schließlich doch zu einer neuen ›Politik‹ führen und den Menschen endlich dazu in die Lage versetzen, sich von der Tyrannei eben dieser Institutionen und Diskurse zu befreien und ›glücklicher‹ zu werden.[27] Der Ketzer Miller hält dagegen, daß Foucault keine Patentrezepte anbieten konnte oder wollte und kein Denker war, der an Utopien glaubte. Am Ende seines Lebens verband sich seine ›Todesfaszination‹ mit den ›Grenz-Erfahrungen‹ in Kalifornien,

und er glaubte, daß es so etwas wie einen ›Tod-im-Leben‹ gibt,
der nichts mit ›Glück‹ zu tun hat, und den er sich auf eine Weise
vorstellen konnte, wie er sich ›Glück‹ nicht vorstellen konnte. [28] So verstanden, läßt sich Foucault dann nicht mehr als post-
strukturalistischer Ahnherr für neolinke Weltverbesserungs-
träume einspannen.

In Amerika steht der Kampf der Homosexuellen um politische
und gesellschaftliche Gleichberechtigung in Verbindung mit der
Auseinandersetzung um *political correctness*, was im *Salmagundi*-Symposion von David Halperin dazu genutzt wird, Miller als Feind der Schwulenbewegung bloßzustellen. Auch bei
diesem Argument wird Millers Biographie als Instrument der
Normalisierung und der Kontrolle charakterisiert. Außerdem
spricht Halperin dem heterosexuellen Miller schlichtweg die
Autorität ab, über schwule Probleme zu schreiben. Daß er es
dennoch tut, so Halperin, zeuge nur von Millers eigener Homophobie, die wiederum nur auf seine latente Homosexualität zurückgeführt werden könne, die er hinter den Objekten seiner
Studie verberge: »[D]as Wesen seiner eigenen Fixierung ist
überdeutlich: Er spielt den Perversen hinter der Maske anderer
Stimmen (Sade, Deleuze, Foucault).« So wird dann Miller zum
Handlanger dunkler Mächte: denn was die Gesellschaft über
Schwule und ihren Kampf zu wissen glaube, »ist kein interesse-
loses«, sondern ein »illusorisches Wissen, [. . .] das eine Form
der Ignoranz festschreibt, die dazu dient, [. . .] die privaten und
politischen Intentionen bei der systematischen Verstellung und
Zurückweisung von Homosexualität zu verschleiern«. [29] Nachdem Miller so in die Reihen böswilliger, im Kulturkampf auf der
›falschen‹ Seite stehender Homophoben eingereiht worden ist,
kann dann Halperins hyperbolischer Schlußsatz kaum verwundern: »Millers Buch macht deutlich, warum diejenigen unter
uns, [. . .] die Foucaults politische Vision (sic!) teilen, immer
dann zum Revolver greifen, wenn diejenigen, die nicht an diese
Vision glauben, von ›Wahrheit‹ sprechen.« [30]

James Millers *The Passion of Michel Foucault* liegt nun in deutscher Übersetzung vor. Sicherlich wird damit nicht das Ende
der Diskussion um Foucaults Leben und Werk markiert, viel-

mehr verdanken wir Miller, daß wir von neuem beginnen können und sollen, uns den Texten des Philosophen noch einmal zu nähern und sie vor dem Hintergrund seines Lebens wiederzuentdecken. Millers Kritiker wollen nicht einsehen, daß dieses Leben nach wie vor Rätsel aufgibt und daß es im Wissen um das Paradox gelebt wurde, fortwährend und radikal auf der Suche nach einem authentischen Selbst gewesen zu sein, von dem es doch wußte, daß es von diskursiven Mächten fremdbestimmt wurde, die zu beherrschen es kaum zu hoffen wagte.

Miller macht deutlich, daß das Foucaultsche Werk mehr ist als die Summe der Schlagworte, die es zu meistern vorgeben: vom Archäologen des Wahnsinns und der Humanwissenschaften, der den ›Menschen‹ bald ›verschwinden‹ lassen will, über den Genealogen der Macht, der ›Regierungsanalyse‹ und der Sexualität, der uns aufruft, die seit Freud liebgewonnene Vorstellung, daß wir unsere geheimsten Wünsche und Begierden verdrängen, doch, bitte schön, noch einmal zu überdenken. Miller sieht dieses Werk vielmehr eingebunden in eine widerspenstige intellektuelle Genealogie, die Foucault bewußt fortführt, in deren Werke er sein eigenes plaziert, gegen die er aber doch ständig anschreibt: Sade, Bataille, Blanchot, Heidegger, Artaud, selbst Kant und immer wieder Nietzsche, dessen Lehre uns an jeder Weggabelung, an jeder Lichtung, aber auch am Ende jeder Sackgasse »auflauert«, ganz so, wie Foucault es einmal von Hegel befürchtet hatte: »bewegungslos und anderswo«.[31]

Für Millers Foucault gibt es kein Zurück mehr für das philosophische Denken, macht es einmal ernst mit Nietzsche, wobei ein solches Ernstnehmen nicht zu der unseligen Alternative zwischen faschistoidem Wahn und akademischer Erstarrung führen muß. Nietzsche gibt dem Denken Foucaults Kontinuität, Tiefenschärfe und Kohärenz, von seinen Anfängen in den Gefechten um und mit Jean Paul Sartres Existenzialismus und seiner Spielart von Humanismus, über die ›politischen‹ Aufbrüche der sechziger Jahre, an denen er sich beteiligte, in die er verwickelt wurde, und die er doch nie ganz zu seinen eigenen machen konnte, bis hin zum vergeblichen Kampf gegen AIDS.

Das laute Geschrei der akademischen Gralshüter und der reaktionären Meinungsmacher kann sich nicht eingestehen, daß Foucault seinem Selbst offenbar gleichzeitig in den Sexhöhlen San Franciscos und den Archiven der *Bibliothèque Nationale* nachspürte, auf den Barrikaden des Mai '68, in den altehrwürdigen Hörsälen des *Collège de France* und in der Feuersbrunst der persischen Revolution.

Es mag sein, daß er die Tempel des Begehrens mit dem Brandzeichen des Todes verließ, den sein Denken und Schreiben schon immer umkreist und umworben hatte. Ausgerechnet als seine Sprache im Spätwerk bei Seneca, den kynischen Philosophen und den Kirchenvätern endlich zur Ruhe gekommen zu sein schien, hat Foucault augenscheinlich in den Badehäusern San Franciscos seiner Vorliebe für sadomasochistische Erotik um so rückhaltloser nachgegeben. Der Tod ereilte ihn in Form der – als sie Foucault heimsuchte, noch namenlosen – Seuche, die sich, wie Miller schreibt, wie ein »Leichentuch« über alle Seiten des Buches legt.

Der Leser wird selbst urteilen müssen. Denn eins dürfte feststehen: Das Leben, das Miller nacherzählt, und das in ihm entstandene Werk läßt sich kaum umgehen, denn Foucault gehört nun einmal zu denen, die, wie Nietzsche sagt, »schwere Tropfen sind, einzeln fallend aus der dunklen Wolke, die über den Menschen hängt: Sie verkündigen, daß der Blitz kommt, und gehen als Verkündiger zugrunde.«[32]

Anmerkungen

1 Malcolm, Janet: »The Silent Woman.« *The New Yorker* (23.-30. August 1993, p. 86. (Alle Übersetzungen aus dem Englischen stammen von mir; MB.)

2 Hunt, Lynn: »The Revenge of the Subject/The Return of Experience«. In: *Salmagundi* (Vol. 97, Winter 1993), p. 45.

3 Heller, Scott: *The Chronicle of Higher Education* (30. September 1992), pp. A8-A14.

4 zitiert a.a.O., p. A8

5 zitiert a.a.O., p. A13

6 vgl. z. B. folgende Rezensionen, die alle innerhalb weniger Wochen Anfang 1993 erschienen:
de Courtivron, Isabelle: »The Body was his Battleground«. *New York Times Book Review*, 10. Januar 1993
Edmundson, Mark: »Exploring the Limits of Freedom«. *Washington Post*, 3. Januar 1993.
Goode, Stephen. »The Bright and Dark Sides of Foucault's Deep ›Passion‹«. *Washington Times*, 17. Januar 1993
Kamiya, Gary: »Philosopher's Groan«. *Artforum 31* (März 1993), p. 13.
Kimball, Roger: »The Perversions of M. Foucault«. *The New Criterion II*, 7 (1993), pp. 10-18.
Lehman, David: »Michel Foucault: Vastly Influential and Rather Dangerous, too«. *Chicago Tribune*, 21. Februar 1993.
Nehamas, Alexander: »Subject and Abject«. *The New Republic*. Vol. 208 (15. Februar 1993), pp. 27-36.
Ryan, Alan: Rezension in *The New York Review of Books*. Vol. 40 (8. April 1993).
Scialabba, George: »The Tormented Quest of Michel Foucault«. *Boston Globe*, 3. Januar 1993.

Tolson, Jay: Rezension in *National Review*. Vol. 45 (15. Februar 1993), pp. 47f.
Wolin, Richard: Rezension in *Dissent*. Vol. 40 (Frühjahr 1993), pp. 259-63.
Woodward, Kenneth L.: Rezension in *Newsweek*. Vol. 121 (1. Februar 1993), p. 63.

7 Wie immer, wenn es um Foucault geht, wurde auch aus Anlaß der Miller-Biographie eine gehöriges Maß an Unsinn geschrieben: so meinte z. B. Stephen Goode in der *Washington Times* am 17. Januar 1993, daß ihn Millers Foucault und dessen Tiraden für eine Überwindung der Moral an einen subtilen und gelehrten Adolf Hitler erinnerten.

8 Woodward, Kenneth L.: Rezension in *Newsweek*, 1. Februar 1993, p. 63

9 Edmundson, Mark: »Exploring the Limits of Freedom«. *Washington Post*, 3. Januar 1993.

10 Kamiya, Gary: »Philosopher's Groan«. *Artforum* 31 (März 1993), p. 13.

11 vgl. Nehamas, Alexander: »Subject and Abject«. *The New Republic*. Vol. 208 (15. Februar 1993), pp. 27-36.

12 Edmundson, a.a.O.

13 de Courtivron, Isabelle: »The Body was his Battleground«. *New York Times Book Review*, 10. Januar 1993.

14 zitiert in: *The Cronicle of Higher Education*, a.a.O., p. A 14

15 vgl. *The Cronicle of Higher Education*, a.a.O., p. A13. Der konservative Journalist Patrick Buchanan war 1992 Präsidentschaftskandidat der Republikaner und hatte während des Wahlkampfes behauptet, Amerika befinde sich in einem Kulturkrieg, bei dem es für die Rechte darum ginge, Amerikas Städte »einen Straßenzug nach dem andern« zurückzuerobern.

16 Kimball, Roger: »The Perversions of M. Foucault«. *The New Criterion*, a.a.O., p. 10

17 a.a.O., p. 11

18 a.a.O., p. 12

19 a.a.O., p. 18

20 a.a.O., p. 17f

21 a.a.O., p. 16

22 a.a.O., p. 18

23 vgl. »A Symposion on James Miller's *The Passion of Michel Foucault*«. In: *Salmagundi* (Vol. 97, Winter 1993), pp. 29-93. Millers Beitrag war der bereits 1991 in Japan gehaltene Vortrag »Foucault's Politics in Biographical Perspectives«.

24 vgl. Hunt, Lynn: »The Revenge of the Subject/The Return of Experience«. In: *Salmagundi*, a.a.O., p. 46.

25 vgl. dazu: Nehamas, Alexander: »Subject and Abject«. *The New Republic*, a.a.O. (bes. Abschnitt V).

26 vgl. dazu wiederum Hunt, a.a.O., p. 47, und Kamiya: »Philosopher's Groan«, a.a.O.

27 Richard Rorty schreibt: »Wir Amerikaner fragen uns immer: ›Wenn Glück nicht das Ziel aller Politik ist, was dann?‹« »Paroxysms and Politics.«, *Salmagundi*, a.a.O., p. 61.

28 Diesen Gedanken hat Rorty, a.a.O., p. 64, weiterentwickelt.

29 David M. Halperin: »Bringing out Michel Foucault« . *Salmagundi*, a.a.O., pp. 86, 73. Miller hat genau diesen Vorwurf vorausgesehen und sich an entsprechender Stelle damit auseinandergesetzt, was von Kritikern wie Halperin geflissentlich übersehen wird (vgl. p. 11): »Wie der Leser bald genug entdecken wird, besteht [. . .] das Herausfordernde am Foucaultschen Denken in seinem [. . .] hochproblematischen Verhältnis zum Tod, das ich nicht nur in seinem exoterischen Ausdruck in den Schriften verfolgt habe, sondern auch [. . .] in seiner esoterischen Ausprägung als sado-masochistische Erotik. Obwohl Foucault selbst offen über diesen Aspekt seines Lebens gesprochen hat, mußte ich mich hin und wieder beim Schreiben dieses Buches fragen, ob mein Verhalten nicht dem eines kleineren Großinquisitors gleicht. Wie ein amerikanischer Kritiker scharfzüngig bemerkte, ›gibt es in einer Kultur, die unablässig Mei-

nungen über Homosexualität produziert und diese kollektiv und individuell auf eine Art falsches Bewußtsein einzugrenzen weiß, kaum eine Strategie, diese Homosexualität zum Ausdruck zu bringen, die nicht so aussieht oder das Gefühl vermittelt, bloß eine weitere Polizeifalle zu sein‹.«

30 Halperin, a.a.O., p. 89.

31 Michel Foucault: *Die Ordnung des Diskurses.* dt. München 1974, p. 50.

32 Friedrich Nietzsche: *Werke in drei Bänden,* hrsg. v. Karl Schlechta (München 1954ff); Band II, p. 283 (›Also sprach Zarathustra‹, Vorrede § 4).

Michael Büsges
Washington DC, im Mai 1995

Zu den Anmerkungen

Alle Quellen werden in den nachfolgenden Anmerkungen dokumentiert. Ich möchte jedoch an dieser Stelle ausdrücklich auf ein besonders interessantes Gespräch aufmerksam machen. 1978 gab Foucault dem italienischen politischen Aktivisten und Journalisten Duccio Trombadori das wohl aufschlußreichste Interview seines Lebens. Trombadori hatte mehrere Jahre für *L'Unita* gearbeitet, die Tageszeitung der italienischen KP. Bis vor kurzem war dieses ausführliche Gespräch zwischen Foucault und Trombadori nur in einer italienischen Übersetzung unter dem Titel *Colloqui con Foucault* zugänglich. Diese ursprünglich 1981 erschienene Übersetzung ist schon seit langem vergriffen, und es ist fast unmöglich, ein Exemplar aufzutreiben, besonders in Amerika. Ende 1991 erschien jedoch eine aus dem Italienischen übersetzte englischsprachige Version unter dem Titel *Remarks on Marx*; eine französische Fassung ist mittlerweile angekündigt. Bei der Arbeit an meinem Buch wurde mir Zugang zu zwei verschiedenen Transkriptionen des Gesprächs gewährt, das auf französisch geführt worden war: Eine war für die Veröffentlichung bearbeitet worden, die andere offensichtlich nicht. Außerdem habe ich noch kurz vor Drucklegung dieses Buches erfahren, daß François Ewald und Daniel Defert eine weitere, dritte französische Version der Unterhaltung zwischen Foucault und Trombadori vorbereiten, in der die beiden Transkriptionen miteinander verbunden werden sollen: Diese Kompilation wird wohl in die *Gallimard*-Ausgabe der kleineren Arbeiten Foucaults aufgenommen werden [inzwischen unter dem Titel »Entretien avec Michel Foucault« erschienen in: *Dits et écrits. 1954-1988*, Paris 1994, Bd. IV, p. 41-95 (Nr. 281) –

A. d. Ü.]. Da die Original-Transkriptionen im *Centre Michel Foucault* in Paris Forschern zur Verfügung stehen, habe ich in den Anmerkungen die Seitenzahlen entweder des bearbeiteten oder des unbearbeiteten französischen Manuskripts zitiert; im Falle der unbearbeiteten Version verweist die römische Ziffer auf die der Transkription zugrunde liegende Tonband-Kassette.

Foucaults Essays und Interviews werden im allgemeinen nach der ursprünglichen französischen [und, falls vorhanden, was oft der Fall ist, nach der deutschen (A.d.Ü)] Übersetzung zitiert. Es ist ironisch, daß zur Zeit meiner Arbeit an diesem Buch Foucaults kleinere Arbeiten leichter auf englisch als auf französisch zugänglich waren. Nach der Veröffentlichung der vollständigen kleineren Schriften Foucaults bei *Gallimard* wird sich dies ändern [vgl.: Michel Foucault: *Dits et écrits* (Paris 1994); A. d. Ü.]. Da diese Ausgabe chronologisch angeordnet sein wird, habe ich in den Anmerkungen das ursprüngliche Veröffentlichungsdatum jedes Essays und jedes Interviews mit angeführt, um dem Leser das Auffinden der zitierten Stellen in der endgültigen *Gallimard*-Ausgabe zu erleichtern.

Ich halte die von Ewald und Defert getroffene Entscheidung für richtig, sämtliche Interviews Foucaults als wichtigen Bestandteil seines Werks mitaufzunehmen. Wie Gilles Deleuze sich einmal ausdrückte, hat Foucault »ein Drama der Äußerungen« inszeniert, in dem die zahlreichen Interviews eine entscheidende Rolle bei der öffentlichen Zurschaustellung seiner Gedanken spielte. Eine Reihe dieser Interviews wurde von Foucault selbst sorgfältig bearbeitet, korrigiert und in einigen Fällen sogar in weiten Teilen umgeschrieben. Andere waren augenscheinlich improvisiert, doch deshalb nicht weniger bedeutend, so zum Beispiel das Interview mit dem deutschen Regisseur Werner Schroeter, das zu Foucaults enthüllendsten gehört und von dem Deleuze richtig sagt, daß es »ein bemerkenswerter Text ist, und zwar genau, weil es ein improvisiertes Gespräch ist [. . .]«.

Da Foucaults Interviews und Aufsätze sehr viel über den äußeren Verlauf seines Lebens und über seine innere Erfahrung verraten, konnte ich seine veröffentlichten Texte als wichtige Do-

kumente für die in diesem Buch berichteten Ereignisse benutzen. Viele andere biographische Details, besonders über seine
Amerikabesuche und auch über seine Verstrickung in die S/M-
Subkultur, stammen aus Interviews, die ich geführt habe.
Außerdem habe ich Didier Eribons Biographie für die Umstände von Foucaults Jugendzeit zu Rate gezogen. Ich bin mir bewußt, daß einige Vertraute Foucaults – z. B. Daniel Defert –
glauben, daß Eribons Arbeit voller Fehler stecke. Doch bei unserem Gespräch war Defert nur willens, auf einige wenige Stellen in Eribons Buch hinzuweisen, mit denen er nicht überein-
stimmte, und in jedem Fall schien es sich eher um eine Frage der
Auslegung als um Tatsachen zu handeln. Außerdem konnte ich
bei meinen eigenen Nachforschungen unabhängig von Eribon
viele der Fakten in seiner Biographie bestätigen; aus diesem
Grunde habe ich sein Buch als zuverlässige Informationsquelle
behandelt.
Um die Zuverlässigkeit des neuen Materials in meinem Buch zu
gewährleisten, habe ich relevante Passagen meines Manuskripts einer Reihe Personen, mit denen ich gesprochen habe, zur
Kontrolle vorgelegt, darunter in alphabetischer Reihenfolge Leo
Bersani, Daniel Defert, Bob Gallagher, Philip Horvitz, D. A. Miller,
Hans Sluga, Simeon Wade und Edmund White; mit Ausnahme Deferts, der nicht geantwortet hat, sind ihre Kommentare und Kor-
rekturen in den endgültigen Text aufgenommen worden[. . .].
Bei meiner Forschungsarbeit habe ich bewußt vermieden, mich
zu sehr in die mittlerweile ins Unermeßliche angewachsene Sekundärliteratur über Foucault zu vertiefen (wie im Vorwort bereits erwähnt). Trotzdem sei auf einige Texte hingewiesen, die
mein Denken stärker beeinflußt haben, als dies Verweise in Anmerkungen belegen können. Einer dieser Texte hat nichts mit
Foucault zu tun: Alexander Nehamas' *Nietzsche: Leben als Literatur*. Von den Aufsätzen zu Foucault möchte ich die folgenden
nennen: Michel de Certeau: *The Black Sun of language;* Raymond Bellour: *Vers la fiction;* Paul Veyne: *Foucault révolutionne
l'histoire;* Edward Said: *Michel Foucault, 1926-1984;* Leo Bersani: *Pedagogy and Pederasty;* und vor allem Gilles Deleuze:
Foucault.

Bibliographie

In den Anmerkungen werden für die Texte Foucaults folgende Siglen benutzt. (d.Ü = deutsche Übersetzung; A.d.Ü. = Anmerkung des Übersetzers)

AS = *L'archéologie du savoir*. Paris 1969; d.Ü.: *Archäologie des Wissens*. Übers. v. Ulrich Köppen. Ffm 1973.

CF = *Colloqui con Foucault*. Salerno 1981.

FD = *Folie et déraison*. Paris 1961; d.Ü. (geringfügig gekürzt): *Wahnsinn und Gesellschaft*. Eine Geschichte des Wahns im Zeitalter der Vernunft. Übers. v. Ulrich Köppen. Ffm 1969. Zweite Auflage mit neuem Vorwort und mit zwei Anhängen als: *Histoire de la folie à l'âge classique*. Paris 1972 [= FD (1972)].

MC = *Les mots et les choses*. Paris 1966; d.Ü.: *Die Ordnung der Dinge. Eine Archäologie der Humanwissenschaften*. Übers. v. Ulrich Köppen. Ffm 1971.

MM = *Maladie mentale et personnalité*. Paris 1954.

MM* = *Maladie mentale et psychologie*. Paris 1962; d.Ü.: *Psychologie und Geisteskrankheit*. Übers. v. A. Botond. Ffm 1968.

NC = *Naissance de la clinique*. Paris 1972. (Dies ist eine geringfügig revidierte Neuauflage der Originalausgabe von 1963.) Mit Ausnahme einiger durch »NC (1963)« ausgewiesener Stellen stammen alle Zitate aus der Ausgabe von 1972; d.Ü. (d. Ausgabe von 1963): *Die Geburt der Klinik. Eine Archäologie des ärztlichen Blicks*. Übers. v. Walter Seitter. München 1973.

Die Leidenschaft des Michel Foucault

OD = *L'ordre du discours*. Paris 1971; d.Ü.: *Die Ordnung des Diskurses*. Übers. v. Walter Seitter. München 1974.

PD = *La pensée du dehors*. Paris 1986; *Critique* 229 (Juni 1966): pp. 523-546; d.Ü.: ›Das Denken des Außen‹. *Von der Subversion des Wissens* (=SW). Hrsg. u. übers. v. Walter Seitter. München 1974, pp. 54-82.

PR = *Moi, Pierre Rivière, ayant égorgé ma mère, ma sœur et mon frère . . .* Paris 1973. Hrsg. v. Michel Foucault. d.Ü.: *Der Fall Rivière. Materialien zum Verhältnis von Psychiatrie und Strafjustiz*. Ffm 1975. Übersetzt von Wolf Heinrich Leube.

RC = *Résumé des Cours, 1970-1982*. Paris 1989; d.Ü. (der Seminare 1970-1974): »Abriß der am Collège de France unter dem Titel ›Historie der Denksysteme‹ abgehaltenen Lehrveranstaltungen«; in: Angèle Kremer-Marietti: *Michel Foucault – Der Archäologe des Wissens*. Übers. v. Gerhard Ahrens. Ffm 1976, pp. 193-233.

RE = ›Introduction‹; in: Ludwig Binswanger: *Le rêve et l'existence*. Paris 1954; d.Ü.: Ludwig Binswanger: *Traum und Existenz. Einleitung von Michel Foucault*. Übers. v. Walter Seitter. Berlin 1993.

RR = *Raymond Roussel*. Paris 1963. d.Ü.: *Raymond Roussel*. Übers. v. Renate Hörisch-Helligrath. Ffm 1989.

SP = *Surveiller et punir*. Paris 1974; d.Ü.: *Überwachen und Strafen. Die Geburt des Gefängnisses*. Übers. v. Walter Seitter. Ffm 1976.

SS = *Le souci de soi*. Paris 1984; d.Ü.: *Die Sorge um sich. Sexualität und Wahrheit III*. Übers. v. Ulrich Raulf u. Walter Seitter. Ffm 1986

UP = *L'usage des Plaisirs*. Paris 1984; d.Ü.: *Der Gebrauch der Lüste. Sexualität und Wahrheit II*. Übers. v. Ulrich Raulf u. Walter Seitter. Ffm 1986.

VS = *La volonté de savoir*. Paris 1976; d.Ü.: *Sexualität und Wahrheit I. Der Wille zum Wissen*. Übers. v. Ulrich Raulf u. Walter Seitter. Ffm 1977.

DuE = Wilhelm Schmid (Hrsg.): *Denken und Existenz bei Michel Foucault*. Ffm 1991.

JSH = Hubert L. Dreyfus u. Paul Rabinow: *Michel Foucault: Jenseits von Strukturalismus und Hermeneutik*. Übers. v. Claus Rath u. Ulrich Raulf. Ffm 1987.

PPC = Lawrence D. Kritzman (Hrsg.): *Politics, Philosophy, Culture*. New York 1988. (Aufsätze und Interviews Foucaults; A.d.Ü.).

TFF = James Bernauer u. David Rasmussen: *The Final Foucault*. Cambridge, Mass. 1988. (Sammelband mit Aufsätzen zum Spätwerk, Bibliographie und einem Interview mit Foucault; A.d.Ü.)

TFR = Paul Rabinow (Hrsg.): *The Foucault Reader. New York 1984.* (Englischsprachige Anthologie mit Auszügen aus Foucaults Schriften sowie einigen unveröffentlichten Texten; A.d.Ü.)

Folgende Sammelbände mit Übersetzungen kleinerer Schriften und Interviews Foucaults wurden benutzt:

AdS = Adalbert Reif (Hrsg.): *Antworten der Strukturalisten: Roland Barthes, Michel Foucault, François Jacob, Roman Jakobson, Claude Lévi-Strauss.* Hamburg 1973.

DM = Michel Foucault: *Dispositive der Macht. Über Sexualität, Wissen und Wahrheit.* Übers. v. H.-J. Metzger, M. Metzger, E. Wehr, U. Raulf u. W. Seitter. Berlin 1978.

EM = Eva Erdmann (Hrsg.): *Ethos der Moderne: Foucaults Kritik der Aufklärung*. Ffm 1990.

FG = Michel Foucault u. Gilles Deleuze: *Der Faden ist gerissen*. Übers. v. W. Seitter u. U. Raulf. Berlin 1977.

SW = Michel Foucault: *Von der Subversion des Wissens*. Hrsg. u. übers. v. W. Seitter. München 1974.

SzL = Michel Foucault: *Schriften zur Literatur.* Übers. v. Karin v. Hofer. München 1974.

VdF = Michel Foucault: *Von der Freundschaft. Michel Foucault im Gespräch.* Berlin 1984.

Anmerkungen

A.d.Ü.: Bei Foucault-Zitaten werden sowohl das (meist französische) Original und, falls vorhanden, die deutsche Ausgabe angegeben. Alle anderen Quellen werden entweder nach einer deutschen Übersetzung oder nach dem Original zitiert. Bei fremdsprachigen Originaltexten stammt die Übersetzung von mir. Für alle Siglen s. Bibliographie, pp. 585-588.

Vorwort

1. ›Le Mallarmé de J.-P. Richard‹, *Annales* (September-Oktober 1964), pp. 997-98. Methodisch verdanke ich viel dem wissenschaftlichen Werk Jean Starobinskis, dessen Vorgehensweise bei der Rekonstruktion des imaginären Universums Jean-Jacques Rousseaus richtungsweisend ist. Mein Buch wurde ebenfalls stark von Alexander Nehamas' Arbeit *Nietzsche: Leben als Literatur* (übers. v. Brigitte Flikkinger [Göttingen 1991]) beeinflußt, die nachzeichnet, wie man ›das wird, was man ist‹.
2. vgl. Didier Eribon: *Michel Foucault. Eine Biographie.* Übers. v. Hans-Horst Henschen (Ffm 1991). Ohne Eribons Vorarbeit hätte dieses Buch nicht geschrieben werden können, denn von vielen Dingen, auf die ich im folgenden eingehe, habe ich zuerst in seiner Biographie gelesen. Außerdem hat er mir persönlich an verschiedenen Stellen geholfen und mir unbeabsichtigt Türen geöffnet. Daß ich z.B. Zugang zu Foucaults langjährigem Gefährten Daniel Defert erlangt habe, ist zum Teil auf dessen Unbehagen an dem von Eribon gezeichneten Porträt und den Wunsch, dieses Porträt richtigzustellen, zurückzuführen. Die Biographie David Maceys (*The Lives of Michel Foucault* [New York 1993]) hingegen erschien zu spät, um dieses Buch noch beeinflußen zu können. Deshalb werden wahrscheinlich einige Aspekte und Behauptungen meiner Arbeit schon zum Zeitpunkt ihrer Veröffentlichung ergänzt, erweitert, oder revidiert werden müssen. *Caveat lector.*

3. Die kleinen Schriften und Reden sind mittlerweile erschienen als: Michel Foucault: *Dits et écrits*. 4 Bde (Paris 1994).

4. vgl. Alasdair MacIntyre: *Three Rival Versions of Moral Enquiry* (Notre Dame 1990), pp. 32-57, 196-215. Die Vorstellung einer teleologisch strukturierten ›Suche‹, einer *recherche*, die Aspekte der bereits von Proust, Borges und Bachelard durchgeführten *recherches* miteinander verbinden würde, wurde von Foucault erstmals 1957 artikuliert: vgl. ›La recherche scientifique et la psychologie‹. Jean-Edouard Morère (Hrsg.): *Des chercheurs français s'interrogent* (Paris 1957), und Foucaults letzte Bemerkungen zur Bedeutung der Teleologie für seine Ethik in UP 34f; d.Ü. 38f. Die Ursachen dafür, daß Foucaults Position (wenn es denn wirklich eine ist) oft mißverstanden wird, liegen zweifellos bei Foucault selbst, dessen (wie ich glaube) bewußt irreleitenden Behauptungen zum ›Tod des Autors‹ in den späten sechziger Jahren ihre Funktion – der Selbst-Tilgung und der Verhüllung – nur zu gut erfüllt haben. (Einige Aspekte dieses Problems werden in Kapitel 5 angesprochen.)

5. Für die meiner Meinung nach beste Darstellung der Foucaultschen Geschichtsphilosophie vgl. Paul Veyne: ›Foucault révolutionne l'histoire‹. *Comment on écrit l'histoire* (Paris 1978). ›*Der Eisberg der Geschichte. Foucault revolutioniert die Historie*‹; übers. v. Karin Tholen-Struthoff (Berlin 1981).

6. Die Probleme, die sich bei dem Versuch ergeben, ein gewisses Maß an Objektivität mit der angemessenen Rolle für die literarische Dimension der Geschichtsschreibung in Einklang zu bringen, werden auf den Seiten von Lionel Gossmans elegantem Buch *Between History and Literature* (Cambridge, Mass. 1990) zum Thema. Daß das Bemühen um Objektivität trotz der augenscheinlich mit diesem Unternehmen verbundenen Schwierigkeiten der Mühe wert ist, zeigen wohl die Erfahrungen, welche die moderne Welt mit dem unhinterfragten Geschäft mit Mythen zum Beispiel in Rußland von 1917 bis 1989 oder in Deutschland unter Hitler gemacht hat.

7. D. A. Miller: *Bringing Out Roland Barthes*. (Berkeley 1992).

8. TFR 74 (›Politics and Ethics. An Interview‹).

Mottos

1. René Char: ›Le mortel partenaire‹ (›Der tödliche Partner‹). *Poésies. Dichtungen* (2 Bände). Übers. v. Paul Celan u.a.. Ffm 1957, 1968), Bd. 2, p. 93:

> Certain êtres ont une signification qui nous manque. Qui sont-ils? Leur secret tient au plus profond du secret même de la vie. Ils s'en approchent. Elle les tue. Mais l'avenir qu'ils ont ainsi éveillé d'un murmure, les devinant, les crée. O dédale de l'extrême amour!

2. Friedrich Nietzsche: *Werke* (Leipzig 1894ff), Bd. X, p. 147: eine später nicht verwendete Bemerkung aus den Vorarbeiten zu Nietzsches erst postum veröffentlichtem Aufsatz ›Die Philosophie im tragischen Zeitalter der Griechen‹ (1873).

Kapitel 1: Der Tod des Autors

1. ›Das Subjekt und die Macht‹ (1982). JSH 246; vgl. auch Michael Donnelly et al.: ›Le planète Foucault‹. *Magazine Littéraire 207* (Mai 1984), pp. 55-57.
2. Für diese und andere Würdigungen vgl. *Le Monde,* 27. Juni 1984 (Veyne); *Le Nouvel Observateur,* 29. Juni 1984 (Daniel, Braudel); *Libération,* 30. Juni – 1.Juli 1984 (zwölfseitige Beilage); und Libération, 26. Juni 1984.
3. ›La folie n'existe que dans la société‹ (Int.), *Le Monde,* 22. Juli 1961, p. 9; s. auch Robert Maggiori: ›Michel Foucault: une pensée sur les chemins de traverse‹, *Libération,* 26. Juni 1984, p. 2.
4. MC 398; d.Ü. 462.
5. SP 22f; d.Ü 25, 28.
6. VS 62; d.Ü. 61.
7. NC 176; d.Ü. 185. (A.d.Ü.: Die Mehrdeutigkeit des englischen Substantivs ›*passion*‹ und des französischen ›*la passion*‹, vor allem die Verschränkung von Leidenschaft und Leiden, ist im deutschen Ausdruck ›*Passion*‹ nur sehr schwach ausgeprägt. Deshalb der Ausdruck ›*Leidenschaft*‹ im Titel des Buchs, in dem so die erotische Dimension stärker mit ins Spiel kommt. Im vorliegenden Zitat jedoch (und an einigen anderen Stellen) legen Foucaults Bezugnahme auf ›Krankheiten der Liebe‹ und ›Tod‹, sowie Millers Anspielung auf den Kreuzestod Christi als Übersetzung das Wort ›Passion‹ nahe.)
8. MM 54; vgl. d.Ü. von MM* 126f. Meine Kenntnis der Sartreschen Generation speist sich aus: James D. Wilkinson: *The Intellectual Resistance in Europe* (Cambridge, Mass. 1981).
9. vgl. ›Qu'est-ce qu'un auteur?‹ (1969); *Bulletin de la Société française de philosophie* (Juli-September 1969): pp. 89, 92f; d.Ü. SzL 124 u.ö. Foucault weist auf die unausweichliche ›Travestie‹ der Tatsache hin, daß die Vorstellung von ›Diskursivitätsbegründern‹ zweifelsohne zu einer Rückwendung auf das Werk – und das *Leben* – des Autors führt.
10. Lawrence Stone: ›An Exchange with Michel Foucault‹, *New York Review of Books* (31. März 1983), p. 42. Gerald Weissmann: ›Foucault and the Bag Lady‹, *Hospital Practice* (August 1982).
11. J.G. Merquior: *Foucault* (London 1985), p. 160. Für eine gute Zusammenfassung der Bedenken eines bekannten amerikanischen

Historikers vgl. Stone: ›An Exchange with Michel Foucault‹, a.a.O.; für französische Historiker s. Arlette Farge: ›Face à l'histoire‹, *Magazine Littéraire 207* (Mai 1984). Die Forderung nach Normen wurde z. B. erhoben von Nancy Fraser: ›Foucault on Power‹, *Unruly Practices* (Minneapolis 1989), p. 33. Bzgl. der Analogie zu Felix, the Cat vgl. Michel de Certeau: ›The Black Sun of Language‹. *Heterologies* (Minneapolis 1986), p. 183.
12. ›Qu'est-ce qu'un auteur?‹, a.a.O., p. 77; d.Ü. SzL 12. AS 28; d.Ü. 30. Vgl. auch Michel de Certeau: ›Das Lachen Michel Foucaults‹. DuE 227-240. Die erwähnte Biographie ist: Didier Eribon: *Michel Foucault*, a.a.O.
13. ›Qu'est-ce qu'un auteur?‹, a.a.O., p. 93; d.Ü. SzL 28. TFR 374. s. auch ›Le Mallarmé de J.-P. Richard‹, *Annales* (September-Oktober 1964), bes. pp. 997-98, 1000. In dieser charakteristischen Verteidigung einer Studie Richards (*L'univers imaginaire de Mallarmé* [Paris 1962]) spricht Foucault über das »neue Objekt« der Literaturwissenschaft, das sich durch das seit dem 19. Jahrhundert zugängliche neue Archivmaterial aufgetan habe, insbesondere Entwürfe und verschiedene Versionen literarischer Werke sowie Informationen zur Biographie des Autors. Das große Verdienst des Richardschen Buches bestehe nach Foucault in der geschickten Art und Weise, in der Richard das gesamte Ausmaß dieser neuen »dokumentarischen Masse« verarbeitet habe: »Der Mallarmé, auf den er sich in seinen Analysen bezieht, ist weder das reine grammatische Subjekt noch das tiefe psychologische Subjekt, sondern eher dasjenige, das ›ich‹ sagt in den Werken, den Briefen, den Skizzen, den Privatgeheimnissen (les confidences) [. . .]«.
14. ›An Interview with Michel Foucault‹. (Gespräch mit Charles Ruas, veröffentlicht als Nachwort zur englischen Übersetzung von RR [*Raymond Roussel*, New York 1986, pp. 169-86]; ursprünglich erschienen als: ›Archéologie d'une passion‹. *Magazine littéraire* 221 [Juli – August 1985], pp. 100-05), p. 184; d.Ü.: *Zeitmitschrift* 7 (1990).
15. vgl. RR 10-12; d.Ü. 9-11; vgl. ›Qu'est-ce qu'un auteur?‹, a.a.O., p. 78; d.Ü. SzL 12: Wolle man »das schreibende Subjekt« entziffern, müsse man »die Beziehung des Schreibens zum Tod« verstehen (Diese Überzeugung teilt Foucault mit Blanchot, wie wir im dritten Kapitel sehen werden.)
16. RE 71f; d.Ü. 53 (Foucault spricht an dieser Stelle ausdrücklich über Tod und ›Eigentlichkeit‹). ›L'éthique du souci de soi comme pratique de liberté‹. *Concordia: Internationale Zeitschrift für Philosophie* 6 (1984), p. 106; d.Ü.: ›Freiheit und Selbstsorge. Gespräch mit Michel Foucault am 20. Januar 1984‹. *Freiheit und Selbstsorge. Interview 1984 und Vorlesung 1982*, hrsg. v. Helmut Becker u.a. (Ffm 1985), p. 17. NC 169, 170, 175f; d.Ü. 178, 180, 185. Vgl. Martin Heidegger: *Sein und Zeit* (Tübingen 1927), pp. 258f.

17. Gilles Deleuze: *Foucault*. Übers. v. Hermann Kocyba (Ffm 1987), pp. 132, 138.
18. NC 176; d.Ü. 185. Denis Hollier ist in einem Vortrag einigen dieser Probleme nachgegangen: vgl. ›Le mot de Dieu: Je suis mort‹. *Michel Foucault philosophe: Recontre internationale, Paris, 9, 10, 11 janvier 1988* (Paris 1989), pp. 150-65 [d. ü. »Gottes Wort: ›Ich bin tot‹« (übers. von Hans-Dieter Gondek), in: François Ewald und Bernhard Waldenfels (Hrsg.): ›Spiele der Wahrheit. Michel Foucaults Denken‹, Ffm 1991, pp. 106-123.
19. *Le Monde* (27. Juni 1984), p. 10. Vgl. Eribon, a.a.O., p. 417 (Übersetzung des Bulletins wurde übernommen; A.d.Ü.).
20. *Libération* (26. Juni 1984), p. 2.
21. vgl. Eribon, a.a.O., pp. 474f.
22. Mirko D. Grmek: *History of AIDS*. Übers. v. Russell C. Maulitz u. Jacalyn Dufflin (Princeton 1990), p. 4. Die Passage bezieht sich auf: J. Leibowitsch: *Un virus étrange d'ailleurs* (Paris 1984).
23. Grmek: *History of AIDS*, a.a.O., p. 70. An dieser Stelle sei meiner Frau Sarah Minden, die selbst Ärztin ist und sich mit der Erforschung des AIDS-Virus befaßt hat, dafür gedankt, daß sie mir bei dieser kurzen Übersicht über den gegenwärtigen Stand des medizinischen Wissens über den HIV-Virus behilflich war.
24. Zur Berichterstattung der französischen Medien in der Frühphase der Epidemie, vgl. Michael Pollak: *Les Homosexuels et la SIDA: Sociologie d'une épidémie* (Paris 1988); bes. pp. 144-51; in Frankreich hat sich die falsche Vorstellung von einem ›schwulen Krebs‹ länger gehalten als in den U.S.A. Bei dem Kritiker am Ende dieses Paragraphen handelt es sich um Rabbi Julia Neuberger, die 1985 einen Artikel im *Guardian* veröffentlichte, den Simon Watney in seiner Arbeit *Policing Desire: Pornography, AIDS and the Media* (Minneapolis 1987, p. 3) zitiert.
25. vgl. Joseph Pearson (Hrsg.): ›Discourse and Truth: The Problematization of *Parrhesia*‹ (Evanston, Ill. 1985); eine von Foucault nicht autorisierte und veröffentlichte Mitschrift des im Herbst 1983 in Berkeley gehaltenen Seminars. In diesem Seminar sowie in den letzten Vorlesungen am *Collège de France* (auf die im elften Kapitel näher eingegangen wird) betont Foucault die mit dem Aussprechen der Wahrheit verbundenen *Gefahren*, besonders, wenn dieses Aussprechen denen schaden könnte, für die bestimmte politische Interessen auf dem Spiel stehen; oder wenn sich Personen betroffen fühlen, die davor Angst haben, daß sie durch das Bekanntwerden der Wahrheit entweder ihre Ehre verlieren oder Schmähungen erdulden müssen.
26. vgl. Hervé Guibert: *Dem Freund, der mir das Leben nicht gerettet hat*. Übers. v. Hinrich Schmidt-Henkel (Reinbek 1991), p. 105. Zur Bedeutung von Guiberts roman à clef vgl. Kapitel elf.

27. vgl. Eribon, a.a.O., pp. 470-72; s. Guibert: *Dem Freund* [. . .], a.a.O., p. 29-31.

28. a.a.O., p. 30.

29. Interview mit Edmund White am 12. März 1990. Öffentlich hat Defert solche Gefühle durchweg geleugnet, und ich hielt es nicht für angemessen (oder nützlich), ihn zu diesem Punkt zu befragen. (Für Deferts ›offizielle‹ Position achte man auf den Wortlaut seiner weiter unten wiedergegebenen Antwort an Jean-Paul Aron aus dem Jahre 1987.) Als ich Defert am 25. März 1990 interviewte, stellte er jedoch klar, daß er erst *nach* Foucaults Tod erfahren habe, daß dieser an AIDS erkrankt war.

30. Zu Defert und AIDES s. Gerard Koskovich: ›Letter From Paris‹. *The Advocate* (4. März 1986): pp. 31f. Für ein Beispiel der sensationslüsternen Gerüchte, die sich im Umlauf befinden, s. Camilla Paglia: ›Junk Bonds and Corporate Raiders: Academe in the Hour of the Wolf‹. *Arion* (Frühjahr 1991), p. 195: »Die Früchte Foucaults sind Holzwürmer. Er war ein Herodes ohne Salomé, ein Mann mit einer deformierten Psyche: Wenn das stimmt, was ich aus zuverlässiger Quelle über sein öffentliches Verhalten gehört habe, nachdem er erfahren hatte, daß er an AIDS litt, dann verdient er es, von jedem Menschen mit Moral verdammt zu werden.« Zu diesem Gerücht – und seiner Falschheit – s. das Nachwort des Verfassers.

31. SP 198f; d.Ü. 254-56.

32. Bei dem Journalisten handelt es sich um Gerard Koskovich, mit dem ich am 30. September 1989 gesprochen habe. Koskovich hat mir auch freundlicherweise die Tonbänder seines Interviews mit Jean Le Bitoux zur Verfügung gestellt.

33. Koskovich: ›Letter from Paris‹, a.a.O., p. 31; vgl. auch mein Gespräch mit Koskovich am 30. September 1989.

34. Jean-Paul Aron: ›Mon SIDA‹. *Le Nouvel Observateur* (5. November 1987), p. 44. In seinem Buch *Les modernes* (Paris 1984), pp. 216-33, zeichnet Aron ein sehr negatives Bild von Foucault: Er sei »launisch« und »kapriziös« gewesen und habe ständig versucht, schöne Knaben zu verführen; s. bes. p. 219f: »Der Kritiker von Kontrollmechanismen trachtete danach, [die Welt] von Grund auf zu kontrollieren. Er war der geborene Inquisitor, den ich mir gut im fünfzehnten Jahrhundert in der Rolle eines Mönchs (z. B. Savonarola) hätte vorstellen können, wie er Bannflüche verhängt und die Regierungsgewalt in Florenz im Namen Christi des Erlösers von den Häretikern zurückverlangt [. . .].« Trotz seiner Boshaftigkeit ist Arons Darstellung nicht ohne Interesse, da es sich eindeutig um die Art von Porträt handelt, das nur ein Insider zeichnen kann.

35. Daniel Defert: »›Plus on est honteux, plus on avoue‹«. *Libération* (31. Oktober – 1. November 1987), p. 2. Interessant ist, wie Defert im

ersten Satz vom ›wir‹ zum ›ich‹ wechselt – wenn ›wir‹ uns geschämt hätten, dann hätte ›ich‹ niemals *AIDES* gegründet; doch geht es natürlich hier nicht um Deferts Scham. Die Bedeutung dieser postumen Verbeugung vor Foucaults hypothetischer Scham ist keinesfalls eindeutig.
36. Jean Le Bitoux: ›The Real Foucault‹. *New York Native* (23. Juni 1986), p. 5.
37. Interview mit Daniel Defert (25. März 1990). In einem Gespräch mit Didier Eribon behauptet Paul Veyne, nach Foucaults Tod folgende Tagebucheintragung aus dem November 1983 gesehen zu haben: »Ich weiß, daß ich AIDS habe, doch erlaubt mir meine Hysterie, diese Tatsache zu vergessen.« (vgl. Eribon: *Foucault*, a.a.O., p. 348 – diese Passage erscheint weder in der deutschen Übersetzung des Buches noch in der revidierten zweiten französischen Auflage.) Defert dementiert heftig die Existenz einer solchen Tagebucheintragung. So viel scheint festzustehen: Im Verlauf des Jahres 1983 gab Foucault seiner aus verständlichen Gründen wachsenden Besorgnis über AIDS mehreren Freunden sowohl in Frankreich als auch in Amerika gegenüber Ausdruck. Vgl. z.B. Foucaults Gespräche mit D.A. Miller und Philip Horovitz im *Frühjahr* 1983, die am Ende von Kapitel zehn wiedergegeben werden.
38. Wie es das Schicksal wollte, war Foucault zwischen 1981 und 1984 von Ärzten und Freunden aus dem akademischen Leben umgeben, die über die Entwicklung dieser mysteriösen, schwule Männer befallenden Krankheit im Bilde waren. Im zwölften Abschnitt seines *roman à clef* über AIDS (und Foucault) spielt Guibert auf eine 1983 von Foucault, Bernard Kouchner und einer Reihe politisch aktiver Ärzte und Intellektueller organisierte Arbeitsgruppe an; die Gruppe traf sich im Tarnier-Krankenhaus, in dem einige der ersten AIDS-Fälle in Frankreich behandelt wurden. Er »hustete bei diesen Versammlungen«, schreibt Guibert, weigerte sich jedoch »beharrlich, einen Arzt aufzusuchen. Schließlich gab er dem Drängen des Chefarztes der Hautklinik nach, den dieser trockene, heftige, hartnäckige Husten beunruhigte.« Auf diese Weise wurde offensichtlich Foucaults Krankheit verspätet diagnostiziert. (vgl. Guibert: *Dem Freund*, [. . .], a.a.O., p. 29) Für weitere Hinweise zu Foucaults Reaktion auf die wachsenden Belege für die mit AIDS verbundenen Gefahren s. die Erinnerungen von Hans Sluga und D.A. Miller, die in Kapitel zehn nacherzählt werden. Guibert erinnert sich daran, bereits 1981 mit Foucault über die Möglichkeit eines ›schwulen Krebs‹ gesprochen zu haben: Sobald Guibert das Thema ansprach, brach Foucault in heftiges Lachen aus: »Ein Krebs, der ausschließlich Homosexuelle trifft, nein, das wäre zu schön, um wahr zu sein, das ist zum Totlachen!« (vgl. Guibert, a.a.O., p. 19). In der Fernsehsendung *Apostrophes* am 16. März 1990 erzählte Guibert haargenau dieselbe Geschichte, wobei er dieses Mal Foucault beim Namen nannte. Edmund White erinnert sich an eine ähnliche Unterhaltung mit Foucault in Paris, die ebenfalls 1981 stattfand.

39. Zu einer ausführlichen Darstellung der Schwulengemeinde San Franciscos und Foucaults Rolle in ihr vgl. Kapitel acht.

40. Katharina von Bülow: ›Widersprechen ist eine Pflicht‹. DuE 139.

41. Foucaults berühmteste Definition von ›Heterotopia‹ als Ort, an dem »Wörter in sich selbst verharren« und die tröstlichen Gewißheiten herkömmlichen Wissens sich auflösen, findet sich in MC 9f; d.Ü. 20. Zu der Art äußerster Erfahrung, die ›Wörter in sich selbst verharren läßt‹- »das Unnennbare, das Unsagbare, [. . .] die Ekstase« – s.: ›Le langage à l'infini‹. *Tel Quel* 15 (Herbst 1963), p. 48f; d.Ü. SzL 96 (›Das unendliche Sprechen‹). Zum begrüßenswerten »Schwebezustand« jener »geschlossenen, engen und intimen Gesellschaften, in denen der gleichzeitig vorgeschriebene und verbotene merkwürdige Glückszustand herrscht, daß man nur ein Geschlecht kennt«, vgl. ›Introduction‹ zu *Herculine Barbin, Being the Recently Discovered Memoirs of a Nineteenth-Century Hermaphrodite*. Übers. v. Richard McDougall (New York 1980), p. XIII (= englische Übersetzung von: Herculine Barbin dite Alexina B. [Paris 1978]). Zum Problemkreis von S/M vgl. ›An Interview: Sex, Power and the Politics of Identity‹. *The Advocate* (7. August 1984), p. 43.

42. ›The Minimalist Self‹ (Int. 1982). PPC, p. 12.

43. Die zugänglichste Informationsquelle für die Reaktion schwuler Männer auf AIDS ist die aufgrund der Vorurteile des Autors gegenüber experimentierfreudigen Segmenten dieser Gemeinde leider nicht ganz zuverlässige Arbeit Randy Shilts': *And the Band Played On* (New York 1987). Trotz seiner Mängel ist dieses Buch nach wie vor eine wertvolle Quelle, wenn man Vorsicht walten läßt. Eine einige Sachverhalte klarstellende Kritik bietet Douglas Crimp: ›How to Have Promiscuity in an Epidemic‹. Ders. (Hrsg.): *AIDS: Cultural Analysis, Cultural Criticism* (Cambridge, Mass. 1988), pp. 237-70. Crimp weist auf die führende Rolle der schwulen Gemeinde bei der Verbreitung von *safe sex*-Praktiken hin. Die zeitliche Abfolge dieser frühen Bemühungen um *safe sex* bleibt unklar; doch begannen diese Bemühungen unter besorgten schwulen Aktivisten in San Francisco informell Anfang 1983; und im Mai desselben Jahres veröffentlichte eine Gruppe von Ärzten aus der Bay Area ein erstes Pamphlet mit Richtlinien. Zur Mobilmachung der schwulen Gemeinde in diesen Monaten vgl. auch Cindy Pattons frühe scharfe Polemik: *Sex and Germs: The Politics of AIDS* (Boston 1985), die unter anderem eine intelligente Diskussion von ›Erotophobie‹ als entscheidenden kulturellen Faktor für die Reaktion der Öffentlichkeit auf AIDS enthält. In San Francisco war Larry Littlejohn der bekannteste schwule Aktivist, der sich schon von Mai 1983 an für die Schließung der Bäder einsetzte: Information dazu (und eine weitere Quelle zur Bestätigung und Berichtigung Shilts') bietet die nüchterne analytische Beschreibung der Debatte in Ronald

Bayer: *Private Acts, Social Consequences* (New York 1989), pp. 20-71. (Anzumerken bleibt noch, daß Shilts selbst ein früher und wortgewaltiger Verfechter der Schließung der Bäder war, woraus sich ein bestimmter, zum Teil selbstgerechter ›Ich hab's euch ja gleich gesagt‹-Ton erklären läßt, der seinen Bericht durchzieht.) Schließlich muß ich noch Gayle Rubin dafür danken, ihr Material gesichtet und ihre sich auf zehnjährige Forschungsarbeit über die S/M-Szene San Franciscos stützenden Eindrücke darüber mit mir geteilt zu haben, wie die schwule Gemeinde im allgemeinen und die S/M-Subkultur im besonderen in diesen tristen Monaten auf AIDS reagiert haben.

44. Shilts: *And the Band Played On*, a.a.O., p. 377.

45. SP 199; d.Ü. 254.

46. ›Un plaisir si simple‹ (Int. 1979). *Gai pied* 1 (April 1979), p. 10; d.Ü. VdF 58 (›Ein ganz harmloses Vergnügen‹). NC 125, 175; d.Ü. 137, 185.

47. SP 38; d.Ü. 46 (englisch im Original). Als ich ihn am 11. April 1991 interviewte, erinnerte sich Foucaults Berkeley-Freund D.A. Miller daran, daß er im Dezember 1983 in Paris mit Foucault über dessen Besuche in den Bädern San Franciscos im Frühjahr desselben Jahres gesprochen hat. Von einem ähnlichen Gespräch schreibt Hervé Guibert in *Dem Freund* [. . .]. – s. nächster Abschnitt. Vgl. auch folgende von Richard D. Mohr in *Gays/Justice* (New York 1988), p. 288, beiläufig erwähnte Anekdote: »Im Sommer 1983, zwei Jahre nachdem die ersten Fälle von AIDS in New York aufgetreten waren und in den Lederbars dort Kondomautomaten auftauchten, gab Michel Foucault ein Seminar am *Humanities Institute der New York University*. Während dieses Seminars besuchte er, wie mir ein als sein Führer fungierende Philosoph erzählt hat, allabendlich die schwulen Bäder und hatte großen Spaß dabei.«

48. vgl. Guibert: *Dem Freund* [. . .], a.a.O., p. 28. Hat Foucault jemals solchen Gedanken Ausdruck verliehen? Da Guibert mittlerweile verstorben ist, kann in seinem Bericht Wahres von Erfundenem nicht mehr mit letzter Sicherheit voneinander getrennt werden – obgleich es mir gelungen ist, fast jede Einzelheit im Guibertschen Roman, die sein Foucault-Portrait betreffen, zu bestätigen. D.A. Miller zufolge beschrieb Foucault die Stimmung in den Bädern San Franciscos im Herbst 1983 in ihren Gesprächen etwas anders. Miller erinnert sich daran, daß Foucault bemerkte, daß die Bäder an manchen Abenden fast menschenleer waren; und daß er sich außerdem darüber beklagte, daß eines seiner bevorzugten Etablissements, das *Hothouse*, geschlossen worden sei. (Das *Hothouse* war der erste bekannte S/M-Treff, der wegen AIDS schloß; zum damaligen Zeitpunkt erklärte sein Betreiber, Louis Gaspar – der sein Geschäft freiwillig aufgab –, daß »ich angesichts der zur Debatte stehenden ethischen und moralischen Fragen einfach nicht mehr weitermachen konnte, als ich den

Eindruck bekam, daß ich irgendwie dafür verantwortlich sein könnte, daß sich jemand infizierte«. Vgl. Randy Shilts: ›A Gay Bathhouse Closes its Doors in S.F.‹. *San Francisco Chronicle* (11. Juli 1983), p. 3. Mein Dank an Gayle Rubin, die diesen Artikel für mich ausfindig machte.) Während meiner Unterhaltung mit Daniel Defert am 25. März 1990 sagte ich unmittelbar im Anschluß an Deferts Bemerkung, daß Foucault AIDS während seines letzten Besuchs in San Francisco »sehr ernst« genommen habe – vgl. den nächsten zitierten Satz –, daß Guibert in seinem Roman etwas Ähnliches geschrieben habe. »Ja«, antwortete Defert, »ich habe ihm [Guibert] das erzählt; er tut so, als ob Michel es ihm zuerst gesagt hätte.« Defert fügte hinzu, daß Foucault seine Erfahrung in einem die Begriffe ›Sida‹ und ›*décision*‹ miteinander verbindenden Wortspiel zusammengefaßt habe, ohne eine Erklärung hinzuzufügen. Vielleicht handelte es sich um ein Spiel mit dem Verb ›*décider*‹ (sich entscheiden), dessen Imperfektform ›*décida*‹ lautet (was wie ›de-sida‹ ausgesprochen wird); oder vielleicht bestand es aus einer sprachlichen Neuschöpfung aus den beiden Worten SIDA und ›*décision*‹ (Entscheidung) wie z.B. ›*de-sid-ion*‹=eine Entscheidung über AIDS treffen. Die ethischen Probleme, die durch Foucaults mögliches Verhalten in den Badehäusern im Herbst 1983 – wenn er sich tatsächlich so verhalten hat, wie wir vermuten – aufgeworfen werden, sind vielschichtig. Zu einer ausführlicheren Behandlung dieses Problems vgl. das Nachwort des Verfassers.
49. Interview mit Defert, 25. März 1990 (Hervorhebung hinzugefügt). Defert machte diese Bemerkung im Rahmen der Antwort auf meine Frage, was er denn in seinem Artikel in *Libération* (31. Oktober – 1. November 1987) gemeint habe, als er schrieb, daß Foucault »ein asketisches Werk aus sich gemacht und seinen Tod in dieses Werk eingeschrieben hat«. Im Verlauf unseres Gesprächs hatte Defert bereits ausführlich die Bedeutung der Vorstellung der ›Grenz-Erfahrung‹ für Foucault herausgestellt und außerdem erklärt, wie Foucault diese Vorstellung aus seiner Bataille-Lektüre entwickelt hatte – damit war uns also beiden das Gewicht des Begriffs ›Grenz-Erfahrung‹ klar. Als ich eine wörtliche Transkription unseres dreistündigen Gesprächs anfertigte, stellte ich fest, daß Defert sogar selbst den Begriff ›Grenz-Erfahrung‹ in den ersten Minuten unserer Unterhaltung anspochen und sich alle Mühe gegeben hatte, Foucaults Konzept von Erfahrung mit »Wahnsinn, Drogen, Sexualität und ich würde vielleicht sogar sagen, mit AIDS« in Verbindung zu bringen. Zu diesem Zeitpunkt verstand ich noch nicht ganz die möglichen Implikationen dieser Bemerkung. Als Defert zwei Stunden später AIDS und ›Grenz-Erfahrung‹ wieder miteinander verknüpfte – durch den von mir zitierten Satz –, forderte ich ihn sofort auf, dies doch etwas genauer zu erklären. Defert schüttelte leider nur den Kopf und weigerte sich, mehr über die-

ses Thema zu sagen – genauso, wie er sich geweigert hat, sich zu einer frühen Version dieses Buches zu äußern, die ich ihm im November 1991 geschickt habe. Was Defert 1987 *geschrieben* hat – daß Foucault seinen Tod in das asketische Werk eingeschrieben habe, daß er aus sich gemacht hatte –, ist, glaube ich, im Zusammenhang gesehen genauso enthüllend wie seine Bemerkung mir gegenüber, daß Foucault AIDS als ›Grenz-Erfahrung‹ angesehen habe. Zum philosophischen Kontext dieser Frage vgl. die Besprechung der Ansichten Foucaults über Tod und Askese im Spätwerk, die in Kapitel zehn behandelt werden. Vgl. auch das vielsagende Porträt Foucaults in Hervé Guibert: *Dem Freund* [. . .], a.a.O., p. 37: »Ganz am Jahresende ’83 sagte ich zu Muzil [=Foucault], weil er wieder mit alter Heftigkeit hustete: [. . .] ›In Wahrheit hoffst du, AIDS zu haben.‹ Er warf mir einen Blick zu, finster und voll herrischen Gleichmuts.«

50. UP 12f; d.Ü. 13.
51. Zu ›Positivität‹ vgl. AS 164; d.Ü. 182. Die Begriffe ›positiv‹ und ›Positivität‹ wurden auf ähnlich zweideutige Weise von Auguste Comte verwandt, der die wissenschaftlichen und moralischen Konnotationen des Begriffs miteinander verschmelzen wollte. Meine Bemühung, ›Positivität‹ hier zu definieren, verdanken viel der folgenden Arbeit von Ian Hacking: ›Language: Truth and Reason‹. Martin Hollis und Steven Lukes (Hrsg.): *Rationalism and Relativism*. Oxford 1982, p. 53.
52. CF (interview 1978), p. 2. Zur ›Grenz-Erfahrung‹ in *Wahnsinn und Gesellschaft* vgl. das Vorwort zur Ausgabe von 1961 (FD I, III-IV; d.Ü. 7, 9f), das weiter unten in Kapitel vier behandelt wird. Zu diesem Begriff bei Bataille, s. bes. Georges Bataille: ›L'expérience intérieure‹ (*La Somme athéologique I. Œuvres complètes* [Paris 1970ff], tome V). Zur Rolle von Literatur und Kunst beim Begreifen des Wahrheitsspiels und des »Spiels der Zeichen« vgl. RR 209; d.Ü. 190f.
53. ›Qu'est-ce qu'un auteur?‹ (1969), a.a.O., p. 78.
54. ›Conversation‹ (Int. 1981). Gérard Courant: *Werner Schroeter*. Paris 1981, pp. 39f, 45.
55. OD 37; d.Ü. 25. NC 125; d.Ü. 137. MC 396, 398; d.Ü. 460, 462.
56. VS 54f; d.Ü. 54.
57. ›Le retour de la morale‹ (Int.). *Les Nouvelles* (28. Juni – 5. Juli 1984), p. 36; d.Ü. EM 134 (›Die Rückkehr der Moral. Ein Interview mit Michel Foucault‹). ›Est-il donc important de penser?‹ (Int.). *Libération* (30.-31. Mai 1981), p. 21. Eribon hat mir in einem Gespräch am 29. März 1990 mitgeteilt, daß Foucault die Bemerkung, seine Bücher seien »eine Art Bruchstück einer Autobiographie«, handschriftlich – wie es seine Angewohnheit war – bei der Korrektur der Mitschrift dieses Interviews hinzugefügt hatte. »Er war sich vollständig darüber im klaren, daß dieser Satz zitiert werden würde«, sagte Eribon: »Er schrieb ihn mit Bedacht.« Vgl. ›Wahrheit, Macht, Selbst. Ein Gespräch zwi-

schen Rux Martin und Michel Foucault‹. Luther H. Martin, Huck Gutman u. Patrick H. Hutton (Hrsg.): *Technologien des Selbst*. Übers. von Michael Bischoff. Ffm 1993, p. 17: »Meine Werke sind Teil meiner Biographie.« Der bekannteste Niederschlag der Foucaultschen Bedenken zum philosophischen Wert von ›Erfahrung‹ finden sich in AS 26f, 64f; d.Ü. 29, 71f.
58. CF (Int. 1978) 10, 35.
59. a.a.O., p. 35 (Hervorhebung d. Verf.); vgl. a.a.O., p. 3: »Ich konstruiere keine für mich oder andere verbindliche oder unumstößliche Methode. Was ich schreibe, macht keine Vorschriften [. . .]. Es ist höchstens instrumentell oder visionär oder traumartig.«
60. UP 13; d.Ü. 13.
61. RR 210; d.Ü. 191.
62. RR 11; d.Ü. 11.
63. ›An Interview with Michel Foucault‹ (1983); (Nachwort zur englischen Übersetzung von *Raymond Roussel*, p. 182; d.Ü.: *Zeitmitschrift* 7 (1990).
64. UP 14; d.Ü. 15. Zu dieser Formulierung vgl. Deleuze: *Foucault*, a.a.O., p. 132f. Auch Leo Bersani: ›Pedagogy and Pederasty‹. *Raritan V*, No. 1 (Sommer 1985), p. 15. Es gibt noch einen weiteren Kontext, in dem man diese Formulierung sehen muß: In einem anonymen Interview vom 22. März 1990 erinnerte sich einer der engsten Mitarbeiter Foucaults, daß er diese Formulierung wenige Wochen vor Foucaults Tod mit ihm diskutiert habe; als er gefragt wurde, ob er den alten griechischen Wahlspruch ›Erkenne dich selbst‹ durch den Satz ›Befreie dich von dir selbst‹ habe ersetzen wollen, habe Foucault geantwortet: ›Ja‹.
65. Bersani: ›Pedagogy and Pederasty‹, a.a.O., p. 21
66. VS 206; d.Ü. 186.
67. vgl. Deleuze: *Foucault*, a.a.O., p. 134.
68. Daniel Defert im Oktober 1989 im Gespräch mit Adam Block; Block, ein amerikanischer Journalist, hat mir freundlicherweise eine Tonbandaufzeichnung seines Interviews (in erster Linie über Deferts Arbeit für AIDES) zur Verfügung gestellt.
69. s. *Libération* (30. Juni – 1. Juli 1984), p. 18. s. auch Guibert *Dem Freund* [. . .], a.a.O., p. 107-110. Meine Beschreibung der Trauerfeier stützt sich außerdem auf Gespräche mit einem anonymen Mitarbeiter Foucaults (22. März 1990), Daniel Defert (25. März 1990) und André Glucksmann (26. März 1990).
70. Robert Badinter: ›Au nom des mots‹. *Michel Foucault: Une histoire de la vérité* (Paris 1985), p. 75. »Im Namen der Wörter«, *Michel Foucault. Eine Geschichte der Wahrheit*, übers. v. Gabriele Ricke u. Ronald Voullié, München 1987, p. 79.]
71. UP 14f; d.Ü. 15f.

Kapitel 2: Warten auf Godot

1. Zu Sartres Beerdigung, s. Annie Cohen-Solal: *Sartre: 1905 – 1980.* Übers. v. Eva Groepler (Reinbek 1988), pp. 780f; u. Ronald Hayman: *Sartre: A Biography* (New York 1987), pp. 473-75.
2. vgl. Didier Eribon: *Foucault*, a.a.O., pp. 399-401 ; s. auch Robert Maggiori: ›Sartre et Foucault‹. *Libération* (30. Juni – 1. Juli 1986), p. 23f.
3. Eribon, a.a.O., p. 401; vgl. Katharina von Bülow: ›Widersprechen ist eine Pflicht‹. DuE 138.
4. ›Sexuality and Solitude‹. *London Review of Books* (21. Mai – 3. Juni 1981), p. 3; d.Ü.: VdF (›Sexualität und Einsamkeit. Michel Foucault und Richard Sennett‹).
5. Otto Friedrich: ›France's Philosopher of Power‹ (Int. 1981). *Time* (16. November 1981), p. 148. Vgl. ›The Minimalist Self‹ (Int. 1982), PPC 7. Foucault erwähnt sein Interesse am Schicksal der Juden in Simeon Wade: *Foucault in California* (unveröffentlichtes Mskrpt. 1990), p. 72.
6. Daniel Defert, Brief an den Verfasser vom 8. Januar 1991: Defert fügt hinzu, daß Foucaults Schwager in de Gaulles Befreiungsarmee gekämpft hat und daß die gesamte Familie in ihrer Grundeinstellung gaullistisch gesinnt war. Für eine sich auf ausführliche Interviews stützende detailliertere Darstellung der Jugend Foucaults in Poitiers vgl. Eribon, a.a.O., pp. 21-38.
7. Diese Formulierungen finden sich sämtlich in Wade: *Foucault in California*, p. 40, scheinen jedoch das widerzuspiegeln, was Foucault durchweg über seine Jugend gesagt hat, wenn die von mir geführten Interviews verläßlich sind.
8. vgl. Eribon, a.a.O., p. 37.
9. Arthur Goldhammer in seiner Rezension der Biographie Eribons: *French Politics and Society* 8, 1 (Winter 1990), p. 79.
10. Zum ›spiritualistischen Humanismus‹ der Generation Sartres vgl. Jacques Derrida: ›Fines Hominis‹*Randgänge der Philosophie* (Wien 1988), pp. 123-125. Zum Einfluß Hegels vgl. Vincent Descombes: *Das Selbe und das Andere.* Übers. v. Ulrich Raulff (Ffm 1981), bes. pp. 17-60. s. auch Thomas Pavel: *The Feud of Language: A History of Structuralist Thought* (New York 1989), p. 3.
11. Michel Tournier: *Le vent paraclet* (Paris 1977), p. 155f. [›Der Wind Paraklet‹, übers. v. Hellmut Waller, Ffm 1983.]
12. Jean Hyppolite: ›Preface to the English Edition‹. *Studies on Marx and Hegel.* Übers. v. John O'Neil (New York 1969), p. vii, x.
13. ›Jean Hyppolite (1907-1968)‹. *Revue de Métaphysique et de Morale 74*, 2 (April – Juni 1969), p. 133.
14. MC 273; d.Ü. 319f. RE 126f; d.Ü. 92. MM 110.

15. Tony Judt: ›Elite Formations‹. *Times Literary Supplement* (18. – 24. August 1989), p. 889. Zum französischen Erziehungssystem im allgemeinen s. die Arbeiten Pierre Bourdieus, bes. *La noblesse d'état* (Paris 1989) und *Homo Academicus* (Paris 1984) [›Homo academicus‹, übers. v. Bernd Schwibs, Ffm. 1988]. Die Rolle der Philosophie im Lehrplan der Nachkriegsjahre bespricht Descombes, a.a.O., pp. 13-15.

16. Zur Rede Sartres und zu ihrem Hintergrund vgl. Cohen-Solal, a.a.O., pp. 390-95; zu den Bedenken der Kommunisten wegen Sartres Wertschätzung von Heidegger, vgl. a.a.O., p. 221. Ich beziehe mich außerdem ausführlich auf Tourniers lebhafte Beschreibung (*Le vent paraclet*, a.a.O., p.156).

17. Jean-Paul Sartre: ›Ist der Existentialismus ein Humanismus?‹. *Drei Essays* (Reinbek 1964) pp. 24, 25, 14, 16.

18. Cohen-Solal, a.a.O., p. 394.

19. Tournier, a.a.O., p. 155, 156.

20. a.a.O., p. 157.

21. ›Foucault répond à Sartre‹. *La Quinzaine Littéraire* 46 (1.-15. März 1968), p. 35; d.Ü.: AdS 176 (»Strukturalismus und Geschichte. Ein Gespräch mit Jean-Pierre El Babasch). ›Une mise au point de Michel Foucault‹. La Quinzaine Littéraire 46 (1.-15. März 1968), p. 21.

22. vgl. RE 107-11; d.Ü. 79f. Diese frühe Kritik an Sartre ist bezeichnend, da sie aus einer Zeit stammt, in der Foucault anderen Ausprägungen der Phänomenologie zustimmend gegenüberstand – z.B. dem Werk Heideggers, Binswangers, Jaspers', Hyppolites und (implizit) Merleau-Pontys. Vgl. auch Eribon, a.a.O., pp. 168,184f. Raymond Bellour erinnerte sich in unserem Gespräch am 30. März 1990 an Verweise auf Sartres *Kritik der dialektischen Vernunft* in den Fahnendrucken von *Die Ordnung der Dinge*.

23. vgl. Eribon, a.a.O., pp. 53-55. Die Goya-Stiche werden erwähnt von Daniel Rondeau (mit Véronique Brocard, Annette Levy Willard, Dominique Nora u. Luc Rosenzweig): ›Le Canard et le renard ou la vie d'un philosophe‹. *Libération* (30. Juni – 1. Juli 1984), p. 17. Die lebhafteste Beschreibung Foucaults in diesen Jahren bleibt Maurice Pinguet: ›Die Lehrjahre‹. DuE 41-50.

24. Maurice Merleau-Ponty: *Phänomenologie der Wahrnehmung*. Übers. v. Rudolf Boehm (Berlin 1966), p. 358, Anm. 19.

25. ›Le retour de la morale‹, a.a.O., p. 39; d.Ü. EM 140f.

26. Hannah Arendt: ›Heidegger at Eighty‹. Michael Murray (Hrsg.): *Heidegger and Modern Philosophy* (New Haven 1978), p. 295.

27. Jean-Paul Sartre: *Gesammelte Werke: Autobiographische Schriften* (Reinbek 1984), Band 5 (Tagebücher November 1939 – März 1940), pp. 269, 272.

28. Martin Heidegger: ›Einführung in die Metaphysik.‹ *Gesamtausgabe* (Ffm 1972ff), II. Abt., Bd. 40, p. 208. Die Literatur zum Thema

Heidegger und Nationalsozialismus ist mittlerweile unüberschaubar geworden. Für den englischen Sprachraum vgl. die vorzügliche Sondernummer der Zeitschrift *Critical Inquiry 15*, 2 (Winter 1989), die unter anderem Aufsätze Arnold I. Davidsons, Jürgen Habermas' und Jacques Derridas enthält.

29. Jean-Paul Sartre: *Gesammelte Werke*, a.a.O., Band 5, p. 272.

30. Martin Heidegger: ›Brief über den Humanismus‹. *Wegmarken*. Gesamtausgabe. a.a.O., I. Abt. Bd. 9, p. 328.

31. a.a.O., p. 329. Martin Heidegger: *Sein und Zeit*. (Tübingen 1927), p. 38.

32. Zu ›Sein‹ und ›Transzendenz‹ vgl. ›Humanismus-Brief‹, a.a.O., p. 333-36. S. auch Martin Heidegger: *Vom Wesen des Grundes*, Gesamtausgabe (Ffm. 1972 ff.) I. Abt., Bd. 9 (Wegmarken), p. 174 »*Die Freiheit ist der Grund des Grundes.*« Kants Einfluß auf Heidegger wird deutlich in *Kant und das Problem der Metaphysik* (1929), s. Kapitel 5. Nietzsches Einfluß auf Heidegger ist dagegen umstritten, da er sich nur schwer nachweisen läßt. Doch ich stimme David Farrell Krell zu, der feststellt, daß sich der Einfluß Nietzsches »auf jeder Seite von *Sein und Zeit* [gleichzeitig] verbirgt und enthüllt«. Das großartige Werk Heideggers vermeidet jede offene Auseinandersetzung mit dem ›Willen‹ oder dem ›Wollen‹: Doch einige Jahre später faßte Heidegger Nietzsches Konzept des ›Willens zur Macht‹ in einem Begriff zusammen, in dem unmißverständlich ein zentrales Thema von *Sein und Zeit* nachklingt, indem er den Willen zur Macht als »Zuständlichkeit des Zu-sich-selbst-stehen« beschreibt. (vgl. Martin Heidegger: *Nietzsche* (Pfullingen 1961), Band 1, p. 71 u.ö. Es stimmt natürlich, daß Heidegger in seinen berühmten, hauptsächlich zwischen 1936 und 1946 gehaltenen Nietzsche-Vorlesungen eine einflußreiche Kritik des Nietzscheanischen ›Willen zur Macht‹ ausgearbeitet hat – doch diese Kritik, die mit der ›Kehre‹ in Heideggers eigenem Denken in Verbindung steht, mit der ich mich weiter unten auseinandersetze, scheint mir eher eine verschleierte *Selbstkritik* und eine Vertiefung des profunden (wenn auch manchmal stummen) Dialogs Heideggers mit Nietzsche zu sein. (Meine Interpretation stützt sich hier auf Hannah Arendt und auch auf Reiner Schürmann: *Heidegger on Being and Acting: From Principles to Anarchy* (Bloomington, Ind. 1982), bes. pp. 245-50.

33. Martin Heidegger: *Sein und Zeit*, a.a.O., p. 25 (Definition von ›Dasein‹); p. 294 (zur Möglichkeit des Handelns); p. 385 (zur Wahl eines ›Helden‹). In Frankreich setzte sich als erster Alexandre Kojève für eine Synthese aus Hegel, Marx und Heidegger ein. Es muß jedoch betont werden, daß Kojève, Hyppolite und Merleau-Ponty mit ihrer Meinung, daß sich Marx und Heidegger gegenseitig ergänzten, nicht allein standen: Eine ganze Generation radikaler Denker von Herbert Marcuse bis Lucien Goldmann vertraten die Ansicht, daß Heidegger

und Marx miteinander versöhnt werden könnten; dabei beriefen sie sich zum Teil auf bestimmte zentrale Formulierungen in *Sein und Zeit*. Karl Marx/Friedrich Engels: *Werke* (Berlin 1962ff), Bd. 3, p. 7.
34. Hannah Arendt: *Willing* (New York 1978), p. 173.
35. Jacques Derrida: ›Fines Hominis‹, a.a.O., p. 136. Heidegger: ›Humanismus-Brief‹, a.a.O., pp. 330, 351.
36. a.a.O., pp. 363, 319, 333, 343, 360, 362, 361, 359. Francisco Goya: *Caprichos*, Tafel 43: »El sueño de la razon produce monstruos.«
37. ›Humanismus-Brief‹, a.a.O., p. 354 (zum Tragischen); pp. 320, 337f (zu Hölderlin); pp. 343, 363, 364, 358. Ich vermute, daß der Verweis auf Hölderlin und die dem Tod konfrontierten jungen Deutschen (p. 338) als eine verschleierte Anspielung auf den Krieg zu verstehen ist; vgl. auch die beiläufige, doch bedeutungsschwangere Erwähnung Sophokles' (p. 354) mit der breit ausgeführten Interpretation seiner *Antigone* in *Einführung in die Metaphysik*, a.a.O., pp. 153-173. Diese außerordentliche Passage gerät Heidegger zu einer Allegorie, wenn nicht Rechtfertigung jener »Gewalt«, die allein »die Grundbedingung wahrer geschichtlicher Größe« (p. 173) einer Kultur wie die des antiken Griechenlands (und des modernen Deutschland?) garantieren könne.
38. MC 336, 337, 339; d.Ü. 392, 393, 396.
39. ›Le retour de la morale‹, a.a.O., p. 39; d.Ü. EM 140.
40. ›Um welchen Preis sagt die Vernunft die Wahrheit?‹ (Int. 1983). *Spuren* 1-2 (1983), p. 23.
41. ›Sexuality and Solitude‹, a.a.O., p. 3; d.Ü.: VdF. In den späten vierziger Jahren stand Merleau-Ponty dem Marxismus (und der UdSSR) wesentlich näher als Sartre: vgl. z.B. seine Rechtfertigung der Moskauer Schauprozesse in *Humanism and Terror*. Seine *Phänomenologie der Wahrnehmung* enthält eine implizite, doch scharfe Kritik am Sartreschen Freiheitsbegriff: vgl. das letzte Kapitel des Buches (›Die Freiheit‹). Zu Merleau-Pontys eigentümlichem Verständnis von Transzendenz als »fungierende Intentionalität« vgl. *Phänomenologie der Wahrnehmung*, a.a.O., pp. 14-18.
42. ›Critical Theory/Intellectual History‹ (Int. 1982). PPC 21. Merleau-Ponty begann in Seminaren zwischen 1947 und 1950 (unter anderem an der *École Normale*) über Saussure zu sprechen: vgl. dazu James Schmidts erhellende Darstellung in *Maurice Merleau-Ponty: Between Phenomenology and Structuralism* (London 1985), p. 105. Vgl. auch Foucaults ›Introduction‹ (1978) zur englischen Übersetzung von Georges Canguilhem: *The Normal and the Pathological*. Übers. v. Catolyn A. Fawcett u. Robert S. Cohen (New York 1989), p. 23f: »Es gelang der Phänomenologie tatsächlich, Körper, Sexualität, Tod und die Welt der Wahrnehmung als Analysefelder einzuführen.« Trotzdem blieb für Merleau-Ponty (um den es offensichtlich in den Bemerkun-

gen Foucaults geht), »das *Cogito* zentral« (was – wenn auch nur aus
terminologischen Gründen – stimmt, zumindest für die *Phänomenologie der Wahrnehmung*): »Weder die Rationalität der Naturwissen-
schaften noch die Spezifität der Geisteswissenschaften konnte seine
grundlegende Funktion kompromittieren.«

43. Es lohnt sich, hiermit Jacques Derridas Erinnerungen an seine
eigene intellektuelle Odyssee zu vergleichen, bei der es eine positivere und länger anhaltende Begegnung mit Husserl und der Phänom-
nologie gab: vgl. Derrida: ›The time of a thesis: punctuations‹. Alan
Montefiore (Hrsg.): *Philosophy in France Today* (Cambridge 1983), bes.
p. 38f.

44. Jean-Paul Sartre: *Réflexions sur la question juive.* (Paris 1946),
p. 110 (d.Ü.: *Drei Essays*, a.a.O. ›Betrachtungen zur Judenfrage‹).

45. Jean-Paul Sartre: *Das Sein und das Nichts*, übers. v. Hans Schöne-
berg und Traugott König, Reinbek 1991, pp 467 f.

46. a.a.O., p. 469.

47. a.a.O., p. 469 f.

48. vgl. Eribon, a.a.O., p. 54.

49. Sartre: *Das Sein und das Nichts*, a.a.O., p. 663.

50. SP 202; d.Ü. 257. ›Zur Genealogie der Ethik: Ein Überblick über
laufende Arbeiten‹ (Int. 1983); JSH 274. FD 519; d.Ü. 523. Das Bild
des Schlüssellochs erscheint beiläufig (und ohne ersichtlichen Grund)
in Foucaults frühester öffentlicher Kritik an Sartre: vgl. RE 109; d.Ü.
80. Obwohl ich seinen Schlußfolgerungen nicht zustimmen kann, hat
Martin Jay einen interessanten Aufsatz zum ›Blick‹ bei Foucault veröffentlicht: ›In the Empire of the Gaze: Foucault and the Denigration of
Vision in Twentieth-Century French Thought‹. David Couzens Hoy:
Foucault: A Critical Reader (Oxford 1986), pp. 175-204. In Äußerungen aus dem Jahre 1983 legte Foucault nicht nur Feindseligkeit gegenüber Sartres Begriff der ›Eigentlichkeit‹ an den Tag, sondern auch gegen Heideggers Verwendung dieses Begriffs in *Sein und Zeit*. Bedenkt
man, daß Heidegger in seiner Definition von ›Eigentlichkeit‹ [Sartres
Begriff der ›authenticité‹ ist bereits eine Umdeutung der Heideggerschen ›Eigentlichkeit‹; A.d.Ü.] Nachdruck auf das Gewissen und auf
die Bedeutung der Schuld legt, kann Foucaults Feindseligkeit nicht
überraschen. In seinen Bemerkungen erwähnt Foucault jedoch weder ›Schande‹ noch ›Schuld‹, sondern wirft Heidegger und Sartre vor,
daß sie den Menschen auf ein »wahres Selbst« festlegen wollen – was
Heidegger im Grunde nie getan hat; Sartre hingegen kann so verstanden werden. Der Verweis auf Heidegger ist dann auch aus der veröffentlichten Fassung dieses Tonbands herausgeschnitten worden, das
im *Centre Michel Foucault* in Paris zugänglich ist.

51. vgl. Eribon, a.a.O., 54f, 71. Der Lehrer war Louis Althusser und
die von Althusser ausgesandte Person, die sicherstellen sollte, daß

Foucault sich nicht umbringen würde, war der später als Psychoanalytiker bekannt gewordene Jean Laplanche.
52. ›Un système fini face à une demande infinie‹ (Int. 1983). *Sécurité sociale: l'enjeu* (Paris 1983), p. 63. ›Un plaisir si simple‹ (Int. 1982). *Gai Pied 1* (April 1979), p. 1.; d.Ü. VdF 56, 57, 58.
53. vgl. Eribon, a.a.O., p. 55f.
54. ›Un plaisir si simple‹, a.a.O., p. 1; d.Ü. VdF 55.
55. ›Non aux compromis‹. *Gai Pied 43* (Oktober 1982), p. 9. vgl. auch Wade: *Foucault in California*, p. 43.
56. Interview mit Daniel Defert (25. März 1990); vgl. auch Pinguet: ›Die Lehrjahre‹. DuE 41-50. Defert hat klargestellt, daß auch einige Lehrer und Verwalter an der *École Normale* selbst schwul waren.
57. Interview mit Edmund White (12. März 1990).
58. Interview mit Daniel Defert (25. März 1990).
59. vgl. Jean-François Sirinelli: ›Les Normaliens de la Rue d'Ulm après 1945: une génération communiste?‹. *Revue d'histoire du monde moderne 32* (Oktober-Dezember 1986), p. 574.
60. ›Pour une morale de l'inconfort‹. *Le Nouvel Observteur 754* (23. April 1979), p. 83; d.Ü. VdF 125f (›Für eine Moral des Unbequemen‹). Eribons Darstellung der Zeit Foucaults in der Partei ist vorzüglich: vgl. Eribon, a.a.O., pp. 89-104 (›Stalins Schuster‹).
61. CF (Int. 1978) 19. Foucault nennt hier 1950 als das Jahr seines Parteibeitritts – was Eribon akzeptiert. Daniel Defert erklärte in einem Gespräch am 4. November 1991, daß Foucaults Verwicklung in die Kommunistische Partei eine Begleiterscheinung seiner persönlichen Opposition zum französischen Krieg in Indochina war (der 1946 begonnen hatte und bis 1954 dauern sollte).
62. CF (Int. 1978) 21. Otto Friedrich: ›France's Philosopher of Power‹ (Int. 1981), a.a.O., p. 148.
63. CF (Int. 1978) 22. Vgl. Eribon, a.a.O., p. 98. Während unsres Gesprächs am 4. November 1991 betonte Defert Foucaults Intoleranz gegenüber allen Formen von Antisemitismus. Zur ›Ärzteverschwörung‹ und zum Ausbruch antisemitischer Umtriebe in der UdSSR 1952 und 1953 vgl. Roy A. Medvedev: *Let History Judge*. Übers. v. Colleen Taylor (New York 1971), pp. 494-97.
64. Defert erinnert sich an Foucaults Weigerung, ihn auf einer Chinareise zu begleiten (Gespräch vom 4. November 1991).
65. vgl. Eribon, a.a.O., p. 100.
66. ›Introduction‹ zu Georges Canguilhem: *The Normal and the Pathological*, a.a.O., p. 8.
67. a.a.O., p. 9
68. Zu Foucaults Wertschätzung Cassirers und des Neo-Kantianismus im allgemeinen vgl. ›Une histoire restée muette‹. *La Quinzaine Littéraire 8* (1. Juli 1966), seine (äußerst lobende) Rezension der fran-

zösischen Übersetzung von Cassirers *Philosophie der Aufklärung*. Zu Foucault und Cavaillès vgl. ›Introduction‹ zu Canguilhem, a.a.O., pp. 8f, 14f, und TFR 374 (›Politics and Ethics: An Interview‹).

69. Georges Canguilhem: *Das Normale und das Pathologische*. Übers. v. Monika Noll u. Rolf Schubert (Ffm 1977), p. 141. Foucault weist in seiner ›Introduction‹ ausdrücklich auf Canguilhems ›Vitalismus‹ hin, a.a.O., p. 18f.

70. a.a.O., p. 13.

71. CF (Int. 1978), I, 35.

72. RE 126; d.Ü. 85. Vgl. ›Gaston Bachelard, le philosophe et son ombre: *Pieger sa propre culture*‹. *Le Figaro 1376* (30. September 1972), Litt. 16. Vgl. auch FD 21-23; d.Ü. 28f.

73. Gaston Bachelard: *La Poétique de la rêverie* (Paris 1960), p. 45. Ders.: *La Terre et les rêveries du repos* (Paris 1948), p. 51. Ders.: *L'Eau et les rêves* (Paris 1942), p. 24. Ders.: *L'Air et les songes*. Paris 1943, pp. 12, 13, 10.

74. vgl. Thomas Kuhn: *Die Struktur wissenschaftlicher Revolutionen* (Ffm 21976), pp. 9f. (Der ebenfalls von Foucault geschätzte Alexandre Koyré war besonders wichtig für Kuhn). Zu Foucault über Kuhn und ›normale Wissenschaft‹ vgl. seine ›Introduction‹ zu Canguilhem, a.a.O., p. 16.

75. vgl. Eribon, a.a.O., p. 89.

76. ›The Minimalist Self‹, PPC 6. ›Wahrheit Macht, Selbst. Ein Gespräch zwischen Rux Martin und Michel Foucault‹. *Technologien des Selbst*, a.a.O., p. 18. Otto Friedrich: ›France‹s Philosopher of Power‹, a.a.O., p. 147. Vgl. auch Eribon a.a.O., pp. 85-88.

77. vgl. Maurice Pinguet: ›Die Lehrjahre‹, DuE 44f.

78. MC 337, d.Ü. 394. MM 54; d.Ü. von MM* 126f.

79. Maurice Pinguet: ›Die Lehrjahre‹. DuE 44f.

80. Interview mit Defert (25. März 1990). Vgl. Wade, a.a.O., p. 40.

81. Eribon, a.a.O., p. 4f.

82. (Der deutschen Übersetzung [*Psychologie und Geisteskrankheit*] liegt die 1962 als *Maladie mentale et psychologie* veröffentlichte revidierte Fassung von *Maladie mentale et personnalité* zugrunde; A.d.Ü.); vgl. MM 110 u. 104. Der Text macht klar, daß Foucault zu dieser Zeit einer Art marxistischem Humanismus verpflichtet war, da er sich bemüßigt sieht, festzustellen, daß Geisteskrankheit »die Folge der gesellschaftlichen Widersprüche ist, in denen der Mensch historisch entfremdet bleibt«. Außerdem besteht eines der auffallendsten marxistischen Merkmale der Arbeit in der wiederholten Betonung von Konflikt und Widerspruch. Und es gibt auch einige Stellen, die dem politisch ›korrekten‹ – und hoffnungsfrohen – Charakter der Schlußpassage zuwiderlaufen. S. bes. MM 87 (vgl. d.Ü. von MM* 126f): »Ja, es ist kein Zufall, wenn Freud, als er über die Kriegsneurosen nach-

dachte, als Verdoppelung des Lebenstriebs, in dem noch der alte bürgerliche Optimismus des 19. Jahrhunderts zum Ausdruck kommt, einen Todestrieb entdeckt hat [. . .]. Der Kapitalismus erlebte in dieser Epoche seine eigenen, ihm selbst bewußten Widersprüche: Der alte Traum von der Solidarität mußte aufgegeben werden, es mußte eingestanden werden, daß der Mensch eine negative, im Modus des Hasses und der Aggression erlebte Erfahrung vom Menschen machen konnte und mußte.« Als Foucault diesen Text ein Jahrzehnt später revidierte, strich er alle Passagen, die vom Ende der Entfremdung handelten. Die Stelle über Freud und den Todestrieb ließ er jedoch unverändert. (Außerdem versuchte er, seinen Text von marxistischem Jargon zu befreien: So wird z.B. in der gerade zitierten Passage aus dem ›bürgerlichen Optimismus des 19. Jahrhunderts‹ der ›alte europäische Optimismus des 18. Jahrhunderts [›le vieil optimisme européen du XVIIIe siècle‹], und aus ›Kapitalismus‹ ›unsere Kultur‹ [›notre culture‹], vgl. MM* 99; A.d.Ü.) Foucault änderte – und verstärkte – sogar seine Bemerkung über die ›negative Erfahrung‹ auf eine Weise, die vielleicht das Ausmaß seiner intellektuellen Ambivalenz sogar schon 1954 deutlich macht. In der Fassung von 1962 behauptet er, daß Freud aufgezeigt habe, daß ›der Mensch‹ ganz allgemein – und nicht nur derjenige, der zufällig in der bürgerlichen Gesellschaft lebt – »den alten Traum von der Solidarität« aufgeben müsse. Dies ist natürlich der Traum Hegels, Marx', Hyppolites und Merleau-Pontys in den späten vierziger Jahren – aber ganz eindeutig nicht der Traum Heideggers. Im Grunde bringt Foucault, indem er die marxistische Rhetorik streicht, einen Heideggerschen Zug zum Vorschein, der schon immer da war, wobei er den Wahnsinn als mögliche Form der ›negativen Erfahrung‹ unterstreicht, die es dem Menschen ermöglichen könnte, das ›scheiternde Denken‹ zu erkunden. Vgl. dazu folgende Beobachtung von Hubert L. Dreyfus im Vorwort zur englischen Taschenbuchausgabe von MM* (Mental Illness and Psychology [Berkeley 1987]), p XXXIII: »In der zweiten Fassung ersetzte er Klassenkampf als die verschüttete Wahrheit durch die Behauptung des frühen Heidegger, daß die verschüttete Wahrheit in der ›Fremdheit‹ besteht, das heißt, daß es keine objektive Wahrheit über das Wesen des Menschen gibt.« Für einen genauen Vergleich zwischen den beiden Fassungen dieses Textes vgl. Dreyfus' Vorwort und Pierre Macherey: ›Aux sources de l'histoire de la folie: une rectification et ses limites‹. Critique 471-72 (August – September 1986), pp. 753-74. Und für eine Foucault-Analyse, die mehr Wert als dieses Kapitel auf seine jugendliche Anhänglichkeit an eine Art humanistische philosophische Anthropologie legt, s. Jerrod Seigel: ›Avoiding the Subject: A Foucaultian Itinerary‹. Journal of the History of Ideas (1990), pp. 273-99. Wie diese Anmerkung ausreichend zeigt – und wie aufmerksame Leser sicherlich schon bemerkt haben werden –, ist das vorliegende Material zu Foucaults früher intellektueller Entwicklung skizzenhaft und steht unterschiedlichen Interpretationen offen. Was in diesem (und im nächsten) Kapitel geschrieben wird, muß zum großen Teil eine spekulative Rekonstruktion bleiben, die sich leiten läßt von einer einfühlsamen Lektüre der Einflüsse Foucaults, den Erinnerungen der Menschen, die ihn damals kannten, sowie den späteren Erinnerungen von Foucault selbst (die, durch die Natur der Erinnerung und durch Foucaults Vorliebe für Versteckspiele bedingt, richtig oder falsch sein können).

83. vgl. Cohen-Solal: *Sartre: 1905-1980*, a.a.O., p 166. Simone de Beauvoir erinnert sich an einen Aprikosencocktail, während Aron behauptet, es sei ein Glas Bier gewesen.

84. vgl. ›An Interview with Michel Foucault‹ (1983). Raymond Roussel (englische Übersetzung), a.a.O., p. 174; d.Ü.: *Zeitmitschrift* 7 (1990).

85. Samuel Beckett: ›Warten auf Godot‹. *Werke* (Ffm 1976), Band I (Dramatische Werke), p. 9. Zum Bühnenbild und den ersten Pariser Aufführungen s. Ruby Cohen: *From Desire to Godot: Pocket Theater of Postwar Paris* (Berkeley 1984), pp. 134-80.

86. Beckett, a.a.O., p. 18.

87. a.a.O., p. 24.

88. a.a.O., p. 46f.

89. s. Alain Robbe-Grillet: *Pour un nouveau roman* (Paris 1963), p. 121 (›Samuel Beckett ou la présence sur la scène‹). Diese Rezension von ›Warten auf Godot‹ wurde ursprünglich in *Critique* (Februar 1953) veröffentlicht. Von der ›feierlichen Stille‹ berichtet Roger Shattuck, der sich daran erinnert, die einzige Person im Theater gewesen zu sein, die 1953 bei einer Aufführung von ›Warten auf Godot‹ gelacht hat.

90. Robbe-Grillet, a.a.O., p. 125.

91. ›An Interview with Michel Foucault‹ (1983). *Raymond Roussel* (englische Übersetzung), a.a.O., p. 174; d.Ü.: *Zeitmitschrift* 7 (1990).

92. Charles Juliet: ›Meeting Beckett‹. *TriQuaterly* 77 (Winter 1989-90).

Kapitel 3: Das entblößte Herz

1. Maurice Pinguet: ›Die Lehrjahre‹. DuE 49.

2. ›Wahrheit, Macht, Selbst‹. *Technologien des Selbst*, a.a.O., p. 19. Vgl. ›Le retour de la morale‹, a.a.O., p. 37; d.Ü. EM 141; und vgl. ›Um welchen Preis sagt die Vernunft die Wahrheit?‹ (Int.). *Spuren 1-2* (1983), pp. 23f.

3. FD IV-V; d.Ü. 10f (In der deutschen Ausgabe von FD wird ›recherche‹ mit ›Forschungen‹ übersetzt. Angesichts der teleologischen Stoßrichtung der Bemerkung Foucaults habe ich mich entschlossen, hier und im folgenden ›recherche nietzschéene‹ mit ›nietzscheanischer Suche‹ zu übersetzen, was auch dem von James Miller gewählten englischen Ausdruck ›quest‹ näher kommt. Das französische Substantiv ›recherche‹ deckt beide Möglichkeiten ab; s. auch Vorwort, Anm. 3 u. Kap. 5, Anm. 65; A.d.Ü.).

4. Die Schriften Nietzsches werden nach folgender Ausgabe zitiert: *Friedrich Nietzsche: Werke in drei Bänden, hrsg.* v. Karl Schechta (München 1954ff); die römische Ziffer bezieht sich auf den Band, die arabische auf die Seitenzahl (A.d.Ü.).
Nietzsche III, 327, 329 (›Wir Philologen‹); vgl. III, 1108-1112 (*Ecce Homo;* über *Die Geburt der Tragödie*). Einzelheiten zur Biographie übernehme ich hier und anderswo aus Ronald Hayman: *Nietzsche: A Critical Life* (New York 1980).

5. III, 1116 (in *Ecce Homo* über die *Unzeitgemässen Betrachtungen*)

6. I, 319 (›Schopenhauer als Erzieher‹, § 4). Daniel Defert hat mir während unseres Gesprächs am 25. März 1990 gestattet, Einsicht in Foucaults Exemplar dieses Buches zu nehmen: Die zitierte Stelle war eine der wenigen, die Foucault fett unterstrichen hatte und war außerdem am Rand markiert; sie befindet sich auf p. 81 der französischen Ausgabe: *Considérations intempestives III-IV.* Übers. v. Geneviève Bianquis (Paris 1954).

7. I, 287 (›Schopenhauer als Erzieher‹, § 1)

8. I, 287f.

9. III, 541 (aus dem Nachlaß der achtziger Jahre); II, 581 (*Jenseits von Gut und Böse § 19*). Was ich hier und an anderer Stelle über Nietzsche sage, ist tief beeinflußt von Alexander Nehamas: *Nietzsche: Leben als Literatur,* a.a.O., bes. pp. 219-56 (›Wie man wird, was man ist‹).

10. III, 629, 628f (aus dem Nachlaß der achtziger Jahre).

11. II, 284 (*Also sprach Zarathustra;* Vorrede § 5).

12. II, 394 (*Also sprach Zarathustra; II, § 20*). I, 287 (*Die fröhliche Wissenschaft; § 290*).

13. I, 289 (›Schopenhauer als Erzieher‹; § 1)

14. vgl. Walter Burkert: *Griechische Religion der archaischen und klassischen Epoche.* (Die Religionen der Menschheit, Bd. 15, Stuttgart 1977), pp. 487f.

15. Zum pythagoreischen Kult um den *daimon* vgl. Diogenes Laertius: *De clarorum philosophorum vitis, dogmatibus et apophthegmatibus,* lib. VIII, 32. Zu Heraklit s. die erhellende Darstellung Heideggers im Humanismus-Brief, a.a.O., p. 354-56. Zu Sokrates s. Paul Friedländer: Platon (Berlin 3. Auflage 1964), Bd. I, pp. 34-63 (Kapitel II: ›Daimon‹); sowie Gregory Vlastos: *Socrates, Ironist and Moral Philosopher* (Ithaca, N.Y. 1991), pp. 280-88.

16. Das *Oxford English Dictionary* sagt zur Geschichte des Begriffs daimon folgendes: Der Begriff des guten daimon verschwindet im Christentum nicht völlig, sondern wird in die Vorstellung verwandelt, daß jeder Mensch seinen eigenen ›Schutzengel‹ habe, der über ihn wacht.
17. Nietzsche II, 464 (*Also sprach Zarathustra; III,* ›Der Genesende‹); II, 166 (*Die fröhliche Wissenschaft; § 283*); I, 288 (›Schopenhauer als Erzieher‹; § 1). I, 319 (›Schopenhauer als Erzieher‹; § 4). Im Kontext des letzten Nietzsche-Zitats wird der Begriff ›Genius‹ in seiner alten lateinischen Bedeutung benutzt, wobei die Verbindung dieses Wortes zur Macht des persönlichen Schicksals mitschwingt: Im Grunde handelt es sich um eine Übersetzung der griechischen Vorstellung vom *daimon*. Vgl. die Fußnote William Arrowsmith's in der englischen Übersetzung (*Unmodern Observations.* Übers. v. W. Arrowsmith [New Haven 1990], p. 164). Nietzsches Verwendung des Begriffs ›Genius‹ legt den Einfluß Goethes nahe, der im XX. Buch von *Dichtung und Wahrheit* folgendes über das ›Dämonische‹ sagt: »Alles, was uns begrenzt, schien für dasselbe durchdringbar [. . .]. Dieses Wesen [. . .] nannte ich dämonisch, nach dem Beispiel der Alten [. . .]. Es glich dem Zufall, denn es hatte keine Folge, es ähnelte der Vorsehung, denn es deutete auf Zusammenhang.« Johann Wolfgang von Goethe: ›Dichtung und Wahrheit‹. Hamburger Ausgabe, Band 10 (München 7. Auflage 1981), pp. 175f (Autobiographische Schriften II). Goethes Auffassung vom Dämonischen spielt auch unausgesprochen eine Rolle in seinen Bühnenanweisungen für *Faust*; vgl. auch Johann Peter Eckermann: *Gespräche mit Goethe* (Wiesbaden 1955), pp. 630f : »Jede Produktivität höchster Art [...] steht in niemandes Gewalt und ist über aller irdischen Macht erhaben. Dergleichen hat der Mensch als unverhoffte Geschenke von oben, als reine Kinder Gottes zu betrachten, die er mit freudigem Dank zu empfangen und zu verehren hat. Es ist dem Dämonischen verwandt [...]«. Vgl. auch Ralph Waldo Emerson's Vortrag: ›Demonology‹. *Lectures and Biographical Sketches* (Boston 1896), pp. 9-32.
18. ›La prose d'Actéon‹. *La Nouvelle Revue Française 135* (März 1964), pp. 444, 447; d.Ü. SzL 104 (›Aktaions Prosa‹). Nietzsche II, 202 (*Die fröhliche Wissenschaft, § 341*). Vgl. SzL 106f. Foucault interessierte sich für den Rest seines Lebens für das Dämonische. 1961 versprach er sogar in einer Anmerkung in *Wahnsinn und Gesellschaft* eine künftige Arbeit über »die Erfahrung mit dem Dämonischen« und seine moderne »Reduktion« (vgl. FD 39n; d.Ü. 49 [Anm. 80].) Die Ergebnisse dieser Untersuchung (sollte sie ausgeführt worden sein) wurden nie veröffentlicht. Doch in seinen letzten Vorlesungen am *Collège de France* (über die ich im elften Kapitel sprechen werde) kehrte Foucault zur Bedeutung des Dämonischen für das philosophische Leben zurück. In diesen Jahren forderte er Studenten, die mehr über dieses Thema wissen wollten, dazu auf, bei François Vandenbroucke nachzuschlagen:

›Demon‹. *Dictionnaire de spiritualité* (Paris 1957), Vol. III, cols. 41-238. Vgl. ›Discourse and Truth: The Problematization of Parrhesia‹, eine unveröffentlichte und unautorisierte Mitschrift von Foucaults Seminar in Berkeley im Herbst 1983, hrsg. v. Joseph Pearson. (Evanston, Ill. 1985), p. 88n.
19. Nietzsche II, 202 (*Die fröhliche Wissenschaft,* § 341); Hervorhebungen von Foucault bei seiner Interpretation dieses Aphorismus.
20. II, 403 (*Also sprach Zarathustra, III,* § 1). Vgl. II, 697 (*Jenseits von Gut und Böse,* § 231):»Aber im Grunde von uns, ganz ›da unten‹, gibt es freilich etwas Unbelehrbares, einen Granit von geistigem Fatum«, der genau unsere ›höhere Notwendigkeit‹ bestimmt.
21. I, 318f (›Schopenhauer als Erzieher‹, § 4).
22. Die Binswanger-Zitate stammen aus Ludwig Binswanger: *Being-in-the-world.* Übers. u. eingel. v. Jacob Needleman (New York 1963), pp. 2, 3. (A. d. Ü.: Miller übernimmt die Binswanger-Zitate aus Jacob Needlemans Vorwort zu ›*Being-in-the-world*‹. Leider geben weder Miller noch Needleman die Quellen an, deshalb handelt es sich hier um Rückübersetzungen aus dem Englischen und nicht um Binswangersche Originaltexte.) *Zur Bedeutung von* ›Liebe‹ vgl. pp. 69, 96, 115, 116 in Ludwig Binswanger: ›Der Fall Ellen West. Eine anthropologisch-klinische Studie‹. *Schweizer Archiv für Neurologie* 1944: Vol. 53: pp. 255-277; Vol. 54: pp. 69-117, 330-360; Vol. 55: pp. 17-40. Biographische Information findet man in: Ludwig Binswanger: *Being-in-the-World,* a.a.O., Ernest Jones: *The Life and Work of Sigmund Freud* (New York 1953-57); [›Leben und Werk von Sigmund Freud‹, übers. v. Katherine Jones, Bern u. Stuttgart 1960 ff.]; und Herbert Spiegelberg: *The Phenomenological Movement: A Historical Introduction* (The Hague 1969).
23. vgl. Didier Eribon: Foucault, a.a.O., p. 81f.
24. Interview mit Daniel Defert (25. März 1990).
25. Ludwig Binswanger: ›Der Fall Ellen West‹, a.a.O., Vol. 53, p. 259. Die folgenden Einzelheiten stammen alle aus der Krankengeschichte Binswangers, a.a.O., pp. 255-77.
26. a.a.O., p. 268, 270 (Hervorhebungen von Binswanger).
27. a.a.O., p. 269.
28. a.a.O.
29. vgl. a.a.O., p. 273, 277.
30. a.a.O., Vol. 54, pp. 101.
31. a.a.O., p. 102.
32. MM* 66; vgl. d.Ü. v. MM 87; RE 94; d.Ü. 69f.
33. vgl. Eribon, a.a.O., p. 81f. Eribon hat in seinem Buch und in unseren Gesprächen festgestellt, daß man nicht mit Sicherheit sagen könne, in welcher Reihenfolge Foucault den Binswanger-Aufsatz und sein ebenfalls 1954 veröffentlichtes erstes Buch, *Maladie mentale et personnalité* (MM), geschrieben habe. Eribon vermutet, daß der Binswanger-Aufsatz zuerst fertiggestellt wurde. Selbst wenn er recht hat und der Aufsatz wurde zu-

erst *beendet,* so gibt es doch ausreichend textimmanente Belege und andere Indizien, die dafür sprechen, daß er erst entworfen wurde, nachdem Foucault mit dem Buch begonnen hatte. Foucault selbst war mit seinem Buch nie zufrieden. Er versuchte, es für die zweite Auflage 1962 zu retten, indem er die Schlußkapitel umschrieb und ihm den Titel *Maladie mentale et psychologie* gab; doch später ließ er es nicht wieder drucken und versuchte (erfolglos), eine englische Übersetzung zu verhindern. Den Binswanger-Aufsatz schätzte er offenbar höher ein: Als zum Zeitpunkt seines Todes eine englische Übersetzung in Vorbereitung war, hatte er keine Einwände. Maurice Pinguet liefert in seinen Erinnerungen an Foucault ein weiteres Indiz: Er erinnert sich deutlich daran, daß Foucaults Interesse 1953 »abrupt« von »bedingten Reflexen zur Analyse des ›Daseins‹« überging, »von Pavlov [eine wichtige Figur im Buch] zu Binswanger«. (Die, denen das Interesse des jungen Foucault an Pavlov merkwürdig erscheint, seien daran erinnert, daß Foucault ebenfalls im Jahre 1953 die Kommunistische Partei verließ.) Vgl. Pinguet: ›Die Lehrjahre‹. DuE 47.
34. RE 126f; d.Ü. 92. Zu Foucaults späterer Auffassung der Praxis des Kommentars, vgl. NC xii-xiii; d.Ü. 14f.
35. Ludwig Binswanger: ›Traum und Existenz‹; RE 135, 130, Neuere Forschung neigt dazu, Binswangers Nachdruck auf die praktische Intelligibilität des Traums mehr Glauben zu schenken als Freuds Betonung von Trieb und Verdrängung; vgl. z.B. J. Allan Hobson: *The Dreaming Brain* (New York 1988).
36. RE 28, 40f; d.Ü. 20, 30.
37. RE 64; d.Ü. 51. Der Surrealismus ist in Foucaults Arbeit beständig im Hintergrund spürbar und bildet die ›Episteme‹, in der er situiert ist. Sein Einfluß wird durch Figuren wie Maurice Blanchot, Georges Bataille, René Char und Antonin Artaud vermittelt, doch auch direkt durch das Werk André Bretons; vgl. ›C'était un nageur entre deux mots‹ (Int.). *Arts-loisirs 54* (5. Oktober 1966), bes. p. 9, wo Foucault Breton für seine »Entdeckung jenes Erfahrungsbereichs« preist, der später von Bataille und Blanchot erkundet wird.
38. RE 56, 114; d.Ü. 41, 84.
39. RE 101; d.Ü. 74.
40. RE 85, 69, 52; d.Ü. 63, 51, 38.
41. RE 64, 54, 69, 66, 70; d.Ü. 47, 40, 51, 48, 52. Nietzsche II, 1098 (*Morgenröte, § 128*).
42. RE 66 (»*Le cœur mis à nu*«); d.Ü. 48f.
43. Charles Baudelaire: ›Das entblößte Herz‹ (frz.: *Mon cœur mis à nu*). *Die künstlichen Paradiese. Sämtliche Werke/Briefe.* Hrsg. v. Friedhelm Kemp u. Claude Pichois (München 1991), Band 6, pp. 241, 225, 230.
44. RE 110f; vgl. d.Ü. 81; (Hier wurde von der deutschen Übersetzung abgewichen; A.d.Ü.).
45. RE 70; d.Ü. 52.

46. RE 71f; d.Ü. 53.

47. RE 114, 113, 73; d.Ü. 83, 54.

48. vgl. RE 128; d.Ü. 93: »Glück kann – empirisch gesehen – nur Glück des Ausdrucks sein« – damit stellt sich unausgesprochen das Problem, wie man den Traum des Todes ›ausdrückt‹. Foucaults Aufsatz bietet natürlich eine vorläufige Lösung – er ist eine Möglichkeit, einen Todestraum auszudrücken, ohne sich selbst zu töten.

49. ›Conversazione con Michel Foucault‹ (Int.). *La Fiera Letteraria 39* (26. September 1967), frz. Transkript, p. 17; d.Ü.: SW 22 (›Gespräch mit Michel Foucault‹). Zum Verhältnis Foucault – Barraqué, vgl. Eribon, a.a.O., pp. 109-16.

50. Die Details aus Barraqués Leben hier und im folgenden stammen aus: André Hodeir: *Since Debussy: A View of Contemporary Music.* Übers. v. Noel Burch (New York 1961), pp. 163-203; das Buch enthält außerdem nützliche Kapitel zu Messiaen und Boulez (der Autor kannte alle drei Musiker persönlich).

51. Joan Peyser: *Boulez: Composer, Conductor, Enigma* (New York 1976), pp. 37, 51, 33. Zu Foucaults Freundschaft mit Boulez vgl. Eribon, a.a.O., pp. 109-11. Mehrere meiner Quellen behaupten, daß die Beziehung zwischen Foucault und Boulez wesentlich enger war, als Eribon glauben macht.

52. Jean Barraqué: ›Propos impromptus‹. *Courrier musical de France 26* (1969), p. 78.

53. Barraqués Bemerkung aus dem Jahre 1953 wird zitiert von: Rose-Marie Janzen: ›L'inachèvement sans cesse‹. *Entretemps* (›Numéro spécial Jean Barraqué‹, 1987), p. 123. Arthur Rimbaud: Brief an Paul Demeny (15. Mai 1871); in: Arthur Rimbaud: *Briefe und Dokumente.* Übers. v. Curd Ochwadt, (Heidelberg 1961), p. 28. Foucault spricht über Barraqués Alkoholismus in: Simeon Wade: *Foucault in California* (unveröffentlichtes Manuskript, 1990), p. 21. Vgl. auch die Photographien Barraqués in Hodeir, a.a.O., mit der auf der Schallplattenhülle von Barraqués *Séquence* (AS 75).

54. André Hodeir: *Since Debussy,* a.a.O., p. 194f.

55. Beckett wird zitiert in: Charles Juliet: ›Meeting Beckett‹. *TriQuaterly 77* (Winter 1989-90). ›Um welchen Preis sagt die Vernunft die Wahrheit?‹, a.a.O., p. 22.

56. In seinem ersten Interview nach der Veröffentlichung von *Wahnsinn und Gesellschaft* (mit *Le Monde*) antwortete Foucault auf die Frage nach den Einflüssen auf sein Buch: »Vor allem literarische Werke [. . .] Maurice Blanchots«. S. ›La folie n'existe que dans une société‹. *Le Monde 5135* (22. Juli 1961), p. 9; vgl. auch Eribon, a.a.O., pp. 100-02.

57. Zum mysteriösen Wesen Blanchots vgl. P. Adams Sidney: ›Afterword‹. *Maurice Blanchot: The Gaze of Orpheus.* Übers. v. Lydia Davis (Barrytown, N.Y. 1981), pp. 163-69.

58. Eribon, a.a.O., p. 101. Interview mit Daniel Defert (25. März 1990).
59. vgl. Sitney, a.a.O. und Jeffrey Mehlman: ›Maurice Blanchot‹. *Dictionary of Literary Biography 72*, pp. 77-82. Zu Levinas und Heidegger vgl. Maurice Blanchot: ›Thinking the Apocalypse: A Letter from Maurice Blanchot to Cathérine David‹. Übers. v. Paula Wissing. *Critical Inquiry 15,2* (Winter 1989), pp. 479f.
60. vgl. Jeffrey Mehlman, a.a.O., p. 78.
61. Zitiert in Jeffrey Mehlman: ›Blanchot on Combat: Of Literature and Terror‹. *Modern Language Notes 95,4* (Mai 1980), pp. 808-29.
62. John Updike: ›No Dearth on Earth‹. *Hugging the Shore* (New York 1983), p. 546.
63. PD 21f; d.Ü. SW 60 (›Das Denken des Außen‹; auch in SzL 130-156 [›Das Denken des Draußen‹]).
64. Maurice Blanchot: *L'espace littéraire* (Paris 1955) pp. 53, 365f, 55, 332 (Dieses Buch ist eine Sammlung von Essays, die zuvor in der *Nouvelle Revue Française* erschienen waren.)
65. a.a.O., p. 131 (in einem Abschnitt unter dem Titel: ›L'art, le suicide‹).
66. a.a.O., p. 55.
67. Zur literaturtheoretischen Ausrichtung Blanchots in diesen Jahren vgl. *Faux pas* (Paris 1943), *La part du feu* (Paris 1949) und *Le livre à venir* (Paris 1959); d.Ü. *Der Gesang der Sirenen. Essays zur modernen Literatur*. Übers. v. Karl August Horst (München 1962). Foucault weist in einem Interview darauf hin, daß eines der wichtigsten Dinge, die er Blanchot verdankt, die Tatsache ist, daß er durch ihn das Werk Batailles kennengelernt hat und daß er ihn, durch die Vermittlung Batailles, zu Nietzsche zurückgeführt hat. Vgl. ›Um welchen Preis sagt die Vernunft die Wahrheit?‹, a.a.O., p. 24: »Ich sagte soeben, daß ich mich fragte, warum ich Nietzsche [1953 wieder] gelesen habe. Ich weiß wohl, weshalb ich Nietzsche gelesen habe: Ich las Nietzsche wegen Bataille und ich las Bataille wegen Blanchot.«
68. Maurice Blanchot: *Der Gesang der Sirenen*, a.a.O., p. 165. Im Interview am 25. März 1990 betonte Defert die Bedeutung, die der Brochsche Roman für Foucault und Barraqué hatte. Er deutete an, daß in diesem Roman der Schlüssel für das Wesen ihrer Beziehung zu suchen sei.
69. Hermann Broch: *Kommentierte Werkausgabe*; Hrsg.: Paul Michael Lützeler (Ffm 1976); Bd. 4: *Der Tod des Vergil*, p. 462. Blanchot verweist in seiner Rezension des Romans auf die Beziehung des Brochschen Werks zu Nietzsches Lehre von der ewigen Wiederkehr und zu T.S. Eliots Satz aus ›East Coker‹: »In my beginning is my end, in my end is my beginning.«; vgl. Blanchot, a.a.O., p. 348 (Anm. 43).
70. Broch, a.a.O., pp. 190ff, 208. Mein Verständnis Brochs stützt sich

auf Hannah Arendt: ›Hermann Broch, 1886-1951‹. *Men in Dark Times.*
New York 1968, pp. 111-51.
71. vgl. André Hodeir, a.a.O., pp. 200-03.
72. Broch, a.a.O., p. 454.
73. Michel Foucault: ›Présentation‹. in: Georges Bataille: *Œuvres complètes*, a.a.O., tome I (›Premiers écrits‹), p. 5.
74. Zur Biographie Batailles vgl. Michel Surya: *Georges Bataille, la mort à œuvres* (Paris 1987), sowie die Bataille-Sondernummer von *Magazine Littéraire 243* (Juni 1987).
75. Georges Bataille: *Die Erotik.* Übers. v. Gerd Bergfleth, München 1994, pp. 165, 181, (in Frankreich 1957 als *L'Erotisme* veröffentlicht). Vgl. Bataille: ›Le coupable‹. *La Somme athéologique II; Œuvres complètes*, a.a.O., tome V, p. 247.
76. Die Details zu Dostojewskij stammen von Batailles Freund Michel Leiris; vgl. seine Erinnerungen an Bataille in *Brisées*. Übers. v. Lydia Davis (San Francisco 1990), pp. 238-47.
77. vgl. Georges Bataille: ›Der Gebrauchswert D.A.F. de Sades‹; in: D.A.F. de Sade: *Justine und Juliette*. Hrsg. u. übers. v. Stefan Zweifel u. Michael Pfister (München 1990), Band IV, p. 34f. Claudine Frank, die an einer Dissertation über Batailles Freund Roger Callois arbeitet, hat mir berichtet, daß Bataille in Briefen, die sie eingesehen hat, über das geplante ›Opfer‹ spricht. Suryas Biographie bietet ebenfalls weitere Einzelheiten zu dieser merkwürdigen Episode.
78. Bataille: ›Der Gebrauchswert D.A.F. de Sades‹, a.a.O., p. 35. vgl. auch ›Chronique nietzschéenne‹ (*Œuvres complètes*, a.a.O., tome 1, pp. 477-490). In diesem Text versucht Bataille, meiner Meinung nach wenig überzeugend, zu erklären, warum ›seine‹ Begeisterung für Gewalt irgendwie ›anders‹ und ›besser‹ sei als die faschistische Begeisterung für Gewalt.
79. ›Préface à la transgression‹. *Critique 195/96* (August-September 1963), p.754; d.Ü. SW 36 (›Vorrede zur Überschreitung‹). Vgl. ›Conversazione con Michel Foucault‹ (Int. 1967), frz.Transkript, p. 19; d.Ü. SW 24, wo Foucault Batailles Bedeutung für ihn an der »Auflösung« des »Subjekts« durch die »Erfahrung der Erotik« festmacht.
80. ›Préface à la transgression‹, a.a.O., p. 754, 751; d.Ü. SW 36, 32. MM 54; vgl. d.Ü. v. MM* 126f. Zur ›negativen Erfahrung‹ und ›Erotik‹, vgl. Bataille: *Der heilige Eros*, a.a.O., p. 22.
81. Georges Bataille: *L'expérience intérieure*, a.a.O., pp. 56, 65, 68 (zu *la joie supplicante*). Die Stelle, die sich auf *la joie supplicante* bezieht, wird in ›Préface à la transgression‹, a.a.O., p. 762; d.Ü. SW 45, zitiert. Was Foucault von ›Überschreitung‹ in der Theorie als auch in der Praxis hielt, wid deutlich in CF (Int. 1978), pp. 15f. Foucaults Faszination durch sado-masochistische Erotik in diesen Jahren belastete, wie noch zu zeigen sein wird, seine Freundschaft mit Barraqué.

82. vgl. Bataille: *L'expérience intérieure*, a.a.O., p. 67. Bataille: *Der heilige Eros*, a.a.O., p. 10, 22, 23.

83. ›Préface à la transgression‹, a.a.O., p. 755f, 752; d.Ü. SW 38, 37, 33 (Während die englische Übersetzung – korrekt – davon spricht, daß die Überschreitung »not only the sole manner of discovering the sacred in its unmediated substance [. . .]« anbiete, behauptet die deutsche Übersetzung geradezu das Gegenteil, nämlich daß die Überschreitung »das Sakrale nicht mehr in seinem unmittelbaren Gehalt zu treffen« (SW 33) vermag. Der Originaltext lautet: »[La transgression] [. . .] prescrit non pas la seule manière de trouver le sacré dans son contenu immédiat [. . .]«, A.d.Ü.). ›La prose d'Actéon‹, a.a.O., p. 457; d.Ü. SzL 116. Der Satz vom »*transcendens* schlechthin« ist Heideggers Definition von ›Sein‹ in *Sein und Zeit*.

84. Bataille: *Der heilige Eros*, a.a.O., p. 10. Die hier skizzierte Interpretation sado-masochistischer Erotik stützt sich vor allem auf die Arbeiten Robert J. Stollers, bes. auf *Perversion: The Erotic Form of Hatred* (New York 1975); sowie auf Arbeiten von Gayle Rubin, Geoffrey Mains und Leo Bersani. Zu einer ausführlichen Behandlung dieses Themas und weiterer Sekundärliteratur vgl. Kapitel acht.

85. ›Préface à la transgression‹, a.a.O., p. 755; d.Ü. SW 37.

86. Georges Bataille: ›Histoire de l'œil‹. *Œuvres complètes*, a.a.O., tome 1, p. 33f.

87. Zur Entstehungsgeschichte der Komposition vgl. André Hodeir, a.a.O., pp. 165-70. Foucault spricht über sein Arrangement der Gedichte für Barraqué in Wade, *Foucault in California*, p. 21. Vgl. Eribon, a.a.O. 112.

88. Gilles Deleuze: *Nietzsche und die Philosophie*. Übers. v. Bernd Schwibs (Hamburg 1991), p. 187f. Das Gedicht erscheint im vierten Teil des Zarathustra in dem Abschnitt ›Der Zauberer‹ (Nietzsche II, 491f) und in den ›Dionysos-Dithyramben‹ (II, 1256-59).

89. vgl. Nietzsche II, 1256 (›Klage der Ariadne‹ in *Dionysos-Dithyramben*).

90. II, 1259.

91. Hodeir: a.a.O., pp. 191, 172. Vgl. Nietzsche ›Klage der Ariadne‹ (II, 1257).

92. PD 28; d.Ü. SW 64. Charles Baudelaire: ›Der Maler des modernen Lebens‹. *Sämtliche Werke/Briefe*, a.a.O., Band 5, pp. 243 (IX, ›Der Dandy‹).

93. Nietzsche II, 168 (*Die fröhliche Wissenschaft*, § 290). III, 782 (aus dem Nachlaß der achtziger Jahre).

94. Zitiert in Eribon, a.a.O., p. 115. Bei unserem Gespräch am 29. März 1990 sagte Eribon, daß sich die zitierte Passage in diesem Kontext eindeutig auf Barraqués Verärgerung über Foucaults Faszination durch sado-masochistische Erotik bezieht. Er stellte außerdem klar, warum er diese Tatsache in seiner Biographie nicht betont hat: Einer-

seits wollte er (wie er im Vorwort sagt) kein ›Sensations-Buch‹ schreiben, andererseits wollte er Rücksicht auf noch lebende Familienmitglieder Foucaults nehmen. Außerdem mußte er die strengen französischen Gesetze gegen Verleumdung im Auge behalten, die Hinterbliebenen beträchtliche rechtliche Mittel an die Hand geben. Eribon war offen besorgt über die möglichen Folgen von Enthüllungen über die Liebesaffäre zwischen Foucault und Barraqué. Seine Ängste haben sich zum Glück als unberechtigt erwiesen. Trotzdem sind noch nicht alle relevanten Dokumente zugänglich gemacht worden: Eribon konnte nur wenige Stunden Einblick in Foucaults Briefe an Barraqué nehmen. Seine Rekonstruktion dieser wichtigen Beziehung muß, insbesondere unter den gegebenen Umständen, als eines der Hauptverdienste seines Buches angesehen werden.

95. vgl. Wade: *Foucault in California*, p. 21. Wade erinnert sich an dieser Stelle daran, daß Foucault ausdrücklich darüber gesprochen hat, wie sehr ihn Barraqués Alkoholismus und sein damit zusammenhängender Tod beschäftigt hat. Foucault spielte oft darauf an (ohne Barraqué direkt beim Namen zu nennen), wenn ihn jemand bei passender Gelegenheit danach fragte, warum er nur selten trinke. Obwohl alle Indizien in Eribons Buch darauf hinweisen, daß Foucault auch in Schweden noch Alkohol trank, hat Daniel Defert in unserem Gespräch am 25. März 1990 behauptet, daß Foucault »Frankreich hinter sich ließ, um den Alkolholismus hinter sich zu lassen«.

96. Maurice Pinguet: ›Die Lehrjahre‹. DuE 42. Foucault erinnerte sich Edmund White gegenüber an sein zölibatäres Leben (Interview mit White am 12. März 1990). Vgl. auch Eribon, a.a.O., pp. 128-30.

97. TFR 334 (›Preface to *The History of Sexuality*, Volume II‹ [ein nicht in die Buchfassung aufgenommenes Vorwort]).

98. a.a.O.

99. vgl. EM 50 (›Was ist Aufklärung?‹).

100. ›La recherche scientifique et la psychologie‹. Jean-Eduoard Morere (Hrsg.): *Des chercheurs français s'interrogent* (Paris 1957), p. 194.

101. a.a.O.

102. a.a.O., p. 198. CF (Int. 1978), pp. 15f.

103. ›La recherche scientifique et la psychologie‹, a.a.O., p. 199. ›*L'homme de sac et de corde*‹ ist eine veraltete, aus dem siebzehnten Jahrhundert stammende französische Redewendung, die auf das Strafmaß für Diebstahl anspielt, das darin bestand, den Übeltäter in einen verschnürten Sack zu stecken und zu ertränken; die Phrase wurde später als Bezeichnung für Diebe, für Henker oder für alle verabscheuungswürdigen Personen verwendet.

104. ›Préface à la transgression‹, a.a.O., p. 760; d.Ü. SW 45.

105. ›La recherche scientifique et la psychologie‹, a.a.O., p. 201.

106. Nietzsche II, 199 (*Die fröhliche Wissenschaft*, § 338).

Kapitel 4: Die Mörderburg

1. Meine Darstellung von Artauds Tête-à-tête hält sich an folgende Beschreibungen dieses Ereignisses: Ruby Cohn: *From ›Desire‹ to ›Godot‹: Pocket Theater of Postwar Paris* (Berkeley 1987), pp. 51-63; und Roger Shattuck: *The Innocent Eye* (New York 1984), pp. 169f. Der Zuschauer, der sich an einen Ertrinkenden erinnert fühlte, war André Gide.

2. Antonin Artaud: *Das Theater und sein Double*. Übers. v. Gerd Henniger (Ffm 1969), pp. 10, 98.

3. Antonin Artaud: ›Artaud le Mômo‹. *Œuvres complètes* (Paris 1974), tome 12, p. 13 (›Le retour d'Artaud, le Mômo‹)

4. a.a.O.

5. Shattuck, a.a.O., p. 170.

6. vgl. Antonin Artaud: *Selected Writings*, hrsg. v. Susan Sontag, übers. v. Helen Weaver (New York 1976), p. 641.

7. ›Artaud le Mômo‹, a.a.O., p. 57 (›Aliénation et magie noire‹); ›La culture Indienne‹. *Œuvres complètes*, tome 12, a.a.O., p. 72f.

8. Roger Blin (der später *Warten auf Godot* inszenierte), zitiert in: Cohn, a.a.O., p. 60.

9. Jacques Audiberti, zitiert in Cohn, a.a.O., p. 59.

10. Zitiert in Cohn, a.a.O., p. 59.

11. a.a.O., p. 62.

12. a.a.O., pp. 54, 60.

13. a.a.O., p. 61.

14. FD 556. (Das letzte Kapitel von FD [›Le cercle anthropologique‹] wurde für die deutsche Übersetzung gekürzt; A.d.Ü.)

15. CF (Int. 1978) 31.

16. Für eine ausführlichere Darstellung der äußeren Begebenheiten im Leben Foucaults in diesen Jahren, s. Eribon: *Foucault*, a.a.O., pp. 123-49.

17. Zu Foucault in Uppsala, s. Eribon, a.a.O., p. 136f.

18. vgl. FD 13-55; d.Ü. 19-67.

19. ›La folie n'existe que dans une société‹ (Int.). *Le Monde* 5135 (22. Juli 1961), p. 9.

20. FD 13; d.Ü. 19

21. FD 13; d.Ü. 19. Wie an vielen Stellen in *Wahnsinn und Gesellschaft* spielt Foucault in diesen Anfangssätzen mit der doppelten Bedeutung des französischen Wortes *mal*, das je nach Kontext (moralisches) ›Übel‹ oder (körperliche) ›Krankheit‹ bedeuten kann.

22. vgl. FD 16, 26; d.Ü. 24, 33f.

23. FD 26, d.Ü. 34.

24. FD 24, 26; d.Ü. 32, 34.

25. FD 19; d.Ü. 25. OD 37; d.Ü. 25.

26. FD 19f; d.Ü. 26.
27. FD 18f; d.Ü. 25.
28. FD 19; d.Ü. 26. An dieser Stelle gibt Foucault eine Zahl für die Stadt Nürnberg an, wo »in der ersten Hälfte des fünfzehnten Jahrhunderts [. . .] 31 [Wahnsinnige] verjagt wurden«. Doch natürlich beweist dies nicht, daß die meisten (oder überhaupt welche) dieser Wahnsinnigen auf ein Schiff verfrachtet wurden.
29. FD 22, 23; d.Ü. 29, 31. ›L'eau et la folie‹. *Médicine et Hygiène* 613 (23. Oktober 1963), p. 901.
30. FD 22f; d.Ü. 29f.
31. FD 20, 31, 30; d.Ü. 27, 39, 38.
32. FD 31, 38; d.Ü. 39, 48.
33. FD 32, 33; d.Ü. 40f, 41.
34. vgl. Foucaults Schilderung des Jüngsten Gerichts (FD 37f; d.Ü. 46f).
35. FD 36; d.Ü. 46.
36. FD 39, 38; d.Ü. 48, 47.
37. FD 39, 22; d.Ü. 49, 29.
38. FD 41; d.Ü. 50.
39. FD 117. (Das dritte Kapitel von Teil I [›Le monde correctionnaire‹] ist in der deutschen Übersetzung entfallen; A.d.Ü.)
40. Für eine ausführlichere Beschreibung der Sorbonne-Kommission vgl. Eribon, a.a.O., pp. 163-183 (›Das Talent eines Dichters‹).
41. ›Rapport de M. Canguilhem sur le manuscrit déposé par M. Michel Foucault, Directeur de l'Institut français de Hambourg, en vue de l'obtention du permis d'imprimer comme thèse principale du doctorat des lettres‹, p. 5. (Ich zitiere aus einer sich im *Centre Michel Foucault* befindlichen Kopie; den vollständigen Text kann man jetzt auch in der revidierten zweiten Auflage von Eribon: *Foucault* (Paris 1991), pp 358-61), nachlesen.
42. a.a.O., pp. 1,3.
43. a.a.O., pp. 3f.
44. ›La folie, l'absence d'œuvre‹; FD (1972), pp. 577, 582; d.Ü. SzL 122, 128f (›Der Wahnsinn, das abwesende Werk‹).
45. Vgl. Eribon, a.a.O., p. 164.
46. Zitiert in Eribon, a.a.O., p. 180.
47. Zitiert a.a.O., p. 181f.
48. Eine übersichtliche Zusammenfassung der Kritik aus Gelehrtenkreisen bietet J.G. Merquior: Foucault (London 1985), pp. 26-34; in Frankreich ist die wirkungsmächtigste Korrektur der Foucaultschen Darstellung Marcel Gauchet u. Gladys Swain: *La pratique de l'esprit humain: L'institution asilaire et la révolution démocratique* (Paris 1980). Für eine einfühlsamere, doch nicht weniger herbe Kritik, die sich zum großen Teil auf englische Erfahrungen stützt, vgl. Roy Porter: *Mind-Forg'd Manacles* (Cambridge, Mass. 1987), bes. pp. 279f.

49. FD IV, V, I, VII; d.Ü. 7, 13, 10.
50. vgl. Georges Bataille: *L'expérience intérieure. Œuvres complètes*, a.a.O., tome V.
51. ›La prose d'Actéon‹, a.a.O., p. 455; d.Ü. SzL 115. FD IV, d.Ü. 9.
52. FD IV-V; d.Ü. 10. (›L'absence d'œuvre‹ kann natürlich auch wie der spätere Aufsatz Foucaults mit dem gleichen Titel als ›Abwesenheit des Werkes‹ übersetzt werden; A.d.Ü.) Foucault kündigt an dieser Stelle an, daß seiner Geschichte des Wahnsinns weitere Untersuchungen zu verschiedenen ›Grenz-Erfahrungen‹ folgen werden, zunächst eine Studie zu den unterschiedlichen Auffassungen vom Traum, dann eine Arbeit über die veränderte Grenzziehung bei verbotenem Sexualverhalten; das Traumbuch wurde nie fertiggestellt, und die Geschichte der Sexualität blieb unvollendet.
53. FD v; d.Ü. 11. Vgl. auch Maurice Blanchots eigene Formulierung in *L'Entretien infini* (Paris 1969), p. 46: »*Le dehors, l'absence d'œuvre*«. Foucault bespricht Blanchots Vorstellung des ›dehors‹ ausführlich in seinem Blanchot-Aufsatz ›La pensée du dehors‹. *Critique 229* (Juni 1966): pp. 523-546 (wiederveröffentlicht in PD 7-58; d.Ü. SW 54-82); vgl. auch Foucaults ›Introduction‹ zur von Armond Colin edierten Ausgabe von Jean-Jacques Rousseau: *Rousseau juge de Jean-Jacques* (Paris 1962), pp. XXIII-XXIV; d.Ü.: SzL 32-52 ›Vorwort zu den *Dialogues* von Rousseau‹). Im imaginären Dialog mit sich selbst am Ende dieser Einführung (als ob er Blanchot und Rousseau nachahmen wollte) streitet Foucault darüber, ob sich in Rousseaus Schreiben Spuren seines Wahnsinns zeigen, wobei ein Teil von ihm diese Frage bejaht und ein anderer verneint (da die Tatsache, ein ›vernünftiges‹ Werk zu produzieren, beweise, daß man nicht im buchstäblichen Sinne ›verrückt‹ sei).
54. FD ii; d.Ü. 8. Vgl. den Austausch zwischen Foucault und einem Gesprächspartner auf einer Konferenz im Jahre 1964, zitiert von Eribon, a.a.O., pp. 234f.: »Im Zusammenhang mit dem Wahnsinn haben Sie gesagt, daß das Erlebnis des Wahns der absoluten Erkenntnis am nächsten kommt? Haben Sie das wirklich sagen wollen?‹ M. Foucault: ›Ja.‹ M. Demonbynes: ›Sie haben nicht Bewußtsein oder Vorwissen oder Ahnung des Wahns sagen wollen? Glauben Sie wirklich, daß man[,] [. . .] daß große Geister wie Nietzsche das Erlebnis des Wahns haben können?‹ M. Foucault: ›Ja, ja.‹«
55. FD II; d.Ü. 8.
56. FD VII; d.Ü. 13
57. FD VII; d.Ü. 13.
58. FD VII; d.Ü. 13. Die abtrünnigen Engel sieht man im linken Flügel des ›Heuwagen‹ – Triptychons von Bosch im Madrider Prado.
59. FD VII, VIII; d.Ü. 13.
60. FD IX, X; d.Ü. 15, 16. Das Char-Zitat stammt aus dem Prosa-

gedicht ›Suzerain‹ (›Lehnsherr‹) in ›Le poème pulvérisé‹ (›Das pulverisierte Gedicht‹) aus seiner seiner Sammlung *Fureur et mystère* (Paris 1948); d.Ü.: René Char: *Poésies. Dichtungen,* a.a.O., Bd. 1, p. 239.
61. RE 114; d.Ü. 84.
62. Zu Chars Leben und Werk und ihre Wechselbeziehung vgl. Paul Veyne: *René Char et ses poèmes* (Paris 1990).
63. René Char: ›Partage Formel‹ # XXII, wiederabgedruckt in *Fureur et mystère*; d.Ü.: *Dichtungen,* a.a.O., Bd. 1, p. 101. Ich möchte mich bei Mary Ann Caws bedanken, die mich auf die Bedeutung dieser und anderer Passagen von Char aufmerksam gemacht hat und mir bei den Übersetzungen der Char-Gedichte behilflich war.
64. Char: ›Partage Formel‹ # XXII; d.Ü.: a.a.O., p. 103.
65. Interview mit Daniel Defert (25. März 1990).
66. Antonin Artaud: *Van Gogh, der Selbstmörder durch die Gesellschaft.* Übers. v. Franz Loechler (München 1993), p. 22.
67. Maurice Blanchot: *L'espace littéraire,* a.a.O., p. 55.
68. SzL 160 (›*Un fantastique de bibliothèque*‹. Nachwort zu Gustave Flauberts *Die Versuchung des heiligen Antonius*). Derselbe Gedanke wird ausgedrückt in ›Distance, aspect, origine‹. *Critique 198* (November 1963), p. 938.
69. MC 142f; d.Ü. 171f. FD 536; d.Ü. 544.
70. D.A.F. de Sade: *Justine und Juliette.* Hrsg. u. übers. v. Stefan Zweifel u. Michael Pfister (München 1990), Band III, pp. 207ff (im Schloß M. de Gernandes).
71. a.a.O., Band Band IV, p. 160 (mit Roland).
72. Marquis de Sade: *Juliette oder die Wonnen des Lasters.* Übers. v. Raoul Haller (Nördlingen 1987), p. 287 (am Anfang von Teil III, kurz vor Juliettes Aufnahme in die ›Gesellschaft der Verbrechensfreunde‹).
73. FD 381, 554; d.Ü. 367, 368.
74. FD 120, 121, 117 (in der deutschen Übersetzung entfallen; A.d.Ü.).
75. FD 381; d.Ü. 368; einen chronologischen Überblick über das Leben de Sades findet man in der englischen Übersetzung von *Justine* (Übers. v. R. Seaver u. A. Wainhouse [New York 1965], pp. 73-119); das zunächst gegen ihn wegen des angeblichen Giftanschlags verhängte Urteil wurde später revidiert, obwohl seine um ihren guten Namen besorgte Familie unter Berufung auf den ihr unter dem *ancien régime* verliehenen *lettre de cachet* alles daran setzte, daß er inhaftiert blieb.
76. Diese Litanei von Namen erscheint an verschiedenen Stellen in *Wahnsinn und Gesellschaft,* vgl. FD 39f, 120, 364, 371f, 530, 554-57; d.Ü. 48-50, 350, 536 (Die Erwähnung dieser Namen und ihr Bezug zur Erfahrung des ›Wahnsinns‹ wurde an mehreren Stellen der deutschen Übersetzung mit dem Einverständnis Foucaults weggelassen, so z.B. am Schluß der Einleitung zum dritten Teil sowie auch am Ende

des letzten Kapitels; A.d.Ü.). Die Litanei hat ihren Ursprung bei Artaud (vgl. *Van Gogh, der Selbstmörder durch die Gesellschaft*, a.a.O., p. 7). Jacques Derrida weist auf diesen Einfluß Artauds auf Foucault hin: vgl. ›Die soufflierte Rede‹. *Die Schrift und die Differenz*. Übers. v. Rodolphe Gasché (Ffm 1972), p. 259f. Die Genealogie Foucaults unterscheidet sich von der Genealogie Artauds in einem entscheidenden Punkt: Anders als Artaud stellt er Sade (zusammen mit Kant) durchweg an den Beginn einer Denktradition, die unseren eigenen ›modernen‹ Erfahrungsbereich als tragisch gespalten enthüllt: zwischen den Bereichen, die der modernen Wissenschaft unterstehen, und jenen ›wahnsinnigen‹ Bereichen, die nur von den ›Teufelskerlen‹ der ›Literatur‹ erkundet werden können.

77. FD 554, 550, 552 (in der deutschen Übersetzung entfallen; A.d.Ü.). Zu Hölderlin und seinem Helden Empedokles s. Wilhelm Dilthey: *Das Erlebnis in der Dichtung* (15. Aufl., Götingen o.J.), pp. 289ff (erstmals erschienen 1905). Foucaults Faszination durch den Selbstmord Nervals zeigt sich in seinem Aufsatz ›L'obligation d'écrire‹. Arts 980 (11.-17. November 1964), p. 7. Die schwirrenden Krähen in van Goghs ›Weizenfeld mit Raben‹ (1890; van Gogh-Museum, Amsterdam) werden ausführlich von Artaud (*Van Gogh, der Selbstmörder durch die Gesellschaft*, a.a.O.) behandelt; vgl. auch Meyer Shapiro: ›On a Painting of Van Gogh‹. *Modern Art: 19th and 20th Centuries* (New Yorl 1978), pp. 87-99. Die Beschreibung der ›Wiederholung des Todes‹ bei Roussel stammt von Foucault: MC 395; d.Ü. 458. Vgl. natürlich auch Foucaults Roussel-Buch, RR, das in Kapitel fünf behandelt werden wird. Außer den Verweisen in FD widmete Foucault Hölderlin einen Aufsatz: ›Le ›non‹ du père‹. *Critique 178* (März 1962), pp. 195-209; vgl. schließlich die Rolle von Empedokles am Höhepunkt von *Die Geburt der Klinik* (NC 202; d.Ü. 209).

78. FD 551, 554 (in der deutschen Übersetzung entfallen; A.d.Ü.).

79. FD 551, 552 (Hervorhebung d. Verf.; in der deutschen Übersetzung entfallen; A.d.Ü.)

80. CF (Int. 1978) 4, 10.

81. CF (Int. 1978) 8.

82. Es scheint Übereinstimmung unter Historikern zu herrschen, daß Tuke nicht annähernd so bedeutend war wie Foucault nahelegt, und daß Pinel eine wesentlich segensreichere Figur in der Geschichte der Psychiatrie war, als Foucault zugeben will; vgl. z.B. Porter: *Mind-Forg'd Manacles*, a.a.O., p. 225.

83. FD 483f; d.Ü. 483.

84. FD 523; d.Ü. 527

85. FD 504, d.Ü. 506.

86. FD 509; d.Ü. 510.

87. FD 497, 500, 22; d.Ü. 498, 501, 29.

88. FD 516f; d.Ü. 519f.

89. FD 517, 553; d.Ü. 520.

90. ›Les déviations religieuses et le savoir médical‹ (1962). Jacques Le Goff (Hrsg.): *Hérésies et sociétés dans l'Europe pré-industrielle 11e-18e siècles* (Mouton 1968), p. 19.

91. ›Préface à la transgression‹, p. 757; d.Ü. SW 37.

92. FD 22; d.Ü. 29. FD 115 (in der deutschen Übersetzung entfallen; A.d.Ü.).

93. FD 475; d.Ü. 475. FD 553 (in der deutschen Übersetzung entfallen; A.d.Ü.). RE 52; d.Ü. 38.

94. FD 475, d.Ü. 475. MC 395; d.Ü. 459. Vgl. ›Préface à la transgression‹, a.a.O., p. 757; d.Ü. SW 38: »Diese [durch die Überschreitung enthüllte] so reine und komplexe Existenz muß, damit sie gedacht werden kann, von allen trüben Verwandtschaften mit der Ethik gelöst werden.«

95. Nietzsche I, 480, 481 (*Menschliches, Allzumenschliches*, I § 39, 41). II, 1020f (*Götzen-Dämmerung* § 45). Derselbe ›ethische Gesichtspunkt‹ wird in Artauds van-Gogh-Essay ausgedrückt, wie der Titel bereits andeutet. Diese Schrift steht beständig im Hintergrund von Foucaults Argument in *Wahnsinn und Gesellschaft*.

96. FD 556 (in der deutschen Übersetzung entfallen; A.d.Ü.). Mein Verständnis des Tragischen bezieht sich hier auf Nietzsches *Die Geburt der Tragödie* und auf die Bemerkungen Heideggers über Sophokles in *Einführung in die Metaphysik*, a.a.O., pp. 153-173; ebenso von Bedeutung ist die Tatsache, daß Binswanger Ellen Wests Fall als ›tragisch‹ bezeichnete.

97. FD 557 (in der deutschen Übersetzung entfallen; A.d.Ü.).

98. Zu einer ausführlicheren Beschreibung der Rezeption von *Wahnsinn und Gesellschaft*, vgl. Eribon, a.a.O., pp. 184-201.

99. Die Rezension Blanchots wurde aufgenommen in *L'Entretien infini*, a.a.O., pp. 291-99; die Rezension Barthes' in *Essais critiques* (Paris 1964), pp. 163-70.

100. Eine Rekonstruktion dieses Vortrags bietet Eribon, a.a.O., pp. 189-193

101. Für ein autobiographisches Selbstporträt, s. Jacques Derrida: ›The time of a thesis: punctuations‹. Alan Montefiore (Hrsg.): *Philosophy in France Today* (Cambridge 1983), pp. 34-50.

102. Jacques Derrida: *Grammatologie*. Übers. v. Hans-Jörg Rheinberger u. Hanns Zischler (Ffm 1974), p. 15.

103. Derrida: ›Cogito und die Geschichte des Wahnsinns‹. *Die Schrift und die Differenz*, a.a.O., p. 99. (Das von Derrida benutzte Adjektiv ›naiv‹ lassen die deutschen Übersetzer unter den Tisch fallen; der französische Originaltext lautet: »Parmi tous les titres de Foucault à ma reconnaisance, il y a donc aussi celui de m'avoir mieux fait pressentir,

Anmerkungen

mieux par son livre monumental que par la lecture naïve des *Méditations* [. . .]«. [Jacques Derrida: *L'Écriture et la différence*, Paris 1967, p. 95]; A.d.Ü.).
104. a.a.O., p. 67.
105. a.a.O., p. 88.
106. Gilles Deleuze: *Unterhandlungen 1972-1990*. Übers. v. Gustav Roßler (Ffm 1993), p. 150 (›Ein Porträt Foucaults‹).
107. vgl. Eribon, a.a.O., p. 191.
108. AS 26f, 64f; d.Ü. 29, 71f.
109. ›Mon corps, ce papier, ce feu‹; in FD (1972) 584, 590f.
110. a.a.O., in FD (1972) 603.
111. vgl. Eribon, a.a.O., p. 193.
112. vgl. Gilles Deleuze: *Foucault*, a.a.O., p. 24.
113. AS 65f; d.Ü. 72. Foucaults mangelnde ›Reue‹ bezüglich des Themas ›Erfahrung‹ wird besonders in seinem Gespräch mit Trombadori (1978) deutlich; und am Ende seines Lebens kehrt er natürlich im Vorwort zum zweiten Band der Geschichte der Sexualität zum Thema ›Erfahrung‹ zurück: vgl. UP 13; d.Ü. 13.
114. ›La folie, l'absence d'œuvre‹, in FD (1972) 575; d.Ü. SzL 119.
115. a.a.O.

Kapitel 5: Im Labyrinth

1. AS 28; d.Ü. 30.
2. ›Nietzsche, la généalogie, l'histoire‹. *Hommage à Jean Hyppolite* (Paris 1971), pp. 145f; d.Ü. SW 84 (›Nietzsche, die Genealogie, die Historie‹). Nietzsche II, 42 (*Die fröhliche Wissenschaft*, § 7). MC 224; d.Ü. 264.
3. ›Deuxième entretien: sur les façons d'écrire l'histoire‹ (Int. 1967), Wiederabdruck in Raymond Bellour: *Le livre des autres* (Paris 1971), pp. 201-02; d.Ü. AdS 170. (›Über verschiedene Arten, Geschichte zu schreiben. Ein Gespräch mit Raymond Bellour‹.). NC xii; d.Ü. 14. In meinem Interview am 30. März 1990 erinnerte sich Bellour daran, daß er während seines Gesprächs mit Foucault 1967 das Gefühl hatte, daß der Alptraum wichtig war – und daß Foucault, indem er darüber sprach, etwas Schwieriges und Bedeutsames über sein Werk aus seiner Sicht sagen wollte.
4. NC XIII; d.Ü. 17. ›L'Arrière-fable‹. *L'Arc 29* (1966), p. 11.
5. MC XXI, XXIV; d.Ü. 24, 28.
6. Gilles Deleuze: *Foucault*, a.a.O., p. 24.
7. Zu Foucaults Werk aus dieser Zeit als eine Art ›Spiel‹ vgl. bes. sein letztes Interview: ›Le retour de la morale‹, a.a.O., p. 37; d.Ü. EM 142.

Zur Rezeption von *Die Ordnung der Dinge* vgl. Michel de Certeau: ›The Black Sun of Language: Foucault‹. *Heterologies*, a.a.O., p. 171.

8. vgl. Didier Eribon: *Foucault*, a.a.O., pp. 216f. Eribons Biographie liefert zahllose Einzelheiten zu den äußeren Umständen in Foucaults Leben zu dieser Zeit.

9. vgl. Eribon, a.a.O., pp. 216, 209. Zur Sendung mit Ricœur und anderen s. ›Philosophie et vérité‹. *Dossiers pédagogiques de la radio-télévision scolaire*, eine Mitschrift dieser Sendung vom 27. März 1965.

10. vgl. Eribon, a.a.O., pp. 225-234.

11. G.S. Bourdain: ›Robbe-Grillet on Novels and Film‹ (Int.). *New York Times* (17. April 1989), p. C13.

12. Zu Robbe-Grillet s. Bruce Morrissette: *Robbe-Grillet* (Paris 1963).

13. Alain Robbe-Grillet: *Pour un nouveau roman* (Paris 1963), pp. 33, 34, 51 (›Sur quelques notions périmées‹).

14. Robbe-Grillet, a.a.O., p. 149 (›Nouveau roman, homme nouveau‹).

15. Alain Robbe-Grillet: *Le miroir qui revient* (Paris 1984), pp. 10, 37, 133. Dazu, daß Robbe-Grillet dem Roman jede ›Innerlichkeit‹ genommen habe, vgl. Barthes: *Essais critique*, a.a.O., p. 23. [›Der wiederkehrende Spiegel‹, übers. v. Andrea Springler, Ffm. 1986]

16. Robbe Grillet: *Le miroir qui revient*, a.a.O., pp. 16f, 29f, 40. Robbe-Grillet: *Pour un nouveau roman*, a.a.O., p. 27. s.o.

17. ›Distance, aspect, origine‹. *Critique 198* (November 1963), p. 931.

18. Roland Barthes: *Essais critiques*, a.a.O., p. 107. Die Verbindungslinie zum Surrealismus zieht Barthes selbst in dem kurzen zitierten Aufsatz (veröffentlicht 1959, kurz vor der Gründung von *Tel Quel*). Für einen kurzen Überblick über die Geschichte von *Tel Quel* s. Susan Rubin Sulieman: ›1960: As Is‹. Denis Hollier (Hrsg.): *A New History of French Literature* (Cambridge, Mass. 1989), pp. 1011-18. (A.d.Ü.: James Miller zitiert an dieser Stelle den Nietzsche-Aphorismus in der ersten Nummer von *Tel Quel*: »I want the world and want it AS IS [tel quel], want it again, want it eternally.« Weder *Tel Quel* noch Miller (noch Sulieman, s.o.) geben die Quelle für dieses Zitat an, und es konnte leider in den Schriften Nietzsches nicht ausfindig gemacht werden.)

19. Elisabeth Roudinesco: *La bataille de cents ans. Histoire de la psychanalyse en France*. 2: 1925-1985 (Paris 1986) p. 532. Obwohl der Schwerpunkt auf der Psychoanalyse liegt, ist Roudinescos Buch bei weitem die schwungvollste Darstellung der theoretischen Explosion in den sechziger Jahren in Frankreich. Zu *Tel Quel* und Sade vgl. Roland Barthes: Sade, Fourier, Loyola. Übers. v. Maren Sell u. Jürgen Hoch (Ffm 1974), pp. 44f. Zu Foucault aus der Sicht von Tel Quel vgl. Julia Kristevas *roman à clef Le Samouraïs* (Paris 1990), bes. p. 186 (die Figur

›Scherner‹ in diesem Buch ist Foucault). (Mein Dank an Arthur Goldhammer, der mich auf die relevanten Stellen aufmerksam gemacht
hat.)
20. ›Débat sur le roman, dirigé par Michel Foucault‹. *Tel Quel 17* (Frühjahr 1964), p. 12.
21. vgl. a.a.O., p. 13.
22. a.a.O.
23. ›Distance, aspect, origine‹., a.a.O., p. 940 (Hervorhebung d.
Verf.). Für eine kritische Studie zu Foucaults Literaturbegriff s. Raymond Bellour: ›Vers la fiction‹. [›Auf dem Weg zur Fiktion‹, übers. v.
Hans-Dieter Goudek, François Ewald u. Bernhard Waldenfels (Hrsg.),
Spiele der Wahrheit, Michel Foucaults Denken, a.a.o., pp. 124-135.] *Michel Foucault philosophe: Recontre internationale, Paris 9, 10, 11 janvier
1988* (Paris 1989), pp. 172-81. Vgl. auch die verrätselte Definition
von ›philosophischem Denken‹ in ›Jean Hyppolite (1907-1968)‹. *Revue de Métaphysique et de Morale 74,2* (April – Juni 1969), p. 131: »Dieser nur schwer festzumachende Augenblick, der sich im Moment seines Erscheinens sofort wieder verbirgt, in dem der philosophische
Diskurs zu einer Entscheidung kommt, entreißt sich dem Schweigen
und entfernt sich von dem, was zuvor unphilosophisch zu sein
schien.« Im Grunde ist ›Fiktion‹ die einzige Sprachform, die das ›Sich-
Entfernen‹ zum ›philosophischen Denken‹ angemessen auszudrükken vermag. Für eine ausführliche Behandlung ähnlicher Dinge wird
der Leser in Kürze eine noch nicht veröffentlichte Arbeit Judith Revels (›Littérature et philosophie dans l'œuvre de Michel Foucault‹ in:
Mémoire de D.E.A) zu Rate ziehen können. (Ich habe den vollständigen Text zwar noch nicht lesen können, doch ich habe einen Vortrag
Revels über ihre Arbeit gehört, der einiges versprechen läßt.)
24 vgl. Denis Hollier: ›Le mot de Dieu: Je suis mort‹. [»Gottes Wort:
›Ich bin tot‹« (übers. v. Hans-Dieter Gondek), François Ewald und
Bernhard Waldenfels (Hrsg.), *Spiele der Wahrheit, Michel Foucaults
Denken,* a.a.o., pp. 106-123] *Michel Foucault philosophe,* a.a.O., pp.
150-65.
25. NC v; d.Ü. 7. RR 190; d.Ü. 173.
26. NC 1, 133, 128, 138, 139, 199, 175; d.Ü. 19, 145, 140, 150, 151,
195, 184. Aus Foucaults ursprünglicher Formulierung ›réorganisation
syntactique‹ [NC (1963) 197] wird in der von ›strukturalistischem‹ Jargon gereinigten Neuauflage 1972 ›réorganisation épistémologique‹.
Foucault spielt hier wie in *Wahnsinn und Gesellschaft* mit der Doppel-
bedeutung des Wortes ›mal‹; s.u. und Anmerkung 21 in Kapitel vier.
27. NC 200, 175; d.Ü. 207, 184. Zu Rousels Todesfaszination vgl.
außer Foucaults eigener Studie (RR) John Ashberys ›On Raymond
Roussel‹; Neudruck in der englischen Übersetzung von *Raymond Roussel* (New York 1986), pp. XIX. Zu Rousels Drogenabhängigkeit und

Geisteskrankheit vgl. auch Wayne Andrews: *The Surrealist Parade* (New York 1990), pp. 124. (Wie es der Zufall wollte, war Roussel zur Zeit seines Selbstmords dabei, sich bei einem bekannten Experten in Behandlung zu geben – dem Schweizer Psychiater Ludwig Binswanger!) 28. RR 208; d.Ü. 191. Ludwig Wittgenstein: *Philosophische Untersuchungen* (Ffm 1977), p. 28f (I, § 23). Vgl. auch die vorläufige Bestimmung der Verwendung des Begriffs ›Spiel‹ in Wittgenstein, a.a.O. Foucault bezieht sich ausdrücklich auf Wittgenstein in AS 36; d.Ü. 38; sowie in ›Entretien‹. *La Quinzaine Littéraire 5* (16. Mai 1966), p. 14, (Interview mit Madeleine Chapsal); d.Ü. (gekürzt): Günther Schiwy: *Der französische Strukturalismus* (Reinbek 1969), pp. 203-207.
Vgl. Paul Veyne: ›Le Dernier Foucault et sa morale‹. *Critique* (August-September 1986), p. 940n1. In ›La vérité et les formes juridiques‹, einer Mitschrift 1974 in Brasilien gehaltener Vorlesungen, führt Foucault seine eigene Vorstellung von Sprache als ›Spiel‹ auf nicht namentlich genannte »anglo-amerikanische« Philosophen zurück (vgl. die unveröffentlichte französische Mitschrift, p. 6). Es lohnt vielleicht, an dieser Stelle daran zu erinnern, daß Foucaults langjähriger Freund Pierre Klossowski Wittgensteins *Tractatus logico-philosophicus* ins Französische übersetzt hat. Andererseits berichtet Hans Sluga, Philosophieprofessor in Berkeley, Wittgensteinexperte und Foucaults Freund, daß Foucault im Verlauf ihrer Gespräche offen zugab, daß er sich niemals ernsthaft mit Wittgenstein beschäftigt habe – obwohl er Interesse daran gezeigt habe, mehr über diesen Philosophen zu erfahren. (Interview mit Sluga am 28. September 1989.)
29. John Ashbery: ›On Raymond Russel‹, in *Raymond Roussel* (englische Übersetzung), a.a.O., pp. xxiv-xv); vgl. auch Andrews: *The Surrealist Parade*, a.a.O., p. 118.
30. Michel Leiris: *Brisées*. Übers. v. Lydia Davis (Berkeley, Calif. 1990), p. 52. MC 395; d.Ü. 458. RR 210; d.Ü. 191.
31. RR 208, 209; d.Ü. 189, 190.
32. MC 395; d.Ü. 459. Vgl. Entretien: Michel Foucault, ›Les mots et les choses‹. Bellour: *Les livres des autres*, a.a.O., p. 142; d.Ü. AdS 163 (›Die Ordnung der Dinge. Ein Gespräch mit Raymond Bellour‹): »Der Mensch würde an den Zeichen vergehen, die aus ihm hervorgegangen sind; das hat als erster Nietzsche ausdrücken wollen.«
33. NC (1963), p. XIV; vgl. d.Ü. 15. (Die Ausgabe von 1972 verändert ›analyse structurale‹ in ›l'analyse d'un type de discours‹. Zum strukturalistischen Jargon vgl. auch *Cours de linguistique générale*, édition critique préparée par Tullio de Mauro.
34. Edward Said: *Beginnings* (New York 1975), p. 323. Saids wegweisende Analyse der Beziehungen Foucaults zum ›srukturalistischen Augenblick‹ bleibt im englischen Sprachraum unübertroffen. Es sollte erwähnt werden, daß der französische ›Strukturalismus‹ eigentlich

sehr wenig mit der sich entwickelnden Wissenschaft der strukturalen Linguistik zu tun hatte – wie Thomas Pavel deutlich macht: s. *The Feud of Language* (Oxford 1989).

35. Zu Barthes s. Louis-Jean Calvets Biographie: *Roland Barthes* (Paris 1990). Zu Barthes' Verhältnis zu Foucault vgl. Eribon, a.a.O., p. 233. (vgl. auch David Macey: *The Lives of Michel Foucault* [New York 1993], pp. 81f. Macey glaubt, daß das Verhältnis Foucault/Barthes wesentlich intimer war, als Miller und Eribon annehmen; A.d.Ü.) Der Kenner des französischen Geisteslebens ist Pierre Bourdieu, vgl. sein Vorwort zur englischen Übersetzung von *Homo Academicus*. Übers. v. Peter Collier. Palo Alto 1981, p. XXII (in dem er eine zeitgenössische Charakterisierung Theophile Gauthiers auf Roland Barthes überträgt).

36. Claude Lévi-Strauss: *The Scope of Anthropology*. Übers. v. Sherry Ortner u. Robert A. Paul (London 1967), pp. 16, 21, 28 – alle Zitate stammen aus Levi-Strauss' Antrittsvorlesung am *Collège de France* (1960). Während seines gesamten Lebens schickte Foucault eine Kopie aller seiner Veröffentlichungen an Lévi-Strauss, worauf sich allerdings ihre Beziehung beschränkt zu haben scheint. Vgl. Claude Lévi-Strauss/Didier Eribon: *Das Nahe und das Ferne. Eine Autobiographie in Gesprächen*. Übers. v. Hans-Horst Henschen (Ffm 1989), pp. 109f.

37. Zu Foucaults eingestandener Schwierigkeit, die Schriften Lacans zu verstehen, s. Jacques-Alain Miller: ›Michel Foucault et la psychoanalyse‹. »Michel Foucault und die Psychoanalyse« [übers. v. Hans-Dieter Gondek), François Ewald u. Bernhard Waldenfels (Hrsg.), *Spiele der Wahrheit. Michel Foucaults Denken*; Ffm 1991, pp. 66-73. – Gegen Ende der Anm. Herv. von *Die Geburt der Klinik]*. *Michel Foucault philosophe* (Paris 1989), a.a.O., p. 81. Zu Lacan s. auch CF (Int. 1978), p. 37: »Lacan hat mich sicherlich beeinflußt. Doch ich habe mich nicht auf eine Art und Weise mit ihm beschäftigt, die mir das Recht gäbe, zu sagen, daß ich eine tiefe Kenntnis seines Werks habe.« Zu Foucault und dem Phänomen ›Strukturalismus‹ s. Eribons Darstellung, a.a.O., pp. 258-63. Noch im März 1968 beteiligte sich Foucault lebhaft am strukturalistischen Sprachspiel: vgl. ›Linguistique et sciences sociales‹. *Revue Tunésienne de science sociale 19* (Dezember 1969), p. 225: »Zusammenfassend würde ich sagen, daß die Linguistik gegenwärtig die den Sozial- und Humanwissenschaften angemessene epistemologische Struktur artikuliert [. . .]« (aus einem Konferenzbeitrag vom März 1968). Jahre später hat Foucault Hubert Dreyfus und Paul Rabinow gegenüber geäußert, daß er den Verführungskünsten des strukturalistischen Vokabulars gegenüber weniger resistent war, als er vielleicht hätte sein sollen. Dies klingt ein wenig unaufrichtig und daher nicht ganz glaubwürdig (s. das Vorwort zur amerikanischen Originalausgabe von JSH: »Hubert L. Dreyfus u. Paul Rabinow« Michel

Foucault. Beyond Structuralism and Hermeneutics [Chicago 1982], p. xii). Eins ist offenbar klar: Wie die Revisionen von 1972 für sein erstmals 1963 veröffentlichtes Buch *Die Geburt der Klinik* deutlich machen, war Foucaults Verwendung strukturalistischen Jargons weitgehend kosmetischer Natur: Alle strukturalistischen Modebegriffe konnten einfach gestrichen werden, ohne die zentralen Argumente des Buches zu gefährden.
38. Georges Dumézil: ›Le Messager des dieux‹. *Magazine Littéraire* 229 (April 1986), p. 19. Zu Dumézil vgl. C. Scott Littleton: *The New Comparative Mythology* (Berkeley, Calif. 1966); sowie Arnaldo Momigliano: ›Georges Dumézil and the Trifunctional Approach to Roman Civilization‹. *History and Theory XXIII, 3* (1984), pp. 312-30.
39. NC 203; d.Ü. 199. ›Revenir à l'histoire‹ (ein ursprünglich Oktober 1970 in Kyoto, Japan, gehaltener Vortrag), abgedruckt in der japanischen Zeitschrift *Représentations 2* (Herbst 1991), pp. V-VI (die zitierten Stellen stammen aus einer ausführlichen – und äußerst zustimmenden – Beschreibung der von Dumézil durchgeführten vergleichenden Analysen irischer und römischer Mythen). Foucault sprach über Dumézils Arbeit über die letzten Worte Sokrates' in einer Vorlesung am Collège de France (15. Februar 1984; vgl. Kapitel elf). Vgl. auch Foucaults Bemerkungen zu Dumézil in: ›Entretien‹ (Int. 1966), a.a.O., p. 14.
40. Eine englische Übersetzung des Manifests ist zu finden in André Breton: *What is Surrealism?*. Übers. u. hrsg. v. Franklin Rosemont (London 1978), pp. 346-48.
41. Daniel Defert erinnert sich an dieses Verhalten Foucaults (Brief an den Verf., 8. Januar 1991). In seinen Memoiren schreibt Maurice Pinguet, daß Foucault relativ wenig am Algerienkonflikt interessiert war (wie Sartre bis zum Jahre 1960); s. Maurice Pinguet: ›Die Lehrjahre‹. DuE 46. Für eine ausführlichere Beschäftigung mit Foucaults politischen Positionen in diesen Jahren vgl. Kapitel sechs.
42. Eine genaue Beschreibung von Sartres (ziemlich peripherer) Verstrickung bei der Abfassung dieses Manifests findet sich in Annie Cohen-Solal: *Sartre: 1905 – 1980*, a.a.O., pp. 632ff.
43. a.a.O., p. 632; vgl. auch pp. 646-52.
44. vgl. a.a.O., p. 591f.
45. Jean-Paul Sartre: *Kritik der dialektischen Vernunft: I. Band: Theorie der gesellschaftlichen Praxis*. Übers. v. Traugott König (Reinbek 1967), pp. 52, 68.
46. Foucault wählte für seine *thèse* einen etwas abseitigen Text; selbst die meisten Kant-Spezialisten schenken der ›Anthropolgie‹ wenig Beachtung. Es ist bezeichnend, daß erst 1978 die erste englische Übersetzung erschien. In seiner *thèse* macht sich Foucault dafür stark, daß die ›Anthropologie‹ im Zentrum der Kantischen Philosophie stehe: vgl. *Introduction à l'anthropologie de Kant*, Ier tome (*thèse complémentai-*

re), eine maschinengeschriebene Kopie ist in der *Bibliothèque de la Sorbonne* zugänglich, eine Photokopie im *Centre Michel Foucault* in Paris. Ernst Cassirer liefert eine kurze Zusammenfassung in seinem klassischen Werk *Kants Leben und Lehre* (Berlin 1921), pp. 52-55.

47. Immanuel Kant: *Werke in zehn Bänden*. hrsg. v. Wilhelm Weischedel (Wiesbaden 1963), Bd. 5, p. 448. Vgl. auch Martin Buber: ›Das Problem des Menschen‹. *Dialogisches Leben* (Zürich 1947), pp. 320-24.

48. Kant: *Werke*, a.a.O., Bd. 10, p. 495, 655, 517, 613. Zu Heideggers Ansicht vgl. seine 1929 erstmals erschienene Studie *Kant und das Problem der Metaphysik*. Gesamtausgabe, a.a.O., I. Abt., Bd. 3, bes. pp. 205-18 (›Grundlegung der Metaphysik in der Anthropologie‹); vgl. auch Cassirer, a.a.O., p. 435, wo die *Anthropologie* mit einem Satz abgetan wird (»Auch die Anthropologie [. . .] kann sich nach Gehalt und Aufbau den eigentlichen systematischen Hauptwerken in keiner Weise an die Seite stellen.«). Man darf auch daran erinnern, daß Foucault Kant an der *École Normale* bei Jean Beaufret las, dem bedeutendsten französischen Heidegger-Schüler nach dem Krieg. Als ich Daniel Defert fragte, ob Foucault *Kant und das Problem der Metaphysik* gelesen habe, antwortete er: »Aber natürlich. Ich bin mir sicher, daß er das Buch las, als er an seiner Dissertation über Kant arbeitete.« (Gespräch mit Defert, 2. November 1991.)

49. MC 396; d.Ü. 459. ›Maurice Florence‹ (Foucaults Pseudonym). Denis Huisman (Hrsg.): *Dictionnaire des philosophes* (Paris 1984), p. 941. Vgl. Ian Hacking: ›Self-Improvement‹. David Couzens Hoy (Hrsg.): *Foucault: A Critical Reader* (Oxford 1986), p. 238f.

50. Immanuel Kant: ›Kritik der reinen Vernunft‹. *Werke*, a.a.O., Bd. 4, p. 45 (B1); Cassirer, a.a.O., p. 162.

51. Kant, a.a.O., p. 324 (A317/B374).

52. *Introduction à l'anthropologie* de Kant, a.a.O., p. 17.

53. a.a.O., pp. 83f, 89, 119; vgl. p. 103.

54. a.a.O., pp. 72, 42, 100, 101.

55. a.a.O., p. 63.

56. Kant, a.a.O., p. 673 (A800/B828). *Introduction à l'anthropologie* de Kant, a.a.O., p. 41.

57. Martin Heidegger: *Kant und das Problem der Metaphysik*, a.a.O., pp. 168, 167. Heidegger ist nicht der einzige Philosoph, der solche Vorwürfe erhebt. Aus einer gänzlich anderen Perspektive hat der amerikanische analytische Rechtsphilosoph Joel Feinberg unter Anspielung auf Kants Verdammung des Selbstmords ganz ähnlich angemerkt, daß »Kants Sprache nahelegt, daß wir freie Entscheidungen eines Menschen repektieren und schützen müssen, und zwar nicht einfach, weil es *seine* Entscheidung ist, sondern wegen einer inneren Instanz, die von seinem freien Willen fast ganz unabhängig ist, so etwas wie eine innere Vatikanstadt, die nicht der Entscheidungsfreiheit seines Wil-

lens untersteht« (vgl. Joel Feinberg: *Harm to Self* [New York 1986],
p. 94). Foucaults Analyse legt nahe, daß Kants eigene ›Vatikanstadt‹ aus
dem gesellschaftlichen Netzwerk entstand, in dem er aufwuchs.
58. ›Préface à la transgression‹, pp. 757f; d.Ü. SW 40. *Introduction à l'anthropologie de Kant*, a.a.O., p. 117. Kant: ›Anthropologie in pragmatischer Hinsicht‹. Werke, a.a.O., Bd. 10, p. 438. MC 352; d.Ü. 410.
59. *Introduction à l'anthropologie de Kant*, a.a.O., p. 106f. Vgl. MC 336f;
d.Ü. 392f. Um Foucaults Gebrauch des Begriffs ›Grenz-Erfahrung‹ von seiner Verwendung bei Husserl und Merleau-Ponty (auf den dieser Kommentar unausgesprochen abzielt) abzugrenzen, bezieht sich Foucault auf die
Erfahrung der Lebenswelt durchgängig als *le vécu*, wörtlich ›das Gelebte‹,
was meist als ›Erlebnis‹ oder das ›Erlebte‹ übersetzt wird.
60. ›Un cours inédit‹. *Magazine Littéraire 207* (Mai 1984), p. 39.
61. *Introduction à l'anthropologie de Kant*, a.a.O., pp. 125f.
62. a.a.O., p. 128.
63. CF (Int. 1978), p. 59.
64. Zu den vormodernen ›Humanwissenschaften‹ als Quelle für
Kant vgl. Introduction à l'anthropologie de Kant, a.a.O., p. 109. MC
333; d.Ü. 389.
65. ›Préface à la transgression‹, a.a.O., 766; d.Ü. SW 50. ›La recherche scientifique et la psychologie‹. Jean Edouard Morere: *Des chercheurs français s'interrogent*. Paris 1957, p. 197. (Ich interpretiere Foucaults eigentümliche Verwendung des Begriffs *recherche* hier als eine
unwissenschaftliche ›Suche‹, die fast zum Synonym für seine gleichermaßen eigentümliche Vorstellung wurde, daß ›Erfahrung‹ so etwas
wie ein Experiment sei, welches das Wissen einer Prüfung aussetzt.)
66. MC 353, 334; d.Ü. 411f, 389f. Foucault spricht hier von ›expériences non fondées‹ und von ›les expériences de la pensée non fondées‹.
Vgl. ›Conversazione con Michel Foucault‹; d.Ü. SW 20f, wo Foucault
erklärt, daß Philosophie in unserer heutigen Zeit verschwunden sei –
im Gegensatz zum Philosophen.
67. ›Distance, aspect, origine‹, a.a.O., p. 940. Vgl. ›Préface à la transgression‹, a.a.O., p. 760; d.Ü. SW 42. ›L'Arrière-fable‹, a.a.O., p. 11.
Vgl. NC xii; d.Ü. 13f: »Für Kant war die Möglichkeit einer Kritik und
ihre Notwendigkeit an das durch bestimmte wissenschaftliche Inhal-
te vermittelte Faktum gebunden, daß es Erkenntnis gibt. Heute ist sie
– und Nietzsche, der Philologe, ist unser Zeuge – an das Faktum gebunden, daß es Sprache gibt und daß in den zahllosen von den Menschen ausgesprochenen Worten – seien sie verständig oder wahnsinnig, beweisend oder dichterisch – ein Sinn Gestalt angenommen hat,
der uns überragt [. . .]«.
68. MC 386f; d.Ü. 449 (Hervorhebung d. Verf.). S. auch ›Préface à la
transgression‹, a.a.O., p. 762; d.Ü. SW 45f, wo die Möglichkeit des
›wahnsinnigen Philosophen‹ behandelt wird.

69. a.a.O., p. 761f; d.Ü. SW 45.

70. Das Labyrinth ist zwar für Roussel selbst ein wichtiger Topos, doch sollte an dieser Stelle angesichts der Verwendung des Bildes durch Foucault bei seiner Besprechung des Rousselschen Werkes, wie ich sie im folgenden nachzeichnen werde, darauf hingewiesen werden, daß Roussel niemals eine solche Phantasievorstellung vom Minotaurus ausgearbeitet hat. Jahre später sagte Foucault selbst von seinem Roussel-Buch, daß es »meine kleine Privatsache ist [. . .]. Mein Verhältnis zu meinem Roussel-Buch und zum Werk Roussels ist sehr persönlich [. . .]. Man könnte zweifelsohne sagen, daß vielleicht dieselben Gründe, die mich in meiner Perversität (*lacht*) und in meiner eigenen psychopathologischen Disposition dazu brachten, mich mit dem Wahnsinn zu befassen, mich andererseits zu Roussel führten.« ›An Interview with Michel Foucault‹ (1983), *Raymond Roussel* (englische Übersetzung), a.a.O., pp. 185, 176; d.Ü.: *Zeitmitschrift 7* (1990). Vgl. auch die Bemerkungen Foucaults zu Roussels Homosexualität in diesem Interview pp. 183ff.

71. ›Un si cruel savoir‹. *Critique 182* (Juli 1962), p. 610; d.Ü. SzL 68 (›Ein so grausames Wissen‹). Dieser Aufsatz ist ein Vergleich zwischen zwei pornographischen Werken von Claude Crébillon (veröffentlicht zwischen 1736 und 1738) und J.A. Reveroni de Saint-Cyr (1798); in seinem Aufsatz benutzt Foucault diese beiden Schriftsteller als Belege für seine These, daß ein scharfer ›Bruch‹ die ›klassische‹ Epoche der *Liaisons dangereuses* von der ›modernen‹, durch Sade und auch Reveroni markierten Epoche trenne.

72. ›Un si cruel savoir‹, a.a.O., p. 598, 609; d.Ü. SzL 54, 67.

73. a.a.O., p. 604; d.Ü. SzL 61.

74. a.a.O., p. 609; d.Ü. SzL 67. Cf. ›Ariane s'est pendue‹. *Le Nouvel Observateur 229* (31. März 1969), pp. 36f; d.Ü. FG 7 (›Der Ariadnefaden ist gerissen‹). (Die Figur der Ariadne taucht im Zusammenhang einer Rezension von Gilles Deleuzes *Differenz und Wiederholung* wieder auf.

75. ›Un si cruel savoir‹, a.a.O., p. 610f; d.Ü. SzL 67.

76. RR 102; d.Ü. 93.

77. RR 112; d.Ü. 101f. Vgl. ›Un si cruel savoir‹, a.a.O., p. 610f; d.Ü. SzL 68, wo das Labyrinth ein »Raum« genannt wird, der »als Käfig aus dem Menschen ein Lusttier [macht] – begehrlich wie ein wildes Tier, begehrt wie eine Beute«.

78. ›Theatrum philosophicum‹. *Critique 282* (November 1970, p. 905; d.Ü. FG 54 (›Theatrum Philosophicum‹). Foucault kommentiert an dieser Stelle Deleuzes Verwendung des Begriffs ›Labyrinth‹ in *Logik des Sinns* – doch wieder so, daß es als Foucaults eigene Interpretation des Mythos angesehen werden kann.

79. MC 393; d.Ü. 456. RR 117; d.Ü. 107. Vgl. PD 34f; d.Ü. SW 68: »Darum kann die Überschreitung sehr wohl versuchen, das Verbot zu

durchbrechen und das Gesetz an sich heranzuziehen; in Wirklichkeit läßt sie sich immer vom wesenhaften Rückzug des Gesetzes anziehen; die Überschreitung bewegt sich hartnäckig auf die Öffnung einer Unsichtbarkeit zu, über die sie nicht triumphiert; in ihrem Wahnsinn unternimmt sie es, das Gesetz zum Erscheinen zu bringen, um es verehren zu können und sich von seinem leuchtenden Antlitz blenden zu lassen [. . .]. Wie sollte man das Gesetz erkennen und wahrhaft verspüren, wie sollte man es zwingen, sich sichtbar zu machen, seine Macht offen auszuüben und zu sprechen, ohne es zu provozieren? [. . .] Wo sollte man seine Unsichtbarkeit sehen, wenn nicht auf der Seite der Züchtigung, die ja lediglich das in sein Außen getriebene Gesetz ist? [. . .]«.

80. RR 117, 120; d.Ü. 107, 108, 109. Der Stern auf der Stirn war Roussels persönliches Emblem für seinen *daimon*. Er erscheint in seinem Drama *L'étoile au front*, das Foucault bespricht – und auch in Roussels Gesprächen mit Pierre Janet (ein Text, den Foucault gut kannte). Vgl. Andrews: *The Surrealist Parade*, a.a.O., p. 116, 122.

81. RR 120; d.Ü. 109.

82. RR 120; d.Ü. 109.

83. RR 120f; d.Ü. 109f.

84. ›Un si cruel savoir‹, a.a.O., p. 610f; d.Ü. SzL 68.

85. Zum Labyrinth als Topos in der abendländischen Kultur s. Penelope Reed Doob: *The Idea of the Labyrinth from Classical Antiquity through the Middle Ages* (Ithaca, N.Y. 1990); s. auch die Abhandlung zu Irrgärten in Norman O. Brown: *Love's Body* (New York 1966), pp. 38-48. Es sei daran erinnert, daß Robbe-Grillets vierter Roman *Dans le labyrinthe* hieß, und auch daran, daß Borges' erste bekannte Sammlung fiktiver Texte den Titel ›Labyrinthe‹ trug.

86. RR 203; d.Ü. 185. In Paolo Carusos ›Conversazione con Michel Foucault‹ (d.Ü. SW 12) macht Foucault deutlich, daß sein eigenes Interesse an Roussel zum Teil von Pierre Janets psychiatrischer Interpretation des Werkes seines Patienten als Ausdruck der Rousselschen Psychopathologie beeinflußt worden war.

87. ›Un si cruel savoir‹, a.a.O., p. 610; d.Ü. SzL 68. FD 507; d.Ü. 509.

88. s. Jean-Paul Aron: *Les modernes* (Paris 1984), p. 272.

89. s. Madeleine Chapsal: ›La plus grande révolution depuis l'existentialisme‹. *L'Express* 779 (23. – 29. Mai 1966), pp. 119-22.

90. s. Jacques Ehrmann (Hrsg.): *Structuralism* (Garden City, N.Y. 1968), ein Neudruck einer Sondernummer der *Yale French Studies* (1966) und eine der ersten bedeutenden englischen Veröffentlichungen zu diesem Thema.

91. s. Chapsal, a.a.O., p. 119.

92. Aron, a.a.O., p. 272. Für eine ähnlich kritische Einschätzung des Wirbels in den Massenmedien um *Die Ordnung der Dinge*, s. Roudines-

Anmerkungen

co: *La bataille de cents ans. Histoire de la psychoanalyse en France. 2,* a.a.O., p. 415f.

93. Chapsal, a.a.O., p. 119f.

94. a.a.O., p. 121.

95. a.a.O.

96. s. Eribon, a.a.O., p. 242. s. auch ›Les succes du mois‹. *L'Express 790* (8. – 14. August 1966), p. 32.

97. s. de Certeau: ›The Black Sun of Language: Foucault‹. *Heterologies,* a.a.O., p. 171.

98. ›Entretien‹: Michel Foucault, ›les mots et les choses‹, a.a.O., p. 137; d.Ü. AdS 149.

99. a.a.O., p. 138; d.Ü. AdS 149. MC 13; d.Ü. 11 (›Vorwort zur deutschen Ausgabe‹), 24. s. auch ›Entretien‹ (Int. 1966), *La Quinzaine Littéraire 5* (16. Mai 1966), pp. 14-15; d.Ü. (gekürzt): Günther Schiwy: *Der französische Strukturalismus* (Reinbek 1969), pp. 203-207.

100. a.a.O., p. 14-15; vgl. d.Ü. a.a.O., p. 203ff.

101. Bellour, a.a.O., p. 142; d.Ü. AdS 163. ›Entretien‹ (Int. 1966), a.a.O., p. 15 (in der deutschen Übersetzung entfallen; A.d.Ü.).

102. Georges Canguilhem zum Beispiel wunderte sich, warum die Entwicklung der modernen Physik, die für Kants Denken so bedeutsam war, doch nur schwer in Foucaults zeitliches und epistemologisches Gerüst einzuordnen ist, übergangen wurde: s. Georges Canguilhem: ›Mort de l'homme ou épuisement du cogito?‹. *Critique 242* (Juli 1967), pp. 612f. Eine nützliche Zusammenfassung der akademischen Bedenken findet sich in J.G. Merquior: *Foucault* (London 1985), pp. 56-75.

103. MC 38, 42, 48; d.Ü. 27, 53, 57, 63. Daß es sich um keine gänzlich fiktive Darstellung handelt, wird durch die ähnliche Darstellung des Übergangs von der Renaissance zum klassischen Zeitalter deutlich, die vor kurzem der angesehene amerikanische Wissenschaftsphilosoph Stephen Toulmin geliefert hat.

104. MC 59, 129; d.Ü. 76, 156.

105. MC 103, 119, 63; d.Ü. 127, 144, 81.

106. Gilles Deleuze: ›L'homme, une existence douteuse‹. *Le Nouvel Observateur 81* (1. – 7. Juni 1966), pp. 32ff. MC 274; d.Ü. 320f.

107. Paul Veyne: ›Foucault révolutionne l'histoire‹. *Comment on écrit l'histoire* (Paris 1978), p. 235. Vgl. MC 14; d.Ü. 25: »[Man sieht], daß das System der Positivitäten sich an der Wende vom achtzehnten zum neunzehnten Jahrhundert auf massive Weise gewandelt hat. Das heißt nicht, daß die Vernunft Fortschritte gemacht hat, sondern daß die Seinsweise der Dinge und der Ordnung grundlegend verändert worden ist [. . .].«

108. s. *Le Nouvel Observateur 81,* a.a.O., p. 34.

109. Georges Canguilhem, a.a.O., p. 612. Vgl. MC 13; d.Ü. 24f: »Was

635

wir an den Tag bringen wollen, ist das epistemologische Feld, die *episteme*, in der die Erkenntnisse, außerhalb jedes auf ihren rationalen Wert oder ihre objektiven Formen bezogenen Kriteriums betrachtet, ihre Positivität eingraben und so eine Geschichte manifestieren, die nicht die ihrer wachsenden Perfektion, sondern eher die der Bedingungen ist, durch die sie möglich werden.« Unter den anglo-amerikanischen Wissenschaftsphilosophen kommen vielleicht Ian Hacking und Paul Feyerabend (und ihr ›Anarcho-Rationalismus‹) den Ansichten Foucaults am nächsten; beide liefern zumindest Argumente, welche die Art von Befürchtungen, die Canguilhem äußert, zerstreuen könnten. Zur Bemerkung de Certeaus s. ›The Black Sun of Language: Foucault‹, a.a.O., p. 172.

110. PD 15f; d.Ü. SW 57.
111. PD 16; d.Ü. SW 58.
112. PD 17; d.Ü. SW 58.
113. Conversazione con Michel Foucault (Int. 1967); frz. Transkript, p. 19; d.Ü. SW 24f.
114. MC 224; d.Ü. 264.
115. PD 18; d.Ü. SW 58. Vgl. MC 59; d.Ü. 77: »Deshalb erscheint die Literatur [in der modernen Zeit] immer mehr als das, was gedacht werden muß [. . .]«.
116. MC 64; d.Ü. 83. (Hervorhebung d. Verf.) – die französische Formulierung lautet ›une érosion du dehors‹.
117. PD 24; d.Ü. SW 61.
118. PD 19; d.Ü. SW 59.
119. MC 16, 331, 31; d.Ü. 28, 388, 45.
120. Nietzsche II, 187 (*Die fröhliche Wissenschaft, § 322*).
121. II, 284 (*Also sprach Zarathustra*, Vorrede § 5).
122. MC 275; d.Ü. 322.
123. Nietzsche I, 1224 (*Morgenröte, § 429*).
124. I, 1130 (*Morgenröte, § 174*).
125. MC 398; d.Ü. 462. SP 21f; d.Ü. 25. Zu Nietzsches Verwendung des Emblems ›Meer‹ s. Nietzsche II, 280 (›Also sprach Zarathustra‹, Vorrede § 3): »Seht, ich lehre euch den Übermenschen: Der ist dies Meer [. . .].« Vgl. CF (Int. 1978), p. 77: »Der Mensch schafft sich unaufhörlich selbst, das heißt, er verschiebt beständig, in einer unendlichen und vielfältigen Reihe verschiedener Subjektivitäten, die Ausgestaltung seiner Subjektivität. Dadurch begegnet er nie dem, was ›der Mensch‹ wäre. Der Mensch ist das Tier der [Grenz-]Erfahrung, er befindet sich stets in einem Prozeß, insofern dieser Prozeß ein Objektfeld bestimmt, ihn gleichzeitig verdrängt und als Objekt deformiert, transformiert und verändert. Dies ist, was ich, wenn auch etwas verwirrend, simpel und prophetisch, sagen wollte, als ich vom ›Tod des Menschen‹ sprach [. . .].«

126. MC 387-99; d.Ü. 450f (Hervorhebung d. Verf.).
127. PD 28; d.Ü. SW 64. MC 396f; d.Ü. 460. ›La prose d'Actéon‹,
a.a.O., pp. 444; d.Ü. SzL 111: »Alles [an den einem tiefen Vergessen
geweihten Menschen] zersplittert, bricht auseinander, bietet sich an
und zieht sich augenblicks wieder zurück; sie können tot sein oder leben, es kommt nicht darauf an; das Vergessen wacht in ihnen über das
Identische.«
128. Nietzsche II, 403 (*Also sprach Zarathustra, III*, § 1). Vgl. PD 17;
d.Ü. SW 58: »Handelt es sich in einer solchen Erfahrung auch darum,
›aus sich heraus‹ zu gelangen, so doch mit dem Ziel, sich schließlich
wiederzufinden [. . .]«.
129. vgl. Eribon, a.a.O., p. 263.
130. ›Nietzsche, la généalogie, l'histoire‹, a.a.O., p. 165; d.Ü. SW
102. Merquior: Foucault, a.a.O., p. 56.
131. Interview mit Daniel Defert (25. März 1990). ›Du pouvoir‹
(Int. 1978). *L'Express* 1722 (13. Juli 1984), p. 58. CF (Int. 1978),
p. 57.
132. Jean Piaget: *Le Structuralisme* (Paris 1968) p. 114. Der zweite zitierte Kritiker ist Gilles Deleuze, ›Un nouvel archiviste‹. *Critique 274*
(Februar 1970), p. 195n1. Diese Kritik ist vor einigen Jahren in Frankreich erneut erhoben worden, s. Luc Ferry u. Alain Renaut: *La pensée
68* (Paris 1985). Diese beiden Autoren möchten ausgerechnet (wobei anscheinend zwangsläufig auftretendenden epistemologischen
und ontologischen Schwierigkeiten nicht Rechnung getragen wird)
die politische Theorie Fichtes (!) und den ›Humanismus‹ Sartres (!!)
wiederbeleben. S. dazu auch Ferry u. Renaut: *Heidegger et les Modernes*, Paris 1988.
133. ›Jean-Paul Sartre antwortet‹. Günther Schiwy: *Der französische
Strukturalismus*, a.a.O., p. 208.
134. CF (Int. 1978), p. 45.
135. s. Eribon, a.a.O., pp. 266-281 (›Das offene Meer‹).
136. AS 188, 37, 164; d.Ü. 205, 38f, 182. CF (Int. 1978) 69. Das ›Geheimnis‹ dieser Ausbrüche klärte Foucault Jahre später im Verlauf
eines Seminars in Berkeley 1983: »Wir müssen ganz klar verstehen,
daß die jeweilige Problematisierung (eines Phänomens wie Wahnsinn, Verbrechen, Sexualität, usw.) weder ein Effekt noch eine Konsequenz eines historischen Kontexts oder einer historischen Situation
ist, sondern eine von bestimmten Individuen gegebene Antwort (obwohl die gleiche Antwort in verschiedenen Texten gegeben werden
kann, und von einem gewissen Zeitpunkt an mag diese Antwort so
allgemeingültig werden, daß sie anonym zu sein scheint).« S. ›On Problematization‹. *History of the Present* (Frühjahr 1988), p. 17. Vgl. auch
AS 261; d.Ü. 284 (weiter unten zitiert).
137. Deleuze: *Foucault*, a.a.O., p. 32.

138. AS 138, 268, 27, 148, 261, 41, 172f, 274; d.Ü. 200, 294, 41, 164, 284f, 44, 190, 300.

139. ›Revenir à l'histoire‹, a.a.O., p. vii. Vgl. AS 22f, 20; d.Ü. 23f, 21. In Foucaults Kritik an Sartre wird der Philosoph nicht namentlich genannt, doch ist die Zielrichtung eindeutig. (In der *Kritik der dialektischen Vernunft* bezieht sich Sartre auf Braudel – doch nur beiläufig und in erster Linie, um durch eine schnelle und wenig überzeugende Abfolge von Behauptungen aufzuzeigen, wie jene Art von historischen Phänomenen, die Braudel interessierten, mit Sartres eigenen Vorstellungen von Freiheit und ›Praxis‹ in Einklang gebracht werden könnte.)

140. AS 20; d.Ü. 22. MC d.Ü. 15 (›Vorwort zur deutschen Ausgabe‹). Daß Foucaults Abwendung vom Strukturalismus in diesem Vorwort zur deutschen Übersetzung von *Die Ordnung der Dinge* genauso ›taktisch‹ und irreführend ist wie seine frühere *Hinwendung* wird durch seine Bemerkungen in ›Revenir à l'histoire‹ deutlich, einem in Japan im Oktober 1970 gehaltenen Vortrag: In diesem Zusammenhang glaubte Foucault, die Substanz seines wirklichen Interesses an bestimmten Strukturalisten (vor allem Dumézil) und bestimmter den *Annales* verpflichteten Historikern – und seine Beeinflußung durch sie – offener und weniger polemisch erklären zu können; s. ›Revenir à l'histoire‹, a.a.O., p. viii: »Ich glaube, daß der Strukturalismus [. . .] die Überwindung [des] großen biologischen Mythos der Geschichte« als organischer Prozeß schrittweiser Evolution »erleichtert«.

141. AS 27; d.Ü. 30.

142. Interview mit Bellour (30. März 1990).

143. ›Deuxième entretien: sur les façons d'écrire l'histoire‹ (Int. 1967), in Bellour, a.a.O., p. 197; d.Ü. AdS 165.

144. a.a.O., pp. 197, 199; d.Ü. AdS 167. Vgl. AS 172f, 274; d.Ü. 188-90, 300: An diesen beiden entscheidenden Stellen in der *Archäologie des Wissens* spielt Foucault mit charakteristisch kargen Worten auf Blanchot und das ›Außen‹ an. Vgl. auch Maurice Blanchot: ›Wer nun? Wo nun?‹. *Der Gesang der Sirenen*, a.a.O., p. 289: »*Der Namenlose* [bei Beckett] ist aber gerade eine Erfahrung, die unter der heimsuchenden Drohung des Unpersönlichen erlebt wird; ist das Hintreiben auf eine neutrale Aussage, die nur sich selber ausspricht, die quer durch den Hörer hindurchgeht, die aus keinem Inneren kommt und die man nicht zum Schweigen bringen kann, denn sie ist das Unaufhörliche, das *Endlose*.«

145. ›Deuxième entretien: sur les façons d'écrire l'histoire‹ (Int. 1967), in Bellour, a.a.O., pp. 201f; d.Ü. AdS 169.

146. a.a.O., p. 206, 203; d.Ü. AdS 175, 171.

147. ›Le ›non‹ du père‹. *Critique 178* (März 1962), p. 200.

148. ›Deuxième entretien: sur les façons d'écrire l'histoire‹, a.a.O., p. 204; d.Ü. AdS 172.

149. vgl. a.a.O., p. 203; d.Ü. AdS 171. Zu Foucaults akademischer Rezeption s. Hans Ulrich Gumbrechts interessanten Konferenzbeitrag ›Beyond Foucault/Foucaults Style‹ (›Le siècle de Foucault‹ [November 1991, Universität Tokio]).

150. Nietzsche I, 1011 (*Morgenröte*, Vorrede, § 1).

151. a.a.O.

152. AS 28; d.Ü. 30.

153. Zu Trophonius s. Robert Graves: *The Greek Myths* (Harmondsworth 1960), Vol. I, pp. 285f. Es ist bemerkenswert, daß Karl Jaspers in seiner Studie *Nietzsche* (Berlin 1936), behauptet, daß auch für Nietzsche das Labyrinth eine Metapher sei, in der sich »die letzte Wahrheit des Todes« ausdrücke; vgl. pp. 230-32.

154. ›Theatrum philosophicum‹ (1970), a.a.O., p. 905; d.Ü. FG 54: »Das Werden zieht alles in sein [großes, inneres] Labyrinth [. . .]. Dionysos mit Ariadne: ›Du bist mein Labyrinth.‹«

Kapitel 6: Seid Grausam

1. Für eine Beschreibung der ›Nacht der Barrikaden‹ (sowie zu vielem von dem, was in diesem Kapitel folgt), habe ich mich auf eine umfassende und akribische narrative Darstellung der französischen studentischen Linken von Hervé Hamon u. Patrick Rotman verlassen: *Génération* (Paris 1987-88, Vol. I, pp. 476-88). Außerdem entnehme ich Einzelheiten den kurzen und lebhaften Augenzeugenberichten in: Ronald Fraser (Hrsg.): *1968: A Student Generation in Revolt* (New York 1988), pp. 203-30; René Viénet: *Enragés et situationistes dans le mouvement des occupations* (Paris 1968). Diese Arbeit ist wohl die nützlichste der parteilichen zeitgenössischen Darstellungen (Viénet war selbst ›Situationist‹); und Patrick Seale u. Maureen McConville: *Red Flag, Black Flag: French Revolution 1968* (New York 1968), eine oft feindselige, doch gut informierte Beschreibung zweier britischer Journalisten, die für den *Observer* über die Ereignisse des Mai berichteten; und schließlich die Zeitungsberichte in *Le Monde*.

2. Zitiert in Fraser, a.a.O., p. 210.

3. s. Hamon u. Rotman, a.a.O., Vol I, p. 477; Viénet, a.a.O., p. 58; Seale u. McConville, a.a.O., p. 85; Fraser, a.a.O., p. 210f

4. s. die Straßenkarte in Viénet, a.a.O., p. 59.

5. a.a.O., p. 57.

6. Die Bedeutung der Radioberichte schildert überzeugend Fraser, a.a.O., p. 212f.

7. s. Hamon u. Rotman, a.a.O., p. 487.

8. s. die Photographien in Viénet, a.a.O., p. 95, 97, 100, 99, und in Julien

Besançon: *Les murs ont la parole* (Paris 1968), p. 171; sowie die Beispiele in Greil Marcus: *Lipstick Traces* (Cambridge, Mass. 1989), p. 31f.
9. ›We Are On Our Way‹. Wiederabdruck in Alain Schnapp u. Pierre Vidal-Naquet (Hrsg.): *The French Student Uprising. November 1967 – June 1968* (Boston 1971), p. 456. Der Bericht einer ›Studentenkommission‹ für ›Kultur und Kreativität‹ wird zitiert von José Pierre: ›Create!‹. Charles Posner (Hrsg.): *Reflections on the Revolution in France* (Middlesex, England 1970), p. 242.
10. Zum ›Revolutionären Päderastischen Aktionskomitee‹ s. ›Les quarantes insolences du FHAR, Quelques dates heroïques‹. *Gai Pied* 25 (April 1981), p. 34.
11. André Glucksmann: ›Strategy and Revolution in France 1968.‹ *New Left Review 52* (November-Dezember 1968), p. 101.
12. Für eine ausführlichere Beschreibung der Zeit Foucaults in Tunesien s. Didier Eribon: *Foucault*, a.a.O., pp. 266-81 (›Das offene Meer‹).
13. Jean Daniel: ›La Passion de Michel Foucault‹. *Le Nouvel Observateur* (29. Juni 1984), p. 20.
14. Daniel Defert, Brief an d. Verf. (8. Januar 1991), p. 2.
15. ›Michel Foucault: Sex, Power, and the Politics of Identity‹ (Int. 1982). *The Advocate 400* (7. August 1984), p. 58 (Hervorhebung d. Verf.). In diesem Gespräch wird die in diesen Jahren gebräuchliche Unterscheidung zwischen einer Partei und einer ›Bewegung‹ deutlich. Foucault sagt im Grunde – mit etwas anderer Stoßrichtung – dasselbe in CF (Int. 1978).
16. Ich möchte mich bei Prof. Clement Henry Moore von der *University of Texas* in Austin für unser Gespräch über die allgemeine Ausrichtung der tunesischen Politik nach der Unabhängigkeit bedanken; s. auch Clement H. Moore u. Arlie R. Hochschild: ›Student Unions in North African Politics‹. *Daedalus 97,1* (Winter 1968), pp. 21-50. Vgl. Eribon, a.a.O., pp. 272-78.
17. CF (Int. 1978) V, p. 18; s. auch Howard C. Reese u.a.: *Area Handbook for the Republic of Tunesia* (Washington D.C. 1970), pp.192f.
18. s. Foucaults Brief an Georges Canguilhem vom 7. Juni 1967, zitiert in Eribon, a.a.O., p. 273f. Daß in diesem Brief starke Gefühle Foucaults zum Ausdruck kommen, wurde von Daniel Defert im Brief an d. Verf. (8. Januar 1991, p. 3) bestätigt.
19. CF (Int. 1978), V, p. 19. Vgl. Georges Sorel: *Réflexions sur la violence.* (Paris [10]1946), bes. p. 177 (4. Kapitel: ›La grève prolétarienne‹).
20. s. Eribon, a.a.O., p. 275. Foucaults Entscheidung sowie die Versuche der tunesischen Studenten, ihn zum Bleiben zu bewegen, werden von Daniel Defert im Brief an d. Verf. (8. Januar 1991, p. 3) beschrieben.
21. CF (Int. 1978), V, p. 19.
22. Ich glaube, daß der von Eribon in seiner Biographie erweckte Ein-

druck irreführend ist. Der Aufsatz aus dem Jahre 1968, ›Réponse à une question‹, entwirrt eindeutig die vielen Fäden, die Foucaults Beschäftigung mit dem Thema ›Sprache‹ Mitte der sechziger Jahre und sein wachsendes politisches Interesse nach dem Mai '68 miteinander verbinden: s. ›Réponse à une question‹. *Esprit 371* (May 1968), bes. pp. 871-74; d.Ü.: ›Antwort auf eine Frage‹. Übers. v. G. Schiwy. *Linguistik und Didaktik* 3 u. 4 (München 1970), pp. 228-239, pp. 313-324. Dieser Aufsatz faßt Foucaults ›Hypothesen‹ zu den Folgen seines Werks für ›une politique progressiste‹ zusammen – eine Formulierung, die Foucault aus gutem Grund nie wieder verwenden sollte: Aus einer konsequent nietzscheanischen Perspektive wird die Vorstellung von einer ›progressiven Politik‹ fast zu einem Oxymoron, anstatt sich offenkundig auf liberale und sozialistische Bewegungen der Linken zu beziehen. Eigentlich ist das Interessanteste an diesem Aufsatz, was in ihm nicht zur Sprache kommt. Foucault machte sich an die Beantwortung folgender Frage: »Ein Denken, das in die Geistesgeschichte den Zwang des Systems und die Diskontinuität einführt, beseitigt es nicht jedes Fundament für eine progressive politische Intervention? Führt es nicht zu folgendem Dilemma: – entweder die Akzeptierung des Systems; oder der Appell an das wilde Ereignis, an den Ausbruch einer äußeren Gewalt, allein imstande, das System umzustürzen?« (p. 850; d.Ü. a.a.O., p. 230). Foucault erklärt, daß er sich in dieser Diagnose »fast ganz [erkennt]« (a.a.O.). Doch dann widerspricht er dem Gedanken daß sein Denken ›eine Akzeptierung des Systems‹ zur Folge habe; doch sagt er nichts über die mögliche Anziehungskraft des›évènement sauvage‹ – aus dem einfachen Grunde, weil diese Formulierung die wichtigste (doch nicht einzige) Grundlage für politische Veränderung aus seiner Sicht glossiert. Die schlagkräftigste Zusammenfassung seiner Ansichten zu diesem Thema lieferte Foucault ein Jahrzehnt später in seinem Essay ›Inutile de se soulever?‹. *Le Monde* (11. Mai 1979): »Es gibt keinerlei Erklärung für den revoltierenden Menschen. Sein Handeln ist aus Notwendigkeit ein Niederreißen, das den Faden der Geschichte und seine lange Kausalkette zerreißt, damit der Mensch die Todesgefahr wahrhaft der Gewißheit, gehorchen zu müssen, vorziehen kann« (p. 1). Dies unterscheided sich grundlegend von Hegels Herr-Knecht Dialektik (die ähnlichen Nachdruck auf die Bereitschaft zu sterben legt), eben Foucaults *anti*-dialektische Betonung der ›unzeitgemäßen‹ (in Nietzsches Sinne ein ›Niederreißen, das den Faden der Geschichte zerreißt‹) Umstände der Revolte. Die vielschichtigen praktischen Folgen dieser Denkweise für politisches Handeln sollten aus dem, was folgt, offensichtlich werden.

23. CF (Int. 1978), V, pp. 19, 20. Vgl. auch Eribon, a.a.O., p. 364, zu Dumézils Weigerung, Foucaults linke politische Positionen ernst zu nehmen.

24. Zu Fouchets Reformen s. Schnapp u. Vidal-Naquet, a.a.O., p. 15f; die Autoren dieser Dokumentation weisen überzeugend die mitunter vertretene Behauptung zurück, daß Fouchets Reformen die wichtigste Triebfeder für die Studentenbewegung vom Mai 1968 gewesen seien. Zu Foucaults Bemerkungen zur Erziehungsreform von 1966 s. ›Entretien‹. *La Quinzaine Littéraire 5* (16. Mai 1966), p. 15; d.Ü.: Günther Schiwy: *Der französische Strukturalismus*, a.a.O., p. 206.

25. ›Conversazione con Michel Foucault‹ (Int.); frz. Transkript, p. 24 (Hervorhebung d. Verf.); d.Ü. SW 29.

26. CF, V, p. 21.

27. Maurice Blanchot: *Michel Foucault tel que je l'imagine* (Paris 1986), p. 9f. [*Michel Foucault vorgestellt von Maurice Blanchot*, übers. v. Barbara Wahlster, Tübingen, 1987] Daniel Defert erinnert sich im Brief an den Verf. (8. Januar 1991, p. 4) an die Begleitumstände dieses Zusammentreffens.

28. Eribon, a.a.O., p. 273. (Hervorhebung d. Verf.).

29. CF (Int. 1978), p. 75. Ich paraphrasiere Karl Marx' beinahe poetische Beschreibung des ›neuen Menschen‹ in seiner zu den Pariser Manuskripten gehörenden kurzen Schrift ›Auszüge aus James Mills Buch Éléments d'économie politique‹. Karl Marx/Friedrich Engels: *Werke*, a.a.O. Ergänzungsband 1 (›Schriften, Manuskripte, Briefe bis 1844‹), pp.462f.

30. CF (Int. 1978), p. 75. Zu Nietzsches Vision vom ›Übermenschen‹ s. *Also sprach Zarathustra,* Vorrede § 3.

31. Zum Ende der revolutionären Bewegung in Frankreich s. Fraser, a.a.O., p. 226-30.

32. Für eine ausführlichere Darstellung der Gründe Foucaults, nach Vincennes zu gehen, s. Eribon, a.a.O., pp. 278-81.

33. s. ›Postface‹ in Schnapp u. Vidal-Naquet, a.a.O., p. 597.

34. s. Hamon u. Rotman, a.a.O., Vol. II, p. 64, und Eribon, a.a.O., p. 287f.

35. s. Eribon, a.a.O., p. 203f. Serres zog sich bald wieder zurück, angewidert von den chaotischen Zuständen in Vincennes, doch Chatelet blieb: vgl. François Chatelet: ›Le mai permanent de l'université‹. *Magazine Littéraire 112-13* (Mai 1976), p. 27.

36. s. a.a.O., p. 216; Glucksmann hat mir während unseres Gesprächs am 26. März 1990 von Foucaults Bestrebungen, ihn zu verpflichten, erzählt. Für eine weitere Meinung zur maoistischen Fakultät in Vincennes s. Elisabeth Roudinesco: *La bataille de cents ans. Histoire de la psychanalyse en France. 2,* a.a.O., p. 552ff.

37. Allgemein zur GP und zur Zahl der aktiven Mitgliedschaft im besonderen s. Bernard Kouchner u. Michel-Antoine Burnier: *La France sauvage* (Paris 1970), bes. p. 159. Eine gut informierte kurze Darstellung in englischer Sprache bietet Sohnja Sayres u. a. (Hrsg.): *The Six-*

ties Without Apology (Minneapolis 1984), pp. 148-77. Die gründlichste französische Quelle sind Hamon u. Rotman, a.a.O.

38. s. *Chairman Mao Tse-Tung on People's War* (Peking 1967), p. 4.

39. Zum Anschlag auf Fouchon s. Hamon u. Rotman, a.a.O., Vol. II, p. 169ff.

40. CF (Int. 1978), V, p. 22.

41. ›Revenir à l'histoire‹, Vortragsmitschrift in: *Représentation 2 (Herbst 1991), p. iv. CF (Int. 1978), V, p. 21.*

42. *CF (Int. 1978), V, p. 23 (Hervorhebung d. Verf.).*

43. *Georges Bataille:* ›Propositions‹. *Œuvres complètes*, a.a.O., tome I, p. 471; zur Bataille-Welle unter den radikalen Studenten in Frankreich nach dem Mai '68 s. Hamon u. Rotman, a.a.O., II, p. 112. (Die Gesamtausgabe der Schriften Batailles bei Gallimard begann 1970.) André Glucksmann: *Strategy and Revolution in France 1968*, a.a.O., p. 99. Der mit Foucault sprechende GP-Führer ist Pierre Victor: ›Sur la justice populaire: Débat avec les maos‹. *Les temps modernes 310* (1972), p. 336; (d.Ü.: Foucault, Greismar, Glucksmann u.a.: *Neuer Faschismus, Neue Demokratie. Über die Legalität des Faschismus im Rechtsstaat* (Berlin 1972), p. 116 (›Über die Volksjustiz. Eine Diskussion mit maoistischen Genossen‹; übers. v. S. Bebermeyer).

44. s. ›L'agitation universitaire‹. *Le Monde* (25. Januar 1969), p. 1.

45. s. B. Frappat: ›Vincennes: cinq milles étudiants se sont inscrits au centre expérimental‹. *Le Monde* (15. Januar 1969).

46. Hamon u. Rotman, a.a.O., II, p. 62.

47. a.a.O., II, p. 56.

48. Interview mit Glucksmann (26. März 1990).

49. Interview mit Defert (25. März 1990); zur Verwendung der Photographie Foucaults s. Alan Sheridan: ›Diary‹. *London Review of Books* (19. Juli-1. August 1984), p. 21.

50. Interview mit Glucksmann (26. März 1990).

51. s. Roudinesco, a.a.O., p. 558; Eribon, a.a.O., p. 295.

52. ›Le piège de Vincennes‹ (Int.). *Le Nouvel Observateur 274* (9. Februar 1970), pp. 35, 34.

53. ›A Conversation with Michel Foucault‹. *Partisan Review 38,2* (1971), p. 201.

54. a.a.O., p. 201. Meine Bemerkungen über den Lehrer Foucault fassen Schilderungen von François Delaporte und Blandine Barret-Kriegel zusammen, zwei (der wenigen) Studenten, die tatsächlich ein größeres Forschungsprojekt unter Foucaults Leitung am *Collège de France* durchgeführt haben; ihre Erfahrungen werden von Berkeley-Studenten bestätigt, die in den achtziger Jahren mit Foucault gearbeitet haben. Seine *laissez-faire*-Methode stellte seine Studenten vor gewisse Probleme, denn sie bedeutete, daß die Studenten meist auf sich selbst gestellt waren; sie bedeutete natürlich auch, daß Foucault prak-

tisch außerhalb des Hörsaals sehr wenig Zeit auf seine Studenten anwandte.

55. Hamon u. Rotman, a.a.O., II, p. 62.

56. s. ›A Conversation with Michel Foucault‹, a.a.O., p. 195.

57. vgl. Eribon, a.a.O., p. 296f.

58. vgl. a.a.O., p. 293.

59. ›Nietzsche, la généaologie, l'histoire‹. pp. 154, 159; d.Ü. SW pp. 91f, 96.

60. ›Precisazioni sul potere. Riposta as alcuni critici‹ (Int.). *Aut Aut* 167-168 (September-Dezember 1978).

61. ›Nietzsche, la généalogie, l'histoire‹, a.a.O., p. 163; d.Ü. SW 100.

62. Nietzsche I, 950 (*Menschliches, Allzumenschliches,* ›Der Wanderer und sein Schatten‹, § 188).

63. Für eine ausführliche Schilderung der Intrigen um Foucaults Berufung ans *Collège de France,* s. Eribon, a.a.O., pp. 302-10.

64. s. ›*Le Collège de France:* Quelques données sur son histoire et son caractère propre‹. *Annuaire de Collège de France 1986-1987* (Paris o.J.), pp. 5ff.

65. Jean Lacouture: ›Le cours inaugural de M. Michel Foucault‹. *Le Monde* (4. Dezember 1970), p. 8.

66. Edward Said: ›Michel Foucault: 1926-1984‹. Jonathan Arac (Hrsg.): *After Foucault* (New Brunswick, N.J. 1988), p. 7.

67. OD 10, 37; d.Ü. 25, 6f.

68. OD 11, 55, 37; d.Ü. 7, 37, 25.

69. OD 17; d.Ü. 11.

70. Für eine scharfsinnige Analyse der selbsttilgenden Aspekte in dieser Vorlesung Foucaults, s. Alasdair MacIntyre: *Three Rival Versions of Moral Enquiry: Encyclopaedia, Genealogy and Tradition* (Notre Dame 1990), p. 19. Die Paradoxien der Foucaultschen Vorlesung blieben auch der weiteren Öffentlichkeit nicht verborgen, s. z.B. Lacoutures Bericht in *Le Monde* (4. Dezember 1970), p. 8.

71. Pierre Bourdieu: ›Preface to the English Edition‹. *Homo Academicus.* Übers. v. Peter Collier (Stanford 1988), p. xix.

72. Als die Zeitschrift *Actuel* einen Beitrag über GIP veröffentlichte, wurde Defert, nicht Foucault, interviewt: s. Bernard Kouchner: ›Un vrai samurai‹ [d.Ü. »Ein echter Samurai«, Michel Foucault. Eine Geschichte der Wahrheit, a.a.O., p. 90]. Robert Badinter u.a. (Hrsg.): *Michel Foucault: Une histoire de la vérité* (Paris 1985), p. 86. Doch in Einklang mit der sich mehr im Hintergrund abspielenden Rolle Deferts stand dieser dann nicht im Mittelpunkt des Artikels, den Kouchner dann schrieb: ›Prisons: les petits matons blêmes‹. *Actuel 9* (Juni 1971), pp. 41-43.

73. Daniel Defert, Brief an d. Verf. (8. Januar 1991), p. 5.

74. a.a.O., p. 6.

75. a.a.O. Zu Defert in Vincennes vgl. Eribon, a.a.O., p. 291.
76. Interview mit Edmund White (12. März 1990). Vgl. Eribon, a.a.O., p. 221f.
77. ›Conversation‹ (Int. 1981). Gerard Courant: *Werner Schroeter* (Paris 1981), pp. 41, 43, 40.
78. Daniel Defert, Brief an d. Verf. (8. Januar 1991), p. 8.
79. a.a.O.
80. a.a.O.
81. Zu einem weiteren Überblick über die Aktivitäten von GIP vgl. Eribon, a.a.O., pp. 318-337.
82. s. Hamon u. Rotman, a.a.O., II, pp. 294ff.
83. ›Création d'un groupe d'information sur les prisons‹. *Esprit 3* (März 1971), pp. 531f.
84. ›Entretien avec Michel Foucault‹. *Pro Justitia 3-4* (Oktober 1973), p. 12. Vgl. ›Luttes autour des prisons‹, ein rückblickendes Gespräch dreier Veteranen über die Kämpfe der frühen 70er Jahre: François Colombet (der im Rechtswesen gearbeitet hatte), Antoine Lazarus (der im Strafvollzug tätig gewesen war), und ›Louis Appert‹ (Pseudonym eines früheren GIP-Aktivisten: Michel Foucault), s. *Esprit 35* (November 1979), 102-11. Obwohl ›Appert‹ in diesem Zusammenhang auf der Unabhängigkeit GIP's von den Maoisten besteht (was Lazarus überrascht, der sich an eine andere Sachlage erinnert), gesteht er ein (p. 105), daß GIP versucht hatte, die Leute darüber im Unklaren zu lassen, was diese Gruppierung eigentlich war: »Es war wichtig, daß die Gefängnisbürokratie nicht wußte, ob es eine [richtige] Organisation war oder nicht.« Als klassische politische ›Tarnorganisation‹ war GIP tatsächlich formell ›unabhängig‹ – *und* eng mit den Maoisten verbunden. Vgl. folgende Bemerkung in ›A propos de la justice populaire‹. *Pro Justitia 3-4* (Oktober 1973), p. 116: »Die Maoisten waren die einzige politische Bewegung, die aktiv an den Aktionen von GIP teilgenommen hat und mit GIP Diskussionen zu Problemen in den Gefängnissen geführt hat.«
85. ›Les intellectuels et le pouvoir‹ (Int. 1982 mit Gilles Deleuze). *L'Arc 49* (1972), p. 4; d.Ü.: FG 88 (›Die Intellektuellen und die Macht‹). ›Foucault répond à Sartre‹ (Int. 1968), *La Quinzaine Littéraire 46* (1. – 15. März 1968), p. 20; d.Ü. AdS 176.
86. ›Foucault: Non au sexe roi‹ (Int. 1977). *Le Nouvel Observateur 644* (12. März 1977), p. 130; d.Ü. DM 198 (›Nein zum König Sex‹).
87. Jean-Paul Sartre: ›A propos de la justice populaire‹ (Int. 1972). *Pro Justitia 2* (erstes Trimester 1973), p. 26. Ebenso nicht ohne Ironie ist die Tatsache, daß Sartre später GIP unterstützen sollte. Wie sehr Foucault sich auch bemühen sollte, seinen *modus operandi* zu differenzieren, das Ergebnis schien immer dasselbe zu sein: Immer wieder fanden sich Foucault und Sartre Seite an Seite, unterzeichneten die-

selben Manifeste, marschierten in denselben Demonstration, führten anscheinend dieselben Kämpfe. Zu Sartres Verbindung mit den Maoisten vgl. Cohen-Solal: *Sartre: 1905 – 1980*, a.a.O., p. 720-32.

88. ›Création d'un groupe d'information sur les prisons‹. *Esprit 3* (März 1971), p. 532.

89. Gilles Deleuze: ›Foucault and the prison‹ (Int. 1986). *History of the Present 2* (Frühjahr 1986), p. 1. GIP: ›A propos de la justice populaire‹, a.a.O., p. 115.

90. ›Les intellectuels et le pouvoir‹, a.a.O., p. 6; d.Ü. FG 92.

91. Deleuze: ›Foucault and the Prison‹, a.a.O., p. 1.

92. Michelle Perrot: ›La leçon des ténèbres: Michel Foucault et la prison. *Actes* (Sommer 1986), p. 76.

93. Deleuze, a.a.O., p. 1.

94. Zur Bedeutung des Aufstands in Attica, N.Y. s. GIP: ›A propos de la justice populaire‹, a.a.O., p. 115.

95. Zur Toul-Revolte s. Hamon u. Rotman, a.a.O., II, p. 377ff. Zu Foucault und ›*déculpabilisation*‹ s. ›Luttes autour des prisons‹, a.a.O., p. 109.

96. s. Hamon u. Rotman, a.a.O., II, p. 381. Die Pressekonferenz – und die Beteiligung der Maoisten an der Toul-Revolte im allgemeinen – kam nur nach weiteren hitzigen Debatten innerhalb der Bewegung zustande. Glucksmann (und Foucault) waren dafür, weiterhin zum Thema ›Gefängnis‹ zu agitieren, während Pierre Victor immer noch mit der Begründung dagegen war, daß die meisten Arbeiter sich nicht mit Kriminellen identifizieren wollten; vgl. a.a.O., p. 380.

97. Edith Rose: ›Je puis affirmer [. . .]‹. *Le Nouvel Observateur 372* (27. Dezember 1971 – 2. Januar 1972), p. 15.

98. ›Le discours de Toul‹. *Le Nouvel Observateur*, a.a.O, p. 15.

99. a.a.O.

100. *Suicides de Prison* (Paris 1973), pp. 7f.

101 vgl. die Kurzbiographie H.M.'s in *Suicides de Prison*, a.a.O., pp. 15f.

102. a.a.O., pp. 21, 28, 29, 22, 39.

103. a.a.O., pp. 39, 18, 22.

104. a.a.O., p. 39.

105. a.a.O., p. 38.

106. a.a.O.

107. ›Nietzsche, la généaologie, l'histoire‹, a.a.O., p. 154; d.Ü. SW 91f.

108. Deleuze, a.a.O., p. 1.

109. s. die ›repères biographiques‹ in der Deleuze-Sondernummer von *Magazine Littéraire* (No. 257 [September 1988], p. 19); sowie die Skizzierung seiner eigenen philosophischen Generation in: Gilles Deleuze: *Differenz und Wiederholung*. Übers. v. Joseph Vogl (München 1992), pp. 11f.

110. David Hume: *Ein Traktat über die menschliche Natur.* Übers. v. Theodor Lipps (Hamburg 1973), 1. Buch, p. 273. Deleuze beschäftigt sich erstmals mit Hume in *Empirisme et subjectivité* (Paris 1953); er bekräftigt seinen eigenen ›Empirismus‹ (und seine Beeinflußung durch Hume) in *Differenz und Wiederholung,* (vgl. a.a.O. p. 13), sowie in *Logik des Sinns.* Übers. v. Bernhard Dieckmann. (Ffm 1993), p. 30.

111. s. die Bibliographie in *Magazine Littéraire 257,* pp. 64f.

112. Gilles Deleuze: *Unterhandlungen 1972-1990,* a.a.O., p. 15f (›Brief an einen strengen Kritiker‹)

113. Deleuze, a.a.O., p. 125 (›Die Dinge aufbrechen, die Worte aufbrechen‹): vgl. Eribon, a.a.O., p. 214f.

114. Foucault: ›Theatrum philosophicum‹. *Critique 282* (November 1970), p. 905; d.Ü. FG 48. Deleuze: *Logik des Sinns,* a.a.O., p. 19. Obwohl sich Foucault und Deleuze nach 1977 auseinanderlebten (für die Gründe s. Kapitel neun), standen sie laut eines als ›Postbote‹ für diese Briefe fungierenden gemeinsamen Freundes weiterhin in Briefkontakt über ihre Arbeit.

115. Deleuze: *Unterhandlungen 1972-1990,* a.a.O., p. 245 (›Kontrolle und Werden‹).

116. s. Deleuze, a.a.O., p. 19f (›Brief an einen strengen Kritiker‹); s. auch Hamon u. Rotman, a.a.O., II, p. 235.

117. Elisabeth Roudinesco: *La bataille de cents ans. Histoire de la psychoanalyse en France.* 2, a.a.O., p. 501. Hugh Tomlinson u. Barabara Habberjam: ›Translator's Introduction‹ zu Gilles Deleuze u. Claire Parnet: *Dialogues* (New York 1987), p. xii, xiii.

118. Deleuze, a.a.O., pp. 13f, 23. vgl. Simeon Wade: *Foucault in California* (unveröffentlichtes Mskrpt. 1991, p. 31): Wade fragt Foucault, ob Deleuze ein ›exzentrischer‹ Mensch sei, und Foucault antwortet: »Eigentlich macht Deleuze ganz und gar keinen ungewöhnlichen Eindruck [. . .]. Er erscheint völlig normal. Er ist verheiratet und hat zwei Kinder.«

119. s. Deleuze: *Die Logik des Sinns,* a.a.O., pp 15-17, auch p. 100: »Das leere Feld zirkulieren zu lassen und die prä-individuellen und unpersönlichen Singularitäten zum Sprechen zu bringen, kurz, den Sinn zu produzieren« – anstatt ihn zu reproduzieren, »[d]arin besteht heute die Aufgabe.« Auf einer Ebene ist *Logik des Sinns* der Versuch, die vielschichtigen Mechanismen der Kreativität, der Erneuerung, des ›Anders-denken‹ zu verstehen, wie Foucault sagen würde. Zum Labyrinth als Emblem im Denken Deleuzes s. Foucault: ›Theatrum Philosophicum‹, a.a.O., p. 905; d.Ü. FG 54.

120. a.a.O., p. 891; d.Ü. FG 30. Foucault bezieht sich hier ausdrücklich auf die Wurzeln der Deleuzianischen Konzeption im Denken Blanchots.

121. Gilles Deleuze: *Nietzsche und die Philosophie,* a.a.O., pp. 187,

189. Zu Freuds ›Thanatos‹ und Nietzsches ›Ewiger Wiederkehr‹ s. Deleuze: *Differenz und Wiederholung*, a.a.O., pp. 147-53.

122. s. Deleuze: *Nietzsche und die Philosophie*, a.a.O., p.188-90. s. auch Deleuze: ›Studie über den Masochismus‹. Übers. v. Gertrud Müller; in: Leopold von Sacher-Masoch: *Venus im Pelz* (Ffm 1968), bes. p. 222; und Deleuze: *Logik des Sinns*, a.a.O., pp. 193-202 (zu Lowry).

123. *Logik des Sinns*, a.a.O., p.197,161,100. Foucault: ›Theatrum philosophicum‹, a.a.O., p. 905, d.Ü FG 54. Deleuze: *Nietzsche und die Philosophie*, a.a.O., p. 200.

124. Deleuze u. Parnet: *Dialogues*, a.a.O., pp. 138-39. F. Scott Fitzgerald: *Der Knacks*. Übers. v. W. Schürenberg (Berlin 1984), p. 9.

125. Deleuze: *Logik des Sinns*, a.a.O., p. 201.

126. Nietzsche II, 283 (*Also sprach Zarathustra, Vorrede* § 4).

127. ›A Conversation with Michel Foucault‹ *Partisan Review 38,2* (1971), p. 192.

128. Nietzsche II, 1032 (*Götzendämmerung*, ›Was ich den Alten verdanke‹, § 5.).

129. Zur wechselhaften Geschichte von *Actuel* in seinen frühen Jahren s. Hamon u. Rotman, a.a.O., II, bes. 262, 615.

130. s. ›Par delà le bien et le mal‹ (Int.). *Actuel 14* (1971), p. 42; d.Ü. SW 110 (›Gespräch zwischen Michel Foucault und Studenten. Jenseits von Gut und Böse‹).

131. a.a.O., p. 42f; d.Ü. SW 110f, 113.

132. a.a.O., p. 44; d.Ü. SW 114.

133. a.a.O.

134. a.a.O., p. 46; d.Ü. SW 121.

135. a.a.O., pp. 47, 46, 44; d.Ü. SW 126, 120, 119.

136. a.a.O., p. 43; d.Ü. SW 115.

137. a.a.O., p. 45; d.Ü. SW 121.

138. a.a.O., p. 45; d.Ü. SW 121.

139. a.a.O., p. 44; d.Ü. SW 115.

140. a.a.O., p. 43, d.Ü. SW 115.

141. a.a.O., p. 47; d.Ü. SW 125.

142. Interview mit Noam Chomsky (16. Januar 1990).

143. Interview mit Chomsky.

144. Interview mit Chomsky. Foucault sprach mit Simeon Wade über den ›Chomsky-Hasch‹, s. Wade, a.a.O., p. 20.

145. ›Human Nature: Justice versus Power‹. Fons Elders (Hrsg.): *Reflexive Water: The Basic Concerns of Mankind* (London 1974), pp. 140, 149. Es sollte angemerkt werden, daß Foucault seine Bemerkungen selbst für die Veröffentlichung redigiert hat; dieses Buch ist keine wortgetreue Transkription – was das Folgende umso bemerkenswerter macht, da es als repräsentativ für das gelten muß, was Foucault damals als seine Meinung betrachtete.

146. Interview mit Chomsky (16. Januar 1990).
147. ›Human Nature‹, a.a.O., p. 168.
148. a.a.O., p. 169.
149. a.a.O., p. 174.
150. a.a.O., p. 177.
151. a.a.O., p. 181.
152. a.a.O., p. 182.
153. a.a.O.
154. Interview mit Chomsky (16. Januar 1990)
155. s. Hamon u. Rotman, a.a.O., II, p. 281.
156. Die Parolen werden aufgezählt von Cohen-Solal: *Sartre: 1905 – 1980*, a.a.O., p. 717.
157. Interview mit Glucksmann (26. März 1990).
158. dass. Glucksmann erzählte mir, daß Foucault die Tribunale »aus einer linken Perspektive« kritisieren *mußte*, »um gehört zu werden. Oder? Also, es ist sehr zweideutig [. . .]. [Dies] war eine taktische Entscheidung, wenn auch intellektuell keine ganz eindeutige.« Nachdem ich mir dieses Gespräch noch einmal angehört habe, bin ich im Gegenteil davon überzeugt, daß Foucaults Bemerkungen im Kontext dieses Lebensabschnitts völlig eindeutig sind – sowie in Übereinstimmung mit seiner damaligen sado-nietzscheanischen Auffassung von revolutionärer Politik. Foucault gab, wie in Kapitel neun noch zu zeigen sein wird, diese Auffassungen wie Glucksmann wieder auf, ohne sie je einer so expliziten Kritik zu unterziehen wie Glucksmann selbst in seinem gefeierten Buch *Die Meisterdenker*.
159. ›Sur la justice populaire‹ (Int.). *Les Temps Modernes 310* (bis 1972), pp. 366, 364; d.Ü. Foucault, Greismar, Glucksmann u.a.: *Neuer Faschismus, neue Demokratie, a.a.O., pp. 143, 142* (›Über die Volksjustiz‹).
160. a.a.O., p. 335; d.Ü. a.a.O., p. 115.
161. Meine Beschreibung der September-Massaker verdankt viel der von Simon Schama in *Citizens* (New York 1989), pp. 630-39. In seiner Diskussion mit Victor schiebt Foucault wenig überzeugend die Schuld für die Exzesse dieser blutigen Episode auf den (vergeblichen) Versuch, die Blutdürstigkeit des Volkes dadurch zu besänftigen, während der Massaker improvisierte ›Tribunale‹ durchzuführen. s. ›Sur la justice populaire‹, a.a.O., p. 337.; d.Ü.: ›Über die Volksjustiz‹, a.a.O., p. 115f
162. a.a.O., p. 336f. d.Ü. a.a.O., p. 116.
163. a.a.O., pp. 339f, 359f; d.Ü. a.a.O., pp. 119, 138.
164. a.a.O., p. 340; d.Ü. a.a.O., p. 119. Der kommandierende Offizier der Bastille am 14. Juli 1789 hieß de Launay und nicht ›Delauney‹, wie es fälschlich in der Transkription heißt.

165. a.a.O., pp. 360, 346; d.Ü. a.a.O., pp. 138, 125.
166. Für eine ausführliche Darstellung dieser für den französischen Maoismus schicksalhaften Episode s. Hamon u. Rotman, a.a.O., II, pp. 382-422.
167. a.a.O., p. 398.
168. s. a.a.O., p. 404ff.
169. Es muß gesagt werden, daß französische Maoisten in ihrer Endphase, lange nachdem Foucault, Defert und die anderen führenden Köpfe des Mai '68 revolutionäre Gesten in Form von direkten Aktionen aufgegeben hatten, einmal zu Mördern wurden: als Racheakt für den Tod Overneys: 1977 wurde der für diesen Mord verantwortliche Sicherheitsbeamte der Renault-Werke von maoistischen Militanten niedergeschossen, nachdem er für die Tat zwei Jahre im Gefängnis gesessen hatte. s. Fields: *French Maoism*, a.a.O., p. 177n33.
170. vgl. Deleuze u. Parnet: *Dialogues*, a.a.O., p. 137: »Politik heißt aktives Experimentieren, da wir nicht im voraus wissen können, in welche Richtung ein Strich verlaufen wird. Ziehe einen Schlußstrich, sagt der Buchhalter: Doch eigentlich kann man ihn *überall* ziehen.«

Kapitel 7: Eine Kunst der unerträglichen Empfindungen

1. SP 9; d.Ü. 9. Max Gallow benutzte das Adjektiv ›*insoutenable*‹ (›unerträglich‹) in folgender Rezension: ›La prison selon Michel Foucault‹. *L'Express 1233* (24. Februar – 2. März 1975), p. 31.
2. SP 11; d.Ü. 11.
3. Zitiert in François Ewald: ›Anatomie et corps politique‹. *Critique 343* (Dezember 1975), p. 1228n.
4. OD 25, 28; d.Ü. 17, 18. Zu Foucaults Beschreibung des Todes Damiens als ›*faites avec amour*‹ vgl. Gilles Deleuze: Foucault, a.a.O., p. 37. Bei der Erzählung Borges', auf die Foucault hier anspielt, handelt es sich um ›Pierre Menard, Autor des Quijote‹, in der der fiktive Autor den »bewundernswerte[n] Ehrgeiz« besitzt, »ein paar Seiten hervorzubringen, die – Wort für Wort und Zeile für Zeile – mit denen von Miguel de Cervantes übereinstimmen sollten«, um auf diese Weise »durch die Erlebnisse Pierre Menards zum Quijote zu gelangen«, den Roman subtil zu verändern und den Text in eine pragmatische Lehre von der Historie als dem Ursprung der Wahrheit zu verwandeln. s. Jorge Luis Borges: ›Pierre Menard, Autor des Quijote‹. *Gesammelte Werke*, Band 3/1 (›Erzählungen‹), München 1981, pp. 117, 118.
5. SP 9f; d.Ü. 10.
6. SP 12, 13; d.Ü. 13, 14.

7. SP 19f; d.Ü. 23.

8. Die vielleicht wichtigste Kritik an Foucaults Arbeit im englischen Sprachraum ist Pieter Spirenburg: *The Spectacle of Suffering* (Cambridge 1984), ein sehr gelehrter (und fast schon zu akribischer) Versuch, ein ›Gegen-Paradigma‹ zum Foucaultschen zu konstruieren. Außerdem hat Daniel S. Milo einen sehr interessnten (wenn auch meines Wissens unveröffentlichten) Aufsatz zu dem Buch geschrieben: ›Dire-faire? La discontinuité: la machine(rie) métaphorique de *Surveiller et punir* de Michel Foucault‹. Milo erstellt unter anderem Tabellen mit ›heißen‹ und ›kalten‹ Metaphern im Text (›heiß‹, wie man sich denken kann, für den Martertod, ›kalt‹ für das Gefängnis); Milo zeigt weiterhin auf, auf welche Weise Foucault ein Zitat Fauchers aus seinem ursprünglich polemischen Kontext herausnimmt und wie er, anscheinend mit Bedacht, Fauchers tatsächliche, dem mechanischen Disziplinierungsapparat im Gefängnis äußerst kritisch gegenüberstehenden Ansichten ignoriert; mein Dank an Jerrold Seigel, der mich auf den Milo-Aufsatz aufmerksam gemacht hat.

9. SP 34; d.Ü. 42.

10. ›Table ronde du 20 mai 1978‹. Michelle Perrot (Hrsg.): *L'impossible prison: Recherches sur le système pénitentiaire au XIXe siècle* (Paris 1980), p. 35.

11. CF (Int. 1978), p. 6.

12. ›Les rapports de pouvoir passent à l'intérieur des corps‹. (Int.). *La Quinzaine Littéraire 247* (1. – 15. Januar 1977), p. 6; d.Ü. DM 117 (›Die Machtverhältnisse durchziehen das Körperinnere. Gespräch mit Lucette Finas‹).

13. CF 8.

14. ›Table ronde du 20 mai 1978‹, a.a.O., p. 31. Deleuze: *Foucault*, a.a.O., p. 37.

15. SP 21f, 238, 302; d.Ü. 25, 300, 384.

16. Edward Peters weist in seiner hervorragenden kurzen historischen Darstellung der Marter (*Torture* [Oxford 1985]) auf diese doppelte Umwertung hin.

17. Zum Thema Grausamkeit bei Deleuze s. z.B. Gilles Deleuze und Félix Guattari: *Anti-Ödipus*, Ffm 1974, p. 184: Die Grausamkeit »ist die Bewegung der Kultur selbst, die an den Körpern sich vollzieht, sich in sie einschreibt und bearbeitet« – ein Gedanke, der in Beziehung zu Nietzsches *Genealogie der Moral* steht. Vgl. SP 29n1; d.Ü. 35 (Anm. 19): »Auf keinen Fall vermag ich durch Hinweise oder Zitate sichtbar zu machen, was dieses Buch G. Deleuze und seiner gemeinsamen Arbeit mit F. Guattari verdankt.«

18. ›Entretien sur la prison‹. *Magazine Littéraire 101* (Juni 1975), p. 33; d.Ü.: *Mikrophysik der Macht. Über Strafjustiz, Psychiatrie und Me-*

Die Leidenschaft des Michel Foucault

dizin. Übers. v. H.-J. Metzger u.a. (Berlin 1976), pp. 26-40 (›Räderwerke des Überwachens und Strafens‹). Vgl. Foucaults Bemerkungen zu SP in ›Table ronde du 20 mai 1978‹ bezüglich der »Wiederbelebung des Projekts einer ›Genealogie der Moral‹«, a.a.O., p. 40; s. auch die letzten Zeilen des Klappentextes zur französischen Ausgabe von SP: »Kann man eine Genealogie der modernen Moral durch eine politische Historie der Körper schaffen?«

19. Zum Seminar von 1970 s. Eribon: Foucault, a.a.O., p. 293. Zum Seminar am Collège de France 1971 s. RC 9-16; d.Ü. 193-198. Während der Arbeit an *Überwachen und Strafen* hielt Foucault im Mai 1973 eine weitere Vorlesung zu Nietzsches Erkenntnistheorie: s. die erste von vier Vorlesungen unter dem Titel ›La vérité et les formes juridiques‹. Bei dieser Gelegenheit geht er von den ersten Sätzen in Nietzsches frühem Aufsatz ›Über Wahrheit und Lüge im außermoralischen Sinne‹ (1873) aus: »In irgendeinem abgelegenen Winkel des in zahllosen Sonnensystemen flimmernd ausgegossenen Weltalls gab es einmal ein Gestirn, auf dem kluge Tiere das Erkennen erfanden.« Nietzsche III, 309. (s. Sander L. Gilman, Carole Blair, Davis J. Parent (Hrsg.): *Friedrich Nietzsche on Rhetoric and Language* [Oxford 1989], p. 246.)

20. RC 13f; d.Ü. 196. Vielleicht sollte angemerkt werden, auf welche Weise Foucault Canguilhems Einsichten seiner eigenen nietzschanischen Perspektive anzupassen versucht; s. seine Bemerkungen zum »Irrtum« als die »Wurzel des menschlichen Denkens und seiner Geschichte«. Georges Canguilhem: ›Introduction‹ zu *The Normal and the Pathological*. Übers. v. Carolyn R. Fawcett (New York 1989), p. 22.

21. SP 143; d.Ü. 181. Vgl. ›Nietzsche, la généaologie, l'histoire‹. pp. 151-158; d.Ü. SW 95-102.

22. Nietzsche II, 803 (Genealogie der Moral II, § 3); II, 786 (I, § 11); I, 1026 (*Götzendämmerung § 18*).

23. II, 800 (*Genealogie der Moral II, § 3*); II, 802 (II, § 1); II, 800 (II, § 2).

24. II, 802 (II, § 3); II, 800 (II, § 1).

25. ›Nietzsche, la généaologie, l'histoire‹, a.a.O., p. 157; d.Ü. SW 49. II, 803 (*Genealogie der Moral, II, § 3*).

26. SP 38, 49; d.Ü. 61, 46, 79.

27. II, 807f (*Genealogie der Moral, II, § 6*); II, 822f (II, § 14).

28. II, 1143 (*Ecce Homo:* ›Geneaologie der Moral‹).

29. II, 824 (*Genealogie der Moral II, § 15*). ›Nietzsche, la généalogie, l'histoire‹, a.a.O., p. 147; d.Ü. SW 94f.

30. II, 820 (*Genealogie der Moral II, § 12*), I, 1026 (*Götzen-Dämmerung, § 18*).

31. II, 824 (*Genealogie der Moral II, § 16*).

32. II, 827 (II, § 17).

33. II, 799f (II, § 1-2).

34. I, 1026 (*Götzen-Dämmerung § 18*).

652

35. II, 828 (*Genealogie der Moral II, § 18*).
36. II, 616 (*Jenseits von Gut und Böse, § 55*).
37. II, 836 (*Genealogie der Moral II, § 24*). ›Nietzsche, la généalogie, l'histoire‹, a.a.O., p. 170, 171; d.Ü. SW 107, 108.
38. II, 696 (*Jenseits von Gut und Böse, § 230*). Vgl. Deleuze: *Foucault*, a.a.O., p. 39.
39. SP 228; d.Ü. 291.
40. SP 84; d.Ü. 104.
41. ›Entretien avec Michel Foucault à propos de l'enfermement pénitentiaire‹. *Pro Justitia 3-4* (Oktober 1973), p. 7 (Hervorhebung d. Verf.).
42. Jeremy Bentham: *Panopticon; or, the Inspection House: Containing the Idea of a New Principle of Construction Applicable to Any Sort of Establishment, in Which Persons of any Description are to be kept under Inspection; and in particular to Penitentiary Houses, Prisons, Houses of Industry, Work-Houses, Poor-Houses, Manufactories, Mad-Houses, Lazarettos, Hospitals, and Schools: With a Plan of Management Adapted to the Principle: In a Series of Letters Written in the Year 1787, from Crecheff in White Russia, to a Friend in England*. John Bowring (Hrsg.): *The Works of Jeremey Bentham* (New York 1962), Vol 4, p. 39. Elie Halevy zitiert Benthams Sätze über die Vorteile des Panoptikums in: *The Growth of Philosophical Radicalism*. Übers. v. May Morris (London 1955), p. 83; zum Image Benthams als komischer Kauz s. ebenfalls Halevy, a.a.O., p. 251.
43. Zur Wortgeschichte des Begriffs ›Panoptikum‹ s. den Eintrag im *Oxford English Dictionary*.
44. ›L'œil du pouvoir‹ (Int.). Jeremy Bentham: *Le panoptique* (Paris 1977), p. 7.
45. SP 201f; d.Ü. 256f.
46. Bentham: *Panopticon*, a.a.O., Vol. 4, pp. 64, 39.
47. III, 628f (Aus dem Nachlaß der achtziger Jahre); II, 283f (*Also sprach Zarthustra, Vorrede, § 5*).
48. SP 207; d.Ü. 264.
49. SP 140, 202; d.Ü. 177, 258.
50. CF (Int. 1978), VIII, p. 18. SP 309f, 180, 228; d.Ü. 393, 230, 291f.
51. ›L'œil du pouvoir‹, a.a.O., p. 19.
52. II, 284 (Also sprach Zarathustra, Vorrede, § 5); II, 833f (*Zur Genealogie der Moral II, § 22*).
53. VS 65; d.Ü. 64; SP 195; d.Ü. 249.
54. ›Theatrum Philosophicum‹. *Critique 282* (November 1970), pp. 888f; d.Ü. FG 26. MC 290; d.Ü. 359f; SP 195; d.Ü. 249. ›La prose d'Actéon‹, a.a.O., p. 456; d.Ü. SzL 115. Das Bild des ›Granitsteins‹ stammt von Nietzsche (vgl. *Jenseits von Gut und Böse, § 231*). ›Phantasma‹ ist ein Begriff, den Deleuze mit Nietzsches Vorstellung von der ›Ewigen Wiederkehr‹ in Verbindung setzt: s. Deleuze: *Differenz und Wiederho-*

lung, a.a.O., p. 165; u. Deleuze: *Logik des Sinns*, a.a.O., p. 263: »Im Phantasma kommt die Bewegung zum Vorschein, durch die sich das Ich der Oberfläche öffnet und die akosmischen, unpersönlichen und präindividuellen Singularitäten freiläßt, die es gefangen hielt. Es läßt sie buchstäblich wie Sporen frei und zerspringt in dieser Entladung.«
55. FD 381; d.Ü. 369.
56. ›Les intellectuels et le pouvoir‹, a.a.O., p. 5; d.Ü. FG 92. SP 295f; d.Ü. 373. Die Zeit, in der Foucault sich am meisten für Verbrechen interessierte, war auch die Zeit, in der er Genet am nächsten stand: s. Eribon, a.a.O., p. 342f.
57. ›La vie des hommes infâmes‹. *Les cahiers du chemin 29* (15. Januar 1977), p. 13; d.Ü.: *Tumult 4* (1982), p. 42 (›Das Leben der infamen Menschen‹, pp. 41-57). Er hat auch mit Studenten und Mitarbeitern über seine ›Vibrationen‹ gesprochen: Sowohl Arlette Farge als auch François Delaporte erinern sich an mehrere derartige Unterhaltungen mit Foucault.
58. a.a.O., p. 13; d.Ü.: *Tumult 4* (1982), p. 42.
59. RC 24; d.Ü. 202.
60. vgl. PR 10f; d.Ü. 7f.
61. PR 11, 14; d.Ü. 9, 12.
62. PR 27; d.Ü. 23.
63. PR 129; d.Ü. 110.
64. PR 68; d.Ü. 59.
65. PR 21; d.Ü. 28.
66. ›About the Concept of the ›Dangerous Individual‹ in the 19th-Century Legal Psychiatry‹. *International Journal of Law and Psychiatry 1* (1978). Zu Sades Werk als ›völlige Infragestellung‹ der modernen Kultur s. FD 551 (gestrichen in der deutschen Übersetzung; A.d.Ü.); vgl. PR 11; d.Ü. 10, wo Foucault von der ›Schönheit‹ des Rivièreschen Lebens spricht.
67. PR 26; d.Ü. 50.
68. PR 34f; d.Ü. 30.
69. PR 132; d.Ü. 113.
70. PR 148; d.Ü. 126.
71. SP 64; d.Ü. 79.
72. PR 183; d.Ü. 157. Vgl. PR 202; d.Ü. 184.
73. PR 199, 225; d.Ü. 194, 241.
74. PR 13; d.Ü. 11.
75. PR 14, 271f; d.Ü. 12, 237. ›La vie des hommes infâmes‹, a.a.O., pp. 17, 13; d.Ü.: *Tumult 4* (1982), pp 45, 43. Man sollte nicht vergessen, daß sich Foucault durch seine Umwertung des Kriminellen in eine lange französische Tradition stellt, zu der die Fourieristen, die *fin-de-siècle* Anarchisten, die Surrealisten und natürlich Jean Genet gehören.
76. ›Foucault, passe-frontières de la philosophie‹ (Int. 1975). *Le Monde* (6. September 1986).

77. ›Entretien avec Michel Foucault‹ (Int.). *Cahiers de Cinéma 271* (November 1976), p. 52.
78. FD 556 (gestrichen in der deutschen Übersetzung; A.d.Ü.).
79. ›Entretien avec Michel Foucault à propos de l'enfermement pénitentiaire‹ (Int.). *Pro Justitia 3-4* (Oktober 1973), pp. 5-14. Daß Foucault 1973 das theoretische Fundament für SP zu dieser Zeit bereits gelegt hatte, geht aus seinen Vorlesungen zum gleichen Thema am *Collège de France* im Winter 1973 hervor (s. RC 29-51; d.Ü. 203-19).
80. ›Entretien avec Michel Foucault à propos de l'enfermement pénitentiaire‹, a.a.O., p. 5. SP 72; d.Ü. 89. PR 271; d.Ü. 237.
81. ›Entretien avec Michel Foucault à propos de l'enfermement pénitentiaire‹, a.a.O., p. 6. Foucaults Anmerkungen an dieser Stelle zur ›Normalisierung‹ der öffentlichen Gewalt im Verlauf der französischen Revolution sind im wesentlichen richtig, zumindest wenn man solch traditionellen historiographischen Berichten wie denen von Albert Soboul und Richard Cobb Glauben schenkt.
82. SP 66f, 64; d.Ü. 82, 79. ›L'esprit d'un monde sans esprit‹. Claire Brière u. Pierre Blanchet: *Iran: la révolution au nom de Dieu* (Paris 1979), p. 229 (Foucaults Bezugnahme auf die französische Revolution steht hier im Zusammenhang mit seinem Bemühen, seine Faszination durch die iranische Revolution zu erklären). Pieter Spirenburg (*The Spectacle of Suffering*), berichtet, daß seine eigene Überprüfung des Archivmaterials ergeben habe, daß Foucaults die ›karnevalesken‹ und radikalisierenden Aspekte öffentlicher Hinrichtungen gewaltig übertrieben habe.
83. ›Entretien avec Michel Foucault à propos de l'enfermement pénitentiaire‹, a.a.O., p. 8. Vgl. SP 261-99; d.Ü. 330-378 (›Gesetzwidrigkeiten und Delinquenz‹).
84. ›Entretien avec Michel Foucault à propos de l'enfermement pénitentiaire‹, a.a.O., p. 6.
85. a.a.O., p. 10.
86. Daniel Defert zählt in seinem Brief an mich (8. Januar 1991) die von GIP ausgelösten Revolten auf. Gilles Deleuze erinnert sich daran, daß Foucault der Meinung war, GIP sei gescheitert, s. Deleuze: ›Foucault and the Prison‹ (Int. 1986). *Histoy of the Present 2* (Frühjahr 1986), p. 1. Foucault selbst urteilt als ›Louis Appert‹ sanguinischer (und auch ›reformistischer‹) über die Organisation (vgl. die Gesprächsrunde unter dem Titel: ›Luttes autour des prisons‹. *Esprit 35* (November 1979), pp. 102-11. Zum Verschwinden von GIP s. Marc Kravetz: ›Qu'est-ce que le GIP?‹ *Magazine Littéraire 112-113* (Mai 1976), pp. 33ff; auch Michelle Perrot: ›La leçon des ténèbres: Michel Foucault et la prison‹. *Actes* (Sommer 1986), pp. 74-79.
87. Für die Zitate Victors und *La Cause du peuple* sowie zur Bruay-Affaire allgemein s. Hervé Hamon u. Patrick Rotman: *Générations II*, a.a.O., pp. 428-39; auch Eribon, a.a.O., p. 352-56.

88. In diesem und dem vorigen Abschnitt zu Foucaults Beteiligung an den Ereignissen in Bruay habe ich mich bemüht, die unterschiedlichen Beschreibungen seiner Ansichten (die man angesichts der Tatsachen als ambivalent ansehen muß) miteinander zu verbinden, oder besser, miteinander in Einklang zu bringen. Zu Foucaults Interesse an Bruay s. Claude Mauriac: *Et comme l'espérance est violente* (Paris 1977), pp. 373f; für eine Darstellung seiner Bedenken, die er auf einem Gründungstreffen der Zeitschrift *Libération* artikulierte, s. a.a.O. pp. 418f. Benny Lévy (Pierre Victor) erinnert sich daran, daß Foucault von den Ereignissen in Bruay »sehr gefesselt« gewesen sei (vgl. Hamon u. Rotman, a.a.O., II, p. 439); diese Einschätzung wird von einigen anderen Augenzeugen geteilt (z.b. Yves Cohen, in diesen Jahren ebenfalls Maoist und ein Freund Lévys; später sollte Cohen Foucault gut kennenlernen und einer seiner Mitarbeiter werden). Andere Augenzeugen, darunter François Ewald, der Führer der Maoisten in Bruay, betonen Foucaults *Distanz* zu den Ereignissen, wobei sie darauf hinweisen, daß Foucault nie direkt bei der eigentlichen Agitationsarbeit mitgemacht habe, was stimmt. Doch man kann sich nur schwer vorstellen, daß Foucault von Lévys Aufforderung im Jahre 1972, Köpfe auf Lanzenspießen herumzutragen, zumindest auf einer bestimmten Ebene, nicht angezogen worden sei, bedenkt man die während seiner ›Debatte‹ mit Pierre Victor gemachten, bemerkenswert ähnlichen Bemerkungen zu der ›nützlichen‹ Angewohnheit, Köpfe herumzuparadieren (vgl. ›Sur la justice populaire‹. *Les Temps Modernes 310* (bis 1972), p. 340; d.Ü.: Foucault, Greismar, Glucksmann u.a.: *Neuer Faschismus, neue Demokratie*, a.a.O., p. 119 (›Über die Volksjustiz‹).
89. Der Kommentar Lévys wird zitiert in Hamon u. Rotman, a.a.O., II, p. 439.
90. Interview mit André Glucksmann (26. März 1990).
91. ›Foucault: Non au sexe roi‹, a.a.O., p. 113; d.Ü. DM 194. Claude Mauriac erwähnt das Eingeständnis Foucaults, sich bezüglich des Anwalts geirrt zu haben; vgl. *Une certain rage* (Paris 1977), p. 73. Foucaults politischer Gesinnungswandel vollzog sich nur langsam; er entschloß sich nicht von heute auf morgen, den politischen Aktivismus aufzugeben. 1973 z.B. half er bei der Gründung der linken Tageszeitung *Libération*; 1975 nahm er an einer tumultartigen Pressekonferenz auf dem Madrider Flughafen teil, wohin er mit Yves Montand, Regis Debray und anderen geflogen war, um gegen Todesstrafen zu protestieren, die von der spanischen Regierung verhängt worden waren. Für eine ausführliche Schilderung der verschiedenen politischen Aktivitäten Foucaults in diesen Jahren s. Eribon, a.a.O., pp. 355-368 u. pp. 376-385.
92. Foucaults Bemerkungen wurden während einer Diskussionsrunde im Herbst 1980 an der *University of California* in Berkeley nach

seinen Howison-Vorlesungen gemacht; ich habe seine Äußerungen einer Tonbandaufnahme entnommen, die sich unter dem Titel: ›Gespräch mit Philosophen, 23. Oktober 1980‹ im *Centre Michel Foucault* befindet (Nr. c16*).

93. s. die kommentierte (und ziemlich vollständige) Foucault-Bibliographie Michael Clarks: *Tool Kit for a New Age* (New York 1983), p. 24.

94. s. *Magazine Littéraire 101* (Juni 1975), pp. 6-33; *Critique 343* (Dezember 1975), pp. 1207-76 (die drei Aufsätze stammen von Gilles Deleuze, François Ewald und Philippe Meyer).

95. Eine exemplarische ›linke‹ Lesart des Buches, die sich auf den Machtbegriff konzentriert, liefert François Ewald: ›Anatomie et corps politique‹. *Critique 343* (Dezember 1975), pp. 1228-65. Obwohl Ewald die in diesem Aufsatz ausgedrückten Ansichten inzwischen nicht mehr vertritt, gefiel Foucault der Aufsatz – im Grunde machte er den jungen Aktivisten aufgrund dieser Arbeit zu seinem Assistenten am *Collège de France*.

96. Gilles Deleuze: ›Écrivain non: un nouveau cartographe‹. *Critique 343* (Dezember 1975), p. 1212. (Dieser Aufsatz wurde in leicht veränderter Form wiederveröffentlicht in Deleuze: *Foucault*, a.a.O., p. 47.)

97. CF (Int. 1978), I, p. 14. ›Table ronde du 20 Mai 1978‹, a.a.O., 37. s. auch Gallo: ›La prison selon Michel Foucault‹. *L'Express 1233* (24. Februar – 2. März 1975), pp. 31f. Interessanterweise hatte auch Foucaults engster Verbündeter bei GIP, Daniel Defert, obwohl er wohl kaum durch das Buch ›paralysiert‹ wurde, seine Bedenken gegen *Überwachen und Strafen*: das Buch, so erinnert er sich, sei ihm »zu nietzscheanisch« erschienen. (Interview mit Defert, 25. März 1990: Defert las mir eine Notiz vor, die er 1975 geschrieben hatte).

98. Interview mit Defert (25. März 1990).

99. ›An Exchange with Michel Foucault‹. *The New York Review of Books* (31. März 1983), p. 42. Es ist schon bemerkenswert, daß Foucault auf die Kritik Lawrence Stones bis ins kleinste, noch so unbedeutende Detail antwortete; obwohl er sich, wie in Kapitel zehn gezeigt werden wird, um die ›Redlichkeit‹ seiner eigenen wissenschaftlichen Arbeit zum Zeitpunkt dieses Briefes Sorgen machte. Arlette Farge, eine junge Wissenschaftlerin, die mit Foucault an einem Buch gearbeitet hat, das ›lettres de cachet‹ aus französischen Archiven zusammenstellte (1982 als *Le désordre des familles* [*Familäre Konflikte: Die »Lettres du cachet«*, Ffm 1989] veröffentlicht) bemerkte Foucaults Frustration darüber, daß er von Berufshistorikern nicht richtig ernst genommen wurde (Interview mit Farge, 30. März 1990). s. auch Farges Artikel zu diesem Thema: ›Face à l'histoire‹. *Magazine Littéraire 207* (Mai 1984), pp. 40-42.

100. a.a.O., p. 43.

101. s. René Viénet: *Enragés et Situationistes dans le mouvement des occupations* (Paris 1968), p. 99.

102. Georges Bataille: ›Der Gebrauchswert D.A.F. de Sades‹; in: D.A.F. de Sade: *Justine und Juliette*, a.a.O., p. 34.

103. George Bataille: *Der heilige Eros*, a.a.O., p. 177.

104. Bei der Beschreibung der Gemälde Boschs (›Die Versuchung des heiligen Antonius‹, Lissabon) und Goyas (›Todos Caeran‹, Caprichos, Tafel 19) habe ich mich von Foucaults Verweis auf beide Künstler in FD 550 (gestrichen in der deutschen Übersetzung; A.d.Ü.) inspirieren lassen. Leo Bersani sagt Interessantes zu sado-masochistischen Impulsen in: *The Freudian Body: Psychoanalysis and Art* (New York 1986).

105. SP 38; d.Ü. 46. ›An Interview: Sex, Power and the Politics of Identity‹. *The Advocate* (7. August 1984), pp. 27, 29. Meine Beschreibung des S/M-Spiels ist teilweise eine Paraphrasierung von Leo Bersani: ›Is the Rectum a Grave?‹ Douglas Crimp (Hrsg.): *AIDS: Cultural Analysis, Cultural Criticism* (Cambridge, Mass. 1988), p. 217.

106. Für eine nachvollziehbare, jedoch vorsichtige Einschätzung der Ansichten Nietzsches zur Grausamkeit in der Politik s. Alexander Nehamas: *Nietzsche: Leben als Literatur*, a.a.O., pp. 167-69.

107. Diese Kategorien werden ausführlich entwickelt von Gilles Deleuze: *Nietzsche und die Philosophie*, a.a.O., p. 162ff.

108. Martin Heidegger: *Einführung in die Metaphysik*. Gesamtausgabe, a.a.O., II. Abt., Bd. 40, p. 172. Angesichts der immer noch geführten Debatte über Heideggers Verhältnis zum Nationalsozialismus sollte darauf hingewiesen werden, daß Heidegger sich selbst nie ausdrücklich für den ›totalen Krieg‹ eingesetzt hat; es scheint vielmehr, daß er ihn vielleicht schon seit 1936 als eine beklagenswerte Apotheose moderner Technologie betrachtet hat. Seine sich wandelnden Ansichten zu Technologie stehen in Verbindung mit seiner sich langsam entwickelnden Kritik an Nietzsches Konzept des ›Willens zur Macht‹ (vgl. Anmerkung 32, Kapitel 2). Sein Zeitgenosse Ernst Jünger, dessen Werk Heidegger kannte und schätzte, hat den ›totalen Krieg‹ jedoch befürwortet – auch wenn Jünger wie Heidegger nach 1936 als Geistesaristokrat Abstand zur Nazi-Führung hielt.

109. ›Preface‹ zur amerikanischen Ausgabe von Deleuze und Guattaris *Anti-Ödipus* (Übers. v. Robert Hurley u.a. [New York 1972]), p. XIII; d.Ü. DM 228 (›Der Anti-Ödipus – Eine Einführung in eine neue Lebenskunst‹). Deleuze und Guattari selbst teilen nicht ganz Foucaults emphatische Ansicht, obwohl auch sie die ›Oszillation‹ des Unbewußten und Ungedachten zwischen ›seiner reaktionären Disposition und seinem revolutionären Potential‹ diskutieren; in diesem Zusammenhang muß man daran erinnern, daß der Anti-Ödipus erstmals 1972 erschien, bevor die Gewaltdebatte in der Linken voll ausgebrochen war. Glucksmanns erste größere Kritik an den ›faschistischen‹

Tendenzen der Linken erschien 1975 ungefähr gleichzeitig mit *Über-wachen und Strafen*: s. André Glucksmann: *La cusinière et le mangeur d'hommes* (Paris 1975).
110. Martin Heidegger: ›Brief über den Humanismus‹. *Wegmarken. Gesamtausgabe. a.a.O., I. Abt. Bd. 9, p. 361. Joseph Pearson (Hrsg.):* ›Discourse and Truth: The Problematization of Parrhesia‹ (1985, eine unautorisierte Mitschrift von Foucaults Seminar in Berkeley 1983), p. 14.
111. Nietzsche II, 797 (*Genealogie der Moral I, § 16*), II, 827 (II, § 17).
112. Gilles Deleuze u. Félix Guattari: *Anti-Ödipus* (Ffm 1974), p. 358.
113. ›Preface‹ zu *Anti-Ödipus*, a.a.O., p. xiii; d.Ü. DM 228.
114. Zitiert in Fons Elders (Hrsg.): ›Postscript‹. *Reflexive Water: The Basic Concerns of Mankind*, a.a.O., p. 288f.
115. Interview mit Daniel Defert (25. März 1990).
116. SP 139; d.Ü. 176.
117. ›Le jeu de Michel Foucault‹ (Int.) *Ornicar?* 10 (Juli 1977), p. 90; d.Ü. DM 165 (›Ein Spiel um die Psychoanalyse. Gespräch mit Angehörigen des *Départment de Psychoanalyse* der Universität Paris/Vincennes‹).
118. VS 181; d.Ü. 164.
119. VS 178f; d.Ü. 162f.
120. SP 58; d.Ü. 72. VS 182, 187; d.Ü. 164, 169. s. auch Foucaults letzte Vorlesung am *Collège de France* im Winter 1976 – eine frühe öffentliche Version des letzten Kapitels von *Der Wille zum Wissen* – ›Faire vivre et laisser mourir: la naissance du racisme‹. *Les temps modernes* 535 (Februar 1991), pp. 49 (über den Tod), p. 53: »An der äußersten Grenze ist Sex heute weniger tabuisiert als der Tod.« Vgl. auch RC 88.
121. VS 182; d.Ü. 165. Heidegger: *Einführung in die Metaphysik*, a.a.O., p. 167.
122. VS 182; d.Ü. 165f. Man fühlt sich an Durkheims erste größere Studie, *Le suicide*, erinnert.
123. VS 191; d.Ü. 173.
124. s. VS 191ff; d.Ü. 173-76. Vgl. ›Faire vivre et laisser mourir‹, a.a.O., p. 49f, wo die Kontrollfunktion der Familie genauer behandelt wird.
125. VS 196, 206; d.Ü. 177, 186.
126. Philippe Ariès: *Geschichte des Todes*. Übers. v. Hans-Horst Henschen (München 1980), pp. 500, 503. Vgl. Foucaults enthusiastische Rezension des Buches: ›Une érudition étourdissante‹. *Le Matin 278* (20. Januar 1978), p. 25.
127. VS 180; d.Ü. 163. Vgl. ›Faire vivre et laisser mourir‹, a.a.O., p. 56f.
128. VS 197; d.Ü. 178. ›Faire vivre et laisser mourir‹, a.a.O., p. 59.
129. VS 196; d.Ü. 177. Eine ähnliche Kritik an Sade erscheint in ›Sade,

sergent du sexe‹. *Cinématographie 16* (Dezember 1975 – Januar 1976), pp. 3-5; d.Ü. VdF 61-67 (›Sade, ein Sergeant des Sex. Gespräch mit Gérard Dupont‹).

130. VS 198; d.Ü. 179.

131. vgl. Foucaults Bemerkungen zu Verdrängung und Überschreitung in ›Pouvoirs et stratégies‹ (Int.). *Les révoltes logiques* 4 (Winter 1977), p. 93; d.Ü. DM 207ff (›Mächte und Strategien. Antwort auf Fragen von *Les révoltes logiques*‹).

132. VS 207f; d.Ü. 187.

133. ›Intervista a Michel Foucault‹ (Int. 1976). Alessandro Fontana u. Pasquale Pasquino: *Microfisica del Potere* (Turin 1977); d.Ü. DM 49 (›Wahrheit und Macht. Interview von A. Fontana und P. Pasquino‹).

134. VS 208; d.Ü. 187. Der Satz über ›diktatorische Macht‹ stammt natürlich von Foucault selbst. Geäußert wurde er in der hitzigen Debatte mit Noam Chomsky; s. ›Human Nature versus Power‹. Fons Elders, a.a.O., p. 182.

135. VS 208; d.Ü. 187.

Kapitel 8: Der Wille zum Wissen

1. Dieser Abschnitt und der folgende Bericht stützen sich auf ein unveröffentlichtes 121-seitiges Manuskript von Simeon Wade: *Foucault in California*. Ich habe mit Wade am 3. Oktober 1989 gesprochen und Einzelheiten in späteren Telefongesprächen geklärt. Daniel Defert hat im Interview am 25. März 1990 bestätigt, daß der LSD-Trip für Foucault von entscheidender Bedeutung war; und auch Leo Bersani, der am Abend der Rückkehr Foucaults von seinem Ausflug mit ihm in San Francisco gegessen hat, stimmt zu. Die ›Grenz-Erfahrung‹ im *Death Valley* war sogar so wichtig für Foucault, daß er sie oftmals Freunden und Bekannten gegenüber sowohl in Amerika als auch in Frankreich erwähnt hat – es ist vielleicht die Episode in seinem Privatleben, über die fast jede von mir interviewte Person etwas von Foucault selbst gehört hatte. (Foucault blieb auch mit Wade in Verbindung. Und als das *Time Magazine* 1981 einen Artikel über Foucault veröffentlichte, wurde dieser von einer Photographie geschmückt, die Foucault neben Wade und seinem Freund Michael zeigt; s. Otto Friedrich: ›France's Philosopher of Power‹. *Time 118* (6. November 1981), p. 147. Was die Verläßlichkeit der Darstellung Wades betrifft, so muß festgehalten werden, daß die Begegnung mit Foucault für ihn das Erlebnis seines Lebens war; er machte sich während der gesamten Zeit ebenso wie sein Liebhaber Michael, mit dem er noch zusammenlebt, sowohl in Gedanken als auch in schriftlicher Form Notizen. Es gibt außerdem eine Reihe wichtiger Indizien, durch die Wades Manuskript bestätigt

wird: Im Verlauf der gemeinsam verbrachten Zeit bestürmte Wade
Foucault mit persönlichen Fragen, die der Philosoph auch beantwortete; sämtliche von Wade zusammengestellten Antworten (z.B. zu
seiner Liebesaffäre mit Jean Barraqué) stimmen nachweislich. (Hierbei ist relevant, daß Wade sein Manuskript beendete, bevor Didier Eribons französische Biographie das Leben Foucaults der Öffentlichkeit
zugänglich machte.) Ein weiteres, vielleicht noch wichtigeres Anzeichen für die Zuverlässigkeit Wades hat mit der Crux der von ihm beschriebenen Foucaultschen Epiphanie zu tun. Wie ich in Anmerkung
16 zeige, erinnerte sich Foucault dabei an etwas, offensichtlich Sexuelles, in seiner Beziehung zu seiner Schwester, und sowohl Bersani als
auch Defert haben mir berichtet, daß eine persönliche Einsicht in die
Beziehung zu seiner Schwester für Foucault entscheidend war. Ich habe mich aus diesen Gründen dazu entschlossen, die Dialoge aus Wades Manuskript wörtlich wiederzugeben – und durch doppelte Anführungszeichen (».. .«) anzuzeigen, daß Foucaults Äußerungen so
wiedergegeben werden, wie sich Wade an sie erinnert.
2. ›Qu'est-ce qu'un auteur?‹, a.a.O., p. 78; d.Ü. SzL 12. Gilles Deleuze: *Unterhandlungen 1972-1990*, a.a.O., p. 16 (›Brief an einen strengen Kritiker‹). Nietzsche I, 319.
3. Foucault benutzte die Bezeichnung ›Militanter Aktivist und Professor am *Collège de France*‹ für seine ersten Artikel in *Libération*: s.
›Pour une chronique de la mémoire ouvrière‹. *Libération* (22. Februar
1973), p. 6.
4. Wade: *Foucault in California*, p. 6f.
5. a.a.O., p. 11f.
6. a.a.O., p. 27f. Wade behauptet in seinem Manuskript, daß er die
Umschreibung ›wirkungsmächtiges Elixier‹ gebraucht habe, anstatt
Foucault zu sagen, daß sie LSD mitgebracht hatten; doch in unseren
Telefongesprächen stimmten Wade und sein Freund darin überein,
daß sie Foucault von Anfang an reinen Wein bezüglich ihrer Pläne eingeschenkt hatten, und daß Foucault genau wußte, daß ein Drogentrip
zum Programm im *Death Valley* gehören sollte.
7. ›Theatrum Philosophicum‹, a.a.O., pp. 898, 904; d.Ü. FG 41, 51.
›Conversazione con Michel Foucault‹; frz. Transkript, p. 5; d.Ü. SW
11.
8. ›Theatrum Philosophicum‹, a.a.O., p. 904, 903; d.Ü. FG 51, 50.
9. Wade, a.a.O., p. 32, 47.
10. s. Annie Cohen-Solal: *Sartre: 1905 – 1980*, a.a.O., pp.184f.
11. Wade, a.a.O., pp. 5f.
12. s. a.a.O., pp. 45ff. (An dieser wie auch an anderen Stellen habe ich
die schriftliche Darstellung um Einzelheiten ergänzt, die ich in mehreren Gesprächen mit Wade erfahren habe).
13. a.a.O., p. 55. Foucault spricht beiläufig in folgender Schrift dar-

über, warum er *Unter dem Vulkan* so mochte: ›La pensée, l'émotion‹.
Duane Michaels: *Photographie de 1958 à 1982* (Paris 1987), pp. 102f.
14. Malcolm Lowry: *Unter dem Vulkan*. Übers. v. Susanna Rademacher
(Reinbek 1963), pp. 55f.
15. Wade, a.a.O., p. 55. Vgl. Foucaults weiter unten zitierte öffentlichen Bemerkungen über die Vorteile von anonymem Sex.
16. a.a.O., p. 56. An der Stelle der Auslassungspunkte fügte Foucault
hinzu: »Es geht alles auf meine Schwester zurück.« Sowohl Daniel
Defert als auch Leo Bersani (s.o. Anm. 1) bestätigen, daß dies ein integraler Bestandteil der Foucaultschen Epiphanie war – und beide weigern sich, zu dieser Sache mehr zu sagen. Die Indizien – unter anderem eine beiläufige Bemerkung Bersanis (»Was heißt es schon, daß er
auf seine Schwester scharf war? Das sind viele Leute«, was stimmt) –
legen nahe, daß zu der Epiphanie eine Erinnerung an inzestuöse
Phantasievorstellungen und die derartige Phantasien begleitenden
Schuldgefühle gehörten. Vor seinem LSD-Trip hatten sich die kritischen Bemerkungen Foucaults zur Sexualität meist auf das Masturbationsverbot bezogen; danach verlagerte sich sein Interesse auf das Inzesttabu. Vgl. seine Bemerkungen zum Inzest VS 143ff; d. Ü. 131 ff.:
»Aber in einer Gesellschaft wie der unseren, in der die Familie der aktivste Brennpunkt der Sexualität ist und in der die Anforderungen
der Sexualität die Existenz der Familie erhalten und verlängern,
nimmt der Inzest [. . .] einen zentralen Platz ein: hier wird er ständig
bemüht und abgewehrt, gefürchtet und herbeigerufen – unheimliches Geheimnis und unerläßliches Bindeglied [. . .]. Neue Figuren
treten damit auf den Plan: die nervöse Frau, die frigide Gattin, die
gleichgültige oder von mörderischen Obsessionen gequälte Mutter,
der impotente, sadistische oder perverse Gatte, die hysterische oder
neurasthenische Tochter, das frühreife und bereits erschöpfte Kind,
der junge Homosexuelle, der die Ehe verweigert oder seine Frau vernachlässigt [. . .]. Die Familie ist der Kristall im Sexualitätsdispositiv.«
Was Foucaults eigene Familie angeht, so berichtet Didier Eribon (wobei er sich offensichtlich auf Foucaults Mutter stützt), daß der junge
Michel die Erlaubnis erhielt, vorzeitig das Lyzeum in Poitiers zu besuchen, weil »er nicht von seiner Schwester getrennt werden« wollte.
(Didier Eribon: *Michel Foucault*, a.a.O., p. 25). Foucaults Schwester
zeigte wenig Interesse daran, diese Sache weiter zu verfolgen, als
Defert ihr nach dem Tod ihres Bruders sagte, welch bedeutende Rolle
er ihr für sein Selbstverständnis zugeschrieben hatte. (Interview mit
Defert, 25. März 1990). So viel erscheint klar: Foucaults LSD-Epiphanie seiner ›eigenen Sexualität‹ war an ein neues Begreifen von zuerst
in der Kindheit geweckten Gefühlen innerhalb seiner Familie gekoppelt. Ein derartiges Selbstverständnis ist natürlich in der heutigen Gesellschaft ein Allgemeinplatz; und angesichts der Tatsache, daß weite-

re Details fehlen, kann über diesen Aspekt der Foucaultschen Epiphanie mit Bestimmtheit nichts weiter gesagt werden, und sie muß deshalb – und aus anderen Gründen – im Dunklen bleiben.

17. Wade, a.a.O., p. 56.

18. ›Michel Foucault: à bas la dictature du sexe!‹. *L'Express 1333* (24.-30. Januar 1977), p. 56.

19. Interview mit Daniel Defert (25. März 1990). Teile des Foucaultschen Manuskripts zirkulierten privat; z.B. erlaubte Foucault dem amerikanischen Philosophen Arnold I. Davidson, auch ein guter Kenner der Geschichte der Sexualität, Teile seines unvollendeten Bandes über ›die Perversionen‹ zu lesen. Davidson berichtet, daß er ungefähr achtzig maschinengetippte Seiten gelesen hat, und daß diese stilistisch *Überwachen und Strafen* ähneln; der Text handelt in erster Linie von einem Fall mörderischer Monomanie im 19. Jahrhundert, anscheinend sollte diese Art von Rohmaterial die Grundlage für Foucaults endgültigen, ausgeführten ›fiktiven‹ Text bilden. (Mitteilungen Arnold Davidsons an d. Verf.)

20. Stéphane Mallarmé: ›Das Buch betreffend‹. *Sämtliche Dichtungen.* Übers. v. Carl Fischer u. Rolf Stabel (München 1992), p. 302 (›Das Buch, Instrument des Geistes‹). Vgl. Hervé Guibert: *Dem Freund, der mir das Leben nicht gerettet hat,* a.a.O., p. 34, zu Foucaults »Traum von einem unendlichen Buch [. . .] das alle irgend möglichen Fragen eröffnen würde und das durch nichts begrenzt werden könnte, das nichts anhalten könnte, es sein denn der Tod oder die Erschöpfung, das mächtigste und zerbrechlichste Buch der Welt, ein fortschreitender Schatz in der Hand, der ihn bei jedem Auffedern des Gedankens dem Abgrund nähert und von ihm wegführt, bei der mindesten Erschlaffung zum Fenster hin und wieder weg, eine der Hölle geweihte Bibel«.

21. Zum ursprünglichen Entwurf s. Eribon, a.a.O., p. 391.

22. Interview mit Daniel Defert (25. März 1990): In unserem Gespräch legte Defert Wert auf die Feststellung, daß Foucault diesen Plan zu dem Zeitpunkt, als er ihn ankündigte, bereits beiseite gelegt hatte. Wade, a.a.O., p. 7. Vgl. Guibert, a.a.O., p. 28; s. auch ›Le retour de la morale‹, a.a.O., p. 36; d.Ü. EM 133: »[D]er Bruch [ist] nicht nach und nach zustande gekommen [. . .]. [D]as kam sehr plötzlich[. . .]. 1975-1976 [. . .] bin ich von diesem Stil«, über die Geschichte der Sexualität zu reflektieren, »abgekommen«.

23. Für eine lebhafte journalistische Schilderung der ›Erfolgsjahre‹ der *Castro Street* s. das erste Kapitel in Francis Fitzgerald: *Cities on a Hill (New York 1986),* pp. 25-119. Trotz einer gewissen puritanischen Haltung (sowie einer gewissen ›Hab' ich's euch nicht gleich gesagt‹-Haltung‹), die seine Darstellung färben, beschreibt auch Randy Shilts das ›Goldene Zeitalter‹ in *And the Band Played on* (New York 1987).

Für eine bedächtigere (und einfühlsamere) Beschreibung der besten Zeit der Badehäuser San Franciscos s. Alan Bérubé: ›The History of Gay Bathhouses‹. Coming up 6,4 (Dezember 1984), pp. 15-19. Ich habe den Verweis auf Bérubé wie vieles andere von dem, was folgt, Gayle Rubin zu verdanken, die geduldig meine Fragen beantwortet, faktische Fehler berichtigt und neue Informationen beigesteuert hat, wobei sie aus ihrem enormen Wissensfundus als Anthropologin geschöpft hat. Rubin hat viele Jahre damit verbracht, die Schwulenkultur San Franciscos zu erforschen. Aus diesem Grund und wegen ihrer zahlreichen Erfahrungen aus erster Hand gehört sie zu den eloquentesten Verfechterinnen eines auf Vernunft und Legitimität begründeten S/M.

24. Edmund White: States of Desire: Travels in Gay America (New York 1983), p. 30.

25. Interview mit Defert (25. März 1990). Vgl. ›Le jeu de Michel Foucault‹ (Int.), a.a.O., p. 86; d.Ü. DM 161: Foucault spricht über ›Entsexualisierung‹ und erwähnt die Frauen- und Schwulenbewegungen und ihr »Erfinderische[s] [. . .]. Die amerikanischen Homosexuellenbewegungen sind ebenfalls von dieser Herausforderung ausgegangen. Wie die Frauen haben die Homosexuellen begonnen, neue Formen der Gemeinschaft, des Zusammenlebens, der Lust zu suchen. Aber im Unterschied zu den Frauen ist die Festnagelung der Homosexuellen auf ihre sexuelle Spezifität viel stärker; sie bilden alles auf das Geschlecht ab« – außer, wie Foucault einräumt (vgl. seine späteren Bemerkungen in diesem Kapitel), die Homosexuellen, die sich für die radikale ›Askese‹ des S/M interessieren.

26. Wade, a.a.O., p. 64f.

27. a.a.O., p. 65.

28. Mir ist nur eine Arbeit bekannt, die sich mit diesem Thema beschäftigt: Ed Cohen: ›Foucauldian necrologies: ›gay politics‹? politically gay?‹. Textual Practice 2,1 (Frühjahr 1988), pp. 87-101. Es überrascht, daß trotz der zentralen Rolle Foucaults für die Theoriebildung im Bereich schwuler Forschung fast keine Sekundärliteratur existiert, die sich mit Foucault und der Schwulenbewegung auseinandersetzt. Vielleicht ist dies ein beinahe schon perverser Tribut an die immer noch anzutreffende unterschwellige Homophobie an amerikanischen und europäischen Universitäten: Bei der Arbeit an diesem Buch sagten mir heterosexuelle Foucault-Schüler immer wieder, daß ich über diese ›rein private‹ Facette seines Lebens weder schreiben sollte noch könnte; ein bekannter amerikanischer Foucault-Spezialist weigerte sich, überhaupt mit mir zu sprechen, und gab dafür als Grund an, daß meine Neugier bezüglich der möglichen Bedeutung von S/M für das Denken Foucaults ›ekelhaft‹ sei. Selbst vermeintlich ›befreite‹ Intellektuelle verfügen offenbar über ein überraschend tiefsitzendes und altmodisches Gefühl dafür, was ›schändlich‹ ist.

29. Ich folge hier der hilfreichen und komprimierten Darstellung von John D'Emilio und Estelle B. Feedman: *Intimate Matters: A History of Sexuality in America* (New York 1988), pp. 318-22. Diese Arbeit erwähnt das GLF-Manifest ebenfalls. D'Emilio skizziert den historischen Hintergrund ausführlicher in *Sexual Politics, Sexual Communities: The Making of a Homosexual Minority in the United States, 1940-1970* (Chicago 1983).

30. Zu FHAR s. den rückblickenden Artikel unter dem Titel ›FHAR, le coup d'Eclat‹. *Gai Pied 25* (April 1981), pp. 33-35. Vgl. Hervé Hamon u. Patrick Rotman: *Générations* (Paris 1988), Vol. II, pp. 327-30. Mein Dank an Edmund White für seine Informationen zu ›pudeur‹ als Fundament für den französischen Sexualethos.

31. s. Guy Hocquenghem: *Das homosexuelle Verlangen*. Übers. v. Burkhart Kroeber (München 1974), p. 73. Biographische Einzelheiten habe ich den Erinnerungen René Scherers an Hocquenghem entnommen, die 1989 im jährlichen Mitgliederverzeichnis der *Association Amicale des Anciens Élèves de l'École Normale Supérieure* erschienen sind (pp. 96-98). Hocquenghem wurde 1966 in die ENS aufgenommen, am 28. August 1988 starb er an AIDS.

32. Zitiert in D'Emilio u. Freedman, a.a.O., p. 322. Vgl. die Darstellung in D'Emilio: *Sexual Politics, Sexual Communities*, a.a.O., pp. 235f.

33. ›An Interview: Sex, Power, and the Politics of Identity‹. (Int. 1982). *The Advocate 400* (7. August 1984), p. 28.

34. Interview mit Bersani (6. November 1989).

35. dass.

36. ›Histoire et homosexualité‹ (Int.). *Masques 13* (Frühjahr 1982), p. 24; d.Ü. VdF 109 (›Geschichte und Homosexualität. Gespräch mit J.P. Joecker, M. Ouerd und A. Sanzio‹).

37. s. ›La loi de la pudeur‹ (Int.). *Recherches 37* (April 1979), pp. 69-82. Foucaults Verbindung mit Hocquenghem war nicht von langer Dauer: Hocquenghem hat sich Anfang der achtziger Jahre wegen politischer Meinungsverschiedenheiten erbittert von Foucault abgewandt. Und er verachtete Foucaults Gewissensnöte darüber, wie er schwule Themen ansprechen sollte. (Diese Informationen stammen von Marc Blasius, einem jungen amerikanischen Politologen und schwulen Aktivisten, der in diesen Jahren sowohl mit Foucault als auch mit Hocquenghem über ihre jeweiligen Positionen zu schwulen Themen gesprochen hat.)

38. ›Enfermement, psychiatrie, prison‹. *Change 32-33 (1977)*, p. 97. Foucault machte diese Äußerungen während einer Diskussionsrunde mit dem britischen Anti-Psychiater David Cooper, dem französischen Herausgeber Jean-Pierre Faye, dessen Assistentin Marie-Odèle Faye sowie Coopers Mitarbeiterin Marine Zecca – die beiden Frauen widersprachen Foucaults Behauptung heftig.

39. ›Sexualité et politique‹. *Combat* 9274 (27.-28. April 1974), p. 16: Der Anlaß für diesen kurzen Artikel war eine Gerichtsverhandlung, die stattfand, nachdem ein Gericht ein 1973 veröffentlichtes, kollektiv verfaßtes und von Félix Guattari herausgegebenes Buch verboten hatte (*La grande encyclopédie des homosexualités, ou 3 milliards de pervers*).
40. Die biographischen Details zu Jean Le Bitoux habe ich einem kurzen Lebenslauf entnommen, den er für einen Artikel von Gerard Koskovich in *The Advocate* über die schwule Befreiungsbewegung in Frankreich verfaßt hat; Dank an Koskovich für die Überlassung einer Kopie.
41. Jean Le Bitoux: ›The Real Foucault‹. *New York Native* (23. Juni 1986), p. 5.
42. ›De l'amitié comme mode de vie‹ (Int.). Gai Pied 25 (April 1981), p. 39; d.Ü. VdF 93 (›Von der Freundschaft als Lebensweise‹).
43. a.a.O., p. 38; d.Ü. VdF 85f. (Hervorhebung d. Verf.). Foucaults Formulierung ›homosexuell werden‹ war merkwürdig genug, um im Interview mit *Masques*, einer französischen Vierteljahresschrift der Schwulen, eine Nachfrage zur Folge zu haben: s. ›Histoire et homosexualité‹, a.a.O., p. 24; d.Ü. VdF 109.
44. ›De l'amitié comme mode de vie‹, a.a.O., p. 38f; d.Ü. VdF 88. Die Vorstellung einer ›homosexuellen Askese‹ scheint im Zentrum von Foucaults Verständnis seiner Geschichte der Sexualität zu stehen, vgl. Kapitel zehn.
45. a.a.O., p. 39; d.Ü. VdF 92. Foucault übersetzt *coming out* als ›se manifester‹.
46. a.a.O. Neben seinem Interview für *Masques* und den später noch behandelten zwei Interviews über S/M gab Foucault dem amerikanischen schwulen Monatsmagazin *Christopher Street* noch ein weiteres Interview: s. ›The Social Triumph of the Sexual Will‹. *Christopher Street* 64 (Herbst 1982), pp. 36-41. Unter wesentlich befremdlicheren Umständen – er wurde von einem heterosexuellen Mann interviewt, dessen Fragen Foucault kaum ernstnehmen konnte – sprach er in einem Interview der amerikanischen Vierteljahresschrift *Salmagundi* über schwule Themen: s. ›Sexual Choice, Sexual Act‹. *Salmagundi* 58-59 (Herbst-Winter 1983); Sondernummer ›Homosexuality: Sacrilege, Vision, Politics‹; hrsg. v. George Steiner, pp. 10-24.
47. Leo Bersani: ›Is the Rectum a Grave?‹. *AIDS: Cultural Analysis, Cultural Activism* (Cambridge, Mass. 1988), pp. 219f.
48. Meine Beschreibung der Begeisterung Foucaults für die Szene in der *Folsom Street* stützt sich vor allem auf Gespräche mit vier seiner Kollegen in Berkeley: in alphabetischer Reihenfolge waren dies Leo Bersani (6. November 1989); Leonard Johnson (28. September 1989); D.A. Miller (11. April 1991); und Hans Sluga (30. September 1989). Auf einer allgemeineren Ebene hat Daniel Defert (Interview

am 25. März 1990) die Bedeutung der kalifornischen Erlebnisse für Foucault hervorgehoben, doch ich habe in unseren späteren Gesprächen den Eindruck gewonnen, daß er meiner Interpretation dieser Erlebnisse nicht unbedingt zustimmen würde. Andere wichtige Informationen wurden mir von Edmund White (Interview am 12. März 1990) und – entscheidend für den S/M-Aspekt des Puzzles – Bob Gallagher (Interview am 9. Oktober 1989) mitgeteilt. Obwohl ich Gallagher im folgenden nur einmal zitiere, haben seine freimütigen Bemerkungen meine gesamte Beurteilung dieses Aspekts des Foucaultschen Lebens beeinflußt. Vgl. auch die Färbung von Hervé Guiberts nur notdürftig fiktionalisiertem Portrait in *Dem Freund, der mir das Leben nicht gerettet hat*, a.a.O.

49. Meine Darstellung der Szene um die *Folsom Street* stützt sich auf: Gayle Rubin: ›Valley of the Kings‹. *Sentinel USA* (13. September 1984), pp. 10-11; dies.: ›Requiem for the Valley of the Kings‹. *Southern Oracle* (Herbst 1989), pp. 10-15; dies.: ›The Catacombs: A Temple of the Butthole‹. *Drummer 139*, pp. 28-34. Eine weitere wichtige Quelle war: Geoff Mains: *Urban Aboriginals: A Celebration of Leathersexuality* (San Francisco 1984). Für die Techniken im schwulen S/M in diesen Jahren habe ich mich verlassen auf: Larry Townshend: *The Leatherman's Handbook II* (New York 1983); und ders.: *The New Leatherman's Handbook: A Photo Illustrated Guide to SM Sex Devices* (Los Angeles 1984). Außerdem habe ich benutzt: Edmund White: *States of Desire*, a.a.O., sowie – obwohl sein Gegenstand ein S/M-Laden in New York ist – Leo Cardinis Erinnerungen unter dem Titel *Mineshaft Nights* (Teaneck, N.J. 1990). s. auch Bérubé: ›The History of the Baths‹, a.a.O., pp. 263-81.

50. White, a.a.O., p. 52. Dieser Club wurde 1978 eröffnet.

51. Ich möchte mich bei Edmund White bedanken, der mir seine Einschätzung der Unterschiede zwischen den schwulen (und S/M-)Subkulturen in den U.S.A. und in Frankreich (wo er mehrere Jahre gelebt hat) mitgeteilt hat.

52. Wade: *Foucault in California*, a.a.O., p. 38f. Die Beschreibung der *poppers* stammt aus Townshend: *The Leatherman's Handbook II*, a.a.O., p. 283.

53. Wade, a.a.O., p. 39.

54. Interview mit Bersani (16. November 1989).

55. dass.

56. Mehr über die rechtliche Problematik von S/M und über die polizeilichen Nachstellungen bietet Gayle Rubin: ›The Leather Menace: Comments on Politics and S/M‹. *SAMOIS* (Hrsg.): *Coming to Power* (Boston 1981), pp. 194-228, bes. 199f. Hinzugefügt werden sollte vielleicht, daß S/M, bis zur äußersten Grenze getrieben, natürlich gefährlich ist. Es geschehen Unfälle; einige Menschen sind bei S/M-Spielen

verletzt worden – einige sind sogar gestorben. Aus verständlichen Gründen versucht die S/M-Kultur, ihre eigenen Reihen unter Kontrolle zu halten und Verrückte und Mörder fernzuhalten. Trotz aller Vorsichtsmaßnahmen besteht jedoch immer die Möglichkeit, besonders dann, wenn Drogen mit im Spiele sind, einen fatalen Fehler zu machen – wie Polizisten und Gerichtsmediziner in jeder größeren Stadt bestätigen können.

57. Zusätzlich zu den Interviews über S/M (die weiter unten in diesem Kapitel ausführlich besprochen werden) kommt S/M auch im Interview mit *Salmagundi* zur Sprache, sowie – verdeckter – in dem Interview ›Sade, sergent du sexe‹ (1975), d.Ü. VdF, und in dem Gespräch mit dem deutschen Filmregiesseur Werner Schroeter (1982): s. Anmerkung 104 in diesem Kapitel.

58. Diese Beschreibung der Begleitumstände des *Mec*-Artikels stützt sich auf Interviews, die Gerard Koskovich und Adam Block am 22. September 1985 bzw. im Oktober 1989 mit Le Bitoux geführt und auf Tonband aufgezeichnet haben; Dank an Koskovich und Block für die Überlassung von Kopien dieser Tonbänder.

59. Interview mit Bob Gallagher (9. Oktober 1989).

60. ›An Interview: Sex, Power and the Politics of Identity‹, a.a.O., p. 27.

61. a.a.O., p. 28 (zu ›guten‹ Drogen), 29 (über Rollentausch). ›Le gai savoir‹ (Int. 1978). *Mec 5* (Juni 1988), p. 36 (über die Anonymität in den Bädern).

62. ›An Interview: Sex, Power and the Politics of Identity‹, a.a.O., p. 29f. VS 66f; d.Ü. 65.

63. ›Le gai savoir‹, a.a.O., p. 36.

64. Townshends Buch ist seit 1972 mehrfach in neuer Auflage erschienen; trotz seiner Popularität muß es mit ein wenig Vorsicht genossen werden, da Townshend offenbar Gefallen an der Schilderung extremer Phantasien und Praktiken findet. Laut Simeon Wade (Brief an d. Verf., 1. Mai 1992) war John Preston der amerikanische Lieblingsautor Foucaults. Prestons fiktive Saga von Sklaven und Herrn, *Mr. Benson*, war in fortlaufender Reihe in den frühen achtziger Jahren in dem S/M-Magazin *Drummer* erschienen.

65. Townshend: *The Leatherman's Handbook II*, a.a.O., p. 43.

66. vgl. die Auflistung in Robert J. Stoller, M.D.: *Pain and Passion: A Psychoanalyst Explores the World of S & M* (New York 1991), pp. 10-14. Mein Zugang zu S/M wurde beeinflußt durch Stollers Arbeit zur Dynamik sexueller Erregung, auf klassische Weise vorgelegt in *Perversion: The Erotic Form of Hatred* (New York 1975).

67. Stoller: *Pain and Passion*, a.a.O., p. 21. Gayle Rubin hat die relativ hohe Zahl heterosexueller S/M-Spieler sowohl in ihren Briefen an mich als auch in verschiedenen Gesprächen betont; diese Tatsache

wird bestätigt in *Pain and Passion,* wo Stoller ausführliche Interviews mit den Besitzern, Dominatrixen und Kunden zweier vorwiegend heterosexueller *bondage*-Clubs in West Hollywood präsentiert.
68. White, a.a.O., p. 54. s. auch Stoller: *Pain and Passion,* a.a.O., p. 19.
69. White, a.a.O. s. auch Stoller: a.a.O., bes. p. 28: »Sado-masochistische Perversionen sind dann auch nicht einfach der offene Ausdruck von Haßgefühlen, wie es z.B. Grausamkeit oder Schuldgefühle sind (wie einige psychoanalytische Theorien behaupten), sondern sie sind, oberflächlichen Eindrücken zum Trotz, ziemlich erfolgreiche Abwehrmechanismen gegen solche Impulse.«
70. Stoller, a.a.O., pp. 28, 19.
71. White, a.a.O., p. 55. Stollers Forschungsarbeit bestätigt im allgemeinen diese Hypothese.
72. Townshend: *The Leatherman's Handbook II,* a.a.O., pp. 40, 45.
73. a.a.O., p. 31.
74. Mains: *Urban Aboriginals,* a.a.O., p. 58. Die verstellbaren Klammern beschreibt ein Teilnehmer an S/M-Spielen in Stoller, a.a.O., p. 116.
75. Rubin: ›The Catacombs‹, a.a.O., p. 30. Mains, a.a.O., p. 58.
76. Townshend, a.a.O., p. 165 (s. auch a.a.O., p. 22 zur ›Sexualität‹ von S/M im allgemeinen: »Sie werden vielleicht festgestellt haben, daß ich das Wort ›Sex‹ nicht allzu häufig als wichtigen Bestandteil einer Definition oder für die Beschreibung der Praktiken gebrauche.«) Mains, a.a.O., p. 127. Und vgl. John Rechy, zitiert in Stanley Crouch: *Notes of a Hanging Judge* (New York 1990), p. 124: »Es gibt die Kapuzen, die Lederhandschuhe, das Gesicht ist versteckt, und ziemlich oft haben die Aktivitäten nichts mit Sex zu tun [. . .]. In einem Orgienzimmer gibt es nur wenige steife Schwänze.«
77. Ich zitiere aus einer Fußnote im Manuskript für seinen Vortrag ›Consensual Sado-Masochistic Perversions‹. Diese Fußnote erscheint nicht in der gedruckten Fassung von *Pain and Passion.*
78. Townshend, a.a.O., p. 127.
79. a.a.O., p. 128.
80. a.a.O., p. 139.
81. a.a.O., pp. 186f. Im ursprünglichen Manuskript von ›Consensual Sado-Masochistiv Perversions‹ erwähnt Stoller auch die Ausführung einer Kastrationsphantasie, bei der ein Nagel durch die Vorhaut getrieben wird.
82. Townshend, a.a.O., p. 277.
83. Mains, a.a.O., p. 137f.
84. Stoller: *Pain and Passion,* a.a.O., pp. 29, 24. Mains, a.a.O., p. 55. Die zur Zeit durchgeführte Schmerzforschung des Neuropsychiaters Howard Fields an der *University of California* in Berkeley widerlegt Mains' Hypothese keinesfalls. (Persönliches Gespräch

d. Verfs. mit Fields bei der Jahrestagung der *American Neuropsychiatric Association* (25. Januar 1990); mein Dank an Barry Fogel von der *Brown University*, der ermöglichte, daß dieses Gespräch zustande kam.)

85. ›Le gai savoir‹, a.a.O., p. 34 (Hervorhebung d. Verf.).

86. RC 13f; d.Ü. 196.

87. ›L'occident et la vérité du sexe‹. *Le Monde 9885* (5. November 1976), p. 5, 7; d.Ü. DM 97 (›Das Abendland und die Wahrheit des Sexes‹).

88. s. ›La vérité et les formes juridiques‹, vier in Brasilien vom 21. bis 25. Mai 1973 gehaltene Vorträge; vgl. auch das in Montreal ein Jahr später durchgeführte Seminar ›L'épreuve et l'enquête‹. In der ersten brasilianischen Vorlesung arbeitet Foucault im Grunde mit einem dreiteiligen Klassifikationsschema, bei dem er ›l'examen‹ (Prüfung) als zusätzliche Kategorie hinzunimmt (vgl. die Passage über die ›Prüfung‹ in SP 186-94; d.Ü. 240-50). Die binäre Unterscheidung (zwischen *l'enquête* und *l'épreuve*) scheint jedoch trotzdem in rein epistemologischer Hinsicht genügt zu haben. S. die bezeichnende Definition von *l'enquête* und *l'épreuve* in den Vorlesungen am *Collège de France* 1973; veröffentlicht als ›La maison des foux‹ in Franco Basaglia u. Franca Basaglia-Ongaro (Hrsg.): *Les criminels de paix* (Paris 1980), pp. 145-60.

89. ›La maison des fous‹, a.a.O., p. 149.

90. a.a.O., p. 145.

91. s. a.a.O., p. 145f.

92. a.a.O., p. 146.

93. SP 44, 45; d.Ü. 54, 56. Vgl. ›La maison des foux‹, a.a.O., p. 147.

94. a.a.O., p. 146. Die somatischen Bußrituale bewirkten bei den frühchristlichen Asketen eine ähnliche ›Seelenkrise‹: s. Foucaults Bemerkungen dazu in seinen *Howison*-Vorlesungen 1980, die in Kapitel zehn besprochen werden.

95. ›La maison des fous‹, a.a.O., p. 146.

96. a.a.O., p. 146f.

97. Gilles Deleuze: ›Studie über den Masochismus‹; in: Leopold von Sacher-Masoch: *Venus im Pelz* (Ffm 1968), p. 250.

98. VS 205f; d.Ü. 185-86.

99. VS 208; d.Ü. 187.

100. VS 54, 62, 67; d.Ü. 53, 61, 65f.

101. VS 205; d.Ü. 185.

102. s. ›Les rapports de pouvoir passent à l'intérieur des corps‹. (Int.), a.a.O., p. 6; d.Ü. DM 115. Ein Anzeichen für die Radikalität Foucaults ist die sehr verständliche Unwilligkeit der meisten ›sozialen Konstruktionisten‹ im Bereich der Sexualkunde, ihm in allen Punkten zu folgen. Vgl. z.B. David M. Halperin: *One Hundred Years of Homosexuality* (New York 1990), p. 53: »Ich kann mir genauso wenig vor-

stellen, mich zu ›dekulturalisieren‹, wie ich es mir vorstelllen kann, mich zu ›desexualisieren‹.« ›Desexualisierung‹ ist aber genau – und buchstäblich – das schwer vorstellbare Ziel der letzten Seiten von *Der Wille zum Wissen*.

103. ›Les rapports de pouvoir passent à l'intérieur des corps‹, a.a.O., p. 6; d.Ü. DM 115.

104. ›Sade, sergent du sexe, a.a.O., pp. 3-5; d.Ü. VdF 61-63. Der Anlaß für diese Bemerkungen war ein Film des deutschen Regisseurs Werner Schroeter (*Der Tod der Maria Malibran*), der damals gerade angelaufen war. Einige Jahre später hat Foucault über ›Leidenschaft‹ und ›Schmerz/Lust‹ direkt mit Schroeter diskutiert: s. ›Conversation‹. Gerard Courant (Hrsg.): Werner Schroeter (Paris 1982), pp. 38-47.

105. VS 14, 198-200; d.Ü. 16, 179f, .

106. VS 200, 205; d.Ü. 180f, 185,.

107. ›Sade, sergent du sexe‹, a.a.O., p. 67; d.Ü. VdF 63. Die Metapher der ›Sinnestäuschung‹ stammt von Foucault, s. VS 207; d.Ü. 187.

108. Peter Brown: *Die Keuschheit der Engel. Sexuelle Entsagung, Askese und Körperlichkeit im frühen Christentum.* Übers. v. Martin Pfeiffer (München 1991), p. 183.

109. Antonin Artaud: ›Die Tarahumaras‹. *Mexiko*, hrsg. v. Bernd Mattheus (München 1992), p. 41 (›Der Peyotl-Tanz‹).

110. Antonin Artaud: ›Schluß mit dem Gottesgericht‹. Übers. v. Elena Kapralik (München 1993), p. 28f. Der Ausdruck ›dionysische Kastration‹ stammt aus ›Un si cruel savoir‹, a.a.O., p. 598; d.Ü. SzL 54.

111. Gilles Deleuze u. Félix Guattari: *Tausend Plateaus* (Berlin 1992), p. 208 (aus dem in Frankreich 1974 ursprünglich als Artikel veröffentlichten sechsten Kapitel: ›28. November 1947: Wie man sich einen organlosen Körper schafft‹). Für Foucaults Bewunderung des *Anti-Ödipus* s. SP 29n, d.Ü. 35 (Anm.19). Für ein typisches Beispiel dafür, was sich Deleuze und Guattari im *Anti-Ödipus* unter einem ›organlosen Körper‹ vorstellen, s. Deleuze u. Guattari: *Anti-Ödipus* (Ffm 1974), p.479: Das Bildnis Christi, so behaupten sie, »spielt« in der Renaissancekunst, »allseits und auf jede Weise maschinisiert, in alle Richtungen auseinandergezogen, die Rolle des organlosen vollen Körpers, Ort der Kopplung aller Wunschmaschinen, Ort sado-masochistischer Übungen, an denen die Lust des Künstlers hervorbricht.«

112. Deleuze u. Guattari: *Tausend Plateaus*, a.a.O., p. 208.

113. ›Nietzsche, la généalogie, l'histoire‹. pp. 159, 154; d.Ü. SW 96, 91f.

114. Sollte diese Interpretation zutreffen, dann würde S/M zu den wichtigsten jener Praktiken zählen, auf die Foucault in ›Was ist Aufklärung?‹ anspielt (EM 50), wo er sie als »sehr spezifische Transformationen« preist, »die in den letzten zwanzig Jahren in einer Reihe von Gebieten möglich geworden sind, die die Weise unseres Seins und

Denkens betreffen, die Beziehungen der Autorität, die Verhältnisse zwischen den Geschlechtern, die Weise, auf die wir Wahnsinn oder Krankheit wahrnehmen«.

115. Eine profunde (und radikale) Kritik der Behauptung, daß S/M ein im Grunde *männliches* Konstrukt von Sex und Sexualität sei, liefert Catherine A. MacKinnon in *Feminism Unmodified* (Cambridge, Mass.); s. bes. pp. 146-62. Leo Bersani hat meiner Meinung nach zu recht darauf hingewiesen, daß die innere Logik der Kritik MacKinnons und ihrer Mitstreiterin Andrea Dworkin auf »*die Kriminalisierung von Sex [zielt], bis er neu ›erfunden‹ wird.*« (s. Bersani: ›Is the Rectum a Grave?‹, a.a.O., p. 214.) Bersani zeigt weiterhin, daß es gleichzeitig eine paradoxe Übereinstimmung zwischen dem Denken MacKinnons und dem Denken Foucaults gibt: Beide sind sich darin einig, daß eine ›Neuerfindung‹ der Sexualität wünschenswert – und möglich – ist, wie sie auch beide für eine ›Desexualisierung‹ und ›Demaskulinisierung‹ des Körpers eintreten. Doch die Mittel, mit denen sie diese (vielleicht utopischen) Ziele ereichen wollen, könnten natürlich kaum unterschiedlicher sein, da die innere Logik von Foucaults (nietzscheanischer) Kritik auf eine ›*Entkriminalisierung*‹ jeglicher Sexualität zielt, was im Prinzip sogar Inzest, Päderastie und Vergewaltigung miteinschließt. Auf diesem Weg soll die Belastung durch Schuldgefühle genommen werden, bis der Körper und seine Lüste neu erfunden worden sind; vgl. Foucaults weiter oben zitierte Bemerkungen zu Vergewaltigung in ›Enfermement, psychiatrie, prison‹, a.a.O., p. 97.

116. RC 14; d.Ü. 196.

117. ›Le jeu de Michel Foucault‹, a.a.O., p. 76; d.Ü. DM 141 (Hervorhebung d. Verf.).

118. s. Kapitel sieben.

119. ›Un Dibattio Foucault-Preti‹ (Int.). *Il Bimestre* (1973). (Eine englische Übersetzung dieses Interviews findet man in: Michel Foucault: *Foucault Live*, hrsg. v. Sylvère Lotringer u. übers. v. John Johnston [New York 1989], pp. 83f.)

120. ›Sade, sergent du sexe‹, a.a.O., p. 5; d.Ü. VdF 62, 67.

121. a.a.O.; d.Ü. VdF 67.

122. a.a.O., p. 4; d.Ü. VdF 64. ›Conversation‹ mit Werner Schroeter, a.a.O., p. 40. ›An Interview: Sex, Power and the Politics of Identity‹, a.a.O., p. 27. In seiner ›Studie zum Masochismus‹ unterscheidet Gilles Deleuze ähnlich scharf zwischen ›Sadismus‹ (den er als angsteinflößende, nötigende und diktatorische »Idee der beweisführenden Vernunft an sich« auffaßt) und ›Masochismus‹ (den er als freiwillig und ›visionär‹ ansieht); s. Deleuze ›Studie zum Masochismus‹, a.a.O., bes. pp. 274-76.

123. FD 372 (gestrichen in der deutschen Übersetzung; A.d.Ü.).

124. EM 53 (*épreuve* wird wie auch sonst als ›Zerreißprobe‹ und nicht als ›Experiment‹ übersetzt, A.d.Ü.).

125. s. Marquis de Sade: *Justine und Juliette*, a.a.O., p. Bd. III, pp. 207f (im Schloß M. de Grenades).

126. ›Sept propos sur le septième ange‹. Vorwort zu Jean-Pierre Brisset: *La grammaire logique* (Paris 1970), p. XIX. FD 26; d.Ü. 34. Die Formulierung »perverse Mystik« stammt aus Deleuzes ›Studie über den Masochismus‹, a.a.O., p. 266.

127. NC VII; d.Ü. 8.

128. Interview mit Gallagher (9. Oktober 1989). Es lohnt, daran zu erinnern, daß ›Szene‹ ein *terminus technicus* der S/M-Subkultur ist, der festgelegte erotische Handlungsabläufe wie z.B. ›Kreuzigungsszene‹ oder ›Kastrationsszene‹ umschreibt (vgl. weiter oben in diesem Kapitel).

129. Pierre Klossowski: ›Sade et la Révolution‹. *Sade mon prochain* (Paris 1947, 1967), p. 85 (Hervorhebung ausgelassen). Klossowski selbst hat die Verbindung zwischen seiner Interpretation Sades und »der manichäischen Gnosis Marcions« hergestellt: s. Klossowski: *Sade mon prochain*, a.a.O., p. 14 (›Avertissement‹). Die über Klossowski laufenden subterranen Verbindungen Foucaults zu dieser ›manichäischen Gnosis‹ bilden einen unausgesprochenen Subtext zu meiner Interpretation der spezifisch Foucaultschen Ausprägung der ›Askese‹, die ich in Kapitel zehn anbieten werde.

130. Pierre Klossowski: ›Sade et la Révolution‹, a.a.O., pp. 64, 63. In der Erstausgabe von *Sade mon prochain* (1947) fügte Klossowski eine Anmerkung hinzu, in der er explizit auf die Relevanz Sades für das Verstehen des Faschismus – und den Kampf gegen ihn – hinwies; vgl. auch die Vorstellung Foucaults, daß die Hinwendung zu ›Körpern und Lüsten‹ den ›Faschismus in uns allen‹ austilgen würde.

131. ›Le gai savoir‹, a.a.O., p. 36. Vgl. Foucaults Bemerkung zur antiken Kunst der Buße in seiner zweiten *Howison*-Vorlesung: »Das Vorzeigen des Sünders sollte genügen, um die Tilgung der Sünde zu bewirken.« (Ich zitiere aus der inoffiziellen Mitschrift, II, p. 7 und korrigiere diese durch die Tonbandaufzeichnung der Vorlesung.)

132. Interview mit Edmund White (12. März 1990).

133. Die folgende Schilderung stützt sich auf Simeon Wade: *Foucault in California*, a.a.O., p. 67f.

134. a.a.O., p. 73.

135. Interview mit Wade (3. Oktober 1989). Daniel Defert hat mir die Photographie gezeigt, als ich mit ihm in Foucaults alter Wohnung gesprochen habe: Sie hing am 25. März 1990 immer noch neben den Bücherregalen im Wohnzimmer.

136. Wade, a.a.O., p. 79 (Hervorhebung d. Verf.).

137. a.a.O., p. 81 (Hervorhebung d. Verf.).

138. Nietzsche I, 481 (*Menschliches, Allzumenschliches, I, § 39*). Vgl. III, 376 (›Die Philosophie im tragischen Zeitalter der Griechen‹): »Der Mensch ist bis in seine letzte Faser hinein Notwendigkeit und ganz und gar ›unfrei‹ – wenn man unter Freiheit den närrischen Anspruch, seine *essentia* nach Willkür wie ein Kleid wechseln zu können, versteht, einen Anspruch, den jede ernste Philosophie bisher mit dem gebührenden Hohne zurückgewiesen hat.«
139. I, 481 (§ 41).
140. ›Theatrum Philosophicum‹, a.a.O., p. 904; d.Ü. FG 52.
141. ›Was ist Aufklärung?‹, EM 50. Foucault übernimmt hier unausgesprochen eine der Kantischen Definitionen der Freiheit.

Kapitel 9: Das Donnergrollen der Schlacht

1. Die Beschreibung Foucaults am *Collège de France* speist sich aus Interviews mit mehreren Leuten, die ihn dort erlebt haben, sowie aus veröffentlichten Schilderungen: s. z.B. Thomas Flynn: ›Foucault as Parrhesiast: His Last Course at the *Collège de France* (1984)‹, TFF 102.
2. ›Corso del 7 gennaio 1976‹. Alessandro Fontana u. Pasquale Pasquino: *Microfisica del Potere* (Turin 1977); d.Ü. DM 55f (›Historisches Wissen der Kämpfe und Macht‹; Vorlesung vom 7. Januar 1976). (Die deutsche Übersetzung in DM ist unvollständig; nicht alle Wehklagen Foucaults sind übersetzt; A.d.Ü.) Seit seiner Aufnahme ins *Collège* hatte Foucault Vorlesungen zu unterschiedlichen Themen gehalten: ›Der Wille zum Wissen‹ über Aristoteles und Nietzsche (1971); ›Straftheorien und Strafinstitutionen‹ und ›Die Strafgesellschaft‹ (1972-73), bei denen zum ersten Mal Material vorgestellt wurde, das in *Überwachen und Strafen* veröffentlicht werden sollte; ›Psychiatrische Macht‹ (1974), worin Foucault sich auf *Wahnsinn und Gesellschaft* zurückbezog, das Material dieses Buches jedoch auf seine neuesten Visionen anwandte; und ›Das Anormale‹ (1975), eine Vorlesungsreihe über eine der Schlüsselkategorien in Foucaults Gesamtwerk – und ein Konzept, das für seine geplante Geschichte der Sexualität entscheidend war.
3. ›Corso del 7 gennaio 1976‹, a.a.O., p. 78f; d.Ü. DM 56. Nietzsche I, 289 (›Schopenhauer als Erzieher‹, § 1).
4. ›Corso del 7 gennaio 1976‹; d.Ü. DM 56.
5. a.a.O.; d.Ü. DM 66f.
6. a.a.O.; d.Ü. DM 73, 71, 79 (›Recht der Souveränität/Mechanismus der Disziplin‹. Vorlesung vom 14. Januar 1976). SP 315; d.Ü. 397. ›Nietzsche, la généalogie, l'histoire‹, p. 157; d.Ü. SW 95. In der Vorlesung von 1976 benutzt Foucault Clausewitz, den deutschen Theoreti-

ker des Krieges aus dem 19. Jahrhundert, um seine ›Hypothese Nietzsches‹ voranzutreiben; angesichts der in dieser Vorlesung (und in diesem Kapitel) vorgetragenen Argumente sollte angemerkt werden, daß Clausewitz von Friedrich Engels und Mao Tse-tung hoch geschätzt wurde – sowie auch von einigen französischen Maoisten, an der Spitze André Glucksmann, dessen erstes Buch eine neo-marxistische Analyse der Clausewitzschen Theorien war.

7. ›Corso del 7 gennaio 1976‹, a.a.O., d.Ü. 74. ›Corso del 14 gennaio‹. Alessandro Fontana u. Pasquale Pasquino: *Microfisica del Potere*, a.a.O.; d.Ü. DM 95.

8. Gilles Deleuze: ›Ein Porträt Foucaults‹. *Unterhandlungen 1972-1990*, a.a.O., p. 151.

9. Hervé Guibert: *Dem Freund, der mir das Leben nicht gerettet hat*, a.a.O., p. 34.

10. ›Il faut défendre la société‹, in RC 87.

11. a.a.O.

12. s. RC 88.

13. RC 89.

14. RC 90f.

15. RC 90.

16. s. RC 92ff. Marx/Engels: Werke, a.a.O., Bd. 28, p. 381 (Karl Marx an Friedrich Engels, 27. Juli 1854).

17. s. ›Faire vivre et laisser mourir: la naissance du racisme‹. *Les temps modernes 535* (Februar 1991); pp. 37-61. Es handelt sich hierbei um eine Mitschrift der letzten Vorlesung Foucaults am *Collège de France* im Jahre 1976; über weite Strecken geht es bei dieser Vorlesung um Themen, mit denen ich mich bereits in Kapitel sieben in der Passage über das letzte Kapitel von *Der Wille zum Wissen* (›Recht über den Tod und Macht zum Leben‹), beschäftigt habe.

18. a.a.O., p. 53; VS 196; d.Ü. 177.

19. ›Faire vivre et laisser mourir‹, a.a.O., p. 60. Rassistische Vorstellungen – und die Bereitschaft, Genozid zu dulden – zeigen sich auch in Engels' berüchtigten Bemerkungen über den ›reaktionären Charakter‹ der ›slawischen Völker‹ sowie über die Notwendigkeit, diese zu besiegen und zu ›vernichten‹ (vgl. Marx/Engels: *Werke*, a.a.O., Bd. 6 (›Der magyarische Kampf‹, ein im Januar 1849 ertmals in der *Neuen Rheinischen Zeitung* erschienener Artikel), pp. 165-76.

20. ›Faire vivre et laisser mourir‹, a.a.O., p. 61. Foucault fährt fort, indem er diese ›rassistischen‹ Ausprägungen des Sozialismus mit pazifistischen (und damit weniger ›rassistischen‹) Formen wie z.B. der ›Sozialdemokratie‹, den Sozialisten der ›II. Internationalen‹ und sogar dem ›Marxismus selbst‹ vergleicht.

21. ›Corso del 14 gennaio‹, a.a.O.; d.Ü. DM 95.

22. Einige der möglichen politischen Folgerungen aus dem letzten

Kapitel von *Der Wille zum Wissen* habe ich bereits in Kapitel sieben angedeutet. Ich vermute (und es ist nicht mehr als eine Vermutung), daß das ›Recht‹, das wiederzuentdecken, ›was man ist und was man sein kann‹, auf das sich Foucault in *Der Wille zum Wissen* bezieht, ungefähr das ist, was er unter diesem ›neuen Recht‹ versteht. s. VS 191; d.Ü. 173.

23. VS 53, 65, 15 (›une autre cité‹); d.Ü. 53, 63, 17 (das ›Neue Jerusalem‹). Eine der entscheidenden Paradoxien, die von Foucault betont werden, nämlich daß Versuche, Sexualität zu untersuchen, zu überwachen und zu kontrollieren, eigentlich sexuelle Varianten oder ›Perversionen‹ erst produzieren (oder ›initiieren‹) – hätte er schon in Karl Jaspers' großartigem, erstmals 1913 veröffentlichten Werk *Allgemeine Psychopathologie* ([Berlin ⁹1973], pp. 525f) nachlesen können: »In diesen Forschungsbewegungen steckt mehr als nur Forschung. Das bezeugt die Verbreitung der medizinischen Sexualbücher, die Tatsache, daß dies alles Angelegenheit weiter Kreise wurde. Die für das christliche Abendland spezifische Verschleierung alles Geschlechtlichen züchtete in der Zeit des Glaubensverfalls bei noch erhaltenen Konventionen aus der Zeit des Glaubens eine Neugier [. . .]. *Diese ganze historische Forschungsbewegung ist historisch selber ein Faktor für die Weise der Wirklichkeit des Geschlechtslebens geworden.* Spaltungen, Unwahrhaftigkeiten, neue Befriedigungen, Entfesselung der Triebe und Gestaltung der Triebe [. . .] standen in Verbindung mit dieser Literatur [. . .]« (Hervorhebung d. Verf.). Der mögliche Einfluß Jaspers' auf Foucault sollte Gegenstand einer zukünftigen Studie werden: Es ist an dieser Stelle vielleicht auch relevant, auf Jaspers' Vorstellung von »Grenzsituationen« und seine neukantianische Form des Existentialismus hinzuweisen, der das »Rätsel« des »*Individuum[s]* als solches« (s. a.a.O., pp. 275, 630) betont; vgl. auch folgenden Kommentar Foucaults aus dem Jahre 1954: »Jaspers hat als erster gezeigt, daß das Begreifen sich weit über die Grenzen des Normalen hinauserstreckt und daß intersubjektives Begreifen bis ins Wesen der pathologischen Welt gelangen kann.« s. MM 55; vgl. d.Ü. v. MM*73. Foucaults Behauptungen über die historische Entstehung von Perversionen und Sexualität sind von dem amerikanischen Philosophen Arnold I. Davidson in zwei wichtigen Aufsätzen erweitert (und zum Teil berichtigt) worden: ›Closing up the Corpses: Diseases of Sexuality and the Emergence of the Psychiatric Style of Reasoning‹. George Booles (Hrsg.): *Meaning and Method: Essays in Honor of Hilary Putnam* (Cambridge 1990), pp. 295-325; und ›Sex and the Emergence of Sexuality‹. *Critical Inquiry 14* (Herbst 1987), pp. 16-48.

24. ›Non au sexe roi‹ (Int.). *Le Nouvel Observateur 644* (12. März 1977), p. 92; d.Ü. DM 176.

25. ›Michel Foucault: à bas la dictature du sexe‹ (Int.). *L'Express 1333*

(24. Januar 1977), pp. 56f. Die in diesem Interview aufgestellte Behauptung, daß »die Macht den Menschen zu einem Sexmonster gemacht hat«, faßt auf griffige Weise die zentralen (und trockeneren) Behauptungen des Buches über die ›eingeimpfte Perversion‹ zusammen.

26. a.a.O., p. 56f.

27. In ›Non au sexe roi‹, a.a.O., p. 126; d.Ü. DM 192, macht Foucault seine Absicht ganz deutlich, die »gauchistische doxa« zu demontieren und simple »Hochrufe (es lebe der Wahnsinn, es lebe die Delinquenz, es lebe der Sex!)« zu erschweren. In ›Le jeu de Michel Foucault‹ (Int.), a.a.O., p.90; d.Ü. DM 164f, beklagte er die mangelnde Beachtung, die das letzte Kapitel von *Der Wille zum Wissen* gefunden hatte. Auch im Vorwort zur deutschen Ausgabe machte er seinem Unmut über diesen Umstand Luft; vgl. VS d.Ü. 7f.

28. ›L'occident et la vérité du sexe‹, a.a.O., p. 24; d.Ü. DM 100.

29. Der Eintritt des französischen Geisteslebens ins Fernsehzeitalter wird auf anschauliche Weise eingefangen von Jane Kramer: ›Paris: Le Discours‹. *New Yorker* (1980); Neudruck in Jane Kramer: *Europeans* (New York 1988), pp. 148-68. Zur Verwendung intellektueller Erzeugnisse als Statussymbole in Frankreich s. auch die Arbeiten Pierre Bourdieus und seine These vom ›kulturellen Kapital‹ (z. B.: *La distinction: critique sociale du jugement* [Paris 1979].[›Die feinen Unterschiede. Kritik der gesellschaftlichen Urteilskraft‹. Übers. v. Bernd Schwibs u. Achim Russer, Ffm. 1982].

30. vgl. ›Um welchen Preis sagt die Vernunft die Wahrheit?‹. A.d.Ü.: Dieses Zitat konnte in der deutschen Erstveröffentlichung des mit Gérard Raulet auf französisch geführten Interviews (*Spuren 1-2*, [1983] nicht nachgwisesen werden. Ich habe nach der englischen Fassung in Michel Foucault: *Politics, Philosophy, Culture*. Hrsg. v. Lawrence D. Kritzman (New York 1988) pp. 44, 45, zurückübersetzt.

31. Zu Foucaults surrealem Auftritt bei Apostrophes s. Eribon: *Foucault*, a.a.O., pp. 397f. Zur Wiederholung der Aufzeichnung zu Foucaults Tod s. Guibert: *Dem Freund [. . .]*, a.a.O., p. 32f.

32. s. Kramer, a.a.O., p. 150.

33. a.a.O., p. 152.

34. André Glucksmann: *Die Meisterdenker*. Übers. v. Jürgen Hoch (Reinbek 1978), p. 302.

35. Glucksmann, a.a.O., p. 301.

36. s. Gilles Deleuze: ›A propos des nouveaux philosophes et d'un problème plus général‹ (5. Juni 1977), Beilage zu *Minuit 24* (Mai 1977).

37. ›La grande colère des faits‹. *Le Nouvel Observateur 652* (9. Mai 1977); Wiederabdruck in Sylvie Bouscasse u. Denis Bourgeois: *Faut-il brûler les nouveaux philosophes?* (Paris 1978), pp. 66, 67; d.Ü. DM 220, 221 (›Die große Wut über die Tatsachen. Über *Les maîtres penseurs*

von A. Glucksmann‹). In diesem Zusammenhang erwähnt Foucault ausdrücklich und zustimmend das Werk François Furets zur Französischen Revolution, was ein wenig ironisch ist, bedenkt man die spätere Feindseligkeit, die Furet und seine jüngeren neoliberalen Kollegen Luc Ferry und Alain Renault Foucault gegenüber an den Tag gelegt haben.
38. a.a.O., p. 70. Vgl. ›Sur la justice populaire‹ (Int.). *Les temps modernes 310* (bis 1972), p. 340; d.Ü. *Neuer Faschismus neue Demokratie*, a.a.O., p. 119 (›Über die Volksjustiz‹).
39. Diese Informationen stammen von einem der engsten Mitarbeiter Foucaults in dieser Zeit, der es vorzieht, anonym zu bleiben; in diesen Monaten fungierte dieser Mitarbeiter oft als ›Briefträger‹ zwischen Foucault und Deleuze. (Anonymes Interview, 22. März 1990). Vgl. Eribon, a.a.O., p. 394. Der Inhalt des erwähnten Briefs von Deleuze ist unbekannt, da die Korrespondenz nie publik gemacht worden ist.
40. Anonymes Interview (22. März 1990).
41. Interview mit Edward Said (7. November 1989). Said nannte die Nah-Ost-Politik als ein Gebiet, über das es zu Meinungsverschiedenheiten gekommen sei, wie er aus einem Gespräch mit Deleuze erfahren habe. Ich habe Deleuze brieflich danach gefragt; er hat es nicht abgestritten. Da die Rezension Deleuzes einige Wochen nach der von Foucault erschien, bedeutete sein Angrif auf Glucksmann das öffentliches Auseinanderfallen über das Erbe des Mai '68.
42. Für weitere Einzelheiten zum Fall Croissant s. Eribon, a.a.O., p. 371f.
43. ›Va-t-on extrader Klaus Croissant?‹ *Le Nouvel Observateur 679* (14. November 1977), pp. 62f. Es sollte bemerkt werden, daß Foucault dem Terrorismus vornehmlich aus taktischen und nicht aus moralischen Gründen feindselig gegenüber stand; s. ›La sécurité et l'État‹ (Int.). *Tribune socialiste* (24. November 1977): »Wenn er als Ausdrucksform eines Volkes auftritt, das weder unabhängig ist noch über staatliche Strukturen verfügt und diese Dinge fordert, dann wird Terrorismus letztlich hingenommen: z.B. der jüdische Terrorismus vor der Gründung des Staates Israel, der palästinensische Terrorismus, auch der irische Terrorismus; selbst wenn man die eine oder andere Aktionsform dieses Terrorismus ablehnt, so wird er doch im Prinzip nicht in Frage gestellt. Was aber in Frage gestellt wird, ist eine terroristische Bewegung, die im Namen einer Klasse oder einer politischen Gruppierung oder einer Avantgarde oder einer Minderheit spricht und sagt: ›*Wir rebellieren [. . .]. Ich bin bereit, Menschen zu töten, um dieses oder jenes politische Ziel zu erreichen.*‹« Es ist nur schwer einzusehen, wie man in der Praxis Foucaults Unterscheidung vornehmen könnte, doch scheint klar zu sein, daß er jene Art von ultralinkem Terrorismus ausschließen wollte, wie er von der Baader-Meinhof-Gruppe praktiziert wurde, ohne jedoch Terrorismus und Gewaltan-

wendung aus politischen Gründen gänzlich von der Hand weisen zu müssen. Foucaults zweideutige, ja verwirrende Haltung zu dieser Frage wird auch in seinem Enthusiasmus für die Revolution im Iran sichtbar, die er zur selben Zeit wie seine neugefundene Bewunderung für bestimmte Aspekte des klassischen Liberalismus an den Tag legte. In beiden Fällen zogen ihn revolutionäre Augenblicke sowie ökonomische und juristische Aspekte an, die es Individuen oder Gruppen ermöglichten, die Ausübung von Macht in Frage zu stellen und einzuschränken. Diese Fragen, auf die Foucault nie – zumindest nicht in Übereinstimmung mit seiner eigenen Theorie von Gesellschaft und Politik – eine befriedigende Antwort gegeben hat, werden im Verlauf dieses Kapitels noch ausführlicher besprochen.

44. Gilles Deleuze, Brief an d. Verf. (7. Februar 1990).

45. Anonymes Interview (22. März 1990).

46. Dass.

47. Dass.

48. ›*Omnes et Singulatim*: Towards a Criticism of Politicl Reason‹. The Tanner Lectures on Human Values (gehalten an der *Stanford University* am 10. u. 16. Oktober 1979) [»Zu einer Kritik der ›politischen Vernunft‹«, übers. v. Klaus Englert, *Zeitmitschrift*, Nr. 4, 1988, S. 25-67]; Abdruck in: *Politics, Philosophy, Culture. Interviews and Other Writings.* New York 1988, pp. 57-85 (›Politics and Reason‹). ›Governmentality‹. *Ideology and Consciousness 6* (Herbst 1979), p. 5; d.Ü.: ›Vorlesungen zur Analyse der Machtmechanismen‹ 1978. *Der Staub und die Wolke.* Übers. v. Andreas Pribersky. Bremen 1982, 1-44. Die ›Tannner‹-Vorlesungen, die Foucault gegen Ende dieser Schaffensperiode hielt, fassen auf anschauliche Weise die großen Themen zusammen, denen er 1978 und 1979 nachgegangen war. ›Governmentality‹ ist die Übersetzung der vierten Vorlesung 1978 am *Collège de France*, die am 1. Februar 1978 gehalten wurde; eine leicht gekürzte französische Version (in der die Einleitungsworte fehlen) ist erschienen als ›La gouvernementalité‹. *Magazine Littéraire 269* (September 1989), pp. 97-103. (Foucaults Neologismus [gouvernementalité] wird in den deutschen Übersetzungen verschieden übersetzt [z.B. ›Analyse der Machtmechanismen‹ oder ›Machtanalytik‹]; in diesem Buch wird er durchgängig mit ›Regierungsanalyse‹ wiedergegeben; A.d.Ü.)

49. ›*Governmentality*‹, a.a.O., p. 5f.

50. s. ›Omnes et Singulatim‹, a.a.O., (*Politics, Philosophy, Culture*, passim).

51. s. ›La gouvernementalité‹, a.a.O., passim; In der zweiten ›Tanner‹-Vorlesung beschäftigte sich Foucault ausführlich mit Turquet de Mayennes obskurem Werk *AristoDemocratic Monarchy*.

52. ›La gouvernementalité‹, a.a.O., p. 103. ›*Omnes et Singulatim*‹ (*Politics, Philosophy, Culture*, a.a.O., pp. 77, 82. ›Un état de gouvernement‹

beschreibt eigentlich jene Form der Machtausübung, die Foucault zuvor als ›Bio-Macht‹ zu definieren versucht hatte.

53. ›Conversation with Michel Foucault‹ (Int.). *The Threepenny Review 1* (Winter-Frühjahr 1980), pp. 4f. (Dieses Interview mit Millicent Dillon wurde zunächst 1979 als Pressemitteilung zu den ›Tanner‹-Vorlesungen in Stanford veröffentlicht.)

54. Für einen Vorgeschmack auf die Art von Forschung, die durch Foucaults Arbeiten aus dieser Zeit hervorgerufen wurde, s. die Aufsätze in Graham Burchell, Colin Gordon u. Peter Miller (Hrsg.): *The Foucault Effect. Studies in Governmentality* (Chicago 1991).

55. Anonymes Interview (22. März 1990). Augustinus wird ausführlich im Manuskript zum vierten Band von *Der Wille zum Wissen* behandelt.

56. s. ›Qu'est-ce que le critique?‹ *Bulletin de la Société française de philosophie, 84,2* (April-Juni 1990), pp. 35-63. Es handelt sich hier um eine Vorlesung an der Sorbonne vom 27. Mai 1978. [›Was ist Kritik?‹, Berlin 1992]

57. a.a.O., p. 36. Karl Marx: ›Das Kapital: Kritik der politischen Ökonomie‹. Karl Marx/Friedrich Engels: *Werke,* a.a.O. Bd. 23 p. 90.

58. ›Qu'est-ce que le critique?‹, a.a.O., pp. 36, 38.

59. a.a.O., p. 39.

60. Immanuel Kant: *Werke in zehn Bdn.,* a.a.O., Bd. 9, p. 53.

61. Nietzsche III, 844 (›Aus dem Nachlaß der achtziger Jahre‹).

62. ›Qu'est-ce que le critique?‹, a.a.O., pp. 47, 45.

63. a.a.O., p. 48. ›Table ronde du 20 mai 1978‹. Michelle Perrot (Hrsg.): *L'impossible prison: Recherches sur le système pénitentiaire au XIX siècle* (Paris 1980), p. 43. Foucaults Bemerkungen zu den französischen Historikern sind es wert, mit den Äußerungen verglichen zu werden, die er eine Woche später vor der *Société française de philolosophie* machte; in beiden Fällen versuchte er, seine Arbeit vor einem Forum skeptischer Berufskollegen zu erklären und zu rechtfertigen.

64. ›Qu'est-ce que le critique?‹, a.a.O., p. 50.

65. a.a.O., p. 51.

66. a.a.O., p. 53.

67. a.a.O., p. 55.

68. a.a.O., p. 56. Immanuel Kant: *Werke in zehn Bdn.,* a.a.O., Bd. 8, p. 366. (*Kritik der Urteilskraft, I, § 29*).

69. ›Qu'est-ce que le critique?‹, a.a.O., pp. 58f.

70. a.a.O., p. 59.

71. a.a.O.

72. ›An Interview‹ (1982) mit Stephen Riggins. *Ethos I,2* (Herbst 1983); Wiederabdruck in PPC, p. 12; d.Ü.: *Kontext 11* (1990). s. Eribon a.a.O., p. 455f: Foucault hat Paul Veyne später von seinem Opiumkonsum erzählt.

73. Interview mit D.A. Miller (11. April 1979). Foucault hat Miller unmißverständlich gesagt, daß er eine ›out-of-body-Grenz-Erfahrung‹ gehabt habe. Ich werde in Kapitel zehn noch einmal zu Foucaults Bemerkungen Miller gegenüber zurückkehren.

74. Als Foucault 1964 über Klossowski schrieb, stellte er sich vor, daß einer der Charaktere in einem der Romane Klossowskis von einem profanen Begeisterungstaumel erfaßt worden sei, und »[a]lles« im Menschen »zersplittert, bricht auseinander, bietet sich an und zieht sich augenblicks wieder zurück«. In einem solchen Moment, hatte er geschrieben, könnte der Mensch »tot sein oder leben, es kommt nicht darauf an« –, denn hier »wacht das Vergessen über das Identische, [. . .] das Gleiche[]«, das Double, und bringt eine menschliche Seele dazu, ihrem *daimon* von Angesicht zu Angesicht gegenüberzutreten. S. ›La prose d'Actéon‹, a.a.O., p. 452; d.Ü. SzL 111.

75. ›An Interview‹, PPC 12; d.Ü.: Kontext 11 (1990).

76. a.a.O.; d.Ü.: a.a.O.

77. Foucault verweist in einem seiner Artikel für *Corriere della Sera* auf Savonarola, Johannes von Leyden und den englischen Bürgerkrieg; vgl.: ›Teheran: la fede contro lo Scia‹, einer seiner Artikel für *Corriere della Sera 103*, 237 (8. Oktober 1978), p. 11. Er erwähnt die ›körperlosen Stimmen‹ aus den Tonbandgeräten in ›La rivolta dell'Iran corre sui nastri delli miniscasette‹. *Corriere della Sera 103, 273* (19. November 1978), pp. 1-2.

78. s. ›L'esprit d'un monde sans esprit‹ (Int.). Claire Brière u. Pierre Blanchet: *Iran: la révolution an nom de Dieu* (Paris 1979), pp. 33f. Der Titel dieses Interviews spielt auf Karl Marx' berühmte Formulierung an, in der er die Religion als ›das Herz einer herzlosen Welt‹ bezeichnet.

79. Richard Cottam: ›Inside Revolutionary Iran‹. R.K. Ramazani (Hrsg.): *Iran's Revolution* (Bloomington, Indiana 1990), p. 3.

80. Meine Beschreibung der iranischen Revolution stützt sich auf Edward Mortimer: *Faith and Power: The Politics of Islam* (New York 1982), pp. 296-376; sowie für allgemeinere Zusammenhänge auf Roy Mottahedeh: *The Mantle of the Prophet: Religion and Politics in Iran* (New York 1985).

81. Zur vierzigtägigen Trauerzeit s. Mottahedeh, a.a.O., pp. 373-76; und James A. Bill: *The Eagle and the Lion: The Tragedy of American-Iranian Relations* (New Haven 1988), p. 236.

82. CF (Int. 1978), dernière cassette [VI?], p. 2. Die äußeren Umstände der Iranbesuche Foucaults werden ausführlich von Eribon dargestellt; s. Eribon, a.a.O., pp. 402-418.

83. ›L'esprit d'un monde sans esprit‹, a.a.O., p. 237.

84. CF (Int. 1978), V, 21.

85. ›Taccuino Persiano: Lesercito, quando la terra trema‹. *Corriere*

della Sera 103, 228 (28. September 1978), pp. 1-2. ›Teheran: la fede contro lo Scia‹, a.a.O., p. 11.
86. ›A quoi rêvent les Iraniens?‹. Le Nouvel Observateur 726 (9.-16. Oktober 1978), pp. 58f. Die vielleicht wichtigste Figur, die den Fehler beging, Khomeini zu unterschätzen, war Abol Hassan Bani-Sadr: s. Mortimer: Faith and Power, a.a.O., p. 348. Foucault ist Khomeini nie begegnet. Zwar hatte er sich mit François Ewald, Pierre Blanchet (Eribon zufolge) und Claire Brière einmal nach Neauphles-le-Château außerhalb von Paris begeben, wo Khomeini vom 7. Oktober 1978 bis zu seiner Rückkehr in den Iran im folgenden Jahr im Exil lebte, doch die Gruppe konnte nur einmal einen Blick aus der Ferne auf den Ayatollah erhaschen. In seinen Artikeln für den Corriere della Sera zeigte Foucault für Shari'ati, der kurz vor Ausbruch der Revolution im englischen Exil gestorben war, mehr Sympathie als für alle anderen religiösen Führer des Iran. Shari'ati war ein unbeirrt moderner, von Frantz Fanon und der christlichen Mystik beeinflußter Denker. Er stand der traditionellen ulama äußerst kritisch gegenüber und hatte während der Revolution neben Khomeini den wohl größten Einfluß. Er hatte weltliche iranische Intellektuelle davon überzeugen können, daß es möglich sei, den Kampf für den Islam mit nationaler Befreiung und Aufklärung zu verbinden. s. Mortimer: Faith and Power, a.a.O., pp. 335-46. Zu Foucaults Meinung über Shari'ati s. ›Retour au prophète?‹. Corriere della Sera (22. Oktober 1978): Shari'ati exemplifizierte für ihn die Möglichkeit spiritueller Politik und aufgeklärter Mystik.
87. ›Il mitico capo della rivolta nell'Iran‹. Corriere della Sera 103, 279 (26. November 1976), pp. 1-2. ›L'esprit d'un monde sans esprit‹, a.a.O., p. 230. In diesen apokalyptischen Kommentaren Foucaults zum Iran lassen sich gewisse Anklänge an Heidegger feststellen. Vgl. Heidegger: Einführung in die Metaphysik, a.a.O., p. 208: An dieser Stelle spricht Heidegger von der »inneren Wahrheit und Größe« der deutschen Revolution von 1933 und der »Begegnung der planetarisch bestimmten Technik und des neuzeitlichen Menschen«. Ich möchte jedoch nicht den Eindruck erwecken, daß Foucaults Bemerkungen zum Iran ›krypto-faschistisch‹ sind; was ich aber feststellen will, ist, daß Foucault, wie Heidegger, von der Aussicht auf einen entscheidenden Kampf bis auf den Tod angezogen wurde, der »die Bedeutung der gesamten Weltordnung« übersteigt.
88. Immanuel Kant: Werke in zehn Bdn., a.a.O., Bd. 8, p. 358 (›Der Streit der Fakultäten II‹, § 6). Foucault widmete einen Teil seiner ersten Vorlesung am Collège de France im Jahre 1983 einer Interpretation dieser Passage: s. ›Un cours inédit‹. Magazine Littéraire 207 (Mai 1984), pp. 35-39.
89. Zu Kants Ansichten s. Werke, a.a.O., Bd. 7, p. 863n: »Aber es zum Grundsatze machen, daß denen, die [diesen Fesseln] einmal unter-

worfen waren, überhaupt die Freiheit nicht tauge, [. . .] ist ein Eingriff in die Regalien der Gottheit selbst, der den Menschen zur Freiheit schuf.«
90. Anonymes Interview (22. März 1990). Vgl. ›Une esthétique de l'existence‹ (Int. 1984). *Le Monde Aujourd'hui* (15.-16. Juli 1984), p. XI.
91. RC 111.
92. RC 111, 112.
93. s. RC 112-14.
94. ›L'œil du pouvoir‹ (Int.). Jeremey Bentham: *Le panoptique* (Paris 1977), p. 14. Foucault bezieht sich hier ausdrücklich auf Jean Starobinskis großartige Studie zum Denken Rousseaus: *La transparence et l'obstacle* – ein stiller Einfluß, so darf man vermuten, auf *Überwachen und Strafen*.
95. FD 521, 513, 516; d.Ü. 525, 516, 520.
96. Isaah Berlin: *Four Essays on Liberty* (Oxford 1969), p. 123.
97. s. ›Inutile de se soulever?‹. *Le Monde 10, 661* (11. Mai 1979), p. 12.
98. s. Mottahedeh: *The Mantle of the Prophet*, a.a.O., p. 376. Am nächsten Tag kommentierte Foucault den Regierungswechsel in ›Una polveriera chiamata Islam‹. *Corriere della Sera 104*, 36 (13. Februar 1979). Es sei ein »entscheidender« Augenblick gewesen, schrieb er. »Ein Volk« habe sich »ohne Waffen« erhoben und habe aus eigener Kraft und mit der Kraft der heiligen schiitischen Schriften ein »allmächtiges« Regime überwunden. »Dieses im zwanzigsten Jahrhundert so seltene Ergebnis« habe dann zur Installation eines neuen Regimes geführt, einer neuen Macht, was zur Folge haben könnte, warnte Foucault, daß eine neue »expandierende Macht« entsteht, die das Gleichgewicht der Kräfte im Nahen Osten verändern könnte.
99. s. Mortimer: *Faith and Power*, a.a.O., p. 353. Am 14. April 1979 veröffentlichte Foucault im *Nouvel Observateur* (p. 46) einen ›Offenen Brief an Mehdi Bazargan‹, indem er erneut seiner Hoffnung Ausdruck gab, daß die neue ›islamische Regierung‹ des Iran doch noch die ›Rechte des Menschen‹ mit einer begrüßenswerten neuen geistigen Kraft versehen würde. Wie so oft bei derartigen offenen Briefen berühmter Intellektueller an ferne Machthaber, so war auch Foucaults Bitte vergeblich.
100. ›Inutile de se soulever?‹, a.a.O., p. 1.
101. a.a.O.
102. a.a.O., p. 2. ›L'esprit d'un monde sans esprit‹, a.a.O., p. 236. Diese Stelle ist eine der wenigen Passagen in Foucaults Prosa, wo er die Metaphorik des ›Lichts‹ und nicht die Bildlichkeit der ›Dunkelheit‹ benutzt. Es scheint, als ob er glaubte, daß ein Volk, das während einer Revolte kollektiv sein Leben aufs Spiel setzte, plötzlich auf wunderbare Weise sich jenen ›fernen und erhabenen Ort des Lichtes‹ erschließen könnte, von dem er sich ein Vierteljahrhundert zuvor vorgestellt hat-

te, daß sich Ellen West, Binswangers suizidale Patientin, in eigentlicher Kommunikation mit ihrem Selbst in ihm badete, als sie an der Schwelle des Todes stand.
103. ›Inutile de se soulever?‹, a.a.O., p. 1. Vgl. Foucaults Bemerkungen zur ›Plebs‹ in ›Pouvoirs et stratégies‹ (Int.). *Les révoltes logiques 4* (Winter 1977), p. 92; d.Ü. DM 204f.
104. s. Eribon, a.a.O., pp. 399-401.
105. André Glucksmann: ›En horreur de la servitude‹. *Libération* (30. Juni – 1. Juli 1984), p. 22. Blandine Barret-Kriegel: ›De l'État de police a l'État de droit‹. *Le Monde* (13. Oktober), p. 43. Dieser Aufsatz behandelt auch Foucaults paradoxen Einfluß auf junge französische Liberale (wie z.B. sie selbst).
106. ›Corso del 14 gennaio‹, a.a.O.; d.Ü. DM 79. CF 119f. RC 90.
107. RC 89. Bei einer Diskussionsrunde nach seinen ›Howison‹-Vorlesungen in Berkeley sagte Foucault folgendes zum Problem der Menschenrechte: »Wenn man mit dem Phänomen des Totalitarismus konfrontiert wird, stimmen alle zunächst darin überein, [. . .] daß der Rückgriff auf den [juristischen] Kodex, auf das Rechtssystem, auf die Menschenrechte von großer Bedeutung ist; doch ich glaube, daß mir alle zustimmen können, wenn ich sage, daß dies zur Zeit – wie soll ich es sagen? – ein *taktischer* Rückzug ist. Vielleicht ist dies hilfreich, vielleicht ist es gerade jetzt möglich, doch ich glaube nicht, daß der Rückgriff auf juristische Regierungstrukturen zur Zeit unsere Probleme lösen könnte.« (Tonbandaufzeichnung; zugänglich im *Centre Michel Foucault* in Paris unter dem Titel ›Gespräch mit Philosophen, 23. Oktober 1983‹, c16*.) Zur Revolte als Grundlage des Rechts s. ›Inutile de se soulever?‹, a.a.O., p. 1, 5.
108. ›The Social Triumph of the Sexual Will‹ (Int.). *Christopher Street 64* (Mai 1982), p. 38.
109. vgl. Blandine Barret-Kriegel: ›Michel Foucault et l'État de police‹. *Michel Foucault Philosophe: Rencontre internationale, Paris, 9, 10, 11 janvier 1988*, a.a.O., p. 225. Das Paradox des nietzscheanischen Demokraten, dessen Aufgabe es ist, seine Zustimmung zu verweigern, wird von dem amerikanischen Philosophen Stanley Cavell glänzend ausgearbeitet; *Conditions Handsome and Unhandsome* (Chicago 1990), pp. 33-63.
110. ›Face aux gouvernements, les droits de l'homme‹. Dies ist ein Dokument, das Foucault im Juni 1981 für eine Pressekonferenz zum Schicksal der vietnamesischen ›boat people‹ verfaßte und verlas; Abdruck in *Libération* (30. Juni – 2. Juli 1984), p. 22.
111. ›Qu'est-ce que la critique?‹, a.a.O., p. 60.
112. ›Das Subjekt und die Macht‹, JSH 243.
113. JSH 256.
114. JSH 246.
115. *Introduction à l'anthropologie de Kant*. 1er tome, pp. 125f.

Kapitel 10: Die Verschriftlichung des Selbst

1. Zum Labyrinth und zum ›wiedergefundenen Ursprung‹ s. ›Theatrum philosophicum‹, a.a.O., p. 905; d.Ü. FG 53f. Vgl. Hervé Guibert: *Dem Freund, der mir das Leben nicht gerettet hat*, a.a.O., p. 33: »So wie er mit dieser neuen Arbeit die Grundlagen des Konsens über die Sexualität ruinierte, hatte er begonnen, die Wege seines eigenen Labyrinths zu untergraben.« Nietzsche I, 319 (›Schopenhauer als Erzieher‹; § 4).
2. TFR 338f (›Preface to *The History of Sexuality*, Volume II‹). Foucault legte diesen Text im Frühjahr 1984 beiseite, als er ein neues Vorwort schrieb, das dann den zweiten Band der Geschichte der Sexualität einleitete.
3. ›Le philosophe masqué‹. *Le Monde Dimanche 10*, 945 (6. April 1980), pp. i, xvii; d.Ü. VdF 10 (›Der maskierte Philosoph. Gespräch mit Christian Delacampagne‹).
4. Edmund White hat mir von Foucaults Schwierigkeit berichtet, abends in Paris auszugehen, ohne von einer Menschenmasse umringt zu werden – ein weiterer Grund dafür, warum er so gern nach Amerika fuhr. (Interview mit White, 12. März 1990.) Meine Darstellung des Eindrucks, den amerikanische Studenten von Foucault haben, stützt sich auf meine Lehrerfahrung an verschiedenen amerikanischen Universitäten von 1975 bis heute.
5. s. Michael Bess: ›Foucault lecture packs Wheeler‹. *The Daily Californian* (10. November 1980), p. 15.
6. Tonbandaufzeichnung der ersten ›Howison‹-Vorlesung (›Truth and Subjectivity‹) am 20. Oktober 1980.
7. Ich übersetze aus einer inoffiziellen Mitschrift der ›Howison‹-Vorlesungen (I, pp. 6,8), die ich mit der Tonbandaufzeichnung verglichen habe. Vgl. ›Das Subjekt und die Macht‹ (JSH 243). Foucault hatte seine neuen Forschungsinteressen erstmals im vorhergehenden Winter in seinen Vorlesungen am *Collège de France* der Öffentlichkeit vorgestellt; s. RC 123-29; diese Vorlesungen waren jedoch ausschließlich der frühchristlichen Auffassung vom Selbst gewidmet, während Foucault seine Analyse in Berkeley neun Monate später auf Sokrates und Seneca ausweitete – Denker, mit denen er sich in seiner nächsten Vorlesungsreihe am *Collège de France* beschäftigen sollte.
8. ›Howison‹-Vorlesung I, p. 8.
9. a.a.O., I, p. 10, II, 1. Zur Notwendigkeit einer Ethik der ›zeitgenössischen Befreiungsbewegungen‹ s. ›Zur Genealogie der Ethik: Ein Überblick über laufende Arbeiten‹ (Int. 1983), in JSH 267; vgl. auch die mit größerer Skepsis vorgetragenen Gedanken über die Möglichkeit einer neuen Moral in MC 338f; d.Ü. 395: »Das moderne Denken

hat in Wirklichkeit nie eine Moral vorschlagen können, [. . .] insofern jeder Imperativ innerhalb des Denkens und seiner Bewegung zur Erfassung des Ungedachten ruht.« Eine Anmerkung macht an dieser Stelle deutlich, daß Foucault Kant als den letzten klassischen Denker ansieht, da er einem allgemein gültigen Moralgesetz Ausdruck verlieh – sowie als den ersten modernen Denker, da das Subjekt ›sich selbst sein eigenes Gesetz‹ geben muß.

10. JSH 272.

11. ›Howison‹-Vorlesung II, p. 2. Der Spruch der Wüstenheiligen wird zitiert von Peter Brown: *The Making of Late Antiquity* (Cambridge, Mass. 1978), p. 92. [›Die letzten Heiden. Eine kleine Geschichte des Spätantike‹, übers. v. Holger Fließbach, Berlin 1986, S. 128]. Das Selbstvertrauen der Stoiker gegenüber den Christen und Gnostikern wird von Hans Jonas beschrieben: *The Gnostic Religion* (Boston 1958), p. 283.

12. ›Howison‹-Vorlesung II, pp. 5, 7, 3.

13. a.a.O., p. 17.

14. RC 128.

15. ›Préface à la transgression‹, p. 751; d.Ü. SW 32.

16. ›Qu'est-ce qu'un auteur?‹, a.a.O., p. 78; d.Ü. SzL 12. Bei der öffentlichen Diskussionsrunde nach seinen ›Howison‹-Vorlesungen sprach Foucault 1980 über die Verbindung zwischen Askese und Schreiben: »Ich glaube, daß die moderne Literatur in dem Augenblick begann, als die Hermeneutik des Selbst von einer Art *écriture*, Verschriftlichung, abgelöst wurde, z.B. zuerst bei Montaigne [. . .]. Da Literatur *irgendwie* eine Aufopferung des Selbst ist, oder sowohl eine Aufopferung des Selbst als auch die Transponierung des Selbst in die Ordnung der Dinge und eine andere Zeit, ein anderes Licht usw. ist, deshalb ist der moderne Schriftsteller in gewisser Weise den frühchristlichen Asketen und den frühchristlichen Märtyrern verwandt, mit ihnen verbunden, ihnen ähnlich. Ich sage dies natürlich mit einem Schuß Ironie« – an dieser Stelle lachte Foucault, während seine Zuhörer, die offensichtlich keine Ahnung hatten, wovon er sprach, in eisiger Stille verharrten. Foucault fuhr fort: »Ich glaube, daß das gleiche Problem – welche Beziehung zwischen der Hermeneutik des Selbst und dem *Verschwinden*, der Aufopferung, der Verneinung des Selbst besteht – im Zentrum der literarischen Erfahrung der modernen Welt steht.« Ich habe die Bemerkungen Foucaults wörtlich der im *Centre Michel Foucault* zugänglichen Tonbandaufzeichnung entnommen (›Gespräch mit Philosophen‹, 23. Oktober 1980, c16*).

17. ›Howison‹-Vorlesung II, p. 19.

18. a.a.O., II, p. 20.

19. a.a.O.

20. UP 15; d.Ü. 16.

21. UP 15; d.Ü. 16 (der von Foucault benutzte französische Begriff *essai* wird hier wie im englischen Text abweichend von der deutschen Fassung mit ›Essay‹ und nicht mit ›Versuch‹ übersetzt; A.d.Ü.); vgl. den Eintrag ›Essay‹ im *Oxford English Dictionary.*
22. Leo Bersani: ›Pedagogy and Pederasty‹. *Raritan V,1* (Sommer 1985), p. 20.
23. ›The Culture of the Self‹, (Vorlesung vom 12. April 1983 in Berkeley); die Passage über die ›Umkehr des Selbst‹ ist einer Tonbandaufzeichnung dieser Vorlesung entnommen. ›Howison‹-Vorlesung II, p. 8.
24. UP 17; d.Ü. 19.
25. ›Discourse and Truth: The problematization of *Parrhesia*‹ (Mitschrift eines Seminars in Berkeley 1973, hersg. v. Joseph Pearson, p. 2. Dies ist ein weiterer Foucault-›Raubdruck‹, der in den U.S.A. zirkuliert).
26. TFR 339. Zur Reaktion von Akademikern s. David Halperins Anmerkungen in ›Comments on Foucault‹. *One Hundred Years of Homosexuality* (New York 1990), pp. 62-71; ein gutes Beispiel ist Martha Nussbaum, die ihre Bedenken äußert in: ›Affections of the Greeks‹. *The New York Times Book Review* (10. November 1985), p. 13f.
27. Zu den äußeren Umständen in Foucaults Leben s. Eribon, a.a.O., pp. 445-48.
28. Für eine ausführlichere Darstellung der politischen Aktivitäten Foucaults in diesen Jahren s. Eribon, a.a.O., pp. 425-444. Dieses Kapitel gehört zu den schwächeren in Eribons Biographie; es hinterläßt meiner Meinung nach einen irreführenden Eindruck von der komplexen und ambivalenten Verbindung Foucaults zur Sozialistischen Partei. Ein zukünftiger Biograph sollte sich die *Académie Tarnier*, eine von Foucault und Bernard Kouchner organisierte Arbeitsgruppe, als sein letztes politisches Experiment, als ein Sprungbrett der ›Kritik‹ näher anschauen. Außerdem sollte angemerkt werden, daß André Glucksmann bei dieser Arbeitsgruppe mitgemacht hat – was Glucksmann (neben Daniel Defert) zum vielleicht bekanntesten Verbündeten auf jeder Station der politischen Odyssee Foucaults nach dem Mai '68 macht.
29. ›Michel Foucault, an Interview: Sex, Power and the Politics of Identity‹ (Int. 1982). *The Advocate 400* (7. August 1984), p. 27. ›De l'amitié comme mode de vie‹, p. 39; d.Ü. VdF 88.
30. ›Wahrheit, Macht, Selbst‹. *Technologien des Selbst.* a.a.O., p. 15.
31. s. ›De l'amitié comme mode de vie‹, a.a.O., p. 38f; d.Ü. VdF 86f. s. auch ›*Zur Genealogie der Ethik: Ein Überblick über laufende Arbeiten*›, in JSH 269. Die meisten der Äußerungen Foucaults zur Freundschaft wurden im Zusammenhang zu Bemerkungen über neue Formen des Schwulseins gemacht; doch er bezieht sich auch in verschiedenen

Vorlesungen – am nachdrücklichsten vielleicht in seiner letzten Vorlesungsreihe am *Collège de France* – auf die philosophische Bedeutung des Freundes als eine Person, der man sich anvertraut. Das Konzept der Freundschaft spielte natürlich schon eine wichtige philosophische Rolle in der stoischen Lebensweise; s. z.B. Senecas berühmten Briefwechsel mit Lucilius: In diesen Briefen klagte der römische Weise den Wert von Freundschaft ein, besonders für jene Männer, die sich »so tief in Verstecke geflüchtet, daß sie meinen, im Trüben sei, was im Lichte ist.« s. L. Annaeus Seneca: *Philosophische Schriften*. Hrsg. v. Manfred Rosenbach (Darmstadt 1974), Band III, p. 15 (›Ad Lucilium Epistulae Morales‹ III).

32. Anonymes Interview (22. März 1990).

33. Zu Foucaults wichtiger Freundschaft mit Guibert s. Kapitel 11.

34. s. Badinters Bemerkungen zur Todesstrafe während einer Gesprächsrunde: ›L'angoisse de juger‹. *Le Nouvel Observateur 655* (30. Mai 1977), pp. 92-126: »Wie könnte [ein menschlicher Richter] den Gedanken von der Hand weisen, daß man den Kriminellen verändern könnte, indem man ihn normalisiert? Was hätte man sonst tun können? Ihn zwanzig Jahre in ein dunkles Loch werfen? Das ist wohl nicht länger möglich. Ihn in Stücke reißen? Auch das ist nicht mehr möglich. Aber was? Ihn zu reintegrieren, indem man ihn normalisiert.« Alles andere, so die Schlußfolgerung Badinters, wäre »ein fürchterlicher Rückschritt«. Ein weiteres Anzeichen dafür, wie weit Badinters politische Interessen und Überzeugungen von denen Foucaults entfernt waren, läßt sich an der Tatsache ablesen, daß der Anwalt nach dem Tod Foucaults gemeinsam mit seiner Frau Elisabeth (eine in Frankreich bekannte feministische Akademikerin) eine Studie über den liberalen Pionier und aufgeklärten *philosophe* Condorcet verfaßte.

35. Interview mit Robert Badinter (29. März 1990).

36. ›De la nécessité de mettre un terme à toute peine‹. *Libération 185* (18. Dezember 1981), p. 12.

37. Interview mit Badinter (29. März 1990).

38. Anonyme Interviews (22. März 1990 u. 21. Mai 1991).

39. Diese und alle folgenden Badinter-Zitate stammen aus meinem Interview mit ihm am 29. März 1990.

40. s. ›Un cours inédit‹. *Magazine Littéraire 207* (Mai 1984), pp. 35-39 (unvollständige Mitschrift von Foucaults Vorlesung am *Collège de France* am 5. Januar 1983; Foucault fuhr fort, indem er sehr ausführlich über die Entstehungsgeschichte des Kantischen Essays sprach). s. EM, bes. p. 35 (›Was ist Aufklärung?‹). Die Frage: »Wer sind ›wir‹ zum jetzigen Zeitpunkt?« habe ich aus Foucaults Vorlesung ›On the Culture of the Self‹ am 12. April 1983 in Berkeley übernommen, die er mit Anmerkungen zu Kants Essay begann, um dann über Sokrates und Seneca zu sprechen. Eribon erwähnt Foucaults lebenslange Begeisterung

für Rorschach-Tests, vgl. Eribon, a.a.O., p. 79. Es sollte angemerkt werden, daß der Kantische Essay in diesen Jahren ein wichtiges Mittel wurde, an dem Foucault sein eigenes ambivalentes Verhältnis zur modernen Philosophie festmachte. Als er zum ersten Mal öffentlich 1978 über Kants Essay sprach, hatte er alles daran gesetzt, darauf zu bestehen, daß er selbst kein Philosoph sei; s. ›Qu'est-ce que la critique?‹, a.a.O., p. 41); fünf Jahre später hörte sich dies jedoch anders an, als er im Grunde nahelegte, daß sein eigenes Werk in der von Kant inaugurierten modernen philosophischen Tradition situiert sei. Die Vorstellung, daß die moderne Philosophie die Frage: ›Was geschieht gegenwärtig?‹ stellt, tritt erstmals in dieser Phase im Leben Foucaults auf; s. ›Non au sexe roi‹, a.a.O., p. 113; d.Ü. DM 193.

41. s. ›Was ist Aufklärung?‹ (EM 35-53). Dieser Text ging aus einer Vorlesung hervor, die Foucault mindestens einmal im Herbst 1983 im Rahmen eines Philosophieseminars in Berkeley hielt: s. Hans Sluga: ›Foucault in Berkeley. Der Autor und der Diskurs‹. DuE 260. Paul Rabinow sagt, daß Foucault persönlich an der Auswahl der Texte für die Anthologie *The Foucault Reader* (TFR) beteiligt war, den Rabinow für den Verlag *Pantheon Books* vorbereitete, und daß Foucault ihm den Text von ›Was ist Aufklärung?‹ ausdrücklich zur Veröffentlichung in dieser Anthologie zur Verfügung stellte (Interview mit Rabinow am 26. August 1991).

42. Immanuel Kant: *Werke in zehn Bdn.*, a.a.O., Bd. 9, p. 53 (›Beantwortung der Frage: Was ist Aufklärung?‹). EM 37f (›Was ist Aufklärung?‹).

43. ›Was ist Aufklärung?‹, EM 41. ›L‹éthique du souci de soi comme pratique de liberté‹ (Int.). *Concordia 6* (1984), p. 100; d.Ü.: ›Freiheit und Selbstsorge. Gespräch mit Michel Foucault‹. Helmut Becker u.a.: *Freiheit und Selbstsorge*, a.a.O., p. 12. Pierre Hadot: ›Réflexions sur la notion de culture de soi‹. *Michel Foucault philosophe*, a.a.O., p. 267. [»Überlegungen zum Begriff der ›Selbstkultur‹« (übers. v. Hans-Dieter Gondek), François Ewald u. Bernhard Waldenfels (Hrsg.), *Spiele der Wahrheit. Michel Foucaults Denken*, Ffm 1991, pp 219-228.] Hadots Bemerkungen sind wie diejenigen von Paul Veyne und Peter Brown erhellend. Hadot war eine der Inspirationen für die Vorgehensweise Foucaults; außerdem entdeckte Hadot die Verbindung des Kantischen Essays zum ›Dandytum‹, ohne Foucaults Text gelesen zu haben. (Dank an Arnold I. Davidson, der mir durch seine genaue Kenntnis des Hadotschen Werkes und seiner persönlichen Verbindung zu Foucault sehr geholfen hat; s. auch Davidsons kurzen Artikel: ›Spiritual Exercises and Ancient Philosophy: An Introduction to Pierre Hadot‹. *Critical Inquiry 16* [Frühjahr 1990], pp. 480-82).

44. ›Was ist Aufklärung?‹, EM 44. Charles Baudelaire: ›Der Maler des modernen Lebens‹. *Sämtliche Werke/Briefe*, a.a.O., Band 5, pp. 241, 242, 243 (IX, ›Der Dandy‹).

45. Immanuel Kant: *Werke in zehn Bänden*, a.a.O., Bd. 4, p. 324 (KdrV A317). ›Was ist Aufklärung?‹, EM 48.
46. Baudelaire: ›Der Maler des modernen Lebens‹ a.a.O., p. 225 (IV, ›Die Modernität‹). ›Was ist Aufklärung?‹, EM 42, 43, 44f, 45 (Hervorhebung d.Verf.). Zu Baudelaires eigenem Kampf mit Phantasievorstellungen von Grausamkeit, Marter und Tod s. das in Kapitel drei behandelte berühmte Journal des Poeten (›Das entblößte Herz‹).
47. ›Was ist Aufklärung?‹, EM 45, 48, 46, 49. Vgl. ›Le philosophe masqué‹, a.a.O., p. i; d.Ü. VdF 14: »Ich kann nicht umhin, an eine Kritik zu denken, die nicht versuchte zu richten, sondern die einem Werk, einem Buch, einem Satz, einer Idee zur Wirklichkeit verhilft; sie würde Fackeln anzünden, das Gras wachsen sehen, dem Winde zuhören und den Schaum im Fluge auffangen und wirbeln lassen. Sie häuft nicht Urteil auf Urteil, sondern sie sammelt möglichst viele Existenzzeichen; sie würde sie herbeirufen, sie aus ihrem Schlaf rütteln. Mitunter würde sie sie erfinden? Umso besser, umso besser.«
48. s. Jürgen Habermas: *Der philosophische Diskurs der Moderne. Zwölf Vorlesungen*. Ffm 1985, p. 7: »Die ersten vier Vorlesungen habe ich im März 1983 am *Collège de France* in Paris vorgetragen.«
49. Interview mit Jürgen Habermas am 16. April 1991, vgl. Eribon: ›Habermas, le moderne‹. *Libération* (9. März 1983), p.33.
50. Jean Lecouture: ›Trois images de Michel Foucault‹. *Libération* (26. Juni 1984), p. 6. Die Ricœur-Episode wird von Eribon wiedergegeben: s. Eribon: *Foucault*, a.a.O., p. 269f.
51. Jürgen Habermas: ›Summation and Response‹. Übers. v. Matesich. Continuum 8, 1-2 (Frühjahr-Sommer 1970), p. 132. Es handelt sich um eine frühe Formulierung, die (wie Habermas selbst einsehen sollte) etwas irreführend ist, da diese Passage für sich genommen eher eine zeitlich festzumachende Erwartung als eine nur idealisierte Supposition impliziert. Für eine verbindliche Untersuchung der Feinheiten der Habermasschen Hypothese von einer ›idealen Sprechsituation‹ s. Thomas McCarthy: *The Critical Theory of Jürgen Habermas* (Cambridge, Mass. 1978), bes. pp. 291-310.
52. CF 71f. Vgl. ›Um welchen Preis sagt die Vernunft die Wahrheit?‹, a.a.O., p. 24: »Wenn ich die Frankfurter Schule rechtzeitig gekannt hätte, wäre mir viel Arbeit erspart geblieben. Manchen Unsinn hätte ich nicht gesagt und viele Umwege nicht gemacht, als ich versuchte, mich nicht beirren zu lassen [...].« Foucault hat Martin Jay einmal erzählt, daß sein spätes Interesse an Horkheimer und Adorno 1976 durch die Lektüre der französischen Übersetzung von Jays epochemachender Studie zur Frankfurter Schule (Dialektische Phantasie) geweckt worden sei; im Gegensatz dazu war ihm Herbert Marcuses Werk bereits bekannt (Interview mit Martin Jay, 26. September 1989). Foucault hat Habermas gegenüber direkt seine Bewunderung

für Horkheimer und Adornos grundlegendes Werk der Kritischen Theorie, *Die Dialektik der Aufklärung*, gestanden (Interview mit Habermas, 16. April 1991). Foucault kannte offensichtlich auch Habermas' 1965 gehaltene Frankfurter Antrittsvorlesung ›Erkenntnis und Interesse‹. In der ersten ›Howison‹-Vorlesung bezieht sich Foucault namentlich auf Habermas (und implizit auf seine Antrittsvorlesung), indem er behauptet, daß er über die drei von Habermas analysierten Bereiche menschlicher Tätigkeit hinaus – laut Foucault sind dies ›Technologien der Produktion‹, ›Technologien der Signifikation‹ und ›Technologien der Dominierung‹ – einen vierten Bereich analysieren möchte, bei dem es um ›Technologien des Selbst‹ geht; s. ›Howison‹-Vorlesung I, p. 7. Foucault stützte sich in seiner Arbeit nur selten auf zeitgenössische Philosophen – aus diesem Grunde ist diese Bezugnahme auf Habermas, auch wenn sie beiläufig zu sein scheint, nicht ohne Bedeutung.

53. CF (Int. 1978), V, p. 5.

54. ›L'éthique du souci de soi comme pratique de liberté‹, a.a.O., p. 114; d.Ü. ›Freiheit und Selbstsorge‹, a.a.O., p. 25.

55. Jürgen Habermas: ›Modernity vs. Postmodernity‹. Übers. v. Seyla Ben-Habib. *New German Critique* 22 (Winter 1981) p. 13. (Dies ist eine Übersetzung der Rede, die Habermas 1980 in Frankfurt zur Verleihung des Adorno-Preises hielt und die zu einer der Vorlagen für die Vorlesungen am *Collège de France* wurde.) Habermas: *Der philosophische Diskurs der Moderne*, p. 324. Nancy Fraser: ›Foucault on Modern Power: Empirical Insights and Normative Confusions‹. *Unruly Practices* (Minneapolis, Minn. 1989), p. 29; [»Foucault über die moderne Macht: Empirische Einsichten und normative Unklarheiten«, *Widerspenstige Praktiken. Macht, Diskurs, Geschlecht*, a.a.O., p. 48] Habermas selbst hat diese Passage später offensichtlich zustimmend in einer seiner späteren Vorlesungen über Foucault zitiert: s. *Der philosophische Diskurs* der Moderne, a.a.O., p. 333. In meinen Gesprächen mit einem der engsten Mitarbeiter Foucaults am *Collège de France* betonte dieser, daß das Thema ›Habermas‹ für Foucault in Berkeley in den Vordergrund getreten war. Die Literatur zur ›Habermas-Foucault-Debatte‹ (falls dies das richtige Wort ist) ist mittlerweile recht umfangreich geworden und wächst weiter an; Thomas McCarthy bietet eine besonders scharfsinnige Analyse in: ›The Critique of Impure Reason: Foucault and the Frankfurt School‹. *Political Theory 18,3* (August 1990), pp. 437-69; ebenfalls empfehlenswert ist Richard J. Bernstein: ›Foucault: Critique as a Philosophic Ethos‹. Axel Honneth u. a. (Hrsg.): *Zwischenbetrachtungen. Im Prozeß der Aufklärung: Jürgen Habermas zum 60. Geburtstag* (Frankfurt 1989), pp. 395-425.

56. ›Space, Knowledge, Power‹ (Int.). Skyline (März 1982), pp. 18-19.

57. Die Beschreibung der ersten Vorlesung stammt aus: Didier Eribon: ›Habermas le moderne‹. *Libération* (9. März 1983), p. 33.

58. a.a.O. Im Verlauf des Artikels wird Habermas als engstirniger Pedant dargestellt, der das ursprüngliche Versprechen der Frankfurter Schule gebrochen habe. Es gibt das Gerücht, daß Foucault bei Eribons bösartigem Artikel selbst seine Hand im Spiel hatte, was angesichts der zwischen dem Philosophen und dem Journalisten bestehenden Freundschaft (und angesichts Foucaults Neigung zur Böswilligkeit) durchaus denkbar ist.

59. Habermas sollte später allerdings mit charakteristischer Ehrlichkeit eingestehen, daß er Foucault ›vielleicht nicht ganz verstanden‹ habe. s. Habermas: ›Taking Aim at the Heart of the Present‹. David Couzens Coy (Hrsg.): *Foucault: A Critical Reader* (Oxford 1986), p. 103.

60. Interview mit Habermas (16. April 1991).

61. TFR 373 (›Politics and Ethics: An Interview‹).

62. TFR 374.

63. Interview mit Habermas (16. April 1991). Im Verlauf dieser Unterhaltungen lud Foucault in einer Geste, die zeigt, wie sehr ihre Gespräche von Themen bestimmt wurden, die in einem *amerikanischen* Kontext aufgetreten waren, Habermas ein, an einer privaten Konferenz teilzunehmen, die er und einige amerikanische Kollegen in Berkeley organisieren wollten. Auf dieser Konferenz aus Anlaß des 200. Jahrestages von Kants Essay ›Was ist Aufklärung?‹ sollten die zwischen Habermas und Foucault aufgetretenen Fragen weiter diskutiert werden.

64. Interview mit Habermas (16. April 1991). Für eine knappe Zusammenfassung der Haltung Foucaults am Ende seines Lebens s. ›L'éthique du souci de soi comme pratique de liberté‹, a.a.O., p. 114; d.Ü. ›Freiheit und Selbstsorge‹ a.a.O., p. 25: »Die Machtbeziehungen [sind] nicht etwas an sich Schlechtes, wovon man sich frei machen müßte [. . .]. Das Problem ist also nicht, sie in der Utopie einer vollkommen transparenten Kommunikation aufzulösen zu versuchen« – eine klare Bezugnahme auf Habermas –, »sondern sich die Rechtsregeln, die Führungstechniken, und auch die Moral zu geben, das Ethos, die Praxis des Selbst, die es gestatten, innerhalb der Machtspiele mit dem geringsten Aufwand an Herrschaft zu spielen.« (Foucault definiert in diesem Zusammenhang ›Herrschaft‹ als verdinglichte und asymmetrische Machtbeziehung; nach diesem Kriterium wäre z.B. S/M frei von ›Herrschaft‹, da die Machtbeziehungen in diesem freiwilligen Spiel fließend und umkehrbar sind.) Habermas' abschließendes Urteil über Foucault findet sich in *Der philosophische Diskurs der Moderne*, a.a.O., p. 344: »Seine Theorie will sich über jene Pseudowissenschaften zu strenger Objektivität erheben und verfängt sich dabei nur um so hoffnungsloser in den Fußangeln einer präsentistischen Geschichtsschreibung, die sich zum relativistischen Selbstdementi genötigt sieht und über die normativen Grundlagen ihrer Rhetorik keine Auskunft geben kann.«

65. ›Le combat de la chasteté‹. Communications 3 (Mai 1982), p. 24; d.Ü.: Philippe Ariès/André Béjin/Michel Foucault u.a.: *Die Masken des Begehrens und die Metamorphosen der Sinnlichkeit. Zur Geschichte der Sexualität im Abendland* (Ffm 1984), p. 36. (›Der Kampf um die Keuschheit‹). ›Rêver de ses plaisirs: sur l'onirocritique d'Artimodore‹. *Recherches sur la philosophie et le langage 3* (1983). Dieser Artikel wurde in den ersten Teil von *Die Sorge um sich* aufgenommen, vgl. SS 29; d.Ü. 26f. VS 211; d.Ü. 190. RE 114; d.Ü. 84. Die Charakterisierung des Foucaultschen Stils in diesen Jahren stammt aus dem Vorwort von Peter Browns *Die Keuschheit der Engel*, a.a.O., p. 12.

66. Gilles Deleuze: *Foucault*, a.a.O., p. 169. Gilles Deleuze: ›Die Dinge aufbrechen, die Worte aufbrechen‹. *Unterhandlungen*, a.a.O., p. 132.

67. ›L'écriture de soi‹. *Corps écrit 5* (1983), pp. 6f.

68. Interview mit Daniel Defert (25. März 1990). Die Bemerkungen Paul Veynes werden zitiert in Eribon: *Foucault*, a.a.O., p. 471f. Defert zufolge finden sich in Foucaults Tagebuch aus seinen letzten Tagen zahlreiche Passagen von Franz Kafka – eine Tatsache, die bezeichnend, jedoch kaum überraschend ist, denn auch Foucault glaubte, daß letztendlich jede vorstellbare Gesellschaft dazu verdammt war, offen oder versteckt zur Ursache fast unvorstellbarer Leiden zu werden, genauso wie es Kafka am Ende seiner Erzählung ›In der Strafkolonie‹ beschrieben hatte – ein furchtbares ›mnemotechnisches Instrument‹, welches das Gesetz ins Blut einschreibt und unsinnige und konfuse Sätze in die Körper seiner hilflosen Opfer einritzt, wodurch diese gezwungen werden, ihr Strafmaß an Wunden abzulesen, die so schwer und tiefsitzend sind, daß sie, wenn überhaupt, erst an der Schwelle des Todes verständlich werden.

69. s. ›L'écriture de soi‹, a.a.O., pp. 3-5, 23. ›Le combat de la chasteté‹, a.a.O., p. 25; d.Ü. Ariès u.a.: *Die Masken des Begehrens*, a.a.O., p. 37. Foucault zitiert § 55 aus Athanasius' *Leben des heiligen Antonius*.

70. ›L'écriture de soi‹, a.a.O., p. 4.

71. Hervorhebung d. Verf. Foucaults Bemerkungen stammen aus der Tonbandaufzeichnung ›Gespräch mit Philosophen, 23. Oktober 1980‹, c16, die im *Centre Michel Foucault* in Paris zugänglich ist.

72. UP 14; d.Ü. 15. James Bernauer entwickelt die Verbindung zwischen Foucaults Interpretation des christlichen Selbstopfers und seiner eigenen Bemühung, sich von sich selbst zu lösen in TFF 69 (›Michel Foucaults Ecstatic Thinking‹).

73. FD 29, 30, 31; d.Ü. 37, 38, 39. (Hervorhebung d. Verf.). Vgl. ›La prose d'Actéon‹, a.a.O., p. 444; d.Ü. SzL 104: »Der Dualismus und die Gnosis hatten, trotz so vieler Ablehnungen und Verfolgungen, wirklichen Einfluß auf den christlichen Begriff vom Bösen [...]. Aber wenn nun im Gegenteil der Teufel, wenn nun der Andere der Gleiche wäre? Und wenn die Versuchung nicht eine der Episoden des großen Anta-

gonismus wäre, sondern die leise Einflüsterung des Doppelgängers?« Wie mittlerweile klar sein sollte, sehe ich im *gesamten* Werk Foucaults den Versuch, der Erforschung dieser *dämonischen* Möglichkeit Tür und Tor zu öffnen – sowie das Mittel, seinem eigenen nietzscheanischen Verständnis dieser an den Grenzen der Erfahrung sichtbar werdenden furchtbaren Vision von einer Gnosis jenseits von Gut und Böse ›fiktiv‹ Ausdruck zu verleihen.

74. ›Un fantastique de bibliothèque‹, a.a.O., p. SzL 158, 164. Gustave Flaubert: *Die Versuchung des heiligen Antonius* (Ffm 1966) p. 13.

75. Paul Veyne, zitiert in Eribon, a.a.O., p. 471.

76. Als ob er die Möglichkeit aufzeigen wollte, die Versuchung des heiligen Antonius als allegorisches Fragment für eine Autobiographie zu benutzen, bemerkt Foucault in FD 30n (d.Ü. p. 38, Anm. 59), daß einige Experten der Ansicht sind, daß das entkörperlichte Gesicht im Lissabonner Triptychon, das den heiligen Antonius verführen will, ein Selbstporträt des Malers ist.

77. Interview mit Hans Sluga (28. September 1989).

78. dass. Sluga glaubt, daß das Gespräch über AIDS 1981 stattgefunden habe, obwohl Foucault offiziell in diesem Jahr nicht in Berkeley war; Herbst 1980, ein Zeitpunkt, zu dem Foucault in Berkeley war, erscheint als ein zu frühes Datum für dieses Gespräch.

79. UP 14; d.Ü. 15. CF (Int. 1978), V, p. 5. VS 14; d.Ü. 16.

80. Nietzsche I, 1248 (*Morgenröte*, § 501); Foucault zitiert und kommentiert diese Stelle in ›Nietzsche, la généalogie, l'histoire‹, p. 171; d.Ü. SW 108. Es würde sich lohnen, Foucaults offensichtliche Reaktion auf den Ausbruch der AIDS-Epidemie mit der Reaktion Batailles am Beginn des II. Weltkriegs im zweiten Band der *Summa Atheologica* (›Le coupable‹) zu vergleichen – ein nietzscheanisches Tagebuch, das so unnachgiebig selbstgeißelnd ist wie gewisse Texte der frühen Kirchenväter: »Ich wollte selbst die Verantwortung übernehmen«, schrieb Bataille wenige Tage, nachdem deutsche Truppen in Polen einmarschiert waren (und seinem Plan, Dionysos ein Menschenopfer zu bringen, ein für alle Mal ein Ende gesetzt hatten). »Ich saß nachts auf meinem Bett«, schreibt er weiter, um zu erklären, wie er 1939 sein schlechtes Gewissen beruhigen wollte, »und nahm mir vor, selbst zu einem Kriegsschauplatz zu werden. Das Verlangen, ein Opfer zu bringen und das Verlangen, selbst geopfert zu werden, vermischten sich miteinander wie die Zahnräder eines Getriebes.« s. Bataille: ›Le coupable‹. Œuvres complètes, a.a.O., tome 5, p. 250 (I, ›La Nuit‹).

81. ›Nietzsche, la généalogie, l'histoire‹, a.a.O., p. 171; d.Ü. SW 108. Nietzsche II, 602 (*Jenseits von Gut und Böse*, § 39). Die vorhergehenden Zitate stammen aus *Also sprach Zarathustra* (II, 464 [Teil III, ›Der Genesende‹]) und *Die fröhliche Wissenschaft* (§ 283, II, 166).

82. ›Zur Genealogie der Ethik: Ein Überblick über laufende Arbeiten‹, JSH 266.
83. JSH 266
84. JSH 267.
85. UP 33; d.Ü. 37.
86. UP 34; d.Ü. 38.
87. UP 34; d.Ü. 38.
88. UP 34f; d.Ü. 40. Zu diesen Kategorien s. ›Zur Genealogie der Ethik: Ein Überblick über laufende Arbeiten‹, JSH 274-78. Es gibt überraschend wenig Sekundärliteratur zur ›Ethik‹ des späten Foucault; eine Ausnahme bildet Arnold I. Davidson: ›Archeology, Genealogy, Ethics‹. *Foucault: A Critical Reader*, a.a.O., pp. 221-33.
89. ›Zur Genealogie der Ethik: Ein Überblick über laufende Arbeiten‹, JSH 272.
90. JSH 276. Maurice Blanchot: L'espace littéraire (Paris 1955), p. 55.
91. UP 15; d.Ü. 16.
92. UP 14; d.Ü. 15. ›Howison‹-Vorlesung II, p. 3: Die Erwähnung des ›vergessenen Funkens‹ bezieht sich auf das vom Apostel Thomas in seinen ›manichäischen‹ Schriften beschriebene gnostische Selbst. Vgl. Kants unergründliche Freiheit als eine ›Art von Glimmern‹, von dem Foucault behauptet, daß er es in seinem Werk »versucht hat, hervortreten zu lassen« (›Qu'est-ce que la critique?‹, a.a.O., p. 56). Indem er sich Foucaults Spätschriften aus der Perspektive ihrer möglichen Affinitäten zu den spirituellen Übungen in Sufi annähert, zeigt auch Christian Jambet seine mystischen Züge auf: s. Jambet: ›Constitution du sujet et pratique spirituelle‹. *Michel Foucault philosophe*, a.a.O., pp. 271-86. [›Konstitution des Subjekts und spirituelle Praktik‹ (übers. v. Hans-Dieter Gondek), François Ewald u. Bernhard Waldenfels (Hrsg.); *Spiele der Wahrheit. Michel Foucaults Denken*, Ffm 1991, pp. 229-248.]
93. Interview mit D.A. Miller (11. April 1991).
94. dass.
95. Der Immunologe Anthony Pinching vom *St. Mary's Hospital* in London wird zitiert in: Mirko D. Grmek: *History of AIDS*. Übers. v. Russell C. Maulitz u. Jacalyn Duffin (Princeton 1990), p. 168.
96. Zitiert in Randy Shilts: *And the Band Played On*, a.a.O., p. 250. Im fünften Teil des Buchs (›Battle Lines: January-Juni 1983‹) bietet Shilts eine lebhafte, wenn auch problematische Schilderung der Diskussion über AIDS in der Schwulengemeinde in diesen Monaten; s. meine Bemerkungen in Kapitel 1, Anm. 43.
97. Ein weiteres Signal war Larry Kramers Mobilmachung: ›1.112 and Counting‹, die zuerst in *New York Native* (14. – 27. März 1983) veröffentlicht wurde und danach in der *Bay Area* in Umlauf gebracht und diskutiert wurde. Randy Shilts erweckt in *And the Band Played On*

einen irreführenden Eindruck bezüglich der *safe sex*-Initiativen innerhalb der Schwulengemeinde (vgl. z.B. p. 239). Douglas Crimp zufolge – und meine eigenen beschränkten Nachforschungen bestätigen seine Behauptung –»wurde *safe sex* von Schwulen erfunden. Wir wußten: Die Alternativen, die wir hatten – Monogamie oder Abstinenz – waren nicht sicher; bei der letzteren Möglichkeit, weil die Leute einfach nicht ohne Sex leben können, und wenn man ihnen sagt: ›Just say no‹, dann haben sie riskanten Sex. Wir waren in der Lage, *safe sex* zu erfinden, weil wir immer schon gewußt haben, daß Sex, gleichgültig, ob eine Epidemie herrscht oder nicht, nicht auf Penetration beschränkt ist. Unsere Promiskuität hat uns viele Dinge gelehrt, nicht nur über die Freuden von Sex, sondern auch über die vielen verschiedenen Formen dieser Freuden. Diese geistige Vorbereitung, diese Experimentierfreude, dieses bewußte Arbeiten an unserer eigenen Sexualität hat vielen von uns erlaubt, unser sexuelles Verhalten auf dramatische und rasche Weise zu ändern – was brutale ›Verhaltenstherapien‹ über ein Jahrhundert lang mit Zwang vergeblich versucht haben, bei uns durchzusetzen.« D. Crimp (Hrsg.): *AIDS: Cultural Analysis, Cultural Criticism* (Cambridge, Mass. 1988), p. 252f.
98. Interview mit Miller (11. April 1991).
99. L. Annaeus Seneca: ›Über die Vorsehung‹ *Philosophische Schriften*, a.a.O., Band I, p. 39 (›De Providentia‹). Meines Wissens hat Foucault nie ausdrücklich über diese Stelle gesprochen. Er hat jedoch über die stoische Praktik gesprochen, über den eigenen Tod als »die Art und Weise, auf die man den Tod im Leben real macht«, zu meditieren. s. RC 164 (eine Zusammenfassung des Seminars am *Collège de France* im Winter 1982).
100. Seneca: ›Über die Vorsehung‹, a.a.O., p. 39.
101. a.a.O.
102. RE 113; d.Ü. 83.
103. ›Conversation‹ (Int.). Gerard Courant (Hrsg.): *Werner Schroeter* (Paris 1982), p. 45.
104. Daniel Defert: ›Plus on est honteux, plus on avoue‹ *Libération* (31. Oktober – 1. November 1987), p. 2.
105. Die folgende Schilderung stammt aus: Philip Horvitz: ›Don't Cry for Me Academia‹. *Jimmy & Lucy's House of ›K‹* 2 (August 1984), pp. 78-80; sowie aus den Notizen, die sich Horvitz zum Zeitpunkt seiner Begegnung mit Foucault gemacht hat und aus mehreren Gesprächen mit Horvitz, z.B. am 29. September 1989.
106. Horvitz: ›Don't Cry for Me Academia‹, a.a.O., p. 78.
107. Ich transkribiere im Grunde nur die Notizen von Horvitz. Bei direkten Zitaten habe ich mich auf ihn verlassen:»Alle direkten Zitate stehen in Anführungszeichen« (Brief an d. Verf., 11. August 1987); d.h. so wie Horvitz sich an die Äußerungen erinnert, wie er

in einer Privatnotiz am Tag der Begegnung mit dem Philosophen schrieb.

108. Horvitz hat diese Frage – offensichtlich ein entscheidender Augenblick – aus seinen veröffentlichten Erinnerungen an dieses Ereignis ausgelassen; obwohl er fünf Jahre später – als er diese Auslassung anscheinend vergessen hatte – dies kaum glauben konnte (Interview mit Horvitz, 29. September 1989).
109. Horvitz: ›Don't Cry for Me Academia‹, a.a.O., p. 80.

Kapitel 11: Die Geheimnisse eines Mannes

1. Für eine weitere Schilderung der letzten Tage *Foucaults* s. Didier Eribon: Foucault, a.a.O., pp. 470-474.
2. Hervé Guibert: *Dem Freund, der mir das Leben nicht gerettet hat*, a.a.O., pp. 91, 95, 92. Die Beschreibung der letzten Tage Foucaults und seiner Freundschaft mit Guibert speist sich aus verschiedenen Quellen: erstens aus Interviews mit mehreren Mitarbeitern – vor allem mit Edmund White und Raymond Bellour –, die sowohl Foucault als auch Guibert kannten; zweitens (hierin liegt eine gewisse unvermeidliche Zirkularität, die hoffentlich im Verlauf dieses Kapitels deutlich werden wird) aus Hervé Guiberts Interviews und fiktionalisierten Berichten; drittens und vor allem aus *Dem Freund* [. . .]; und viertens aus Bellours einsichtigen (und überzeugenden) Bemerkungen über den unausgesprochenen ›Pakt‹ zwischen Foucault und Guibert in seiner Rezension des Romans (›Trompe-la-mort‹. *Magazine Littéraire* (April 1990), pp. 54-56). Guibert selbst hat ein Interview mit mir abgelehnt.
3. Guibert: *Dem Freund* [. . .], a.a.O., p. 15.
4. Didier Eribon: ›Hervé Guibert et son double‹. *Le Nouvel Observateur* (22. März 1991), p. 75. (Der erwähnte Roman ist *Les chiens*.)
5. Guibert-Interview mit Bernard Pivot für *Apostrophes*, Antenne 2 (16. März 1991). (Dank an Daniel Charbonnier, der für mich die relevanten Passagen dieses Interviews transskribiert hat.) Vgl. Guibert, *Dem Freund* [. . .], a.a.O., p. 32f.
6. ›Was ist Aufklärung?‹, EM 44 (Zitate von Baudelaire). s. auch *Duane Michaels*: Photographies de 1958 à 1982 (Paris 1982), p. III: »Ich mag Arbeitsformen, die sich nicht wie ein œuvre entwickeln, sondern vielmehr sich selbst öffnen, da sie aus Erfahrungen stammen: Magritte, Bob Wilson, *Unter dem Vulkan, Der Tod der Maria Malibran* und natürlich H.G. [Hervé Guibert].« Daniel Defert erinnert sich, daß Foucault lachend folgendes über Guibert zu sagen pflegte: »›Wahre Dinge passieren ihm nie – nur unwahre!‹« (Interview mit Defert, 25. März 1990.)

7. Foucault an Guibert (28. Juli 1983); Wiederabdruck in: Hervé Guibert: ›L'autre journal d'Hervé Guibert‹. *L'Autre Journal* (Dezember 1985), p. 5.

8. François Jonquet: ›Vie à crédit‹. *Globe* (April 1990), p. 44. Guibert: *Dem Freund* [. . .], a.a.O., p. 93.

9. Diese Photographie wurde veröffentlicht in: *Michel Foucault: Une histoire de la vérité* (Paris 1985), pp. 112f. [›Eine Geschichte der Wahrheit‹, a.a.O., pp. 118 f.]

10. Guibert, a.a.O., p. 94. ›Un système fini face à une demande infini‹ (Int.). *Sécurité sociale: l'enjeu* (Paris 1983), p. 63.

11. Für eine Beschreibung dieser letzten Vorlesungen s. Thomas Flynn: ›Foucault as Parrhesiast: His Last Course at the Collège de France‹ (TFF 102-18).

12. ›Was ist Aufklärung?‹, EM 45. ›Das Subjekt und die Macht‹, JSH 248. VS 79; d.Ü. 76.

13. ›Ein Interview‹ (1982), PPC 14; d.Ü.: *Kontext 11* (1990).

14. In seinem Berkeley-Seminar im Herbst 1983 berührte Foucault viele der Themen, mit denen er sich im darauffolgenden Winter am *Collège de France* eingehender, jedoch ohne starke autobiographische Untertöne, beschäftigen sollte; s. Joseph Pearson (Hrsg.): ›Discourse and Truth: The problematization of *Parrhesia*‹, eine unveröffentlichte und unautorisierte Transkription einer Tonbandaufzeichnung von Foucaults Vorlesungen während dieses Seminars. Im folgenden stütze ich mich auf Foucaults Bemerkungen zum Kynismus zu dieser Gelegenheit sowie auf seine letzten Vorlesungen am *Collège de France*.

15. Vorlesung am *Collège de France* (15. Februar 1984). (Ich möchte mich bei Michael Behrent für die Transkription dieser und anderer Vorlesungen bedanken). Im vorausgegangenen Herbst hatte Foucault sein Seminar mit der Bemerkung beendet, daß Sokrates und seine Nachfolger »die Anfänge dessen [repräsentieren], was wir die ›kritische‹ Tradition des Abendlandes nennen würden«.

16. Vorlesung am *Collège de France* (15. Februar 1984).

17. W. Otto u. E. Grassi: *Platon. Sämtliche Werke* (Hamburg 1958), Bd. III, p. 19 (›Phaidon‹ 67a). Zum komplizierten und zutiefst ambivalenten Verhältnis zwischen Nietzsche und Sokrates s. Alexander Nehamas: *Nietzsche: Leben als Literatur*, a.a.O., pp. 40-54.

18. ›Discourse and Truth‹, a.a.O., p. 77.

19. a.a.O., pp. 78, 79.

20. a.a.O., p. 77.

21. a.a.O., pp. 86, 88. Vgl. Maurice Blanchot: ›Der Gesang der Sirenen‹. *Der Gesang der Sirenen* (München 1962), pp. 9-40.

22. Die kynische ›Tradition‹ ist das ausdrückliche Thema einer Vorlesung am *Collège de France* am 29. Februar 1984. Foucault fügte seiner eigenwilligen Genealogie am Beginn der nächsten Vorlesung (am 7.

März 1984) einige Namen hinzu (in diesem Zusammenhang erwähnte er auch die Arbeiten André Glucksmanns, der sich in seinem Buch *Cynisme et passion* (Paris 1981) auf eine ähnliche Ahnengalerie berief.) In seiner letzten Vorlesung am *Collège de France* am 28. März 1984 sprach Foucault ausführlich über die Beziehung von Kynismus und Christentum. Er legte in diesen Ausführungen nahe, daß das frühchristliche Asketentum eine Mischung aus kynischen Technologien des Selbst und platonischer Ontologie gewesen sei, wobei der kynische Nachdruck auf die mittels einer natürlichen Lebensweise herbeigeführte Ausarbeitung einer ›anderen Welt‹ (*autre monde*) jenseits künstlicher gesellschaftlicher Normen durch die platonische Hoffnung ersetzt worden sei, mit einer ›übernatürlichen Welt‹ in Verbindung zu treten, die von unserer eigenen irdischen gänzlich losgelöst ist (*monde autre*).

23. Zu Diogenes s. Diogenes Laertius: *De clarorum philosophorum vitis, dogmatibus et apophthegmatibus*, lib. VI, 23, 41, 54. Die Formulierungen ›andere Welt‹ und ›anderes Leben‹ stammen von Foucault selbst; vgl. Vorlesung am *Collège de France* am 14. März 1984.

24. Diogenes Laertius: *De clarorum philosophorum vitis, dogmatibus et apophthegmatibus*, lib. VI, 71. Foucault analysierte die Bedeutung des Delphischen Orakels in der *Collège de France*-Vorlesung am 14. März 1984. Die politische Bedeutung des ›roi anti-roi‹ besprach Foucault in seiner Vorlesung am 21. März 1984. Bei seiner legendären Begegnung mit Alexander dem Großen soll Diogenes gesagt haben: »Geh' mir aus der Sonne.«

25. Diogenes Laertius: *De clarorum philosophorum vitis, dogmatibus et apophthegmatibus*, lib. VI, 69. Foucault sprach in seiner Vorlesung am 14. März 1984 über die kynischen Ansichten zu Inzest und Kannibalismus. Er bezieht sich in der *Geschichte der Sexualität* zweimal auf ›die skandalöse Geste‹ des Diogenes, auf dem Marktplatz masturbiert zu haben: s. UP 64; d.Ü. 72; SS 164; d.Ü. 183.

26. Das Zitat stammt aus Foucaults *Collège de France*-Vorlesung am 14. März 1984. Im Verlauf dieser Vorlesung beschreibt er den Kynismus als eine philosophische Richtung, welche die traditionelle Vorstellung vom »philosophischen Leben an eine Grenze geführt hat«.

27. Epiktet: *Handbüchlein der Moral und Unterredungen*. Hrsg. v Heinrich Schmidt (Stuttgart 1954), p. 91 (III, xxii: ›Der Kynismus‹).

28. ›L'éthique du souci de soi comme pratique de liberté‹ (Int.). *Concordia* 6 (1984), p. 110; d.Ü. ›Freiheit und Selbstsorge‹, a.a.O., p. 22 (Hervorhebung d. Verf.).

29. Samuel Beckett: ›Der Namenlose‹. *Werke* (Ffm 1976), Band III (Romane), p. 566. Die gleiche Passage spielt auch eine wichtige Rolle am Beginn von Foucaults Antrittsvorlesung am *Collège de France*, s. OD 8; d.Ü. 5.

30. Beckett, a.a.O., pp 566, 527. UP 14; d.Ü. 16.
31. Interview mit Daniel Defert (25. März 1990). Zur unausweichlichen Bedeutung seiner Kindheitserfahrungen für Foucault selbst vgl. seine rätselhafte Bemerkung während seiner LSD-Epiphanie im *Death Valley*:»Wir müssen wieder nach Hause.«
32. Zur Komposition von ›Les secrets d'un homme‹ s. Guiberts Interview mit Jonquet aus dem Jahre 1990: ›Vie à crédit‹. *Globe*, p. 44.
33. Hervé Guibert: ›La vie sida‹. *Libération* (1. März 1990), p. 20. Didier Eribon hat mir mitgeteilt, daß der Roman – insofern es für ihn nachprüfbar ist – glaubwürdig sei, daß es sich also um eine akkurate Schilderung dessen handelt, was Foucault in seinen letzten Monaten wirklich erlebt hat. Edmund White teilt diese Einschätzung. Sogar Daniel Defert, der (als die Figur ›Stephane‹) in einem sehr zwielichtigen Licht erscheint, hat zugestanden, daß»die Interpretationen [im Roman] nicht ganz schlecht sind«, und das trotz vieler (zum größten Teil von Defert nicht näher spezifizierten) faktischen Irrtümer. (Für ein Beispiel eines nachweislichen Fehlers s. Anmerkung 48 in Kapitel 1.)In der Kurzgeschichte sind dagegen die Einzelheiten zum Tod und zur Beerdigung (wie Eribon betont) oft pure Phantasie – wodurch der Wahrheitsgehalt der weiter unten in diesem Kapitel behandelten ›Geheimnisse‹ in Zweifel gezogen werden muß.
34. Hervé Guibert: ›Les secrets d'un homme‹. *Mauve le Vierge* (Paris 1988), pp. 103-04. Vgl. Guibert: *Dem Freund* [. . .], a.a.O., p. 96.
35. Guibert: ›Les secrets d'un homme‹, a.a.O., p. 105.
36. Nietzsche II, 697. (*Jenseits von Gut und Böse, § 231*). Magrittes ›Schloß in den Pyrenäen‹ zählte zu Foucaults Lieblingsgemälden des Malers und er war begeistert, als er es 1975 bei einem New York-Besuch in der Privatsammlung Harry Torczyners – ein Freund und Berater Magrittes – im Original sehen konnte. S. auch Wade: *Foucault in California* (unveröffentlichtes Manuskript, 1990), p. 51.
37. Guibert: ›Les secrets d'un homme‹, a.a.O., p. 105f.
38. a.a.O., p. 106.
39. a.a.O.
40. Nietzsche III, 352 (›Die Philosophie im tragischen Zeitalter der Griechen‹, [Ein späteres Vorwort]).
41. Paul Rabinow erinnert sich daran, daß Foucault ihm die Amputationsgeschichte erzählt hat. (Interview mit Rabinow, 26. September 1989)
42. s. SP 9-11, 64, 66f, 75; d.Ü. 9-12, 84f, 85f, 93. s. auch NC 175; d.Ü. 184f. An dieser Stelle verbindet Foucault Bichat mit Sade – ohne letzteren beim Namen zu nennen.
43. Alle Einzelheiten sind entnommen: André Gide: *La Séquestrée de Poitiers* (Paris 1930), bes. pp. 10-15, 31.
44. *La Séquestrée de Poitiers* erschien in einer von Gide edierten *Galli-*

mard-Reihe mit dem Titel ›Ne jugez pas‹, mit der Gide offensichtlich vorhatte, Rechtsmißbräuche zu dokumentieren. Das Buch hatte eine kleine numerierte Auflage von fünfzehnhundert Stück und zählt für Bücherfreunde zu den schwer auffindbaren (und selten gelesenen) Werken des Autors.

45. s. Eribon: *Foucault*, a.a.O., p. 50.

46. ›An Interview‹ (1982), PPC 7; d.Ü.: *Kontext 11* (1990). Es würde sich lohnen, die Rolle, welche die Konzentrationslager der Nazis für den Erfahrungsbereich Foucaults spielten, mit derjenigen zu vergleichen, die sie für Gide spielten: s. Kapitel 5.

47. DM 228 (›Préface‹ zur englischen Ausgabe des *Anti-Ödipus*).

48. Die wichtigsten Interviews mit Guibert über seine Bücher erschienen in den weiter oben zitierten Artikeln in *Libération* und *Globe*. Guibert ist am 27. Dezember 1991 in Paris gestorben.

49. Diese und alle folgenden Zitate stammen aus einer Transkription des Guibert-Interviews mit Bernard Pivot für *Apostrophes* am 16. März 1990.

50. RR 12; d.Ü. 11.

51. RR 8f; d.Ü. 8.

52. Diese Vermutung stammt von Raymond Bellour; s. ›Trompe-la-mort‹. *Magazine Littéraire* (April 1990), p. 56.

53. ›Le retour de la morale‹, a.a.O., p. 36; d.Ü. EM 133f. Ich habe über die äußeren Umstände dieses Interviews mit Daniel Defert und Gilles Barbadette gespochen. Barbadette, einer der jüngeren Freunde Foucaults, hat das Gespräch zusammen mit dem früheren Deleuze-Schüler André Scala an Foucaults Krankenbett geführt; der Philosoph war bereits zu krank, um wie gewöhnlich die Mitschrift noch einmal zu redigieren, deshalb betraute er Daniel Defert mit dieser Aufgabe, der nach Instruktionen Foucaults (vergeblich) versuchte, das Interview noch vor dessen Tod zu veröffentlichen. Barbadette glaubt jedenfalls, daß dieser Text Foucaults »letzter Wille und sein Testament« sein sollte – und er glaubt auch, daß Foucault dabei wohl an Roussels letzte Geste dachte.

54. Nietzsche II, 571 (*Jenseits von Gut und Böse, § 6*).

55. OD 10; d.Ü. 6f. Diese Bemerkungen – beinahe ein weiteres schwer verständliches Geständnis – stammen aus Foucaults Antrittsvorlesung am *Collège de France* und werden im Kontext eines impliziten Kommentars zu Becketts Sätzen aus *Der Namenlose* gemacht (vgl. Anmerkung 29 in diesem Kapitel).

56. Guibert: *Dem Freund*, a.a.O., p. 22f.

57. Einer der engsten Mitarbeiter Foucaults behauptete im Verlauf eines anonymen Interviews am 3. März 1990: »Er befand sich in einem Zustand völliger Gelassenheit. Völliger Gelassenheit.« Vgl. Paul Veynes Schilderung, zitiert in Eribon, a.a.O., p. 472.

Nachwort

1. Vorlesung am *Collège de France*, 14. März 1984.
2. Gilles Deleuze: *Logik des Sinns* a.a.O., p. 163.
3. Allan Bérubé: ›Caught in the Storm: AIDS and the Meaning of Natural Disaster‹. *Out/Look* (Herbst 1988), p. 16. Man sollte außerdem bedenken, daß Foucaults Verhalten im Herbst 1983 – wie auch immer es gewesen sein mag – mit Sicherheit wenig oder gar nichts mit seinem Tod 1984 zu tun gehabt haben kann, da er sich sehr wahrscheinlich bereits lange vorher infiziert hatte, zu einem Zeitpunkt also, als man noch nichts von AIDS oder *safe sex* wußte. Die Forschung zum HIV-Virus geht zur Zeit von einer durchschnittlichen Inkubationszeit von ungefähr zehn Jahren aus, bevor die Krankheit voll ausbricht. Man muß davon ausgehen, daß Foucault irgendwann in den siebziger Jahren infiziert wurde.
4. RR 11, 10; d.Ü. 10f, 9f. UP 14; d.Ü. 15.
5. Gayle Rubin, Brief an d. Verf. (24. Januar 1992).
6. Nietzsche I, 365 (›Schopenhauer als Erzieher‹; § 8).

Zum Dank

Mein Kollege und Freund James Schmidt hat mich zu diesem Projekt veranlaßt. Er ließ mich außerdem meine Ideen an seinen mit Unterstützung der *National Endowment for the Humanities* durchgeführten Sommerseminaren überprüfen. Ein anderer Freund, Greil Marcus, hat entscheidend dazu beigetragen, daß ich nicht nicht aufgegeben habe, und er hat mich in meinem Bemühen angespornt, eine weitere Episode dessen zu erzählen, was er die »verborgene Geschichte des 20. Jahrhunderts« nennt. Nachdem ich mit dieser Aufgabe fertig war, hat er sorgfältig eine erste Fassung des gesamten Manuskripts gelesen und mir viele präzise Vorschläge gemacht. Es erscheint mir irgendwie passend, daß einer der besten Kenner Bob Dylans, Dadas und Debords zum Mitverschwörer an diesem Buch wurde. In der Anfangsphase meiner Arbeit habe ich wichtige Unterstützung von einigen Gelehrten erhalten, die mich ermunterten, weiterzumachen, nachdem ich ihnen einige meiner Hypothesen über die Verbindungen zwischen Foucaults Leben und seiner Philosophie vorgetragen hatte. Die folgenden Gespräche waren für mich von besonderer Bedeutung: mit Jean Starobinski wegen seiner beispielhaften Interpretationsmethode und seiner geistigen Freigiebigkeit; mit Susan Sontag, deren leidenschaftliche Essays zu Roland Barthes und Antonin Artaud für mich zu einem weiteren Modell wurden; und mit Leonard Michaels, dessen Geschick, düstere Passionen mit liebevoller Genauigkeit herauszuarbeiten, ich oft beneidet habe. Angesichts meiner anfänglichen Unkenntnis über die Schwulengemeinde und freiwilligen S/M darf ich mich glücklich schätzen, meinen Freund, den Journalisten Adam Block als Führer gehabt zu haben; es war Adam, der mir in San Francisco einen ›Kerker‹ gezeigt hat, dessen Scheinzellen mit Sitzkissen gemütlich ausgestattet waren. Adam hat mir auch bereitwillig Einblick in Interviews gewährt, die er mit Daniel Defert, Jean Le Bitoux und Edmund White geführt hatte. Auch seine detaillierten Bemerkungen zu entscheidenden Abschnitten in frühen Fassungen meines Manuskripts erwiesen sich als sehr hilfreich.

Bei meiner Arbeit habe ich eine ganze Reihe anderer Journalisten und Gelehrte kennengelernt, die sich mit schwulen Themen beschäftigen, darunter Richard Mohr, Jeffrey Escoffier, John D'Emilio, Robert Dawidoff, Edmund White, David Halperin und D.A. Miller. Sie alle haben auf unterschiedliche Weise dazu beigetragen, meiner Unkenntnis Abhilfe zu schaffen, oftmals durch freimütige Kritik.

In Bezug auf das spezifische Thema des freiwilligen S/M verdanke ich viel Gayle Rubin, die mich an entscheidenden Stellen mit Material und Beistand versorgte und sich außerdem Zeit nahm, das gesamte Manuskript zu lesen und zu kommentieren. Die zunehmende Beschäftigung mit schwulen Themen an amerikanischen Universitäten hat für Forscher wie Rubin einen Freiraum geschaffen, in der sie ihre Pionierarbeit durchführen können; ohne diese Arbeiten sähe dieses Buch anders aus und hätte sich auf weniger gesicherte Informationen verlassen müssen.

Für die Ausbreitung von *safe sex*-Techniken und für eine Überprüfung der Chronologie und für die Korrektur einiger Fehler in Randy Shilts' wertvoller Untersuchung zur Frühgeschichte von AIDS (*And the Band Played on*), stand mir nicht nur Rubin zur Seite, sondern auch Ted Hammett und Michael Gross von *Abt Associates*; Ted und Michael konnten auf ihre eigene Forschung zur amtlichen Reaktion auf die AIDS-Krise zurückgreifen.

Dem inzwischen verstorbenen Robert J. Stoller schulde ich besonderen Dank. Dieser großartige amerikanische Psychoanalytiker, ein mutiger und origineller Denker in einem ansonsten nicht für Mut und Originalität bekannten Fachgebiet, fand in seinem vollen Terminkalender Platz, sich mit mir zu treffen und

über meine Arbeit zu sprechen. In dem darauf folgenden Briefwechsel konnte ich von seiner ausgedehnten klinischen Erfahrung und seiner unersättlichen Wißbegier profitieren, nicht
nur mit Bezug auf freiwilligen Sado-Masochismus und die Dynamik sexueller Erregbarkeit im allgemeinen, sondern auch
bezüglich der menschlichen Natur und der vertrackten Schwierigkeit, eine Grenzlinie zwischen dem ›Normalen‹ und dem ›Pathologischen‹ zu ziehen.

Andere psychologische Aspekte meiner Arbeit konnte ich zum
Glück mit meiner Frau Sarah Minden und einigen ihrer Bosto-
ner Kollegen auf den Gebieten Psychiatrie und klinische Psychologie diskutieren, darunter Justin Newmark, Paul Barreira,
Stephanie Engel, Leston Havens und vor allem Bennett Simon,
dessen Arbeit zu Samuel Beckett interessante Parallelen zu
dem aufzeigte, was ich mir vorgenommen hatte.

Ich habe ebenso eine Menge in meinen Gesprächen mit Philosophen gelernt, besonders mit Stanley Cavell, dessen Emerson
verpflichtetes Reflektieren über Nietzsche meinen Text beeinflußt hat. Außerdem habe ich mit Amélie Rorty gesprochen, deren freundschaftliche Zweifel an meinem Projekt mich zum
Nachdenken brachten; mit John Rajchman, dessen nüchterne
Foucault-Lektüre zu einem meiner Referenzpunkte wurde; mit
Tom McCarthy, der mich mit Jürgen Habermas in Verbindung
setzte; und mit meinem Förderer Alasdair MacIntyre, der mich
wieder einmal großzügig unterstützt hat. Vor allem jedoch muß
ich mich bei Arnold I. Davidson bedanken: Er wurde aufgrund
seiner breiten Kenntnis des Foucaultschen Gesamtwerks und
seiner außerordentlichen Bereitschaft, sich selbst auf die abwe-
gigsten Ausgeburten meiner interpretatorischen Anstrengungen einzulassen, zu einem meiner wichtigsten Prüfsteine.

Zu verschiedenen Zeitpunkten meiner Arbeit hatte ich das
Glück, die weiteren Zusammenhänge des Pariser Geisteslebens mit Roger Shattuck besprechen zu können, der dort in
den fünfziger Jahren gelebt hat, sowie mit Jeffrey Mehlman, der
in den sechziger Jahren dort war; und mit Edward Said, dessen
Aufsätze über französische Theorie immer prägnant, originell
und wunderbar frei von Jargon sind.

Noch mehr verdanke ich Jerrold Seigel, dessen Arbeiten zur französischen Bohème meine Ansichten über die *poètes maudits* beeinflußt haben – und dessen kluge und ausführliche Kommentare zu meinem Manuskript mich dazu veranlaßt haben, meine Meinung zu einer Reihe von wichtigen Punkten zu ändern, besonders in den Anfangskapiteln des Buches.

Zu anderen, mit denen ich über unterschiedliche Aspekte meines Projekts diskutiert habe, zählen Lindsay Waters, ein unschätzbarer Leser und Freund, Paul und Wini Breines, die verständnisvoll und zugänglich wie immer waren, Judy Vichniac, die mir eine Vielzahl hilfreicher Kontakte in Frankreich verschaffte, Martha Zuber, die mir die Feinheiten von Paris zeigte, Robert Scholes, ein freundlicher Kritiker und hellwacher Gesprächspartner, Harvey Goldman, der über ähnliche Themen in seiner eigenen Arbeit zu Max Weber und Thomas Mann nachdachte, Tracy B. Strong, die mir bei Nietzsche und vielem anderen half, und Daniel Charbonnier, ein wunderbarer Gastgeber – seine Führung durch die *École Normale* war der Höhepunkt einer meiner Parisbesuche.

Jay Cantor gehörte zu meinen ersten Lesern und außerdem zu meinen beständigen Gesprächspartnern, wenn es um Foucault und andere relevante Fragen ging.

Während einer frühen Arbeitsphase half mir Siddharta Miller dabei, eine Reihe obskurer Artikel Foucaults zu finden. Später konnte ich die *wirklich* obskuren Artikel mit Hilfe James Bernauers ausfindig machen. Bernauer beschäftigt sich schon lange mit Foucault und gewährte mir Einsicht in sein beträchtliches Archivmaterial, sowie in seine Eindrücke über die Persönlichkeit Foucaults und seine Philosophie; und das alles trotz seiner Einwände gegen meine Methode. Ohne seine Großzügigkeit hätte meine Forschung einige Monate länger gedauert.

Michael Behrent hat die letzten Vorlesungen Foucaults am *Collège de France* für mich transkribiert und eine frühe Fassung des gesamten Manuskripts gelesen.

Mein Vater James E. Miller Jr., Sarah Minden, Kathleen Farley und Diane Brentari haben alle frühe Versionen gelesen, und ihr Enthusiasmus gab mir neuen Mut. Ich habe außerdem hilfreiche

Reaktionen zu Teilen meiner Arbeit von David Halperin, D.A. Miller und Arnold I. Davidson erhalten. Leonard Michaels, Tom McCarthy, Bert Dreyfus, Edmund White und Paul Berman haben sich alle genau wie Hans Sluga die Zeit genommen, das gesamte Manuskript zu lesen und zu kommentieren. Sluga hat mich davon überzeugt, einige Passagen über die Philosophie Heideggers zu ändern. Mein Lieblingskritiker war wohl Leo Bersani, der gleichzeitig ermutigend und – wie immer – rückhaltlos skeptisch war. Nach der Lektüre des Manuskripts legte er mir in einem Brief nahe, daß ich »zu fixiert, und zwar von außen, auf die ›extremen‹ Elemente in der Philosophie Foucaults« sei, und daß mein Schreibstil, obwohl es sich »auf einige *sehr* verständnisvolle gelehrte Vaterfiguren« berufe, trotzdem das Thema der Foucaultschen Sexualität »noch undurchsichtiger [macht], als es ohnehin schon zu sein scheint«, wodurch etwas unnötig »verkompliziert wird, was letzten Endes vielleicht gar nicht so schwer zu verstehen und so mysteriös ist, wie der Begriff ›Grenz-Erfahrung‹ vermuten läßt«. Ich war von diesem Brief tief beeindruckt und zeigte ihn Edmund White, der sagte: »Das ist höchst interessant. Glauben Sie, daß es stimmt? Ich bin mir nicht sicher.« Ich auch nicht. Der Leser wird selbst entscheiden müssen.

An den entsprechenden Stellen im Text und in den Anmerkungen habe ich die von mir für dieses Buch interviewten Personen zitiert. Doch Simeon Wade hat mehr getan, als nur ein Interview zu geben: Er ließ mich sein unveröffentlichtes Manuskript *Foucault in California* lesen und aus ihm zitieren. Sein Manuskript bildet die Grundlage für viele Passagen im achten Kapitel.

Seit 1989 habe ich an folgenden Institutionen Vorträge gehalten, die auf meinen Nachforschungen basierten: am *Harvard Center for European Studies*, an der *New York University*, an der *Columbia University*, am *Humanities Institute of the University of Michigan*; bei der Jahrestagung der *American Political Science Association* und bei einer internationalen Konferenz an der Universität Tokio zum Thema ›*Le siècle de Michel Foucault*‹

(beide 1991). Die Reaktionen meiner Kommentatoren und Kritiker bei diesen Gelegenheiten (besonders in Japan die Reaktionen Daniel Deferts, François Ewalds, Paul Rabinows, Hubert Dreyfus' und Hans Ulrich Grumbrechts) haben auf verschiedene spürbare und weniger spürbare Weise Berücksichtigung in meinem endgültigen Text gefunden.

Die Endfassung wurde außerdem vom redaktionellen Scharfsinn Jean Steins und ihrer Kollegen von *Grand Street*, besonders Lee Smith, beeinflußt. Smith war auch bei der Endredaktion des Buches behilflich. Von Anfang bis Ende konnte ich mich sogar noch mehr auf das unentwegte Interesse verlassen, das meine lieben Freunde Robert und Peggy Boyers von *Salmagundi* an meiner Arbeit zeigten.

Die letzte Arbeitsphase wurde durch ein Stipendium des *National Endowment for the Humanities* unterstützt.

Zur guter Letzt muß ich mich bei Arthur Goldhammer für seine Hilfe bedanken. Art ist nicht nur einer der begabtesten englischsprachigen Übersetzer französischer Historiographie, sondern auch ein Kenner der Philosophie Gaston Bachelards und Georges Canguilhems, ein profunder und scharfsinniger Bewunderer fast aller Aspekte der französischen Geschichte und Kultur sowie ein begabter Schriftsteller. In jeder Phase war er mein erster Leser. Bei der Arbeit an diesem Buch wies er mich auf zahllose Stilbrüche, fehlerhafte Übersetzungen und unstimmige Tatsachen hin, wodurch er mir half, klarer und genauer über eine ganze Reihe von Themen zu schreiben, besonders wenn es um die eigenartige Welt des französischen Erziehungs- und Kulturbetriebs ging. Gemeinsam mit Bob Asahina, meinem Lektor bei *Simon and Schuster*, hat Art den Stil meines Texts am nachhaltigsten beeinflußt. Ich kann ihm nicht genug für unsere Gespräche und seine Freundschaft danken.

J. M.
West Roxbury, Massachusetts
28. Februar 1992

Personenregister

Über den Autor

James Miller ist zur Zeit *Associate Professor* und Direktor der Abteilung *Liberal Studies* an der *New School for Social Research* in New York. Von 1981 bis 1990 war er Literatur- und Musikkritiker für das Wochenmagazin *Newsweek* und hat für *Entertainment Weekly, The New Republic, New Times und Rolling Stone* geschrieben. Miller, in Chicago geboren, hat Politologie und Philosophie am *Pomona College* und an der *Brandeis University* studiert, wo er 1975 im Fachbereich Ideengeschichte promovierte. Seitdem hat er an der *University of Texas,* an der *Boston University,* an der *Harvard University* und an der *Brown University* gelehrt. Seine wissenschaftlichen Arbeiten sind in *Political Theory, History and Theory, Salmagundi, Grand Street, Telos,* und in der Anthologie *Hannah Arendt: The Recovery of the Public World* erschienen. Zweimal ist Miller der *ASCAP-Deems-Taylor-Preis* für seine Arbeiten zur Musik verliehen worden; er ist Herausgeber von *The Rolling Stone Illustrated History of Rock and Roll* und hat einen Beitrag zu der Anthologie *Stranded: Rock and Roll for a Desert Island* geliefert.

James Miller ist Autor der folgenden Bücher: ›*Democracy in the Streets‹: From Port Huron to the Siege of Chicago* (1987), eine Darstellung der neuen amerikanischen Linken in den sechziger Jahren; *Rousseau: Dreamer of Democracy* (1984), das sich mit den Wurzeln der modernen Demokratie und dem Einfluß der Philosophie Jean-Jacques Rousseaus auf die französische Revolution beschäftigt; und *History and Human Existence – From Marx to Merleau-Ponty* (1979), eine Analyse der Marxschen Philosophie und des französischen Existenzialismus. Er lebt mit Frau und drei Söhnen in West Roxbury, Massachusetts.

Mark Terkessidis
Kulturkampf
Volk, Nation, der Westen und die Neue Rechte

Broschur

Eine kritische Untersuchung der theoretischen Konzepte, Strategien und Ziele der »Neuen Rechten« in Deutschland und deren Einflüsse vor allem auf die jüngere Generation.

Mark Terkessidis hat sich u. a. als Redakteur der Musikzeitschrift SPEX seit langem mit dem Einfluß dieses Denkens vor allem auf die jüngere Generation beschäftigt. Er untersucht die theoretischen Konzepte, die Strategien und Ziele dieser »Kulturrevolution von rechts« (Alain de Benoist).

Kiepenheuer & Witsch

SLAVOJ ŽIŽEK
GRIMASSEN DES REALEN
Jacques Lacan oder die Monstrosität des Aktes

Herausgegeben und mit einem Nachwort versehen von
Michael Wetzel
Aus dem Englischen von Isolde Charim, Thomas Hübel,
Robert Pfaller und Michael Wiesmüller

Englische Broschur

Die *Grimassen des Realen* zeigen in immer neuen Variationen,
wie sich das Nicht-Symbolische in unserer Zeichenwelt
Platz verschafft, wie sich das Unsagbare ins Unsägliche wandelt, ins Monströse, ins Grauen, in Gewalt. Und wie es in der
Postmoderne ins Herz der Kultur selber vorrückt.

KIEPENHEUER & WITSCH

SAUL BELLOW
WIE ES WAR, WIE ES IST

Titel der Originalausgabe:
It All Adds Up. From the Dim Past to the Uncertain Future.
Deutsch von Helga Pfetsch, Leonore Schwartz
und Willi Winkler
Vom Autor gekürzte Ausgabe
Leinen

Eine Sammlung brillanter Essays des amerikanischen Litera-
turnobelpreisträgers, die die Summe seines Lebens als
Schriftsteller bilden und Saul Bellow als kritischen und streitbaren Zeitgenossen zeigen.

»Satz für Satz, Seite für Seite, Saul Bellow ist einfach der beste
Schriftsteller, den wir haben.«
The New York Times Book Review

»Einer der begabtesten Chronisten der westlichen Welt.«
The Times

KIEPENHEUER & WITSCH

PETER ZADEK
DAS WILDE UFER
Ein Theaterbuch

Zusammengestellt von Laszlo Kornitzer
Mit zahlreichen Abbildungen
KiWi 357

Zadeks Texte aus über dreißig Jahren Theaterarbeit sind ein
leidenschaftliches Plädoyer für das Theater, diesem einzigartigen, vielleicht letzten kommunikativen Ort. In seinem
neuen Nachwort, das 1994 entstanden ist, reflektiert Zadek
seine Arbeit in Berlin seit 1992, er schreibt über seine Begegnung mit Jean Louis Barrault und Wilfried Minks.

KiWi Paperbackreihe bei Kiepenheuer & Witsch